## NJW Praxis

Im Einvernehmen mit den Herausgebern der NJW
herausgegeben von
Rechtsanwalt Felix Busse

Band 5

# Ersatzansprüche bei Personenschaden

## Eine praxisbezogene Anleitung

von

### Dr. Gerhard Küppersbusch
Rechtsanwalt in München

10., völlig neubearbeitete Auflage

Verlag C. H. Beck München 2010

Zitierweise: Küppersbusch, Ersatzansprüche, 10. A., Rdn. ...

Verlag C. H. Beck im Internet:
**beck.de**

ISBN 978 3 406 58746 7

© 2010 Verlag C. H. Beck oHG
Wilhelmstraße 9, 80801 München

Satz und Druck: Druckerei C. H. Beck Nördlingen
(Adresse wie Verlag)

Gedruckt auf säurefreiem, alterungsbeständigem Papier
(hergestellt aus chlorfrei gebleichtem Zellstoff)

# Vorwort zur 10. Auflage

Die im Herbst 2006 erschienene 9. Auflage ist vergriffen. Aber nicht nur dies war der Grund für eine Neuauflage.

Zum Schadensersatz beim Personenschaden gibt es neue obergerichtliche Grundsatzentscheidungen, die zum Teil auch von der bisherigen Rechtsprechung abweichen, so z.B. zur Anwendung des sogenannten Familienprivilegs auf die nichteheliche Lebensgemeinschaft oder zur Bindungswirkung nach § 108 SGB VII bei Arbeitsunfall. Im Übrigen hat sich die einschlägige Rechtsprechung gefestigt und weiterentwickelt (u.A. zu den psychischen Unfallfolgen, zum Vorteilsausgleich und zum Regress des Sozialversicherungsträgers), und musste eingearbeitet werden.

Gesellschaftliche Veränderungen, wie die Zunahme der Single-Haushalte und die allgemeine Akzeptanz der nichtehelichen Lebensgemeinschaft beschäftigen Regulierungspraxis und Justiz zunehmend. Der Verfasser ist hierauf insbesondere beim Haushaltsführungsschaden ausführlicher eingegangen.

Nicht zuletzt war auch der Gesetzgeber war sehr produktiv; die neuen Gesetze (neues VVG, neues Beamtenrecht) mussten berücksichtigt werden, auch wenn sie nur zum Teil inhaltliche Veränderungen für den Personenschaden zur Folge hatten.

Die Kapitalisierungstabellen und Sterbetafeln wurden, Wünschen aus der Praxis folgend, wieder in das Werk integriert. Sie wurden auf Basis der Sterbetafeln 2005/07 aktualisiert.

Frau Assessorin Eva Halscheidt danke ich für die ebenso fachkundige wie tatkräftige Unterstützung auch bei der 10. Auflage.

München, im September 2009 *Gerhard Küppersbusch*

# Inhaltsübersicht

|  | Rdn. | Seite |
|---|---|---|
| Vorwort | | V |
| Inhaltsverzeichnis | | IX |
| Abkürzungsverzeichnis | | XVII |
| Literaturverzeichnis | | XXI |
| I. Einleitung | 1 | 1 |
| II. Erwerbsschaden | 40 | 14 |
| III. Heilbehandlungskosten | 226 | 67 |
| IV. Vermehrte Bedürfnisse | 262 | 78 |
| V. Schmerzensgeld | 271 | 87 |
| VI. Schadensersatz wegen entgangenen Unterhalts | 319 | 104 |
| VII. Beerdigungskosten | 447 | 140 |
| VIII. Schadensersatz wegen entgangener Dienste, § 845 BGB | 456 | 146 |
| IX. Ausländer, insbesondere Gastarbeiter | 463 | 148 |
| X. Mitwirkendes Verschulden des Geschädigten | 491 | 154 |
| XI. Haftungsausschluss bei Arbeits- oder Dienstunfall | 512 | 160 |
| XII. Regress des Sozialversicherungsträgers | 577 | 184 |
| XIII. Weitere Legalzessionen | 706 | 220 |
| XIV. Regress von Rentenversicherungsbeiträgen nach § 119 SGB X | 763 | 236 |
| XV. Verjährung | 782 | 242 |
| XVI. Vergleich | 823 | 257 |
| XVII. Kapitalabfindung | 853 | 265 |
| Anhang: Kapitalisierungstabellen | | 275 |
| Stichwortverzeichnis | | 317 |

# Inhaltsverzeichnis

|  | Rdn. | Seite |
|---|---|---|
| Vorwort | | V |
| Inhaltsübersicht | | VII |
| Abkürzungsverzeichnis | | XVII |
| Literaturverzeichnis | | XXI |
| I. Einleitung | 1 | 1 |
|   1. Anspruchsgrundlagen | 2 | 1 |
|   2. Kausalität (Zurechnungszusammenhang) | 3 | 1 |
|     a) Adäquanz | 4 | 1 |
|     b) Zurechnungs- oder Rechtswidrigkeitszusammenhang | 5 | 1 |
|     c) Allgemeines Lebensrisiko | 9 | 2 |
|     d) Mitverursachung durch Verletzten | 10 | 3 |
|     e) Zweitschädiger | 11 | 3 |
|     f) Psychische Überlagerung nachgewiesener Primärverletzungen | 12 | 4 |
|     g) Psychisch vermittelte Gesundheitsschäden als Primärverletzung | 18 | 5 |
|     h) Hypothetische Schadenursachen (überholende Kausalität) | 21 | 7 |
|     i) Ursachenketten | 22 | 7 |
|   3. Höhe des Vermögensschadens | 23 | 7 |
|   4. Schadenarten | 25 | 8 |
|   5. Beweislast, Beweiserleichterungen | 26 | 8 |
|   6. Schadenminderungspflicht | 31 | 11 |
|   7. Legalzessionen und Vorteilsausgleich | 34 | 11 |
|     a) Leistungen aufgrund individueller oder kollektiver Schadenvorsorge | 36 | 12 |
|     b) Sonstige Leistungen Dritter mit Fürsorge- und Versorgungscharakter | 37 | 12 |
|     c) Ersparte Aufwendungen | 38 | 13 |
|     d) Stamm und Erträgnisse einer Erbschaft | 39 | 13 |
| II. Erwerbsschaden | 40 | 14 |
|   1. Ersatzpflichtige Erwerbsschäden | 41 | 14 |
|     a) Voller Ersatz | 42 | 14 |
|     b) Problematischer Ersatz | 43 | 16 |
|     c) Kein Ersatz | 44 | 17 |
|   2. Beweislast, Beweiserleichterung | 45 | 19 |
|   3. Schadenminderungspflicht | 54 | 21 |
|   4. Berufswechsel und Umschulung | 64 | 24 |
|     a) Minderverdienst | 64 | 24 |
|     b) Umschulung | 65 | 24 |
|     c) Berufsfördernde Maßnahmen | 73 | 26 |
|     d) Risiken einer neuen Erwerbstätigkeit | 75 | 26 |
|   5. Vorteilsausgleich | 76 | 27 |
|     a) Ersparte berufsbedingte Aufwendungen | 78 | 27 |
|     b) Steuerersparnisse | 80 | 28 |
|     c) Leistungen des Arbeitgebers | 82 | 28 |
|     d) Leistungen Dritter aufgrund persönlicher oder kollektiver Schadensvorsorge | 89 | 29 |
|     e) Freigebige Leistungen Dritter | 93 | 30 |
|     f) Haushaltsführung | 94 | 30 |
|   6. Brutto- oder Nettolohn? | 95 | 30 |
|     a) Lohn- oder Gehaltsfortzahlung | 100 | 31 |
|     b) Erwerbsschaden eines sozialversicherten Arbeitnehmers | 101 | 31 |
|     c) Kein Erhalt von Sozialleistungen, insbesondere Erwerbsschaden eines Selbstständigen | 103 | 32 |
|     d) Quotierung des Schadensersatzes wegen Mithaftung | 104 | 32 |

|  | Rdn. | Seite |
|---|---|---|
| 7. Regress des Arbeitgebers wegen Entgeltfortzahlung | 105 | 32 |
| 8. Sozialversicherungsbeiträge | 120 | 37 |
| a) Erhalt von Lohnersatzleistungen | 121 | 38 |
| b) Krankenversicherungsbeiträge, insbesondere des Rentners | 123 | 39 |
| 9. Steuern | 126 | 39 |
| a) Einkommensteuer | 131 | 40 |
| b) Kirchensteuer | 133 | 41 |
| c) Umsatzsteuer | 134 | 42 |
| d) Gewerbesteuer | 135 | 42 |
| 10. Selbstständige | 136 | 42 |
| a) Gewinn aus konkret entgangenen Geschäften | 140 | 43 |
| b) Kosten einer eingestellten Ersatzkraft | 142 | 44 |
| c) Gewinnminderung | 145 | 45 |
| d) Schadenminderungspflicht | 151 | 46 |
| e) Vorteilsausgleich | 152 | 46 |
| 11. Gesellschafter | 154 | 46 |
| 12. „Erwerbsschaden" des Arbeitslosen | 165 | 48 |
| 13. Kinder, Auszubildende, Schüler, Studenten | 169 | 50 |
| a) Verzögerte Berufsausbildung, verspäteter Eintritt in das Erwerbsleben | 169 | 50 |
| b) Minderverdienst/Änderung des Berufsziels | 171 | 51 |
| c) Vorteilsausgleich und Schadenberechnung | 175 | 52 |
| d) Berücksichtigung von Reserveursachen | 178 | 53 |
| e) Ausbildungskosten | 179 | 53 |
| 14. Haushaltsführung | 180 | 53 |
| a) Keine Einstellung einer Ersatzkraft | 188 | 56 |
| aa) Tatsächliche Arbeitsleistung | 191 | 58 |
| bb) Konkrete, haushaltsspezifische Behinderung | 195 | 59 |
| cc) Lohn einer fiktiven Hilfskraft | 201 | 61 |
| b) Tatsächliche Einstellung einer Haushaltshilfe | 205 | 63 |
| c) Dauer und Höhe einer Rente | 209 | 63 |
| d) Schadenminderungspflicht | 211 | 64 |
| e) Legalzession | 212 | 64 |
| 15. Kein Schadensersatz wegen „Nutzungsausfall" infolge einer Körperverletzung | 214 | 64 |
| a) Beeinträchtigte Nutzungsmöglichkeit von Vermögenswerten | 215 | 64 |
| b) Freizeiteinbuße | 216 | 65 |
| c) Urlaubsbeeinträchtigung | 217 | 65 |
| d) „Frustrierte" Aufwendungen | 218 | 65 |
| 16. Psychische Folgeschäden | 221 | 66 |
| III. Heilbehandlungskosten | 226 | 67 |
| 1. Konkrete, erforderliche Heilbehandlungskosten | 226 | 67 |
| 2. Mehrkosten privatärztlicher Behandlung | 230 | 68 |
| 3. Heilbehandlung im Ausland | 233 | 70 |
| 4. Kosmetische Operation | 235 | 70 |
| 5. Nebenkosten bei stationärer Behandlung | 236 | 70 |
| a) Besuchskosten | 236 | 70 |
| b) Nebenkosten im Krankenhaus | 239 | 73 |
| 6. Ersparte Verpflegungskosten | 240 | 73 |
| 7. Schadenminderungspflicht | 250 | 75 |
| 8. Legalzessionen | 252 | 76 |
| 9. Diagnoseorientierte Fallpauschale | 253 | 76 |
| 10. Eigenbeteiligung des Sozialversicherten | 255 | 77 |
| a) Krankenhausbehandlung | 256 | 77 |
| b) Arznei- und Verbandmittel | 257 | 77 |
| c) Heilmittel | 258 | 77 |

|  | Rdn. | Seite |
|---|---|---|
| d) Stationäre Rehabilitation | 259 | 77 |
| e) Ambulante Behandlung | 260 | 77 |
| f) Grundsätzlich keine Erstattung durch die gesetzliche Krankenkasse | 261 | 77 |
| IV. Vermehrte Bedürfnisse | 262 | 78 |
| 1. Ersatzpflichtige Kosten | 264 | 78 |
| 2. Pflegekosten | 265 | 80 |
| 3. Behindertengerechter Wohnbedarf | 268 | 84 |
| 4. Stationäre Behandlung | 269 | 85 |
| 5. Legalzession | 270 | 85 |
| V. Schmerzensgeld | 271 | 87 |
| 1. Allgemeines | 271 | 87 |
| 2. Kriterien für die Bemessung des Schmerzensgeldes | 274 | 87 |
| 3. Ermessensspielraum, Schmerzensgeldtabellen | 280 | 91 |
| 4. Mithaftung des Verletzten | 282 | 92 |
| 5. Sonderfälle | 285 | 93 |
| a) Bagatellverletzungen | 285 | 93 |
| b) Schwerste Beeinträchtigung der geistigen Persönlichkeit des Verletzten | 286 | 94 |
| c) Kurze Überlebenszeit | 290 | 95 |
| d) Schlechte körperliche Konstitution des Verletzten | 292 | 96 |
| e) Alter des Verletzten | 293 | 96 |
| f) Tod der Leibesfrucht | 294 | 96 |
| g) Höhe des Ausgleichsanspruchs nach § 338 Abs. 3 ZGB (DDR-Recht) | 295 | 96 |
| h) Schmerzensgeld für Neurosen | 296 | 97 |
| 6. Schmerzensgeldrente | 297 | 97 |
| 7. Teilschmerzensgeld und offene Schmerzensgeldteilklage | 302 | 99 |
| 8. „Schockschaden" | 304 | 100 |
| 9. Vererblichkeit | 307 | 101 |
| 10. Prozessuales | 312 | 101 |
| VI. Schadensersatz wegen entgangenen Unterhalts | 319 | 104 |
| 1. Barunterhalt bei Tod des „Alleinverdieners" | 328 | 106 |
| a) Nettoeinkommen des Getöteten | 329 | 106 |
| aa) Bei der Berechnung des Nettoeinkommens zu berücksichtigen sind | 330 | 107 |
| bb) Unberücksichtigt bleiben | 331 | 108 |
| cc) Ermittlung des Nettoeinkommens | 332 | 108 |
| dd) Reduzierung überdurchschnittlich hoher Einkommen | 333 | 110 |
| b) Abzug fixer Kosten | 335 | 110 |
| c) Anteil der Hinterbliebenen am verteilbaren Nettoeinkommen | 343 | 114 |
| aa) Unterhaltsquoten („Unterhaltsbedarf") | 344 | 114 |
| bb) Anrechnung von Einkünften der Waisen („Bedürftigkeit") | 352 | 116 |
| d) „Arbeitspflicht" des Hinterbliebenen | 354 | 117 |
| 2. Naturalunterhalt (Wegfall der Haushaltsführung) | 360 | 118 |
| a) Keine Einstellung einer Ersatzkraft, aber Aufrechterhaltung des Familienverbandes | 366 | 120 |
| aa) Arbeitszeitbedarf | 370 | 121 |
| bb) Stundensatz BAT | 373 | 122 |
| cc) Nettogehalt | 376 | 122 |
| b) Einstellung einer bezahlten Ersatzkraft | 377 | 122 |
| c) Einschaltung von Verwandten | 379 | 123 |
| d) Auswärtige Unterbringung der Waisen | 380 | 123 |
| e) Aufteilung des Schadensersatzes auf die einzelnen Hinterbliebenen | 383 | 124 |
| f) Schadenminderungspflicht | 384 | 124 |
| g) Vorteilsausgleich | 385 | 124 |
| h) „Anrechnung" von Einkünften der Waise | 389 | 125 |

|  | Rdn. | Seite |
|---|---|---|
| i) Steuerliche Nachteile des Hinterbliebenen | 390 | 125 |
| j) Laufzeit und Abstufung des Schadensersatzes | 391 | 125 |
| k) Übergang auf leistende Dritte | 396 | 126 |
| 3. Erwerbstätigkeit beider Ehegatten | 397 | 126 |
| a) Barunterhalt | 398 | 127 |
| b) Naturalunterhalt (Haushaltsführung) | 401 | 127 |
| c) Wegfall der Barunterhaltspflicht des hinterbliebenen Ehegatten | 404 | 128 |
| d) Überobligatorische Tätigkeit | 407 | 128 |
| e) Berechnungsbeispiele (auf volle EURO gerundet) | 409 | 129 |
| aa) Ausschließlich Barunterhalt | 409 | 129 |
| bb) Bar- und Naturalunterhalt | 412 | 132 |
| 4. Tod eines unterhaltpflichtigen Kindes oder sonstiger unterhaltspflichtiger Verwandter | 416 | 133 |
| 5. Vorteilsausgleich | 419 | 134 |
| a) Unterhaltsleistungen Dritter | 419 | 134 |
| aa) Quellentheorie | 420 | 134 |
| bb) Wiederheirat | 421 | 135 |
| b) Sonstige Leistungen Dritter | 424 | 135 |
| c) Erbschaft | 426 | 135 |
| d) Zahlungen privater Versicherer | 430 | 136 |
| e) Arbeitsaufnahme nach dem Tod | 432 | 137 |
| f) Ersparter Unterhalt aus eigenen Einkünften des hinterbliebenen Ehegatten | 433 | 137 |
| g) Nichteheliche Lebensgemeinschaft | 434 | 137 |
| h) Kindergeld | 435 | 137 |
| i) Ausbildungsvergütung | 436 | 137 |
| j) BAföG | 437 | 138 |
| k) Adoption | 438 | 138 |
| 6. Steuerfragen | 439 | 138 |
| 7. Rentnerkrankenversicherung | 440 | 138 |
| 8. Forderungsübergang auf leistende Dritte | 441 | 139 |
| a) Sachliche und zeitliche Kongruenz | 441 | 139 |
| b) Getrennte Ansprüche der Hinterbliebenen | 443 | 139 |
| c) Vorrecht gegenüber dem Rentenversicherungsträger bei Tod eines Rentners | 444 | 139 |
| d) Regress des Rentenversicherungsträgers bei Vorrecht des Hinterbliebenen für die Anrechnung des ersparten Unterhalts aus eigenen Einkommen in Fällen der Mithaftung | 446 | 140 |
| VII. Beerdigungskosten | 447 | 143 |
| VIII. Schadensersatz wegen entgangener Dienste, § 845 BGB | 456 | 146 |
| IX. Ausländer, insbesondere Gastarbeiter | 463 | 148 |
| 1. Verdienstausfall und Schmerzensgeld eines Gastarbeiters | 464 | 148 |
| 2. Todesfall | 469 | 149 |
| 3. Vormundschaftsgerichtliche Genehmigung | 479 | 151 |
| 4. Leistungen von Sozialversicherungsträgern und sonstigen Dritten | 480 | 151 |
| a) Deutsche SVT | 480 | 151 |
| b) Ausländische SVT | 482 | 151 |
| c) Gutglaubensschutz des Haftpflichtversicherers? | 485 | 152 |
| d) Leistungen sonstiger Dritter | 487 | 152 |
| e) Anrechnung von Leistungen Dritter bei fehlendem Übergang? | 489 | 153 |
| 5. Laufzeit des Schadensersatzes | 490 | 153 |
| X. Mitwirkendes Verschulden des Geschädigten | 491 | 154 |
| 1. Alkohol, Übermüdung | 494 | 154 |
| 2. Schutzhelm | 498 | 154 |
| 3. Sicherheitsgurt | 503 | 156 |

## Inhaltsverzeichnis

|  | Rdn. | Seite |
|---|---|---|
| XI. Haftungsausschluss bei Arbeits- oder Dienstunfall | 512 | 160 |
| 1. Übersicht der neuen §§ 104 ff. SGB VII | 516 | 161 |
| 2. Arbeitsunfall des Geschädigten | 518 | 162 |
| 3. Betriebliche Tätigkeit des Schädigers | 523 | 164 |
| a) Schädiger ist Betriebsangehöriger des Betriebs, über den der Arbeitsunfall versichert ist | 524 | 164 |
| b) Schädiger ist nicht Betriebsangehöriger | 526 | 165 |
| c) Hilfeleistung bei Unglücksfällen oder gemeiner Gefahr | 529 | 166 |
| d) Pannenhilfe | 530 | 167 |
| e) Straßenverkehrsunfälle | 531 | 167 |
| 4. Versicherungsschutz des Geschädigten in demselben Betrieb | 534 | 169 |
| 5. Entsperrung der Haftung bei Vorsatz und Wegeunfällen | 536 | 170 |
| 6. Haftungsprivileg nach § 106 Abs. 3 SGB VII, insbesondere gemeinsame Betriebsstätte | 544 | 172 |
| a) Versicherte mehrerer Unternehmen | 547 | 172 |
| b) Betriebliche Tätigkeit des Schädigers | 548 | 173 |
| c) Gemeinsame Betriebsstätte | 549 | 173 |
| 7. Prozessuales | 555 | 176 |
| 8. Gestörtes Gesamtschuldverhältnis | 557 | 178 |
| 9. Regress des Sozialversicherungsträgers bei Vorsatz oder grober Fahrlässigkeit (§ 110 SGB VII) | 558 | 178 |
| 10. Haftungsausschluss bei Unfällen von Beamten und Soldaten | 568 | 181 |
| XII. Regress des Sozialversicherungsträgers | 577 | 184 |
| 1. Einleitung | 577 | 184 |
| 2. Leistungen des SVT „auf Grund des Schadensereignisses" | 580 | 185 |
| 3. Schadensersatzanspruch | 587 | 187 |
| 4. Zeitpunkt des Rechtsübergangs | 590 | 189 |
| 5. Kongruenz | 597 | 191 |
| a) Sachliche Kongruenz | 597 | 191 |
| b) Zeitliche Kongruenz | 603 | 196 |
| c) Zusätzliche Einschränkungen nach Sinn und Zweck | 606 | 196 |
| 6. Regress des RVT wegen der Trägerbeiträge zur Rentner-Krankenversicherung (KVdR) | 607 | 197 |
| a) Keine volle Übergangsfähigkeit von Renten | 609 | 197 |
| b) Tod einer nicht erwerbstätigen Mutter (Haushaltsführung) | 610 | 198 |
| c) Tod eines Elternteils bei Erwerbstätigkeit beider Eltern | 612 | 199 |
| d) Erwerbstätigkeit des hinterbliebenen Ehegatten | 613 | 199 |
| 7. Regress von Beiträgen bei Lohnersatzleistungen | 616 | 199 |
| a) Beiträge zur Rentenversicherung | 618 | 200 |
| b) Beiträge zur Arbeitslosenversicherung | 623 | 201 |
| c) Beiträge zur Krankenversicherung | 624 | 201 |
| d) Beiträge zur Pflegeversicherung | 627 | 202 |
| 8. Pauschalierung ambulanter Heilbehandlungskosten | 628 | 202 |
| 9. Kein Regress gegen in häuslicher Gemeinschaft lebende Familienangehörige („Familienprivileg") | 635 | 204 |
| 10. Gestörtes Gesamtschuldverhältnis | 645 | 206 |
| 11. Mithaftung des Versicherten | 647 | 207 |
| a) Grundsatz „relative Theorie" | 651 | 208 |
| b) § 116 Abs. 3 S. 3 SGB X | 653 | 208 |
| c) § 116 Abs. 5 SGB X | 655 | 208 |
| d) Besonderheiten bei der Anrechnung ersparten Barunterhalts | 657 | 208 |
| 12. Rangverhältnis zwischen mehreren Zessionaren | 658 | 208 |
| a) Sozialversicherungsträger/Sozialhilfeträger/Bundesagentur für Arbeit/Bund | 658 | 208 |
| b) SVT und öffentlicher Dienstherr | 664 | 210 |
| c) SVT – Arbeitgeber – privater Schadenversicherer | 666 | 211 |

|  | Rdn. | Seite |
|---|---|---|
| 13. Wechsel des SVT | 667 | 211 |
| 14. Regress der Pflegekasse | 671 | 212 |
| a) Versicherungspflichtige Personen | 674 | 212 |
| b) Beiträge | 677 | 213 |
| c) Leistungen der Pflegekasse | 679 | 213 |
| d) Regress der Pflegekasse | 683 | 214 |
| aa) Pflegesachleistung (Pflegehilfe – § 36 SGB XI ) | 687 | 215 |
| bb) Pflegegeld für selbst beschaffte Pflegehilfen | 690 | 216 |
| cc) Technische Hilfsmittel (§ 40 SGB XI) | 692 | 216 |
| dd) Teil- und vollstationäre Pflege inkl. Beförderungskosten (§§ 41, 43 SGB XI) | 695 | 216 |
| ee) Rentenversicherungsbeiträge für Pflegepersonen (§ 44 SGB XI) | 697 | 216 |
| ff) Pflegekurse für Angehörige und sonstige Pflegepersonen (§ 45 SGB XI) | 699 | 217 |
| e) Vergleiche über vermehrte Bedürfnisse vor In-Kraft-Treten des SGB XI am 1. 1. 95 | 700 | 217 |
| aa) Zeitpunkt des Rechtsübergangs auf die Pflegekasse | 700 | 217 |
| bb) Kapitalabfindungen | 701 | 217 |
| cc) Rentenvergleiche | 702 | 218 |
| f) Verjährung | 704 | 219 |
| g) Teilungsabkommen | 705 | 219 |
| XIII. Weitere Legalzessionen | 706 | 220 |
| 1. Regress der Bundesagentur für Arbeit (BA) | 706 | 220 |
| a) Arbeitslosengeld I (§§ 117 ff. SGB III) | 707 | 220 |
| b) Arbeitslosengeld II („ALG") II und sonstige Leistungen nach dem SGB II | 708 | 220 |
| c) Rehabilitationsleistungen (§§ 217 ff., 236 ff. SGB III) | 709 | 221 |
| 2. Regress des Sozialhilfeträgers (SHT) für Leistungen nach dem SGB XII | 710 | 221 |
| a) Zeitpunkt des Übergangs | 714 | 222 |
| aa) Schadenregulierung vor Übergang auf den SHT | 715 | 222 |
| bb) Schadenregulierung nach Übergang auf den SHT | 716 | 223 |
| b) Gutglaubensschutz des regulierenden Haftpflichtversicherers | 722 | 224 |
| c) Verjährung | 723 | 224 |
| d) Schadenquotierung bei Mithaftung | 725 | 224 |
| e) Kein Familienprivileg | 729 | 225 |
| f) Regress für Leistungen zur Grundsicherung (SGB XII) | 730 | 225 |
| 3. Regress des Dienstherrn | 732 | 226 |
| a) Fortzahlung von Dienstbezügen | 736 | 228 |
| b) Beihilfe zu den unfallbedingten Heilbehandlungskosten | 740 | 228 |
| c) Ruhegehalt nach vorzeitiger Pensionierung | 744 | 229 |
| d) Quotenvorrecht des Beamten | 748 | 230 |
| e) Steuerfragen | 752 | 231 |
| 4. Regress des Bundes | 758 | 232 |
| 5. Regress des privaten Schadenversicherers nach § 67 VVG a. F., § 86 VVG n. F. | 759 | 234 |
| XIV. Regress von Rentenversicherungsbeiträgen nach § 119 SGB X | 763 | 236 |
| 1. Historische Entwicklung | 765 | 237 |
| 2. Rentenversicherungspflicht des Verletzten | 770 | 238 |
| 3. Ausfall von Pflichtversicherungsbeiträgen | 773 | 239 |
| 4. Leistungsfreiheit des KH-Versicherers | 774 | 239 |
| 5. Kein Familienprivileg nach § 116 Abs. 6 SGB X | 775 | 240 |
| 6. Verjährung | 776 | 240 |
| 7. Verstoß gegen die Schadensminderungspflicht | 777 | 240 |
| 8. Befriedigungsvorrecht des Geschädigten gem. § 116 Abs. 4 SGB X bei Überschreitung der Versicherungssumme | 778 | 240 |
| 9. Höhe | 779 | 241 |

*Inhaltsverzeichnis* XV

| | Rdn. | Seite |
|---|---|---|
| 10. Konkurrenz des § 119 SGB X zum Übergang eines Beitragsanspruchs nach §§ 6 EFZG, 116 SGB X, 179 Abs. 1 a SGB VI | 780 | 241 |
| XV. Verjährung | 782 | 242 |
| 1. Verjährungsfristen | 782 | 242 |
| a) Regelmäßige Verjährungsfrist 3 Jahre (§ 195 BGB) | 782 | 242 |
| b) 30-jährige Verjährungsfrist aufgrund eines Feststellungsurteils | 783 | 243 |
| c) Vertragliche Verlängerung der Verjährungsfrist | 785 | 244 |
| d) 30-jährige Verjährungsfrist aufgrund einer konstitutiven Anerkenntnis | 786 | 244 |
| 2. Beginn der Verjährungsfrist | 787 | 244 |
| a) Kenntnis der Person des Schädigers | 788 | 245 |
| b) Kenntnis vom Schaden | 790 | 245 |
| c) Kenntnis des „Verletzten" bei Rechtsnachfolge | 791 | 246 |
| d) Unterschiedlicher Verjährungsbeginn bei einheitlichem Schadenereignis | 796 | 247 |
| e) Zurechnung der Kenntnis eines Dritten | 798 | 247 |
| 3. Neubeginn der Verjährung durch Anerkenntnis | 799 | 247 |
| 4. Hemmung | 802 | 248 |
| a) Hemmung der Ansprüche nach § 3 Nr. 3 S. 3, 4 PflVG a. F., § 115 Abs. 2 S. 3 VVG n. F. gegen den Krafthaftpflichtversicherer | 802 | 248 |
| b) Schwebende Verhandlungen (§ 203 BGB) | 807 | 251 |
| c) Hemmung durch Rechtsverfolgung (§ 204 BGB) | 811 | 252 |
| d) Hemmung aus familiären Gründen (§ 207 BGB) | 812 | 253 |
| 5. Verlängerung der Verjährungsfrist | 813 | 253 |
| a) Verzicht auf die Einrede der Verjährung nach altem Recht | 815 | 254 |
| b) Vertragliche „Ersetzung" eines rechtskräftigen Feststellungsurteils | 817 | 254 |
| 6. Vorbehalt in der Abfindungserklärung | 820 | 255 |
| XVI. Vergleich | 823 | 257 |
| 1. Allgemeines | 823 | 257 |
| 2. Abfindungsvergleich | 828 | 257 |
| 3. Wirkung gegenüber Rechtsnachfolgern | 839 | 259 |
| 4. Unwirksamkeit – Anpassung | 843 | 261 |
| a) § 779 BGB | 843 | 261 |
| b) § 242 BGB, Fehlen der Geschäftsgrundlage | 845 | 261 |
| c) Erhebliche Äquivalenzstörungen, insbesondere unvorhergesehene Spätschäden | 848 | 262 |
| d) Rentenvergleich | 849 | 263 |
| e) Gerichtlicher Vergleich | 852 | 264 |
| XVII. Kapitalabfindung | 853 | 265 |
| 1. Laufzeit der Schadensersatzrente | 857 | 266 |
| a) Vermehrte Bedürfnisse | 857 | 266 |
| b) Erwerbsschaden und Haushaltsführungsschaden | 860 | 267 |
| c) Entgangener Unterhalt | 864 | 268 |
| d) Schmerzensgeldrente | 866 | 269 |
| 2. Zinsfuß/Kapitalisierungsfaktor | 868 | 269 |
| 3. Zahlungsweise | 870 | 270 |
| 4. Zukünftige Änderungen der Rentenhöhe | 871 | 271 |
| a) Individuelle Entwicklung | 871 | 271 |
| b) Allgemeine Einkommens- und Rentensteigerungen | 874 | 271 |
| 5. Zur Anwendung der Kapitalisierungstabellen | 877 | 272 |
| a) Begriffe | 877 | 272 |
| b) Berechnungsbeispiele | 878 | 273 |
| aa) Beginn einer Leibrente im Kapitalisierungszeitpunkt | 878 | 273 |
| bb) Rentenbeginn in der Zukunft (aufgeschobene Rente) | 879 | 273 |
| cc) Abzinsung zukünftiger Kapitalbeträge | 880 | 274 |

|  | Rdn. | Seite |
|---|---|---|
| Anhang: Kapitalisierungstabellen ................................................................ | | 275 |
| Übersicht ................................................................................................... | | 275 |
| Stichwortverzeichnis ................................................................................. | | 317 |

# Abkürzungsverzeichnis

| | |
|---|---|
| a. A. | andere Auffassung |
| a. F. | alte Fassung |
| AFG | Arbeitsförderungsgesetz |
| AG | Amtsgericht |
| AHB | Allgemeine Bedingungen für die Haftpflichtversicherung |
| AKB | Allgemeine Bedingungen für die Kraftfahrtversicherung |
| Anm. | Anmerkung |
| AnwBl. | Anwaltsblatt |
| AsylbLG | Asylbewerberleistungsgesetz |
| AuslPflVG | Ausländer-Pflichtversicherungsgesetz |
| AVG | Angestelltenversicherungsgesetz |
| Az. | Aktenzeichen |
| BA | Bundesagentur für Arbeit (Kurzfassung: Arbeitsagentur) |
| BAföG | Bundesausbildungsförderungsgesetz |
| BAG | Bundesarbeitsgericht |
| BAT | Bundesangestelltentarif |
| BayBG | Bayerisches Beamtengesetz |
| BayObLG | Bayerisches Oberstes Landesgericht |
| BB | Betriebs-Berater |
| BBesG | Bundesbesoldungsgesetz |
| BBG | Bundesbeamtengesetz |
| Beamt VG | Beamtenversorgungsgesetz |
| BhV | Beihilfeverordnung |
| Betr. | Der Betrieb |
| BFH | Bundesfinanzhof |
| BGB | Bürgerliches Gesetzbuch |
| BGBl. | Bundesgesetzblatt |
| BGH | Bundesgerichtshof |
| BGHZ | Amtl. Sammlung der Entscheidungen des BGH in Zivilsachen |
| BKGG | Bundeskindergeldgesetz |
| BRAGO | Bundesrechtsanwaltsgebührenordnung |
| BRRG | Beamtenrechtsrahmengesetz |
| BSHG | Bundessozialhilfegesetz |
| BStBl. | Bundessteuerblatt |
| BU | Berufsunfähigkeit |
| BVerwG | Bundesverwaltungsgericht |
| BVG | Bundesversorgungsgesetz |
| BeamtVG | Beamtenversorgungsgesetz |
| DAR | Deutsches Autorecht |
| DAV | Deutscher Anwalt Verein |
| DB | Der Betrieb |
| DRV | Deutsche Rentenversicherung Bund |
| DStR | Deutsches Steuerrecht |
| EBE | Eildienst bundesgerichtlicher Entscheidungen |
| EFZG | Entgeltfortzahlungsgesetz |
| EGBGB | Einführungsgesetz zum BGB |
| EigZulG | Eigenheimzulagengesetz |
| ErwG | Gesetz über die erweiterte Zulassung von Schadensersatzansprüchen bei Dienstunfällen |
| EStG | Einkommensteuergesetz |
| EU | Erwerbsunfähigkeit |

| | |
|---|---|
| FamRZ | Zeitschrift für das gesamte Familienrecht |
| Fußn. | Fußnote |
| GB BAV | Geschäftsbericht des Bundesaufsichtsamt für das Versicherungswesen |
| GKG | Gerichtskostengesetz |
| GKV | gesetzliche Krankenversicherung |
| GSiG | Grundsicherungsgesetz |
| HPflG | Haftpflichtgesetz |
| h. M. | Herrschende Meinung |
| IPR | Internationales Privatrecht |
| JW | Juristische Wochenschrift |
| JZ | Juristenzeitung |
| KF | Kapitalisierungsfaktor |
| Kfz. | Kraftfahrzeug |
| KG | Kammergericht |
| KostÄndG | Kostenrechtsänderungsgesetz |
| KVdR | Krankenversicherung der Rentner |
| LBG NRW | Landesbeamtengesetz Nordrhein-Westfalen |
| LFG | Lohnfortzahlungsgesetz |
| LG | Landgericht |
| Lj. | Lebensjahr |
| LPartG | Lebenspartnerschaftsgesetz |
| LuftVG | Luftverkehrsgesetz |
| MdE | Minderung der Erwerbsfähigkeit |
| MDR | Monatsschrift für Deutsches Recht |
| m. w. H. | mit weiteren Hinweisen |
| n. F. | Neue Fassung |
| NJW | Neue Juristische Wochenschrift |
| NJW-RR | NJW-Rechtsprechungsreport Zivilrecht |
| NTS | Nato-Truppenstatut |
| NTS-AG | Gesetz zum Nato-Truppenstatut und zu den Zusatzvereinbarungen |
| NZV | Neue Zeitschrift für Verkehrsrecht |
| OLG | Oberlandesgericht |
| PflegeVG | Pflegeversicherungsgesetz |
| PflVG | Pflichtversicherungsgesetz |
| PVR | Praxis Verkehrsrecht |
| RAG | Rentenanpassungsgesetz |
| Rdn. | Randnummer |
| Rev. | Revision |
| RG | Reichsgericht |
| RHG | Reichshaftpflichtgesetz |
| RKV | Rentnerkrankenversicherung |
| r+s | recht und schaden (andere Zitierweise: RuS) |
| Rspr. | Rechtsprechung |
| RVO | Reichsversicherungsordnung |
| RVT | Rentenversicherungsträger |
| Rz. | Randziffer |
| SGB | Sozialgesetzbuch; Zeitschrift: Sozialgerichtsbarkeit |
| SHT | Sozialhilfeträger |
| SoldG | Soldatengesetz |
| SVG | Soldatenversorgungsgesetz |
| SP | Schadenpraxis |
| st. Rspr. | Ständige Rechtsprechung |
| StVG | Straßenverkehrsgesetz |
| StVO | Straßenverkehrsordnung |
| StVZO | Straßenverkehrszulassungsordnung |
| SVR | Straßenverkehrsrecht |
| SVT | Sozialversicherungsträger |
| Tz. | Teilziffer |

| | |
|---|---|
| UVT | Unfallversicherungsträger |
| VerBAV | Veröffentlichungen des Bundesaufsichtsamts für das Versicherungswesen |
| VersR | Versicherungsrecht |
| VGT | Verkehrsgerichtstag Goslar |
| VO | Verordnung |
| Vorbem. | Vorbemerkung |
| VVG | Versicherungsvertragsgesetz |
| VW | Versicherungswirtschaft |
| WJ | Hansjoachim Wussow, Informationen zum Versicherungs- und Haftpflichtrecht |
| WPM | Wertpapiermitteilungen |
| ZfS | Zeitschrift für Schadensrecht |
| ZfSH | Zeitschrift für Sozialhilfe |
| ZGB | Zivilgesetzbuch DDR |
| ZPO | Zivilprozessordnung |

# Literaturverzeichnis

Bauer, Die Kraftfahrtversicherung, 5. Aufl., 2002
Berz/Burmann, Handbuch des Straßenverkehrsrechts, Stand 2005
Böhme/Biela, Kraftverkehrs-Haftpflicht-Schäden, 24. Aufl., 2009
Brackmann, Handbuch der Sozialversicherung, Band 3, Gesetzliche Unfallversicherung, Loseblattsammlung, Stand 12/98
Deichl-Küppersbusch-Schneider, Kürzungs- und Verteilungsverfahren nach §§ 155 Abs. 1 und 156 Abs. 3 VVG in der Kfz-Haftpflichtversicherung, 1985
Erman, BGB, 11. Aufl., 2004
Filthaupt, Haftpflichtgesetz, 6. Aufl., 2003
Geigel, Der Haftpflichtprozess, 25. Aufl., 2008
Greger, Haftungsrecht des Straßenverkehrs, 3. Aufl., 1997
Grüneberg, Haftungsquoten bei Verkehrsunfällen, 11. Aufl., 2008
Hacks-Ring-Böhm, Schmerzensgeldbeträge, 27. Aufl., 2009
Himmelreich/Halm, Handbuch des Fachanwalts Verkehrsrecht, 2006
Hauck/Noftz, SGB VII, Stand 2006
Hofmann, Haftpflichtrecht für die Praxis, 1989
Hentschel, Straßenverkehrsrecht, 39. Aufl., 2007
Jahnke, Abfindung von Personenschadenansprüchen, 2. Aufl., 2008
Jahnke, Der Verdienstausfall im Schadensersatzrecht, 3. Aufl., 2009
Jahnke, Unfalltod und Schadensersatz, 2007
Kasseler Kommentar, Sozialversicherungsrecht, Stand 2005
Kater/Leube, Gesetzliche Unfallversicherung, SGB VII, 1997
Lange, Schadensersatz, 1979
Larenz, Lehrbuch des Schuldrechts, Allgemeiner Teil, 14. Aufl., 1987
Lauterbach, Unfallversicherung, 4. Aufl., 2003
Meyer/Ladewig, SGG, 8. Aufl., 2005
Münchener Kommentar zum Bürgerlichen Gesetzbuch, 5. Aufl., 2007 (§§ 241 ff.), 5. Aufl. 2008 (§§ 433 ff.)
Palandt, Bürgerliches Gesetzbuch, 68. Aufl., 2009
Pardey, Berechnung von Personenschäden, 3. Aufl., 2005
Prölss-Martin, Versicherungsvertragsgesetz, 27. Aufl., 2004
Schloën-Steinfeltz, Regulierung von Personenschäden, 1978
Schneider-Schlund-Haas, Kapitalisierungs- und Verrentungstabellen, 2. Aufl., 1992
Schneider/Stahl, Kapitalisierung und Verrentung, 3. Aufl., 2007
Schulz-Borck/Hofmann, Schadensersatz bei Ausfall von Hausfrauen und Müttern im Haushalt, 6. Aufl., 2000
Slizyk, Beck'che Schmerzensgeldtabelle, 4. Aufl., 2001
Staudinger, BGB Band 2 (§§ 249 ff.), 2005
Stauffer-Schätzle, Barwerttafeln, 3. Aufl., 1970
Stiefel-Hofmann, Kraftfahrversicherung, 17. Aufl., 2000
Thomas/Putzo, ZPO, 29. Aufl., 2008
Veröffentlichungen der auf verschiedenen Deutschen Verkehrsgerichtstagen in Goslar gehaltenen Referate, herausgegeben von der Akademie für Verkehrswissenschaft, Hamburg
Wussow, Unfallhaftpflichtrecht, 15. Aufl., 2002
Zöller, Zivilprozessordnung, 27. Aufl., 2009

## I. Einleitung

Die durch die Körperverletzung einer Person verursachte Beeinträchtigung der Gesundheit, der körperlichen oder seelischen Integrität als solche ist ein immaterieller Schaden. In der Regel ist sie oder der Tod eines Menschen auch die Quelle für einen – materiellen – Vermögensschaden in Gestalt von Aufwendungen, die erforderlich werden, um die Gesundheit wieder herzustellen oder die Unfallfolge zu mildern, vermehrten körperlichen Bedürfnissen, Ausfall oder Verminderung des Erwerbseinkommens, Verlust eines Unterhaltsrechts, Entstehen von Beerdigungskosten. Als *Personenschaden* wird allgemein die durch die Körperverletzung entstandene Einbuße an den erwähnten Lebensgütern,[1] aber auch der daraus resultierende Vermögensschaden bezeichnet.

### 1. Anspruchsgrundlagen

In Betracht kommen vor allem unerlaubte Handlung (§§ 823 ff. BGB), Gefährdungshaftung (§§ 7 ff. StVG, §§ 1 ff. HPflG, §§ 33 ff. LuftVG) und der akzessorische Direktanspruch gegen den Krafthaftpflichtversicherer (§ 3 Ziff. 1 PflVG).

### 2. Kausalität (Zurechnungszusammenhang)

Zwischen dem Verhalten des Schädigers und der Körperverletzung *(haftungsbegründende Kausalität)*,[2] sowie dem Schaden *(haftungsausfüllende Kausalität)* muss ein Kausalzusammenhang, nach neuerer Terminologie ein Zurechnungszusammenhang bestehen.

#### a) Adäquanz

Nach der für das Zivilrecht maßgeblichen *Adäquanztheorie* sind nur solche logischen Ursachen (conditio sine qua non – Äquivalenztheorie) zu berücksichtigen, die bei einer objektiven nachträglichen Prognose im Allgemeinen und nicht nur unter besonders eigenartigen, unwahrscheinlichen und nach dem gewöhnlichen Verlauf der Dinge außer Betracht zu lassenden Umständen geeignet waren, einen Erfolg dieser Art herbeizuführen.[3] Mit Hilfe der Adäquanz sollen solche Kausalverläufe „herausgefiltert" werden, die dem Verursacher billigerweise nicht mehr zugerechnet werden können. Zwischen der Gefährdungs- und Verschuldenshaftung ist insoweit zu differenzieren. Bei der Gefährdungshaftung kommt es darauf an, ob es sich bei dem Schaden um eine spezifische Auswirkung der Gefahren handelt, vor der der Verkehr geschützt werden soll.[4]

#### b) Zurechnungs- oder Rechtswidrigkeitszusammenhang

Die auf Wahrscheinlichkeitskriterien beruhende Adäquanz wird ergänzt und eingeschränkt durch die zusätzliche *wertende Beurteilung,* ob die Schadenfolge dem Verur-

---

[1] Vgl. *Larenz,* Schuldrecht Allgemeiner Teil, § 29 II e.
[2] *Palandt,* BGB, Vorbemerkung 5 A) a) vor § 249 m. w. H.
[3] BGHZ 7, 204; 57, 141; BGH NJW 76, 1143; VersR 78, 1163.
[4] BGH VersR 81, 676 = NJW 81, 939.

sacher noch *zugerechnet* werden kann.⁵ Hierbei kommt es auf eine wertende Betrachtung aller Umstände des Einzelfalls an. Wird zum Beispiel eine Unfallstelle auf der Autobahn ordnungsgemäß abgesichert und fährt ein weiterer Verkehrsteilnehmer auf, kann der Zurechnungszusammenhang mit dem Erstunfall ausscheiden.⁶

6   Zwischen dem haftungsbegründenden Ereignis und dem Schaden muss ein *Rechtswidrigkeitszusammenhang* bestehen, d.h. der geltend gemachte Schaden muss seiner Entstehungsweise und Art nach unter den *Schutzzweck der verletzten Norm* fallen.⁷ Dieses Abgrenzungskriterium hat vor allem Bedeutung für die haftungsbegründende, weniger für die haftungsausfüllende Kausalität.⁸

7   Am Rechtswidrigkeitszusammenhang fehlt es, wenn die Körperverletzung bzw. der Unfall auch bei ordnungsgemäßem Verhalten eingetreten wäre. Z.B. überhöhte Geschwindigkeit im Straßenverkehr: Hätte sich der Zusammenstoß auch bei Einhaltung einer angemessenen Geschwindigkeit und Anwendung der üblichen Sorgfalt ereignet, fehlt es an einem rechtlichen Ursachenzusammenhang zwischen dem Verkehrsverstoß „überhöhte Geschwindigkeit" und dem nachfolgenden Unfall.⁹ Die Überlegung, dass der Schnellfahrer bei langsamerer Geschwindigkeit später an die Unfallstelle gekommen wäre und sich der Unfall aus diesem Grund nicht ereignet hätte, begründet demgegenüber keinen Zurechnungszusammenhang.¹⁰ Voraussetzung ist immer, dass bei dem Unfall Gefahren mitgewirkt haben, zu deren Vermeidung die verletzte Verkehrsvorschrift erlassen wurde.¹¹

8   Bei Verletzung von Verkehrsvorschriften kommt es im Übrigen darauf an, ob die betreffende Vorschrift dem Schutz auch des Geschädigten diente. Beispiel: Bei einem Kreuzungszusammenstoß kann der Wartepflichtige eine (Mit-)Haftung des Vorfahrtsberechtigten nicht damit begründen, dass dieser das Rechtsfahrgebot verletzt hat; denn das Rechtsfahrgebot dient nur dem Schutz der Verkehrsteilnehmer, die sich in Gegenrichtung auf derselben Fahrbahn bewegen, nicht dem Schutz kreuzender Verkehrsteilnehmer.¹²

## c) Allgemeines Lebensrisiko

9   Nicht zu ersetzen sind Schadenfolgen, die nur eine *Verwirklichung des allgemeinen Lebensrisikos* sind oder in einem nur zufälligen, äußeren Zusammenhang mit der vom Schädiger geschaffenen Gefahrenlage stehen. Beispiele: Verkehrsunfall auf der Fahrt des Verletzten ins Krankenhaus mit Privatwagen – anders bei Transport mit Blaulicht;¹³ tatsächlich nicht verletzter Unfallbeteiligter lässt sich vorsichtshalber ärztlich untersuchen und erleidet auf Grund fehlerhafter Diagnose und Behandlung einen (Primär-)Schaden;¹⁴ Entdeckung einer zur vorzeitigen Pensionierung führenden Krankheit bei der Behandlung von Unfallverletzungen;¹⁵ Verursachung weiterer Schäden bei der Unfalloperation wegen eines Eingriffs, der nicht aufgrund der Unfallverletzungen erfolgt.¹⁶

---

⁵ BGHZ 3, 261; BGH NJW 55, 1876; VersR 72, 560; *Palandt*, BGB, Vorbemerkung 5 vor § 249 m.w H.; BGH VersR 82, 296 = NJW 82, 572.
⁶ BGH VersR 04, 529 = NZV 04, 243 = NJW 04, 1375.
⁷ BGHZ 27, 140; 35, 315; 57, 142; *Larenz*, Schuldrecht Allgemeiner Teil, § 27 III b) 2. m.w.H.
⁸ *Larenz*, Schuldrecht Allgemeiner Teil, § 27 III b) 2.
⁹ BGH VersR 63, 165.
¹⁰ BGH VersR 77, 524.
¹¹ BGH VersR 77, 524.
¹² BGH VersR 77, 524; a. A. für den Rechtsabbieger OLG Celle VersR 81, 80.
¹³ *Larenz*, Schuldrecht Allgemeiner Teil, § 27 III b) 3.
¹⁴ OLG Hamm v. 8. 9. 05, 6 U 185/04, r+s 06, 394 = NJW-RR 06, 1395.
¹⁵ BGH NJW 68, 2287.
¹⁶ BGHZ 25, 86 mit Anm. *Larenz* in NJW 58, 627.

### d) Mitverursachung durch Verletzten

Wird der Schaden durch eine *Handlung des Verletzten mitverursacht*, bleibt er gleichwohl dem Schädiger (Erstverursacher) zuzurechnen, wenn der Ursachenbeitrag des Geschädigten durch das haftungsbegründende Ereignis herausgefordert wurde und keine ungewöhnliche Reaktion bildet. Der Kausalzusammenhang ist daher zu bejahen bei: Schäden bei der Verfolgung, wenn der Verfolger sich zum Eingreifen herausgefordert fühlen durfte und der Verfolgte in vorwerfbarer Weise zu der selbstgefährdenden Reaktion herausgefordert hat;[17] bei Hilfeleistungen nach einem schuldhaft verursachten Verkehrsunfall, wenn die Hilfeleistung mit einem gesteigerten Risiko verbunden war;[18] Organ- oder Hautspende zugunsten eines Unfallverletzten;[19] strafbaren Handlungen des Verletzten, die auf einer unfallbedingten Hirnverletzung beruhen.[20] Kein Kausalzusammenhang besteht dagegen, wenn der Geschädigte die vom Schädiger geschaffene Gefahrenlage lediglich zu eigenem Vorteil ausnutzt[21] oder wenn der Geschädigte in „völlig abwegiger, ungebührlicher oder unsachgemäßer Weise" in den Kausalverlauf eingreift.[22]

### e) Zweitschädiger

Hat ein „Zweitschädiger" den Schaden mitverursacht, muss ebenfalls mit Hilfe wertender Beurteilung geprüft werden, ob die Schadenfolge billigerweise dem Erstschädiger noch zuzurechnen ist.[23] Dies wird regelmäßig der Fall sein, wenn der Erstschädiger den – sogar vorsätzlichen[24] – Ursachenbeitrag des Zweitschädigers pflichtwidrig nicht verhindert oder gar begünstigt hat,[25] wie z. B. in den Fällen, in denen der Erstschädiger eine Gefahrenquelle geschaffen hat, aufgrund der der Zweitschädiger den Schaden unmittelbar verursacht.[26] Typisch ist der Mehrfachzusammenstoß im Straßenverkehr: Hier haftet grundsätzlich der Erstschädiger für Schäden, die dadurch entstehen, dass weitere Verkehrsteilnehmer in die Unfallstelle fahren.[27] Dieser Kausalzusammenhang wird aber unterbrochen, wenn die Gefahrenquelle ausreichend abgesichert wurde und ein Dritter die getroffenen Vorkehrungen nicht beachtet.[28] Zurechenbar sind auch Schäden durch ärztliche Kunstfehler bei der Behandlung einer Unfallverletzung,[29] es sei denn, dass der Arzt gegen jede ärztliche Erfahrung vorgeht.[30]

---

[17] BGHZ 63, 189; BGH VersR 71, 962; VersR 75, 154 = NJW 75, 168; VersR 76, 540 = NJW 76, 568; vgl. auch VersR 81, 161 = NJW 81, 750; VersR 91, 111.

[18] OLG Köln VersR 91, 1387; OLG Düsseldorf NZV 95, 280: auch wenn Lebensgefahr für den Nothelfer besteht.

[19] BGH VersR 87, 1040: Nierenspende der Mutter zugunsten ihres Kindes, dem aufgrund Arztverschuldens die letzte Niere entfernt worden war. Die Freiwilligkeit dieser Spende und ein ggf. auch langer Zeitraum zwischen Verletzung und Spende unterbricht die Kausalkette nicht. Auch bei einer Rettungshandlung kommt es nicht darauf an, wie lange die Überlebenszeit gedauert hat (OLG Schleswig NJW 87, 710).

[20] BGH NJW 79, 1684 = VersR 79, 739.

[21] BGH VersR 78, 540 = NJW 78, 1005.

[22] OLG Hamm VersR 00, 273.

[23] BGH VersR 78, 1161.

[24] BGH VersR 80, 87.

[25] BGH VersR 78, 1161 = NJW 79, 712.

[26] Vgl. BGH VersR 77, 430.

[27] Z. B. BGH VersR 72, 1072 = NJW 72, 1804; VersR 79, 226.

[28] BGH VersR 69, 895; *Palandt*, BGB, Vorbemerkung 5 B f. vor § 249.

[29] BGHZ 3, 280; BGH VersR 68, 773.

[30] *Palandt*, BGB, Vorbemerkung 5 B f. vor § 249; OLG Hamm r+s 95, 340 – Rev. nicht angen.: grober Behandlungsfehler.

### f) Psychische Überlagerung nachgewiesener Primärverletzungen

12  Auch psychisch bedingte Gesundheitsbeeinträchtigungen sind grundsätzlich dem Schädiger zuzurechnen und von ihm zu erstatten.[31] Dies gilt grundsätzlich auch dann, wenn sie auf einer psychischen Anfälligkeit des Verletzten beruhen oder durch eine neurotische Fehlverarbeitung des Unfallgeschehens und der Primärverletzungen verursacht wurden,[32] wobei allerdings bestimmte Voraussetzungen und Begrenzungen des Schadensersatzes zu beachten sind[33] (vgl. im Übrigen hierzu Rdn. 221 ff.). Wie folgt ist zu differenzieren:

13  Ist eine Primärverletzung nachgewiesen (§ 286 ZPO),[34] ist Schadensersatz auch für die dadurch bedingten seelisch/psychischen Folgeschäden zu leisten, wenn bewiesen ist (§ 287 ZPO),[35] dass diese Ausfälle ohne den Unfall nicht aufgetreten wären. Dass hier eine besondere, abnorme Veranlagung des Geschädigten mitursächlich war, schließt den Schadensersatz nicht aus. Der „Tropfen, der das Fass zum Überlaufen bringt",[36] reicht aus. Der Schädiger „kann nicht verlangen, so gestellt zu werden, als wenn der Verletzte gesund gewesen wäre."[37] Es genügt, dass die unfallbedingte Verletzung nur ein Faktor in einem „Ursachenbündel" ist, das den Gesamtschaden herbeigeführt hat.[38]

14  Der BGH schränkt diese weitgehende Haftung des Schädigers nur unter folgenden Voraussetzungen dem Grunde oder der Höhe nach ein:
Eine Ersatzpflicht entfällt, wenn die Primärverletzung nur eine *„Bagatelle"* war, die nicht gerade auf eine spezielle Schadensanlage des Geschädigten getroffen ist,[39] also eine geringfügige Verletzung, die einen Verletzten „nicht nachhaltig beeindrucken" kann und eine im Alltagsleben typische Beeinträchtigung darstellt,[40] und die psychische Reaktion daher in einem groben Missverhältnis zum Anlass steht.[41]

15  Diese Einschränkung hat keine praktische Bedeutung. Denn der BGH sieht schon eine leichte – nachgewiesene! – HWS-Verletzung mit 5-tägiger Arbeitsunfähigkeit nicht mehr als Bagatelle an.[42] Auch dies ist ein Ansatzpunkt für die Kritik in der Literatur.[43]

16  Auch die weitere Ausnahme von der grundsätzlich bestehenden Haftung des Schädigers kommt in der Schadenpraxis nur selten zum Zuge: Die Ersatzpflicht entfällt auch dann, wenn sich aufgrund der Primärverletzung eine sog. *Begehrensneurose* entwickelt hat, eine dem Schädiger nicht zurechenbare Fehlreaktion, die im Wesentlichen auf einem neurotischen Streben nach Versorgung und Sicherheit ohne die Schwierigkeiten und Be-

---

[31] St. Rspr., BGH NZV 04, 344 = VersR 04, 1945; NZV 00, 121 = VersR 00, 372; jeweils m. w. H.
[32] BGH VersR 96, 990 = NZV 96, 353 m. w. H.; BGH VersR 97, 752; NZV 98, 65 = VersR 98, 201; NZV 98, 110 = VersR 98, 200; VersR 00, 372 = NZV 00, 121; OLG Celle SP 07, 320; OLG Hamm NZV 02, 171 u. 458; NZV 98, 413; OLG Braunschweig DAR 98, 119 = r+s 98, 327; OLG München r+s 97, 115; OLG Köln VersR 96, 1551; kritische Hinweise bei *Palandt*, BGB, Vorbem. 70 a v. § 249 m. w. H. auf kritische Literatur.
[33] OLG München VersR 04, 124 = NZV 03, 474: „Einer uferlosen Ausweitung der Haftung in Fällen extremer Schadensdisposition bei psychisch bedingten Schäden ist zu begegnen."
[34] S. Rdn. 28.
[35] Zur erleichterten Beweisführung nach § 287 ZPO s. Rdn. 30.
[36] OLG Hamm NZV 02, 36 = r+s 01, 366.
[37] BGH VersR 96, 990 = NZV 96, 353; OLG Hamm NZV 02, 36 = SP 01, 342.
[38] BGH NZV 99, 201 = r+s 99, 200; OLG Hamm r+s 02, 113 = NZV 02, 171.
[39] OLG Hamm VersR 02, 992; s. auch Fußn. 157.
[40] BGH NZV 04, 344 = VersR 04, 1945; NZV 98, 65 = VersR 98, 201; NZV 98, 110 = VersR 98, 200; NZV 96, 353 = VersR 96, 990; OLG Hamm SP 01, 342.
[41] BGH VersR 97, 752; NZV 96, 353 = VersR 96, 990.
[42] BGH NZV 98, 65 = VersR 98, 201; vgl. auch BGH NZV 04, 344 = VersR 04, 1945; OLG Saarbrücken SP 07, 174.
[43] Hinweise bei *Palandt*, BGB, Vorbem. 5 B) c) § 249.

lastungen des Erwerbslebens beruht.⁴⁴ Die Beweislast dafür, dass es sich bei der unfallbedingten Neurose um eine nicht ersatzpflichtige Begehrensneurose handelt, trifft den Schädiger. Der BGH geht davon aus, dass es sich dabei um eine Ausnahme handelt, die nur durch den medizinischen Sachverständigen⁴⁵ beurteilt werden kann.⁴⁶

Sehr wichtig sind dagegen die Einschränkungen, die der BGH zur Höhe macht. Beim *Erwerbs-* und den sonstigen materiellen *Schäden* ist zu prüfen, ob aufgrund der psychischen Labilität des Verletzten der durch den Unfall ausgelöste Schaden auch ohne diesen früher oder später eingetreten wäre.⁴⁷ Dem Schädiger kommt insoweit die Beweiserleichterung des § 287 ZPO zugute.⁴⁸ Der BGH sieht dies nicht als Fall der überholenden Kausalität, sondern als Frage der Schadensbemessung an. Es kann daher ein prozentualer Abschlag von der Schadenhöhe gemacht werden.⁴⁹ Für das *Schmerzensgeld* ist ohnehin anerkannt, dass bei Auswirkungen einer unfallunabhängigen, besonderen Schadenanfälligkeit der Entschädigungsbetrag zu reduzieren ist.⁵⁰

## g) Psychisch vermittelte Gesundheitsschäden als Primärverletzung

Auch ohne unmittelbare Einwirkung auf den Körper kann ein Unfall und seine Folgen Gesundheitsschäden „psychisch vermitteln". Zum einen geht es hier um die landläufig als „Schockschäden" bezeichneten Folgen des Todes eines nahen Angehörigen⁵¹ oder des Miterlebens von schweren, lebensbedrohlichen Verletzungen von Angehörigen.⁵² Die Ersatzpflicht ist hier an strenge Voraussetzungen geknüpft. Eine Haftung des Schädigers kommt nur in Betracht, wenn die psychische Beeinträchtigung Krankheitswert hat⁵³ und psychopathologische Ausfälle von einiger Dauer vorliegen.⁵⁴ Schäden, die bei einem „durchschnittlich Empfindenden" eine entsprechende Erschütterung normalerweise nicht hervorrufen, gehören zum allgemeinen Lebensrisiko und sind nicht erstattungspflichtig.⁵⁵ Die Kausalität des Schadensereignisses für die psychische Erkrankung muss im Rahmen des Strengbeweises⁵⁶ nach § 286 ZPO nachgewiesen werden.⁵⁷

Liegen die Voraussetzungen vor, ist nicht nur der immaterielle Schaden (Schmerzensgeld),⁵⁸ sondern auch der materielle Schaden zu ersetzen. Trauer, seelische Erschütterungen, tiefe depressive Verstimmungen, die Verwandte oder unmittelbar Beteiligte „erfah-

---

⁴⁴ BGH VersR 96, 990 = NZV 96, 353 m. w. H.; VersR 98, 201; OLG Köln NJW-RR 00, 760; KG VersR 02, 172; KG r+s 03, 436 = SVR 04, 229 m. Anm. *Schwab;* OLG Hamm VersR 02, 492; OLG Schleswig SVR 04, 66; OLG Düsseldorf SP 01, 412; OLG Stuttgart SP 01, 198; *Müller* VersR 03, 137; *Staab* VersR 03, 1216.
⁴⁵ Facharzt für Neurologie und Psychiatrie.
⁴⁶ BGH NJW-RR 89, 606.
⁴⁷ BGH NZV 96, 353 = VersR 96, 990 m. w. H.; OLG Celle SP 07, 320; OLG Saarbrücken SP 07, 174.
⁴⁸ BGH NZV 98, 65 = VersR 98, 201. Der BGH schlägt in einem solchen Fall einen prozentualen Abschlag von dem entgangenen Einkommen vor. Vgl. auch *Erman* BGB § 249 Rdn. 5 a.
⁴⁹ BGH NZV 98, 65 = VersR 98, 201; KG VersR 04, 124.
⁵⁰ BGH VersR 97, 122; NZV 96, 353 = VersR 96, 990 m. w. H.; OLG Hamm NZV 02, 458; NZV 98, 413.
⁵¹ BGH VersR 89, 853.
⁵² BGH VersR 85, 499.
⁵³ BGH NZV 96, 353 = VersR 96, 990 m. w. H.; VersR 98, 201 = NZV 98, 65; OLG Hamm NZV 02, 36 LG Magdeburg NZV 03, 478; siehe im Übrigen ausführlich Staab VersR 03, 1216.
⁵⁴ BGH VersR 89, 853. Beispiele für psychische Befindlichkeitsstörungen ohne Krankheitswert: OLG Hamm VersR 02, 78 = r+s 01, 62; r+s 00, 502. Siehe im Übrigen die vorhergehende und die Fußn. 59.
⁵⁵ OLG Nürnberg NZV 08, 38 = r+s 07, 213.
⁵⁶ Zum Strengbeweis s. Rdn. 28.
⁵⁷ OLG München NZV 03, 474 = VersR 04, 124 – Rev. nicht angen.; *Müller* VersR 03, 137.
⁵⁸ Einzelheiten s. Rdn. 304.

rungsgemäß" bei der Nachricht vom Tod eines Menschen erleiden, ohne dass es zu derart gravierenden psychopathologischen Ausfällen kommt, sind dem Schädiger nicht zurechenbar.[59] Sie fallen unter das allgemeine Lebensrisiko und werden nach der Entscheidung des Gesetzgebers für eine enge Begrenzung des Ersatzes mittelbarer Schäden nicht zum Schutzzweck der Norm gerechnet.

19  Für die Praxis wichtiger ist die zunehmende Zahl der Fälle, in denen gesundheitliche Beeinträchtigungen durch die unmittelbare[60] Beteiligung an einem Kfz-Unfall psychisch vermittelt werden. Hier tendieren die Instanzgerichte dazu, die BGH-Rechtsprechung zu den psychisch überlagerten Unfallfolgen[61] heranzuziehen: Eine Ersatzpflicht kommt danach nur in Betracht, wenn ein Ereignis, also ein Unfall, von hinreichender Intensität und Schwere vorliegt, der einen verständlichen Anlass für die psychische Reaktion des Beteiligten darstellt,[62] diese Krankheitswert hat[63] und auch keine Begehrensneurose vorliegt.[64] Hier muss der Unfall als solcher schwerwiegend sein; bei einem leichten Auffahrunfall ohne nachgewiesene Verletzung der Halswirbelsäule z.B. wird es regelmäßig an der erforderlichen Eignung für schwere psychische Folgen fehlen.[65] Ein Ersatzanspruch kommt auch dann in Betracht, wenn der Geschädigte an dem Unfall als – nicht haftender – Schädiger beteiligt ist, weil er z.B. einen Fußgänger überfahren hat[66] oder auch bei einem Beinahe-Zuammenstoß mit einem Kind.[67] Den Herztod eines Autofahrers infolge der Zerstörung der Windschutzscheibe durch Steinschlag hat der BGH noch dem Schädiger zugerechnet.[68] Dagegen wird der Zurechnungszusammenhang abgelehnt, wenn der Geschädigte erst im Anschluss an den Unfall, z.B. aufgrund des Verhaltens des Schädigers oder aber im Zusammenhang mit der polizeilichen Unfallaufnahme in einen Erregungszustand geraten ist.[69]

Die Ersatzpflicht wird nicht dadurch ausgeschlossen, dass eine besondere konstitutionelle Schwäche des Verletzten sich ausgewirkt hat.[70] Insoweit kann auf die Ausführungen unter Rdn. 12 verwiesen werden. Zu prüfen ist dann jeweils allerdings, ob wegen dieser Veranlagung des Geschädigten ein vergleichbarer Anlass in absehbarer Zeit zu denselben gesundheitlichen Folgen geführt hätte.[71]

---

[59] Vgl. z.B. OLG Hamm VersR 02, 78; OLG Düsseldorf SP 01, 412; OLG Hamm r+s 00, 502.

[60] Das Beobachten und Miterleben eines schweren Unfalls und seiner Folgen genügt nicht – BGH NZV 07, 510 = VersR 07, 1093.

[61] S. Rdn. 12 ff.

[62] BGH VersR 96, 990 = NZV 96, 353 vgl. z.B. OLG Nürnberg VersR 99, 1117; OLG Hamm NZV 01, 468 = VersR 02, 992; NZV 02, 36; OLG Nürnberg ZfS 02, 524; OLG Hamm NZV 02, 457; OLG Köln NJW-RR 00, 760; *Müller* VersR 03, 137: der Unfall muss geeignet sein, besondere psychische Reaktionen mit Krankheitswert hervorzurufen. Bei einem Auffahrunfall mit einer Geschwindigkeitsänderung unterhalb der Harmlosigkeitsgrenze dürfte dies grundsätzlich nicht der Fall sein.

[63] OLG Hamm NZV 02, 36 (Lokführer-Fall); OLG München VersR 04, 124 = NZV 03, 474. Beispiele für fehlenden Krankheitswert: OLG Düsseldorf SP 01, 412: leicht depressive Stimmungslage; OLG Hamm r+s 00, 502: zeitlich begrenzte Angst, wieder Auto zu fahren; OLG Hamm VersR 02, 78: Übelkeit, Erbrechen, Nackenschmerzen.

[64] BGH VersR 79, 718; BGH VersR 98, 201; OLG Hamm VersR 02, 492; OLG Köln NJW-RR 00, 760; *Müller* VersR 03, 137. Siehe im Übrigen Rdn. 16.

[65] OLG Hamm VersR 02, 992 = NZV 01, 468; OLG Nürnberg VersR 02, 1434.

[66] BGH VersR 86, 240; ebenso OLG Hamm NZV 98, 413.

[67] OLG Düsseldorf VersR 92, 1233.

[68] BGH VersR 74, 1030.

[69] BGH VersR 89, 923.

[70] Vgl. z.B. VersR 74, 1030: Herztod des Fahrers als Folge der Aufregung über die Beschädigung einer Windschutzscheibe.

[71] Vgl. OLG Hamm r+s 02, 16 = NZV 02, 171; r+s 02, 113 = VersR 02, 491; NZV 02, 37: konkrete Anhaltspunkte für Fehlentwicklungen vergleichbaren Umfangs müssen vorliegen.

Hat, wie häufig, eine unfallunabhängige psychische Labilität des Geschädigten die 20
psychischen Unfallfolgen mit verursacht, ist sowohl das Schmerzensgeld als auch der
materielle Schadensersatz zu reduzieren. Zu den Einzelheiten siehe Rdn. 17.

### h) Hypothetische Schadenursachen (überholende Kausalität)

Wie folgt ist zu differenzieren: 21
Einmal kommen Ursachen in Betracht, die schon vor dem Unfall gesetzt worden
waren, aber erst nach dem Unfall wirksam werden. Typischer Fall ist die Vorerkrankung
eines Verletzten oder Getöteten, die auch ohne den Unfall zu einer vorzeitigen Aufgabe
seiner Berufstätigkeit oder ärztlicher Behandlung geführt hätte. Hier ist der durch den
Unfall verursachte Schaden nur bis zu dem Zeitpunkt zu ersetzen, in dem die hypothetische Ursache wirksam wird.[72] Der Schädiger muss die ihn entlastende Reserveursache
beweisen, wobei ihm die Beweiserleichterung des § 287 ZPO zugute kommt.[73]

Zum anderen kommen Ursachen in Betracht, die erst nach dem Unfall sich ereignen
und eine selbstständige Kausalkette in Lauf setzen, die auch ohne den Unfall den Schaden
verursacht haben würde. Typischer Fall ist der, in dem der Geschädigte einen Zweitunfall
erleidet, der ebenfalls allein für sich zur Aufgabe der Berufstätigkeit gezwungen hätte.
Existiert kein verantwortlicher Schädiger für den Zweitunfall, scheidet eine Ersatzpflicht
des Erstschädigers aus.[74] Anders, wenn die Zweitursache von einem Dritten verantwortlich gesetzt wurde und mithin ohne den Erstunfall gegen den Zweitschädiger ein Ersatzanspruch bestünde: hier kann sich der Verursacher des Erstunfalls nicht auf überholende
Kausalität berufen.[75]

### i) Ursachenketten

Entsteht nach mehreren Unfällen ein körperlicher Dauerschaden, ohne dass abgrenzba- 22
re Schadenteile vorliegen, kommt eine (Mit-)Haftung aller Verursacher in Betracht. Eine
Haftung des Verursachers des Erstunfalls besteht aber nur dann, wenn sich der Erstunfall
in relevanter Weise auf das endgültige Schadenbild ausgewirkt hat.[76] Das setzt voraus,
dass die Beschwerdesymptomatik beim Zweitunfall noch vorhanden war, d.h. dass die
Körperverletzung noch nicht ausgeheilt war[77] und durch den Zweitunfall verstärkt wird.[78]
Wird dagegen eine allgemein vorhandene psychische Disposition zur Fehlverarbeitung
von leichten Primärverletzungen etwas erhöht, sind die Folgen einer Fehlverarbeitung des
Zweitunfalls dem Erstschädiger nicht mehr zurechenbar.

## 3. Höhe des Vermögensschadens

Vermögensschaden ist jede in Geld messbare Einbuße am Vermögen des Geschädigten. 23
Ausgangspunkt für die Berechnung ist nach wie vor die alte *Differenzhypothese:* Der

---

[72] BGH VersR 67, 285; vgl. auch KG NZV 03, 239 = VersR 04, 124 (nur Leitsatz).
[73] Vgl. BGH VersR 58, 788; VersR 72, 834.
[74] BGH VersR 53, 244; VersR 65, 491.
[75] BGH VersR 58, 266; NJW 58, 705; NJW 67, 551; *Larenz*, Schuldrecht Allgemeiner Teil,
§ 30 I.
[76] BGH NZV 04, 344 = VersR 04, 874.
[77] BGH NZV 02, 113 = VersR 02, 200: darauf, ob sie ohne den Zweitunfall ausgeheilt *wäre*, kommt
es nicht an.
[78] Das war in dem der BGH Entscheidung v. 20. 11. 01 (VersR 02, 200) zugrundeliegenden Ablauf
der Fall.

Schaden berechnet sich aus einem Vergleich zweier Vermögenslagen, nämlich der aufgrund des Unfalles eingetretenen tatsächlichen und derjenigen, die ohne den Unfall bestünde (hypothetische, gedachte Entwicklung).[79]

24 Das Ergebnis dieser Differenzhypothese muss aber bei bestimmten Fallgruppen durch normative Wertentscheidungen korrigiert werden *(normativer Schaden)*. Anerkannt wird ein normativer Schaden insbesondere in den Fällen, in denen rein rechnerisch wegen Gehaltsfortzahlung kein Erwerbsschaden entsteht,[80] oder bei Verletzung eines Haushaltsführenden ohne Einschaltung einer Ersatzkraft.[81]

Ähnliches gilt, wenn der Schaden durch überpflichtmäßige Anstrengung oder durch Maßnahmen der Schadenvorsorge vermindert oder ausgeschlossen wird.[82] In einigen Fällen wird der vorhandene Bedarf als normativer Schaden gewertet, so bei erforderlichen Stärkungsmitteln[83] oder der Beeinträchtigung bzw. dem Wegfall der Haushaltsführung, soweit keine Ersatzkraft eingestellt wird.[84] Im Übrigen darf der Begriff des normativen Schadens jedoch nicht überstrapaziert werden. Zur Vermeidung einer „uferlosen Ausdehnung" des Schadensersatzes ist hier Zurückhaltung geboten.[85]

## 4. Schadenarten

25 Man unterscheidet generell zwischen: Vermehrten Bedürfnissen (§ 843 Abs. 1 BGB), Heilbehandlungskosten, Erwerbsschaden (§§ 252, 842 BGB), Schmerzensgeld (§ 253 Abs. 2 BGB), Beerdigungskosten (§ 844 Abs. 1 BGB), Unterhaltsschaden (§ 844 Abs. 2 BGB) und entgangenen Diensten (§ 845 BGB).

Die Differenzierung zwischen den einzelnen Schadenarten hat insbesondere Bedeutung für die Legalzession,[86] u. U. für die Verjährung und für das Erfordernis der Bestimmtheit eines Klageantrags.

## 5. Beweislast, Beweiserleichterungen

26 Für den Nachweis einer rechtswidrigen Handlung kann sich der Geschädigte ggf. auf die Beweiserleichterung des Anscheinsbeweises berufen.[87] Steht ein Sachverhalt fest, der nach der Lebenserfahrung auf einen typischen Geschehensablauf hinweist, so ist dieser prima facie bewiesen. Insbesondere im Verkehrshaftpflichtrecht kommt dem Anscheinsbeweis große praktische Bedeutung zu.[88] Verstößt der Geschädigte gegen ein Schutzgesetz, das typischen Gefährdungsmöglichkeiten entgegenwirken will, und tritt ein typischer Schaden ein, den das Schutzgesetz gerade verhindern will, spricht der Primafacie-Beweis für die Kausalität des Verstoßes.[89]

---

[79] St. Rspr.; zuletzt BGH VersR 80, 378 = NJW 80, 775; *Larenz* VersR 63, 1.
[80] Vgl. Rdn. 105 ff.
[81] Rdn. 180 ff.
[82] Die Grenze zur Vorteilsausgleichung – vgl. Rdn. 34 – ist schwimmend.
[83] Rdn. 265.
[84] Rdn. 188 ff., 366 ff.
[85] BGH VersR 80, 378 = NJW 80, 775; VersR 77, 665.
[86] Kongruenz in der Regel abhängig von der Schadensart – vgl. Rdn. 599.
[87] BGH VersR 83, 985.
[88] *Hentschel*, Straßenverkehrsrecht, § 7 StVG Rdn. 48 ff.; *Küppersbusch*, Veröffentlichungen 14. Verkehrsgerichtstag 76, S. 194 ff. mit Fallbeispielen; *Greger* VersR 80, 1091. Häufiger Fall: Beim Abkommen eines Kfz. von der Fahrbahn besteht ein Anscheinsbeweis für einen Fahrfehler (BGH VersR 84, 44).
[89] BGH VersR 84, 40 = NJW 84, 432 m. w. H.

Der Schädiger kann den Anscheinsbeweis erschüttern, wenn er seinerseits Tatsachen nachweist, nach denen die Möglichkeit eines anderen Geschehensablaufs „ernsthaft" in Betracht kommt.[90] Der Geschädigte muss dann den vollen Beweis für den von ihm behaupteten Verlauf führen.[91]

Zur Abwehr eines Schadensersatzanspruchs muss der Schädiger beweisen, dass seine Handlung nicht widerrechtlich war oder ein Schuldausschließungsgrund vorliegt. Ihn trifft außerdem die Beweislast für die Existenz anrechenbarer Vorteile, einen Verstoß gegen die Schadenminderungspflicht und hypothetische Schadensursachen. Allerdings muss der Geschädigte, wenn es sich um seinen Vermögensbereich handelt, Aufklärung über Einzelheiten geben. Fakten, die in der Sphäre des Geschädigten liegen und die nur dieser kennen kann, muss der Geschädigte darlegen und beweisen. Dem Schädiger steht meist auch das Beweismittel des Antrags auf Parteivernehmung zu.[92]   27

Der Nachweis der **haftungsbegründenden Kausalität** beim Personenschaden, nämlich der Kausalität der rechtswidrigen Handlung oder des Gefährdungshaftungstatbestandes für eine Körperverletzung, unterliegt der strengen Beweisführung nach § 286 ZPO.[93] Danach muss zwar nicht eine „an Sicherheit grenzende Wahrscheinlichkeit", aber doch ein „für das praktische Leben brauchbarer Grad von Gewissheit bestehen, der Zweifeln Schweigen gebietet, ohne sie vollständig auszuschließen".[94]   28

Für die richterliche Überzeugungsbildung im Rahmen des § 286 ZPO ist ein „für das praktische Leben brauchbarer Grad von persönlicher Gewissheit", der Zweifeln Schweigen gebietet, ohne sie freilich ganz auszuschließen,[95] erforderlich und ausreichend; mathematische Sicherheit braucht nicht vorzuliegen,[96] es müssen aber vernünftige Zweifel ausgeschlossen sein.[97] Daraus folgt, dass der Strengbeweis des § 286 ZPO nicht geführt ist, wenn solche sachlichen Zweifel nicht ausgeräumt sind. Auch wenn ein Geschädigter nach der Art der Erkrankung trotz zeitlicher Nähe zu einem Unfall den Strengbeweis nicht führen kann, kommt nicht etwa eine analoge Anwendung der Beweiserleichterung des § 287 ZPO in Betracht.[98]

In der Regulierungspraxis hat der Strengbeweis des § 286 ZPO eine große Bedeutung bei medizinisch nicht objektivierbaren Primärverletzungen, typischerweise bei den im Straßenverkehr häufig verursachten HWS-Traumen des Schweregrades I. Wichtig ist hier zunächst einmal der Nachweis des Verletzten,[99] dass die durch den Unfall auf die Halswirbelsäule einwirkenden biomechanischen Kräfte und damit die Geschwindigkeitsände-   29

---

[90] BGH VersR 78, 945 = NJW 78, 2032; VersR 84, 44.
[91] BGHZ 24, 303, 313.
[92] BGH VersR 79, 323, 325.
[93] St. Rspr.; zuletzt BGH VersR 08, 1126 = NZV 08, 501 und VersR 04, 118 = NZV 04, 27 m.w.H.
[94] St. Rspr., BGH VersR 08, 1126 = NZV 08, 501; VersR 04, 118 = NZV 04, 27; VersR 03, 474 = NZV 03, 167 m.w.H. („HWS-Urteil"); OLG München VersR 04, 124 = NZV 04, 27; KG NZV 04, 252; OLG Köln VersR 05, 422; LG Bonn VersR 05, 422. BGH NZV 04, 27 = VersR 04, 118: auch dann Beweisführung nach § 286 ZPO, nicht etwa Analogie des § 287 ZPO, wenn der Verletzte die Unfallkausalität wegen der Art der Verletzung (hier: Morbus Sudeck) nicht führen kann; KG NZV 04, 460; *Thomas/Putzo*, ZPO, § 286 Rdn. 2. Enger OLG Hamm NZV 02, 457: „an Sicherheit grenzende Wahrscheinlichkeit."
[95] BGH VersR 04, 118 = NZV 04, 27; VersR 03, 474 = NZV 03, 176; KG NZV 04, 252.
[96] BGH VersR 78, 146.
[97] BGH NZV 03, 167 m.w.H.; *Thomas/Putzo*, ZPO, § 286 Rdn. 2.
[98] BGH VersR 04, 118 = NZV 04, 27: Morbus Sudeck.
[99] Die Beweislast liegt beim Geschädigten; nicht der Schädiger muss beweisen, dass der Unfall nicht geeignet, sonder Geschädigte muss im Rahmen des § 286 ZPO nachweisen, dass er geeignet war. Bei ermittelten Bandbreiten der Geschwindigkeitsänderung gilt daher die untere Grenze.

rung des Kfz.[100] des Anspruchstellers überhaupt geeignet war, eine Verletzung der HWS zu verursachen (Überschreiten der so genannten Harmlosigkeitsgrenze). Insbesondere dann, wenn psychosomatische Folgen beklagt werden, ist das Einholen eines biomechanischen und ggf. auch eines interdisziplinären medizinischen Gutachtens zweckmäßig. Das Attest und gegebenenfalls die (Zeugen-)Aussage des erstbehandelnden Arztes hat demgegenüber meist nur eine vergleichsweise geringe Beweiskraft, da nicht objektivierbare Beschwerden auf den subjektiven Angaben des Patienten beruhen,[101] seine objektiven Feststellungen, wie z.B. Steilstellung der Halswirbelsäule, Verspannungen und Bewegungseinschränkungen nicht unfallspezifisch sind, sondern weit verbreitete Beschwerden darstellen.[102] Die Tatsache einer Behandlung als solche ist ebenfalls nur ein schwaches Indiz, da die Aufgabe des Arztes die therapeutische Behandlung glaubwürdiger Beschwerden seines Patienten, auch auf Grund einer Verdachtsdiagnose, und nicht die Beurteilung der Kausalität ist.[103]

30  Für die **haftungsausfüllende Kausalität** und die Schadenhöhe bestehen die *Beweiserleichterungen* der §§ 252 BGB, 287 ZPO.[104] Ist eine unfallbedingte Körperverletzung nach § 286 ZPO bewiesen (Primärverletzung), genügt für die aus ihr resultierenden und auch alle sonstigen[105] gesundheitlichen Folgeschäden der erleichterte Beweis nach § 287 ZPO.[106] Der Tatrichter muss sich im Rahmen des § 287 ZPO – erforderlichenfalls unter Zuhilfenahme von Sachverständigen – zwar ebenfalls eine Überzeugung bilden, für die aber geringere Anforderungen bestehen.[107] Zur Bejahung von Unfallfolgen genügt eine höhere oder deutlich höhere, jedenfalls überwiegende Wahrscheinlichkeit.[108] Der erleichterte Beweis ist auch dann geführt, wenn bei Ausschluss anderer Ursachen der Unfall als einzig realistische Ursache verbleibt.[109]

§ 287 ZPO gibt dem Gericht darüber hinaus die Möglichkeit, die Höhe des Schadens zu schätzen und über die Durchführung einer Beweisaufnahme nach eigenem Ermessen

---

[100] Die so genannte Harmlosigkeitsgrenze – bei Heckaufprall Delta V bis 10 bzw. 11 km/h, bei Frontalkollisionen ist die Belastbarkeit der HWS größer – spielt hier nach wie vor eine große Rolle. Zwar hat der BGH – VersR 03, 474 = NZV 03, 167 zu Recht entschieden, dass bei Unfällen unter der Harmlosigkeitsgrenze die Kausalität für ein HWS-Trauma nicht ausgeschlossen ist (vgl. auch BGH VersR 08, 1126 = NZV 08, 501). Dann bestehen aber gleichwohl Zweifel, und zwar erhebliche Zweifel an der Kausalität, die der Geschädigte ausräumen muss, um den Strengbeweis zu führen; so auch z.B. KG NZV 04, 252; OLG Köln VersR 05, 442; OLG Nürnberg VersR 02, 1434. Dies kann z.B. durch den Nachweis spezifischer, objektivierbarer Beschwerden anhand eines interdisziplinären Gutachtens geschehen (vgl. KG NZV 03, 282; OLG Stuttgart VersR 05, 424). Andererseits vertritt das KG den Standpunkt, dass eine Geschwindigkeitsänderung durch einen Heckaufprall ab 15 km/h ein Anscheinsbeweis für eine unfallbedingte HWS-Verletzung sein könne (NZV 06, 145). M.E. müssen dann noch weitere Indizien vorliegen.

[101] Aus der Praxis beispielhaft: AG Nettetal SP 07, 211.

[102] Vgl. dazu z.B. OLG Hamm r+s 03, 434; OLG München VersR 04, 124; LG Saarbrücken SP 06, 199; AG Kleve SP 06, 200.

[103] OLG München VersR 04, 124; LG Hanau SP 05, 267; s. dazu auch *Lang* jurisPR-VerkR 14/2008, Anm.3.

[104] Vgl. z.B. Rdn. 46ff.; zur Beweisführung nach § 287 ZPO vgl. BGH VersR 78, 281, 283; VersR 83, 985; VersR 93, 55; VersR 95, 422.

[105] BGH VersR 09, 69.

[106] Vgl. z.B. OLG Hamm NZV 94, 189 = NJW-RR 94, 481 = DAR 94, 155 für die Folgen einer HWS-Distorsion. OLG Saarbrücken SP 05, 268.

[107] OLG München v. 15. 9. 2006 (10 U 3622/99), r+s 06, 474.

[108] BGH VersR 04, 118 = NZV 04, 27; NZV 03, 167 = VersR 03, 474 m.w.H.; OLG Hamm SP 00, 412; OLG Karlsruhe NZV 01, 511 = r+s 02, 112 – Rev. nicht angen. –; OLG Saarbrücken SP 05, 268; OLG München NZV 06, 261.

[109] OLG Saarbrücken SP 05, 268.

zu entscheiden,[110] z. B. auch ohne die Voraussetzungen des § 448 ZPO die Parteien zu vernehmen (§ 287 Abs. 1 S. 3 ZPO) und auch ihm sonst bekannt gewordene Umstände zu berücksichtigen.[111]

Die unterschiedlichen Beweisanforderungen bei haftungsbegründender und haftungsausfüllender Kausalität kann man grafisch auch wie folgt darstellen:

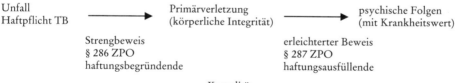

**Strengbeweis (§ 286 ZPO):**
„Ein für das praktische Leben brauchbarer Grad von Gewissheit, der Zweifeln Schweigen gebietet" (st. Rspr.: insbesondere auch BGH VersR 03, 474 m. w. H.).

**Erleichterter Beweis (§ 287 ZPO):**
1. „Überwiegende" („deutlich überwiegende", „erhebliche") Wahrscheinlichkeit.
2. Freiere Beweisaufnahme, z. B. Einvernahme der Partei.

## 6. Schadenminderungspflicht

Nach § 254 Abs. 2 BGB ist der Geschädigte verpflichtet, im Rahmen von Treu und Glauben alle zumutbaren Maßnahmen zu ergreifen, die zur Abwendung oder Minderung des Schadens erforderlich sind.

So muss der Verletzte eine notwendige ärztliche Hilfe in Anspruch nehmen, soweit sie gefahrlos und Erfolg versprechend ist.[112] Nach Wiederherstellung der Arbeitsfähigkeit ist der Verletzte im Rahmen des Zumutbaren verpflichtet, die ihm verbliebene Arbeitskraft zur Abwendung oder Minderung des Erwerbsschadens einzusetzen, ggf. einen Berufswechsel vorzunehmen oder sich einer Umschulung zu unterziehen.[113] Im Todesfall ist die Witwe unter Umständen gehalten, zur Entlastung des Schädigers eine Erwerbstätigkeit aufzunehmen oder fortzusetzen.[114]

Aufwendungen, die der Geschädigte tatsächlich zur Schadenminderung erbringt und die er für erforderlich halten durfte, sind als adäquat verursachter Folgeschaden zu ersetzen, und zwar auch dann, wenn diese Maßnahmen ohne Verschulden des Geschädigten erfolglos geblieben sind.[115]

## 7. Legalzessionen und Vorteilsausgleich

Vorteile aufgrund unfallbedingter Leistungen eines Dritten führen in der Regel zu einem Übergang kongruenter Schadensersatzansprüche auf diesen Dritten. Die Frage des Vorteilsausgleichs stellt sich dann nicht. Im Übrigen kommt eine Anrechnung finanzieller Vorteile des Schadenereignisses auf den Schaden unter folgenden Voraussetzungen in Betracht:[116]

---

[110] Vgl. dazu z. B. *Zöller/Greger*, ZPO, § 287 Rdn. 6.
[111] KG VersR 04, 483 = NZV 03, 191.
[112] BGH VersR 61, 1125 – vgl. im Übrigen Rdn. 250.
[113] Vgl. Rdn. 105 ff.
[114] Vgl. Rdn. 354 ff.
[115] BGH NJW 59, 933.
[116] Zur Beweislast vgl. BGH VersR 79, 323 = NJW 79, 760.

**35** Das Schadenereignis muss den Vorteil *adäquat verursacht* haben;[117] ein mittelbarer Ursachenzusammenhang genügt.[118] Dabei ist darauf zu achten, dass zwischen dem schädigenden und dem vorteilverursachenden Ereignis Identität besteht.[119] Vor allem aber muss die Anrechnung des Vorteils für den Geschädigten *zumutbar* sein,[120] sie muss dem Zweck des Schadensersatzrechts entsprechen und darf den Schädiger nicht unbillig entlasten.[121]

Unterschieden werden können folgende Fallgruppen von Vorteilen, die unterschiedliche Berücksichtigung finden:

### a) Leistungen aufgrund individueller oder kollektiver Schadenvorsorge

**36** In der Regel erfolgt aufgrund gesetzlicher Bestimmungen (§§ 116 SGB X, 67 VVG etc.) oder vertraglicher Vereinbarungen ein Übergang des Schadensersatzanspruchs auf den Vorsorgeträger.[122]

In Betracht kommen hier Leistungen
– eines Sozialversicherungsträgers (Legalzession nach § 116 SGB X),
– eines privaten Versicherungsunternehmens (§ 67 VVG für die Schadenversicherung),
– des Staats als Dienstherrn (§ 87 a BBG u. Ä.),
– des Arbeitgebers (§ 6 EFZG oder Arbeitsvertrag),
– einer Pensions- oder Versorgungskasse.

Da soziale Drittleistungen regelmäßig zu einem gesetzlichen Forderungsübergang – dem Grunde nach meist bereits im Unfallzeitpunkt – führen, ist die Berücksichtigung von Art und Höhe aktueller und zukünftiger Sozialleistungen bei der Bewertung des Schadensersatzes eines Geschädigten zur Vermeidung von Doppelzahlungen von entscheidender Bedeutung. Für die Regulierung persönlicher Ersatzansprüche kommt es zunächst immer darauf an, festzustellen, welcher Versicherungsschutz besteht und welche Leistungen der Geschädigte erhält. Insbesondere spielt es eine wichtige Rolle, ob ein Sozialversicherter neben den bzw. anstelle der Leistungen der gesetzlichen Krankenkasse und des Rentenversicherungsträgers auch – vielfältige[123] – Leistungen eines Unfallversicherungsträgers nach dem SGB VII erhält; für Unfälle auch außerhalb der eigentlichen, versicherten Tätigkeit als Beschäftigter besteht vergleichsweise häufig Versicherungsschutz, ohne dass dies so richtig bekannt ist.[124]

Besteht kein Forderungsübergang, wird nur in Ausnahmefällen eine Entlastung des Schädigers durch Anrechnung eines Vorteilausgleichs in Betracht kommen.

### b) Sonstige Leistungen Dritter mit Fürsorge- und Versorgungscharakter[125]

**37** Gesetzliche Unterhaltsleistungen sind nach § 843 Abs. 4 BGB, der einen allgemeinen Rechtsgrundsatz beinhaltet, nicht anzurechnen. Auch für freigebige Leistungen Dritter

---

[117] BGHZ 8, 326; 49, 56, 62; kritisch zu dieser Voraussetzung BGH VersR 79, 323 = NJW 79, 760.
[118] BGHZ 8, 329.
[119] BGH VersR 76, 471 = NJW 76, 747.
[120] BGHZ 10, 108.
[121] BGHZ 8, 329; 10, 108; 30, 29, 33; 49, 62; 54, 269; BGH VersR 53, 320; VersR 65, 521; VersR 78, 249 = NJW 78, 537; VersR 80, 455 = NJW 80, 1787; VersR 79, 323 = NJW 79, 760.
[122] Beispiel für Nichtanrechnung trotz Fehlen der Legalzession: kostenlose Behandlung eines englischen Soldaten in einem Armee-Krankenhaus – BGH NZV 89, 105 = VersR 89, 54; OLG Celle NZV 89, 187.
[123] Neben Heilbehandlung häusliche Krankenpflege, Pflegeleistungen, Kleidermehrverschleiß, Reisekosten, Verletztengeld, Verletztenrente (bis Lebensende), berufsfördernde Maßnahmen, Haushaltshilfe, Sterbegeld, Hinterbliebenenrente etc.
[124] Siehe hierzu Rdn. 518 ff.
[125] *Staudinger/Schiemann*, BGB, § 249 Rdn. 151 ff.

findet ein Vorteilsausgleich grundsätzlich nicht statt.[126] Beispiele: Materielle und persönliche Unterhaltsleistungen von Verwandten,[127] Leistungen des Arbeitgebers aus rein sozialen Erwägungen,[128] Ertrag einer Sammlung für den Geschädigten,[129] Arbeitsleistungen von Familienangehörigen oder Mitgesellschaftern, die unentgeltlich für den arbeitsunfähigen Betriebsinhaber einspringen,[130] etc.

**c) Ersparte Aufwendungen**

In der Regel ist ein *Vorteilsausgleich* zugunsten des Schädigers vorzunehmen,[131] *insbesondere* bei ersparten  38
– Steuern,[132]
– Unterhaltsleistungen,[133]
– berufsbedingten Aufwendungen eines Erwerbstätigen,[134]
– Verpflegungskosten während eines stationären Aufenthalts,[135]
– Aufwendungen für Unterkunft und Verpflegung des Dienstpflichtigen bei § 845 BGB,[136]
– normale Kleidung bei der Verwendung von Trauerkleidern.[137]

**d) Stamm und Erträgnisse einer Erbschaft**

Eine Anrechnung erfolgt insoweit, als Stamm und/oder Erträgnisse auch schon vor  39
dem Tod des Erblassers zum Unterhalt mit verwendet wurden.[138]

---

[126] *Larenz*, Schuldrecht Allgemeiner Teil, § 30 II b.
[127] BGH VersR 73, 85 – soweit nicht ohnehin § 843 Abs. 4 BGB Anwendung findet.
[128] Siehe Rdn. 107.
[129] RG JW 35, 369.
[130] BGH NJW 70, 95.
[131] *Larenz*, Schuldrecht Allgemeiner Teil, § 30 II a.
[132] Rdn. 126 ff.
[133] Rdn. 385 f., 404 ff.
[134] Rdn. 76, 332.
[135] Rdn. 240 ff.
[136] Rdn. 460.
[137] Rdn. 454.
[138] Rdn. 426 ff.

## II. Erwerbsschaden

40  Der nach §§ 249ff., 842, 843 BGB (entsprechende Bestimmungen in den Gesetzen über die Gefährdungshaftung) zu ersetzende Erwerbsschaden umfasst nicht nur den Verlust des Einkommens, sondern alle wirtschaftlichen Beeinträchtigungen, die der Geschädigte erleidet, weil er seine Arbeitskraft verletzungsbedingt nicht verwerten kann. Nachteil in dem hier maßgeblichen haftungsrechtlichen Sinn ist nur der Vermögensschaden, nicht der Wegfall der Arbeitskraft oder ihre Beeinträchtigung (prozentuale abstrakte Erwerbsminderung) als solche.[1] Es kommt nicht darauf an, ob der Geschädigte einen Rechtsanspruch auf das Einkommen gehabt hätte, die Aussicht hierfür (§ 252 S. 2 BGB) genügt.[2]

### 1. Ersatzpflichtige Erwerbsschäden

41  Zu ersetzen ist der Verlust von Erwerbseinkommen jeglicher Art und von Vermögensvorteilen, die im Zusammenhang mit der Verwertung der Arbeitskraft stehen, sowie alle wirtschaftlichen Nachteile, die durch den Ausfall der Arbeitskraft verursacht werden.

#### a) Voller Ersatz:

42  – Arbeitslohn oder Gehalt eines unselbstständigen Erwerbstätigen einschließlich Urlaubsentgelt und Sonderzahlungen wie Gratifikationen,[3] Überstundenvergütung, Treueprämie,[4] Bergmannsprämie,[5] Schichtarbeiter- u. Erschwerniszulage;[6] Sachbezüge vermögenswirksame Leistungen, Kontoführungsgebühren und Fahrtgeld,[7] unfallbedingt weggefallene Mitarbeiterrabatte;[8] etc.;
– Arbeitslosengeld (trotz Weiterzahlung durch die Arbeitsagentur und bei Wegfall bei Zahlung von Krankengeld);[9]
– Nebeneinkünfte (Nachweis? Schwarzarbeit?),[10] Trinkgelder (Nachweis?),[11] Fahrtgeld;[12]
– Gewinn eines Selbstständigen,[13] Gewinnbeteiligung eines Gesellschafters;[14]

---

[1] St. Rspr.; BGH VersR 70, 766; VersR 84, 639; VersR 92, 973 = NJW-RR 92, 852; NZV 93, 428 = VersR 93, 428; VersR 95, 422 = NZV 95, 183.
[2] BGH VersR 86, 596 = NJW 86, 1486.
[3] Wird die Gratifikation trotz Arbeitsunfähigkeit des Arbeitnehmers gezahlt, kommt ein Regress des Arbeitgebers hinsichtlich des auf die Zeit der Arbeitsunfähigkeit entfallenden Anteils in Betracht – vgl. Rdn. 112.
[4] Problematischer Nachweis.
[5] Zahlung pro Schicht, also nicht während des Urlaubs!
[6] OLG Hamm ZfS 96, 211.
[7] OLG Hamm SP 99, 340.
[8] OLG Braunschweig SP 01, 91 im Grundsatz; im konkreten Fall wurden die Rabatte allerdings vom Arbeitgeber nach unfallbedingter Aufgabe der Erwerbstätigkeit des Verletzten weiter gezahlt (vgl. Rdn. 87).
[9] Siehe hierzu Rdn. 166.
[10] Vgl. Rdn. 44.
[11] Steuerfreiheit nach § 3 Nr. 51 EStG.
[12] Gegenrechnung mit eingesparten Fahrtkosten.
[13] Vgl. Rdn. 136ff.
[14] Vgl. Rdn. 154ff.

## 1. Ersatzpflichtige Erwerbsschäden

– Unentgeltliche Tätigkeit im *Familienbetrieb*: Die Höhe des Schadensersatzes bestimmt sich nach dem Lohn, der bei gleicher Tätigkeit üblicherweise an einen Arbeitnehmer gezahlt worden wäre.[15]
– Lehrlingsvergütung, Schaden wegen verspäteten Eintritts ins Erwerbsleben, höhere Ausbildungskosten;[16]
– Vereitelte Arbeitsleistung bei der *Haushaltsführung i. w. S.* (Reparaturarbeiten im Haus, wie Malern und Tapezieren etc.) und bei der notwendigen Pflege des Gartens.[17]

Grundsätzlich handelt es sich hier um einen ersatzpflichtigen Schaden, und zwar, soweit es sich um einen Beitrag zum Familienunterhalt handelt, um einen Erwerbsschaden, soweit es um die Deckung eigener Bedürfnisse des Verletzten geht, um eine Vermehrung der Bedürfnisse.[18] Allerdings bestehen strenge Beweisanforderungen, um „uferlose Schadenkonstruktionen" abzuwehren.[19] Zu ersetzen sind die Kosten, die bei Einschaltung Dritter tatsächlich anfallen.[20] Eventuell können auch fiktiv die erforderlichen Kosten einer Hilfskraft berücksichtigt werden.[21] M.E. ist die Einschaltung von Handwerkern u.Ä. zumindest ein, im Rahmen der Beweisführung notwendiges Indiz dafür, dass die Arbeiten ohne den Unfall auch tatsächlich durchgeführt worden wären.

Auch die Pflege des Gartens zählt zur Haushaltsführung im weiteren Sinn und bei ihrer Beeinträchtigung kommt ein Schadensersatzanspruch in Betracht. Man wird hier jedoch genau differenzieren müssen: Soweit die Gartenarbeit dem Hobby-Bereich zuzuordnen ist, ist ihre Beeinträchtigung allenfalls ein immaterieller Schaden, der mit dem Schmerzensgeld abgegolten wird. Anders verhält es sich wohl bei notwendigen Instandhaltungsarbeiten, wie z.B. gelegentliches Rasenmähen, Baumpflege, Laubbeseitigung u. Ä.[22]

– Ausfall von *Eigenleistungen beim Hausbau*. Auch hier besteht grundsätzlich Ersatzpflicht,[23] aber ebenfalls strenge Beweisanforderungen (wie bei der vereitelten Arbeitsleistung im Haus).[24] Kosten von Ersatzkräften sind nicht schon mit der Erforderlichkeit ihrer Einstellung, sondern erst nach tatsächlicher Einstellung zu erstatten.[25] Wird das

---

[15] OLG München NJW-RR 93, 1179; vgl. auch BGH VersR 84, 353 zu § 844 Abs. 2 BGB: Maßgeblich ist das dem Beitrag zum Geschäftsgewinn und der Arbeitsleistung entsprechende „wirkliche Arbeitseinkommen".

[16] Vgl. Rdn. 169 ff.

[17] LG Duisburg SP 00, 307. Das LG differenziert allerdings sehr instruktiv zwischen den notwendigen Pflegearbeiten und den dem Hobbybereich zuzuordnenden Tätigkeiten: Ein „optisch nicht idealer Zustand" des Gartens ist kein materieller Schaden.

[18] BGH NZV 89, 387 = DAR 89, 341 = VersR 89, 857; OLG Hamm NZV 89, 72 = VersR 89, 152; OLG München ZfS 86, 9 = DAR 85, 354.

[19] BGH NZV 89, 387 = DAR 89, 341 = VersR 89, 857: Wäre der Verletzte – von seinen Fähigkeiten und von seiner Zeit her – überhaupt in der Lage gewesen, die Arbeiten durchzuführen? Hätte er sie tatsächlich durchgeführt? Ist er trotz seiner Unfallverletzung noch in der Lage, sie zumindest teilweise durchzuführen? Unsicherheiten gehen insoweit zu Lasten des Geschädigten.

[20] OLG Hamm NZV 89, 72 = VersR 89, 152; OLG Köln VersR 91, 111; offenbar auch BGH NZV 89, 387 = VersR 89, 857; OLG Zweibrücken NZV 95, 315 = r+s 95, 300 – Rev. nicht angen.

[21] So offenbar BGH NZV 89, 387 = VersR 89, 857.

[22] Vgl. hierzu die sehr instruktive Entscheidung des LG Duisburg SP 00, 307: Die Inkaufnahme eines „optisch nicht idealen Zustandes" des Gartens über einen gewissen Zeitraum ist eindeutig kein materieller Schaden.

[23] BGH VersR 89, 857 = NZV 89, 387; VersR 89, 1308 = NZV 90, 111.

[24] OLG München NZV 90, 117; OLG Zweibrücken NZV 95, 315; OLG Hamm NZV 95, 480: Wäre das Bauvorhaben tatsächlich durchgeführt worden? Wäre der Verletzte – von seinen Fähigkeiten und seiner Zeit her – überhaupt in der Lage gewesen, die Arbeiten durchzuführen? Hätte er sie tatsächlich durchgeführt? Ist er wegen seiner Unfallverletzung nicht mehr in der Lage, sie – zumindest teilweise – durchzuführen?

[25] BGH VersR 04, 1192 = NZV 04, 513 unter Hinweis auf BGH VersR 72, 460; LG Dortmund SP 08, 215.

Bauvorhaben tatsächlich nicht durchgeführt (Nachweis der Unfallbedingtheit?), ist der Wertzuwachs des Gebäudes zu ersetzen, der durch die Eigenleistung verursacht worden wäre.[26] Wird das Haus gleichwohl gebaut, sind die zusätzlichen Baukosten und ggf. auch insoweit entstehende höhere Zinsbelastungen zu erstatten.[27]

– *Versicherungsrechtliche Nachteile,* z.B. Prämienerhöhungen aufgrund von Unfallverletzungen in der Lebensversicherung[28] und Risikozuschläge z.B. in der privaten Kranken-Tagegeldversicherung[29] oder der Berufsunfähigkeitsversicherung;[30] Verlust der Beitragsrückerstattung in der Krankenversicherung.[31]

– *Rentenminderung* (unfallbedingte Schmälerung des Altersruhegeldes) nur ausnahmsweise unter folgenden Voraussetzungen:
  – in Schadensfällen vor dem 1.7.1983, wenn ein Anspruch auf Erstattung von Rentenversicherungsbeiträgen nicht bestand oder nicht geltend gemacht wurde[32] oder
  – in Schadensfällen ab 1.7.1983, wenn der gemäß § 119 SGB X grundsätzlich übergegangene Anspruch auf Erstattung von Beiträgen wegen einer unfallfesten Position[33] für die Zeit bis 31.12.1991 nicht in Betracht kam, ausnahmsweise aber eine Rentenminderung entsteht.

Im Übrigen scheidet ein Anspruch des Verletzten auf Ersatz von Rentenversicherungsbeiträgen oder auf Ausgleich einer Rentenminderung wegen der Legalzession des Beitragsanspruchs nach § 116 SGB X aus.[34]

**b) Problematischer Ersatz:**

43 – Steuerfreie Spesen, Auslösung, Trennungsentschädigung: Ersatz insoweit, als Geschädigter den pauschalierten Ausgleich für erhöhte Lebenshaltungskosten tatsächlich nicht verwendet hätte, um diese Mehraufwendungen zu bestreiten.[35] Die Beweislast für die Höhe der Einsparungen liegt beim Geschädigten, da er die Höhe des Schadens beweisen muss, die Verwendung der Spesen für tatsächliche Aufwendungen zweckbestimmt und tatsächlich auch die Regel ist und weil mögliche Einsparungen in seiner Sphäre liegen.[36] Nach der heute wohl überwiegenden Praxis der Instanzgerichte wird eine Ersatzleistung für Spesen wegen deren Zweckbestimmung gänzlich abgelehnt.[37] In älteren Entscheidungen werden pauschale Beträge zwischen 33%[38] und 50% zugebilligt.[39]

---

[26] BGH NZV 89, 387 = VersR 89, 857.
[27] BGH VersR 89, 1308.
[28] BGH VersR 84, 690 = NJW 84, 2627; OLG München NJW 74, 1203; OLG Zweibrücken NZV 95, 315 = r+s 95, 300 – Rev. nicht angen.
[29] BGH VersR 84, 690 = NJW 84, 2627.
[30] LG Wuppertal SP 97, 9.
[31] OLG Köln NJW-RR 90, 1179.
[32] Vgl. Rdn. 765.
[33] Vgl. Rdn. 765.
[34] Einzelheiten s. Rdn. 44.
[35] BGH VersR 79, 622, 624 = NJW 79, 1403. A.A. OLG Nürnberg VersR 68, 976; OLG Düsseldorf VersR 72, 695; AG Gütersloh ZfS 84, 36: Solche Leistungen des Arbeitgebers sind ihrem Zweck nach nur in pauschalierter Ausgleich für erhöhte Lebenshaltungskosten und zählen daher grundsätzlich nicht zu den ersatzpflichtigen Einkünften.
[36] So z.B. auch OLG München ZfS 84, 173; LG Erfurt ZfS 04, 14.
[37] KG VersR 02, 1429; OLG Nürnberg VersR 68, 976; OLG Düsseldorf VersR 72, 695; LG Düsseldorf SP 00, 415; AG Gütersloh ZfS 84, 36.
[38] OLG München ZfS 84, 173: Von entgangenen ca. 150,– EUR Auslöse wurden 50,– EUR als Schadensersatz zugebilligt.
[39] OLG Saarbrücken VersR 77, 727; OLG Hamm VersR 83, 927.

– Ministerialzulage: Sie dient nur zum Teil der Deckung erhöhter Aufwendungen, zum Teil ist sie ein echter Gehaltsbestandteil;[40]
– Auslandsverwendungszuschlag nach § 58 a BBesG[41]
– Bordzulage (nach BGH allerdings in der Regel voll zu erstatten);[42]
– Einkommen einer Prostituierten: Nach einer älteren BGH-Rechtsprechung ist Schadensersatz in Höhe eines existenzdeckenden Einkommen, das „auch in einfachen Verhältnissen von jedem gesunden Menschen erfahrungsgemäß zu erzielen ist", zu leisten.[43] Diese Einschränkung lässt sich heute nicht mehr aufrechterhalten. Die Aktivitäten einer Prostituierten sind zivilrechtlich wirksam (§ 1 Prostitutionsgesetz),[44] ihre Einkünfte sind voll zu versteuern. Daraus folgt m.E. auch die volle Ersatzpflicht des nachgewiesenen Ausfalls von Einkünften.
– Einkommen, die wahrscheinlich nicht versteuert worden wären: Mit rechtswidrigen Mitteln wäre die nicht abgeführte Einkommensteuer vereinnahmt worden, insoweit besteht kein Ersatzanspruch. Das entgangene, fiktive Nettoeinkommen ist zu erstatten.
– Einnahmen, für die keine Sozialversicherungsbeiträge abgeführt worden wären, sind grundsätzlich zu ersetzen.[45] Allerdings geht auch hier nur das fiktive Nettoeinkommen, also das Einkommen nach Abzug der nicht entrichteten Sozialversicherungsbeiträge zu Lasten des Schädigers.

**c) Kein Ersatz:**

– von unfallbedingt nicht geleisteten *Rentenversicherungsbeiträgen*. Soweit ein solcher Anspruch besteht,[46] geht er auf den Rentenversicherungsträger nach § 119 SGB X über.[47] Eine theoretische Ausnahme käme in Betracht, wenn der Verletzte vor dem Unfall nie eine rentenversicherungspflichtige Tätigkeit ausgeübt hatte, ohne den Unfall aber rentenversichert worden wäre und die Möglichkeit zu einer freiwilligen Versicherung hätte.
– einer Rentenminderung ( Reduzierung der gesetzlichen Altersrente). Ein grundsätzlich bestehender Anspruch auf Ersatz unfallbedingt ausgefallener Rentenversicherungsbeiträge geht auf den Rentenversicherungsträger über (§ 119 SGB X).[48] Der RVT ist gegenüber dem Geschädigten als dessen Treuhänder sozialrechtlich verpflichtet und berechtigt, den Anspruch gegen den Schädiger geltend zu machen. Werden Beitragsansprüche, auch durch Kapitalabfindung, erfüllt, ist der Schadensersatzanspruch insoweit erloschen. Entsteht gleichwohl eine Rentenminderung, weil der RVT – aus welchen Gründen auch immer – den Beitragsanspruch nicht oder nicht in der gerechtfertigten Höhe durchsetzt, steht dem Verletzten nur ein Schadensersatzanspruch gegen den RVT

**44**

---

[40] OLG Celle WJ 69, 21.
[41] OLG Stuttgart VersR 07, 1524, OLG Hamm NZV 06, 94 und LG Erfurt ZfS 04, 14 bejahen die Ersatzpflicht. Dieses Ergebnis erscheint zweifelhaft, weil der Soldat keinen Rechtsanspruch auf diesen Zuschlag hat, der nur bei tatsächlichem Auslandseinsatz gewährt wird und einen Ausgleich für die immateriellen Belastungen und Gefahren am Einsatzort bildet.
[42] BGH VersR 67, 1080.
[43] BGH VersR 76, 941 = NJW 76, 1883; OLG Düsseldorf VersR 85, 149: 750,– EUR. A.A. noch OLG Hamburg VersR 77, 85; *Born* VersR 77, 118; überhaupt kein Schadensersatz; vgl. auch *Medicus* VersR 81, 598.
[44] In Kraft seit 1. 1. 2002 (BGBl. 2001 I, 3983).
[45] BGH NZV 94, 183 = r+s 94, 139.
[46] In Schadensfällen ab dem 1. 7. 1983, für die § 119 SGB X maßgeblich ist.
[47] S. Rdn. 763 ff.
[48] S. Rdn. 763 ff.

zu, der im sozialgerichtlichen Verfahren geltend gemacht werden muss.[49] Aufgrund einer neuen sozialrechtlichen Regelung erhält der Verletzte zwar u. U. bei Bezug einer Erwerbsminderungsrente eine reduzierte Altersrente, weil dann wegen Verminderung der persönlichen Entgeltpunkte (§ 66 SGB VI) i. Vbg. m. dem Zugangsfaktor (§ 77 SGB VI) ein Abschlag von der Altersrente erfolgt. Der Sozialgesetzgeber hat es offensichtlich übersehen, hiervon eine Ausnahme für den Fall zu machen, dass volle Beiträge über § 119 SGB X gezahlt werden. Diese, durch eine gesetzgeberische Fehlleistung verursachte Einbuße, ist dem Schädiger jedoch nicht mehr zurechenbar. Es ist Aufgabe des RVT, der ja die Beiträge erhalten und dem Rentenkonto gutgeschrieben hat, die ohne den Unfall gezahlt worden wären, die Altersrente – erforderlichenfalls manuell – so zu berechnen, als sei keine Erwerbsminderungsrente gezahlt worden, d. h. den Zugangsfaktor entsprechend zu korrigieren.[50]

– Einkünfte, die mit rechtswidrigen Mitteln oder aus verbotenen Geschäften erzielt worden wären.[51] Das einschlägige Gesetz muss jedoch nicht nur die Vornahme des Rechtsgeschäfts missbilligen, sondern auch dessen zivilrechtliche Wirksamkeit verhindern.[52] Liegt lediglich ein Verstoß gegen private Konkurrenzklauseln oder dienstliche Verträge vor, ist der Schadensersatz nicht ausgeschlossen.[53]

– Einkünfte aus Schwarzarbeit, wenn sie unter Verstoß gegen das Gesetz zur Bekämpfung der Schwarzarbeit[54] erzielt worden wären.[55] „Schwarzarbeit" liegt vor bei auf Gewinn gerichteten Dienst- oder Werkleistungen, für die sozialversicherungsrechtliche Melde-, Beitrags- und Aufzeichnungspflichten verletzt werden oder für die Einkommensteuer hinterzogen wird.[56]

– Einkünfte, die unter Umgehen des Personenbeförderungsgesetzes o. unter Verstoß gegen die ArbeitszeitVO[57] erzielt worden wären.[58]

– Verlust von Bestechungsgeldern;[59]

– Kindergeld, das bei Zahlung von Kinderzuschuss durch einen Rentenversicherungsträger (§ 270 SGB VI) oder von Kinderzulage durch einen Unfallversicherungsträger (§ 583 RVO) wegfällt (§ 8 Abs. 1 Ziff. 1 BKG);[60]

– Freizeiteinbuße, Urlaubsbeeinträchtigung.[61]

---

[49] BGH VersR 04, 492 = NZV 04, 249. Vgl. hierzu auch Rdn. 763.
[50] So offenbar auch eine Stellungnahme des Grundsatzreferats der DRV Bund. Jedenfalls sollte der Haftpflichtversicherer dies bei der Regulierung des Beitragsregresses und der Anwalt des Geschädigten beim zuständigen RVT klären.
[51] BGH VersR 64, 654; VersR 74, 968; VersR 76, 941 m. w. H.; VersR 80, 378 = NJW 80, 775; VersR 86, 596 = NJW 86, 1486; NZV 94, 183 = r+s 94, 139; LG Osnabrück NZV 02, 190 mit irreführendem Leitsatz.
[52] BGH VersR 80, 378 = NJW 80, 775; VersR 86, 596 = NJW 86, 1486.
[53] Zur Nebenbeschäftigung eines Beamten: BGH VersR 61, 23.
[54] Neufassung durch das Gesetz zur Intensivierung der Bekämpfung der Schwarzarbeit vom 23. 7. 2004 – BGBl. I 04, 1842.
[55] BGH NJW 90, 2542; OLG Hamm NJW 60, 448; OLG Köln VersR 69, 382; LG Zweibrücken ZfS 83, 229; LG Oldenburg ZfS 88, 309 = VersR 88, 1246. Irreführender Leitsatz LG Osnabrück NZV 02, 190: Dort wurde Schadensersatz zugebilligt, weil ein Verstoß gegen das Gesetz zur Bekämpfung der Schwarzarbeit nicht nachgewiesen werden konnte.
[56] § 1 Abs. 2 Ziff. 1, 2. Ausnahme: nicht nachhaltig auf Gewinn gerichtete Tätigkeiten aus Gefälligkeit, im Wege der Nachbarschaftshilfe oder der Selbsthilfe, von Angehörigen oder Lebenspartnern.
[57] BGH VersR 86, 596 = NJW 86, 1486.
[58] BGH VersR 56, 219; KG VersR 72, 467.
[59] BGH VersR 54, 498.
[60] BGH VersR 78, 861. Zum – beschränkten – Regress des SVT insoweit vgl. Rdn. 606.
[61] Vgl. Rdn. 217.

## 2. Beweislast, Beweiserleichterung

Der Geschädigte trägt die Beweislast für die Kausalität der rechtswidrigen Handlung (oder Unterlassung), für die Körperverletzung (haftungsbegründende Kausalität) und für die Höhe des Schadens (haftungsausfüllende Kausalität). 45

Für die *haftungsbegründende Kausalität* ist der Strengbeweis des § 286 ZPO zu führen. Es muss ein „für das praktische Leben brauchbarer Grad von Gewissheit bestehen, der vernünftigen Zweifeln Schweigen gebietet".[62] Für die *haftungsausfüllende Kausalität* kommen dem Geschädigten die *Beweiserleichterungen* der §§ 252 S. 2 BGB, 287 ZPO zugute. Der Schadensnachweis gem. § 287 ZPO setzt eine Überzeugungsbildung des Tatrichters voraus, für die eine je nach Lage des Falles „höhere oder deutlich höhere, jedenfalls überwiegende Wahrscheinlichkeit" genügen kann.[63] Danach braucht der Geschädigte nicht zu beweisen, dass und in welcher Höhe Einkünfte ohne den Unfall mit Gewissheit erzielt worden wären; es genügt der Nachweis einer gewissen Wahrscheinlichkeit.[64] Die Wahrscheinlichkeit muss sich nach dem „gewöhnlichen Lauf der Dinge oder nach den besonderen Umständen, insbesondere nach den getroffenen Anstalten und Vorkehrungen" ergeben. Ob dies der Fall ist, hat der Tatrichter in freier Überzeugung zu entscheiden (§ 287 ZPO); ggf. muss er die Höhe des Schadens schätzen.[65] 46

Erforderlich ist eine Prognose für die berufliche Entwicklung, die der Geschädigte ohne den Unfall genommen hätte. Der Geschädigte muss soweit wie möglich konkrete Anhaltspunkte für diese Prognose dartun und ggf. beweisen;[66] ein abstrakter Erwerbsminderungsschaden ist nicht zu ersetzen.[67] Die Anforderungen an die Prognose der beruflichen Entwicklung dürfen aber nicht überspannt werden, denn es liegt in der Verantwortlichkeit des Schädigers, dass in die berufliche Entwicklung eingegriffen wurde und daraus besondere Schwierigkeiten für die Prognose resultieren.[68] Die Schadensschätzung nach richterlichem Ermessen darf aber nicht „vollends in der Luft schweben".[69] Bei der Aussage über die wahrscheinliche berufliche Entwicklung sind auch tatsächliche Erkenntnisse einzubeziehen, die sich erst nach dem Unfall ergeben und bis zum Schluss der mündlichen Verhandlung bekannt geworden sind.[70] Ob ein Verletzter ohne den Schadensfall durch Verwertung seiner Arbeitskraft bestimmte Einkünfte erzielt hätte, ist durch eine nach §§ 252 S. 2 BGB, 287 ZPO anzustellende Prognose zu ermitteln. Auf der Grundlage gesicherter Anknüpfungstatsachen ist ein Wahrscheinlichkeitsurteil über die nach dem gewöhnlichen Lauf der Dinge wahrscheinliche berufliche Entwicklung des Geschädigten zu fällen. 47

Unterschiedliche Anforderungen an die Prognose sind zu stellen und unterschiedliche Ergebnisse über die Prognose haben, je nachdem, ob der Verletzte zum Unfallzeitpunkt aufgrund einer kontinuierlichen beruflichen Entwicklung erwerbstätig war (dazu Rdn. 50 ff.), ob er arbeitslos war und ggf. auch schon vor dem Unfall keinen klar struktu- 48

---

[62] BGH VersR 03, 474 = NZV 03, 167 m. w. H.; *Thomas/Putzo*, ZPO, § 286 Rdn. 3. Im Einzelnen Rdn. 26 ff.
[63] BGH VersR 95, 422 m. w. H.; OLG Köln NZV 00, 293.
[64] BGH VersR 70, 766.
[65] BGH VersR 70, 766.
[66] St. Rspr., u. a. BGH VersR 98, 770 = NJW 98, 1633 m. w. H.; KG NZV 06, 207 = VersR 06, 794.
[67] Saarländisches OLG ZfS 05, 287 m. Anm. Diehl.
[68] BGH VersR 00, 233; SP 98, 207.
[69] BGH VersR 70, 766; KG NZV 06, 207 = VersR 06, 794.
[70] BGH VersR 04, 874 = NZV 04, 344; VersR 99, 106 = NZV 99, 75; KG NZV 06, 207 = VersR 06, 794.

rierten beruflichen Lebensweg nachweisen kann (Rdn. 53 ff.) oder ob er sich gar noch in oder vor der Ausbildung für eine Erwerbstätigkeit befand (Rdn. 169 ff.).

49 Neben dem Nachweis der beruflichen Entwicklung muss auch die Höhe des wahrscheinlich entgangenen Einkommens bewiesen werden.

50 Die Beweiserleichterungen der §§ 252 S. 2 BGB, 287 Abs. 1 ZPO lassen eine völlig abstrakte Berechnung des Erwerbsschadens im Sinne eines pauschalierten „Mindestschadens" nicht zu; der Verletzte muss konkrete Anhaltspunkte und Anknüpfungstatsachen dartun und beweisen, die die Schadensschätzung ermöglichen.[71] Der Geschädigte muss also zunächst alle ihm bekannten konkreten Tatsachen vortragen und beweisen, er muss Unterlagen vorlegen, Anhaltspunkte nennen, Gesichtspunkte darlegen, die dem Richter die Wahrscheinlichkeitsprüfung und -schätzung ermöglichen.[72]

Hatte der Geschädigte zum Unfallzeitpunkt und vor diesem regelmäßig Erwerbseinkommen erzielt, ist die Ermittlung des wahrscheinlich entgangenen Einkommens verhältnismäßig unproblematisch.

51 Die Kontinuität der beruflichen Laufbahn vor dem Unfall ist ein wesentlicher Faktor bei der „Soll-Prognose" des Verlaufs ohne den Unfall.[73] Hatte der Verletzte z. B. vor dem Unfall über eine längere Zeit ein *ständiges Einkommen,* spricht die Wahrscheinlichkeit dafür, dass er diese Einkünfte auch in Zukunft erzielt hätte. Er kann darüber hinaus beweisen, dass sich das entgangene Einkommen nach dem Unfall erhöht hätte.[74] Soweit es sich um *tarifliche Lohn- oder Gehaltserhöhungen* und Beförderungen im Rahmen eines Tarifvertrages oder aufgrund Gesetzes handelt, gelingt der Nachweis der Einkommenssteigerung in der Regel durch die Darlegung der Entwicklung eines sog. *„Vergleichs-Mannes",* d. h. eines Arbeitskollegen, der zum Unfallzeitpunkt eine gleichartige und gleichbezahlte Tätigkeit ausgeübt hatte. Für *Beförderungen* eines Arbeitnehmers bedarf es jedoch des Beweises weiterer konkreter Anhaltspunkte.

52 Demgegenüber kann der Schädiger ggf. beweisen, dass sich das Einkommen auch ohne den Unfall gemindert hätte oder der Geschädigte seine Stellung verloren haben würde, z. B. wegen *Konkurs* seines Arbeitgebers, eines *Zweitunfalles* oder der Verschlimmerung von *Vorerkrankungen (überholende Kausalität).*[75] Für die überholende Kausalität kann sich auch der Schädiger auf die Beweiserleichterungen der §§ 252 S. 2 BGB, 287 ZPO berufen.[76] Gelingt der Beweis, obliegt es wiederum dem Geschädigten, z. B. beim Konkurs seines Arbeitgebers, nachzuweisen, dass er eine andere Arbeitsstelle gefunden hätte.[77] An diesen Nachweis sind desto höhere Anforderungen zu stellen, je höher die allgemeine Arbeitslosigkeit – in der betroffenen Branche – ist.

53 Hatte der Verletzte vor dem Unfall nicht regelmäßig gearbeitet, besteht zwar keine Wahrscheinlichkeit dafür, dass er in Zukunft einem ständigen Erwerb nachgegangen wäre,[78] die überwiegende Wahrscheinlichkeit spricht meist jedoch dann dafür, dass er immer wieder Arbeit – mit Unterbrechungen – gefunden hätte.[79] Die Unsicherheit dieser Prognose darf nicht dazu führen, sich der erforderlichen Schadenschätzung nach den

---

[71] BGH VersR 95, 469; VersR 95, 422 = NZV 95, 183, jeweils m. w. H.
[72] BGH VersR 70, 860 m. w. H.; VersR 95, 422.
[73] Vgl. hierzu BGH NZV 90, 185 = VersR 90, 284.
[74] *Wussow,* Unfallpflichtrecht, Kap. 32, Rdn. 9 m. w. H.
[75] Zur überholenden Kausalität durch eine Reserveursache vgl. Rdn. 21; BGH VersR 67, 285; VersR 69, 802; OLG Zweibrücken VersR 76, 67; *Wussow,* Unfallhaftpflichtrecht, Kap. 2, Rdn. 107.
[76] Vgl. BGH VersR 65, 491.
[77] OLG Zweibrücken VersR 78, 67; OLG Karlsruhe r + s 89, 358.
[78] OLG Frankfurt VersR 79, 920.
[79] BGH NZV 95, 183 = VersR 95, 422.

§§ 252 BGB, 287 ZPO zu entziehen; dabei ist zu berücksichtigen, dass der Schädiger die Entwicklung des Geschädigten beeinträchtigt hat und daraus die besonderen Schwierigkeiten für die Prognose der beruflichen Entwicklung folgen. Ergeben sich keine hinreichenden Anhaltspunkte für eine andere Entwicklung, ist von einem durchschnittlichen Erfolg des Geschädigten in seiner Tätigkeit auszugehen.[80] Wegen der Unsicherheit der beruflichen Entwicklung kann jedoch dann von einer geschätzten durchschnittlichen Verdienstmöglichkeit ein – ggf. prozentual zu berechnender – Abschlag gemacht werden.[81] Außerdem ist dann auch eine Reduzierung des wahrscheinlichen Pensionierungsalters möglich.[82] War der Verletzte zum Unfallzeitpunkt *arbeitslos,* ist es bei der derzeitigen Arbeitsmarktlage nicht ohne weiteres wahrscheinlich, dass er ohne den Unfall binnen Kürze eine Arbeitsstelle gefunden hätte;[83] der Geschädigte trägt hierfür die Beweislast.[84] Hier kommt es wesentlich auf die Dauer der Arbeitslosigkeit vor dem Unfall, das Alter des Betroffenen und die Aussichten in seinem Beruf an. Insbesondere bei einem jüngeren Menschen ist – soweit nicht konkrete Anhaltspunkte dagegen sprechen – grundsätzlich davon auszugehen, dass er auf Dauer die ihm zu Gebote stehenden Möglichkeiten für eine Gewinn bringende Erwerbstätigkeit genutzt hätte.[85] Zweckmäßig ist es, eine Auskunft des Arbeitsamtes einzuholen.

## 3. Schadenminderungspflicht

Grundsätzlich ist der Verletzte, der unfallbedingt in seinem alten Beruf nicht mehr oder nicht mehr voll arbeiten kann, verpflichtet, seine verbliebene Arbeitskraft – unter Umständen durch Teilzeitarbeit – in den Grenzen des Zumutbaren und Möglichen so nutzbringend wie möglich einzusetzen.[86]

54

Ein Verstoß gegen die Schadenminderungspflicht kann schon dann vorliegen, wenn sich der Verletzte nicht in zumutbarer Weise um eine Arbeitsstelle bemüht und anzunehmen ist, dass eine Beschäftigung hätte gefunden werden können.[87] Zwar trifft grundsätzlich den Schädiger die Beweislast für einen Verstoß gegen die Schadenminderungspflicht. Der Geschädigte muss jedoch, soweit es sich um Vorgänge aus seiner Sphäre handelt, an der Sachaufklärung mitwirken.

---

[80] BGH VersR 00, 233 m. w. H.; VersR 00, 1521.
[81] BGH NZV 95, 183 = VersR 95, 422; NZV 90, 185 = VersR 90, 284; VersR 00, 233; OLG Stuttgart VersR 99, 630; OLG Hamm SP 01, 410 = ZfS 01, 406: Abschlag 40%; SP 00, 194: 10% Abschlag bei einem 26-Jährigen nach 8 Monate Arbeitslosigkeit im Unfallzeitpunkt. Vgl. aber auch OLG München SP 94, 343, das dem Verletzten keinen „Schätzungsbonus" in einem Fall zubilligt, in dem dieser in den 3 Jahren vor dem Unfall „nicht Willens oder nicht imstande war", Einkünfte zu erzielen.
[82] OLG Hamm SP 00, 194: Statt grundsätzlich 65. Lebensjahr dann das 60. Lebensjahr. Zur Dauer der fiktiven Erwerbstätigkeit in der Sollprognose s. im Übrigen Rdn. 860.
[83] Vgl. OLG Zweibrücken VersR 78, 67 schon für Zeiten noch relativ niedriger Arbeitslosigkeit; OLG Hamm nimmt einen Abschlag von dem bei einer kontinuierlichen Erwerbstätigkeit wahrscheinlichen Einkommen in Höhe von 10% vor (SP 00, 194).
[84] OLG Hamm r + s 86, 180.
[85] BGH NZV 97, 222 = VersR 97, 366.
[86] BGH VersR 59, 374; VersR 61, 1018; NJW 67, 2053; VersR 83, 488 = NJW 74, 354; OLG Düsseldorf r + s 03, 37 – Rev. nicht angen. Der vom OLG Frankfurt (NZV 96, 494 = SP 96, 346) entschiedene Fall, in dem der Verletzte umgekehrt durch eine körperlich zu schwere Arbeit und folgende Gesundheitsschäden gegen seine Schadenminderungspflicht verstoßen hatte, dürfte keine Praxisrelevanz haben.
[87] BGH NZV 07, 29 = VersR 07, 76 zur vergleichbaren Arbeitspflicht eines Hinterbliebenen im Todesfall.

Die in Ausübung dieser Schadenminderungspflicht tatsächlich erzielten oder, bei Verstoß gegen die Schadengeringhaltungspflicht, die erzielbaren fiktiven Einkünfte sind auf die unfallbedingt entgangenen Einkünfte anzurechnen.[88] Eine quotenmäßige Anspruchskürzung ist trotz § 287 ZPO nicht möglich.[89]

55 Zunächst einmal muss der Verletzte versuchen, trotz seiner Behinderung auf seinem alten Arbeitsplatz weiter zu arbeiten. Es ist Frage des Einzelfalls, wann ihm diese Weiterarbeit nicht mehr zuzumuten ist und er daher das Arbeitsverhältnis kündigen kann. Auch eine einvernehmliche Beendigung des Arbeitsverhältnisses kann, muss aber noch keinen Verstoß gegen die Schadenminderungspflicht darstellen.[90] Der Verletze ist verpflichtet, gegen eine arbeitsrechtlich unzulässige Kündigung des Arbeitgebers eine Kündigungsschutzklage zu erheben.[91]

56 Muss der Geschädigte seinen Arbeitsplatz unfallbedingt aufgeben, hat er sich im Rahmen der Schadenminderungspflicht um eine andere, mögliche und zumutbare Erwerbstätigkeit zu bemühen.

57 In der BGH-Entscheidung vom 23. 1. 79[92] findet sich eine gute Darstellung der *Pflichten des Geschädigten* und der beiderseitigen *Darlegungs- und Beweislast:* Der Schädiger muss – im Rahmen des § 287 ZPO[93] – beweisen, dass der Geschädigte gegen seine Verpflichtung aus § 254 Abs. 2 BGB, eine mögliche und zumutbare Ersatztätigkeit aufzunehmen, verstoßen hat.[94] Der Verletzte muss sich aktiv um eine Stellung bemühen; die mangelnde Bereitschaft hierzu kann bereits ein Verstoß gegen § 254 Abs. 2 BGB sein.[95] Er hat den Schädiger über seine Bemühungen um einen angemessenen Arbeitsplatz und die für ihn zumutbaren Arbeitsmöglichkeiten zu informieren und muss diese auch darlegen und beweisen.[96] Dies kann nur dann entfallen, wenn er nachweist,[97] dass Bemühungen um einen neuen Arbeitsplatz von vornherein zum Scheitern verurteilt gewesen wären.[98] Demgegenüber ist es Sache des Schädigers, zu behaupten und zu beweisen, dass der Verletzte entgegen seiner Darstellung in einem konkret bezeichneten Fall zumutbare Arbeit hätte aufnehmen können. Die Regeln des Anscheinsbeweises können herangezogen werden, die unter Umständen sogar zu einer Umkehr der Beweislast führen.[99] Hat der Schädiger eine konkret zumutbare Arbeitsmöglichkeit nachgewiesen, so wird es Sache des Verletzten sein, darzulegen und zu beweisen, warum er diese Möglichkeit nicht hat nutzen können.

---

[88] BGH NZV 07, 29 = VersR 07, 76 m. w. H. zur entsprechenden Schadenminderungspflicht beim Unterhaltsschaden.
[89] BGH NZV 07, 29 = VersR 07, 76.
[90] OLG Frankfurt ZfS 02, 20: Führt die gesundheitliche Belastung zu einer Verstärkung der Schmerzsymptomatik, stellt die daraufhin erfolgte einvernehmliche Beendigung des Arbeitsverhältnisses noch keine Verletzung der Schadenminderungspflicht durch den Geschädigten dar. Vgl. auch KG NZV 02, 95; OLG Nürnberg SP 98, 422. Zusammenfassende Darstellung mit weiteren Rechtsprechungshinweisen siehe *Jahnke,* r+s 07, 271.
[91] *Jahnke,* r+s 07, 271. Vgl. auch OLG Oldenburg r+s 07, 303.
[92] VersR 79, 424 = NJW 79, 2142.
[93] Zu den Grenzen des insoweit bestehenden richterlichen Ermessens BGH VersR 88, 466 = NJW-RR 88, 534.
[94] BGH VersR 71, 348; VersR 72, 975; OLG Köln NZV 00, 293 = SP 00, 46.
[95] BGH VersR 55, 38; VersR 79, 425.
[96] OLG Düsseldorf r+s 03, 37 – Rev. nicht angen.; OLG Köln NZV 00, 293 = SP 00, 46; BGH VersR 79, 424 = NJW 79, 2142 m. w. H.
[97] Nicht der Schädiger muss beweisen, dass die Arbeitsplatzsuche Aussicht auf Erfolg bietet, sondern der Geschädigte kann sich von seiner Obliegenheit entlasten, wenn er beweist, dass die Suche von vornherein aussichtslos ist. Das ergibt sich aus den Gründen der Entscheidung BGH NJW 91, 1412 (insoweit missverständlich *Palandt,* BGB, § 254 Rdn. 39).
[98] BGH VersR 79, 424 = NJW 79, 2142.
[99] BGH VersR 71, 348; VersR 72, 975; VersR 83, 488 = NJW 84, 354.

Zur Verpflichtung des Verletzten, sich einer geeigneten Umschulung zu unterziehen, wenn ohne eine solche eine sinnvolle Verwertung der Arbeitskraft nicht möglich oder zumindest erschwert ist, s. Rdn. 65 ff.

Aufwendungen des Geschädigten zur Erfüllung seiner Schadenminderungspflicht sind vom Schädiger zu erstatten. Dies gilt z. B. auch für die Anschaffung eines Pkw, falls ein solcher ausnahmsweise ohne den Unfall nicht vorhanden gewesen wäre und der Verletzte nur mit diesem Auto in zumutbarer Weise einen neuen Arbeitsplatz erreicht.[100]

Bei der Prüfung der *Möglichkeit* und der Zumutbarkeit einer Gewinn bringenden Erwerbstätigkeit[101] ist der Gesundheitszustand des Verletzten,[102] Persönlichkeit, soziale Lage, bisheriger Lebenskreis, Begabung und Anlagen, Bildungsgang, Kenntnisse und Fähigkeiten, bisherige Erwerbsstellung, Alter, seelische und körperliche Anpassungsfähigkeit, Familie und Wohnort zu berücksichtigen.[103]

Nach den Erfahrungen in der Praxis werden an die Voraussetzungen für die Zumutbarkeit strengere Anforderungen gestellt, wenn der Verletzte tatsächlich *nicht arbeitet*. Liegt gleichwohl ein Verstoß gegen die Schadenminderungspflicht vor, ist das erzielbare Einkommen auf den Schadensersatzanspruch des Verletzten anzurechnen. *Arbeitet* der Verletzte, spricht eine Art tatsächliche Vermutung für die Zumutbarkeit. Erzielt der Verletzte aber durch eine so genannte *„überobligationsmäßige"* Erwerbstätigkeit Einkommen, ist dies nicht auf den Einkommensschaden anzurechnen.[104] Dies kann der Fall sein, wenn die Tätigkeit mit erheblichen Risiken, insbesondere gesundheitlicher Art, verbunden ist,[105] oder aber die Art der Beschäftigung für den Geschädigten nicht zumutbar ist.[106] Der Schädiger hat andererseits den Einwand des Verstoßes gegen die Schadenminderungspflicht, wenn durch eine überobligatorische Tätigkeit weitere gesundheitliche Schäden entstehen und der Heilungsprozess verzögert wird.[107]

Verliert der Geschädigte den neuen Arbeitsplatz aus unfallunabhängigen Gründen, hätte er aber wahrscheinlich ohne den Unfall seinen ursprünglichen Arbeitsplatz behalten, ist der Verlust aus der neuen Erwerbstätigkeit (bis zur Höhe des entgangenen Einkommens aus der alten Erwerbstätigkeit) vom Schädiger zu erstatten.[108] Kündigt der Verletzte eine zu-

---

[100] BGH VersR 98, 1428.
[101] Beispiel für fehlende Möglichkeit: BGH SP 96, 78.
[102] BGH NZV 94, 63 = VersR 94, 186: Zumutbarkeit verneint bei einer Verletzten mit Querschnittslähmung und Sprachstörungen, die eine Teilzeitbeschäftigung in geringem Umfang in der Kinderbetreuung ausübt (Beruf als Erzieherin konnte unfallbedingt nicht ergriffen werden).
[103] BGH VersR 74, 142. Beispiele für verneinten Verstoß gegen die Schadenminderungspflicht durch Nichtaufnahme einer Erwerbstätigkeit: OLG Frankfurt NZV 91, 188 = ZfS 91, 230 (Verletzter war Azubi für einen Handwerksberuf, keine Zumutbarkeit einer Tätigkeit als ungelernte Arbeitskraft); OLG Hamm r+s 94, 417 – Rev. nicht angen. (Keine Zumutbarkeit einer nicht gleichwertigen Stellung mit weniger Verantwortung und Verdienstmöglichkeiten – diese Entscheidung stößt bei genauer Betrachtung auf Bedenken.)
[104] OLG Nürnberg SP 98, 422.
[105] BGH VersR 74, 142. Vgl. auch BGH NZV 94, 64 = VersR 94, 186; OLG Nürnberg SP 98, 422.
[106] Hierzu sind keine Beispielfälle aus der Praxis bekannt. Die zitierten Entscheidungen mit verneinter Zumutbarkeit betrafen Fälle, in denen der Verletzte tatsächlich keine Erwerbstätigkeit ausgeübt hatte. Dies belegt die These, dass die Frage der sozialen Zumutbarkeit nur dann geprüft wird, wenn der Geschädigte tatsächlich einer Erwerbstätigkeit nicht nachgeht. Belegt wird dies auch durch OLG Hamm r+s 94, 417 – Rev. nicht angen.: Die Einkünfte aus einer Tätigkeit als Hilfskraft in einem Imbissbetrieb wurden angerechnet, die Zumutbarkeit einer nicht ausgeübten Erwerbstätigkeit als Substitut (Verkäufer gehobener Stellung) wurde verneint.
[107] BGH VersR 74, 142. Vgl. auch OLG Frankfurt NJW-RR 96, 1368 = SP 96,346.
[108] OLG Hamm SP 00, 123.

mutbare Tätigkeit, verstößt er gegen seine Schadenminderungspflicht; für die Berechnung des Erwerbsschadens wird dann unterstellt, dass er diese Tätigkeit weiter ausgeübt hätte.[109]

63   Übernimmt der Verletzte anstelle einer Erwerbstätigkeit die Haushaltsführung, so stellt dies an sich noch keinen Verstoß gegen die Schadenminderungspflicht dar. Allerdings ist der Wert dieser wirtschaftlich grundsätzlich sinnvollen Verwertung der verbliebenen Arbeitskraft[110] auf den Erwerbsschaden anzurechnen.[111]

## 4. Berufswechsel und Umschulung

### a) Minderverdienst

64   Erzielt der Verletzte durch Einsatz der verbliebenen Arbeitskraft[112] ein geringeres Einkommen, bildet die Differenz zwischen dem entgangenen und dem tatsächlich erzielten Einkommen den Erwerbsschaden, den der Schädiger entsprechend der Höhe seiner Haftungsquote zu ersetzen hat. Der Geschädigte hat nicht etwa eine Art Quotenvorrecht in der Form, dass in Fällen der Mithaftung das tatsächlich erzielte Einkommen mit dem wegen der Haftungsquotierung bedingten Ausfall beim entgangenen Einkommen verrechnet würde.[113] Anzurechnen ist auch ein Einkommen aus einer *Arbeitsbeschaffungsmaßnahme*.[114]

### b) Umschulung

65   Kann der Verletzte in seinem erlernten Beruf unfallbedingt nicht mehr arbeiten, ist er grundsätzlich verpflichtet, sich einer geeigneten Umschulung in einen anderen Beruf zu unterziehen, den er trotz seiner Behinderung noch ausüben kann,[115] und erforderlichenfalls hierfür seinen Heimatort zu verlassen.[116]

66   Die Durchführung der Umschulung liegt heute noch primär in den Händen der Sozialversicherungsträger und der Bundesanstalt für Arbeit als so genannten Rehabilitationsträgern. Die von ihnen aufgewendeten Kosten einer Umschulung sind zu erstatten, wenn sie „bei verständiger Beurteilung der Erfolgsaussichten und ihres Verhältnisses zu den ohne solche Maßnahmen zu erwartenden Einbußen des Verletzten, insbesondere zur Abwendung eines Verdienstausfallschadens, objektiv sinnvoll erscheint".[117] Dies gilt auch dann, wenn der Geschädigte nach dem Unfall zunächst eine weniger qualifizierte Beschäftigung ausübt und sich dann in einen gleichwertigen Beruf umschulen lässt.[118]

---

[109] OLG Nürnberg SP 98, 422; OLG Hamm SP 00, 159. Zu einem Fall der Aufgabe einer unfallbedingt nicht mehr zumutbaren Erwerbstätigkeit s. OLG Frankfurt ZfS 02, 20.
[110] Vgl. Rdn. 180.
[111] BGH VersR 79, 622 = NJW 79, 1403. *Jahnke*, r+s 07, 271 m. w. H.
[112] Ohne dass eine überobligatorische Tätigkeit vorliegt – Rdn. 60. Die Teilnahme an einer Arbeitsbeschaffungsmaßnahme als solche ist keine überobligatorische Tätigkeit in diesem Sinne (BGH NJW E-VHR 96, 141).
[113] BGH NZV 92, 313 = VersR 92, 886. Der BGH lehnt die Übernahme der Grundsätze des Quotenvorrechts des hinterbliebenen Ehegatten hinsichtlich der Einkünfte aus einer nach dem Tod des Ehepartners aufgenommenen oder fortgesetzten Erwerbstätigkeit (vgl. Rdn. 358) ab.
[114] BGH NJW E-VHR 96, 141.
[115] BGH VersR 61, 1018; NZV 91, 145 = VersR 91, 437.
[116] BGH VersR 62, 1100.
[117] BGH VersR 87, 1239 = NJW 87, 2741; VersR 82, 767 = NJW 82, 1638; VersR 82, 791 = NJW 82, 2321; NZV 91, 265 = VersR 91, 596; OLG Schleswig VersR 91, 355 – Rev. nicht angenommen.
[118] BGH NZV 91, 265 = VersR 91, 596: Der Zurechnungszusammenhang zwischen Unfall und Umschulungskosten ist nur dann aufgehoben, wenn die Änderung des beruflichen Lebensweges aufgrund einer eigenständigen Entscheidung des Verletzten erfolgt, für die der Unfall allenfalls ein äußerer Anlass ist.

Eigene Maßnahmen der Versicherer bzw. der von ihnen eingeschalteten professionellen **67**
Berufshelfer zur Wiedereingliederung des Verletzten in den Erwerbsprozess gewinnen
zunehmend an Bedeutung. Insoweit aufgewendete Kosten für Berufshilfe, für Arbeitsfindungsmaßnahmen, für die Einrichtung eines behindertengerechten Arbeitsplatzes, für Umschulungsmaßnahmen etc., zusätzliche Fahrtkosten u. Ä. werden von den Haftpflichtversicherern übernommen.[119] Lehnt der Verletzte eine Mitwirkung bei diesen Rehabilitationsmaßnahmen ab, kommt theoretisch ein Verstoß gegen die Schadenminderungspflicht in
Betracht; von diesem Einwand sollte jedoch nur in Extremfällen Gebrauch gemacht werden.

*Umschulung in einen höher qualifizierten Beruf:* Ist die Umschulung in einen gleich- **68**
wertigen Beruf nicht möglich oder nicht aussichtsreich, sind in der Regel auch die höheren Kosten der qualifizierten Umschulung zu ersetzen.[120] Wäre eine billigere Umschulung
in einen gleichwertigen Beruf möglich gewesen, beschränkt sich der Ersatz des Schädigers
auf die fiktiven Kosten einer derartigen Rehabilitation.[121] Der nach erfolgreicher Wiedereingliederung erzielte Mehrverdienst ist nicht etwa auf die Kosten der Umschulung und
den vorher entstehenden Verdienstausfall anzurechnen.[122]

Im Übrigen kommt der beruflichen Neigung und Begabung des Verletzten bei der **69**
Wahl der Umschulungsmaßnahmen ein besonderes Gewicht zu.[123]

*Erfolglose Umschulung:* Scheitert die Umschulung wegen mangelnder Qualifikation des **70**
Verletzten oder kann der Verletzte bei erfolgreichem Abschluss der Umschulung
keinen geeigneten Arbeitsplatz finden, sind die Umschulungskosten nur dann zu erstatten, wenn die Rehabilitationsmaßnahmen bei ihrer Einleitung als objektiv sinnvoll erschienen waren. An die Erfolgsprognose können im Rahmen des § 287 ZPO nicht allzu
große Anforderungen gestellt werden, es genügen insoweit „handfeste Erwartungen für
den Erfolg der Rehabilitation".[124] Hätte allerdings der Rehabilitationsträger bei Beobachtung des Arbeitsmarktes und bei genauer Prüfung der Qualifikation des Verletzten die
Sinnlosigkeit der beabsichtigten Umschulung erkennen müssen, kann ihm in entsprechender Anwendung des § 254 Abs. 2 BGB ein Mitverschuldenseinwand entgegengehalten werden.[125] Trifft den Verletzten selbst ein Mitverschulden, ist § 254 Abs. 2 BGB
ohnehin direkt anwendbar.[126] Erzielt der Verletzte infolge einer an sich erfolgreichen Umschulung ein niedrigeres Einkommen, als er es nach dem Sollverlauf ohne Unfall – auch
unter Wahrnehmung von Aufstiegschancen – gehabt hätte, besteht hinsichtlich der Einkommensdifferenz ein Zurechnungszusammenhang mit dem Unfall.[127]

---

[119] S. auch BGH VersR 98, 1428 in einem Fall des beruflichen Rehabilitationsversuchs durch den Versicherer, in dem zusätzliche Kosten für einen – angeblich nicht vorhandenen – Pkw hätten übernommen werden müssen.

[120] BGH VersR 82, 767 = NJW 82, 1638: Jedenfalls dann, wenn durch die Umschulung ein auf Dauer höherer Verdienstausfallschaden abgewendet wird oder (BGH VersR 91, 596) eine krisenfestere berufliche Stellung erreicht wird. Zu Recht verweist der BGH in diesem Zusammenhang auch auf den Grundsatz „Rehabilitation geht vor Rente", der auch für das Schadensersatzrecht gelte. Vgl. im Übrigen auch OLG Koblenz VersR 95, 549.

[121] BGH VersR 87, 1239 = NJW 87, 2741.

[122] BGH VersR 87, 1239 = NJW 87, 2741: Sinn und Zweck des § 254 Abs. 2 BGB. Im Übrigen fehlt es bereits an der zeitlichen Kongruenz zwischen Kosten und Mehrverdienst. Vgl. auch OLG Nürnberg NZV 91, 267 = ZfS 92, 46.

[123] OLG Karlsruhe ZfS 88, 281 = DAR 88, 241.

[124] BGH VersR 82, 791 = NJW 82, 2321; VersR 82, 767 = NJW 82, 1638.

[125] BGH VersR 81, 347 = NJW 81, 1099; was für die unterlassene Rehabilitation gilt, muss auch für die verfehlte gelten. Außerdem kann der Schädiger einwenden, dass die Umschulung dann nicht erforderlich war im Sinne der oben angeführten Rechtsprechung.

[126] OLG Koblenz VersR 79, 964.

[127] OLG München r+s 94, 380 (mit etwas missverständlichen Formulierungen hierzu – Rev. nicht angen.).

71 *Unterlassene Umschulung:* Zunächst einmal kommt ein – wohl mehr theoretischer – Verstoß gegen die Schadenminderungspflicht durch den Verletzten selbst in Betracht, wenn er sich nicht um eine Umschulung bemüht hat.[128] Im Vordergrund steht jedoch die Verletzung der sozialrechtlichen Pflichten des Reha-Trägers gegenüber dem Versicherten, mögliche und erforderliche Umschulungsmaßnahmen einzuleiten. Unterlässt dies der Rehabilitationsträger, ist im Verhältnis zum Schädiger § 254 Abs. 2 BGB entsprechend anwendbar,[129] d.h. der Reha-Träger muss sich auf seinen Regressanspruch wegen sonstiger, zum Verdienstausfall kongruenter Leistungen das anrechnen lassen, was der Versicherte bei geglückter Rehabilitation als Einkommen erzielt hätte.

72 *Abgebrochene Umschulung:* Ist die Durchführung und der Abschluss der Umschulung für den Geschädigten – in erster Linie medizinisch – zumutbar, verstößt der Geschädigte gegen seine Schadenminderungspflicht, wenn er die Umschulung abbricht.[130]

### c) Berufsfördernde Maßnahmen

73 Zahlt der Rehabilitationsträger nach Wiedereingliederung des Verletzten in den Arbeitsprozess eine *Eingliederungshilfe* oder einen *Einarbeitungszuschuss* (§§ 217ff. SGB III, § 17 SGB VI), so ist dieser zunächst einmal nur dann zu erstatten, wenn der Geschädigte einen kongruenten Erwerbsschaden erleidet; das ist dann nicht der Fall, wenn der Geschädigte echten Arbeitslohn und nicht etwa teilweise „Fürsorgeleistungen" erhält.[131] Dient die Leistung des Rehabilitationsträgers aber dazu, die Eingliederung überhaupt erst zu ermöglichen, d.h. hätte der Arbeitgeber andernfalls den Verletzten nicht eingestellt, sind die Kosten als Aufwendungen zur Schadenminderung – ähnlich wie Umschulungskosten – auch bei Fehlen eines Erwerbsschadens zu erstatten.[132]

74 Wird der Verletzte in einer *Behindertenwerkstatt* tätig, sind die dafür anfallenden Kosten grundsätzlich zu erstatten,[133] und zwar auch dann, wenn die ausgeübte Tätigkeit sich wegen der anfallenden Kosten wirtschaftlich nicht lohnt.[134]

### d) Risiken einer neuen Erwerbstätigkeit

75 Hatte der Verletzte vor dem Unfall einen sicheren Arbeitsplatz, der ihm nach der erforderlichen Prognose des Sollverlaufs ohne den Unfall auch erhalten geblieben wäre, und wird er nach unfallbedingtem Wechsel des Arbeitsplatzes wieder entlassen, kommt ein Wiederaufleben des Schadensersatzanspruchs in Betracht. Soweit dem Verletzten nicht ein Verstoß gegen die Schadenminderungspflicht vorzuwerfen ist, gehen die Risiken der Fortsetzung der neuen Tätigkeit grundsätzlich zu Lasten des Schädigers.[135] Kündigt der Verletzte aber eine zumutbare neue Erwerbstätigkeit, ist dies in der Regel ein Verstoß gegen die Schadenminderungspflicht.[136]

---

[128] S. Rdn. 65.
[129] BGH VersR 81, 347 = NJW 81, 1099. Die Entscheidung bezog sich zwar auf eine unterlassene medizinische Rehabilitation, sie gilt entsprechend jedoch auch für eine berufliche Rehabilitation.
[130] OLG Hamm SP 00, 159.
[131] OLG Celle VersR 83, 185.
[132] OLG Köln VersR 85, 94; OLG Celle VersR 88, 1252; OLG Köln ZfS 88, 43; vgl. auch OLG Frankfurt r+s 92, 199 – Rev. nicht angen.
[133] BGH NZV 91, 387 zu § 40 Abs. 2 BSHG.
[134] OLG Hamm VersR 92, 459: Arbeit ist nicht allein Mittel zur Erzielung von Einkünften, sondern von wesentlicher Bedeutung für das Selbstwertgefühl und für die gesellschaftliche Anerkennung. Allerdings gibt es wohl eine Zumutbarkeitsgrenze.
[135] So im Ergebnis auch OLG Hamm SP 00, 123.
[136] OLG Hamm SP 00, 159; vgl. auch Rdn. 60.

## 5. Vorteilsausgleich

Zu den allg. Voraussetzungen über die Anrechnung eines mit dem Schaden in Zusammenhang stehenden Vorteils wird auf Rdn. 34 verwiesen. 76

Vorteile, die mit dem Erwerbsschaden in einem sachlichen Zusammenhang stehen, muss sich der Geschädigte anrechnen lassen, soweit dies nicht dem Sinn und Zweck des Schadensersatzrechts widerspricht, für den Geschädigten zumutbar ist und den Schädiger nicht unbillig entlastet.[137] Als Vorteile kommen hier in Betracht: ersparte berufsbedingte Aufwendungen, weggefallene Steuern, unter Umständen auch Leistungen Dritter und auch die Übernahme der Haushaltsführung im Rahmen der Familie als Wirtschaftsgemeinschaft anstatt der aufgegebenen Erwerbstätigkeit. Wirtschaftliche Vorteile, die auf einem Konsumverzicht beruhen, entlasten den Schädiger allerdings nicht.[138] 77

Folgende Fallgruppen von Vorteilen im Rahmen des Erwerbsschadens lassen sich bilden:

### a) Ersparte berufsbedingte Aufwendungen

Infolge des Unfalles weggefallene oder reduzierte Werbungskosten oder sonstige Aufwendungen im Zusammenhang mit der Erwerbstätigkeit sind anzurechnen, wenn und soweit sie nicht mit einem „Konsum- oder Komfortverzicht" verbunden sind.[139] Dazu rechnen: 78
– Fahrtkosten zur Arbeitsstätte.[140] Deren Höhe kann man so schätzen, wie die der Fahrtkosten bei Krankenhausbesuchen.[141] Steuervorteile, die der Geschädigte ohne den Unfall für die Fahrt zur Arbeitsstätte erhalten hätte – Entfernungspauschale[142] – mindern den Vorteil durch ersparte Fahrtkosten,
– Verpflegungsmehrkosten,
– Kosten der Arbeitskleidung und deren Reinigung,
– Mehrkosten doppelter Haushaltsführung,[143] wie Kosten der Zweitwohnung, der Gaststättenverpflegung und der Wochenendheimfahrten.

In der Rechtsprechungs- und Regulierungspraxis setzt sich immer mehr eine, im Rahmen des Ermessens bei der Schätzung nach § 287 ZPO legitime Pauschalierung der berufsbedingten Aufwendungen mit einem bestimmten Prozentsatz des (Netto-)Einkommens durch.[144] 79

---

[137] St. Rspr., zuletzt BGH NZV 90, 225 = VersR 90, 495 m. w. H.; vgl. im Einzelnen Rdn. 34 ff.
[138] BGH VersR 80, 455 = NJW 80, 1787.
[139] BGH VersR 80, 455 = NJW 80, 1787; OLG Schleswig VersR 80, 726; OLG Hamm r+s 99, 372.
[140] BGH VersR 80, 455 = NJW 80, 1787.
[141] Siehe Rdn. 238. AG Grevesmühlen SP 03, 235: Anlehnung an JVEG.
[142] Zurzeit – 1. 1. 2006 – sind 0,30 EUR pro km ab dem 20. Entfernungskilometer absetzbar.
[143] OLG Bamberg, VersR 67, 911. Nach BGH VersR 80, 455 = NJW 80, 1787 sei beim Vorteilsausgleich „Zurückhaltung" geboten, wenn es sich um Kostenersparnisse infolge der Aufgabe einer Zweitwohnung am Arbeitsplatz oder des Ersatzes der Gaststättenverpflegung durch häusliche Verpflegung handele. Der BGH unterstellt hier einen – nicht der Vorteilsausgleichung unterliegenden – Konsumverzicht, was m. E. jedoch nicht der Fall sein dürfte. Das Bewohnen einer – meist spärlich möblierten – Zweitwohnung am Arbeitsplatz oder die Gaststättenverpflegung dürfte für die meisten Arbeitnehmer kein Mehr an Komfort bedeuten.
[144] Das OLG Stuttgart pauschaliert berufsbedingte Mehraufwendungen in der Regel mit mindestens 10% des Nettoeinkommens, und zwar nicht nur im Rahmen seiner unterhaltsrechtlichen Richtlinien (NJW 85, 310), sondern auch in seiner schadensersatzrechtlichen Rechtsprechung zum entgangenen Unterhalt und zum Erwerbsschaden (z. B. OLG Stuttgart 4 U 246/87 v. 17. 8. 88 und 13 U 168/84 v. 14. 8. 85; auch LG Tübingen ZfS 92, 82). OLG Naumburg SP 99, 90: 10% Abzug im Wege einer Schätzung akzeptiert, soweit nicht vom Geschädigten konkret widerlegt. KG NZV 06, 207 =

Schädiger und Geschädigter müssen allerdings die Möglichkeit haben, im konkreten Fall höhere oder niedrigere berufsbedingte Aufwendungen darzulegen und zu beweisen.[145]

### b) Steuerersparnisse

80  Nach ständiger Rechtsprechung wird der Schädiger durch Steuerersparnisse infolge von Sozialleistungen entlastet.[146] Bei der Berechnung des Schadens ist daher die Steuerfreiheit von Kranken-, Verletzten-, Übergangsgeld und Verletztenrente zu berücksichtigen.[147] Das gilt auch hinsichtlich der Steuerentlastung bei Zahlung einer Rente wegen Erwerbsminderung, die lediglich mit ihrem Ertragsanteil zu versteuern ist.[148] Zu den Einzelheiten s. Rdn. 126 ff. Reduzierte oder weggefallene Umsatzsteuer[149] sowie ersparte Gewerbesteuer[150] wird ohnehin bei der Berechnung des Schadens eines Gewerbetreibenden mit berücksichtigt.

81  Keine Anrechnung finden dagegen Steuervorteile, die gerade wegen der Behinderung des Verletzten gewährt werden (Pauschbetrag für Körperbehinderte nach § 33b EStG),[151] die Folge einer Verzögerung der Schadensersatzleistung sind (Ermäßigung des Steuertarifs)[152] oder die für eine Kapitalentschädigung nach § 34 EStG n. F. gewährt werden.[153] Zu den Einzelheiten siehe insoweit Rdn. 126 ff.

### c) Leistungen des Arbeitgebers

82  Bei der Entgeltfortzahlung geht der Ersatzanspruch des Arbeitnehmers nach § 6 EFZG oder durch Abtretung auf den Arbeitgeber über. Die Frage eines Vorteilsausgleichs stellt sich nicht. Leistungen ohne Legalzession können ebenfalls nicht angerechnet werden; gegebenenfalls besteht eine Verpflichtung zur Abtretung des Schadensersatzanspruchs an den Arbeitgeber.[154]

83  Bei unfallbedingten Abfindungen des Arbeitgebers ist die Rechtslage etwas unübersichtlich. Während der BGH eine Abfindung bei Auflösung des Arbeitsverhältnisses im gegenseitigen Einvernehmen noch angerechnet hatte,[155] lehnte er dies für die Abfindung im Kündigungsschutzprozess ab.[156]

84  Freiwillige Leistungen des Arbeitgebers aus rein sozialen Erwägungen sind in der Praxis kaum denkbar; eine Anrechnung wäre insoweit wohl ausgeschlossen.[157] Einzelheiten s. Rdn. 107.

---

VersR 06, 794: höherer Abzug als zugestandene 5% hätten vom Schädiger nachgewiesen werden müssen; OLG Celle SP 06, 96: 5% im konkreten Fall nicht beanstandet (Hinweis auf eine nicht veröffentlichte Entscheidung des OLG Dresden 11 U 2940/00 v. 12. 12. 01: 5%).

[145] OLG Düsseldorf ZfS 00, 531 (und Urteil v. 14. 3. 05, I-1 U 149/04): der Prozentsatz ist objektiv willkürlich, wenn die Entfernung zwischen Wohnung und Arbeitsplatz nicht bekannt ist. Mit Hilfe der verbreiteten Routenplaner im Internet ist die Feststellung der Fahrtstrecke allerdings ohne Schwierigkeiten möglich.

[146] S. hierzu auch *Pauge,* VersR 07, 569 ff., 571 m. H. auf Rspr.

[147] U. a. BGH VersR 80, 529.

[148] BGH VersR 86, 162.

[149] BGH VersR 87, 668.

[150] BGH VersR 87, 668.

[151] BGH VersR 88, 464.

[152] BGH WM 70, 663.

[153] BGH NZV 94, 270 = VersR 94, 733.

[154] *Pauge,* VersR 07, 569 ff., 571 m. H. auf Rspr.

[155] BGH NZV 89, 345 = VersR 89, 855.

[156] BGH NZV 90, 225 = VersR 90, 495; ebenso OLG Hamm r+s 94, 417 – Rev. nicht angen.; SP 99, 340. Für eine generelle Nichtanrechnung wohl OLG Frankfurt ZfS 02, 20.

[157] *Pauge,* VersR 07, 569 ff., 571 m. H. auf Rspr.

Zahlt der Arbeitgeber eine Betriebsrente, kommt es zunächst einmal darauf an, ob aufgrund des Arbeits- und Pensionsvertrages eine Abtretung des Ersatzanspruchs vorgesehen ist. Die Frage eines Vorteilsausgleichs stellt sich nur dann, wenn dies nicht der Fall ist. Urteile liegen m.W. nicht vor. Nach der Tendenz in der Rechtsprechung scheidet eine Anrechnung wohl aus.[158] **85**

Geht der Arbeitnehmer unfallbedingt vorzeitig in den Ruhestand, ist das Vorruhestandsgeld auf seinen Ersatzanspruch anzurechnen.[159] Der Schadensersatzanspruch des Verletzten beschränkt sich auf die Differenz zwischen dem entgangenen Nettoeinkommen und dem Vorruhestandsgeld. Diese Leistung des Arbeitgebers erfolgt nicht infolge des Unfalls, sie dient nicht der sozialen Sicherung und Fürsorge. Sie wird altersbedingt bezahlt und dient der Entlastung des Arbeitsmarktes. **86**

Rabatte und sonstige Sonderbezüge für Mitarbeiter gehören zum ersatzpflichtigen Einkommen. Werden diese Rabatte nach einer unfallbedingten Pensionierung oder sonstigen Auflösung des Arbeitsvertrages weiter gewährt, sind sie als Vorteil anzurechnen.[160] **87**

Leistungen aus einem Vertreterversorgungswerk sind nicht anzurechnen.[161] **88**

### d) Leistungen Dritter aufgrund persönlicher oder kollektiver Schadensvorsorge

Soweit die Leistung zu einer Legalzession führt, stellt sich die Frage eines Vorteilsausgleichs nicht; der Ersatzanspruch des Verletzten geht in Höhe der Leistung des Dritten auf diesen über, z.B. nach § 116 SGB X auf den Sozialversicherungsträger oder den Sozialhilfeträger, nach § 67 VVG a.F., § 86 n.F. auf den privaten Schadenversicherer, nach § 87 a BBG a.F., § 76 BBG n.F. auf den Dienstherrn u.Ä. **89**

Unübersichtlicher ist die Rechtslage bei einer fehlenden Legalzession. **90**

Verneint wird die Anrechnung bei **91**

Leistungen aus einer privaten Summenversicherung, z.B. einer Unfallversicherung,[162] einer Lebensversicherung,[163] einer Krankenversicherung hinsichtlich des Krankentagegeldes.[164]

– Leistungen von Zusatzversorgungskassen, die weder Sozialversicherungsträger i.S.d. § 116 SGB X, noch private Schadenversicherer i.S.d. § 67 VVG a.F. sind.[165]

Eine Anrechnung erfolgt dagegen: **92**

– Bei Entsperrung des Haftungsprivilegs nach §§ 104 ff. SGB VII bei einem Wegeunfall: Die Ersatzpflicht des Schädigers beschränkt sich auf die Differenz zwischen den Leistungen der SVT und dem Schaden. Der Regress des SVT ist ausgeschlossen.[166]

– Vorgezogene Altersrente (Altersrente für langjährig Versicherte nach § 36 SGB VI): Kein Regress des Rentenversicherungsträgers wegen dieser Rente, aber Anrechnung auf den Schaden, da die Rente nicht zum Ausgleich der Unfallfolgen, sondern wegen Erreichen der Altersgrenze gezahlt wird.[167]

---

[158] Ebenso *Wussow*, Unfallhaftpflichtrecht, Kap. 56, Rdn. 12.
[159] BGH VersR 01, 196.
[160] OLG Braunschweig SP 01, 91.
[161] OLG München VersR 01, 1429 = r+s 02, 15 – Rev. nicht angen.
[162] BGH VersR 68, 61.
[163] BGH VersR 79, 323.
[164] BGH VersR 84, 690.
[165] BGH VersR 79, 1120; OLG Frankfurt VersR 00, 1523: Versorgungsanstalt der Post.
[166] Einzelheiten s. Rdn. 536.
[167] BGH VersR 82, 166.

### e) Freigebige Leistungen Dritter

**93** Grundsätzlich erfolgt keine Anrechnung, z. B. nicht von
- Unterstützungsleistung von Verwandten,[168]
- Ertrag einer Sammlung für den Geschädigten,[169]
- kostenlose Arbeitsleistung von Familienangehörigen oder Mitgesellschaftern, die infolge des Unfalls für einen Betriebsinhaber einspringen.[170]

### f) Haushaltsführung

**94** Gibt der Verletzte eine ihm nicht mehr zumutbare oder nicht mehr mögliche Erwerbstätigkeit auf und versorgt er stattdessen – wozu er ggf. verpflichtet ist – den Haushalt seiner Familie, so stellt dies eine wirtschaftlich sinnvolle Verwertung der verbliebenen Arbeitskraft dar. Der Erwerbsschaden wird dann um den Wert dieser Haushaltstätigkeit[171] gemindert.[172]

## 6. Brutto- oder Nettolohn?

**95** Bruttolohn ist nach allgemeinem Sprachverständnis das Einkommen eines Arbeitnehmers vor Abzug von Lohn- und Kirchensteuer und der Arbeitnehmerbeiträge zur Sozialversicherung.[173] Nettolohn ist das, was dem Erwerbstätigen nach Abzug von Steuern und Beiträgen zur Sozialversicherung verbleibt.

**96** In Rechtsprechung und Literatur war streitig, ob bei der Berechnung des Erwerbsschadens der Brutto- oder der Nettolohn zugrunde zu legen ist.[174]
Nach der *Bruttolohntheorie* ist vom Bruttoeinkommen, also dem Lohn oder Gehalt einschließlich Steuern und Sozialversicherungsbeiträgen auszugehen. Ersparte Steuern und Beiträge werden im Wege des Vorteilsausgleichs berücksichtigt.[175] Die *modifizierte Nettolohntheorie* stellt auf das Nettoeinkommen des Verletzten nach Abzug von Steuern und Sozialversicherungsbeiträgen ab.[176] Tatsächlich anfallende Steuern und Sozialabgaben sind zu erstatten. Maßgeblich ist insoweit die tatsächliche Höhe der Einkommensteuer. Fällt sie niedriger aus, weil der Geschädigte Abschreibungsmöglichkeiten wahrnimmt, ist nur diese zu ersetzen. Ein Anspruch auf Zahlung fiktiver Einkommensteuer gibt es nicht.[177]

**97** Aus folgenden Gründen hatte der Theorienstreit aber keine wesentliche praktische Bedeutung:
- Bei richtiger Handhabung müssen – worauf der VI. Senat des BGH schon immer hingewiesen hatte – beide Theorien zu demselben wirtschaftlichen Ergebnis führen.[178] Die nach der modifizierten Nettomethode nicht zu erstattenden (weil nicht anfallenden)

---
[168] BGH VersR 73, 85.
[169] RGJW 35, 369.
[170] S. Rdn. 144 ff.
[171] Vgl. Rdn. 180 ff.
[172] BGH VersR 79, 622, 623 = NJW 79, 1403.
[173] Genau genommen müssten die Arbeitgeberbeiträge zur Sozialversicherung noch hinzugerechnet werden.
[174] Überblick bei *Hartung* VersR 81, 1008.
[175] BGH III. Senat: u. a. VersR 65, 793; VersR 75, 37. Ähnlich wohl auch der VII. Senat: z. B. VersR 70, 223; OLG Hamm VersR 85, 1194; OLG Frankfurt ZfS 92, 297; *Hartung* VersR 81, 1008. Weitere Hinweise in der Vorauflage, Rdn. 77.
[176] BGH VI. Senat: VersR 70, 640; VersR 80, 529; OLG München VersR 81, 169; OLG Oldenburg ZfS 92, 82. Weitere Hinweise in der Vorauflage, Rdn. 52, Fußn. 78.
[177] OLG München NZV 99, 513 = r + s 99, 417 – Rev. nicht angen.
[178] BGH VersR 65, 786; VersR 83, 149; NZV 99, 508 = VersR 00, 65.

Steuern und Sozialversicherungsbeiträge werden auch von den Anhängern der Bruttolohntheorie als Vorteil berücksichtigt.
– Hinsichtlich der Rentenversicherungsbeiträge fehlt dem Verletzten ohnehin die Aktivlegitimation (§ 119 SGB X: Übergang des Anspruchs auf den Sozialversicherungsträger).[179]
– Die Darlegungs- und Beweislast für den Wegfall von Steuern und Sozialversicherungsbeiträgen trifft nach beiden Theorien den Geschädigten, und zwar auch beim Vorteilsausgleich im Rahmen der Bruttolohntheorie wegen der Nähe zu den in seiner Sphäre liegenden Umständen.[180]

Der Theorienstreit dürfte wohl durch die Grundsatzentscheidung des VI. Senats des BGH vom 15. 11. 94[181] beendet sein: Bei beiden Methoden handelt es sich nur um *Berechnungstechniken* ohne eigenständige normative Aussagen. Beide Methoden sind anwendbar. Zweckmäßigkeitserwägungen müssen entscheiden. Entscheidet man sich für eine Methode, muss bei der Anrechnung von Einkünften aus einer nach dem Unfall aufgenommenen anderweitigen Erwerbstätigkeit nach derselben Methode vorgegangen werden; d.h., orientiert man sich an der Bruttolohntheorie, sind die tatsächlichen erzielten Einkünfte ebenfalls brutto abzuziehen.[182] **98**

Damit dürfte die Schadensregulierungspraxis, die sich schon bislang an diesen Zweckmäßigkeitserwägungen orientiert und sich für die jeweils praktikabelste Lösung entschieden hat, wie folgt bestätigt sein: **99**
– Bei *Lohn- und Gehaltsfortzahlung*[183]
brutto
Hier handelt es sich allerdings nicht um das Ergebnis von Zweckmäßigkeitserwägungen. Die Fortzahlung von Einkommensteuer und Sozialversicherungsbeiträgen durch den Arbeitgeber führt zwingend zur Anwendung der Bruttomethode.
– Bei *unselbstständigen Arbeitnehmern*[184]
netto
– Bei *Selbstständigen*[185]
brutto oder netto
– Bei *Beamten*[186]
brutto
Zwischen den einzelnen Fallgruppen ist hinsichtlich der Berücksichtigung von Steuern und Sozialversicherungsbeiträgen wie folgt zu differenzieren:

**a) Lohn- oder Gehaltsfortzahlung**

Unstreitig ist der Bruttolohn zu erstatten. Einzelheiten s. Rdn. 112. **100**

**b) Erwerbsschaden eines sozialversicherten Arbeitnehmers**

Was die *Rentenversicherungsbeiträge* anbelangt, fehlt es an der Aktivlegitimation des Geschädigten.[187] Zur Erstattung von Sozialversicherungsbeiträgen im Übrigen vgl. Rdn. 120 ff. **101**

---
[179] Vgl. Rdn. 763 ff.; NZV 99, 508 = VersR 00, 65.
[180] BGH VersR 87, 668 = NJW 87, 1814; NZV 95, 63 = VersR 95, 104.
[181] BGH NZV 95, 63 = VersR 95, 104; vgl. auch BGH NZV 99, 508 = VersR 00, 65.
[182] BGH r+s 01, 285 = SP 01, 158.
[183] Vgl. im Einzelnen Rdn. 112.
[184] Vgl. Rdn. 101.
[185] Vgl. Rdn. 103.
[186] Vgl. Rdn. 737.
[187] Vgl. Rdn. 763 ff.

102  *Steuerersparnisse* infolge von Sozialleistungen sind nach beiden Theorien zu berücksichtigen.[188] Leistungen mit Lohnersatzfunktion unterliegen nicht (Krankengeld, Verletztengeld, Übergangsgeld, Verletztenrente)[189] oder in geringerem Umfang (Ertragsanteil einer Rente wegen Erwerbsminderung oder einer Altersrente)[190] der Einkommensteuerpflicht. Hier ist mit dem VI. Senat[191] netto zu rechnen; es ist praktikabler und dem Geschädigten auch zuzumuten, im Ausnahmefall den Anfall von Einkommensteuer auf Schadensersatzleistungen darzulegen und ggf. durch Vorlage des Einkommensteuerbescheides[192] nachzuweisen.

Die geänderte, höhere Besteuerung der Erwerbsminderungsrente hat allerdings zu einem Regulierungsproblem geführt: Angerechnet auf den (Netto-)Erwerbsschaden wird wegen des Übergangs nach § 116 SGB X nach wie vor die volle, vor Steuer ausgezahlte („Brutto-")Rente. Entfällt auf die Rente Einkommensteuer, entsteht für den Verletzten ein zusätzlicher („Steuer-")Schaden. Im Ergebnis ähnlich wie bei einem Beamten[193] wird dieser weitere Schaden zu ersetzen sein.

### c) Kein Erhalt von Sozialleistungen, insbesondere Erwerbsschaden eines Selbstständigen

103  Bei *Selbstständigen* ist die *Bruttorechnung* praktikabler. Die Gefahr der Nichtabführung von vorweg erstatteten Steuern ist hier im Übrigen deutlich geringer. In der Praxis wird daher überwiegend auch brutto, d.h. inkl. Einkommensteuer gerechnet.

### d) Quotierung des Schadensersatzes wegen Mithaftung

104  Wegen der Steuerprogression ist die tatsächliche Belastung des Geschädigten durch die Einkommensteuer auf den quotierten Schadensersatz niedriger als die Haftungsquote aus der fiktiven Steuer, die der Geschädigte ohne den Unfall hätte zahlen müssen. Dieser Steuervorteil kommt dem Schädiger zugute.[194] Auch hier ist die Nettomethode eindeutig praktikabler. Zu erstatten ist die auf den quotierten Nettoschaden entfallende Einkommensteuer. Nach der Bruttomethode müsste die Progressionsdifferenz „abgeschöpft" werden, was außerordentlich schwierig wäre.

## 7. Regress des Arbeitgebers wegen Entgeltfortzahlung

105  Fällt die Arbeitsleistung eines unselbstständig Tätigen wegen Arbeitsunfähigkeit aus, hat der Arbeitgeber die Bezüge in der Regel für einen bestimmten Zeitraum weiter zu zahlen. Am 1.6.94 ist das **Entgeltfortzahlungsgesetz (EFZG)** in Kraft getreten,[195] das die Einkommensfortzahlung für alle Arbeitnehmer, d.h. für Arbeiter, Angestellte und Auszubildende[196] regelt. Hinsichtlich des Regresses des Arbeitgebers wegen seiner

---

[188] BGH VI. Senat VersR 80, 529, VersR 83, 149; VersR 87, 668 u. VersR 88, 464; BGH VII. Senat im Grundsatz: VersR 70, 223; zuletzt BGH NZV 99, 508 = VersR 99, 95.
[189] § 3 Nr. 1a, Nr. 1c EStG.
[190] § 22 Ziff. 1a) EStG.
[191] BGH VersR 80, 529; VersR 83, 149.
[192] Vgl. Rdn. 128.
[193] Siehe Rdn. 752.
[194] BGH NZV 95, 63 = VersR 95, 104.
[195] Als Art. 53 SGB XI.
[196] Zur Entgeltfortzahlung an einen Geschäftsführer s. Rdn. 158.

fortgezahlten Leistungen[197] hat sich im Vergleich zur vorher maßgeblichen Rechtslage, insbesondere zur Lohnfortzahlung nach §§ 1 ff. LFG[198] nichts geändert.[199]

Nach der *Differenzhypothese* erleidet der Verletzte keinen Schaden. Die aus sozialen Gründen gewährte Leistung des Arbeitgebers soll freilich den Schädiger nicht entlasten. Ein Schaden des Arbeitnehmers wird daher in Höhe der Fortzahlung normativ konstruiert.[200] Der Schadensersatzanspruch des Arbeitnehmers geht entweder kraft Gesetzes (§ 6 EFZG) oder aufgrund einer Abtretung, zu der der Arbeitnehmer meist vertraglich zumindest in entsprechender Anwendung des § 255 BGB[201] verpflichtet ist, auf den Arbeitgeber über. Im Übrigen steht dem Arbeitgeber als nur mittelbar Geschädigtem wegen des Ausfalls des Mitarbeiters kein eigener Ersatzanspruch zu.[202] Macht der Arbeitgeber aufgrund Legalzession oder Abtretung einen Schadensersatzanspruch geltend, trifft ihn die Darlegungs- und Beweislast für Grund und Höhe. Er muss beweisen, dass der Arbeitnehmer aufgrund einer unfallbedingten Erkrankung der Arbeit ferngeblieben ist. I.d.R. ist ein ärztliches Attest erforderlich. Schwierig wird es, wenn in einem solchen Attest eine nicht objektivierbare und nicht unfallspezifische Verletzung bestätigt wird, z.B. eine leichte HWS-Verletzung nach Auffahrunfall. Hier gelten die gleichen Beweisgrundsätze wie für den Verletzten. Kann der Arbeitgeber den erforderlichen Strengbeweis der Unfallkausalität[203] nicht führen, steht ihm trotz der ärztlich bestätigten Arbeitsunfähigkeit kein übergegangener Schadensersatzanspruch zu.[204]

Ist die Krankschreibung des Arztes objektiv falsch, war der Arbeitnehmer tatsächlich nicht arbeitsunfähig, entsteht gleichwohl ein ersatzpflichtiger normativer Schaden. Der Arbeitnehmer kann und muss sich auf die Krankschreibung verlassen, ebenso der Arbeitgeber.[205] Dies gilt freilich nur, wenn nicht tatsächliche Umstände ernsthafte Zweifel an der Glaubhaftigkeit des Inhalts des ärztlichen Zeugnisses begründet hätten oder wenn gar ein doloses Zusammenwirken vorliegt.[206]

Wird der Verletzte dagegen trotz einer bleibenden körperlichen Behinderung von seinem Arbeitgeber mit demselben Gehalt weiterbeschäftigt, entsteht in der Regel kein er-

---

[197] Schadensersatzansprüche aus eigenem Recht stehen dem Arbeitgeber im Übrigen i.d.R. nicht zu. Bei Unfällen im Straßenverkehr liegt grundsätzlich kein betriebsbezogener Eingriff und damit keine Rechtsgutverletzung durch Eingriff in den eingerichteten und ausgeübten Gewerbebetrieb vor (BGH VersR 03, 466; VersR 08, 1697 m. Anm. *Lang* in jurisPR-VerkR 1/2009 Anm. 2). Der Arbeitgeber kann daher auch nicht etwa die Kosten einer Ersatzkraft geltend machen.

[198] Weitere Bestimmungen: §§ 616 BGB, 63 HGB, 133c GewO.

[199] Der einschlägige § 6 EFZG deckt sich mit dem § 4 LFG a.F. Zu beachten ist allerdings, dass die Fortzahlung der Bezüge des Arbeitnehmers auf 6 Wochen beschränkt ist. Bei längerer, vertraglich vorgesehener Gehaltsfortzahlung, z.B. an Angestellte, ist daher nach wie vor eine Abtretung des Schadensersatzanspruchs des Arbeitnehmers an den Arbeitgeber erforderlich.

[200] St. Rspr.; BGH VersR 52, 353; VersR 53, 320.

[201] Münchener Kommentar, § 616 BGB, Rdn. 146.

[202] Grundsatz des Schadensersatzrechts, vgl. nur *Geigel*, Der Haftpflichtprozess, Kap. 8 Rdn. 1. Aus der aktuellen Rspr.: AG Düsseldorf SP 04, 48.

[203] Siehe Rdn. 28.

[204] Dies ist die selbstverständliche Folge des Umstandes, dass der Arbeitgeber als nur mittelbar Geschädigter keinen originären Ersatzanspruch hat, sondern auf den übergegangenen Anspruch des Geschädigten zurückgreifen muss. So auch LG Chemnitz SP 05, 230 (die entgegenstehende Auffassung des LG Verden ZfS 04, 207 wird zu Recht als nicht überzeugend abgelehnt); AG Berlin-Mitte SP 05, 122; AG Dieburg SP 04, 265.

[205] Vgl. hierzu BGH NZV 02, 28 = VersR 01, 1521; OLG Hamm r+s 02, 505. In Betracht kommt hier ein Regressanspruch des Haftpflichtversicherers gegen den pflichtwidrig handelnden Arzt als Schadenliquidation im Drittinteresse.

[206] Vgl. auch insoweit BGH NZV 02, 28 = VersR 01, 1521 = r+s 02, 505.

satzpflichtiger Erwerbsschaden.[207] Der Arbeitnehmer schuldet nämlich nicht einen bestimmten Arbeitserfolg, sondern seine Arbeitskraft in ihrer konkreten Beschaffenheit. Eine theoretische Ausnahme besteht dann, wenn ein Teil des Gehalts nach dem Willen beider Vertragsparteien gewährt wird, um aus sozialen Erwägungen die Folgen des Unfalls auszugleichen.[208] Den erforderlichen Nachweis hierfür wird der Arbeitgeber in der Praxis kaum führen können. Meist wird der Verletzte trotz seiner Behinderung deshalb beschäftigt, weil seine verbliebene Arbeitskraft, insbesondere aber seine Erfahrung den Arbeitslohn immer noch wert sind.

108 Insbesondere zum Lohnfortzahlungsgesetz existiert eine umfangreiche Rechtsprechung, die im Folgenden dargestellt wird. Die dort entwickelten Grundsätze und Konsequenzen der Legalzession gelten entsprechend für § 6 EFZG.

109 Gem. § 6 EFZG geht der Anspruch des verletzten Arbeitnehmers auf Ersatz seines Erwerbsschadens auf den Arbeitgeber insoweit über, als dieser das Arbeitsentgelt weiterzahlt und darauf entfallende Beiträge an die Bundesanstalt für Arbeit, zur Sozial- und Pflegeversicherung sowie an Einrichtungen für die zusätzliche Alters- und Hinterbliebenenversorgung abführt.

110 Es handelt sich um eine *Legalzession*, auf die nach § 412 BGB die §§ 404 ff. BGB Anwendung finden. Der Regress des Arbeitgebers ist beschränkt auf seine tatsächlichen Leistungen für einen Zeitraum von bis zu 6 Wochen[209] und den kongruenten Erwerbsschaden des Geschädigten.[210] *Zeitpunkt* des Übergangs ist der Augenblick der Leistung.[211] Soweit bereits im Unfallzeitpunkt ein Anspruchsübergang auf andere Drittleistungsträger stattgefunden hat, haben diese Vorrang; auf den Arbeitgeber kann nur noch der nach Abzug der kongruenten Leistungen verbleibende Anspruch übergehen.[212] Grund und Höhe richten sich nach den üblichen Grundsätzen. Der Arbeitgeber kann nur insoweit Regress nehmen, als der Arbeitnehmer ohne den Unfall das fortgezahlte Entgelt nachweislich erzielt hätte. Einwände, die gegenüber dem Arbeitnehmer ohne Entgeltfortzahlung bestünden, können auch dem Arbeitgeber entgegengehalten werden; bei einer Mithaftung ist der Anspruch

---

[207] BGH VersR 67, 1068; OLG Celle VersR 74, 1208 = NJW 74, 1878. Die Bundespost ist dazu übergegangen, im Falle der Weiterbeschäftigung eines unfallbedingt behinderten Arbeitnehmers das Gehalt aufzuspalten in einen Teil echte Entlohnung und einen Teil, der als Vorschuss gezahlt wird mit Verpflichtung zur Rückzahlung, wenn ein Regressanspruch gegen einen Schädiger besteht. Das LG Freiburg hat der Bundespost in Höhe des Vorschusses einen Ersatzanspruch zugebilligt (ZfS 87, 141).

[208] BGH VersR 67, 1068; OLG Celle VersR 74, 1208; OLG Hamm (ZfS 92, 7) spricht der Bundespost auch den so genannten personengebundenen Zuschlag zu: Erwerbsschaden des Arbeitnehmers wird unterstellt, da in Höhe eines bestimmten Prozentsatzes (deckungsgleich mit dem Grad der Erwerbsminderung?) der Lohn vereinbarungsgemäß nur im Wege sozialer Fürsorge gezahlt werde. Ich halte diese Rechtsprechung für sehr problematisch, da sie praktisch wegführt vom konkreten Schadensersatz und hinführt zum – wohl an die MdE gekoppelten – abstrakten Erwerbsschaden. Keinesfalls kommt ein solcher Regress bei einer Verletzung eines Beamten in Betracht. Die jeweiligen Überleitungsvorschriften der Beamtengesetze (z.B. § 87a BBG) knüpfen als Überleitungsvorschrift an die Aufhebung der Dienstfähigkeit des Beamten an. Eine teilweise Dienstunfähigkeit des Beamten ist demnach nicht ausreichend. Aufgrund des Alimentationsprinzips im Beamtenrecht bestünden für die Begründung einer teilweisen Dienstfähigkeit auch erhebliche Schwierigkeiten (so auch das nur im Leitsatz veröffentl. Urteil des OLG Bamberg VersR 67, 691).

[209] Bei längerer Entgeltfortzahlung ist eine Abtretung erforderlich.

[210] Klarstellend OLG Köln SP 07,427.

[211] BGH VersR 78, 660, 662; BGH NZV 09, 131 = VersR 09, 230.

[212] BGH NZV 09, 131 = VersR 09, 230: Verletztengeld eines Unfallversicherungsträgers. S. auch die Rechtsprechung wegen ersparter Verpflegungskosten bei stationärer Behandlung – Rdn. 116; auch OLG Hamm NZV 00, 369 = NJW-RR 01, 456.

also zu quotieren, Vorteilsausgleich[213] oder Verstoß gegen die Schadenminderungspflicht ist zu berücksichtigen. Mit dem Arbeitnehmer vorher geschlossene Abfindungsvergleiche sind daher gegenüber dem Arbeitgeber wirksam,[214] § 67 Abs. 2 VVG findet entsprechende Anwendung,[215] d. h. der Regress ist ausgeschlossen, wenn der Schaden durch einen in *häuslicher Gemeinschaft* lebenden Familienangehörigen verursacht wurde,[216] und zwar auch dann, wenn ein Haftpflichtversicherer für den Schaden aufzukommen hat.[217]

Nach der ausdrücklichen Regelung in § 6 Abs. 3 EFZG hat der verletzte Arbeitnehmer ein *Quoten- und Befriedigungsvorrecht* im Verhältnis zum Arbeitgeber. Trifft den Arbeitnehmer z. B. eine Mithaftung, geht der Schadensersatzanspruch nur insoweit auf den Arbeitgeber über, als er zur Deckung der Differenz zwischen der Leistung des Arbeitgebers und dem tatsächlichen Erwerbsschaden nicht gebraucht wird.[218]  111

**Beispiel Quotenvorrecht des Geschädigten:**

```
    3.000,– EUR  brutto (inkl. Arbeitgeberbeiträge) aus abhängiger Tätigkeit
+   1.000,– EUR  netto aus entgangener Überstundenvergütung²¹⁹
    4.000,– EUR  entgangene Einkünfte gesamt
./. 3.000,– EUR  Entgeltfortzahlung
    1.000,– EUR  „Restschaden" Verletzter
60% Haftung
```
Schadensersatz:
4.000,– EUR × 60% =                                                          2.400,– EUR
Anspruch Geschädigter: vom Ersatzanspruch – hier 2.400,– EUR –
erhält der Geschädigte zunächst so viel, wie er zum Ausgleich seines
Restschadens benötigt, das sind                                              ./. 1.000,– EUR
Anspruch Arbeitgeber: für den Übergang steht nur noch
der Rest des Schadensersatzes zur Verfügung, das sind                        1.400,– EUR

Zum *Umfang des Übergangs:* Maßgeblich ist der *Bruttolohn*,[220] einschließlich Steuer, einschließlich Arbeitnehmer- und Arbeitgeberbeiträge zur Arbeitslosen- und Sozialversicherung, Zahlungen an Einrichtungen der zusätzlichen Alters- und Hinterbliebenenversorgung und *Rückstellungen* für eine direkte *Versorgungszusage*.[221] Der Regress des Arbeitgebers umfasst darüber hinaus den auf die Zeit der Arbeitsunfähigkeit entfallenden Anteil  112

– am Brutto- (inkl. Arbeitgeberbeiträge zur Sozialversicherung) *Urlaubsentgelt*.[222] Unter Urlaubsentgelt ist der während der Urlaubszeit fortgezahlte Lohn zu verstehen. Die Berechnung erfolgt nach folgenden Formeln:  113

---

[213] Z. B. Abzug ersparter Verpflegungskosten während des stationären Aufenthalts – s. Rdn. 244; zum Vorteilsausgleich generell, insbesondere wegen ersparter berufsbedingter Aufwendungen s. Rdn. 77 ff.
[214] OLG München ZfS 87, 364; OLG Saarbrücken VersR 85, 298; OLG Köln r+s 93, 419 = SP 93, 348.
[215] BGH VersR 76, 567 = NJW 76, 1208; OLG Celle VersR 76, 93; OLG Hamm VersR 77, 746; OLG Hamburg VersR 92, 685.
[216] S. im Einzelnen Rdn. 635 ff.
[217] LG Münster v. 16. 10. 03, besprochen in SP 04, 12.
[218] Vgl. *Wussow*, Unfallhaftpflicht, Kap. 32, Rdn. 23; zum Quotenrecht vgl. Rdn. 647.
[219] Überstundenvergütungen werden für die Entgeltfortzahlung nicht berücksichtigt (§ 4 Abs. 1 a EFZG).
[220] BGH VersR 65, 620: VersR 65, 786; VersR 73, 1028.
[221] BGH NZV 98, 457 = VersR 98, 1253.
[222] BGH VersR 72, 1057 = NJW 72, 1703; VersR 86, 650 – Der BGH spricht hier an einer Stelle vom „Urlaubsgeld", meint aber offensichtlich das Urlaubsentgelt; BGH VersR 86, 968. Voraussetzung ist, dass der Urlaub vom Arbeitnehmer tatsächlich auch genommen wird (OLG Stuttgart NJW-RR 88, 151).

Urlaubsentgelt:

$$\text{Jahreslohn} \times \frac{Urlaubstage}{Arbeitstage}$$

anteiliges Urlaubsentgelt:

$$\text{Urlaubsentgelt} \times \frac{Krankheitstage}{365\ Kalendertage\ jährl.\ ./.\ Urlaubstage}$$

– die anteilige *Weihnachts-*[223] und *Urlaubsgratifikation,*[224] und zwar auch hier brutto inkl. der Arbeitgeberbeiträge zur Sozialversicherung. Die Formel lautet hier, ähnlich wie beim anteiligen Urlaubsentgelt:[225]

$$\text{Urlaubs- bzw. Weihnachtsgeld(-gratifikation)brutto} \times \frac{Krankheitstage}{365\ Kalendertage\ jährl.\ ./.\ Urlaubstage}$$

– an *vermögenswirksamen Leistungen*[226]

114  Nicht vom Übergang des § 6 EFZG erfasst werden insbesondere: Aufwendungen, die der Arbeitgeber im eigenen Interesse oder aufgrund gesetzlicher Verpflichtung zugunsten eines allgemeinen sozialen Ausgleichs macht, wie die Beiträge des Arbeitgebers zur Berufsgenossenschaft,[227] die Umlagebeiträge des § 14 LFG,[228] die Lohnsummensteuer,[229] Ausgaben für berufliche Weiterbildung[230] und für Arbeitsschutz oder Arbeitssicherheit (arbeitsmedizinischer Dienst). Lohnfortzahlung bei teilweisem Ausfall der Arbeitsleistung des Arbeitnehmers wegen Feststellung und Abwicklung seines Schadens,[231] tarifvertragliche Leistungen an die Witwe,[232] Behindertenausgleichsabgabe,[233] Gemeinkostenzuschläge bzw. sonstige lohngebundene Kosten, Weiterzahlung während des Zusatzurlaubs für Schwerbehinderte[234] führen nicht zu einem Regress.

115  Im Baugewerbe sind zu ersetzen[235] die Beiträge für die Urlaubskasse, die Lohnausgleichskasse und die Alters- und Zusatzversorgungskasse. Nicht zu erstatten ist dagegen die Winterbauumlage. Der Regress des Bauunternehmers umfasst m. E. schließlich auch die Beiträge für die Vorruhestandsregelung im Baugewerbe, da es sich hier um Einrichtungen der zusätzlichen Altersversorgung i. S. d. § 6 EFZG handelt.

116  *Ersparte Verpflegungskosten* des Arbeitnehmers während einer stationären Behandlung im Krankenhaus sind vom Regress des Arbeitgebers abzuziehen, wenn die Heilbehandlungskosten von einer gesetzlichen Krankenkasse übernommen werden.[236] In diesem Fall geht nämlich der Anspruch des Arbeitnehmers auf Ersatz seines Erwerbsschadens in Höhe der ersparten häuslichen Verpflegungskosten nach § 116 SGB X auf die Kasse über.[237] Da

---

[223] BGH VersR 72, 566 – die Entscheidung betrifft zwar den Regress des Dienstherrn, gilt aber entsprechend für den Arbeitgeber; OLG Oldenburg ZfS 84, 202.
[224] Häufig auch als „Urlaubsgeld" oder – z. B. BGH VersR 86, 650 – als „zusätzliches Urlaubsgeld" bezeichnet.
[225] BGH VersR 96, 1117; leicht abweichend noch VersR 72, 566 (s. Vorauflage Rdn. 64).
[226] LG Mannheim VersR 74, 605.
[227] BGH VersR 76, 340 = NJW 76, 326; OLG Koblenz VersR 75, 1056; OLG Köln SP 07, 427.
[228] OLG Stuttgart vom 27. 10. 1977 10 U 78/77.
[229] LG Koblenz VersR 75, 1056; LG Münster VersR 76, 599.
[230] LG Karlsruhe VersR 83, 1065.
[231] AG München VersR 78, 1126.
[232] LG Bielefeld MDR 80, 145; a. A. WI 80, 152.
[233] OLG Oldenburg ZfS 84, 202.
[234] BGH VersR 80, 82; VersR 86, 96 unter II 2 c); OLG Düsseldorf VersR 85, 69 = ZfS 85, 76.
[235] BGH VersR 86, 650 = NJW-RR 86, 512.
[236] OLG Hamm NZV 00, 369 = NJW-RR 01, 456.
[237] Schon BGH VersR 65, 786 und VersR 71, 127; missverstanden häufig VersR 80, 455 = NJW 80, 1787, das sich mit dieser Legalzession nicht befasst hatte; klarstellend VersR 84, 583 = NJW 84, 2628.

dieser Übergang – bei Bestehen eines Sozialversicherungsverhältnisses – bereits zum Zeitpunkt des Unfalls stattfindet,[238] geht er der späteren Zession auf den Arbeitgeber[239] zeitlich vor.

Abzuziehen sind auch ersparte Kosten für die Fahrt zum Arbeitsplatz, soweit sie die wegfallende Steuerersparnis für tatsächlich durchgeführte Fahrten übersteigen,[240] und sonstige anrechenbare Vorteile (s. Rdn. 76 ff.). 117

Schaltet der Arbeitgeber einen *Rechtsanwalt* für die Durchsetzung seines Regressanspruchs ein, sind dessen Kosten nur bei Verzug des Schädigers zu ersetzen.[241] Der Arbeitgeber hat keinen originären Anspruch, er kann nicht seinen eigenen Schaden, sondern nur den Schaden des Arbeitnehmers geltend machen. Aus diesem Grund entfällt auch der Ersatz einer „Unkostenpauschale"[242] oder sonstiger konkreter Aufwendungen zur Durchsetzung des Anspruchs.[243] 118

Ein Arbeitgeber, der in der Regel nicht mehr als 20 Arbeitnehmer beschäftigt, hat nach §§ 10, 12 LFG einen Anspruch auf Erstattung von 80% der Lohnfortzahlung gegen die zuständige gesetzliche Krankenkasse gegen Abtretung des übergegangenen Schadensersatzanspruchs. In einem solchen Fall wird die Krankenkasse nicht über § 116 SGB X Regressgläubigerin, sie erwirbt den Anspruch als Rechtsnachfolgerin des Arbeitgebers. Das vorstehend Ausgeführte gilt entsprechend. Der Abzug ersparter Verpflegungskosten erfolgt hier anteilig bei Arbeitgeber und Kasse. 119

## 8. Sozialversicherungsbeiträge[244]

Beim Schadensersatz wegen der Sozialversicherungsbeiträge zur Renten-, Arbeitslosen-, Kranken- und Pflegeversicherung, die aus dem unfallbedingt entgangenen Einkommen zu zahlen gewesen wären, ist wie folgt zu differenzieren: 120
– Z. T. besteht ein Anspruch des Sozialversicherungsträgers wegen der an ihn zu zahlenden Beiträge, und zwar des Rentenversicherungsträgers nach § 119 SGB X (Einzelheiten s. Rdn. 763 ff.) und des Krankenversicherers während der Zahlung von Krankengeld nach § 116 SGB X (Einzelheiten Rdn. 626).
– Soweit ein Dritter Sozialversicherungsbeiträge an den zuständigen Sozialversicherungsträger zahlt, kommt ein übergegangener Anspruch auf den leistenden Dritten in Betracht. Dies gilt z. B. für den Arbeitgeber, der wegen der von ihm vollständig weitergezahlten Sozialversicherungsbeiträge auch insoweit einen übergegangenen Anspruch nach § 6 EFZG geltend machen kann. Dies gilt aber auch für den Träger einer sog. Lohnersatzleistung (Krankengeld, Verletztengeld, Übergangsgeld) oder einer Rente (Rentnerkrankenversicherung), der diese Beiträge anteilig oder auch voll zu entrichten hat; insoweit erfolgt ein Anspruchsübergang nach § 116 SGB X.

---

[238] Vgl. Rdn. 590 ff.
[239] Vgl. Rdn. 110.
[240] BGH VersR 80, 455 = NJW 80, 1787; OLG Schleswig VersR 80, 726.
[241] *Engelke* VersR 82, 762 mit Hinweisen auf Rspr.; AG Mosbach VersR 83, 571; AG Krefeld ZfS 86, 269 m. w. H.; AG Gummersbach ZfS 88, 106 m. w. H.; AG Nordhorn ZfS 88, 135; AG Dortmund NZV 01, 383 m. w. H.; a. A. AG Überlingen VersR 89, 301 m. w. H. – dogmatisch m. E. nicht nachvollziehbar.
[242] AG Dieburg SP 04, 265.
[243] S. auch OLG Köln SP 07, 427.
[244] Die Beiträge belaufen sich derzeit (2009) auf 19,9% aus höchstens (Beitragsbemessungsgrenze) 5.400,– EUR (Neue Bundesländer: 4.550,– EUR) zur Renten-, 2,8% aus höchstens 5.400,– EUR (4.550,– EUR) zur Arbeitslosen-, 15,5% aus höchstens 3.675,– EUR zur Kranken-, und 1,95% (0,25%Punkte Zuschlag für Kinderlose) aus höchstens 3.675,– EUR zur Pflegeversicherung.

– Soweit der Geschädigte als Empfänger von Lohnersatzleistungen oder Rente mit Beiträgen zur Sozialversicherung belastet bleibt, entsteht ihm zunächst einmal ein Schaden (Erwerbsschaden). Allerdings führt der Träger der Lohnersatzleistung bzw. der Rentenversicherungsträger den Beitragsanteil des Verletzten für diesen an den zuständigen Sozialversicherungsträger ab und verrechnet den Erstattungsanspruch gegen den Versicherten mit der (Brutto-)Lohnersatzleistung. Die Differenz zwischen der dem Verletzten an sich zustehenden (Brutto-)Sozialleistung und der tatsächlich ausbezahlten (Netto-)Sozialleistung bildet seinen Schaden, der dadurch auszugleichen ist, dass vom Erwerbsschaden nur die Netto-Sozialleistung abgezogen wird.

**Beispiel:**

| | |
|---|---:|
| Erwerbsschaden netto | 1.111,11 EUR |
| Krankengeld brutto (90%)[245] | 1.000,– EUR |
| S V-Beiträge[246] (gerundet) | 25% |
| **Krankenkasse zahlt** | |
| Trägerbeiträge | 125,– EUR |
| Beitragsanteil Verletzter an zuständige Versicherer | + 125,– EUR |
| Krankengeld netto | + 875,– EUR |
| an Verletzten insgesamt | 1.125,– EUR |
| **Regress Krankenkasse** | 1.125,– EUR |
| **Ersatzanspruch Verletzter** | |
| Entgangenes Einkommen | 1.111,11 EUR |
| abzüglich Krankengeld netto | 875,– EUR |
| verbleibender Schaden | **236,11 EUR** |
| **Versicherer ersetzt**[247] | |
| Regress Krankenkasse | 1.125,– EUR |
| Schadensersatz Verletzter | 236,11 EUR |
| **gesamt** | **1.361,11 EUR** |
| (= 1.111,11 EUR entgangenes Einkommen + 250,– EUR SV-Beiträge) | |

– In den übrigen Fällen (keine Beitragszahlung durch Dritte) kommt ein Anspruch des Geschädigten in Betracht, wenn die Aufrechterhaltung des Versicherungsschutzes möglich und erforderlich ist. Das kann z.B. der Fall sein, wenn der Verletzte nach Ende der Krankengeldzahlung, ohne dass er auf Grund anderer Sozialleistungen versichert ist, sich freiwillig bei einer gesetzlichen Krankenkasse versichert. Ein Anspruch auf Rentenversicherungsbeiträge besteht wegen des Übergangs nach § 119 SGB X dagegen nicht.[248]

### a) Erhalt von Lohnersatzleistungen

121    Bei Erhalt von Lohnersatzleistungen, nämlich Kranken-, Verletzten-, Übergangs- und Arbeitslosengeld wird der Verletzte nur teilweise mit Beiträgen belastet. Und zwar hat er beim Krankengeld Beiträge zur Renten-, Arbeitslosen- und Pflegeversicherung und beim Verletztengeld Beiträge zur Renten- und Arbeitslosenversicherung zu zahlen.

122    Die gesetzliche Grundlage für die Beitragspflicht des Verletzten ergibt sich aus den §§ 170 Abs. 1 Ziff. 2 SGB VI (Rentenversicherung), 345 Ziff. 5 SGB III (Arbeitslosenversicherung) und 59 Abs. 2 SGB XI (Pflegeversicherung).

---

[245] Höchstgrenze nach § 47 Abs. 1 S. 2 SGB V.
[246] Beiträge zur Renten-, Pflege- und Arbeitslosenversicherung.
[247] Hinzu kommt der Regress der Krankenkasse wegen der KV-Beiträge nach § 116 Abs. 1 SGB X und des RVT wegen des Spitzbetrages nach § 119 SGB X.
[248] Siehe Rdn. 763 ff.

## b) Krankenversicherungsbeiträge, insbesondere des Rentners

Bezieher einer Rente wegen Erwerbsminderung (oder Hinterbliebenen-Rente) sind – unter bestimmten Voraussetzungen – pflicht-krankenversichert (§ 5 Abs. 1 Ziff. 11 SGB V). Die nach der Rente zu bemessenden Beiträge tragen der Rentner und der Rentenversicherungsträger je zur Hälfte (§ 249 a SGB V). Für die Höhe des Beitrags ist der durchschnittliche allgemeine Beitragssatz der Krankenkassen maßgeblich (§ 247 SGB V).  **123**

Die Belastung des Rentners mit der Hälfte der Beiträge bildet einen nach §§ 249 ff. BGB zu ersetzenden Vermögensschaden. Berechnungsbeispiele siehe Rdn. 607 ff.  **124**

Im Übrigen kommt ein Ersatz freiwilliger Krankenversicherungsbeiträge in folgenden Varianten in Betracht:  **125**
– Ende der Krankengeldzahlung (sog. Aussteuerung) nach 18 Monaten Bezug von Krankengeld: Der Verletzte hat hier die Möglichkeit einer freiwilligen Versicherung, die Beiträge hierfür sind ihm zu erstatten. Ein Regress der Krankenkasse nach §§ 116, 119 SGB X kommt nicht in Betracht.[249]
– Freiwillige Krankenversicherung des Rentners, bei dem die Voraussetzungen für eine Pflichtversicherung (§ 5 Abs. 1 Ziff. 11 SGB V) nicht vorliegen.

## 9. Steuern

Unfallbedingte Steuerersparnisse entlasten den Schädiger, soweit dies nicht dem Zweck der Steuervergünstigung widerspricht.[250] Dies gilt generell, es kommt nicht darauf an, ob nach der modifizierten Netto- oder nach der Bruttolohntheorie gerechnet wird.[251]  **126**

Bei Anwendung der *Bruttolohntheorie*[252] sind die ersparten Steuern als Vorteil vom Schaden abzuziehen.[253] Dabei ist vom fiktiven Bruttogehalt der Differenzbetrag abzuziehen, der sich aus dem Vergleich ergibt zwischen den fiktiven Steuern, die auf den Bruttolohn entfallen würden, und der tatsächlichen Steuer, die für die Ersatzleistung zu entrichten ist.[254]  **127**

Wird mit der Praxis nach der *modifizierten Nettolohntheorie* gerechnet,[255] steht dem Verletzten von vornherein nur ein Anspruch auf das fiktive Nettogehalt zuzüglich der darauf zu entrichtenden Steuer zu.[256] Maßgeblich ist die Höhe des Steuersatzes in dem Jahr, in dem die Entschädigung zufließt.[257] Ermäßigt sich die Einkommensteuer aufgrund einer Veränderung der persönlichen, für die Höhe der Steuer maßgeblichen Verhältnisse des Geschädigten (z.B. aufgrund einer Eheschließung), ist das entsprechend höhere Nettoeinkommen zu ersetzen. Das gilt auch bei dem Wechsel in eine niedrigere Steuerklasse, z.B. infolge einer Eheschließung. Bei Wechsel des Wohnsitzes des Geschädigten in ein Land mit niedrigerem Steuersatz sind nur die tatsächlich anfallenden – niedrigeren  **128**

---

[249] Dies ergibt sich schon aus dem Wortlaut der geänderten §§ 116, 119 SGB X.
[250] St. Rspr., u.a. BGH NJW 87, 814 = VersR 87, 668 m.w.H.; zuletzt NZV 95, 63 = VersR 95, 104.
[251] Vgl. hierzu Rdn. 95 ff.; BGH VersR 88, 464 = NZV 88, 98; NZV 89, 345.
[252] Vgl. Rdn. 95.
[253] VII. Senat BGH VersR 70, 223; III. Senat BGH VersR 75, 37; vgl. auch VI. Senat BGH VersR 79, 519 und VersR 80, 529.
[254] BGH VersR 86, 162 = NJW 86, 245.
[255] Vgl. Rdn. 95 ff.
[256] BGH VersR 86, 162 = NJW 86, 245.
[257] OLG München NZV 99, 513 = r+s 99, 417 – Rev. nicht angenommen. Reduziert sich allerdings die Steuerbelastung wegen Verzögerung der Ersatzleistung, kommt dies dem Schädiger nicht zugute (BGH WM 70, 663).

Steuern – zu erstatten.²⁵⁸ In Höhe der Steuerersparnisse entsteht der Schaden also erst gar nicht. Die auf die Ersatzleistung entfallende Steuer ist m. E. erst nach Vorlage des Steuerbescheides zu erstatten.²⁵⁹ Der Schaden des Verletzten besteht hier in seiner Steuerpflicht, der Schädiger hat ihn insoweit freizustellen. Vor Fälligkeit der Steuerschuld hat der Geschädigte daher nur einen Feststellungsanspruch.²⁶⁰ Ohne Steuerbescheid würde die Berechnung der Steuerschuld auch auf erhebliche praktische Schwierigkeiten stoßen. Schließlich sprechen fiskalische Gründe dafür, dem Geschädigten die Steuer erst nach Durchführung des Steuerverfahrens zukommen zu lassen.

129  Zu berechnen ist die Steuer nach der Einkommensteuer-, nicht nach der Lohnsteuertabelle.²⁶¹ Werden Ehepartner zusammen zur Einkommensteuer veranlagt und unterliegt der Verletzte trotz niedrigeren Einkommens wegen dieser Zusammenveranlagung einem höheren Steuersatz (häufig: Hausfrau mit Nebentätigkeit), dann ist der – niedrigere – Steuerbetrag zu erstatten, der sich bei einer Alleinveranlagung ergäbe.²⁶²

130  Da die *Darlegungs- und Beweislast* für die steuerliche Seite des Schadensersatzes den Verletzten trifft,²⁶³ besteht hinsichtlich der Steuerersparnisse kein praktischer Unterschied zwischen modifizierter Netto- und Bruttolohntheorie. Nicht der Schädiger muss den Vorteil weggefallener Steuern beweisen, sondern der Geschädigte muss detailliert darlegen und nachweisen, welche Steuern in welcher Höhe weiter zu zahlen sind, da die Beweismöglichkeiten in seiner Sphäre liegen.²⁶⁴ Zu den Steuerersparnissen im Einzelnen:

### a) Einkommensteuer

131  – *Zu berücksichtigende Steuervorteile:*
Steuerfreiheit oder Steuerermäßigung von Leistungen Dritter entlasten den Schädiger. Dies gilt insbesondere hinsichtlich der steuerfreien²⁶⁵ oder nur mit ihrem Ertragsanteil zu versteuernden²⁶⁶ Leistungen von Sozialversicherungsträgern.²⁶⁷ Steuerfrei sind die Barleistungen des Unfallversicherungsträgers, nämlich das Verletzten- und das Übergangsgeld sowie die Verletztenrente (§ 3 Nr. 1 a), 1 c) EStG). Dasselbe gilt für das Krankengeld der Krankenkasse. Erwerbs- und Berufsunfähigkeitsrenten aus der Rentenversicherung sind zwar als Leibrenten grundsätzlich steuerpflichtig (§§ 2 Abs. 1 Nr. 7 Nr. 1 a), 22 EStG), unterliegen allerdings nur mit ihrem Ertragsanteil der Steuerpflicht (§ 22 Nr. 1 Satz 3 a) EStG i. V. m. § 55 Abs. 2 EStDV). Der Ertragsanteil ist meist so niedrig, dass bei Berücksichtigung von steuerlichen Freibeträgen, Pauschalen usw. in der Praxis meist keine Steuer anfällt.²⁶⁸ Dies führt dazu, dass bei einem sozialversicherten Arbeitnehmer in der Regel die Schadensersatzleistung nach dem entgangenen Nettoeinkommen zu bemessen ist (Ausnahme: Lohnfortzahlung). Gemindert wird der

---

²⁵⁸ So wohl auch OLG Karlsruhe NZV 99, 210 = VersR 99, 1256, das mangels Vortrages der Parteien insoweit allerdings nicht entscheiden konnte.
²⁵⁹ So auch OLG München VersR 81, 169; OLG Oldenburg ZfS 92, 82; OLG Frankfurt NZV 91, 188 = ZfS 91, 230; wohl auch OLG München NZV 99, 513 = r+s 99, 417; *Hofmann* VersR 80, 807, 809; a. A. OLG Stuttgart VersR 99, 630: Feststellung der Einkommensteuer mit Hilfe eines „Abtastverfahrens" aus der Steuertabelle.
²⁶⁰ OLG Oldenburg ZfS 92, 82; OLG Frankfurt NZV 91, 188 = ZfS 91, 230.
²⁶¹ BGH VersR 88, 183 = NJW-RR 88, 149.
²⁶² BGH VersR 70, 640 = NJW 70, 127 m. abl. Anm. *Wais* NJW 70, 1637.
²⁶³ BGH VersR 87, 668 = NJW 87, 814: Wegen der „Nähe zu den in seiner Sphäre liegenden Umständen".
²⁶⁴ BGH VersR 00, 65 = NZV 99, 508 m. w. H.
²⁶⁵ BGH VersR 80, 529 = NJW 80, 788.
²⁶⁶ BGH VersR 83, 149; VersR 86, 162 = NJW 86, 245.
²⁶⁷ BGH VersR 87, 668; VersR 88, 464; NZV 89, 345; NZV 99, 508 = VersR 00, 65.
²⁶⁸ BGH VersR 87, 668 = NJW 87, 814 a. E., vgl. auch *Hartung* VersR 86, 308, 310.

Schaden auch durch die Steuerfreiheit von Arbeitnehmerabfindungen nach § 3 Nr. 9 EStG,[269] bzw., nach neuerem Recht, deren Steuerbegünstigung nach §§ 24 Nr. 1a, 34 Abs. 1, 2 EStG.[270] Bei Beamten ist der Freibetrag von Versorgungsbezügen zu beachten.[271] Bei Quotierung des einkommenssteuerpflichtigen Ersatzes des Erwerbsschadens wegen einer Mithaftung kommt der Vorteil eines niedrigeren Steuersatzes wegen Steuerprogression ebenfalls dem Schädiger zugute.[272]
Die Höhe des Steuervorteils kann im Rahmen des § 287 ZPO auch geschätzt werden.[273] Dabei ist allerdings zu beachten, dass die Höhe der Steuerersparnis nicht mit Hilfe des durchschnittlichen Steuersatzes für das gesamte Einkommen, sondern aus der Progressionsspitze zu berechnen ist.

– *Nicht anrechenbare Vorteile:* 132
nach dem Zweck der Steuervergünstigung werden nicht angerechnet
Pauschbetrag für Körperbehinderte nach § 33b) EStG;[274] Ermäßigung des Steuertarifs infolge Verzögerung in der Schadensersatzleistung,[275] Verjährung der Steuerforderung.[276]
Steuerermäßigung nach § 34 Abs. 1, Abs. 2 Nr. 2 EStG für Kapitalentschädigungen für mehrere Jahre. Hier hält der BGH trotz vielfältiger Kritik an seiner Auffassung fest, dass diese Steuerentlastung nicht dem Schädiger zugute kommt.[277] Diese Rechtsprechung ist freilich nur von Relevanz, wenn Schadensersatz für mehrere Jahre der Vergangenheit geleistet wird. Bei Kapitalentschädigungen für die Zukunft ist die Höhe des Entschädigungsbetrages Verhandlungssache. Hier muss und wird in der Praxis auch eine Steuerentlastung mit einkalkuliert. Verpflichtet sich der Versicherer zur Übernahme fälliger Einkommensteuer für eine auf Netto-Basis errechnete Kapitalentschädigung, ist der Verletzte zur Schadenminderung verpflichtet, die Vorteile des § 34 EStG in Anspruch zu nehmen.

## b) Kirchensteuer

Kirchensteuer ist vom Schädiger zu erstatten, wenn der Verletzte nachweislich Mitglied 133 einer Kirche und damit kirchensteuerpflichtig ist. Der Hinweis in BGH VersR 88, 183 = NJW-RR 88, 149, im Allgemeinen könne davon ausgegangen werden, dass der Geschädigte kirchensteuerpflichtig sei, ist nicht verständlich. Der Anteil der nicht kirchensteuerpflichtigen Personen ist wegen der Vielzahl der Kirchenaustritte und der Zuwanderung von andersgläubigen Gastarbeitern sehr hoch. Den Geschädigten trifft die Beweislast für die Entrichtung von Kirchensteuer, und er kann diesen Nachweis auch ohne weiteres führen.

---

[269] BGH NZV 89, 345.
[270] *Pauge*, VersR 07, 569ff., 574.
[271] BGH NZV 92, 313 = VersR 92, 886.
[272] *Pauge*, VersR 07, 569ff., 574.
[273] BGH NZV 92, 313 = VersR 92, 886: Der Richter ist bei der Feststellung des Schadensumfangs deutlich freier gestellt als bei § 286 Abs. 1 ZPO. Das Gesetz nimmt in Kauf, dass das Ergebnis der Abschätzung mit der Wirklichkeit vielfach nicht übereinstimmt; allerdings sollte die Schätzung möglichst nah an diese heranführen. M. E. kann und sollte daher auch die Steuerersparnis anhand der gängigen Einkommensteuertabellen konkret berechnet werden.
[274] BGH VersR 58, 528; VersR 88, 464 = NJW-RR 88, 470.
[275] BGH WM 70, 663.
[276] BGH VersR 70, 223 = NJW 70, 461.
[277] BGH NZV 94, 270 = VersR 94, 733 = DAR 94, 273: Es liege in der Rechtsnatur des § 34 EStG als pauschalierender Regelung, dass es in Einzelfällen(?) zu einer Besserstellung des Geschädigten kommen könne. Auch Praktikabilitätsgründe sprächen für eine Nicht-Berücksichtigung des Steuervorteils. Ebenso OLG Hamm NZV 95, 316. A. A. wohl OLG München NZV 99, 513 = r+s 99, 417.

### c) Umsatzsteuer

**134** Die Schadensersatzleistung ist nicht umsatzsteuerpflichtig. Unfallbedingt reduzierte oder weggefallene Umsatzsteuern sind daher als Vorteil auf den Erwerbsschaden anzurechnen.[278]

### d) Gewerbesteuer

**135** Die Ersatzleistung unterliegt auch nicht der Gewerbesteuer.[279] Die ersparte Gewerbesteuer reduziert als Vorteil den Erwerbsschaden.[280] Dieser Vorteil spielt beim Selbstständigen eine erhebliche Rolle.

## 10. Selbstständige

**136** Die Ermittlung der Höhe des Erwerbsschadens eines Handwerkers, Kaufmanns, freiberuflich Tätigen oder Unternehmers bereitet der Praxis erhebliche Schwierigkeiten.[281]

**137** Dem Grundsatz, dass der Wegfall oder die Beeinträchtigung der Arbeitskraft als solche kein ersatzpflichtiger Schaden ist,[282] kommt beim Selbstständigen besondere Bedeutung zu.[283] Gerade bei ihm bestimmt sich der Wert seiner Tätigkeit nicht nach der Dauer und Intensität des Arbeitseinsatzes, sondern nach dem dadurch erzielten wirtschaftlichen Erfolg. Fällt der Selbstständige aus, kann sein Schaden daher *nicht* nach den *Kosten einer fiktiven Ersatzkraft* bestimmt werden. Der BGH hat es ausdrücklich abgelehnt, für diese Fälle die Grundsätze des normativen Schadens heranzuziehen oder den Schaden abstrakt zu berechnen.[284] Ebensowenig kann man den Jahresgewinn auf die Tage des tatsächlichen Ausfalls des Selbstständigen umlegen.[285]

**138** Maßgeblich ist, wie sich das Unternehmen und der Gewinn voraussichtlich entwickelt hätten.[286] Bei der danach erforderlichen Prognose der hypothetischen Geschäftsentwicklung kommen dem Geschädigten die Darlegungs- und Beweiserleichterungen nach §§ 252 BGB, 287 ZPO zugute,[287] die gerade beim Selbstständigen große praktische Bedeutung haben.[288] Dies ändert aber nichts daran, dass der Geschädigte seine behauptete Gewinnerwartung auf konkrete Anknüpfungstatsachen stützen muss, die er darlegen und zur Überzeugung des Richters auch nachweisen muss[289] und die die Gewinnerwar-

---

[278] BGH VersR 87, 668 = NJW 87, 1814 m. w. H.; NJW-RR 92, 241.
[279] BFHE 84, 258.
[280] BGH VersR 79, 519 = NJW 79, 915; VersR 87, 668 = NJW 87, 1814.
[281] S. die instruktive und umfassende Darstellung der rechtlichen Grundlagen und betriebswirtschaftlichen Möglichkeiten von *Ruhkopf-Book* VersR 70, 690; VersR 72, 114.
[282] Rdn. 40.
[283] Beispiele aus der Rechtsprechungspraxis der I. Instanz: AG Düsseldorf SP 04, 262; AG Stade SP 04, 263.
[284] BGH NZV 04, 344 = VersR 04, 874 m. w. H. Grundlegend BGH VersR 70, 766; VersR 92, 973 = NJW-RR 92, 852; vgl. auch VersR 66, 1158; VersR 65, 240; OLG Celle r+s 06, 42 = ZfS 06, 84 m. Anm. Diehl.
[285] OLG Koblenz v. 12. 6. 06 (12 U 29/06), SP 06, 349.
[286] St. Rspr., BGH NZV 04, 344 = VersR 04, 874; VersR 92, 973; VersR 93, 1284; NZV 98, 279 = VersR 98, 272 = SP 98, 241.
[287] St. Rspr., u. A. BGH VersR 98, 772 = NZV 98, 279 m. w. H.
[288] Vgl. z. B. KG VersR 04, 483 = NZV 03, 191.
[289] St. Rspr., BGH VersR 98, 772 = NZV 98, 279; VersR 95, 422; VersR 88, 837 = NZV 88, 134; OLG Oldenburg NJW-RR 93, 798; OLG Köln ZfS 93, 261; KG VersR 04, 483 = NZV 03, 191.

tung wahrscheinlich machen müssen. Eine völlig abstrakte Schadenschätzung, auch nicht in Form eines Mindestschadens, genügt diesen Anforderungen nicht.[290] Wegen der Schwierigkeiten, die die Darstellung der hypothetischen Entwicklung eines Geschäftsbetriebes bereitet, können hieran jedoch keine zu hohen Anforderungen gestellt werden.[291] Bestehen weder für einen besonderen Erfolg noch für einen Misserfolg hinreichende Anhaltspunkte, ist von einem durchschnittlichen Erfolg des Geschädigten in seinen beruflichen Aktivitäten auszugehen.[292] § 287 ZPO gibt dem Gericht auch die Möglichkeit, neben der Schätzung des Schadens über das Ob und den Umfang einer Beweisaufnahme nach eigenem Ermessen zu entscheiden,[293] z.B. auch ohne die Voraussetzungen des § 448 ZPO die Parteien zu vernehmen (§ 287 Abs. 1 S. 3 ZPO) und auch ihm sonst bekannt gewordene Umstände zu berücksichtigen.[294] Probleme für die Schadenschätzung bestehen insbesondere auch, wenn sich ein neu gegründetes Unternehmen noch in der Entwicklung befindet.[295] Hier ist aus der Sicht der Praxis andererseits auch Vorsicht geboten, weil ein neu gegründetes Unternehmen nach den Vorstellungen des Geschädigten meist große Gewinnsteigerungen erzielen sollte, die sich aber nicht immer mit den Realitäten decken. Bloß gedankliche Vorbereitungen für den Aufbau einer selbstständigen Existenz stellen keine ausreichende Grundlage für die Prognose der Gewinnentwicklung dar,[296] wenn nicht ein konkretes Planungsstadium wenigstens ansatzweise erreicht wurde.

Bei der Schätzung des Schadens sollte sich das Gericht der Hilfe eines Sachverständigen bedienen; bei Verzicht auf einen Sachverständigen droht ein Verfahrensfehler.[297] Außergerichtlich müssen dem Schädiger alle Angaben und Unterlagen, die einem Sachverständigen zur Erstellung eines Gutachtens gemacht bzw. vorgelegt wurden, zur Kenntnis gebracht werden.[298]

Diese Grundsätze gelten auch, wenn die Erwerbsfähigkeit des Selbstständigen zwar prozentual gemindert ist, Arbeitsfähigkeit aber besteht. Die gelegentlich festzustellende Praxis, den Schaden hier abstrakt aufgrund des Grades der MdE zu schätzen, steht nicht im Einklang mit den Grundsätzen des Schadensersatzrechts und der Rechtsprechung des BGH.[299]

139

Für die Ermittlung der Höhe des Schadens gibt es im Grundsatz drei Möglichkeiten:[300]

### a) Gewinn aus konkret entgangenen Geschäften

Die Fälle sind in der Praxis selten; sie beschränken sich auf bestimmte Berufsgruppen (Makler, Architekten). Die Gefahr einer Manipulation *(Gefälligkeitsbescheinigungen)* ist

140

---

[290] BGH NZV 04, 344 = VersR 04, 874 m.w.H. Hiervon etwas abweichend KG VersR 04, 483.
[291] BGH SP 98, 207 = VersR 98, 770 m.w.H.; NZV 93, 428 = VersR 93, 1284; VersR 92, 973 = NJW-RR 92, 852; KG VersR 04, 483 = NZV 03, 191.
[292] OLG Nürnberg SP 03, 307.
[293] Vgl. dazu z.B. *Zöller/Greger,* ZPO, § 287 Rdn. 6.
[294] KG VersR 04, 483 = NZV 03, 191.
[295] BGH NZV 93, 428 = VersR 93, 1284 = NJW 93, 2673 OLG Celle ZfS 06, 84.
[296] OLG Hamm NZV 94, 109.
[297] KG NZV 05, 148.
[298] BGH VersR 88, 837 = NZV 88, 134.
[299] Vgl. BGH VersR 68, 396; VersR 70, 640; VersR 78, 1170; auf die prozentuale MdE kommt es nicht an; entschieden ist, welchen *konkreten Verdienstausfall* der Geschädigte aufgrund der Unfallverletzungen erlitten hat; vgl. auch *Ruhkopf-Book* VersR 70, 690; 72, 114 m.w.H.
[300] In Betracht kommt auch ein grundsätzlich ersatzpflichtiger Wertminderungsschaden, wenn sich infolge des Ausfalls des Verletzten der Wert des Gewerbebetriebs oder Unternehmens verringert. Im Todesfall steht den Erben aber insoweit kein Ersatzanspruch zu (BGH VersR 84, 353).

hier besonders hoch.³⁰¹ An den Nachweis der Wahrscheinlichkeit des Entgangs eines Geschäftes sind daher strenge Anforderungen zu stellen.

Wird der Gewinnentgang in dieser Form konkret berechnet, scheidet daneben eine abstrakte Schätzung des Schadens nach Rdn. 145 ff. aus. Beide Berechnungsformen dürfen nicht miteinander vermengt werden.³⁰²

141 Gelingt der Beweis, ist im Übrigen zu berücksichtigen, dass die Durchführung des Geschäftes in der Regel *Kosten* verursacht hätte, die den Gewinn mindern, und dass außerdem Arbeitskapazität gebunden worden wäre, die – nach Wiederherstellung der Arbeitsfähigkeit – anderweitig eingesetzt werden kann.

### b) Kosten einer eingestellten Ersatzkraft

142 Stellt der Verletzte wegen seines Ausfalles eine Ersatzkraft ein, sind deren Bruttokosten schon im Prinzip als Kosten der Schadenminderung zu ersetzen; sie mindern aber auch in der Regel entsprechend den Gewinn.

Für beide Seiten ist hier eine subtile Prüfung geboten. Der tatsächliche Schaden kann höher, er kann aber auch geringer als die Bruttokosten der Ersatzkraft sein. Es ist durchaus möglich, dass der Ausfall des Verletzten durch die Ersatzkraft nicht voll aufgefangen wird oder dass umgekehrt eine besonders tüchtige Kraft das Betriebsergebnis verbessert.³⁰³ Besser und transparenter ist es daher meist, den entgangenen Gewinn, der auch durch die Kosten der Ersatzkraft beeinflusst wird, zu ermitteln. Der Schädiger muss auch prüfen, ob die Ersatzkraft nicht auch ohne den Unfall – z. B. wegen gestiegenen Arbeitsanfalls³⁰⁴ – eingestellt worden wäre.

Außerdem ist grundsätzlich Voraussetzung für den Ersatz der Kosten, dass ohne den Unfall mindestens ein Gewinn in Höhe der Kosten erwirtschaftet worden wäre.³⁰⁵ Der Einsatz einer Hilfskraft darf nicht von vornherein kaufmännisch unvertretbar sein,³⁰⁶ es kommt darauf an, ob ein anderer Unternehmer bei „rationaler betriebswirtschaftlicher Kalkulation" den Betrieb fortführen würde.³⁰⁷ Andernfalls wäre die Fortführung des unrentablen Betriebs ein Verstoß gegen die Schadenminderungspflicht. Ausnahmen wird man nur für die Fälle zulassen können, in denen der Verletzte ein berechtigtes Interesse an der – gegebenenfalls vorübergehenden – Aufrechterhaltung seines Betriebs nachweist.

143 Zu beachten ist, dass von den Bruttokosten die Steuerersparnisse abzusetzen sind,³⁰⁸ andererseits die Ersatzleistung hierfür wieder der Einkommensteuer unterliegt.

144 Arbeitet die Ersatzkraft *unentgeltlich*, sei es aus familiären Gründen, sei es als Mitglied einer Sozietät etc., so ist das eine Leistung, die den Schädiger nicht entlasten kann.³⁰⁹ Die fiktiven Kosten einer vergleichbaren Ersatzkraft können zur Schätzung herangezogen werden, allerdings nur netto, also nach Abzug von Steuern und Sozialversicherungsbeiträgen.³¹⁰

---

[301] Siehe z. B. BGH VersR 96, 380 zu einem Fall der unfallbedingten Nichterfüllung eines Beratervertrages.
[302] KG NZV 05, 148.
[303] Vgl. hierzu BGH VersR 97, 453.
[304] OLG Celle r+s 06, 42 = ZfS 06, 84 m. Anm. *Diehl*.
[305] AG Stade SP 04, 263 unter Hinweis auf *Geigel*, Der Haftpflichtprozess, Kap. 4 Rdn. 125.
[306] BGH VersR 97, 453.
[307] OLG Celle r+s 06, 42 = ZfS 06, 84 m. Anm. *Diehl*.
[308] Vgl. Rdn. 126 ff.
[309] Vgl. die Entscheidungsgründe BGH NJW 70, 95.
[310] OLG Oldenburg NJW-RR 93, 798 = ZfS 93, 263: Abschlag, weil die Tätigkeit des Familienangehörigen sozialversicherungsrechtlich und steuerrechtlich nicht erfasst wird. Vgl. auch die Rechtslage bei Beeinträchtigung der Haushaltsführung und den Pflegekosten, Rdn. 204, 265.

## c) Gewinnminderung

Das für die Praxis wichtigste und in der Regel auch zweckmäßigste Verfahren besteht darin, aufgrund der vom Geschädigten dargelegten und nachgewiesenen Fakten den wahrscheinlich unfallbedingt entgangenen Gewinn zu schätzen. Auszugehen ist dabei von dem Gewinn, den der Geschädigte in den letzten Jahren vor dem Unfall[311] erzielt hatte. Unter Berücksichtigung der besonderen Umstände (konkrete Dispositionen im Betrieb, allgemeine konjunkturelle Entwicklung etc.) ist sodann zu prüfen, ob sich dieser Gewinn während der Ausfallzeit ohne den Unfall fortgesetzt, erhöht oder vermindert hätte. Alle insoweit relevanten Fakten, die bis zur Entscheidungsfindung (letzte mündliche Verhandlung) auftreten, sind zu berücksichtigen.[312] Fällt der Verletzte nur kurzfristig aus, ist die Ermittlung des Gewinns nach Wiederaufnahme der Arbeit mit zu berücksichtigen. 145

Die hierfür wesentlichen Tatsachen sollten im Einvernehmen zwischen Geschädigten und Schädiger möglichst schnell nach dem Unfall festgestellt, die Unterlagen möglichst bald durchgesehen werden.[313] Als Unterlagen kommen vor allem in Betracht: Bilanzen, Gewinn- und Verlustrechnungen, Einkommensteuerbescheide und -erklärungen, Umsatzsteuervoranmeldungen und -bescheide. Untersucht werden sollte ein Zeitraum vor dem Unfall von mindestens drei Jahren.[314] 146

Festzustellen ist zunächst die Entwicklung des Umsatzes (Bruttoentgelt für die vom Betrieb erwirtschafteten Lieferungen und Leistungen) und des Rohgewinnes (Umsatz abzüglich Aufwendungen für Roh-, Hilfs- und Betriebsstoffe sowie für bezogene Waren). Der Verlauf der fixen (fortlaufenden) und variablen Kosten ist zu berücksichtigen. Eine Rolle spielt auch die funktionelle und organisatorische Eingliederung des Verletzten im Betrieb und die konkrete Behinderung des Geschädigten. 147

Besondere Schwierigkeiten bereiten das Problem der Abgrenzung der Folgen des Unfalles von den unfallunabhängigen Faktoren, wie Konjunkturentwicklung, Fehldispositionen im Betrieb etc.,[315] sowie die Fälle, in denen sich der Betrieb noch in einer Anlaufphase befand. Erschwert werden die Feststellungen häufig dadurch, dass die Bilanzen und die Gewinn- und Verlustrechnungen für das letzte Jahr vor dem Unfall (oder sogar für mehrere Jahre) in der Regel erst nach dem Unfall erstellt werden. 148

In der Praxis wird der Jurist – in der außergerichtlichen Regulierung, aber auch das Gericht im Prozess – die Auswertung der Unterlagen und die Schätzung des entgangenen Gewinnes dem Steuerfachmann, dem Betriebs- oder Volkswirt überlassen müssen. Der Verzicht auf einen Sachverständigen im Prozess dürfte häufig verfahrensfehlerhaft sein.[316] Er hat dabei jedoch darauf zu achten, dass der Steuerfachmann die juristischen Grundsätze des Schadensersatzrechts beachtet und anrechenbare Vorteile berücksichtigt. 149

Hat der Betrieb *nicht rentabel* gearbeitet, besteht die Möglichkeit, im Rahmen der §§ 252 BGB, 287 ZPO zu unterstellen, dass der Geschädigte Arbeitnehmer geworden wäre und ihm daher zumindest ein Arbeitnehmereinkommen entgangen ist.[317] Insbesondere bei einem jüngeren Menschen ist dann regelmäßig zu unterstellen, dass er jedenfalls 150

---

[311] Nach dem BGH gibt es für diesen Zeitraum zwar keine festen Regeln (BGH NZV 04, 344 = VersR 04, 874), doch sollte man zumindest die letzten 3 Jahre berücksichtigen.
[312] BGH NZV 04, 344 = VersR 04, 874 m.w.H.
[313] Vgl. Entschließung 18. Verkehrsgerichtstag Goslar 1980.
[314] *Ruhkopf-Book* VersR 70, 690 und VersR 72, 114.
[315] Siehe hierzu auch KG NZV 05, 148; OLG Oldenburg NJW-RR 93, 798.
[316] KG NZV 05, 148.
[317] BGH VersR 57, 750.

eine seiner Ausbildung und Fähigkeiten entsprechende Tätigkeit in einem unselbstständigen Arbeitsverhältnis ausgeübt hätte; dabei können verbleibende Risiken durch Abschläge berücksichtigt werden.[318]

### d) Schadenminderungspflicht

151    Abgesehen von den allgemeinen Pflichten[319] hat der Selbstständige sich insbesondere um eine geeignete *Ersatzkraft* zu bemühen,[320] den Betrieb erforderlichenfalls anders zu organisieren und entsprechend seiner Behinderung *umzudisponieren*[321] sowie die verbliebene Arbeitskraft voll einzusetzen.[322] Bei einem nur kurz- oder mittelfristigen Ausfall ist er im Rahmen des Zumutbaren verpflichtet, entgangene Geschäfte oder unterbliebene Arbeitsleistungen durch eine maßvolle Verlängerung der täglichen Arbeitszeit *nachzuholen*.[323]

### e) Vorteilsausgleich

152    Abzusetzen sind insbesondere weggefallene oder geminderte *Steuern*, wie Einkommensteuer, Umsatzsteuer (der Wegfall von Umsatzsteuer für unfallbedingt nicht erbrachte Leistungen findet im Rahmen der variablen Kosten bei der Schätzung des Gewinnrückgangs bereits Berücksichtigung) und – beim Selbstständigen von besonderer Bedeutung – Gewerbesteuer.[324] Wird der Schadensersatz auf der Basis des entgangenen Brutto-Einkommens[325] berechnet, sind die Steuerersparnisse infolge steuerfreier Leistungen von Sozialversicherungsträgern zu berücksichtigen, z.B. bei Zahlung von Verletztengeld eines freiwillig versicherten Selbstständigen.[326]

153    Häufig übersehen werden *Steuervorteile*, wenn die Kosten einer Ersatzkraft verlangt werden. Durch die Entlohnung der Ersatzkraft mindert sich der Gewinn des Unternehmens und damit entsprechend die Einkommen- und Gewerbesteuer. Zu ersetzen sind daher nur die Kosten abzüglich Steuer, wobei die auf die Ersatzleistungen entfallende Einkommensteuer (nicht die Gewerbesteuer) ggf. mit zu erstatten ist.[327]

## 11. Gesellschafter[328]

154    Grundsätzlich ist *nur der Schaden des verletzten Gesellschafters* wegen Wegfalls oder Verringerung seiner Gewinnbeteiligung bzw. seiner Beteiligung am Kapitalkonto sowie seiner Tätigkeitsvergütung zu ersetzen. Der Schaden der Gesellschaft, der anderen Gesellschafter und ggf. von Mitarbeitern ist ein nicht ersatzpflichtiger Drittschaden.[329] Dies gilt

---

[318] BGH VersR 98, 772.
[319] Vgl. Rdn. 54 ff.
[320] OLG Koblenz VersR 91, 194.
[321] BGH VersR 66, 851; AG Stade SP 04, 263.
[322] BGH VersR 59, 374. Diese Verpflichtung besteht allerdings nur im Rahmen des Zumutbaren; vgl. insoweit Rdn. 60.
[323] BGH VersR 71, 544; LG Frankfurt VersR 80, 55.
[324] Vgl. Rdn. 135.
[325] Beim Selbstständigen wird in der Praxis überwiegend brutto gerechnet – vgl. Rdn. 103.
[326] Siehe Rdn. 127, 131.
[327] Vgl. Rdn. 95.
[328] Siehe auch die zusammenfassende Darstellung von *Hofmann* VersR 80, 605.
[329] BGH VersR 62, 622; VersR 64, 1243; 65, 592; VersR 67, 83; NJW 77, 1283; VersR 94, 316; VersR 01, 649.

auch für die Gesellschaft Bürgerlichen Rechts.³³⁰ *Ausnahmen* von dieser Regel bestehen lediglich für die sog. *Ein-Mann-Gesellschaft*³³¹ und die Gütergemeinschaft.³³²

Für die Berechnung des Schadens wegen *Verminderung der Gewinnbeteiligung* ist zunächst der Gewinnrückgang der Gesellschaft, soweit er durch die gesundheitliche Beeinträchtigung des Gesellschafters verursacht wurde, nach den allgemeinen Grundsätzen zu schätzen.³³³ Zu ersetzen ist dann aber lediglich die auf den verletzten Gesellschafter anteilig entfallende Reduzierung des Gewinnanteils.³³⁴ 155

Häufig wird nach dem Unfall eines Gesellschafters eine Vereinbarung über die Kürzung des Gewinnanteils des Verletzten getroffen (sog. *negative Tätigkeitsvergütung*). Hier ist genau zu prüfen: Die Gewinnminderung ist nur dann zu ersetzen, wenn die Vereinbarung unabweisbar und die den anderen Gesellschaftern zugemutete Mehrarbeit ganz außergewöhnlich war.³³⁵ Diese Einschränkung dürfte dann nicht gelten, wenn eine solche Klausel schon bei Abschluss des Gesellschaftervertrages, jedenfalls vor dem Unfall getroffen wurde. 156

Hat die Gesellschaft keinen Gewinn abgeworfen, kommt auch eine *Verminderung des Kapitalkontos* als Schaden des Gesellschafters in Betracht.³³⁶ 157

Erhält der mitarbeitende oder geschäftsführende Gesellschafter außerdem eine „*echte*" *Tätigkeitsvergütung*, so ist er ähnlich wie ein Arbeitnehmer zu behandeln. Es muss sich jedoch um eine ernstliche und angemessene Gegenleistung für die Dienste des Geschäftsführers und nicht etwa um eine – aus steuerlichen Gründen so behandelte – verdeckte Gewinnausschüttung handeln.³³⁷ Zahlt die Gesellschaft die Tätigkeitsvergütung trotz des Unfalles weiter, entsteht ein normativer Schaden:³³⁸ Voraussetzung ist allerdings, dass die Arbeitsleistung des Geschäftsführers auch tatsächlich ausgefallen ist.³³⁹ Der Gesellschafter ist verpflichtet, insoweit seinen Schadensersatzanspruch an die Gesellschaft abzutreten.³⁴⁰ Auch eine Umsatzbeteiligung kann eine ersatzpflichtige Tätigkeitsvergütung sein,³⁴¹ nicht dagegen z. B. gewinnabhängige Tantiemen. 158

Grundsätzlich kann die Tätigkeitsvergütung *neben* einem verringerten Gewinnanteil geltend gemacht werden.³⁴² Dann ist jedoch bei der Berechnung des entgangenen Gewinns Vorsicht geboten. Insbesondere muss berücksichtigt werden, dass entweder die Tätigkeitsvergütung bei einer Abtretung des Ersatzanspruchs aufgrund der Ersatzleistung des Schädigers wieder der Gesellschaft zufließt und insoweit den Gewinn wieder erhöht, oder dass der Wegfall der Vergütung ein anrechenbarer Vorteil der Gesellschaft ist.³⁴³ 159

---

[330] BGH VersR 01, 649.
[331] Vgl. Rdn. 163.
[332] Vgl. Rdn. 164.
[333] Vgl. Rdn. 140 ff. Der Schaden kann auch in dem erhöhten Personalaufwand durch Beschäftigung von Hilfskräften bestehen (AG Aichach SP 00, 272).
[334] Dies ergibt sich aus dem allgemeinen, oben dargestellten Grundsatz; lesenswert hierzu z. B. AG Aichach SP 00, 272.
[335] BGH VersR 64, 1243.
[336] BGH VersR 62, 622.
[337] BGH VersR 77, 863 = NJW 78, 40; VersR 92, 1410; vgl. auch OLG Hamm VersR 79, 945: Vom Umsatz abhängige Tantieme. Die steuerliche Bewertung durch die Finanzbehörden ist dabei ein Indiz für die Einordnung entweder als echte Tätigkeitsvergütung oder als verdeckte Gewinnausschüttung.
[338] BGH VersR 71, 570 = NJW 71, 1136; VersR 77, 863 = NJW 78, 40.
[339] Vgl. hierzu OLG Hamm r+s 02, 505.
[340] Hieran sind strenge Anforderungen zu knüpfen, BGH VersR 70, 60; VersR 77, 863 = NJW 78, 40.
[341] *Hofmann* VersR 80, 606.
[342] BGH VersR 64, 1243.
[343] KG NZV 05, 149.

160 Kosten für unfallbedingt eingestellte *Ersatzkräfte* (Nachweis!) sind dem Verletzten zu erstatten, wenn er aufgrund der aus dem Gesellschaftsverhältnis fließenden Treuepflicht für diese Mehraufwendungen einstehen muss.[344]

161 Erbringen andere Gesellschafter *Mehrarbeit*, kann nur unter ganz bestimmten strengen Voraussetzungen ein Schadensersatzanspruch geltend gemacht werden.[345]

162 Gibt der Gesellschafter unfallbedingt seine Tätigkeit auf, ohne sich um eine Hilfskraft zu bemühen, kann darin ein Verstoß gegen die *Schadenminderungspflicht* liegen.[346]

163 Besonderheiten bestehen bei der *Ein-Mann-GmbH*:[347] Anstelle des Gewinnentgangs[348] kann der Alleingesellschafter grundsätzlich auch Erstattung seines – angemessenen – Gehalts verlangen, ohne nachweisen zu müssen, dass infolge seines Ausfalls der Gewinn des Unternehmens zurückging.[349] Es muss sich allerdings nachweislich um ein echtes Arbeitsentgelt für zu leistende Tätigkeit und z. B. nicht um eine – aus steuerlichen Gründen so behandelte – verdeckte Gewinnausschüttung handeln.[350] Wird zusätzlich eine Gewinnminderung als Schaden geltend gemacht, ist auch hier bei der Schätzung der Gewinnminderung mit zu berücksichtigen, dass weggefallene Gehaltszahlungen der Gesellschaft ein anrechenbarer Vorteil sind.[351]

164 Gehört ein Gewerbebetrieb zum Gesamtgut von Eheleuten, die im Rahmen der *Gütergemeinschaft* gemeinschaftlich das Geschäft betreiben, so liegt keine Innen-Gesellschaft des bürgerlichen Rechts vor. Der in das Gesamtgut der Gütergemeinschaft fallende deliktische Schadensersatzanspruch des verletzten Ehegatten auf Ersatz des Erwerbsschadens erstreckt sich auf die gesamten unfallbedingten Gewinneinbußen des Erwerbsgeschäfts.[352]

## 12. „Erwerbsschaden" des Arbeitslosen

165 Wird ein Arbeitsloser, der Arbeitslosengeld nach dem SGB III bezieht („ALG I"), verletzt, und steht er daher dem Arbeitsmarkt nicht mehr zur Verfügung, wird zunächst das Arbeitslosengeld für 6 Wochen (§ 126 SGB III) weitergezahlt. Danach erhält der Verletzte Krankengeld in Höhe des weggefallenen Arbeitslosengeldes (§ 47b SGB V).[353] Ein persönlicher Ersatzanspruch kommt dann nicht in Betracht. Ein ersatzpflichtiger Erwerbsschaden entsteht jedoch, sobald das befristete Krankengeld ausläuft[354] oder wenn der Geschädigte nachweisen kann, dass er ohne den Unfall wieder einen Arbeitsplatz gefunden hätte.

---

[344] BGH VersR 63, 433.
[345] Vgl. dazu BGH VersR 64, 1243; NJW 55, 1227.
[346] BGH VersR 63, 585.
[347] Die folgenden Grundsätze gelten auch, wenn der geschäftsführende Gesellschafter noch Mitgesellschafter hat, aber wegen seiner überragenden Beteiligung am Kapital praktisch als Alleingesellschafter betrachtet werden muss; BGH VersR 77, 374 = NJW 77, 1283.
[348] BGH VersR 77, 374 = NJW 77, 1283.
[349] BGH VersR 71, 570; OLG Hamm ZfS 96, 11; vgl. auch BGH VersR 92, 1410. *Hofmann* VersR 80, 605 hält dieses Ergebnis zu Recht für bedenklich und rechtspolitisch verfehlt. Die Manipulationsgefahr ist zu groß.
[350] BGH VersR 77, 863; VersR 92, 1410; vgl. auch OLG Hamm VersR 79, 945: vom Umsatz abgängige Tantieme. Nicht gegen eine Erstattung spricht, wenn die Zahlung durch Verrechnung mit einer Darlehensschuld erfolgt (BGH VersR 92, 1410).
[351] Siehe Fußnote zu Rdn. 159.
[352] BGH VersR 94, 316 = DAR 94, 113 = ZfS 94, 323.
[353] Wird der Bezieher von Arbeitslosengeld I (§ 117 SGB III) arbeitsunfähig, erhält er ab der 7. Woche Krankengeld von der Krankenkasse (§§ 5 Abs. 1 Nr. 2, 47b SGB V, 138 SGB III).
[354] § 48 Abs. 1 SGB V.

Allerdings steht nach § 116 SGB X der Bundesagentur für Arbeit wegen des weiter ge- **166** zahlten Arbeitslosengeldes[355] und der gesetzlichen Krankenkasse wegen des ab der 7. Woche gezahlten Krankengeldes ein Regressanspruch zu. Der Verletzte, der wegen Arbeitsunfähigkeit nicht mehr dem Arbeitsmarkt zur Verfügung steht, erleidet bei normativer Wertung einen Schaden. Die Weiterzahlung für 6 Wochen, die lediglich aus Gründen der verwaltungstechnischen Vereinfachung erfolgt, soll den Schädiger – ähnlich wie bei Lohnfortzahlung – nicht entlasten. Erst Recht ist nach Ablauf der 6 Wochen der Wegfall des Arbeitslosengeldes I ein vom Schädiger zu ersetzender – normativer – Erwerbsschaden. Der Schadensersatzanspruch geht dann auf die Krankenkasse wegen des von ihr gezahlten Krankengeldes (sachliche Kongruenz) nach § 116 SGB X über.[356] Voraussetzung für einen Regress ist, dass der Verletzte ohne den Unfall Arbeitslosengeld I erhalten oder anderes Einkommen erzielt hätte.

Im Regelfall ist das Krankengeld voll übergangsfähig. Die Höhe des Krankengeldes **167** deckt sich mit der Höhe des hypothetischen Arbeitslosengeldes bzw. der Arbeitslosenhilfe. Allerdings ist für die Dauer der stationären Heilbehandlung ein Abzug für ersparte Verpflegungskosten zu machen (s. Rdn. 246). Sonstige Abzüge sind kaum gegeben. Z. B. erspart der Arbeitslose im Gegensatz zum Erwerbstätigen kaum Fahrtkosten. In Ausnahmefällen ist die Übergangsfähigkeit jedoch zu verneinen. Dies gilt insbesondere in den Fällen des Ruhens des Anspruchs auf Arbeitslosenunterstützung nach den §§ 142 ff. SGB III, z.B. beim Empfang anderer Sozialleistungen, bei Anspruch auf Arbeitsentgelt und Urlaubsabgeltung, bei Anwendung einer Sperr- oder Säumniszeit sowie bei Arbeitskämpfen.

Anders und durch die Rechtsprechung noch nicht gänzlich geklärt ist die gesetzliche **168** Ausgangslage für Schadensersatz und Regress beim Bezieher von Arbeitslosengeld II („ALG II") nach dem SGB II. Nach einer rückwirkenden Gesetzesänderung zum 1. 1. 2005[357] wird das ALG II bei krankheitsbedingter Arbeitsunfähigkeit nicht mehr weitergezahlt. Der Verletzte erhält von der Bundesagentur für Arbeit lediglich Vorschüsse auf das Übergangsgeld eines Renten- oder das Verletztengeld eines Unfallversicherungsträgers, wenn deren Eintrittspflicht dem Grunde nach besteht.[358] Ist dies nicht der Fall, setzt die Sozialhilfe nach dem SGB XII für zeitweilig nicht erwerbsfähige Personen ein.[359] Ein Regress des RVT oder des UVT oder des SHT käme nur dann in Betracht, wenn der Wegfall des ALG II ein ersatzpflichtiger und damit zu ihren Leistungen sachlich kongruenter Erwerbsschaden wäre. Vom OLG Köln[360] wird dies mit beachtlichen Gründen insbesondere deshalb verneint, weil das ALG – anders noch die Arbeitslosenhilfe – ausschließlich bedarfsorientiert gezahlt wird. Auch der Verletzte selbst hätte dann konsequenterweise

---

[355] BGH VersR 08, 824 = NZV 08,402 entgegen der bis dahin wohl herrschenden, im BGH-Urteil zitierten Meinung.
[356] BGH VersR 84, 639 = NJW 84, 1811; VersR 84, 862; OLG Karlsruhe ZfS 83, 330. Ebenso OLG Köln VersR 00, 869 für den Wegfall der Leistungen der Bundesanstalt für Arbeit bei einer Untersuchungshaft. Höchstrichterlich nicht geklärt ist die Frage, ob die Arbeitsagentur das während den ersten 6 Wochen fortgezahlte Arbeitslosengeld beanspruchen kann. Meines Erachtens ist dies nicht der Fall, da der leistende Sozialträger identisch bleibt, keine Zahlung infolge des Unfalls erbringt (Voraussetzung für § 116 SGB X) und eine analoge Anwendung des § 6 EFZG mangels einer Regelungslücke nicht in Betracht kommt.
[357] Gesetz zur Vereinfachung der Verwaltungsverfahren im Sozialrecht v. 21. 3. 2005 (BGBl. I 2005, 818).
[358] § 25 Abs. 2 SGB II n.F.
[359] Das hier in der ersten Fassung vorgesehene Krankengeld der Krankenkasse nach § 47 b SGB V ist ebenfalls rückwirkend wieder weggefallen.
[360] OLG Köln v. 27. 1. 09, 3 U 124/08. In der Vorauflage hatte ich ohne nähere Begründung noch eine andere Auffassung vertreten.

keinen Anspruch auf Ersatz seines in einer Differenz zwischen dem entgangenen ALG II und der Sozialhilfe liegenden Schadens.

### 13. Kinder, Auszubildende, Schüler, Studenten

#### a) Verzögerte Berufsausbildung, verspäteter Eintritt in das Erwerbsleben

169 Grundsätzlich hat der Schädiger für alle vermögensrechtlich relevanten Nachteile einzutreten, die infolge einer Verzögerung der Ausbildung entstehen.[361] Zu ersetzen sind grundsätzlich:
– Entgangene *Ausbildungsvergütung* für den Zeitraum der Verzögerung;
– entgangene Einkünfte aus *Nebentätigkeiten*, z. B. während des Studiums;[362]
– entgangenes *Gehalt* für den Zeitraum der unfallbedingten Verzögerung des Berufseintritts;[363]
– *Minderverdienst* infolge verspäteter Einkommenssteigerungen;
– zukünftige Kürzung einer *Altersrente nur*, soweit keine RV-Beiträge nach § 119 SGB X – wie in der Regel – zu erstatten sind[364] oder von Dritten gezahlt werden;
– Nachteile durch *Erschwernisse* im Studiengang infolge veränderter Studienbedingungen (z. B. Vorlesungsstreik);[365]
– Eingangsverschlechterungen im Beruf (schlechtere Arbeitsmarktsituation, geänderte Einstellungsbedingungen u. Ä.);[366]
– Verlust eines *Stipendiums*.[367]

170 Zur Bezifferung des Schadens sind der Ist-Verlauf nach dem Unfall und der Soll-Verlauf, wie er ohne den Unfall eingetreten wäre, zu vergleichen. Dies hat pro rata temporis zu erfolgen, d. h. Soll- und Ist-Verlauf müssen jeweils exakt für die einzelnen Zeiträume gegenübergestellt werden.[368] Bei diesem Sollverlauf sind auch Einkommensreduzierungen zu beachten, die ohne den Unfall eingetreten wären. So ist z. B. zu berücksichtigen, dass der Verletzte ohne den Unfall Wehr- oder Ersatzdienst hätte leisten müssen.[369] Er kann für diesen Zeitraum also nur den entgangenen *Wehrsold* und den Wert der Bundeswehrverpflegung geltend machen. Ersparte höhere Ausgaben für Lebenshaltung[370] und berufsbedingte Aufwendungen[371] sind abzuziehen. Soweit er im Ist-Verlauf während dieser Zeit ein zumindest gleich hohes Einkommen erzielt, entsteht kein Schaden.[372] Die Beweislast für den Soll-Verlauf (z. B. Zeitpunkt Schulabschluss, Beendigung Berufsausbildung, Höhe des entgangenen Einkommens etc.) trifft den Geschädigten. Er kann sich auf die Beweis-

---

[361] BGH VersR 85, 63 = DAR 85, 54; KG NZV 06, 207 = VersR 06, 794.
[362] Siehe hierzu OLG Schleswig ZfS 09, 259.
[363] Zur Darlegungs- und Beweislast s. KG NZV 06, 207 = VersR 06, 794.
[364] S. Rdn. 763 ff. Hatte der Verletzte noch kein Erwerbseinkommen erzielt und daher keine Rentenversicherungsbeiträge gezahlt, wird er aber später – evtl. mit Minderverdienst – rentenversicherungspflichtig erwerbstätig, geht der Anspruch auf Erstattung der Beiträge im Zeitpunkt der Aufnahme der Erwerbstätigkeit nach § 119 SGB X auf den zuständigen Rentenversicherungsträger über. Dieser Anspruch kann daher vor diesem Zeitpunkt mit dem Geschädigten selbst reguliert werden, der dann noch aktiv legitimiert ist.
[365] BGH VersR 85, 62 = NJW 85, 791 = DAR 85, 54; a. A. OLG Hamm VersR 70, 1136 = NJW 70, 1853.
[366] *Steffen* DAR 84, 1 f.
[367] *Steffen* VersR 85, 606 ff.
[368] Vgl. z. B. die BGH-Entscheidung NZV 01, 34 = VersR 00, 1521.
[369] OLG Hamm NZV 99, 248 = VersR 00, 234.
[370] OLG Nürnberg VersR 68, 976.
[371] Siehe Rdn. 77.
[372] OLG Köln VersR 98, 507.

erleichterungen der §§ 252 BGB, 287 ZPO berufen. Im Gegensatz zu den Fällen, in denen das ursprüngliche Berufsziel völlig aufgegeben werden muss, bestehen hinsichtlich des Verzögerungsschadens in der Regel jedoch keine größeren Probleme.

**b) Minderverdienst/Änderung des Berufsziels**

Kann der Verletzte infolge einer bleibenden Behinderung nicht den Beruf ausüben, der ohne den Unfall wahrscheinlich (§§ 252 BGB, 287 ZPO) ergriffen worden wäre, ist zu ersetzen bzw. Schadensersatz zu leisten wegen:
– entgangenem Einkommen oder Minderverdienst;
– Kürzung oder Wegfall einer Altersrente, soweit nicht RV-Beiträge geleistet oder erstattet werden;
– Einkommensausfall oder -minderung wegen unfallbedingter Entlassung (z. B. infolge schlechterer Ausbildung oder Behinderung);
– wirtschaftlicher Folgen einer besonderen Krisenanfälligkeit des unfallbedingt gewählten Berufs.[373]

171

Nicht zu ersetzen sind:
– die Folgen von betriebs- oder brancheninternen Vorgängen, wie Streiks, Betriebsstilllegungen etc.[374]

172

Der Nachweis des Soll-Verlaufs bereitet hier erhebliche Schwierigkeiten, die desto größer sind, je jünger das verletzte Kind ist. Zwar kann sich der Geschädigte auf die Darlegungs- und Beweiserleichterungen der §§ 252, 287 ZPO berufen.[375] Ein Anscheinsbeweis ist dagegen nicht möglich.[376] Gleichwohl muss der Verletzte ein Mindestmaß an Tatsachen vortragen, aufgrund deren ein Richter die Überzeugung von der überwiegenden Wahrscheinlichkeit der behaupteten beruflichen Prognose gewinnen kann.[377] Wenn weder für den Erfolg noch für den Misserfolg hinreichende Anhaltspunkte bestehen, wird man einen durchschnittlichen Erfolg unterstellen können.[378] Je jünger der Verletzte zum Unfallzeitpunkt ist, je weniger fortgeschritten die Ausbildung ist, desto schwerer fällt die Prognose. Dabei wird man dem Verletzten einen gewissen Schätzungsbonus[379] einräumen müssen, denn der Schädiger hat ihm die Chance genommen, zu beweisen, dass er eine erfolgreiche Berufsausbildung abgeschlossen hätte.[380] Im Rahmen der Prognose können als Indizien herangezogen werden:
– intellektuelle, körperliche[381] und charakterliche Eigenschaften und Neigungen des Verletzten[382] (soweit vor dem Unfall schon erkennbar oder vom Unfall nicht beeinflusst existent) sowie
– die Bedingungen seiner Umwelt,[383]
– Beruf, Vor- und Weiterbildung der Eltern und deren Qualifikation in der Berufstätigkeit,[384]

173

---

[373] *Steffen* DAR 84, 1 ff.
[374] *Steffen* DAR 84, 1 ff.
[375] BGH NJW E-VHR 96, 141; OLG Karlsruhe VersR 89, 1101.
[376] BGH VersR 65, 489; *Steffen* DAR 84, 1 ff. m. w. H.
[377] Vgl. z. B. OLG Stuttgart VersR 99, 630; OLG Köln SP 00, 229.
[378] BGH VersR 00, 233 generell zur behaupteten beruflichen Entwicklung; LG Aschaffenburg SP 00, 125.
[379] *Steffen* DAR 84, 1 ff.; vgl. auch OLG Karlsruhe VersR 89, 1101; OLG Stuttgart VersR 99, 630.
[380] BGH VersR 00, 233; 98, 770; OLG Köln SP 00, 229.
[381] LG Stuttgart VersR 99, 630: Für den Fall eines schwer verletzten Kindes, das schon vor dem Unfall behindert war.
[382] OLG Frankfurt VersR 89, 48.
[383] BGH VersR 65, 489; OLG Köln VersR 72, 406 = NJW 72, 59.
[384] OLG Frankfurt VersR 89, 48; OLG Karlsruhe VersR 89, 1101.

– der Werdegang der Geschwister und die Familientradition,[385]
– die Arbeitsmarktsituation[386] und
– die Entwicklung des verletzten Kindes nach dem Unfall.[387]

Statistische Erkenntnisse wird man dagegen nur mit Zurückhaltung verwerten können.[388]

**174** Hatte der Geschädigte die Berufsausbildung noch nicht begonnen oder war er darin noch nicht weit fortgeschritten, ist er grundsätzlich im Rahmen der Schadenminderungspflicht gehalten, einen anderen Beruf zu erlernen, in dem er trotz seiner Behinderung so weit wie möglich arbeiten kann.[389] Die generell bestehende Pflicht zur Umschulung in einen ausübbaren Beruf[390] verstärkt sich hier. Bei der Berufswahl kann sich der Geschädigte auf den Rat eines sachverständigen Arztes verlassen.[391]

### c) Vorteilsausgleich und Schadenberechnung

**175** Der Vorteil darf den Schädiger nicht unbillig entlasten und vor allem muss zeitliche Kongruenz zwischen Schaden und Vorteil als Voraussetzung für eine Anrechnung bestehen. Es erfolgt daher keine Anrechnung
– von tatsächlichen Einkünften, die vor dem Zeitpunkt der hypothetischen Aufnahme einer Berufstätigkeit erzielt werden, auf den späteren Minderverdienst.[392] Allerdings werden diese Einnahmen verrechnet mit einem eventuellen zeitlich kongruenten Erwerbsschaden;
– von höheren Einnahmen aus einem unfallbedingt aufgenommenen qualifizierteren Beruf auf den zeitlich vorher entstandenen Verspätungsschaden;
– von Leistungen aus BAföG.[393]

**176** Anzurechnen sind dagegen
– Einkünfte, die ohne den Unfall nicht erzielt worden wären; z. B. auch die weitergezahlte Ausbildungsvergütung;
– ersparte Aufwendungen, die in dem nach dem Soll-Verlauf ausgeübten Beruf angefallen wären (z. B. Fahrtkosten, Berufskleidung, zweiter Wohnsitz), allerdings ist auch hier die zeitliche Kongruenz zu beachten;
– weitergezahlte Stipendien;[394]
– ersparte Ausbildungskosten.[395]

**177** Zu berücksichtigen ist ggf. auch, dass der Verletzte ohne den Unfall Wehrdienst hätte leisten müssen und als Schaden für diese Zeit ohnehin nur der geringe Wehrsold und der Wert der Bundeswehrverpflegung in Betracht kommen.[396]

---

[385] *Steffen* DAR 84, 1 ff.
[386] LG Aschaffenburg SP 00, 125.
[387] OLG Karlsruhe VersR 89, 1101.
[388] BGH VersR 65, 489: Für die Behauptung einer angestellten Ärztin, ohne den Unfall hätte sie sich mit entsprechend höherem Einkommen selbständig gemacht, reicht die Statistik nicht aus, nach der Ärzte zur Niederlassung tendieren. Vgl. auch OLG Köln VersR 72, 406 = NJW 72, 59.
[389] OLG Köln SP 00, 229.
[390] Vgl. hierzu Rdn. 65 ff.
[391] OLG Köln SP 00, 229.
[392] OLG Frankfurt VersR 83, 1083.
[393] OLG München ZfS 84, 294 – m. E. zweifelhaft.
[394] KG DAR 81, 296; a. A. *Steffen* VersR 85, 605 ff.
[395] A. A. *Steffen* VersR 85, 605 ff., der Ausbildungsersparnisse nur mit Umschulungskosten oder ähnlichen Kosten verrechnen will.
[396] OLG Köln VersR 98, 507; vgl. auch OLG Hamm NZV 99, 248 = VersR 00, 234: Die Zeit des weggefallenen Wehr- und Ersatzdienstes ist anzurechnen.

## d) Berücksichtigung von Reserveursachen

Ein ohne den Unfall ausgeübter *Wehr- oder Ersatzdienst* führt zu einer zu berücksichtigenden Verzögerung des Soll-Verlaufs.[397] Im Übrigen sind wie generell beim Erwerbsschaden Vorerkrankungen, die schlechte Arbeitsmarktsituation in dem ohne Unfall angestrebten Beruf etc. zu beachten. **178**

## e) Ausbildungskosten

Unfallbedingt höhere Ausbildungskosten sind dem Geschädigten zu ersetzen, soweit sie sachlich notwendig und nicht dazu bestimmt waren, eine nicht durch den Unfall erforderliche, qualifiziertere Ausbildung zu ermöglichen. Ein Ersatz von Ausbildungskosten, die infolge des Unfalls nutzlos werden („frustrierte Aufwendungen"), kommt nicht in Betracht.[398] Ersparte Ausbildungskosten sind auf den zeitlich kongruenten Erwerbsschaden anzurechnen.[399] **179**

## 14. Haushaltsführung

Die Führung des Haushalts[400] einschließlich der Betreuung und der Erziehung der Kinder ist im Rahmen der Familie als Wirtschaftsgemeinschaft eine *wirtschaftlich sinnvolle Verwertung der Arbeitskraft*.[401] Wird der haushaltsführende Ehegatte verletzt, steht ihm ein eigener Schadensersatzanspruch nach den §§ 842, 843 BGB zu.[402] **180**

Da das Leitbild der Hausfrauenehe nicht mehr existiert,[403] kommt es nicht darauf an, ob die Ehefrau *(„Hausfrau")* oder der Ehemann *(„Hausmann")* den Haushalt führt, oder ob beide Ehegatten die Hausarbeit untereinander aufgeteilt haben.[404] Auch der verletzte „Hausmann" kann einen Schadensersatzanspruch geltend machen. Wenn, dem allgemeinen Sprachgebrauch folgend, in Literatur und Rechtsprechung noch von der „Hausfrau" die Rede ist, gelten die Ausführungen daher gleichermaßen für den Hausmann[405] und für denjenigen, der neben seiner Erwerbstätigkeit den Haushalt voll oder teilweise[406] führt.[407] Allerdings wird man dann nicht mehr von einer wirtschaftlich sinn- **181**

---

[397] *Steffen* DAR 84, 1.
[398] *Steffen* DAR 84, 1 ff.
[399] Vgl. Rdn. 175.
[400] Gemeint ist hier die Haushaltsführung im engeren Sinn, also Kochen, Putzen, Waschen, Einkauf und Ähnliches. Zur Haushaltsführung im weiteren Sinne, Pflege des Gartens, Reparaturarbeiten, Malern und Tapezieren der Wohnung u. Ä. vgl. Rdn. 42.
[401] BGH VersR 72, 1075; VersR 74, 1016 = NJW 74, 1651 m. w. H.; KG v. 5. 6. 08 = DAR 08, 860; OLG Düsseldorf DAR 88, 24.
[402] Spätestens seit In-Kraft-Treten des Gleichberechtigungsgesetzes vom 18. 7. 1957 hat nicht der Ehemann nach § 845 BGB, sondern die Hausfrau selbst einen eigenen Schadensersatzanspruch – Beschluss des Großen Senats des BGH vom 9. 7. 1968, VersR 68, 852.
[403] S. dazu BGH VersR 83, 688, 689.
[404] BGH NJW 85, 735.
[405] *Pardey/Schulz-Borck* weisen in DAR 02, 289 daraufhin, dass auch ein Kind, das im Haushalt regelmäßig und in nicht unerheblichen Umfang mitarbeitet, bei eigener Verletzung einen Ersatzanspruch hat (vgl. auch *Euler* im Handbuch des Fachanwalts Verkehrsrecht, Kap. 11 Rdn. 5). Das ist im theoretischen Ausgangspunkt sicherlich zutreffend. Kinder ab etwa dem 14. Lebensjahr trifft eine Mitarbeitspflicht. Da es im Verletztenfall aber auf die tatsächliche Arbeitsleistung ankommt (vgl. Rdn. 191 ff.), dürfte in der Praxis regelmäßig ein Anspruch ausscheiden.
[406] S. z. B. OLG Köln SP 00, 336.
[407] BGH VersR 92, 618 = NJW-RR 92, 792: „In aller Regel" (?) keine Kompensation dadurch, dass der Geschädigte unfallbedingt nicht mehr berufstätig ist und seine verbliebene Kraft jetzt voll im Haushalt einsetzen kann.

vollen Verwertung der Arbeitskraft sprechen und damit auch keinen Schadensersatzanspruch zubilligen können, wenn ein voll erwerbstätiger Ehegatte lediglich *Hilfeleistungen* im geringen Umfang erbringt (Mithilfe bei schweren Arbeiten, teilweise Beaufsichtigung von Schularbeiten, gelegentliche Einkäufe etc.).[408]

**182**  Auch einem **Alleinstehenden** mit eigenem Haushalt[409] steht ein Ersatzanspruch im Rahmen vermehrter Bedürfnisse zu.[410] Wegen der sehr unterschiedlichen Struktur solcher Haushalte – Studentenhaushalt[411] versus verwitwete Hausfrau – ist hier besondere Sorgfalt auf die Schätzung des erforderlichen Zeitaufwands[412] für die Aufrechterhaltung des tatsächlichen Standards zu legen.[413] Bei einem nur vorübergehendem Ausfall soll nach dem OLG Düsseldorf nur der Ersatz konkret angefallener Kosten in Betracht kommen.[414] Dabei ist auch zu berücksichtigen, dass in einem Single-Haushalt eher als im Familienhaushalt die Möglichkeit besteht, zeitlich disponible Arbeiten auf einen späteren Zeitpunkt zu verschieben.[415] Während eines stationären Aufenthalts beschränkt sich der Anspruch auf die Arbeitszeit für notwendige Erhaltungsmaßnahmen.[416]

**183**  Ob auch die Haushaltsführung in einer – heterogenen – **nichtehelichen Lebensgemeinschaft** eine derart sinnvolle Verwertung der Arbeitskraft darstellt, obwohl sie familienrechtlich nicht geschuldet wird und kein Äquivalent für einen Barunterhaltsanspruch bildet, ist höchstrichterlich noch nicht entschieden,[417] wird aber von der wohl h. M. m. E. zu Recht verneint.[418] Wenn dem so wäre, müsste in einem Fall, in dem eine Witwe nach dem unfallbedingten Tod ihres Mannes eine nichteheliche Lebensgemeinschaft eingeht und hier den Haushalt führt, der Wert dieser Haushaltsführung als Vorteil auf ihren Unterhaltsschaden angerechnet werden. Der BGH hat hier jedoch genau umgekehrt entschieden.[419] Der Schadensersatzanspruch ist aber zumindest so zu berechnen, als hätte der Verletzte als Alleinstehender einen Haushalt geführt.[420]

---

[408] OLG Oldenburg VersR 83, 890; s. auch AG Göttingen SP 01, 236.

[409] Der Anteil der sog. Single-Haushalte ist in Deutschland hoch, er dürfte nach dem Statistischen Bundesamt bei einem Drittel liegen.

[410] BGH NZV 09, 278 = NJW 09, 2060; NJW-RR 92, 792 = VersR 92, 618; KG VersR 82, 978; vgl. auch KG NZV 07, 40 = RuS 06, 436; OLG Düsseldorf ZfS 86, 166. Siehe auch *Lang*, Haushaltsführungsschaden im Single-Haushalt, jurisPR-VerkR 11/2008 Anm. 6; OLG Saarbrücken v. 21. 10. 08, 4 U 454/07: 90 Minuten tägliche Hausarbeit im studentischen Ein-Personenhaushalt.

[411] OLG Schleswig ZfS 09, 259: 10 Stunden wöchentlich Hausarbeit im Studentenhaushalt.

[412] Zur erforderlichen Schätzung des Zeitaufwands siehe Rdn. 191 ff.

[413] Die Tabelle 1 bei *Schulz-Borck/Hofmann*, Spalte reduzierter 2-Personen-Haushalt, kann nur bei bestimmten Haushaltstypen Näherungswerte liefern (so z. B. für den Haushalt eines verwitweten Ehepartners). Berufstätige Singles lassen ihre Wäsche waschen, essen Fertiggerichte und haben häufiger Haushaltshilfen.

[414] OLG Düsseldorf v. 2. 9. 2003 (I-4 U 238/02): eingeschränkte Benutzung des rechten Arms für die Dauer von 5 Monaten. Kritisch hierzu *Lang*, jurisPR-VerkR 11/2008 Anm. 6, mit Hinweisen auf abweichende Rechtsprechung.

[415] So zu Recht KG NZV 07,43; LG Köln v. 15. 4. 08 (8 O 270/06), m. insoweit kritischer Anm. *Lang*, jurisPR-VerkR 08/6.

[416] BGH VersR 09, 515 = SP 09,143; OLG Hamm NZV 04, 631; OLG Schleswig ZfS 09, 259: 2 Stunden im Monat im Studenten-Haushalt; *Jahnke*, Der Verdienstausfall im Schadensersatzrecht, Kap. 7 A, Rdn. 12.

[417] Bejahend *Becker* VersR 85, 202 ff. m. w. H. Empfehlung VGT Goslar 1985, VersR 85, 224: Anspruch unter bestimmten Voraussetzungen; ebenso *Hillmann* ZfS 99, 229.

[418] OLG Nürnberg NZV 06, 209 = VersR 07, 248 m. w. H.; OLG Düsseldorf NZV 07, 40 = r+s 06, 436; OLG Celle NZV 09, 400; LG Krefeld SP 03, 418; LG Hildesheim VersR 02, 1431 = SP 00, 410; *Schirmer* DAR 07, 1. A. A. OLG Karlsruhe DAR 93, 391. LG Zweibrücken ZfS 94, 363; *Huber* NZV 07, 1.

[419] BGH VersR 84, 936 = NJW 84, 2520.

[420] So auch OLG Düsseldorf NZV 07, 40.

In der gleichgeschlechtlichen, **eingetragenen Lebenspartnerschaft**[421] schulden nach der Neufassung des Gesetzes[422] die Lebenspartner sich gegenseitig nicht nur Barunterhalt, sondern auch Haushaltsführung. Die Situation ist daher rechtlich mit der Ehe vergleichbar.

Soweit die Haushaltsführung zugunsten von unterhaltsberechtigten Familienangehörigen erfolgt, wird sie vom BGH rechtlich als *Erwerbstätigkeit* i.S.d. §§ 842, 843 BGB qualifiziert.[423] Dies hat im Rahmen des Forderungsübergangs nach § 116 SGB X Bedeutung für die Kongruenz.[424] Soweit sie die eigenen Bedürfnisse des Haushaltsführenden deckt, fällt ihre Beeinträchtigung dagegen in die Schadengruppe der vermehrten Bedürfnisse. Soweit ein Verletzter nicht unterhaltsberechtigte Dritte – ohne rechtliche Verpflichtung – versorgt hatte, ist die Beeinträchtigung dieser Leistungen schadensersatzrechtlich ohne Relevanz.[425]

184

Da dem Haushaltsführenden kein konkretes, bezifferbares Einkommen entgeht, ist die Höhe des Schadens schwer zu berechnen. Im Rahmen der auch hier gebotenen Schätzung nach §§ 252 BGB, 287 ZPO ist Folgendes zu berücksichtigen:

185

Der verletze Haushaltsführende muss darlegen und – im Rahmen der Beweiserleichterungen des § 287 ZPO – beweisen, welche Tätigkeiten er ohne den Unfall im Haushalt ausgeübt hätte und welche er infolge der konkreten, unfallbedingten gesundheitlichen Beeinträchtigungen nicht mehr oder nur noch in reduziertem Umfang ausüben kann;[426] es genügt nicht, nur auf Tabellenwerte zu verweisen.[427] Zunächst einmal kommt es darauf an, welche *Arbeitsleistung* der Haushaltsführende ohne den Unfall *tatsächlich* erbracht hätte;[428] insoweit besteht also ein Gegensatz zu § 844 Abs. 2 BGB, wo es auf den rechtlich geschuldeten Unterhalt ankommt.[429] Die Mithilfepflicht von Familienangehörigen[430] kann daher nur insofern berücksichtigt werden, als diese Hilfe tatsächlich erbracht wurde.[431] Von Bedeutung ist auch hier die Frage, ob eine Haushaltshilfe auch ohne den Unfall eingestellt worden wäre.[432] Es besteht aber wohl eine Art Vermutung, dass die tatsächliche Arbeitsleistung der rechtlich geschuldeten entspricht.[433] Mit einzubeziehen sind auch Tä-

186

---

[421] Vgl. Rdn. 324.
[422] Nach der bis zum 31. 12. 2004 geltenden Fassung des LPartG war nur Barunterhalt geschuldet. Siehe insoweit die 8. Aufl., Rdn. 183.
[423] VersR 74, 162 = NJW 74, 41; BGH NJW 85, 735; VersR 89, 1273; OLG Oldenburg VersR 93, 1491; OLG Schleswig ZfS 95, 10.
[424] S. Rdn. 212f.
[425] OLG Düsseldorf NZV 07, 40 = NJW-RR 06, 1535: Die Beeinträchtigung in der Haushaltsführung ist nur dann ein Erwerbsschaden, wenn die Tätigkeit der Erfüllung der gesetzlichen Unterhaltspflicht dient.
[426] OLG München SVR 06, 180; OLG Düsseldorf VersR 04, 120. LG Kleve SP 04, 230: insbesondere auch nach leichteren Verletzungen wie einer HWS-Distorsion; OLG Celle SVR 07, 147 = OLGR 07, 41; OLG Brandenburg SP 08, 46; LG Köln v. 15. 4. 08 (8 O 270/06) m. Anm. *Lang*, jurisPR-VerkR 2008/6.
[427] OLG Hamm ZfS 95, 396; OLG Koblenz NZV 04, 33 = VersR 04, 1011: es genügt nicht, abstrakt auf die Minderung der Erwerbsfähigkeit hinzuweisen. OLG Celle SP 08, 7: Tabellen können allenfalls Anhaltspunkte für die Schätzung bieten. OLG Köln SP 00, 306: Anwendung der Tabellen „mangels anderer Erkenntnisse."
[428] BGH VersR 74, 1016 = NJW 74, 1651; OLG Stuttgart VersR 77, 1038; OLG Frankfurt VersR 82, 981; OLG Stuttgart ZfS 83, 166; OLG Frankfurt DAR 88, 24; OLG Oldenburg VersR 93, 1491.
[429] Vgl. Rdn. 363.
[430] Vgl. Rdn. 372.
[431] BGH VersR 74, 1016, 1017 = NJW 74, 1651, 1652; OLG Frankfurt VersR 82, 981, 982.
[432] BGH VersR 89, 1273 = NZV 90, 21.
[433] Vgl. auch OLG Stuttgart ZfS 83, 166.

tigkeiten, die nicht unterhaltsberechtigten Angehörigen der familiären Wirtschaftsgemeinschaft zugute kommen.[434] Zur Schadenminderung ist der verletzte Haushaltsführende verpflichtet, durch den Einsatz technischer Hilfsmittel, durch Umorganisation des Haushalts, durch andere Einteilung und – bei einem mitarbeitenden Partner – Umverteilung der Hausarbeit die Auswirkungen der Behinderung möglichst gering zu halten.[435] Insbesondere bei einem kurzfristigen Ausfall ist der Verletzte auch – soweit möglich – zur Verschiebung von Arbeiten verpflichtet.[436]

**187** Sodann sind die *Kosten einer Ersatzkraft* in dem Umfange heranzuziehen, wie sie erforderlich wären, um den Ausfall des Haushaltsführenden auszugleichen und den Haushalt in seinem bisherigen Standard aufrechtzuerhalten. Dabei spielt es im Prinzip keine Rolle, ob die Ersatzkraft tatsächlich eingestellt wird oder nicht, jedoch kann dies die Höhe des Schadensersatzes beeinflussen (brutto oder netto).

Ist der Haushaltsführende auch in persönlichen Verrichtungen behindert, also Waschen, Körperpflege, Kleidung, selbstständiges Bewegen, Nahrungsaufnahme u. Ä., kommt zusätzlich noch ein Anspruch wegen erforderlicher Pflege in Betracht.[437] Hier kann es jedoch zu Überschneidungen kommen. Generell gilt: soweit eine tatsächlich eingestellte Hilfs- oder Pflegekraft in beiden, nicht immer genau abgrenzbaren Arbeitsbereichen Haushaltsführung und Pflege, tätig wird, oder soweit dies dem erforderlichen Zeitaufwand für eine fiktive Hilfskraft zugrunde gelegt wird, wird mit dem Ersatz der danach berechneten Kosten der gesamte Schaden ausgeglichen.

### a) Keine Einstellung einer Ersatzkraft

**188** Wird der Ausfall oder die Behinderung des Haushaltsführenden durch Mehrarbeit der Familienmitglieder, unentgeltliche Hilfeleistungen Dritter oder überobligatorische Anstrengungen der Verletzten[438] aufgefangen, ist der Schaden normativ zu berechnen. Anhaltspunkt für die Schadenschätzung im Rahmen des § 287 ZPO ist der *Nettolohn* einer erforderlichen und geeigneten Hilfskraft.[439] Dies ist im rechtlichen Ausgangspunkt klar, in der praktischen Umsetzung jedoch schwierig. Da es sich hier um Schadenschätzung im Rahmen tatrichterlichen Ermessens handelt, ist das Bild der Rechtsprechung vielfältig.

Verbreitet ist die Anwendung der Tabellen aus dem Werk von *Schulz-Borck/Hofmann*, die *eine*[440] von verschiedenen möglichen Schätzgrundlagen im Rahmen des § 287 ZPO bilden können,[441] soweit nicht abweichende Gesichtspunkte vorgetragen werden.[442] Sie entbinden den Geschädigten freilich nicht von der Notwendigkeit, den Schaden konkret darzulegen und zu beweisen.[443]

---

[434] Erwachsene Tochter – BGH VersR 74, 1016 = NJW 74, 1651; OLG Oldenburg VersR 93, 1491.
[435] KG VersR 05, 237 = SP 04, 299; OLG Köln SP 00, 336; AG Göttingen SP 01, 236.
[436] KG NZV 07, 43; LG Köln v. 15. 4. 08 (8 O 270/06); AG Göttingen SP 01, 236; AG Köln SP 96, 171.
[437] Siehe Rdn. 265 ff.
[438] Vgl. KG VersR 82, 978.
[439] BGH Großer Senat VersR 68, 852; BGH VersR 73, 84; VersR 73, 939; NZV 88, 60 = VersR 88, 490 für den Todesfall; VersR 92, 618 = NJW-RR 92, 792; OLG Frankfurt VersR 82, 981.
[440] Zu einer weiteren verbreiteten Methode s. Rdn. 197.
[441] St. Rspr. des BGH, NZV 09, 278 = NJW 09, 2060 m.w.H.; KG v. 5. 6. 08, DAR 08, 860 m.w.H.; OLG Celle SP 08, 7; aber OLG Schleswig ZfS 09, 259: keine „zwingende" Anwendung der Tabellen.
[442] BGH NZV 09, 278 = VersR 09, 515.
[443] KG v. 5. 6. 08 (12 U 188/404); OLG Brandenburg SP 08, 46; OLG Celle SP 08, 7; OLG München SVR 07, 180. Siehe auch Rdn. 186.

Auf der Basis des Werks von *Schulz-Borck/Hofmann*,[444] dem zumindest in Teilbereichen überwiegend auch die Instanzgerichte[445] folgen, kann man wie folgt rechnen:[446]  **189**
– Objektiv erforderlicher *Zeitaufwand* für die Weiterführung des Haushalts (einschließlich Kinderbetreuung und der notwendigen Gartenpflege)[447] durch eine Hilfskraft im bisherigen Standard,
– multipliziert mit dem Prozentsatz der *konkreten Behinderung* (dies ergibt die Stundenzahl, die eine Ersatzkraft arbeiten müsste),[448]
– multipliziert mit dem Netto-Stundenlohn einer erforderlichen *Hilfskraft* (BAT X oder Zugehfrau – ergibt die Schadenhöhe –),
– *abzüglich Rente* eines SVT von dem Teil des Schadensersatzes, der sich auf den Ausfall in der Haushaltsführung für die Familienangehörigen bezieht (Aufteilung nach Kopfzahl),
– multipliziert mit der *Haftungsquote* (ergibt den persönlichen Schadensersatz).
Die Rechenformel lautet daher:
Zeitaufwand wöchentlich × Grad der konkreten Behinderung in % × Stundenlohn netto, ./. kongruente Leistungen Dritter × Haftungsquote = persönlicher Schadensersatz.

Allerdings ist in neueren obergerichtlichen Urteilen eine Modifizierung dieser Schätz- **190** methode festzustellen, bei der – m. E. zu Recht – mehr auf die konkrete Behinderung in den einzelnen Haushaltsbereichen abgestellt und die (Schadenminderungs-)Pflicht zur Umorganisation des Haushalts und der Neuverteilung der Hausarbeiten zwischen Ehepartnern berücksichtigt wird.[449] Verbreitet ist dabei folgende – im Rahmen des § 287 ZPO gerechtfertigte – Methode:[450] Zunächst ist festzustellen, welche Hausarbeiten der Verletzte tatsächlich verrichtet hätte (Darlegungs- und – erleichterte – Beweislast beim Geschädigten). Sodann ist – mit Hilfe der Tabellen des Münchner Modells und/oder eines medizinischen Sachverständigen – zu ermitteln, welche dieser Arbeiten unfallbedingt nicht mehr möglich oder nicht mehr zumutbar sind und auch nicht durch den Einsatz von Haushaltstechnik oder Umorganisation kompensierbar sind. Schließlich wird die Zeit geschätzt, die eine Hilfskraft für die Erledigung dieser Arbeiten benötigen würde, die dann mit dem bekannten ortsüblichen Stundenlohn[451] für Hilfskräfte bewertet wird.[452]

---

[444] Schadensersatz bei Ausfall von Hausfrauen und Müttern im Haushalt, Tz. 3.
[445] Z.B. OLG Düsseldorf DAR 88, 24; OLG Oldenburg ZfS 89, 340; VersR 93, 1491; SP 01, 196; OLG Düsseldorf VersR 04, 120; LG Heilbronn SP 02, 347; AG Krefeld SP 01, 376. Etwas modifiziert OLG Hamm NZV 02, 570 und KG v. 5. 6. 08 (12 U 188/04) m. Anm. *Lang* in jurisPR-VerR 2/2009 Anm. 2: eine von verschiedenen Möglichkeiten; Allerdings werden nach meinem Eindruck in den letzten Jahren in der Rechtsprechung bei den einzelnen Rechenschritten immer mehr Abweichungen erkennbar.
[446] So auch *Euler* im Handbuch des Fachanwalts Verkehrsrecht, Kap. 11, Rdn. 11.
[447] Arbeiten, die in den Hobby-Bereich fallen, sind nicht zu berücksichtigen; sie bilden keine wirtschaftlich sinnvolle Verwertung der Arbeitskraft, ihre Beeinträchtigung fällt unter den immateriellen Schaden. Notwendige Arbeiten wie Rasenmähen, Wässern und Düngen u. Ä. müssen, wenn möglich, nachgeholt werden. Vgl. auch LG Duisburg SP 00, 307 und Rdn. 42.
[448] So auch OLG Oldenburg NJW-RR 89, 1429 = ZfS 89, 338.
[449] Siehe Rdn. 197.
[450] Vgl. z.B. OLG Düsseldorf VersR 04, 120. LG Kleve SP 04, 230: insbesondere auch nach leichteren Verletzungen wie einer leichte Verletzung der HWS. Siehe auch KS VersR 05, 237 = SP 04, 299.
[451] Geschätzt werden hier in der Rechtsprechung Beträge zwischen 7,50 EUR und 10,– EUR Stundenlohn. 7,50 EUR: OLG Oldenburg SP 01, 196; OLG München DAR 99, 407; LG Nürnberg-Fürth SP 98, 354; LG Berlin SP 96, 170. 10,– EUR: OLG Hamm NZV 02, 570 (85,50 EUR monatlich bei 2 Wochenstunden); OLG Schleswig ZfS 09, 259. 6,– EUR: LG Itzehoe SP 97, 248; LG Hamburg SP 95, 75; 5,– EUR: OLG Schleswig ZfS 95, 369; OLG Celle 94, 78; OLG Oldenburg 93, 280; OLG Köln ZfS 90, 46.

Dabei sollte man aber auf der Basis der Tabellen bei *Schulz-Borck/Hofmann* den zeitlichen Anteil der einzelnen Haushaltsbereiche, in denen sich die Behinderung des Verletzten unterschiedlich auswirkt, berücksichtigen.[453]

191 **aa) Tatsächliche Arbeitsleistung.** Zunächst ist die Zeit festzusetzen, die objektiv für eine Aufrechterhaltung der Haushaltsführung im bisherigen Standard durch eine professionelle Hilfskraft erforderlich ist.[454] Es kommt also nicht darauf, wieviel Zeit der Geschädigte tatsächlich für die Haushaltsführung aufgewendet hat, sondern wieviel Zeit eine professionelle Kraft, deren Kosten ja ersetzt werden sollen, hätte aufwenden müssen. Zur Darlegung und für den Nachweis des Umfangs dieser Tätigkeit kann sich die Verletzte auf die Erleichterungen des § 287 ZPO berufen,[455] die auch für die Darlegungslast gelten.[456]

192 Allerdings helfen Aussagen von Verwandten und Nachbarn in der Regel nicht viel, da es um subjektive Wertungen geht und eine realistische Einschätzung der Hausarbeit praktisch nicht möglich ist.[457]

193 Hilfreich ist hier aber die Tabelle 1 bei *Schulz-Borck/Hofmann*, die den Arbeitszeitbedarf je nach Zahl der Familienangehörigen und der Anspruchsstufe des Haushalts abbildet.[458]

---

[452] Z. B. OLG Hamm ZfS 95, 369: „Die Höhe des Schadens ist nicht nach Tabellenwerten, sondern nach der tatsächlich eingetretenen Beeinträchtigung bei der Hausarbeit zu bemessen"; NZV 02, 570.
[453] Anhang zu Tabelle 6a, Konkrete Behinderung. Vgl. z. B. OLG Hamm NZV 02, 570.
[454] OLG Celle SP 08, 7; OLG Oldenburg NJW-RR 89, 1429 = ZfS 89, 338; *Euler* im Handbuch des Fachanwalts Verkehrsrecht, Kap. 11, Rdn. 12.
[455] OLG Oldenburg VersR 93, 1491 = r+s 93, 101.
[456] BGH VersR 92, 618.
[457] OLG Oldenburg VersR 93, 1491: Kein Nachweis durch Sachverständigengutachten oder durch den Ehemann als Zeugen, der wegen seiner häuslichen Abwesenheit keine verlässlichen Angaben machen kann.
[458] Diese Tabelle, die auf Erhebungen des Instituts für Hauswirtschaft der Bundesforschungsanstalt für Ernährung beruht, gibt je nach Größe des Haushalts und je nach Umfang einer Erwerbstätigkeit des Haushaltsführenden differenzierte Zeitwerte an. Angewendet z. B. von OLG Celle SP 08, 7; ZfS 05, 434; OLG Dresden SP 08, 292; LG Braunschweig VersR 07, 1584; AG Krefeld SP 01, 376. Nach dem BGH kann der Tatrichter derartige Tabellen im Rahmen der Schadensschätzung nach § 287 ZPO verwenden, soweit nicht im Einzelfall die Verhältnisse anders gelagert sind (BGH NZV 88, 60 = VersR 88, 490: Tabelle 1 über den Arbeitszeitbedarf im Todesfall. Vgl. im Übrigen auch BGH VersR 79, 670; zuletzt IX. Senat BGH NZV 02, 114 = VersR 02, 188).
Nicht verwertbar ist m. E. dagegen die Tabelle 8 (dagegen auch OLG Celle SP 08, 9; LG Braunschweig VersR 07, 1584; zugrundegelegt allerdings – ohne Auseinandersetzung mit der Problematik – von OLG Köln SP 00, 306, KG SP 04, 299 und OLG Düsseldorf VersR 04, 120). Diese Tabelle beruht auf Befragungen und gibt die subjektive Einschätzung über die tatsächlich aufgewendete Zeit der Haushaltungsführung wieder. Abgesehen davon, dass man sich bei solchen subjektiven Eindrücken sehr täuschen kann, kommt es für den normativen Schaden auch nicht auf die tatsächlich aufgewendete Zeit an. Maßgeblich ist die Zeit, die eine professionelle Hilfskraft aufwenden müsste, um den Haushalt im bisherigen tatsächlichen Standard aufrechtzuerhalten. Denn der Schadensersatz orientiert sich ja auch an den fiktiven Kosten einer solchen Hilfskraft. Wenn z. B. die erforderliche Zeit für die Führung eines 2-Personen-Haushalts mittlerer Anspruchsstufe ca. 31 bis 43 Stunden pro Woche beträgt, kann eine professionelle Ersatzkraft den Haushalt in dieser Zeit führen. Diese Kraft braucht nicht etwa die 65 Stunden nach der Tabelle 8. Allerdings können m. E. die Relationswerte über die Verteilung der Hausarbeit zwischen Mann und Frau aus der Tabelle 8 gewonnen werden (ebenso LG Braunschweig VersR 07, 1584; LG Krefeld SP 01, 376). Für „Mischformen" zwischen den Tabellen 1 und 8 Lang in jurisPR-VerkR 2/2009 Anm. 2.
Siehe auch z. B. AG Krefeld SP 96, 44, das für eine verletzte, allein stehende Hausfrau eine wöchentliche Arbeitszeit von 18–19 Stunden unterstellt (entsprechend Tabelle 1 bei *Schulz-Borck/ Hofmann*: 18,8 Stunden in der niedrigsten Anspruchsstufe), anstelle der in der Tabelle 8 angegebenen 36,6 (!) Stunden.

Allerdings können die Tabellenwerte immer nur Anhaltspunkte liefern.[459] Eine Plausibilitätsprüfung ist erforderlich, die auch zu deutlichen Korrekturen – nach oben und nach unten – führen können.[460] Dies gilt umso mehr, als die Tabellen auf schon älteren Untersuchungen und Erhebungen beruhen[461] und sich die Frage stellt, ob sie im Zeitalter der Tiefkühlkost und des „fast-food" und geänderter Prioritäten im privaten Bereich noch absolute Gültigkeit haben können. Insbesondere bei Berufstätigkeit des verletzten Haushaltsführenden wird man die angegebenen Tabellenwerte nach unten korrigieren müssen.[462] Zu unterscheiden ist wohl auch zwischen der älteren und der jüngeren Generation und städtischen und ländlichen Haushalten.

**bb) Konkrete, haushaltspezifische Behinderung.** Sodann ist zu schätzen, welcher Anteil von dieser Arbeitszeit von einer Hilfskraft übernommen werden müsste, um die Behinderung des Haushaltsführenden auszugleichen. Hier kommt es auf die konkrete Behinderung in der Haushaltsführung an. Die abstrakte MdE, ein Wert aus dem Sozialversicherungsrecht, hat keine Aussagekraft für den Umfang des Schadensersatzes.[463] Die konkrete Behinderung in der Haushaltsführung ist i.d.R. niedriger,[464] wobei die Auswirkungen in den einzelnen Tätigkeitsbereichen unterschiedlich groß sind.

Das Beste derzeit vorhandene Hilfsmittel bietet hier die von *Reichenbach/Vogel* begründete Tabelle des so genannten Münchner Modells[465] über die konkrete, haushaltsspezifische Behinderung.[466] Das Münchner Modell stellt jeweils für bestimmte Verletzungstypen[467] die konkreten – unterschiedlichen – Auswirkungen in den einzelnen Tätig-

---

[459] OLG Celle SP 08, 7; OLG Schleswig ZfS 09, 259: keine „zwingende" Anwendung der Tabellen.
[460] Vgl. z.B. die Entscheidung des OLG München v. 16.2.96 (10 U 3065/93), die insoweit in der Revisionsentscheidung des BGH (NZV 98, 149 = VersR 98, 333) akzeptiert wird.
[461] Die letzte Auflage der Broschüre *Schulz-Borck/Hofmann* stammt aus dem Jahre 2000, die Tabellen 1 und 8 beruhen auf Erhebungen aus dem Jahre 1991.
[462] Z.B. LG Berlin SP 96, 170: 3-Personen-Haushalt (2 noch nicht volljährige Kinder), Hausfrauentätigkeit 3 Stunden, 21 Stunden wöchentlich (vgl. Tabellen *Schulz-Borck/Hofmann*, Tabelle 1: 38 Stunden für die niedrigste Anspruchstufe, Tabelle 8: 71 Stunden).
[463] OLG München SVR 06, 180; OLG Celle SVR 07, 147; SP 08, 7; KG NZV 07, 43; OLG Hamm NZV 02, 570 = VersR 02, 1430; OLG Köln SP 00, 306 und 336; OLG Frankfurt VersR 82, 981 – Revision nicht angenommen; vgl. auch OLG Koblenz NZV 04, 33 = VersR 04, 1011. Ebenso *Schulz-Borck/Hofmann*, Schadensersatz bei Ausfall von Hausfrauen und Müttern im Haushalt, Tz. 3.2.2. Ältere Entscheidungen, die noch auf die abstrakte sozialrechtliche MdE abgestellt hatten (z.B. OLG Oldenburg VersR 77, 553; OLG Frankfurt VersR 80, 1122 mit krit. Anm. *Schmalzl* VersR 81, 388 und *Klimke* VersR 81, 1083) sind überholt.
[464] LG Aachen (Zfs 05, 183) halbiert im Rahmen einer Schätzung nach § 287 ZPO die abstrakte MdE; OLG Köln (SP 00, 336) prüft und verneint bei einer abstrakten MdE von 40% eine konkrete Behinderung, wegen der Möglichkeiten zur Kompensation durch technische Hilfsmittel und organisatorische Maßnahmen.
[465] Begründet von *Reichenbach/Vogel* VersR 81, 812. Fortentwickelt aufgrund Empfehlung des Deutschen Verkehrsgerichtstags 1989 im Rahmen des „Münchner Modells" unter Mitwirkung von *Ludwig, Ludolph, Probst, Schulz-Borck;* abgedruckt bei *Schulz-Borck/Hofmann,* Schadensersatz bei Ausfall von Hausfrauen und Müttern, Tabellen 6ff. Siehe auch die Veröffentlichung von *Ludolph* in SP 04, 404.
[466] Anwendung z.B. durch KG v. 5.6.08, DAR 08, 860: häufige Anwendung in einschlägigen Fällen, allerdings als eine von mehreren Möglichkeiten; OLG Köln SP 00, 306; OLG Düsseldorf VersR 04, 120.
[467] Im Rahmen des § 287 ZPO genügt die Darlegung – und der Nachweis – der Verletzungen. Der Umfang der für den Einsatz einer erforderlichen Ersatzkraft zugrunde zu legenden, nicht mehr vom Verletzten zu erbringenden Arbeiten ist zu schätzen. – BGH VersR 92, 618 = NJW-RR 92, 792. Damit billigt der BGH im Ergebnis die Anwendung der auf Erfahrungswerten beruhenden Tabellen von *Schulz-Borck/Hofmann,* und zwar hier insbesondere die von *Reichenbach/Vogel* begründeten Tabelle des Münchner Modells zur konkreten Behinderung.

keitsbereichen des Haushaltes prozentual fest. Unter Berücksichtigung des unterschiedlichen, von Hauswirtschaftlern errechneten Anteils dieser Tätigkeitsbereiche am gesamten Zeitaufwand ermitteln sie schließlich den Grad der konkreten Behinderung im Haushalt insgesamt.[468] Der auf diesem Weg festgestellte Prozentsatz der konkreten Behinderung bezogen auf den Arbeitszeitaufwand der unverletzten Hausfrau ergibt die Zeit, die eine geeignete Hilfskraft arbeiten müsste.[469]

197  Einige Obergerichte[470] gehen inzwischen einen modifizierten, in seiner Begründung überzeugenderen, wenn auch umständlicheren Weg: Ausgangspunkt ist auch hier die Tabelle *Reichenbach/Vogel* des Münchner Modells über die konkrete Behinderung in den einzelnen Arbeitsbereichen des Haushalts. Behinderungen bis 20% in den jeweiligen Bereichen bleiben unberücksichtigt, da sie durch technische Hilfsmittel, Umorganisation und Umverteilung der Hausarbeit aufgefangen werden können. In den Arbeitsbereichen mit höherer Behinderung kann dann auf der Basis ihres zeitlichen Anteils an der gesamten Arbeitszeit nach dem Münchner Modell und des jeweiligen konkreten Grades der Behinderung der erforderliche Zeitaufwand einer Hilfskraft geschätzt werden,[471] soweit nicht auch insoweit eine Kompensation durch Umverteilung zwischen den Ehepartnern in Betracht kommt.[472]

198  Ein normativer Schaden wegen Beeinträchtigung der Haushaltsführung setzt eine konkrete und spürbare, nicht nur unerhebliche Beeinträchtigung voraus.[473] Während der Zeit eines stationären Aufenthalts ist ein völliger Ausfall der Haushaltsführung zu unterstellen, soweit sie für die Familienangehörigen erbracht wird. Allerdings ist insoweit der Wegfall der Eigenversorgung zu berücksichtigen; die Grundsätze für die Berechnung des Unterhaltsschadens im Todesfall können herangezogen werden („reduzierter Haushalt" – vgl. Rdn. 370 ff.). Nach der Entlassung ist die Krankschreibung nicht automatisch einer 100%igen Beeinträchtigung gleichzusetzen. Dies gilt auch für eine ärztlich attestierte „Minderung der Erwerbsfähigkeit" von 100%.[474]

199  Generell kann eine abstrakte MdE bis 10% unberücksichtigt bleiben.[475]
Aber auch bei einer abstrakten MdE von 10 bis einschließlich 20% ist genau zu prüfen, ob konkrete, nicht unerhebliche Auswirkungen auf die Haushaltsführung vorliegen; wegen der Kompensationsmöglichkeiten beim Einsatz der Arbeitskraft und dem Einsatz technischer Hilfsmittel im Haushalt wird dies nur ausnahmsweise der Fall sein.[476] Denn

---

[468] Dass die Ergebnisse auf zwei Stellen hinter dem Komma angegeben werden, hat rein rechnerische Gründe. Die Autoren weisen ausdrücklich darauf hin, dass es sich nur um Näherungswerte handelt und im Einzelfall bei Vorliegen besonderer Umstände – nach unten oder nach oben – abgewichen werden kann.

[469] Ebenso OLG Frankfurt VersR 92, 981 – Rev. nicht angenommen; so auch offenbar BGH VersR 92, 618 = NJW-RR 92, 792; *Schulz-Borck/Hofmann*, Schadensersatz bei Ausfall von Hausfrauen und Müttern im Haushalt, Tz. 3.2.2. Vgl. im Übrigen die Fußnote zu Rdn. 197.

[470] KG VersR 05, 237 = SP 04, 299; OLG Hamm NZV 02, 570 = VersR 02, 1430; OLG Köln SP 00, 336; AG Göttingen SP 01, 236. Diese Methode wird auch vom OLG Celle als *eine* mögliche Methode angesehen (OLG Celle SP 08, 9).

[471] Auf diesem Berechnungsweg darf das Ergebnis natürlich nicht noch einmal mit dem Grad der konkreten Behinderung quotiert werden (so zu Recht OLG Celle SP 08,9).

[472] So z.B. in der Entscheidung KG VersR 05, 237 = SP 04, 299.

[473] AG Göttingen SP 01, 236.

[474] Vgl. z.B. LG Aachen NZV 03, 137: statt 100% nur 50% bei Folgen einer HWS-Symptomatik.

[475] OLG Düsseldorf DAR 88, 24; OLG Oldenburg VersR 93, 1491; vgl. auch OLG München ZfS 94, 48; *Vogel* VersR 84, 811.

[476] *Palandt*, BGB, Vorbem. 42 vor § 249; Beispiele aus der Rechtsprechung: KG VersR 05, 237 = SP 04, 299: Kompensation durch Einsatz technischer Hilfsmittel und Umverteilung der Hausarbeit; vgl. im Übrigen OLG Hamm SP 01, 376; OLG Köln SP 00, 336; OLG Düsseldorf VersR 82, 881; OLG Frankfurt VersR 80, 1122; OLG München ZfS 94, 48; VersR 71, 1064. Zweifelnd OLG Celle ZfS 05,

der Haushaltsführende ist im Rahmen der Schadenminderungspflicht gehalten, seinen Haushalt so umzuorganisieren, dass er diejenigen Tätigkeiten übernimmt, zu denen er trotz seiner unfallbedingten Behinderungen noch in der Lage ist;[477] dabei muss er auch Haushaltsgeräte und andere Rationalisierungsmaßnahmen einsetzen.[478] In der Doppelverdienerehe mit beiderseitiger Haushaltsführung müssen die Eheleute durch eine Umverteilung der Haushaltsarbeit dafür sorgen, dass sich die Behinderung des Verletzten möglichst geringfügig auswirkt.[479]

Die Einschätzung der konkreten haushaltsspezifischen Behinderung nach den Tabellen des Münchner Modells sollte insbesondere dann erfolgen, wenn sich der Gesundheitszustand stabilisiert und die Dauer der MdE feststeht. Für den *Krankenhausaufenthalt* und die *Rekonvaleszenz* gelten Besonderheiten. Während des Krankenhausaufenthaltes fällt die Hausfrau völlig aus. Zudem kommt es für diese Zeit einerseits auf die Kosten einer höher qualifizierten Ersatzkraft an, da der Haushaltsführende wegen seiner Abwesenheit auch keine Leitungsfunktion ausüben kann. Andererseits entfällt der Anteil der Eigenversorgung. Auch während des Krankenhausaufenthalts eines alleinstehenden Haushaltsführenden kommt ebenfalls ein – geringer – normativer Schaden in Betracht, wenn die Wohnung durch Dritte betreut werden muss.[480] Während Zeiten der Arbeitsunfähigkeit ist zu berücksichtigen, dass die Leitungsfunktion meist noch möglich ist. Im Übrigen ist genau zu prüfen, ob konkret einzelne Tätigkeiten verrichtet werden können und ob dies auch zumutbar ist. Bei Arbeitsunfähigkeit eines *erwerbstätigen Verletzten* besteht nicht notwendig 100%ige Behinderung in der Haushaltsführung. Dabei ist auch zu bedenken, dass der Haushaltsführende die ihm zur Verfügung stehende zusätzliche Zeit nutzt, um leichtere Hausarbeiten langsamer und mit Pausen zu erledigen. Schwerere Arbeiten können bei einer vorübergehenden Behinderung verschoben werden.[481] Können alle Hausarbeiten verrichtet werden, wenn auch unter größerem Zeitaufwand, z.B. bei psychischen Beeinträchtigungen, ist die Zumutbarkeitsgrenze noch nicht überschritten.[482]

**cc) Lohn einer fiktiven Hilfskraft.** Der BGH beanstandet es nicht, wenn auf die Entlohnung nach dem Bundesangestelltentarif[483] abgestellt wird,[484] wobei der Nettolohn maßgeblich ist.[485] Dieser Tarif ist bei *Schulz-Borck/Hofmann* brutto und netto abgedruckt (Tabelle 5). Zum Teil wird aber auch auf den Tarif für den öffentlichen Dienst

---

434. OLG Düsseldorf DAR 88, 24 meint, da bei einer 20%igen MdE eine Teilrente des Unfallversicherungsträgers nach § 581 Abs. 1, Nr. 1 RVO gezahlt werde, sei diese „gesellschaftlich nicht als unerheblich" zu betrachten. Darauf kann es jedoch nicht ankommen, und zwar unstreitig nicht bei Erwerbstätigen und ebenso wenig bei Hausfrauen. Allerdings war in dem vom OLG Düsseldorf entschiedenen Fall eine auch nach dem Münchner Modell maßgebliche konkrete Behinderung gegeben.

[477] KG VersR 05, 237 = SP 04, 299; OLG Köln SP 2000, 336; vgl. auch BGH VersR 70, 640, 641 r. Sp., im Falle einer Erwerbstätigkeit bei geringfügiger MdE; für den Haushalt muss dasselbe gelten.

[478] KG VersR 05, 237 = SP 04, 299; OLG Hamm NZV 02, 570; SP 01, 376; OLG Köln SP 00, 336; AG Göttingen SP 01, 236.

[479] OLG Hamm NZV 02, 570; AG Göttingen SP 01, 236.

[480] KG v. 5. 6. 08, DAR 08, 860.

[481] AG Köln SP 96, 171; AG Göttingen SP 01, 236.

[482] OLG Saarbrücken, Anm. *Nugel* in juris PR-VerkR 25/2008.

[483] BGH VersR 92, 618 = NJW-RR 92, 792; VersR 83, 458 = NJW 83, 1425;

[484] BGH NZV 09, 278 = VersR 09, 515. = SP 09, 143.

[485] St. Rspr., zuletzt OLG Brandenburg SP 08, 46; BGH VersR 92, 618 = NJW-RR 92, 792; VersR 83, 458 = NJW 83, 1425; OLG Düsseldorf DAR 88, 24; OLG Oldenburg VersR 93, 1491; *Hofmann* VersR 77, 296; *Schlund* DAR 77, 281; a. A. OLG Hamburg VersR 85, 646 m. abl. Anm. *Hofmann* VersR 85, 950.

(TVöD) oder Tarifverträge für hauswirtschaftliche Tätigkeiten abgestellt.[486] In der Praxis der Gerichte werden wohl ganz überwiegend geschätzte „ortsübliche Stundensätze" zwischen 7,50 und 10 €[487] angewendet.

202 Wichtig ist auch die tarifliche Einstufung der fiktiven Hilfskraft. Hierfür kann, wenn nicht abweichende Faktoren existieren, die Tabelle 3 von *Schulz-Borck/Hofmann* herangezogen werden.[488] Kann der Verletzte den Haushalt weiter leiten,[489] genügt in der Regel eine nach BAT X bezahlte Ersatzkraft[490] oder auch eine Zugehfrau.[491] Bei einem teilweisen Ausfall in der Leitungsfunktion kommt eine höhere Einstufung in Betracht,[492] bei einem völligen Ausfall, auch z.B. während des Krankenhausaufenthalts der Verletzten, richtet sich die Einstufung nach denselben Kriterien wie im Todesfall.[493] Nach der älteren BGH-Rechtsprechung sind höhere Kosten nach BAT für eine fiktive Ersatzkraft dann nicht zu zahlen, wenn tatsächlich eine Ersatzkraft aufgrund der örtlichen Verhältnisse zu einem geringeren Arbeitslohn zu erhalten ist.[494]

203 In der Rechtsprechung der Instanzgerichte hat sich dagegen der Ansatz eines pauschalen, nach den örtlichen Verhältnissen bestimmten Stundensatzes überwiegend durchgesetzt.[495]

204 Zu ersetzen ist nur der *Nettolohn*.[496] Die Feststellung des Nettolohns kann dabei durch einen pauschalen Abzug von 30% vom Bruttolohn erfolgen.[497] Eine zusätzliche Über-

---

[486] OLG Dresden SP 08, 292 = NZV 09, 289 (nur Lts.): Tarifverträge zwischen den Landesverbänden des Deutschen Hausfrauenbundes und den Landesbezirken der Gewerkschaft Nahrung-Genuss-Gaststätten. S. auch *Nickel/Schwab,* SVR 07, 17.

[487] S. Rdn. 203.

[488] BGH NZV 09, 278 = VersR 09, 515.

[489] Eine erhebliche oder völlige Beeinträchtigung der Leitungsfunktion dürfte nur bei Bettlägerigkeit, allerschwersten Gehbehinderungen und schweren Hirnschäden gegeben sein.

[490] BGH NZV 09, 278 = VersR 09, 515.

[491] OLG Oldenburg ZfS 89, 340; OLG München VersR 71, 1069; OLG Oldenburg VersR 93, 1491; *Schulz-Borck/Hofmann,* Schadensersatz bei Ausfall von Hausfrauen und Müttern im Haushalt, Tabelle 3, schlagen BAT X bzw. IX b vor. Ebenso OLG Oldenburg SP 01, 196: BAT X; OLG Köln SP 00, 306: BAT IX b; NZV 90, 21: „Normalerweise" ist dann auf eine niedrigere Gehaltsgruppe zurückzugreifen. Vgl. auch BGH NZV 88, 60 = VersR 88, 490 im Todesfall: Hatte der Überlebende ohnehin den Haushalt teilweise mitgeführt, kann er also die Ersatzkraft beaufsichtigen, genügt eine minder qualifizierte Kraft, BAT VIII wäre zu hoch. A. A. noch OLG Oldenburg VersR 77, 553 und OLG Frankfurt VersR 82, 981 m. krit. Anm. *Hofmann* VersR 82, 984.

[492] *Schulz-Borck/Hofmann,* Schadensersatz bei Ausfall von Hausfrauen und Müttern im Haushalt, schlagen BAT IX a bzw. VIII vor; vgl. auch BGH VersR 89, 1273.

[493] S. Rdn. 373.

[494] BGH VersR 72, 948; VersR 82, 951 = NJW 82, 2866; OLG Düsseldorf DAR 88, 24. Die wirtschaftliche Entwicklung ist hierüber hinweg gegangen. Die Kosten für eine nicht nach BAT bezahlte Hilfskraft sind meist höher.

[495] 7,50 €: OLG Köln SP 00, 336.
8,00 €: OLG München v. 14. 7. 2006 (10 U 2623/05), OLG Celle SP 08, 7.
9,00 €: OLG Köln VersR 06, 124, OLG Frankfurt, Beschluss v. 29. 10. 08 (22 W 64 /08).
10,00 €: LG Braunschweig SVR 07, 99.
7,49 €: OLG Oldenburg v. 14. 8. 04 (6 U 118/09) 7,33 €: KG DAR 07, 587(entspricht BAT X netto, angewendet bei Beeinträchtigung bis 50%; bei über 50% 9,81 €). OLG Dresden SP 08, 292: 5,– € bei der Inanspruchnahme von Verwandten und Bekannten. AG Magdeburg SP 5,77 € (BAT X brutto abzüglich 30%). Übersichten bei Nickel/Schwab SVR 07, 17 und *Lang* jurisPR-VerkR 2/2009 Anm. 2.

[496] BGH VersR 92, 618 = NJW-RR 92, 792; VersR 83, 458 = NJW 83, 1425; OLG Düsseldorf DAR 88, 24; OLG Oldenburg VersR 93, 1491; *Hofmann* VersR 77, 296; *Schlund* DAR 77, 281; a. A. OLG Hamburg VersR 85, 646 m. abl. Anm. *Hofmann* VersR 85, 950.

[497] BGH VersR 83, 458 = NJW 83, 1425. Diese vom BGH zur Vereinfachung vorgeschlagene Möglichkeit sollte den Geschädigten allerdings nicht benachteiligen. Aus den Tabellen über die BAT-Tarife bei *Schulz-Borck/Hofmann* lassen sich ohne Schwierigkeiten die Nettolöhne feststellen.

stundenvergütung bei einer Arbeitszeit von mehr als 40 Stunden kommt m. E. nicht in Betracht, da die Arbeit dann auf mehrere fiktive Kräfte (ohne Überstundenvergütung) verteilt werden könnte.[498]

### b) Tatsächliche Einstellung einer Haushaltshilfe[499]

Die tatsächlichen Aufwendungen bilden den „wesentlichen Ausgangspunkt" für die Bestimmung des nach § 249 S. 2 BGB zur Schadensbeseitigung objektiv erforderlichen Geldbetrags.[500] Im Gegensatz zu dem Fall der Nichteinstellung einer Ersatzkraft ist hier der *Bruttolohn* (einschl. Arbeitgeberanteil zur Sozialversicherung) zu erstatten.[501] 205

Es kommt jedoch darauf an, ob die Einstellung einer solchen Hilfskraft mit dieser Bezahlung und diesem Zeitaufwand *erforderlich* war. Auch hier muss also grundsätzlich festgestellt werden, welchen Zeitaufwand der Ausgleich des Ausfalls der Hausfrau erfordert und welche Qualifikation die Ersatzkraft haben muss. Dabei muss auch geprüft werden, ob eine Hilfskraft nicht bereits vor Verletzung der Hausfrau eingestellt war und die Verletzte daher tatsächlich weniger im Haushalt gearbeitet hat. 206

Ist die eingestellte Ersatzkraft nicht in der Lage, den gesamten unfallbedingten Ausfall der Hausfrau auszugleichen, sind ihre Kosten brutto, der darüber hinausgehende normative Schaden netto zu ersetzen.[502] Aus der Tatsache allein, dass die Ersatzkraft für die Führung des Haushaltes weniger Zeit benötigt als für die Verletzte unterstellt, kann man allerdings noch nicht auf einen nur teilweisen Ausgleich schließen. Es muss konkret ermittelt werden, welche Arbeiten tatsächlich nicht durchgeführt werden. Allerdings ist der tatsächliche Umfang, in dem auf eine fremde Hilfe zurückgegriffen wird, „häufig ein Indiz dafür, dass ein weitergehender Schaden nicht vorliegt."[503] 207

Umgekehrt kann der Schädiger Einwände erheben, wenn die Ersatzkraft überqualifiziert ist oder umfangreichere Leistungen erbringt. 208

### c) Dauer und Höhe einer Rente

Schadensersatz wegen Beeinträchtigung der Haushaltsführung ist grundsätzlich in Rentenform zu leisten (§ 843 Abs. 3 BGB), soweit nicht beide Parteien eine Kapitalabfindung vereinbaren. Bei Bemessung der Höhe der Rente ist zu beachten, dass die Arbeitskraft der Hausfrau mit *steigendem Alter* nachlässt.[504] Mit der *Pensionierung des Ehemannes* ist dieser zur – grundsätzlich hälftigen – Mitarbeit im Haushalt rechtlich verpflichtet;[505] zwar kommt es auf diese Verpflichtung bei der verletzten Hausfrau nicht an, es ist aber zu vermuten, dass der Ehemann ohne den Unfall nach der Pensionierung tatsächlich im Haushalt mitgeholfen hätte.[506] 209

---

[498] OLG Düsseldorf DAR 88, 24.
[499] Ist der Haushaltsführende so schwer verletzt, dass neben der Behinderung in der Haushaltsführung Pflegebedürftigkeit besteht, und wird eine Pflegekraft tatsächlich eingestellt, ist zu prüfen, welche Tätigkeiten der Haushaltsführung die Pflegekraft mit übernimmt oder übernehmen kann. Insoweit wird der Schaden wegen Beeinträchtigung der Haushaltsführung durch den Ersatz der Pflegekosten mit ausgeglichen.
[500] BGH VersR 74, 604; VersR 73, 939.
[501] *Schulz-Borck/Hofmann*, Schadensersatz bei Ausfall von Hausfrauen und Müttern im Haushalt, Tz. 4.
[502] *Hofmann*, VersR 82, 984; wohl auch BGH NVZ 90, 21 = VersR 89, 1273.
[503] BGH NVZ 90, 21 = VersR 89, 1273.
[504] BGH VersR 74, 1016: z. B. ab 68. Lebensjahr.
[505] Vgl. Rdn. 372.
[506] Vgl. Rdn. 186.

210  Nach OLG Celle[507] ist die *Dauer einer Rente* wegen der nachlassenden Arbeitskraft der Hausfrau auf das 75. Lebensjahr zu beschränken. M. E. hat die Verletzte bei Erreichen dieses Datums aber auch Anspruch auf weiteren Schadensersatz, soweit sie – im Rahmen des § 287 ZPO – nachweist, dass sie ohne den Unfall den Haushalt noch geführt hätte und infolge des Unfalls jetzt messbar beeinträchtigt ist.

### d) Schadenminderungspflicht

211  Die Verletzte ist verpflichtet, durch den Einsatz von Haushaltsgeräten, Umorganisation des Haushalts und Umverteilung der schwereren Arbeiten die Behinderung so weit wie möglich zu kompensieren.[508] Die Kosten der daher neu angeschafften Haushaltsgeräte trägt der Schädiger.

### e) Legalzession

212  Soweit der Schadensersatz die beeinträchtigte Haushaltsführung für Ehegatten und Kinder betrifft, der zu ersetzende Schaden mithin in die Position Erwerbsschaden fällt, besteht Kongruenz mit der Rente wegen verminderter Erwerbsfähigkeit und mit der Verletztenrente eines Unfallversicherungsträgers[509] sowie mit dem Krankengeld.[510] Der Umstand, dass die Hausfrauentätigkeit als solche nicht sozialversichert ist, steht dem nicht entgegen.

213  Die *Abgrenzung* zwischen dem Erwerbsschaden (Haushaltsführung für die Familie) und dem eigenen Mehrbedarf des Haushaltsführenden kann in der Regel[511] nach der Zahl der Familienmitglieder erfolgen.[512]

## 15. Kein Schadensersatz wegen „Nutzungsausfall" infolge einer Körperverletzung

214  Eine verletzungsbedingte Genussentbehrung ist nach dem Willen des Gesetzgebers (§§ 847, 253 BGB) nur bei der Bemessung des Schmerzensgeldes zu berücksichtigen.[513] Schadensersatz ist im Übrigen selbst dann nicht zu leisten, wenn infolge der Körperverletzung Vermögenswerte (Kfz, Jagdpacht, Urlaub) nicht genutzt werden können.

### a) Beeinträchtigte Nutzungsmöglichkeit von Vermögenswerten

215  Bei Beschädigung eines Kraftfahrzeuges steht dem Eigentümer nach ständiger Rechtsprechung ein Anspruch auf Zahlung einer Entschädigung wegen entgangener Nutzungsmöglichkeit, wegen „Nutzungsausfalls", unter bestimmten Voraussetzungen zu.[514] Auch infolge einer Körperverletzung kann die Möglichkeit, mit Vermögensaufwendungen „erkaufte" Sachen und Gegenstände (Kraftfahrzeug, Jagdpacht, Urlaub etc.) entsprechend ihrer Zweckbestimmung zu gebrauchen, beeinträchtigt oder ausgeschlossen sein.

---

[507] ZfS 83, 291.
[508] Siehe hierzu Rdn. 197 m. H. auf Rspr.
[509] BGH VersR 85, 356 = NJW 85, 735; VersR 74, 162 = NJW 74, 41; OLG Nürnberg VersR 02, 1114; OLG Oldenburg SP 01, 196; LG Braunschweig VersR 07, 1584.
[510] OLG Hamm r+s 01, 506.
[511] Jedenfalls soweit es sich um Beeinträchtigungen bei der groben Arbeit handelt und nicht für einzelne Familienmitglieder besondere Leistungen erbracht werden müssen.
[512] BGH NJW 85, 735 = VersR 85, 356; LG Braunschweig VersR 07, 1584; *Hofmann* VersR 82, 984; a. A. noch OLG Frankfurt VersR 82, 981.
[513] BGH VersR 83, 392 = NJW 83, 1107.
[514] Zuerst BGH NJW 64, 542; NJW 66, 1260.

Im Gegensatz zur Nutzungsentschädigung beim Kraftfahrzeug wird hier jedoch nicht der Gegenstand der Nutzung als solcher betroffen. Mit Grundsatzurteil vom 15. 2. 70 hat es der VI. Senat des BGH daher auch abgelehnt, die Rechtsprechung zum Kfz-Nutzungsausfall entsprechend heranzuziehen. Um einer ungerechtfertigten und unübersehbaren Ausuferung des Schadensersatzes vorzubeugen, hat er einen *ersatzpflichtigen Schaden verneint*.[515]

### b) Freizeiteinbuße

Die Einbuße an Freizeit ist nach st. Rspr. und überwiegender Meinung im Schrifttum ebenso wie der Zeitverlust bei der Abwicklung des Schadens[516] *schadensersatzrechtlich nicht relevant*.[517]   **216**

### c) Urlaubsbeeinträchtigung

Bis zur ablehnenden Grundsatzentscheidung des BGH vom 11. 1. 1983[518] war die Frage streitig, ob bei einer Beeinträchtigung des Urlaubs infolge einer Körperverletzung deliktsrechtlich Schadensersatz zu leisten ist. Für das vertragliche Schadensersatzrecht hat der VII. Senat des BGH dem Geschädigten neben den nutzlos gewordenen Aufwendungen einen weiteren Schadensersatz zugesprochen, wenn der Urlaub eines Arbeitnehmers wesentlich beeinträchtigt wurde.[519] Zu Recht hat es der VI. Senat abgelehnt, die Grundsätze des Reisevertragsrechts auf das Deliktsrecht zu übertragen. Nach dem Zweck des Deliktsrechts ist die Beeinträchtigung oder der Wegfall des Urlaubs kein Vermögensschaden, dies kann lediglich bei der Bemessung des Schmerzensgeldes – in „erheblich" geringerem Umfang – berücksichtigt werden.[520]   **217**

### d) „Frustrierte" Aufwendungen

*Zweifelhaft* ist, ob Vermögensaufwendungen des Geschädigten, die wegen des Unfalles nutzlos werden, einen ersatzpflichtigen Schaden bilden.[521]   **218**

Der *VI. Senat des BGH* übt *Zurückhaltung* und verneint für das Deliktsrecht einen allgemeinen Rechtssatz, nach dem solche „frustrierten" Aufwendungen zu ersetzen seien.[522] Er lehnt einen Schadensersatz jedenfalls in solchen Fällen ab, in denen es um fortlaufende Aufwendungen geht, die nur für einen vorübergehenden Zeitraum nutzlos werden.[523] Offenbar will er Schadensersatz aber dann zusprechen, wenn für einen bestimmten Zeitraum *zusätzliche* Geldaufwendungen erbracht worden waren.[524]   **219**

Der *III. Senat bejaht* eine Ersatzpflicht für den Fall, dass der Geschädigte finanzielle Aufwendungen für einen *Urlaub* gemacht hat, die nutzlos werden, weil der Urlaub nicht   **220**

---

[515] BGH VersR 71, 444; die Entscheidung betraf eine Jagdpacht.
[516] BGH VersR 76, 857 = NJW 76, 1256; OLG Köln VersR 82, 585. Etwas anderes gilt hinsichtlich des Zeitaufwandes zur Beseitigung des Schadens (BGH VersR 80, 675 = NJW 80, 1518).
[517] *Lange*, Schadensersatz, § 6 XIII 2; *Larenz*, Schuldrecht, Allgemeiner Teil, § 29 II d; Hinweise auf Rechtsprechung s. *Palandt*, BGB, Vorbemerkung 3 g vor § 249.
[518] BGH VersR 83, 392 = NJW 83, 1107.
[519] BGH VersR 75, 82 = NJW 75, 40; NJW 80, 1947.
[520] Ebenso LG Köln SP 01, 13.
[521] Siehe hierzu die Übersicht bei *Palandt*, BGB, Vorbem. 3 d vor § 249.
[522] BGH VersR 71, 444; VersR 76, 47; VersR 76, 956; VersR 78, 838; jeweils m.w.H.
[523] Vgl. den Jagdpachtfall in BGH VersR 71, 444; OLG Celle SP 97, 9: kein Ersatz fortlaufender Wohnungsmiete, anteilige Kosten für Aerobic-Training, nutzlos gewordene Führerscheinausbildung. BGH NJW 71, 796: vergeblich aufgewendete Berufsausbildungskosten; s. auch OLG Hamm NJW 98, 2292 für nutzlos gewordene Investitionen in ein Rennauto.
[524] BGH VersR 76, 956.

## 16. Psychische Folgeschäden

221 Grundsätzlich besteht auch eine Ersatzpflicht für Schäden aufgrund unfallbedingter neurotischer Verhaltensstörungen, sog. *psychogener Versagungszustände*. Schadensersatz ist auch für psychisch vermittelte Gesundheitsschäden zu leisten, und zwar auch dann, wenn sie darauf zurückzuführen sind, dass die seelisch-psychische Konstitution des Verletzten schon vor dem Unfall labil war. Zu den Einzelheiten der Zurechenbarkeit und der Ersatzpflicht des Schädigers s. Rdn. 12 ff., 18 ff.

222 Ist eine unfallbedingte Primärverletzung nachgewiesen (§ 286 ZPO), ist Schadensersatz für alle physischen und psychischen Folgeschäden zu leisten. Die Ersatzpflicht ist nur dann und insoweit ausgeschlossen, als diese Primärverletzung lediglich eine Bagatelle bildete, die nicht gerade auf eine spezifische Schadensanlage des Geschädigten getroffen war und deren psychische Folgen daher auch nicht in einem groben Missverhältnis zum Anlass stehen.[526] Diese Einschränkung hat keine praktische Bedeutung, da der BGH bereits eine leichte HWS-Verletzung nicht mehr als Bagatelle ansieht.

223 Ebenso geringe Bedeutung für die Praxis hat die zweite Ausnahme, nämlich das Vorliegen einer vom Schädiger zu beweisenden, nicht ersatzpflichtigen *Begehrensneurose*, einer dem Schädiger nicht zurechenbaren Fehlreaktion, die im Wesentlichen auf einem neurotischen Streben nach Versorgung und Sicherheit, mit dem die Schwierigkeiten und Belastungen des Erwerbslebens vermieden werden sollen, beruht.[527] Die Frage, ob eine Begehrensneurose vorliegt, kann nur vom medizinischen Sachverständigen beurteilt werden; nach Annahme des BGH kann es sich nur um eine Ausnahme handeln.[528]

224 Von der Begehrensneurose ist die grundsätzlich ersatzpflichtige *Konversionsneurose* zu unterscheiden. Auch einer solchen Neurose liegt zwar eine Fehlverarbeitung des Unfallgeschehens zugrunde. Hier wird der Unfall aber unbewusst zum Anlass genommen, latente innere Konflikte zu kompensieren, dies aber nicht wegen des Wunschs, nicht mehr arbeiten zu müssen.[529]

225 Wichtig ist demgegenüber die Einschränkung bei der Höhe des ersatzpflichtigen Erwerbsschadens. Zu prüfen ist nämlich, ob aufgrund der psychischen Labilität des Verletzten der Schaden auch ohne den Unfall früher oder später eingetreten wäre.[530] Zum Nachweis steht dem Schädiger die Beweiserleichterung des § 287 ZPO zur Verfügung.[531]

---

[525] So die Urteilsgründe BGH NJW 73, 747 – zweifelnd OLG Celle VersR 77, 1104.
[526] BGH NZV 98, 65 = VersR 98, 201; NZV 98, 110 = VersR 98, 200; NZV 96, 353 = VersR 96, 990; VersR 97, 752.
[527] BGH VersR 96, 990 = NZV 96, 353 m. w. H.; VersR 98, 201; KG VersR 02, 172.
[528] BGH NJW-RR 89, 606.
[529] BGH NZV 98, 65 = VersR 98, 201; VersR 93, 589; OLG Frankfurt VersR 93, 853.
[530] BGH NZV 96, 353 = VersR 96, 990 m. w. H.
[531] BGH NZV 98, 65 = VersR 98, 201. Der BGH schlägt in einem solchen Fall einen prozentualen Abschlag von dem entgangenen Einkommen vor. Vgl. auch *Erman*, BGB, § 249 Rdn. 5a.

## III. Heilbehandlungskosten

### 1. Konkrete, erforderliche Heilbehandlungskosten

Die tatsächlich entstandenen, angemessenen Kosten aller unfallbedingten und erforderlichen Heilbehandlungsmaßnahmen sind zu ersetzen. Erforderlich ist die Heilbehandlung, die vom Standpunkt eines verständigen Menschen bei der gegebenen Sachlage medizinisch zweckmäßig und geboten erschien.[1] Heilbehandlung ist jede Tätigkeit, die aufgrund der Unfallfolgen durchgeführt wird, wenn sie ihrer Art nach in den Rahmen der medizinisch notwendigen Krankenpflege fällt und auf Heilung, Besserung oder Linderung zielt.[2] Auf den Erfolg der Behandlung kommt es nicht an.[3] Es genügt, dass eine realistische Chance auch nur für eine Linderung der Beschwerden besteht.[4] Die – zumeist fehlende – Aktivlegitimation des Geschädigten für den Schadensersatzanspruch ist immer zu beachten; soweit ein Sozialversicherungsträger kongruente Leistungen zu erbringen hat, ist der Ersatzanspruch bereits im Unfallzeitpunkt übergegangen,[5] und zwar unabhängig davon, ob solche Leistungen schon gewährt oder überhaupt schon beansprucht worden sind.[6] Erst wenn endgültig feststeht, dass der SVT nicht einzutreten hat, lebt die Aktivlegitimation des Geschädigten wieder auf.[7] Voraussetzung für den Schadensersatz ist der Nachweis (Strengbeweis nach § 286 ZPO)[8] der Kausalität der schädigenden Handlung für die behauptete Gesundheitsbeeinträchtigung.[9]

226

Die Heilbehandlung umfasst neben der ärztlichen Betreuung die Versorgung mit Arznei- und Verbandmitteln (s. insoweit auch § 31 SGB V) und die Anwendung von Heilmitteln (also auch physiotherapeutische Maßnahmen, wie Massagen und Krankengymnastik, § 32 SGB V). Unter Umständen kann der Verletzte im Einzelfall auch die Kosten für ein gezieltes Muskelaufbautraining in einem Fitnessstudio beanspruchen.[10] Zu ersetzen sind auch die notwendigen Fahrtkosten zur ambulanten medizinischen Behandlung, zur Krankengymnastik u. Ä.[11]

227

Ersatz von *Heilpraktikerkosten* erfolgt bei Nachweis der medizinischen Erforderlichkeit.[12] Auch die Kosten sog. *alternativer Heilmethoden* und selbst von *Außenseitermethoden* sind grundsätzlich zu ersetzen, wenn sie mit hinreichender Wahrscheinlichkeit der

228

---

[1] BGH VersR 69, 1040; VersR 70, 129.
[2] BGH VersR 96, 1233 zur privaten Krankenversicherung.
[3] BGH VersR 65, 439.
[4] OLG Karlsruhe NZV 99, 210.
[5] Siehe Rdn. 252.
[6] KG NZV 04,42: Bei ungerechtfertigter Ablehnung einer Leistung muss der Verletzte erforderlichenfalls sozialgerichtliche Hilfe in Anspruch nehmen.
[7] BGH NZV 09, 131 = VersR 09, 230 m. w. H.
[8] Siehe hierzu Rdn. 28 ff.
[9] KG NZV 05, 470; 06, 146; OLG Hamm r+s 06, 394; 03, 434 = SP 03, 380: bei fehlendem Nachweis – z.B. einer HWS-Verletzung – auch kein Ersatz der Fahrtkosten zum Arzt, der Attestkosten und der ärztlich verordneten Heilbehandlungsmaßnahmen (ebenso KG, 22. Senat, VersR 08, 837 = SP 07, 355); LG Darmstadt zfs 05, 542; AG Essen SP 04, 122; AG Köln SP 07, 210; AG Berlin-Mitte SP 08, 47; AG Bottrop SP 08, 147; a. A. noch KG NZV 03, 281; LG Berlin SP 05, 194.
[10] OLG Köln, SP 00, 234.
[11] OLG Nürnberg, DAR 01, 366; LG Dortmund, VersR 00, 1115.
[12] OLG Braunschweig r+s 91, 199 (nur Leitsatz); KG VersR 01, 178 u. OLG München VersR 97, 439 zur privaten Krankenversicherung; KG NZV 04, 42.

Heilung oder zumindest der Linderung der Beschwerden dienen und hierfür geeignet sind; sie müssen allerdings auf einem medizinisch nachvollziehbaren Ansatz beruhen.[13] Voraussetzung ist auch, dass die Schulmedizin keine Behandlungsmethoden anbietet oder dass diese im konkreten Fall nicht angewendet werden konnten[14] oder nicht erfolgreich waren.[15] Die notwendigen Fahrtkosten zur ambulanten medizinischen Behandlung können nach § 287 ZPO geschätzt werden.[16]

229 Ein Ersatzanspruch wegen der *fiktiven Kosten* einer erforderlichen, aber nicht in Anspruch genommenen Heilbehandlung besteht nicht.[17] Dies gilt auch für nicht durchgeführten Zahnersatz.[18] Im Bereich des Personenschadens hat der Geschädigte – im Gegensatz zum Sachschaden – keine Dispositionsfreiheit, die Herstellungskosten sind hier zweckgebunden. Unterbleibt die Heilbehandlungsmaßnahme, kann ein Ausgleich nur – soweit kein Verstoß gegen die Schadenminderungspflicht vorliegt[19] – über das Schmerzensgeld erfolgen.[20]

## 2. Mehrkosten privatärztlicher Behandlung

230 Streit über die Erforderlichkeit von Behandlungskosten entsteht in der Praxis, wenn sich ein gesetzlich Krankenversicherter privatärztlich behandeln lässt oder bei stationärem Aufenthalt ein Doppel- oder Einzelzimmer belegt. Grundsätzlich hat ein Sozialversicherter keinen Anspruch auf Erstattung der Kosten einer ärztlichen Behandlung als Privatpatient.[21] Bei einem gesetzlich versicherten Kassenpatienten kommt der Ersatz der Kosten der Privatbehandlung nur ausnahmsweise dann in Betracht, wenn die Sozialver-

---

[13] KG NZV 04, 42; OLG Düsseldorf r + s 95, 113; AG Pfaffenhofen SP 02, 57. Zum Ersatz der Kosten alternativer Methoden in der privaten Krankenversicherung (die Ergebnisse gelten erst recht für den Schadensersatz nach § 249 BGB): BGH VersR 96, 1224; OLG Köln VersR 97, 729 u. VersR 00, 42; KG VersR 01, 178; OLG Saarbrücken VersR 02, 1015; LG Göttingen VersR 01, 974. S. auch OLG Karlsruhe NZV 99, 210 = VersR 98, 1256 zur zeitlich begrenzten Erstattung von Kosten einer Akupunktur (vgl. auch AG Zeven SP 06, 97).
[14] KG NZV 04, 42.
[15] AG Zeven SP 06, 97.
[16] So z.B. OLG Hamm NZV 99, 248 = VersR 00, 234.
[17] BGH VersR 86, 550 = NJW 86, 1538; OLG Köln, VersR 00, 1021 = r + s 00, 283; AG Seligenstadt SP 03, 346; vgl. auch *Schiemann* DAR 82, 309, 311; wohl auch *Medicus* VersR 81, 599, 603. Die Kritik hieran von *Jäger* im Handbuch des Fachanwalts für Verkehrsrecht (Kap. 13, Rdn. 15 ff.) überzeugt nicht. Der Ersatz fiktiver Behandlungskosten würde nicht nur im Widerspruch zu dieser Rechtsprechung stehen, er wäre auch rechtspolitisch weder wünschenswert noch praktisch umsetzbar (fehlende Aktivlegitimation des gesetzlich Versicherten wegen des bereits erfolgten Übergangs auf die gesetzliche Krankenkasse).
[18] OLG Köln, VersR 00, 1021 = r + s 00, 283.
[19] Vgl. Rdn. 250.
[20] Allerdings wurde von der älteren Rechtsprechung der Instanzgerichte gelegentlich eine Ausnahme für die Kosten einer kosmetischen Operation gemacht und – ohne nähere dogmatische Begründung – die Kosten nach einem Voranschlag zugebilligt (OLG Celle VersR 72, 468; OLG Stuttgart VersR 78, 188). Der BGH stellt darauf ab, dass der Verletzte die „Absicht" haben müsse, die kosmetische Operation auch durchführen zu lassen (BGH VersR 86, 550 = NJW 86, 1538). Die Entscheidung ließe sich an sich auch auf andere – nicht kosmetische – Operationen und Heilbehandlungsmaßnahmen übertragen. Ich kann mir jedoch nicht vorstellen, dass der BGH diese Konsequenz ziehen würde. Zwischen einer kosmetischen Operation und sonstigen Heilbehandlungsmaßnahmen bestehen nun einmal gravierende Unterschiede: Die Kosten einer kosmetischen Operation lassen sich abschätzen, es werden hier Kostenvoranschläge erstellt und Behandlungsverträge mit festen Kosten abgeschlossen. Nur bei der kosmetischen Operation ist die „Absicht" zur Durchführung der Behandlung überhaupt nachweisbar.
[21] OLG Düsseldorf VersR 91, 884.

sicherung nur unzureichende Möglichkeiten zur Schadenbeseitigung bietet oder die Inanspruchnahme der Sozialleistungen ausnahmsweise auf Grund besonderer Umstände nicht zuzumuten ist.[22] Dabei ist allerdings auch die Aktivlegitimation genau zu prüfen, da der Anspruch des gesetzlich versicherten Geschädigten auf Ersatz der Kosten bereits im Unfallzeitpunkt nach § 116 SGB X auf die Kasse übergeht. Nur wenn der SVT seine Eintrittspflicht endgültig ablehnt, lebt die Aktivlegitimation des Verletzten wieder auf.[23]

Erstattungspflicht besteht im Übrigen bei einer ausreichenden Privatversicherung[24] oder wenn sich der Verletzte auch schon in der Vergangenheit privat hat behandeln lassen[25] und daher ausreichende Indizien dafür vorliegen, dass der Geschädigte die zusätzlichen Kosten auch ohne einen Schädiger getragen hätte.[26] Ob dagegen allein die Schwierigkeit und die Dauer der Behandlung den Ersatz privater Behandlungskosten rechtfertigt, ist umstritten.[27] In älteren, aber auch in einigen jüngeren Urteilen wird darauf abgestellt, ob die Privatbehandlung mit Rücksicht auf die Schwere der Verletzungen sachgerecht und geboten war.[28] Zu Recht weisen demgegenüber andere Entscheidungen darauf hin, dass die medizinische Versorgung in der allgemeinen Pflegeklasse heute in der Regel optimal und ausreichend ist und daher ein Anspruch auf Ersatz höherer Kosten grundsätzlich ausscheidet.[29]

**231**

Dies gilt auch und insbesondere für die berufsgenossenschaftliche Heilbehandlung nach einem Berufsunfall. Ob allerdings der Verletzte auch dann durch Inanspruchnahme einer Privatbehandlung gegen seine Schadenminderungspflicht verstößt, wenn er sich sonst regelmäßig privatärztlich hat behandeln lassen,[30] erscheint mir zweifelhaft.

**232**

Hatte der Verletzte bereits vor dem Unfall die ihm durch das GKV-Modernisierungsgesetz[31] eröffnete Möglichkeit wahrgenommen, für ambulante Behandlung das Kos-

---

[22] BGH NJW 04, 3324 = VersR 04, 1180; vgl. auch BGH NZV 05, 629: maßgeblich sind die Umstände des Einzelfalls, insbesondere die Art der Verletzung und der Lebensstandard des Verletzten.

[23] Siehe dazu BGH NJW 04, 3324 = VersR 04, 1180.

[24] Wohl unstr., ausdrücklich LG Limburg r+s 76, 235.

[25] BGH NZV 05, 629; OLG Hamm r+s 04, 343; LG Ravensburg ZfS 81, 334; unklar OLG Oldenburg r+s 89, 85.

[26] So wohl auch BGH NZV 05, 629.

[27] OLG Düsseldorf VersR 85, 644: Bloße Unterschiede im Komfort und in der Annehmlichkeit rechtfertigten keine privatärztliche Behandlung; es müsse ein besonders schwieriger und risikoreicher Eingriff hinzukommen, bei dem die privatärztliche Versorgung einen medizinischen Nutzeffekt bringe. Ähnlich allerdings auch OLG Oldenburg r+s 89, 85: besonders schwieriger oder risikoreicher Eingriff. BGH VersR 69, 1040: Ersatz der Kosten einer empfohlenen Kapazität in den USA bei einer verletzten 16-jährigen amerikanischen Staatsangehörigen mit erheblichen kosmetischen Schäden an den Händen (Brandverletzungen) und vorhergehender erfolgloser Behandlung in Deutschland. OLG Hamburg VersR 88, 858: Erstattung der Kosten für die Inanspruchnahme einer Kapazität mit neuer Behandlungsmethode in Israel auf Empfehlung der Ärzte eines schwer hirnverletzten Kindes.

[28] BGH VersR 64, 257; VersR 70, 129; OLG München VersR 81, 169: 547 Tage Krankenhausaufenthalt; OLG Oldenburg VersR 84, 765; OLG Düsseldorf VersR 85, 644; OLG Oldenburg r+s 89, 85.

[29] KG VersR 81, 64; OLG Nürnberg ZfS 83, 103; LG Detmold ZfS 85, 327; LG Osnabrück ZfS 82, 138. So auch die Entscheidung des BVerfG v. 7. 11. 02 (2 BvR 1053/98), die sich bei der Prüfung, ob es die Fürsorgepflicht des Dienstherrn gebiete, dem Beamtem im Rahmen der Beihilfebestimmungen das Recht auf die Inanspruchnahme von Wahlleistungen zu ermöglichen (die Frage wird verneint), ausgiebig mit der guten Qualität der allgemeinen Pflegeklasse befasst und diese herausstellt (PVR 2004, 119).

[30] So *Plagemann* AnwBl. 95, 174. A. A. allerdings mit eingehender Begründung OLG Hamm r+s 2004, 343.

[31] BGBl. I 2003, 2190.

tenerstattungsverfahren anstelle von Sachleistungen der gesetzlichen Krankenkasse in Anspruch zu nehmen,[32] sind insoweit entstehende Mehrkosten für unfallbedingte Behandlungen zu ersetzen.

### 3. Heilbehandlung im Ausland

233 Grundsätzlich zählen solche Mehraufwendungen nicht mehr zu den erforderlichen Heilbehandlungskosten, die durch eine auswärtige – und damit auch ausländische – Behandlung entstehen, obwohl tüchtige und erfahrene Ärzte in der Nähe des Wohnorts des Geschädigten vorhanden sind.[33] Man wird diesen Grundsatz jedoch nicht zu kleinlich anwenden dürfen. Im Einzelfall sind bei besonders komplizierten Unfallverletzungen auch die Mehrkosten einer ausländischen Behandlung zu übernehmen, wenn auf ärztlichen Rat eine Kapazität mit neuen Behandlungsmethoden[34] oder deshalb in Anspruch genommen wird, weil die bisherige Behandlung in Deutschland erfolglos verlief.[35]

234 Zur Heilbehandlung von Ausländern in Deutschland s. Rdn. 251 und Rdn. 489.

### 4. Kosmetische Operation

235 Grundsätzlich sind die Kosten einer kosmetischen Operation zu ersetzen.[36] Der Schädiger hat allerdings unverhältnismäßig hohe Aufwendungen für eine solche Behandlung nicht zu tragen; der Ausgleich hat dann über das Schmerzensgeld zu erfolgen.[37]

### 5. Nebenkosten bei stationärer Behandlung

#### a) Besuchskosten

236 Kosten für die Besuche *naher Angehöriger* im Krankenhaus sind zu ersetzen, soweit sie sich in einem angemessenen Rahmen halten und nach ärztlicher Auffassung für die Heilung zweckmäßig sind,[38] wobei die Möglichkeit einer positiven Auswirkung auf den Heilungsprozess genügt.[39] In der Regulierungspraxis wird man i.d.R. auf einen förmlichen Nachweis durch medizinische Bestätigung verzichten können, wenn sich die Häufigkeit der Besuche im üblichen Rahmen bewegt.[40] Der Anspruch steht nicht den Besuchern, sondern dem Verletzten selbst zu;[41] unter Umständen hat allerdings ein Drit-

---

[32] Bindung für ein Jahr.
[33] BGH VersR 69, 1040.
[34] OLG Hamburg VersR 88, 858.
[35] BGH VersR 69, 1040.
[36] BGH VersR 75, 342; KG VersR 80, 873.
[37] BGH VersR 75, 342 = NJW 75, 640: 2, 5 cm lange, kaum sichtbare Narbe unterhalb des Ohres bei einem Mann und 1.250,– EUR Operationskosten; VersR 80, 873; KG VersR 81, 64: Ersatz angemessener Kosten.
[38] BGH VersR 61, 272; VersR 64, 532; VersR 67, 714; VersR 82, 441; OLG Hamm VersR 72, 1174; OLG Frankfurt VersR 81, 239: Bei ernstem Zustand des Verletzten täglicher Besuch der Ehefrau (Revision vom BGH nicht angenommen); OLG München VersR 81, 560: Besuch der Eltern eines schwer verletzten Kindes zweimal wöchentlich; OLG Koblenz VersR 81, 887.
[39] OLG Saarbrücken NZV 89, 25 = NJW 88, 2958.
[40] OLG Hamm DAR 98, 317: Auch ohne förmlichen Beweis kann die Anwesenheit der Bezugsperson als indiziert angesehen werden.
[41] BGH VersR 79, 350 = NJW 79, 598.

ter, der die Reisekosten der Verwandten zunächst übernommen hat, einen Anspruch aus Geschäftsführung ohne Auftrag.[42] Die erforderliche Zahl der Besuche hängt ab vom Verwandtschaftsgrad und der Schwere der Verletzung.[43] Können Besuchskosten als außergewöhnliche Belastung steuerlich geltend gemacht werden, ist der Steuervorteil im Wege der Vorteilsausgleichung anzurechnen. Wird die außergewöhnliche Belastung beim Finanzamt nicht geltend gemacht, liegt ein Verstoß gegen die Schadenminderungspflicht vor.[44]

In einer Grundsatzentscheidung vom 19. 2. 91[45] hält der BGH an dieser Rechtsprechung unter Hinweis auf die Praxis fest, schränkt aber Voraussetzungen und Umfang des Schadensersatzes ein, da grundsätzlich nur der dem Verletzten selbst entstandene Schaden zu ersetzen und kein „Einfallstor für bloße Vermögensschäden nur mittelbar Betroffener geöffnet" werden dürfe. Danach müssen folgende Voraussetzungen vorliegen:

– Besuche *nächster Angehöriger*,[46] und auch des *Lebenspartners*,[47] aber kein Kostenersatz bei Besuchen aus gesellschaftlicher oder ähnlicher Verpflichtung.[48]
– Stationärer Krankenhausaufenthalt:
  – Medizinische Notwendigkeit.[49]
  – Erwünschtheit allein für das psychische und physische Befinden des Patienten genügt nicht. Ist der Zustand eines minderjährigen Kindes nicht besserungsfähig, rechnen die Besuchskosten eines sorgeberechtigten Elternteils deshalb nicht zu den erforderlichen Heilbehandlungskosten; insoweit kommt nur ein Ersatzanspruch wegen vermehrter Bedürfnisse bei der persönlichen Betreuung des Kindes in Betracht.[50]
– Ersatz nur *unvermeidbarer Kosten*.

Zur Höhe: Der Maßstab der §§ 249ff. BGB, der sich auf den unmittelbar Verletzten bezieht, gilt nicht; die Grenzen sind enger zu ziehen.[51] Zu erstatten sind:

237

238

---

[42] BGH VersR 79, 350 = NJW 79, 598.
[43] Beispiele aus der Rechtsprechung: In den ersten 10 Tagen tägliche Besuche der Ehefrau – OLG Hamm DAR 98, 317; tägliche Besuche der Eltern bei bewusstlosem Kind auf der Intensivstation – OLG Saarbrücken NZV 89, 25 = NJW 88, 2958; 2mal-wöchtl. bei schwer verletztem Kind – OLG München VersR 81, 560; 2–3mal-wöchtl. bei 16-Jährigem – OLG Köln NJW 88, 2957; 3mal-wöchtl. bei 16-jähriger Tochter mit Knöchelbruch – LG Münster ZfS 88, 69; jeden 2. Tag bei 16-jährigem Schüler – LG Augsburg ZfS 88, 239; 2mal-wöchtl. bei 17-jähriger Tochter – AG Aschaffenburg ZfS 86, 167; täglicher Besuch der Ehefrau bei ernstem Zustand des Verletzten – OLG Frankfurt VersR 81, 239 – Revision nicht angenommen; 13 Besuche der Ehefrau in acht Wochen – LG Oldenburg r+s 89, 85; alle 2 Tage „anstatt täglich" Besuche der Ehefrau – LG Aachen ZfS 86, 167; tägl. Besuche von Ehemann u. Kind – LG Dortmund ZfS 90, 259.
[44] OLG Hamm r + s 93, 20.
[45] NZV 91, 225 = VersR 91, 559 = r+s 91, 232; ähnlich OLG Hamm r+s 93, 20.
[46] BGH VersR 91, 559 = NZV 91, 225.
[47] Da die Besuche den Heilungsprozess fördern sollen, sind m.E. auch die Kosten der Besuche von Lebensgefährten zu ersetzen. Ebenso KG v. 12. 3. 09 (22 U 39/06) m. Anm. *Lang* in jurisPR-VerkR 15/2009; LG Münster r+s 97, 460; a. A. LG Oldenburg ZfS 89, 45.
[48] BGH VersR 91, 559 = NZV 91, 225.
[49] OLG Hamm r+s 93, 20: Beweislast beim Geschädigten. Keine übertriebenen Anforderungen; eine ärztliche Bescheinigung genügt, eine detaillierte Schilderung des Krankheitsverlaufs ist nicht erforderlich; ebenso KG SP 00, 378.
[50] OLG Bremen, VersR 01, 595.
[51] *Lang* spricht sich in einer Anmerkung zur Entscheidung des KG v. 5. 6. 08 (12 U 188/04) für eine großzügige Bewertung dieser einerseits verhältnismäßig niedrigen, andererseits sensiblen Schadenposition aus – jurisPR-VerkR 2/2009 Anm. 2.

- *Fahrtkosten* für die wirtschaftlichste Beförderungsart und nur im Rahmen des Notwendigen. Daraus folgt m.E. das Erfordernis der Benutzung vorhandener öffentlicher Verkehrsmittel. Falls die Benutzung des eigenen Kfz. erforderlich ist, können nur die reinen Betriebskosten in Rechnung gestellt werden.[52]
- *Übernachtungskosten* nur, soweit unvermeidbar.
- *Verpflegungsmehraufwand* ebenfalls nur in engen Grenzen, also z.B. nicht bei Möglichkeit, kalte Verpflegung mitzunehmen.
- *Verdienstausfall* nur insoweit, als nicht durch zeitliche Umdispositionen Auffangmöglichkeiten bestehen[53] oder Freistellung von der Arbeit nur durch unbezahlten Urlaub möglich ist.[54]
- Kein Schadensersatz wegen Beeinträchtigung der Haushaltsführung, wenn im Haushalt vor- oder nachgearbeitet werden kann. Kosten für die *Beaufsichtigung eines Kindes* sind zwar grundsätzlich zu erstatten.[55] Voraussetzung ist aber, dass diese Kosten tatsächlich aufgewendet wurden[56] und dass auch kein Verstoß gegen die Schadenminderungspflicht vorliegt.[57]
- Kein Ersatz für Zeitaufwand des Besuchenden.[58]
- Kein Ersatz von Geschenken des Besuchenden für den Verletzten; die gegenteilige Rechtsprechung[59] ist durch die Grundsatzentscheidung des BGH[60] überholt.

---

[52] KG v. 12. 3. 09 (22 U 39/06); m. Anm. *Lang* in jurisPR-VerkR 15/2009; OLG Celle VersR 76, 297 = DAR 75, 269; OLG Celle VersR 76, 297 = DAR 75, 269; LG Münster ZfS 88, 69. Konkrete Beispiele aus der Rechtsprechung:
- 0,15 EUR: OLG Hamm r+s 93, 20; OLG Nürnberg DAR 01, 366;
- 0,16 EUR: OLG Koblenz ZfS 84, 71 (gem. § 9 Abs. 3 ZSEG alt);
- 0,20 EUR: OLG Hamm DAR 98, 317 u. NZV 97, 182 = VersR 97, 1291; LG Kleve SP 99, 375, jeweils in Anlehnung an § 9 Abs. 3 ZVSEG; LG Augsburg ZfS 88, 239; LG Oldenburg ZfS 85, 40 („für Kraftstoffverbrauch und Verschleiß"); OLG Schleswig ZfS 90, 259; LG Dortmund VersR 00, 1115 = ZfS 90, 259; LG Koblenz SP 02, 91;
- 0,21 EUR: OLG München v. 14. 7. 2006 (10 U 2623/05); KG v. 12. 3. 09 (22 U 39/06), gestützt auf § 9 Abs. 3 Nr. 2 ZSEG n.F.; m. Anm. *Lang* in jurisPR-VerkR 15/2009; KG v. 5. 6. 08, DAR 08, 860; LG Münster ZfS 91, 83;
- 0,25 EUR gem. § 5 Abs. 2 Ziff 1 JVEG n.F. (Anpassung aller Entscheidungen, die auf das ZSEG alt oder JVEG a.F. abgestellt hatten); ebenso *Böhme/Biela*, Kraftverkehrs-Haftpflicht-Schäden, D 129.
- bei Fahrdienst von Verwandten, weil der Besuchende selbst wegen eigener Verletzung ein Kfz. nicht benutzen kann, wurden vom OLG Düsseldorf ZfS 86, 167, 0,50 EUR pro Kilometer zugesprochen.

[53] BGH VersR 85, 784 = NJW 85, 2757; Bei Angestellten mit bestimmter Arbeitszeit dürfte dies allerdings selten möglich sein (OLG Hamm DAR 98, 317). Ggf. ist der Übergang auf die Krankenkasse zu beachten, wenn diese Krankengeld nach § 45 SGB V an die Eltern zahlt – vgl. Rdn. 602. Allerdings kein Regress des RVT wegen der ausgefallenen Rentenversicherungsbeiträge nach § 119 SGB X; für diesen Regress wäre Identität zwischen Sozialversichertem und Schadensersatzberechtigtem erforderlich.

[54] BGH VersR 91, 559.

[55] BGH VersR 89, 1308; a.A. LG Köln VersR 75, 145.

[56] Es gibt also keinen Ersatz fiktiver Betreuungskosten. Dies ist Folge der Einschränkung der §§ 249 ff. BGB, ergab sich aber auch schon aus BGH VersR 89, 1308 = NZV 90, 111; vgl. auch OLG Frankfurt VersR 81, 239.

[57] Notwendigkeit, unentgeltlicher Betreuungsmöglichkeiten für Kinder z.B. durch Nachbarn oder Verwandte wahrzunehmen (BGH VersR 89, 1308 = NZV 90, 111).

[58] BGH VersR 89, 188 = NZV 89, 766: kein konkreter Niederschlag in der Vermögenssphäre; KG v. 5. 6. 08, DAR 08, 860; OLG Frankfurt VersR 78, 157: Ersatz nur bei Nachweis eines materiellen Schadens, insbesondere Verdienstausfalls; OLG Koblenz VersR 81, 887.

[59] OLG München VersR 81, 560: Mitbringsel der Eltern; LG Oldenburg ZfS 85, 40: Blumen; aber schon a.A. AG Aschaffenburg ZfS 86, 167; WJ 80, 56.

## b) Nebenkosten im Krankenhaus

Zu den Heilbehandlungskosten rechnen auch Mehrkosten für *Telefonate*,[61] *Trinkgelder* **239** und *Geschenke* an das Pflegepersonal im geringen Umfang,[62] Mehrkosten für einen Fernseher[63] sowie Kosten von Fahrten zur stationären – und erforderlichenfalls auch zur ambulanten – Heilbehandlung. Ein Anspruch auf Ersatz von Aufwendungen für eine zusätzliche Verpflegung (vitaminhaltige Getränke, selbst zubereitete Nahrung, Obst, Süßigkeiten) besteht nicht, da die *Verpflegung* im Krankenhaus den Bedürfnissen eines Kranken voll Rechnung trägt.[64] Dies gilt auch für Sachen des allgemeinen Lebensbedarfs, die der Vertreibung der Langeweile dienen,[65] wie Lektüre, Radio, Fernseher, Spiele.[66]

## 6. Ersparte Verpflegungskosten

Während des stationären Aufenthaltes fallen die üblichen Aufwendungen für die Er- **240** nährung u. Ä. nicht an; diese Ersparnis mindert den Schaden.[67]

Häusliche Ersparnisse sind auch bei Kindern, Hausfrauen und nicht Erwerbstätigen zu **241** berücksichtigen.[68] Da die leibliche Betreuung im Krankenhaus heute in der Regel gut ist, werden die Ersparnisse auch nicht etwa durch zusätzliche Aufwendungen für Obst etc. aufgezehrt.[69] In der ganz überwiegend schon älteren Rechtsprechung wird die Höhe der Einsparung je nach Lebensstandard mit 3,50 EUR (Kinder, Rentner) bis 7,50 EUR bzw. 10,– EUR täglich bemessen.[70] Aufgrund der inzwischen verstrichenen Zeit und der Erhö-

---

[60] BGH NZV 91, 225 = VersR 91, 559 = r + s 91, 232.
[61] OLG Hamm DAR 98, 317 (n. Lts.): Mehrkosten mit 75% geschätzt im Rahmen des § 287 ZPO. Ebenso KG v. 5. 6. 08 (12 U 188/04), DAR 08, 520; OLG München VersR 85, 1096 – Rev. nicht angenommen; OLG Nürnberg VersR 64, 176; 67, 176; LG Lüneburg VersR 75, 1016; aber OLG Düsseldorf VersR 95, 548 = SP 95, 203: Neben dem Ersatz der Kosten für tägliche Besuche der Mutter sind Telefonkosten, die zum Vertreiben der Langeweile dienen, nicht erstattungsfähig. Beruflich bedingte Telefonate sind gegebenenfalls als Kosten zur Minderung des Erwerbsschadens vom Schädiger zu übernehmen.
[62] Rspr.-Übersicht KG DAR 75, 282; LG Hanau VersR 69, 623; LG Lüneburg VersR 75, 1016: 44,50 EUR für 10 Tage sind zu hoch.
[63] KG v. 5. 6. 08, DAR 08, 860: 25% als erstattungsfähig geschätzt; OLG Düsseldorf VersR 95, 548; OLG Köln NZV 89, 113 = ZfS 88, 204: Ersatzpflichtiger Vermögensschaden nach §§ 249ff. BGB insoweit, als Mehrkosten für das Fernsehen am Abend und an Feiertagen entstehen; Ersatz als Heilungskosten, soweit zusätzliches Fernsehen zur Förderung des Heilungsprozesses (s. hierzu auch OLG Düsseldorf VersR 95, 548 = SP 95, 203) und nicht nur zur Vertreibung der Langeweile erforderlich ist. Zugebilligt wurden 3/5 der geltend gemachten Kosten.
[64] OLG Nürnberg ZfS; 83, 132; AG Aschaffenburg ZfS 86, 167; LG Augsburg ZfS 88, 239.
[65] OLG Köln VersR 89, 1309; LG Mönchengladbach ZfS 86, 293 – nicht rechtskräftig: Langeweile im Krankenhaus ist ein immaterieller Schaden, der – wenn überhaupt – allenfalls beim Schmerzensgeld berücksichtigt werden könnte; daher kein Ersatz von Aufwendungen für Lektüre. Vgl. auch OLG Köln NVZ 89, 113.
[66] OLG Nürnberg ZfS 83, 132; OLG Köln VersR 89, 1309; LG Mönchengladbach ZfS 86, 293; a. A. LG Oldenburg ZfS 85, 40: Ersatz für Blumen.
[67] Schon BGH VersR 65, 786 = NJW 65, 1592; zuletzt VersR 84, 583 = NJW 84, 2628.
[68] OLG Braunschweig VersR 69, 249; OLG Celle VersR 70, 450 = NJW 69, 1765; OLG München VersR 78, 373; KG VersR 79, 137; a. A. – unzutreffend – für das vermögenslose Kind LG Dortmund ZfS 82, 331; a. A. – ebenfalls unzutreffend – für einen im landwirtschaftlichen Betrieb der Eltern lebenden 21-Jährigen (OLG Frankfurt WJ 95, 102).
[69] OLG Saarbrücken VersR 76, 271.
[70] Beispiele aus der Rechtsprechung:
– 10,– EUR: LG Oldenburg r + s 89, 85; AG Grevesmühlen SP 03, 235;
– 7,50 EUR: OLG Frankfurt ZfS 88, 382; AG Springe ZfS 89, 158; LG Weiden ZfS 89, 227; AG Bad Berleburg ZfS 89, 373;

hung des Lebensstandards dürften bei einem Volljährigen heute grundsätzlich mindestens 10,- EUR als Einsparung zu berücksichtigen sein.

242 Übernehmen SVT die Kosten der stationären Heilbehandlung, können sie wegen der Differenz zwischen ihrer Leistung und dem um die Ersparnisse geminderten Schaden auf den Anspruch des Verletzten auf Ersatz seines Erwerbsschadens zurückgreifen (sachliche Kongruenz besteht).[71] Der Verdeutlichung möge folgendes Beispiel dienen:

**Beispiel** (Beträge jeweils täglich):

| | |
|---|---:|
| Kosten stationärer Heilbehandlung | 300,- EUR |
| ersparte Verpflegungskosten | − 10,- EUR |
| Schaden Heilbehandlung | 290,- EUR |
| Erwerbsschaden | 100,- EUR |
| Leistung Krankenkasse für Heilbehandlung | 300,- EUR |
| Regress Krankenkasse | |
|   auf Schadensersatz wegen Heilbehandlung | 290,- EUR |
|   auf Erwerbsschaden | + 10,- EUR |
| | 300,- EUR |
| verbleibender Erwerbsschadensersatz | 100,- EUR |
| Übergang Kasse | − 10,- EUR |
| Rest | 90,- EUR |

243 Diese Konstruktion des BGH hat zur praktischen Folge, dass die ersparten Verpflegungskosten eines sozialversicherungspflichtigen Arbeitnehmers im Falle der Lohnfortzahlung beim Arbeitgeber und nur im Falle der Gewährung von Barleistungen beim SVT abzuziehen sind. Zwischen folgenden Fallgruppen kann differenziert werden:

244 a) Bei *Lohn- oder Gehaltsfortzahlung* an einen sozialversicherungspflichtigen Arbeitnehmer (keine Barleistungen SVT)
– *Abzug beim Arbeitgeber*.
Da der Anspruch des Verletzten auf Verdienstausfall bereits in Höhe der häuslichen Ersparnisse auf den SVT zum Zeitpunkt des Unfalls übergegangen ist, kann der Arbeitgeber beim zeitlich späteren Übergang nach § 6 EFZG (zeitlicher Nachrang) nur noch den restlichen Anspruch erwerben.[72]

245 b) Bei Gehaltsfortzahlung an einen privat-krankenversicherten *Beamten*
– Abzug bei der privaten Krankenkasse, wenn die Kosten der Heilbehandlung durch deren Leistungen und die Beihilfe des Dienstherrn voll gedeckt werden. Der Dienstherr erwirbt hier zeitlich vorrangig[73] den gesamten Anspruch auf Ersatz des Erwerbsschadens und den Anspruch auf Ersatz der Heilbehandlungskosten in Höhe der Beihilfeleistung.

246 c) Bei Barleistungen eines SVT
– *Abzug beim leistenden SVT*, wenn dem Verletzten kein persönlicher Erwerbsschaden verbleibt (und nichts anderes in einem Teilungsabkommen vorgesehen ist).

---

– 6,- EUR: AG Wesel VersR 82, 1158;
– 5,- EUR: OLG Hamm ZfS 82, 109; OLG Frankfurt ZfS 83, 108 (dörfliche Umgebung); AG Brühl ZfS 88, 240 (11-jähriges Kind); LG Augsburg ZfS 91, 335;
– 4,- EUR: AG Rottweil VersR 79, 249 (Kleinkind); auch – überraschend niedrig – KG v. 12. 3. 09 (22 U 39/06), m. Anm. Lang in jurisPR-VerkR 15/2009.
– 3,- EUR: OLG Nürnberg ZfS 91, 299 (2½-jähr. Kind).

[71] BGH VersR 71, 127; VersR 84, 583 = NJW 84, 2628.
[72] BGH VersR 84, 583 = NJW 84, 2628 m. w. H. Leider bereitet der Vollzug der BGH-Rechtsprechung in der Praxis Schwierigkeiten, es kommt zu zahlreichen Auseinandersetzungen mit den Arbeitgebern. Die Rechtsprechung der Instanzgerichte folgt dem BGH nicht durchweg (z. B. AG Wuppertal VersR 87, 422). Zustimmende Beispiele AG Flensburg ZfS 87, 331; AG Hanau ZfS 86, 73; AG Wittlich ZfS 86, 73; AG Springe ZfS 89, 158.
[73] Übergang auf den Dienstherrn im Unfallzeitpunkt – vgl. Rdn. 733; Übergang auf die Krankenkasse zum Zeitpunkt der Leistung – vgl. Rdn. 760.

– *Abzug beim Verletzten,* wenn dieser noch einen durch die Barleistung nicht gedeckten Erwerbsschaden hat.[74]

d) Bei fehlendem Erwerbsschaden (*Rentner, Kinder* – nicht Arbeitslose) **247**
– *Abzug beim Träger der Heilbehandlung.*[75]

e) Für nicht erwerbstätige Haushaltsführende ist die Rechtslage höchstrichterlich noch **248** nicht geklärt.

Zuzugeben ist, dass nach dem BGH die Haushaltsführung eine Erwerbstätigkeit i. S. d. §§ 842, 843 BGB insoweit ist, als sie für die unterhaltsberechtigten Familienangehörigen erbracht wird.[76] Gleichwohl meine ich, dass hier die Kongruenz zwischen der Leistung der Kasse und dem Ersatzanspruch des Haushaltsführenden zu verneinen ist. Die zitierte Rechtsprechung beim Erwerbstätigen mag zu verstehen sein, weil der BGH den Interessenkonflikt zwischen SVT und Arbeitgeber zu entscheiden hatte. Hier geht es dagegen um den Interessengegensatz SVT/persönlich Geschädigter. Die Verpflegung wird auch nicht – wie in den den Erwerbstätigen betreffenden Entscheidungen unterstellt – aus dem „Verdienst" bestritten. Man sollte daher zugunsten des Geschädigten entscheiden, und den Abzug bei der Krankenkasse vornehmen.[77]

Während der ersten 28 Tage der stationären Heilbehandlung muss sich der Verletzte **249** mit 10,- EUR täglich an den Kosten *beteiligen* (s. Rdn. 256). Der Abzug häuslicher Ersparnisse (beim Arbeitgeber, bei der Krankenkasse, beim Verletzten selbst) reduziert sich entsprechend. Ein Anspruch des Geschädigten selbst auf Erstattung der Kostenbeteiligung kommt nicht in Betracht, da ihm der Vorteil durch ersparte häusliche Verpflegungskosten entgegengehalten werden kann.[78]

**Beispiel** (Beträge jeweils täglich):

| | | |
|---|---:|---:|
| Tagessatz/Fallpauschale Krankenhaus | | 300,- EUR |
| Eigenanteil (< 28 Tage) | | 10,- EUR |
| ersparte Verpflegungskosten | | 10,- EUR |
| Schaden Heilbehandlung | 300,- EUR | |
| ersparte Verpflegungskosten | – 10,- EUR | |
| | 290,- EUR | |
| Aufwand KK: | 300,- EUR | |
| Eigenbeteiligung | – 10,- EUR | |
| | 290,- EUR | |
| Regress KK: | 290,- EUR (HB) | |
| Schaden Verletzter | | |
| Eigenanteil | 10,- EUR | |
| ersparte Verpfl.kosten | – 10,- EUR | |
| verbleibender Schaden | – 0,- EUR | |

## 7. Schadenminderungspflicht

Der Verletzte muss sich einer erforderlichen Behandlung unterziehen,[79] er hat ärztliche **250** Verordnungen zu befolgen und muss u. U. Diät halten.[80] Eine Verpflichtung zur Duldung

---

[74] Weil das Netto-Hätteeinkommen höher ist als der Regellohn und damit z. B. das Krankengeld (entgangene Gratifikationen und sonstige Sonderzahlungen, zusätzliche fiktive Überstunden und entgangene Gehaltserhöhungen).
[75] OLG München VersR 78, 373 = r+s 78, 129.
[76] BGH VersR 74, 1016, 1017 = NJW 74, 1651; vgl. Rdn. 184, 212.
[77] Ebenso AG Aachen ZfS 86, 139; LG Weiden ZfS 89, 227; a. A. OLG Zweibrücken NZV 92, 150 = ZfS 92, 195; LG Regensburg VersR 82, 885.
[78] OLG Celle ZfS 85, 294; AG Hannover SP 08, 216; AG Cottbus SP 08, 327.
[79] BGH VersR 64, 94.
[80] OLG Hamm VersR 60, 859. Allerdings OLG Hamm, r+s 93, 418: Kein Verstoß gegen die Schadenminderungspflicht, wenn Verletzter nach Verschlechterung seines Zustandes nicht die von seinem

einer Operation besteht allerdings nur, sofern sie einfach und gefahrlos ist,[81] nicht mit besonderen Schmerzen verbunden ist[82] und hinreichend sichere Aussicht auf Heilung oder wesentliche Besserung bietet.[83]

251 Die Verlegung in ein Spezialkrankenhaus (Unfallklinik) ist bei Gefahr eines Dauerschadens kein Verstoß gegen § 254 BGB.[84] Lässt sich der Angehörige einer ausländischen Streitkraft in einem *Armee-Krankenhaus* behandeln, ist ihm in der Regel kein Verstoß gegen die Schadenminderungspflicht vorzuwerfen, auch wenn die Kosten in einem solchen Armee-Krankenhaus höher sind als in einem deutschen.[85]

## 8. Legalzessionen

252 Soweit ein Sozialversicherungsträger oder eine private Krankenkasse die Kosten einer Heilbehandlung übernimmt, geht der Anspruch des Verletzten auf Ersatz dieser Kosten auf den Leistungsträger über (§§ 116 SGB X, 67 Abs. 1 VVG).[86] Da die Bevölkerung der Bundesrepublik Deutschland heute weitgehend und ausreichend sozial oder privat krankenversichert ist, wickelt sich der Schadensersatz fast ausschließlich im Verhältnis zwischen Schädiger und Versicherungsträger ab. Allerdings hat sich aufgrund des *Gesundheitsreformgesetzes* die Eigenbeteiligung an den Heilbehandlungskosten erhöht. Eine Übersicht über die insoweit in Betracht kommenden Schadensersatzansprüche des Verletzten folgt unter Rdn. 255 ff.

## 9. Diagnoseorientierte Fallpauschale

253 Am 1. 1. 2004 ist das Fallpauschalengesetz[87] in Kraft getreten, das ein neues Abrechnungssystem für stationäre Leistungen vorsieht. Der gesetzlich krankenversicherte Verletzte erhält die Sachleistung stationärer Heilbehandlung, die seinen Schaden ausgleicht. Die Krankenkasse kann die Pauschale nach § 116 SGB X geltend machen.

---

Arzt vorgeschlagene weitere Behandlung, sondern von einem anderen Facharzt empfohlene, jedoch ebenfalls nicht zu einer Besserung führende Operation durchführen lässt.

[8] Da es gefahrlose Operationen gar nicht gibt, jede Operation trägt zumindest ein Restrisiko, muss zwischen operationsspezifischen Gefahren, die keine Rolle spielen können, und den besonderen Gefahren der vorgesehenen Operation unterschieden werden. Ein nur „vertretbares Risiko" begründet noch keine Verpflichtung (OLG Frankfurt r+s 06, 164 zur entsprechenden Obliegenheit nach den AUB).

[82] Das allgemein mit chirurgischen Eingriffen unvermeidlich verbundene und übliche Maß von Schmerzen muss deutlich überstiegen werden.

[83] BGH Z 10, 18 ff.; OLG Düsseldorf r+s 02, 37; NZV 94, 271 = r+s 94, 217 = ZfS 94, 354: Wesentliche Besserung wird auch bei einer Reduzierung der MdE von 25% auf 15% bejaht. BGH VersR 87, 408: Zumutbarkeit einer Sprunggelenksversteifung wird immerhin grundsätzlich für möglich gehalten.
OLG Oldenburg VersR 82, 175: Verpflichtung zur Einsetzung eines künstlichen Hüftgelenks wurde nur deshalb abgelehnt, weil dies wegen des relativ jungen Alters des Verletzten noch nicht für sinnvoll gehalten wurde. OLG Oldenburg VersR 86, 1220: Duldungspflicht bejaht bei unbekanntem Verletzungsumfang.

[84] OLG Frankfurt ZfS 84, 358.

[85] BGH NZV 89, 105 = VersR 89, 54 für einen englischen Soldaten. A. A. OLG Stuttgart VersR 70, 526, 530 für einen amerikanischen Soldaten.

[86] Siehe im Einzelnen Rdn. 577 ff.

[87] BGBl. I 02, 1412.

## 10. Eigenbeteiligungen des Sozialversicherten

Soweit ein Sozialversicherter einen Teil der erforderlichen Heilbehandlungskosten 255
selbst zu tragen hat, kommt ein Übergang auf den Träger der Heilbehandlung nicht in
Betracht; der Ersatzanspruch steht dem Geschädigten insoweit selbst zu.[88] Schadensersatzrechtlich relevant sind vor allem folgende Regelungen,[89] die allerdings nicht für die
berufsgenossenschaftliche Heilbehandlung nach einem Arbeitsunfall gelten:[90]

Zuzahlungen von Versicherten ab Vollendung des 18. Lebensjahres nach § 61 SGB V
und § 28 Abs. 4 S. 1 SGB V („Praxisgebühr")[91] sowie gänzliches Fehlen einer Kassenleistung:

### a) Krankenhausbehandlung
(§ 39 Abs. 4 SGB V)                                                                    256

Zuzahlung des Versicherten bei vollstationärer Behandlung;
jeweils längstens 28 Tage je Kalenderjahr                              10,– EUR tgl.[92]

### b) Arznei- und Verbandmittel
(§ 31 Abs. 3, 4 SGBV)                                                                  257

10% des Abgabepreises, mindestens 5,– EUR, höchstens 10,– EUR

### c) Heilmittel
(z.B. Massagen, Bäder, Heilgymnastik, Wärme- u. Kältetherapie etc. – § 32 Abs. 2       258
SGB V)

10% zuzüglich 10,– EUR pro Verordnung

### d) Stationäre Rehabilitation
(§ 40 Abs. 5 SGB V)                                                                    259

10,– EUR pro Tag

### e) Ambulante Behandlung
(Praxisgebühr nach § 28 Abs. 4 S. 1 SGB VII)                                           260

10,– EUR im Vierteljahr[93]

### f) Grundsätzlich keine Erstattung durch die gesetzliche Krankenkasse:
Rezeptfreie Medikamente,                                                               261
Fahrtkosten (Ausnahme: „zwingende medizinische Gründe" – § 69 SGB V),
Sehhilfen, Brillen (Ausnahme: Kinder, schwere Sehbehinderung).

---

[88] Zu der Eigenbeteiligung an den Krankenhauskosten s. aber Rdn. 249.
[89] GKV-Modernisierungsgesetz (BGBl. I 2003, 2190).
[90] Keine Zuzahlung für Arzneimittel oder für den Krankenhausaufenthalt bei Eintrittspflicht eines UVT.
[91] Stand 1. 1. 06.
[92] Schaden des Verletzten wird aber verrechnet mit Vorteil wegen ersparter Verpflegungskosten – s. Rdn. 249.
[93] Hier besteht nicht ohne Weiteres ein Schaden. Hätte sich der Verletzte ohnehin einer Behandlung unterzogen, entfällt eine Ersatzpflicht (LG Hagen SP 08, 394: nicht erstattungspflichtige „Sowieso-Kosten").

## IV. Vermehrte Bedürfnisse

262 Vermehrte Bedürfnisse i.S.d. § 843 Abs. 1 BGB sind alle unfallbedingten, ständig wiederkehrenden Aufwendungen, „die den Zweck haben, diejenigen Nachteile auszugleichen, die dem Verletzten infolge dauernder Beeinträchtigung seines körperlichen Wohlbefindens entstehen".[1] Es muss sich also um Aufwendungen handeln, die dauernd und regelmäßig erforderlich werden, die weder zu den – ersatzpflichtigen – Heilbehandlungskosten zählen, noch der Wiederherstellung der Gesundheit dienen,[2] und nicht unter die – nicht ersatzpflichtigen – allgemeinen Lebenshaltungskosten fallen.[3] Lediglich im Rahmen des immateriellen Schadens, also bei der Bemessung des Schmerzensgeldes, sind Kosten zu berücksichtigen, die zur Wiederherstellung der ursprünglichen Lebensqualität aufgewendet werden.[4]

263 Der Verletzte kann nach § 843 BGB eine *Rente* beanspruchen, wobei dann bei schwankenden Aufwendungen ein monatlicher Durchschnittsbetrag gebildet werden muss. Die Rente wegen vermehrter Bedürfnisse unterliegt nach der geänderten Rechtsprechung des BFH nicht der Einkommensteuerpflicht.[5] Für die Laufzeit des Schadensersatzes ist eine *überholende Kausalität* zu beachten: Wäre der Verletzte altersbedingt ohnehin in einem Pflegeheim untergebracht worden, entfällt eine Ersatzpflicht ab diesem fiktiven Zeitpunkt.[6] Unter einer von folgenden Voraussetzungen besteht aber auch ein *Kapitalanspruch*:
– Wenn durch die einmalige Anschaffung eines Hilfsmittels der erhöhte Bedarf für die Zukunft – zumindest für einen gewissen Zeitraum – in ausreichendem Maße befriedigt werden kann,[7]
– wenn ein wichtiger Grund nach § 843 Abs. 3 BGB vorliegt.[8] Ein wichtiger Grund ist zu bejahen, wenn die Kapitalisierung wirtschaftlich vernünftig ist, weil etwa Fremdmittel abgelöst werden, oder wenn „die Notwendigkeit eines für den Behinderten würdigen Schadensausgleichs" besteht[9] oder
– wenn Schädiger und Geschädigter sich über eine Kapitalabfindung einigen.[10]

### 1. Ersatzpflichtige Kosten

264 Grundsätzlich sind nur konkret entstandene Kosten zu ersetzen. Ein Anspruch auf Erstattung fiktiver Aufwendungen kommt nicht in Betracht.[11] Etwas anderes gilt nur dann,

---

[1] BGH VersR 04, 482 = NZV 04, 195 m.w.H.; KG VersR 82, 978; OLG Hamm NZV 03, 528.
[2] BGH VersR 82, 238.
[3] BGH VersR 04, 482 = NZV 04, 195; VersR 92, 1235.
[4] BGH VersR 04, 482 = NZV 04, 195: behindertengerechter Umbau eines Motorrades ist nicht ersatzpflichtig, wenn bereits ein behindertengerechter PKW das Mobilitätsinteresse sicherstellt.
[5] BFH DB 95, 19 = DStR 95, 49.
[6] So im Grundsatz OLG Hamm DAR 98, 274, das im konkreten Fall die überholende Kausalität allerdings verneint. S. auch Rdn. 685.
[7] BGH VersR 04, 482 = NZV 04, 195; BGH VersR 82, 238: z.B. Rollstuhl, elektronisch gesteuerte Schreibmaschine. OLG Stuttgart VersR 98, 366 für ausstattungsbedingten und räumlichen Mehrbedarf.
[8] Vgl. Rdn. 853.
[9] BGH VersR 82, 238 unter II 3 a.
[10] Vgl. Rdn. 853 ff.

wenn Dritte z. B. Pflegeleistungen unentgeltlich erbringen, die den Schädiger nicht entlasten sollen.[12] Aber auch hier kommt es darauf an, wie die Pflege konkret gestaltet wird, die dann, soweit sie auch erforderlich ist, angemessen auszugleichen ist. Besonders wichtig ist hier die genaue Trennung zwischen den als vermehrte Bedürfnisse zu ersetzenden (materiellen) Vermögensschäden und den in den immateriellen Bereich fallenden Nachteilen.[13] So sind z. B. Aufwendungen zur Vertreibung der Langeweile während des stationären Aufenthalts oder häuslichen Krankenstandes, wie der Kauf von Spielen, Zeitschriften etc. nicht als vermehrte Bedürfnisse ersatzpflichtig. Auch die – so die Behauptung des Verletzten – unfallbedingt notwendige Inanspruchnahme einer Prostituierten ist nicht ersatzpflichtig.[14] Als *ersatzpflichtige*[15] Kosten kommen – alphabetisch geordnet – folgende Positionen in Betracht:

– *Begleitperson* für Fahrten zum Arzt, zur Krankengymnastik, kulturellen Veranstaltungen etc.;[16]
– *Behindertenfahrzeug:* Mehrkosten zusätzliche, behindertengerechte Einrichtungen eines Kfz. zur Aufrechterhaltung der Mobilität.[17] Kein Ersatz der Umbaukosten für ein zusätzlich gefahrenes Motorrad;[18]
– *Behindertenwerkstatt;* die für die Unterbringung anfallenden Kosten sind im Rahmen der vermehrten Bedürfnisse[19] auch dann vom Schädiger zu erstatten, wenn sich die Tätigkeit in der Behindertenwerkstatt wegen der anfallenden hohen Kosten wirt-

---

[11] So zu Recht *Huber* NZV 05, 620. Auch bei den Heilbehandlungskosten scheidet ein Anspruch wegen fiktiver Kosten aus – BGH VersR 86, 550; siehe Rdn. 229. Der BGH hat mehrfach – auch in der Entscheidung v. 12. 7. 05 (NZV 05, 629 = VersR 05, 1529) darauf verwiesen, dass sich der Mehrbedarf danach richtet, wie er nach den Dispositionen des Geschädigten „tatsächlich anfällt". Im Bereich des Personenschadens entsteht ein Schaden eben erst mit der Kostenbelastung. Die mangelnde Eignung eines Hauses für eine behindertengerechte Nutzung ist ebenso wenig ein Vermögensschaden wie die Notwendigkeit z. B. einer prothetischen Operation.

[12] Siehe hierzu Rdn. 265.

[13] Vgl. z. B. die Entscheidung des BGH zum nicht ersatzpflichtigen Umbau eines neben einem PKW gehaltenen, aus Freude am Fahren genutzten Motorrades – BGH VersR 04, 482 = NZV 04, 195.

[14] OLG Düsseldorf r+s 97, 504.

[15] OLG Düsseldorf r+s 97, 504.

[16] OLG Frankfurt SP 08, 11: Wenn keine konkreten Kosten anfallen ist eine Schätzung nach § 287 ZPO erforderlich; bei Begleitung durch Familienangehörige oder Lebensgefährten muss eine Abgrenzung zur nicht unfallbedingten persönlichen Fürsorge erfolgen (ähnlich wie bei den Pflegekosten – s. Rdn. 265).

[17] Zu erstatten sind nur die unfallbedingten Mehrkosten der Hilfseinrichtungen des Kfz. Darunter fallen: die Kosten der Sonderausrüstung als solche; die Mehrkosten des Pkw, wenn der Geschädigte ohne den Unfall ein klassenniedrigeres Fahrzeug gefahren hätte, das mit Sonderausrüstung nicht geliefert wird; ggf. erhöhte Betriebskosten (BGH NJW-RR 92, 792 = VersR 92, 618: höherer Benzinverbrauch; OLG Stuttgart ZfS 87, 165; OLG München ZfS 84, 102). Ähnlich OLG München ZfS 84, 102 = DAR 84, 58: Kosten der Sonderausstattung und Mehrkosten infolge unfallbedingter Mehrbeanspruchung. BGH VersR 70, 899: Zuschuss. Zu weit gehend OLG Celle VersR 75, 1103: Erstattung sämtlicher Kosten eines Pkw; dies käme m. E. nur ausnahmsweise dann in Betracht, wenn, was heute kaum vorstellbar ist, der Geschädigte ohne den Unfall keinen Pkw gehalten hätte. (Dies wird offenbar auch vom BGH so unterstellt: BGH VersR 04, 482.) Einen solchen Fall behandelt OLG Schleswig (ZfS 09, 259): Student aus finanziell beengtem Elternhaus, der sich ohne den Unfall kein Kfz angeschafft hätte. Ebenso auch LG Köln VersR 93, 1539: Pkw-Kosten nur bis zu dem Zeitpunkt, in dem ohnehin ein Fahrzeug angeschafft worden wäre.

[18] BGH VersR 04, 482 = NZV 04, 195.

[19] M. E. sind diese Kosten dogmatisch eher zum Erwerbsschaden zu rechnen. Die Differenzierung hat jedoch keine praktische Bedeutung. Zu den von der Werkstatt zu zahlenden und vom Bund zum Teil zu erstattenden Rentenversicherungsbeiträgen siehe Rdn. 758.

schaftlich an sich nicht lohnt;[20] Voraussetzung ist aber der Nachweis eines kongruenten Erwerbsschadens;[21]
– *Diät;*[22]
– *elektronische Schreibhilfe;*[23]
– *Haushaltshilfe;*[24]
– *höhere Heizkosten* z. B. bei Brandverletzungen;
– *Kleidermehrverschleiß* z. B. bei Amputationen;[25]
– *Körperpflegemittel;*[26] Abzug von Eigenersparnis möglich;
– *Kuren.* Die medizinische Erforderlichkeit einer Kur zur Besserung oder Linderung von Unfallfolgen ist genau zu prüfen.[27] Wegen ersparter Verpflegungskosten kommt ein Abzug in Betracht; ebenso dann, wenn eine Kur anstelle einer Urlaubsreise durchgeführt wird;[28]
– *orthopädische Hilfsmittel,* z. B. orthopädische Schuhe (Abzug für Eigenersparnis), Prothesen u. Ä.;[29]
– *Pflegekosten.* Entscheidend ist, wie im Rahmen des Erforderlichen und Zumutbaren die Pflege tatsächlich gestaltet wird.[30] Einzelheiten s. Rdn. 265;
– *Privatunterricht für Schüler;*[31]
– *Stärkungsmittel;*[32]
– *therapeutisches Reiten.*[33]

## 2. Pflegekosten

265   Grundsätzlich sind die Kosten zu ersetzen, die für die konkrete Pflege anfallen, wie sie der Verletzte im Rahmen des erforderlichen und zumutbaren gewählt hat. Die Höhe des Schadensersatzes bestimmt sich nach dem Bedarf, wie er in der vom Geschädigten in zumutbarer Weise gewählten Lebensgestaltung tatsächlich anfällt.[34]
– Bei einer Unterbringung im *Pflegeheim* sind die dort konkret anfallenden Kosten zu übernehmen. Ersparte Kosten für die aufgegebene eigene Wohnung und Verpflegung können abgezogen werden.[35] Ob dies rechtlich im Rahmen des Vorteilsausgleichs

---

[20] OLG Hamm VersR 92, 459 = ZfS 92, 195.
[21] In der Regulierungspraxis streitig, eine obergerichtliche Entscheidung liegt noch nicht vor.
[22] BGH VersR 82, 238 = NJW 82, 757.
[23] BGH VersR 82, 238.
[24] Der BGH rechnet – bei der Frage der Kongruenz des Schadensersatzes wegen Beeinträchtigung der Haushaltsführung zu Leistungen des SVT – diesen Schaden insoweit zu den vermehrten Bedürfnissen, als die Haushaltsführung zum Zwecke der Eigenversorgung erfolgt. Einzelheiten hierzu s. Rdn. 184, 212.
[25] BGH NJW-RR 92, 792 = VersR 92, 618.
[26] BGH VersR 82, 238.
[27] So z. B. LG Bonn VersR 96, 381.
[28] OLG Celle VersR 75, 1103: Abzug von 50%.
[29] OLG Köln r+s 89, 400.
[30] BGH VersR 78, 149; OLG Stuttgart VersR 98, 366.
[31] Dogmatisch gehört dies meines Erachtens zum Fortkommensschaden.
[32] BGH VersR 58, 176 = NJW 58, 627: Als normativer Schaden auch dann zu ersetzen, wenn sich der Verletzte wegen Fehlens finanzieller Mittel überhaupt keine Stärkungsmittel beschaffen konnte. Es muss jedoch nachgewiesen werden, dass diese Stärkungsmittel medizinisch erforderlich waren und dass es sich um einen unfallbedingten zusätzlichen Bedarf handelte. Vgl. auch OLG Köln r+s 89, 400.
[33] LG Bonn SP 09, 12.
[34] BGH VersR 78, 149; OLG Stuttgart VersR 98, 366.
[35] So im Grundsatz auch KG v. 12. 3. 09 (22 U 39/06), m. Anm. *Lang* in jurisPR-VerkR 15/2009.

zu erfolgen hat oder ob *vermehrte* Bedürfnisse unfallbedingt eben nur insoweit entstehen, als im Vergleich zum Soll-Verlauf ohne Unfall *Mehr*kosten vorliegen,[36] kann letztlich dahinstehen. Die Höhe richtet sich allerdings nicht nach den Kosten der tatsächlichen oder fiktiven eigenen Wohnung, sondern nach dem Wert der durch das Heim bereitgestellten Wohnungsgelegenheit.[37] Höhere Einsparungen beruhen nämlich auf einem Komfortverzicht, der grundsätzlich beim Vorteilsausgleich zugunsten des Schädigers nicht zu berücksichtigen ist.[38] Dasselbe muss hinsichtlich der ersparten Verpflegungskosten gelten: Auch hier ist nur der Wert der Heimverpflegung, der in den Kosten der Heimunterbringung aufgeht, absetzbar. Ein Abzug hat auch bei unterhaltsberechtigten Kindern – ebenso wie bei nicht Erwerbstätigen – zu erfolgen,[39] die ohne den Unfall zuhause untergebracht und verpflegt worden wären; das OLG München[40] berücksichtigt hier den weggefallenen Bar- und Naturalunterhalt. Übernimmt ein Dritter (Sozialhilfeträger, Sozialversicherungsträger) die konkreten Unterbringungskosten in vollem Umfang, sind die ersparten Kosten zwar an sich zunächst auch bei dessen Regress abzuziehen; besteht jedoch auch ein Erwerbsschaden, wird man wohl in Höhe der Ersparnis Kongruenz zum Erwerbsschaden annehmen müssen, mit der Folge, dass dann der Abzug beim Geschädigten zu erfolgen hat.[41]

– Bei Einstellung von professionellen *Pflegekräften* sind deren Kosten – brutto – zu erstatten. Die Erforderlichkeit dieser Kosten ist hier genau zu prüfen. Zwar sind diese Kosten grundsätzlich auch dann erstattungspflichtig, wenn sie höher sind als die Kosten einer optimalen Heimunterbringung, denn der Schwerstgeschädigte hat Anspruch auf eine angemessene Pflege in den ihm vertrauten Lebensumständen.[42] Er braucht sich nicht in ein Heim „abschieben" zu lassen. Andererseits kommt ein voller Ersatz durch den Schädiger nicht mehr in Betracht, wenn diese Kosten in keinem vertretbaren Verhältnis zur Qualität zur Versorgung des Geschädigten stehen.[43] Schließt der Verletzte mit einer nicht als Pflegekraft tätigen oder nicht ausgebildeten Person, insbesondere einem Angehörigen, einen Pflegevertrag, besteht grundsätzlich ein Anspruch auf Ersatz der konkret anfallenden Kosten, und zwar auch dann, wenn sie höher sind als fiktive Pflegekosten. Man wird dann allerdings prüfen müssen, ob es sich nicht um einen Scheinvertrag handelt oder der Geschädigte gegen seine Schadenminderungspflicht verstößt.

---

[36] So m. E. überzeugend OLG München v. 14. 12. 06, NJW-RR 07, 653 = OLGR München 07, 207.
[37] OLG Hamm NZV 01, 474 = SP 02, 413.
[38] OLG München NJW-RR 07, 653 = OLGR München 07, 207. Vgl. hierzu auch Rdn. 76.
[39] Dies entspricht der Rechtsprechung zu den ersparten Verpflegungskosten bei stationärer Heilbehandlung von Kindern und nicht Erwerbstätigen – Rdn. 240 ff. Siehe auch Pauge, Vorteilsausgleich bei Sach- und Personenschäden, VersR 07, 569 unter II 9.
[40] OLG München NJW-RR 07, 653 = OLGR München 07, 207.
[41] So jedenfalls die Rechtsprechung des BGH zur rechtlich vergleichbaren Situation der ersparten Verpflegungskosten bei stationärer Behandlung – s. Rdn. 242. So auch LG München I v. 2. 10. 08 (19 O 7145) – nicht veröffentlicht.
[42] OLG Koblenz VersR 02, 244 = DAR 01, 364 – Rev. nicht angenommen.
[43] OLG Bremen VersR 99, 1030 – Rev. nicht angenommen: Die Kosten einer optimalen und an sich sinnvolleren Heimunterbringung hätten sich auf 5.000,- EUR belaufen. Geltend gemacht wurden 21.000,- EUR monatlich für professionelle und familiäre Pflege zu Hause. Das OLG geht davon aus, dass der Geschädigte jedenfalls bis zum Abschluss seiner Ausbildung Anspruch auf die Kosten der angemessenen ambulanten Pflege in seiner bisherigen Umgebung habe. Allerdings müsse er sich bei den kostenträchtigen häuslichen Positionen Beschränkungen auferlegen. Zugebilligt werden 9.000,- EUR monatlich. S. auch OLG Koblenz VersR 02, 244.

– Erfolgt die Pflege in der *Familie* kostenlos,[44] wird der Schädiger nicht etwa voll entlastet. Zwar ist nicht auf die Kosten einer professionellen Pflegekraft abzustellen.[45] Die zusätzliche Mühewaltung der Familienangehörigen ist aber angemessen auszugleichen.[46] Nach der älteren BGH-Rechtsprechung ist die Tätigkeit des Angehörigen „marktgerecht" zu bewerten, d.h. es ist nicht auf die Kosten einer professionellen Pflegekraft abzustellen.[47] Dabei ist zu berücksichtigen, dass Familienangehörige die Pflege weniger belastend und zeitaufwendig gestalten können und es sich häufig um Personen handelt, die nicht mehr im Erwerbsleben stehen.[48] Neuerdings tendiert der BGH gleichwohl dazu, auf den *Nettolohn*[49] einer vergleichbaren, entgeltlich eingesetzten *Hilfskraft* ab-

---

[44] Beispiele aus der Rechtsprechung:
BGH VersR 86, 391: Gleichgewichtsstörungen, Kopfschmerzen, Konzentrations- und Merkstörungen, weitgehende Betreuung – überwiegend allerdings im geistig-seelischen Bereich: 300,- EUR monatlich nicht beanstandet.
BGH VersR 86, 173: Bei ständiger Anwesenheit von Bezugspersonen (rechter Arm gebrauchsunfähig, rechtes Bein stark behindert, Schwierigkeiten beim Essen, psychische Störungen, Sprachstörungen): 900,- EUR monatlich noch vertretbar.
OLG München NZV 89, 471: Für Unterstützung bei der Grundpflege im Krankenhaus und bei Therapiemaßnahmen durch die Ehefrau 4,- EUR stündlich für 10 Stunden täglich (bei einer Anwesenheit von 7.00 bis 21.00 Uhr und dreimaliger Hilfe in der Nacht).
OLG Frankfurt ZfS 91, 155: 250,- EUR monatlich für Betreuung durch die Mutter durch Zubereiten von Mahlzeiten, Waschen von Wäsche und Fahrten zum Arzt für unfallverletzten Sohn, der nicht mehr im Haushalt der Mutter wohnte.
OLG Bremen ZfS 91, 229: 750,- EUR monatlich für Pflege eines Kindes bei apallischem Syndrom durch die Großmutter. Zusätzliche Hilfe durch eine Pflegerin (6 Stunden täglich) und eine Putzfrau (zweimal wöchentlich).
OLG Köln VersR 92, 506: 900,- EUR monatlich für Familienpflege bei Querschnittslähmung und Hirnschaden.
OLG Oldenburg VersR 93, 753: 2.250,- EUR für schwerstgeschädigtes (Mikrozephalus/Hirnatrophie) Kind infolge Geburtsfehler. Dauernde Beaufsichtigung und Pflege durch 2, 3 Pflegekräfte pro Tag grundsätzlich erforderlich. Durchführung der Pflege durch teilweise Einstellung von Pflegekräften, im Übrigen Betreuung durch Familienangehörige.
OLG Hamm NZV 94, 68 = ZfS 93, 333: 1.800,- EUR (10,- EUR pro Stunde) bei Querschnittslähmung (8./9. BWK).
OLG Hamm DAR 94, 496: Zugebilligt werden 55 Stunden monatlich (vom medizinischen Sachverständigen als erforderlich geschätzt) à 7,50 EUR (entspricht etwa BAT X), also 412,50 EUR monatlich für ein schwerstverletztes 5-jähriges Kind, das lediglich an Wochenenden, an Feiertagen und während der Ferien von der Mutter gepflegt wurde.
OLG Hamm NZV 95, 318 (n. Lts.): Stundensatz 7,50 EUR, wenn die Mutter nicht besonders ausgebildet ist und die sachgerechte Pflege auch keine besonderen Kenntnisse und Fähigkeiten erfordert.
OLG Koblenz VersR 02, 244: 2.350,- EUR monatlich für ca. 7 Stunden täglich reine Pflegeleistung und 14 Stunden täglich Pflegebereitschaft der Familienangehörigen.

[45] BGH VersR 86, 173; a. A. OLG Hamm VersR 92, 506.

[46] So schon BGH VersR 73, 1067; VersR 78, 149; VersR 86, 173; VersR 86, 391. Es muss sich jedoch um eine Tätigkeit handeln, die sich aus dem selbstverständlichen, originären Aufgabengebiet der Eltern heraushebt und für die als praktische Alternative ein vergleichbarer Einsatz fremder Hilfskräfte in Betracht kommt. BGH VersR 99, 1156 = r+s 99, 415: Kein Ersatz für aufgewandte Zeit zur Beruhigung, Ablenkung und seelischen Tröstung eines schwer verletzten Kindes.

[47] BGH VersR 86, 173.

[48] BGH VersR 85, 365 (bei Wegfall der Haushaltsführung ohne Anstellung einer Ersatzkraft); OLG Hamm DAR 94, 496.

[49] Ebenso wie beim Haushaltsführungsschaden wird von der Rechtsprechung generell auf den Nettolohn abgestellt, da Steuern tatsächlich nicht anfallen und keine zusätzlichen Sozialversicherungsbeiträge zu zahlen sind. So z.B. BGH VersR 99, 253 = NZV 99, 76. Andere Auffassung LG Detmold, NZV 04, 198, das auf die Rentenversicherungspflicht der Pflegeperson, die über 14 Wochenstunden

zustellen.⁵⁰ Für die Regulierungspraxis kann man die für den Schadensersatz wegen entgangener Haushaltsführung zugebilligten Stundensätze zwischen 7,50 EUR und 10,- EUR zugrunde legen.⁵¹

Sodann muss der erforderliche Zeitaufwand einer fiktiven Hilfskraft geschätzt werden. Der Geschädigte muss konkret vortragen, für welche Verrichtungen des täglichen Lebens er Hilfe benötigt.⁵² Nach dem OLG Düsseldorf kann man hierfür auch die nachvollziehbaren Angaben der mit der Betreuung eines geschädigten Kindes befassten Angehörigen⁵³ sowie Erfahrungswerte zugrunde legen.⁵⁴ Sachgerechter ist es m. E., die Feststellungen der Pflegekasse zugrunde zu legen oder ein Pflegegutachten über den erforderlichen Zeitaufwand erstellen zu lassen.

Im Übrigen muss man dann genau differenzieren zwischen
– Pflegeleistungen, die ihrer Art nach auch ohne weiteres von einer fremden Hilfskraft übernommen werden könnten⁵⁵ (wie z.B. Füttern, Waschen, Ankleiden, Umbetten etc.),
– Bereitschaftsdienst für gelegentliche Hilfeleistungen bei Pflegeanlässen, die unvorhergesehen zu jeder Tages- und Nachtzeit auftreten können⁵⁶ (z.B. Hilfe bei Hustenanfällen, Absaugen von Schleim, Wechseln der Windeln), und
– solchen Betreuungsleistungen, die durch die elterliche Nähe und Zuwendung geprägt sind.⁵⁷

Die Position 1 kann auf der Basis der Kosten einer Hilfskraft entschädigt werden. Die Grundsätze für die Berechnung des Haushaltsführungsschadens bei Nichteinstellung einer Ersatzkraft können herangezogen werden.⁵⁸ Hier handelt es sich um Pflegeleistungen, die im Sinne BGH-Rechtsprechung einen „Marktwert" haben und objektivierbar sind. Bei der Position 2, Bereitschaftsdienst für gelegentliche Hilfeleistungen, besteht ein erheblicher „Rationalisierungseffekt" im Sinne der älteren BGH-Rechtsprechung. Während der Bereitschaft können Arbeiten im Rahmen der Haushaltsführung und auch Freizeitbeschäftigungen – nur gelegentlich durch Hilfeleistungen unterbrochen – durchgeführt werden. Hierfür sollte man einen Pauschalbetrag, zumindest einen ganz erheblich niedrigeren Stundensatz veranschlagen.⁵⁹ Dagegen scheidet ein Ersatzanspruch für die Position 3 aus. Das Bestreben der Eltern von schwerst verletzten Kindern, die Defizite durch besonders liebevolle Zuwendung und Aufmerksamkeit auszugleichen, ist ein

---

Pflegeleistungen erbringt, verweist (s. dazu Rdn. 697), dabei aber übersieht, dass diese Beiträge von der Pflegekasse gezahlt werden und von dieser nach § 116 SGB X beim Schädiger regressiert werden.
⁵⁰ BGH NZV 99, 76 = VersR 99, 252.
⁵¹ Siehe Rdn. 203.
⁵² OLG Hamm SP 03, 167 = NZV 03, 528.
⁵³ Die im Prozess ohnehin als Zeugen für den Pflegeaufwand in Betracht kommen.
⁵⁴ OLG Düsseldorf VersR 02, 858 – Rev. nicht angen. Ähnlich OLG München NJW-RR 02, 675.
⁵⁵ BGH VersR 99, 1156 = r+s 99, 415.
⁵⁶ OLG Koblenz VersR 02, 244 – Rev. nicht angen.
⁵⁷ BGH VersR 99, 1156 = NJW 99, 2819: Keine Entschädigung für Zeitaufwand für Tröstung und Ablenkung, wie z.B. Vorlesen und Geschichten erzählen, körperliche Kontakte etc. S. auch BGH VersR 89, 188; OLG Frankfurt VersR 00, 607; OLG Düsseldorf VersR 02, 858; OLG Hamm SP 03, 167 = NZV 03, 528; OLG Zweibrücken NJW-RR 08, 356.
⁵⁸ S. Rdn. 188 ff.
⁵⁹ OLG Koblenz: Für 14 Stunden Bereitschaftsdienst außerhalb der reinen Pflegezeit 360,- EUR monatlich, das sind 12,- EUR für 14 Stunden tägl. Bereitschaftsdienst (OLG Koblenz VersR 02, 244 – Rev. nicht angen.). OLG Zweibrücken NJW-RR 08, 356: zu bewerten sind 2 Stunden (= 25%) von 8 Stunden nächtlichem Bereitschaftsdienst. OLG Düsseldorf NJW-RR 03, 90: 2 Stunden für ganztägigen Bereitschaftsdienst für ein Kleinkind bei 10,5 Stunden reiner Pflegezeit. Vgl. auch OLG Bremen NJW-RR 99, 1115.

267  Bei der Wahl der Vergütungsgruppe nach BAT für den Lohn der fiktiven Ersatzkraft[61] ist einzubeziehen, ob und in welchem Umfang der Familienangehörige in der Kinderpflege und Erziehung ausgebildet ist.[62] Der BGH bezweifelt allerdings, ob in Fällen der Schwerstpflegebedürftigkeit die fehlende Ausbildung der Familienhilfskraft den Schaden mindern kann.[63] Gibt ein Familienangehöriger eine eigene Erwerbstätigkeit auf, um die Hinterbliebenen zu betreuen, bildet wohl der entgangene Nettoverdienst Grundlage für die Schadenschätzung; ob hier die Kosten einer professionellen Ersatzkraft die Grenze des Schadensersatzes bilden,[64] erscheint zweifelhaft.

immaterieller Aufwand, der bei der schadenrechtlichen Bewertung des notwendigen Betreuungsaufwandes unberücksichtigt bleiben muss.[60]

Zahlt die gesetzliche Krankenkasse nach § 45 SGB V Krankengeld an die Pflegeperson, ist der Übergang des Ersatzanspruchs wegen der Pflegekosten nach § 116 SGB X zu beachten.[65]

Neben dem Ersatz der erforderlichen Pflegekosten kommt bei Verletzung eines Haushaltsführenden grundsätzlich auch ein zusätzlicher Anspruch wegen Beeinträchtigung der Haushaltsführung in Betracht. Zu prüfen ist dann aber, ob und inwieweit die – professionelle oder familienangehörige – Pflegekraft Arbeiten aus dem Bereich der Haushaltsführung mit erledigt,[66] die daher mit den berechneten Pflegekosten mit abgegolten sind.

## 3. Behindertengerechter Wohnbedarf

268  Der unfallbedingt Behinderte hat Anspruch auf behindertengerechtes Wohnen. In Betracht kommen Kosten für höheren Raumbedarf, behindertengerechte Gestaltung der vom Geschädigten genutzten Räume und erforderliche Zusatzausstattungen.[67] Eine besonders schöne und qualitativ hochwertige Ausstattung kann dagegen nicht als materieller Schadensersatz verlangt werden; ein Ausgleich kann hier nur über das Schmerzensgeld erfolgen. Die Höhe des Mehrbedarfs bemisst sich nach den Dispositionen, die ein verständiger Geschädigter in seiner besonderen Lage getroffen hätte.[68] Maßgeblich sind die Kosten, die im Rahmen der vom Geschädigten zumutbar gewählten Lebensgestaltung tatsächlich und konkret[69] anfallen.[70] Wie folgt ist zu unterscheiden:
– Bei Anmietung einer geeigneten *Wohnung* sind die dadurch verursachten Mehrkosten zu ersetzen.[71]
– Beim *Umbau* einer vorhandenen Wohnung oder eines Hauses (z. B. durch Einbau eines Aufzuges,[72] Verbreiterung der Türen, Umbau des Bades etc.) hat der Verletzte grund-

---

[60] BGH VersR 99, 1156; KG VersR 06, 799 (nur Leitsatz); OLG Düsseldorf VersR 02, 858 – Rev. nicht angen.; OLG Frankfurt VersR 00, 607; VersR 89, 188: Im Rahmen des Schadensersatzanspruchs eines Kindes wegen Körper- und Gesundheitsverletzung ist vermehrte elterliche Zuwendung, auch wenn sie mit erheblichem Zeitaufwand verbunden ist, als solche nicht erstattungsfähig.
[61] Vgl. Rdn. 201.
[62] Vgl. auch BGH 85, 365 zum Wegfall der Haushaltsführung. OLG Hamm DAR 94, 496; s. auch NZV 95, 318.
[63] BGH NZV 99, 76 = VersR 99, 252.
[64] So 7. Aufl. Rdn. 184 unter Hinweis auf BGH VersR 86, 264 zu § 844 Abs. 2 BGB.
[65] Vgl. Rdn. 671 ff. Zur Anrechnung der Leistungen der Pflegekasse im Übrigen s. Rdn. 270.
[66] Beispiel: Essen bereiten = Haushaltsführung, Füttern = Pflege.
[67] Vgl. hierzu LG Münster SP 09, 62.
[68] OLG Stuttgart VersR 98, 366.
[69] Kein Ersatz fiktiver Kosten – siehe Rdn. 264.
[70] BGH NZV 05, 629 = VersR 05, 1559.
[71] OLG Köln VersR 92, 506; OLG Stuttgart VersR 98, 366.
[72] Vgl. OLG Frankfurt VersR 90, 912.

sätzlich Anspruch auf die hierfür erforderlichen und angemessenen Kosten.[73] Im Falle einer Werterhöhung sind die Kosten entsprechend zu bereinigen (s. dazu im Folgenden).
– Beim *An- oder Neubau* ist zunächst zu prüfen, ob der Geschädigte seine Schadenminderungspflicht beachtet hat.[74] Sodann sind die Baukosten um den Vermögenszuwachs zu bereinigen, den der Schädiger grundsätzlich nicht zu übernehmen hat.[75] Die Abgrenzung zwischen unfallbedingten Kosten und Vermögensmehrung ist im Rahmen des § 287 ZPO zu schätzen; der BGH lässt hierfür in seiner letztlich nicht ganz klaren Grundsatzentscheidung vom 19. 5. 1981[76] m. E. wohl folgende Methoden zu: Entweder nur Ersatz der Zinsen[77] oder Zins zuzüglich Tilgung für das aufgewendete Kapital abzüglich fiktive Miete für eine vergleichbare, normale Wohnung[78] oder schließlich Übernahme der fiktiven Mehrkosten einer behindertengerechten Wohnung.[79]

Ein Schadensersatzanspruch kommt nur in Betracht, wenn die Kosten konkret anfallen; es gibt keinen Ersatz fiktiver Kosten des behindertengerechten Wohnbedarfs.[80]

Zu beachten ist ein möglicher Übergang auf die Pflegekasse: Nach § 40 Abs. 4 SGB XI kann die Kasse Zuschüsse für Maßnahmen zur Verbesserung des individuellen Wohnumfeldes bis zu – i. d. R. – 2.557,– EUR pro Maßnahme gewähren. Bei der Regulierung der persönlichen Ansprüche muss ein entsprechender Abzug erfolgen.

## 4. Stationäre Behandlung

Während eines Krankenhausaufenthaltes entstehen in der Regel keine weiteren vermehrten Bedürfnisse. Eine erforderliche Pflege wird voll abgedeckt. Die Ernährung im Krankenhaus trägt den Bedürfnissen eines Kranken voll Rechnung,[81] ein Ersatz gekaufter vitaminhaltiger Getränke, besserer Nahrung, Obst, Süßigkeiten etc. kommt daher nicht in Betracht.[82] Dies gilt auch für Gegenstände des allgemeinen oder gehobenen Lebensbedarfs (Bücher, Radio, Fernseher, Spiele), die gelegentlich eines Krankenhausaufenthaltes erworben werden.[83]

**269**

## 5. Legalzession

Soweit SVT und sonstige Dritte kongruente Leistungen erbringen, geht der Ersatzanspruch des Verletzten nach § 116 SGB X oder vergleichbarer Legalzessionen auf diese über.[84] Zu beachten sind hier insbesondere die Leistungen aus der *Pflegeversicherung*, vor allem das Pflegegeld nach § 44 SGB XI, die zu den vermehrten Bedürfnissen kongruent

**270**

---

[73] BGH VersR 82, 238; OLG Stuttgart VersR 98, 366; im Grundsatz auch OLG Düsseldorf DAR 95, 159 = VersR 95, 1449.
[74] Möglicherweise besteht eine Verpflichtung zur Miete einer behindertengerechten Wohnung.
[75] BGH VersR 82, 238 = NJW 82, 757; NZV 05, 629 = VersR 05, 1559.
[76] VersR 82, 238 = NJW 82, 757; s. auch OLG Stuttgart VersR 98, 366.
[77] Wortlaut des Urteils unter II 2 b: „Kosten für die Beschaffung und Verzinsung des Kapitals".
[78] Unter II 3 c) dd) spricht der BGH zwar von Zinsen und Tilgung ohne diese Einschränkung, wären diese aber voll zu erstatten, ginge der Vermögenszuwachs zu Lasten des Schädigers, was der BGH gerade vermeiden will.
[79] Hinweise finden sich in der Entscheidung unter II 3 c) cc).
[80] OLG Hamm VersR 03, 780.
[81] OLG Saarbrücken VersR 76, 271, letzter Abs. – nicht rechtskräftig.
[82] OLG Nürnberg ZfS 83, 132.
[83] OLG Nürnberg ZfS 83, 132; s. auch die Zitate Rdn. 239; a. A. LG Oldenburg ZfS 85, 40: Ersatz für geschenkte Blumen (bedenklich).
[84] Einzelheiten s. Rdn. 602.

sind.[85] Sachlich kongruent ist auch das Pflegegeld des Unfallversicherungsträgers nach § 44 Abs. 2 S. 3 SGB VII.[86] Auf die Krankenkasse geht der Ersatzanspruch wegen Pflegekosten insoweit über, als diese (Kinder-)Krankengeld nach § 45 SGB V zahlt. Bei ersparter Kosten infolge einer Heimunterbringung besteht wohl auch Kongruenz zum Erwerbsschaden.[87] Keine Kongruenz liegt dagegen zwischen dem anrechnungsfreien Teil der Verletztenrente eines Unfallversicherungsträgers (§ 93 Abs. 2 Nr. 2a SGB VI) und den vermehrten Bedürfnissen vor.[88]

---

[85] BGH NZV 04, 514 = VersR 04, 1174. Zum Regress der Pflegekasse s. Rdn. 671ff.

[85] BGH NZV 04, 514 = VersR 04, 1174.

[87] Siehe die Rechtsprechung des BGH zu den ersparten Verpflegungskosten während einer stationären Behandlung – Rdn. 242.

[83] So setzt auch ausdrücklich BGH NZV 03, 172 = VersR 03, 390. Zwar wird beim Zusammentreffen der Verletztenrente eines UVT mit der EU/BU-Rente eines RVT die Verletztenrente insoweit nicht gekürzt, als diese Rente der Höhe nach der Grundrente nach dem Bundesversorgungsgesetz entspricht (§ 93 Abs. 1, Abs. 2 Nr. 2a SGB VI). Dieser anrechnungsfreie Betrag richtet sich nach der McE und übersteigt in seiner Höhe im Regelfall die Gesamtrente den letzten Nettoverdienst. Das BVerfG hatte zwar in einem Nichtannahmebeschluss vom 8. 2. 95 (NJW 95, 1607) zu einer Beschwerde wegen des Wegfalls des Schmerzensgeldes beim Haftungsprivileg u.a. ausgeführt, dass dieser Teil der Verletztenrente keine Lohnersatzfunktion habe. Das Sozialministerium hatte in einem Schreiben vom 29. 9. 94 ausgeführt, „die Verletztenrente besteht aus einem Bestandteil, der dem pauschalen Ausgleich eines durch den Körperschaden bedingten Mehrbedarfs dient, und einem Bestandteil, der den Einkommensverlust ausgleichen soll". Nach der st. Rspr. des BGH besteht jedoch keine sachliche Kongruenz dieses Teils der Verletztenrente zu den vermehrten Bedürfnissen.

## V. Schmerzensgeld

### 1. Allgemeines

Ist wegen der Verletzung des Körpers und der Gesundheit Schadensersatz zu leisten, kann auch für den Schaden, der kein Vermögensschaden ist, eine „billige Entschädigung in Geld" verlangt werden (§ 253 Abs. 2 BGB n. F.). Dieser Ersatz des immateriellen Schadens, das sog. Schmerzensgeld, war für Schadenfälle bis zum 31. 7. 2002 nur dann geschuldet, wenn aus Verschulden nach §§ 823 ff. BGB (§ 847 BGB a. F.)[1] gehaftet wurde. Aufgrund des zweiten Schadenrechtsänderungsgesetzes wurde durch die Neufassung des § 253 Abs. 2 BGB ein Schmerzensgeld auch für Gefährdungshaftung eingeführt. Klarstellende Regelungen finden sich in den §§ 11 S. 2 StVG, 6 S. 2 HPflG, 87 S. 2 Arzneimittelgesetz, 117 Abs. 1 S. 1 BBergG, 36 S. 2 LuftVG.

271

Der *Große Zivilsenat des BGH* hat sich in seiner Entscheidung vom 6. 7. 55[2] mit dem Wesen und den Kriterien für die Bemessung des Schmerzensgeldes eingehend befasst. Die dort aufgestellten Grundsätze gelten noch heute uneingeschränkt.[3] Danach hat das Schmerzensgeld eine *Doppelfunktion:* Es soll einmal einen *Ausgleich* für Schäden nicht vermögensrechtlicher Art bilden und zum anderen eine *Genugtuung* für das darstellen, was der Schädiger dem Geschädigten angetan hat.

272

Der Schmerzensgeldanspruch ist übertragbar, vererblich und pfändbar.[4] Ein Übergang auf einen Sozialversicherungs- oder einen Sozialhilfeträger findet mangels sachlicher Kongruenz nicht statt. Dies gilt auch trotz des Beschlusses des BVerfG vom 8. 2. 95[5] hinsichtlich der Verletztenrente eines Unfallversicherungsträgers.[6] Dies hat der BGH jetzt noch einmal indirekt bestätigt: Die Verletztenrenten des UVT ist voll – und ausschließlich – kongruent zum Erwerbsschaden[7] und hat daher keine immaterielle Funktion.

273

### 2. Kriterien für die Bemessung des Schmerzensgeldes

In der Regel hat die *Ausgleichsfunktion* ein wesentlich größeres Gewicht als die Genugtuungsfunktion.[8] Insbesondere bei Straßenverkehrsunfällen tritt die Genugtuungsfunktion

274

---

[1] Oder aus der Tierhalterhaftung.
[2] VersR 55, 615 = NJW 55, 1675.
[3] S. z.B. die gute Darstellung der einzelnen zu berücksichtigenden Kriterien in OLG München NZV 93, 232 = VersR 93, 987.
[4] *Palandt*, BGB, § 253 A. 3 h).
[5] BVerfG NJW 95, 1607.
[6] Zwar wird in der Entscheidung des BVerfG (NJW 95, 1607) erwähnt, dass die Verletztenrente auch bei Schwerverletzten zumindest einen Teil des immateriellen Schadens ausgleiche. Daraus kann jedoch nicht gefolgert werden, dass die eindeutige Rechtsprechung des BGH und der Instanzgerichte zur fehlenden Kongruenz aufgehoben wurde. Der Nichtannahmebeschluss des BVerfG hat ohnehin keine rechtliche Bindungswirkung (*Lechner/Zuck*, BVerfGG, § 33a, Rdn. 33). Mit einer Änderung der BGH-Rspr. ist auch nicht zu rechnen. Das BVerfG wollte den Wegfall des Schmerzensgeldes bei einem Haftungsprivileg des Schädigers rechtfertigen. Die Begründung darf dann aber nicht dazu führen, dass generell bei einem Arbeitsunfall der Verletzte trotz Verschuldenshaftung des Schädigers kein oder nur ein gekürztes Schmerzensgeld erhält.
[7] BGH NZV 03, 172 = VersR 03, 390.
[8] Z.B. OLG Düsseldorf VersR 04, 120.

weitgehend gegenüber der Ausgleichsfunktion in den Hintergrund.[9] Höchstrichterlich noch nicht entschieden ist, ob das Schmerzensgeld zu reduzieren ist, wenn lediglich Gefährdungshaftung, nicht Verschuldenshaftung besteht.[10] Einerseits entfällt dann die Genugtuungsfunktion völlig. Es ist auch in der Rechtsprechung anerkannt, dass geringes Verschulden, der Anlass der Unfallfahrt (z.B. Gefälligkeitsfahrt) und Schädigung unter Ehegatten die Höhe des Schmerzensgeldes reduzieren können.[11] Andererseits ist kaum vorstellbar, dass die Gerichte zwischen leicht fahrlässig und lediglich aufgrund Gefährdungshaftung verursachten Schäden unterscheiden werden; andernfalls müssten ggf. aufwendige Beweisaufnahmen zur Verschuldenshaftung lediglich zur Bestimmung der Höhe des Schmerzensgeldes durchgeführt werden. Eine Aufspaltung des Schmerzensgeldes in Beträge, die jeweils auf die Ausgleichs- und die Genugtuungsfunktion entfallen, ist unzulässig; bei der Entschädigung nach § 847 BGB handelt es sich um einen einheitlichen Anspruch.[12]

275 Für den Ausgleich kommt es auf die Höhe, Maß und voraussichtliche Dauer der Lebensbeeinträchtigung an. Entscheidend sind: *Größe, Heftigkeit und Dauer der Schmerzen, Leiden, Entstellungen und psychische Beeinträchtigungen*.[13] Leiden und Schmerzen, die subjektiv sehr unterschiedlich empfunden werden, müssen anhand medizinischer Fakten objektiviert werden.[14] Wesentlich sind auch das Alter des Verletzten und damit die voraussichtliche Leidenszeit[15] und deren Wahrnehmungsmöglichkeit.

276 Dies sind insbesondere: *Art der (Primär-)Verletzungen,*[16] *Zahl und Schwere der Operationen,*[17] *Dauer der stationären und der ambulanten Heilbehandlung, Zeitraum der Arbeitsunfähigkeit und Höhe des Dauerschadens* (Grad der abstrakten Minderung der Erwerbsfähigkeit – MdE). Frage des Einzelfalles ist es, ob ein Vorschaden, der den Dauerschaden nicht abgrenzbar mitverursacht hat, zu einer Minderung des Schmerzensgeldes führt.[18]

277 Neben den rein körperlichen kommt es auf die *psychischen Auswirkungen* an, z.B. durch körperliche Entstellungen, insbesondere bei Frauen:[19] verminderte Heiratschancen,[20] Einschränkungen bei der Berufswahl[21] und der sportlichen Betätigung; Gefühl der

---

[9] So die praktische Erfahrung aus Regulierungspraxis und Rechtsprechung, so aber auch ausdrücklich OLG Frankfurt VersR 93, 1033; OLG Düsseldorf VersR 96, 1508; OLG Düsseldorf SP 01, 200; SP 08, 255; OLG Saarbrücken SP 08, 257; VersR 04, 120 (Arzthaftung); KG VersR 02, 1567. Der BGH lässt es dahingestellt, in welchem Umfang ein Genugtuungsbedürfnis des Geschädigten bei nur fahrlässigen, insbesondere leicht fahrlässigen Rechtsgutverletzungen eine Rolle spielen kann (BGH NZV 95, 225 = r+s 95, 97).

[10] Verneint wird dies vom OLG Celle (NZV 04, 251 = VersR 05, 91) sowie von einem Teil der Literatur, z.B. *Lemcke* ZfS 02, 318; *Müller* VersR 03, 1. Für Reduzierung u.A.: *van Bühren/Jahnke,* Anwaltshandbuch Verkehrsrecht, Teil 4 Rz. 194.

[11] S. Rdn. 278.

[12] BGH NZV 95, 225 = r+s 95, 97.

[13] BGH VersR 55, 615 = NJW 55, 1675.

[14] Vgl. z.B. OLG Frankfurt SP 02, 163.

[15] OLG Köln VersR 08, 364; LG München VersR 07, 1139.

[16] S. Tabelle *Düben*, Veröffentlichungen 15. Verkehrsgerichtstag Goslar 77.

[17] Ein Anspruch wegen zukünftiger, möglicher Operationen besteht nicht, soweit nicht der körperliche Zustand als solcher ein Schmerzensgeld bzw. eine Schmerzensgelderhöhung rechtfertigt; für einen entsprechenden Feststellungsanspruch besteht ein Rechtsschutzinteresse (OLG Köln VersR 87, 361).

[18] OLG Hamm DAR 00, 263: Keine Reduzierung des Schmerzensgeldes, wenn der Geschädigte vor dem Unfall beschwerdefrei war.

[19] OLG Frankfurt DAR 94, 119.

[20] BGH VersR 59, 458 = JZ 59, 365; OLG Celle VersR 68, 904.

[21] Wenn dies Auswirkungen im seelischen Bereich hat – OLG Hamm VersR 67, 383; wegen der mit dem Berufswechsel verbundenen „Mühen und Unwägbarkeiten" – OLG Frankfurt VersR 87, 1140. OLG Köln VersR 92, 714: Wegen 10% MdE Verwirklichung eines bestimmten Berufswunsches nicht möglich.

## 2. Kriterien für die Bemessung des Schmerzensgeldes

Hilflosigkeit und der Angewiesenheit auf fremde Hilfe,[22] Angstzustände, Suizidgedanken;[23] Wesensänderung, auch ein unfallbedingter Hang zur Kriminalität, soweit er nicht in den Verantwortungsbereich des Verletzten fällt;[24] Zerbrechen einer Familie.[25]

Ob eine verzögerliche Schadenregulierung als solche (also ohne dass dadurch weitere psychische Gesundheitsschäden verursacht werden)[26] oder eine langwierige Prozessführung zu einer Erhöhung des Schmerzensgeldes führt, ist zwar keineswegs unstreitig.[27] Der BGH hat die Entscheidung dieser Frage dahingestellt sein lassen.[28] Die Instanzgerichte[29] stocken aber das Schmerzensgeld überwiegend auf, und zwar z.B. beim Nichtzahlen von Vorschüssen trotz unstreitiger Haftung,[30] bei einem langen Warten auf die Entschädigung infolge eines langwierigen Rechtsstreits[31] in den Fällen, in denen die Schadensersatzverpflichtung zweifelsfrei war[32] und der Geschädigte nicht unrealistisch hohe Forderungen stellte,[33] oder auch bei einem herabwürdigenden Prozessverhalten.[34] Bei streitiger Mithaftung wird das völlige Nichtzahlen eines Vorschusses oder auch eines eindeutig zu niedrigen Schmerzensgeldes[35] als verzögerliche Regulierung angesehen mit der Folge einer Erhöhung des Schmerzensgeldes.[36]

---

[22] OLG Düsseldorf VersR 93, 113 = DAR 93, 258.
[23] OLG Düsseldorf VersR 93, 113 = DAR 93, 228.
[24] BGH VersR 79, 739 = NJW 79, 1654.
[25] OLG Köln NZV 95, 399 = VersR 96, 726: Nur dann zu berücksichtigen, wenn die Unfallverletzung wesentliche Ursache für das Auseinanderleben war bzw. Auswirkungen auf das eheliche Zusammenleben hatte (vgl. u.a. BGH VersR 82, 1141 – Hodenatrophie; OLG Hamm MdR 75, 490 – Unterleibsverletzung).
[26] Dann kommen ohnehin weitere Gesundheitsschäden hinzu, die bei der Bewertung des Schmerzensgeldes mit einbezogen werden müssen.
[27] *Huber* NZV 05, 620 ff., 623, in einer Besprechung der BGH Entscheidung NZV 05, 629 = VersR 05, 1559: das Schmerzensgeld dient dem Ausgleich der immateriellen Schäden beim Opfer und nicht der Disziplinierung des Ersatzpflichtigen durch „punitiv damages".
[28] BGH NZV 05, 629 = VersR 05, 1559 unter B 1. Siehe auch *Jaeger*, Urteilsanmerkungen zu OLG Karlsruhe VersR 08, 545 und OLG Köln VersR 08, 364 mit Hinweisen auf ablehnende Stimmen in der Literatur.
[29] Beispiel: LG Frankfurt v. 19.10.04 (12 O 404/02), SP 05, 376: 10.000 EUR zusätzlich zu 250.000 EUR für komplette Paraplegie eines jungen Mannes.
[30] OLG Hamm NZV 03, 192 = VersR 03, 780.
[31] OLG München VersR 98, 276 (Rev. nicht angen.); OLG Frankfurt SP 02, 163; OLG Karlsruhe NJW 73, 851; OLG Frankfurt DAR 88, 243 = ZfS 88, 274; OLG München NZV 93, 232 = VersR 93, 987; OLG Frankfurt SP 02, 163; OLG Naumburg SP 04, 85; OLG Braunschweig ZfS 95, 90: Bei Zermürbungstaktik und unangemessenem Hinauszögern der Zahlung; OLG Köln SP 95, 267. Zu weit gehend m.E. OLG Nürnberg VersR 98, 731 (Rev. nicht angen.): Versicherer trägt das Risiko, wenn sich prozessverzögernde Einwände als unzutreffend erweisen. Dem widerspricht auch der BGH: „Allein der Umstand, dass die Beklagten dies nicht beweisen konnten, begründet nicht den Vorwurf verzögerten Regulierungsverhaltens." (NZV 05, 629 = VersR 05, 1559). Ebenfalls nicht überzeugend OLG Naumburg VersR 02, 1569 = NZV 02, 459: Notwendigkeit zur Führung eines Prozesses beinhalte eine weitere seelische Beeinträchtigung des Verletzten (danach müsste jedes Schmerzensgeld-Urteil – nach einem Prozess! – erhöht werden). M.E. kann im Einzelfall eine langwierige Prozessführung in der Tat zu einer weiteren psychischen und sogar physischen Beeinträchtigung des Verletzten führen; dies muss jedoch konkret dargelegt und nachgewiesen werden, um sie bei der Höhe des Schmerzensgeldes berücksichtigen zu können (s. insoweit auch OLG München NZV 93, 434).
[32] KG VersR 70, 379; OLG Celle VersR 80, 632; vgl. auch OLG Hamm VersR 03, 780; BGH NZV 05, 629 = VersR 05, 1559; OLG Naumburg NJW-RR 08, 693: keine Zahlung 4 Jahre nach Grundurteil.
[33] OLG Düsseldorf VersR 04, 120; OLG Frankfurt VersR 78, 874.
[34] OLG Naumburg SP 04, 85; OLG Nürnberg VersR 97, 1108.
[35] OLG Nürnberg VersR 07, 1137.
[36] OLG Köln PVR 02, 15: „Strafzuschlag" von 25%.

Psychische Unfallfolgen rechtfertigen auch dann ein Schmerzensgeld, wenn sie infolge einer neurotischen Fehlverarbeitung, die dem Schädiger noch zurechenbar ist, verursacht wurden.[37] Allerdings ist dann wegen der unfallunabhängigen psychischen Labilität des Verletzten das Schmerzensgeld zu reduzieren.[38] Liegt eine Primärverletzung vor, sind zusätzliche psychische Folgen wegen des Miterlebens des Todes anderer Unfallbeteiligter bei der Höhe des Schmerzensgeldes auch dann mit zu bewerten, wenn sie an sich noch keinen eigenständigen Krankheitswert i. S. d. BGH-Rspr. zum Schockschaden (vgl. hierzu Rdn. 304 ff.) haben.[39] Die Einbuße an Freizeit der Eltern infolge der besonderen Betreuung eines schwer geschädigten Kindes[40] kann bei der Bemessung des Schmerzensgeldes des Kindes berücksichtigt werden.[41]

278 Im Rahmen der *Genugtuungsfunktion* sind zu berücksichtigen: Schwere des Verschuldens des Schädigers[42] und Anlass der Unfallfahrt. Insbesondere Alkoholisierung des Fahrers wirkt schmerzensgelderhöhend,[43] soweit nicht ein Insasse verletzt wird, der die Alkoholisierung des Fahrers hätte erkennen müssen.[44] Reduziert wird das Schmerzensgeld andererseits bei einer *Gefälligkeitsfahrt*.[45] Bei Schädigung unter Ehegatten und innerhalb der Familie kommt wegen des im Vordergrund stehenden Ausgleichsgedankens eine wesentliche Herabsetzung des danach angemessenen Schmerzensgeldes wohl nicht in Betracht,[46] die eheliche und familiäre Verbindung bleibt aber auch nicht ganz ohne Einfluss.[47] Höchstrichterlich noch nicht entschieden ist die Frage, ob bei Gefährdungshaftung der fehlende Verschuldensnachweis bei der Bemessung des Schmerzensgeldes zu berücksichtigen ist.[48]

Eine Rolle spielen auch die *wirtschaftlichen Verhältnisse* beider Teile, nicht dagegen der Umstand, dass der Geschädigte eine BG-Rente erhält, ohne dass ihm ein Verdienstausfall entsteht.[49] Bei Bestehen von Haftpflichtversicherungsschutz kommt es allerdings auf die Vermögensverhältnisse des Schädigers nicht an;[50] dies gilt auch dann, wenn der Versicherungsschutz aufgrund einer schuldhaften Obliegenheitsverletzung versagt

---

[37] OLG Frankfurt VersR 95, 796 (Rev. nicht angen.). Zum generellen Ersatz psychischer Unfallfolgen siehe Rdn. 12 ff.
[38] Rdn. 17.
[39] OLG Hamm NZV 98, 328.
[40] Die nicht als vermehrte Bedürfnisse im Rahmen der Pflegekosten zu entschädigen wäre (vgl. Rdn. 265).
[41] OLG Frankfurt VersR 00, 607.
[42] Großer Senat BGH VersR 55, 615 = NJW 55, 1675; BGH VersR 82, 400 = NJW 82, 985; OLG Karlsruhe VersR 88, 850; OLG Köln SP 00, 234; OLG Oldenburg SP 02, 56.
[43] Z.B. OLG Hamm SP 00, 414. Herausragend OLG Frankfurt ZfS 05, 597: Verdoppelung des an sich angemessenen Schmerzensgeldes zu Lasten eines volltrunkenen (2,5 Promille) Geisterfahrers.
[44] In einem solchen Fall ist das Schmerzensgeld herabzusetzen, und zwar auch dann, wenn gegen den Insassen kein Mitverschuldensvorwurf begründet ist – BGH VersR 79, 622.
[45] Großer Senat BGH VersR 55, 615 = NJW 55, 1675; OLG Brandenburg SP 08, 106: das Schmerzensgeld in der üblichen Höhe darf im Verhältnis zur Gefälligkeit nicht als grob unbillig erscheinen; a. A. OLG Saarbrücken VersR 75, 430; OLG Hamm VersR 99, 1376.
[46] So OLG Düsseldorf SP 08, 255; in NZV 90, 471, allerdings noch etwas unklar und in Teilen der Begründung auch unrichtig (vgl. hierzu Nichtannahmebeschluss des BGH).
[47] OLG Schleswig NZV 92, 190 = VersR 92, 462, Rev. nicht angen.; OLG Düsseldorf SP 08, 255 zur Schädigung eine Kindes durch die Mutter; a. A. OLG München VersR 89, 1056 = NZV 89, 471: keine entscheidende Bedeutung.
[48] Nach dem OLG Celle (VersR 05, 91 = NZV 04, 251) ist wegen der im Vordergrund stehenden Ausgleichsfunktion das Schmerzensgeld nicht niedriger zu bemessen, als bei einfacher Fahrlässigkeit. Zur Literatur siehe die Fußnote zu Rdn. 274.
[49] BGH VersR 82, 552 = NJW 82, 1589.
[50] BGH VersR 62, 622.

wurde.⁵¹ Zu beachten ist demgegenüber aber eine mögliche *Überschreitung der Versicherungssumme*, die dazu führt, dass der Schädiger die nicht gedeckte Differenz des Schadens selbst übernehmen muss.⁵² Die strafrechtliche Verurteilung des Täters wirkt sich auf die Genugtuungsfunktion des Schmerzensgeldes grundsätzlich nicht aus.⁵³ Zu berücksichtigen sind auch niedrigere Einkommens- und Wirtschaftsverhältnisse im Heimatland eines Ausländers.⁵⁴ Im Übrigen sind bei Anwendung deutschen Rechts für die Bemessung des Schmerzensgeldes von ausländischen Staatsangehörigen (z. B. US-Staatsangehörigen) deutsche Maßstäbe zugrunde zu legen.⁵⁵

Zahlungen Dritter reduzieren den Schmerzensgeldanspruch nicht. Zu Recht wird es einhellig abgelehnt, z. B. die abstrakte Verletztenrente eines Unfallversicherungsträgers anzurechnen.⁵⁶ Dies gilt auch für den Unfallausgleich nach § 35 BeamtVG.⁵⁷ **279**

## 3. Ermessensspielraum, Schmerzensgeldtabellen

Bei der Bemessung des Schmerzensgeldes hat der Tatrichter grundsätzlich einen Ermessensspielraum, dem der BGH jedoch Grenzen⁵⁸ gesetzt hat. Ermessen erlaubt keine willkürliche Festsetzung und erfordert in den Urteilsgründen eine Erläuterung der wesentlichen Überlegungen des Gerichts. Zunächst einmal sind die unter 2. aufgeführten Kriterien vom Gericht zu berücksichtigen und zu bewerten. Daraus ergibt sich jedoch noch nichts für die absolute Höhe des Schmerzensgeldes. Diese bestimmt sich aus dem Spannungsverhältnis zwischen den Interessen des Geschädigten und dem für den Schädiger Zumutbaren. Bei Existenz einer Haftpflichtversicherung, insbesondere der Pflichthaftpflichtversicherung im Straßenverkehr, sind die volkswirtschaftlichen Auswirkungen durch die Belastung der Gemeinschaft aller Versicherten zu beachten.⁵⁹ Den *Orientierungsrahmen für den Tatrichter* bilden die *Urteile für vergleichbare Fälle*.⁶⁰ Ausgehend von diesen Urteilen hat der Tatrichter die besonderen Umstände des Einzelfalles – min- **280**

---

⁵¹ BGH VersR 67, 607; a. A. wohl VersR 61, 727; zu beachten ist hier, dass die Leistungsfreiheit und der Regress des Kraft-Haftpflichtversicherers nach den AKB auf 5.000,– EUR bzw. auf 2.500,– EUR beschränkt ist.
⁵² Vgl. BGH VersR 57, 572; OLG Schleswig VersR 78, 353, die ausreichende Versicherungssummen voraussetzen.
⁵³ BGH NZV 95, 225 = VersR 95, 351 mit Hinweisen auf die unterschiedlichen Meinungen in Literatur und Rechtsprechung. BGH VersR 96, 382; OLG Saarbrücken SP 08, 257; OLG Nürnberg VersR 97, 502. Bei Straßenverkehrsunfällen ist im Übrigen zu beachten, dass die Genugtuungsfunktion ohnehin weitgehend zurücktritt (vgl. Rdn. 274).
⁵⁴ S. Rdn. 464, 466.
⁵⁵ KG VersR 02, 1567 – Rev. nicht angen.; vgl. im Übrigen Rdn. 466.
⁵⁶ Wegen fehlender Kongruenz – vgl. Rdn. 602 – führen diese Leistungen des SVT zu keinem Übergang nach § 116 SGB X; NZV 03, 390 = VersR 03, 172.
⁵⁷ OLG Hamm NJW-RR 94, 991 = VersR 94, 1356.
⁵⁸ Siehe hierzu auch die instruktive Entscheidung des OLG Naumburg v. 29. 11. 06 (6 U 114/06) in SP 07, 354.
⁵⁹ BGH VersR 76, 967 = DAR 76, 244, zu Unrecht in einem Teil des Schrifttums – *Hacks* DAR 77, 181; *Hupfer* JZ 77, 781 – als „Aufblähungsurteil" heftig attackiert; der BGH wollte keineswegs die Schmerzensgelder reduzieren, sondern nur einer ungesteuerten, sprunghaften und nicht gerechtfertigten überproportionalen Steigerung der Schmerzensgelder vorbeugen; BGH VersR 86, 59; vgl. auch KG VersR 79, 625. OLG Naumburg SP 07, 354: die Festsetzung eines zu hohen Schmerzensgeldes kann über eine Veröffentlichung in den einschlägigen Tabellen zu einer „Aufblähung" des allgemeinen Schmerzensgeldgefüges beitragen, „die der Versicherten-Gemeinschaft" nicht zugemutet werden darf.
⁶⁰ BGH VersR 70, 134, 282; VersR 76, 967; OLG Frankfurt NJW-RR 90, 990; OLG Düsseldorf SP 01, 200; OLG Brandenburg r+s 06, 260.

dernd oder erhöhend – zu bewerten, die seit den Entscheidungen eingetretene wirtschaftliche Entwicklung zu berücksichtigen[61] und bei geänderten allgemeinen Wertvorstellungen zum Schmerzensgeld die Rechtsprechung behutsam fortzuentwickeln.[62]

**281** Entscheidende Bedeutung kommt hier den sog. *Schmerzensgeldtabellen* zu.[63] Nur aufgrund solcher Zusammenstellungen von einer Vielzahl von Urteilen kann der Richter den erforderlichen Rahmen für die Schmerzensgeldbemessung aufstellen. Für die außergerichtliche Schadenregulierung sind sie im Übrigen unentbehrlich. Die gelegentlich geäußerte Kritik[64] an diesen Tabellen geht fehl:[65] Gerichte und Versicherungen müssen und können abweichende Besonderheiten des Einzelfalles und die inzwischen eingetretene Geldentwertung[66] berücksichtigen.

## 4. Mithaftung des Verletzten

**282** Unstreitig ist das Schmerzensgeld im Rahmen der Genugtuungsfunktion bei einer Mithaftung des Verletzten zu reduzieren.[67] Bei einem Grundurteil ist daher auch eine Quotelung möglich.[68] Nach dem BGH ist allerdings – abweichend vom Ersatz des materiellen Schadens – das bei voller Haftung an sich geschuldete Schmerzensgeld nicht entsprechend der Mithaftungsquote zu quotieren.[69] Der BGH betrachtet die Mithaftung *nur als einen Bemessungsfaktor unter vielen.* Diese Rechtsprechung ist weder einleuchtend[70] noch praktikabel. In der Praxis der Instanzgerichte und der außergerichtlichen Schadenregulie-

---

[61] KG NZV 04, 473: bei Verwertung früherer Gerichtsentscheidungen ist die zwischenzeitlich eingetretene Geldentwertung zu berücksichtigen (KG NZV 07, 43: jedenfalls bei Vergleichsentscheidungen, die älter als 10 Jahre sind). Jahresindexzahlen für die Lebenshaltung aller privaten Haushalte sind bei *Palandt*, BGB § 1376 Rdn. 30 abgedruckt.

[62] BGH VersR 76, 967; VersR 70, 134; VersR 70, 281. Eine Änderung der Wertvorstellungen ist m. E. derzeit hinsichtlich der Relation zwischen schweren, mittleren und leichten Verletzungen im Gange: Wie es auch in der Entschließung des 15. Verkehrsgerichtstages Goslar 1977 zum Ausdruck kommt, besteht eine Tendenz, bei schwersten Verletzungen das Schmerzensgeld aufzustocken, bei mittleren Verletzungen die Steigerungsraten zu drosseln und bei Bagatellverletzungen das Schmerzensgeld ganz entfallen zu lassen.

[63] Vor allem *Hacks/Ring/Böhm*, Schmerzensgeldbeträge; *Slizyk*, Beck'sche Schmerzensgeldtabelle; siehe aber auch *Geigel*, Der Haftpflichtprozess, Kap. 7 Rdn. 42; *Böhme/Biela*, Kraftverkehrs-Haftpflicht-Schäden, R I.

[64] OLG Köln DAR 77, 301; OLG Köln VersR 78, 650 = DAR 78, 105.

[65] Vgl. auch *Geigel,* Der Haftpflichtprozess, Kap. 7 Rdn. 42.

[66] OLG Karlsruhe NJW 73, 851; OLG Köln VersR 75, 60; OLG Saarbrücken VersR 75, 1058 = NJW 75, 1467.

[67] St. Rspr. Etwas überraschend meint allerdings das OLG München in einem obiter dictum, ein an sich anrechenbares Mitverschulden könne bei der Bemessung des Schmerzensgeldes auch einmal ganz zurücktreten (OLG München VersR 00, 900). Dem kann nicht gefolgt werden. Die Frage des Zurücktretens des Verursachungsbeitrags eines Verletzten ist bei der Haftungsquotierung zu berücksichtigen. Trotz Haftung aus Betriebsgefahr oder sogar wegen leichten Verschuldens kann dieser Verursachungsbeitrag hinter dem schweren Verschulden eines anderen Unfallbeteiligten zurücktreten mit der Folge, dass die Haftungsabwägung 0 : 100 ist. Bejaht man aber eine Mithaftung, muss dies zwangsläufig bei der Höhe des Schmerzensgeldes berücksichtigt werden.

[68] OLG Celle VersR 70, 624; OLG Köln VersR 75, 543; OLG Düsseldorf VersR 69, 643; OLG Karlsruhe VersR 88, 59.

[69] St. Rspr. zuletzt BGH ZfS 02, 96; vgl. auch NZV 91, 305; VersR 70, 624; ebenso OLG Düsseldorf VersR 75, 1052; OLG München VersR 00, 900.

[70] BGH VersR 70, 624 zitiert die Entscheidung des Großen Senates in VersR 55, 615: Dort ist aber lediglich von dem *Grad* des Verschuldens des Schädigers als einem Bemessungsfaktor unter vielen die Rede; die Entscheidung befasst sich nicht mit der Kürzung des Anspruchs wegen *Mitverschuldens* des Schädigers nach § 254 BGB. M. E. ist auch der Schmerzensgeldanspruch ein Schadensersatzanspruch, auf den § 254 BGB Anwendung findet.

rung wird daher meist – nicht in der Begründung, aber *im Ergebnis* – doch *quotiert*.[71] Auch der BGH kommt wohl zu Ergebnissen, die nicht wesentlich von einer rechnerischen Quotierung abweichen.[72]

Die Mithaftung des Verletzten ist auch dann zu berücksichtigen, wenn sie sich nicht auf Verschulden, sondern auf *Betriebsgefahr* stützt. So muss sich der verletzte Halter eines Kfz. – sei es als Fahrer, sei es als Insasse – die Betriebsgefahr seines Fahrzeugs auch dann entgegenhalten lassen, wenn ihm ein eigenes Verschulden nicht anzulasten ist.[73]  283

Zu reduzieren ist das Schmerzensgeld auch bei einem grob verkehrswidrigen Verhalten eines verletzten schuldunfähigen Kindes.[74]  284

## 5. Sonderfälle

### a) Bagatellverletzungen

Der Richter kann im Rahmen seines Ermessens nach § 253 Abs. 2 BGB die Zahlung eines Schmerzensgeldes für leichtere Verletzungen ablehnen. Nach dem BGH[75] ist zwar die auch nur geringfügige Beeinträchtigung des körperlichen und seelischen Wohlbefindens ein immaterieller Schaden im Sinne des § 847 BGB a. F. (§ 253 Abs. 2 BGB n. F.).[76] Der Tatrichter könne aber im Rahmen des ihm durch § 287 ZPO eingeräumten Ermessens prüfen, ob bei einer nur geringfügigen Verletzung ohne wesentliche Beeinträchtigung in der Lebensführung und ohne Dauerfolgen ein Schmerzensgeld noch billig sei. Auf der Basis dieses Urteils[77] existiert mittlerweile eine Vielzahl von Entscheidungen, in denen ein Schmerzensgeld für Bagatellverletzungen abgelehnt wurde.[78] Im Gesetzgebungsverfahren zum 2. Schadenrechtsänderungsgesetz war der ausdrückliche Ausschluss von Schmerzensgeldern für Verletzungen, die ihrer Art und Dauer nach geringfügig sind, vorgesehen. Nach der amtlichen Begründung sollte dies insbesondere für nicht objektivierte HWS-Traumen 1. Grades gelten. Auf Empfehlung des Rechtsausschusses wurde auf diese Einschränkung verzichtet, wobei allerdings der Gesetzgeber davon ausgeht, dass die Bagatell-  285

---

[71] Beispiel: OLG Bremen DAR 97, 272; OLG Celle VersR 80, 632; OLG Frankfurt VersR 02, 1568; OLG München VersR 00, 900: Bei offenbar für richtig gehaltenen 75.000,– EUR Schmerzensgeld und 20% unterstellter Mithaftung wurden 55.000,– EUR zugebilligt; LG Saarbrücken DAR 84, 323; allerdings OLG Frankfurt r+s 88, 297: Bei 1/3 Haftung 43% zugesprochen.

[72] Z.B. BGH VersR 81, 1178, 1180: Der Senat erhöhte den bei 75% Haftung zugebilligten Betrag von 17.500,– EUR bis 23.500,– EUR, weil er volle Haftung zugrunde legte (75% von 23.500,– EUR ergeben 17.675,– EUR, also wenig mehr als die in der 2. Instanz zugesprochenen 17.500,– EUR).

[73] BGH VersR 56, 370; VersR 63, 359. Dies gilt aber nicht für den Anspruch gegen den Fahrer, BGH NJW 72, 1415.

[74] OLG Celle VersR 76, 297.

[75] BGH VersR 92, 504 = NJW 92, 1043 = ZfS 92, 114.

[76] M. E. muss nicht zwangsläufig jede Körperverletzung einen materiellen Schaden bilden.

[77] Sowie zwei älteren Entscheidungen des OLG Celle (VersR 73, 717) und des Kammergerichts (VersR 75, 51) sowie der Empfehlung des 15. Verkehrsgerichtstages in Goslar 1977 und einem mehrfach übersehenen älteren Urteil des BGH (VersR 83, 837).

[78] LG Aachen ZfS 85, 317: Prellungen an beiden Knien; LG Aachen VersR 83, 45: Prellungen am Knie und am rechten Ellenbogen: AG Bielefeld ZfS 95, 372: HWS-Verletzung, eine Behandlung, keine Krankschreibung; AG Ebersberg ZfS 86, 197: eine Woche Beeinträchtigung des Wohlbefindens; AG Iserlohn ZfS 91, 372; LG Nürnberg ZfS 87, 10: Prellung und Hautläsion und Hämatom am rechten Unterkiefer; AG Nürnberg ZfS 85, 73: Klopfschmerzen am Fuß; AG Minden ZfS 00, 127; AG Offenbach ZfS 85, 73; AG Ratingen ZfS 85, 135; AG Weilburg ZfS 85, 136; AG Nürnberg SP 94, 250; AG Hamburg-Harburg SP 03, 201.

schwelle – insbesondere für nichtobjektivierbare leichte HWS-Verletzungen 1. Grades – weiterentwickelt wird.[79]

### b) Schwerste Beeinträchtigung der geistigen Persönlichkeit des Verletzten

286  Sind alle geistigen Funktionen des Verletzten erloschen (so genannte „*menschliche Hülle*"), ist für die Ausgleichs- und Genugtuungsfunktion an sich kein Raum mehr.

287  Nach der älteren Rechtsprechung des BGH war ein – relativ niedriges – Schmerzensgeld als symbolische Wiedergutmachung geschuldet.[80] Diese Rechtsprechung hat der BGH mit Urteil vom 13. 10. 92 aufgegeben:[81] Das Ausmaß der Beeinträchtigung verlange eine eigenständige Bewertung.[82] Das Schmerzensgeld fällt aber grundsätzlich niedriger aus als für vergleichbar schwere Verletzungen mit verbleibender Empfindungsfähigkeit.[83]

288  Je nach dem Grad der dem Verletzten verbliebenen Erlebnis- und Empfindungsfähigkeit sind Abstufungen vorzunehmen.[84] Der Grad des Verschuldens des Schädigers und seine wirtschaftliche Leistungsfähigkeit sind zu beachten.

289  Erhebliche Bedeutung für die Bemessung des Schmerzensgeldes hat im Übrigen die Dauer des Überlebens. Dies gilt ganz allgemein für das Schmerzensgeld, da es hier nicht nur auf das Ausmaß, sondern auf die Dauer der Leiden ankommt. Es ist eben unterschiedlich zu bewerten, ob ein Verletzter seine schweren Verletzungen einige Monate erleidet oder ob er etwa als Querschnittsgelähmter mit vielfältigen Behinderungen ein Leben lang im Rollstuhl verbringen muss.[85] Dies gilt insbesondere aber auch für die Fälle der Empfindungsunfähigkeit, wenn gerade aufgrund der Schwere der Verletzung die Lebenserwartung unfallbedingt reduziert ist.[86]

---

[79] Beschlussempfehlung und Bericht des Rechtsausschusses im Gesetzentwurf der Bundesregierung, Drucksache 14/8780 (S. 43): „Die von der Rechtsprechung derzeit angenommene Bagatellschwelle soll auch für die neu geschaffenen Schmerzensansprüche in Fällen von Gefährdungs- und Vertragshaftung gelten. Den Gerichten soll darüber hinaus die Möglichkeit gegeben werden, die Bagatellschwelle über die Auslegung des Begriffs „billige Entschädigung in Geld" fortzuentwickeln. Das gilt auch für die Frage, ob für nicht objektivierbare leichte HWS-Verletzungen 1. Grades ein Schmerzensgeld erforderlich ist."

[80] BGH VersR 76, 660 = NJW 76, 1147.

[81] BGH VersR 93, 327.

[82] BGH VersR 93, 327: Zur Höhe gibt der Senat den Hinweis, dass ein Schmerzensgeld im Rahmen der seinerzeit gestellten Anträge von ihm nicht beanstandet worden wäre. Diese Anträge lauteten auf 25.000,– EUR Kapital und 250,– EUR Rente monatlich in einem Fall der völligen Zerstörung der Persönlichkeit durch weitgehenden Verlust der Wahrnehmungs- und Empfindungsfähigkeit.
Weitere Rechtsprechung: BGH VersR 93, 327 = DAR 93, 228; OLG Hamm VersR 94, 441 = ZfS 93, 369 = SP 93, 315: Bei weitgehendem Verlust der Wahrnehmungs- und Empfindungsfähigkeit Ausrichtung der Höhe des Schmerzensgeldes an ähnlich schweren Verletzungen; zugebilligt 75.000,– EUR Kapital bei 40% Haftung. Dabei sei der größere Verletzungsumfang dem geringeren Leidensdruck gegenüberzustellen. OLG Nürnberg VersR 91, 1365: 45.000,– EUR nach Geburtsfehler für Überlebenszeit 6 Jahre; OLG Düsseldorf VersR 01, 1384: 150.000,– EUR.

[83] OLG Düsseldorf VersR 01, 1384 – Rev. nicht angen.

[84] BGH VersR 93, 327 = DAR 93, 228; OLG Oldenburg VersR 94, 1071: 125.000,– EUR in einem Fall, in dem der Verletzte seine Umwelt wahrnehmen konnte, unter seiner Situation litt und äußere Misstimmungen und Ängste durch Weinen, Verweigerungshaltung und unterschiedliche Muskelanspannung kundtat. OLG Nürnberg NJWE-VHR 97, 179: 125.000,– EUR zuzügl. 300,– EUR monatliche Rente bei Erhalt eines Minimums an gezielter Reaktionsfähigkeit. OLG Hamm VersR 02, 1163: 250.000,– EUR.

[85] OLG München NZV 97, 440 = VersR 98, 644 (Rev. nicht angen.).

[86] OLG München NZV 97, 440 = VersR 98, 644: 25.000,– EUR bei 5 Monate Überleben; vgl. auch OLG Hamm NZV 97, 233; OLG Oldenburg VersR 96, 726: 17.500,– EUR bei 3,5 Monate Überleben.

## c) Kurze Überlebenszeit

Nachdem Rechtshängigkeit (oder vertragliches Anerkenntnis) als Voraussetzung für die Vererblichkeit eines Schmerzensgeldes entfallen ist (s. Rdn. 307ff.), hat die Bemessung des Schmerzensgeldes in den Fällen relativ kurzer Überlebenszeit für Regulierungspraxis und Rechtsprechung große Bedeutung bekommen. Durchwegs wird von der Rechtsprechung in diesen Fällen ein Schmerzensgeld zugesprochen, das im Vergleich zu Fällen ohne verkürzte Lebenszeit sehr viel niedriger ist.[87] Die Dauer der Leiden ist eben ein maßgeblicher Faktor für die Bemessung des Schmerzensgeldes.[88] Dabei wirkt es sich andererseits aber wieder schmerzensgelderhöhend aus, wenn der Verletzte bei Bewusstsein war und Todesängste ausstehen oder mit dem baldigen Tod rechnen musste.[89] Wesentlich für die Höhe des Schmerzensgeldes ist einmal die Dauer der Überlebenszeit[90] und zum andern, ob der Verletzte bei Bewusstsein war und seinen lebensbedrohenden Zustand kannte oder ob er sich bis zu seinem Tode durchgehend oder überwiegend in einem Zustand der Empfindungsunfähigkeit oder Bewusstlosigkeit befand.[91]

290

Anders sind die Fälle zu beurteilen, in denen der Tod zwar nicht unmittelbar mit dem Unfallgeschehen eintritt, der Sterbevorgang aber nur ganz kurze Zeit dauert, ohne dass der Verletzte die Wahrnehmungsfähigkeit wiedererlangt. Hier kann die Körperverletzung keine abgrenzbare immaterielle Beeinträchtigung darstellen, die aus Billigkeitsgründen einen Ausgleich in Geld erfordern würde. Dann liegt kein Fall der Körperverletzung i.S.d. § 847 BGB, sondern eine Tötung vor, für die das deutsche Recht kein Schmerzensgeld vorsieht.[92]

291

---

[87] BGH NZV 98, 370 = VersR 98, 1029: 14.000,– EUR bei 10 Tage künstlichem Koma; VersR 76, 660; VersR 63, 232; OLG Karlsruhe VersR 88, 59. Zusammenstellung von Entscheidung bei *Jaeger* VersR 96, 1177, 1183.
Beispiele im Übrigen aus der Rspr.: OLG Koblenz NJW 03, 442: 6.000,– EUR für 8 Tage Bewusstlosigkeit; OLG Hamm SP 01, 268: 15.000,– EUR bei 8 Tage Überleben und teilweise Schmerzempfinden; OLG Hamm r+s 00, 458: 15.000,– EUR für 32 Tage bei Bewusstsein; OLG Schleswig VersR 99, 632 = SP 98, 421 (5.000,– EUR bei einer Woche Überleben in Bewusstlosigkeit); OLG Oldenburg VersR 96, 726 (17.500,– EUR bei 3½ Monate im Koma); OLG Nürnberg VersR 83, 469 (5.000,– EUR bei 3 monatigem Krankenhausaufenthalt und erheblichen Unfallverletzungen); OLG Zweibrücken VersR 83, 935 (offenbar wurde hier der Tod des Verletzten vor der letzten mündlichen Verhandlung nicht anspruchsmindernd berücksichtigt); LG Limburg SP 07, 389: 4.000,– EUR für 3 Stunden bei vollem Bewusstsein und starken Schmerzen; LG München VersR 79, 680; LG Arnsberg VersR 80, 1053; LG Kiel VersR 80, 1081; LG München II VersR 81, 69 (5.000,– EUR für 2 Wochen, ohne Bewusstsein erlangt zu haben); LG Osnabrück r+s 82, 237; LG Köln VersR 83, 1066 (2.500,– EUR bei 5-tägiger Bewusstlosigkeit); LG Oldenburg VersR 83, 790 (15.000,– EUR); OLG Düsseldorf (1.750,– EUR bei 3 Tagen bewusstlosen Überlebens – Revisionsentscheidung BGH VersR 81, 447 = NJW 81, 1613); OLG Karlsruhe VersR 88, 59 (5.000,– EUR für vier Wochen bei 40% Haftung); AG Aurich SP 93, 315 (500,– EUR bei Tod durch Ertrinken wenige Minuten nach dem Unfall); LG Augsburg r+s 94, 419 (1.500,– EUR bei 30 Minuten Bewusstsein).
[88] OLG Köln VersR 03, 602 unter Hinweis auf st. Rspr. des BGH (z.B. VersR 98, 1034).
[89] OLG Karlsruhe NZV 99, 210 – Rev. nicht angen.
[90] BGH NZV 98, 370 = VersR 98, 1029; OLG Hamm NZV 97, 233; OLG München NZV 97, 440.
[91] BGH NZV 98, 370 = VersR 98, 1029; OLG München VersR 98, 645 = NZV 97, 440 (Rev. nicht angen.). Siehe aber auch OLG Hamm NZV 02, 234: 2.500,– EUR für 30 Minuten Überleben in Bewusstlosigkeit bei 1/3 Mithaftung.
[92] So im Grundsatz BGH NZV 98, 370 = VersR 98, 1034, der allerdings im konkreten Fall (1 Stunde Überleben im Zustand der Bewusstlosigkeit) die Entscheidung der Frage, ob Schmerzensgeld geschuldet war, dahingestellt sein lassen konnte, weil der beklagte Versicherer bereits 1.500,– EUR an die Erben der Verstorbenen gezahlt hatte. Vgl. im Übrigen OLG Düsseldorf NZV 96, 318 = VersR 96, 985; KG NZV 96, 455 = VersR 97, 327; OLG Düsseldorf NZV 96, 318 = VersR 96, 985; KG NZV 02, 38; OLG Karlsruhe VersR 01, 1123; LG Wuppertal SP 98, 353; siehe auch die Übersichten bei *Jaeger* MDR 98, 450u. PVR 02, 92 und *Huber* NZV 98, 345.

### d) Schlechte körperliche Konstitution des Verletzten

292  Ist der unfallunabhängige Gesundheitszustand des Verletzten für den Umfang des Dauerschadens mitursächlich, kann das Schmerzensgeld reduziert werden. Hier ist im Rahmen der Billigkeit nach § 847 BGB zu berücksichtigen, dass der Schädiger nur eine bereits vorhandene Schadensbereitschaft in der Konstitution des Geschädigten ausgelöst hat und die gesundheitlichen Beeinträchtigungen die Folge gerade dieser Schadensanfälligkeit sind.[93] Dies gilt auch dann, wenn eine schon vor dem Unfall bestehende neurotische Fehlentwicklung infolge des Unfalles zu einer an sich schadensersatzpflichtigen Neurose[94] geführt hat.[95]

### e) Alter des Verletzten

293  Grundsätzlich ist auch das Lebensalter des Verletzten bei der Bemessung des Schmerzensgeldes zu berücksichtigen.[96] In der Rechtsprechung findet man allerdings hierzu nur wenige Anhaltspunkte. Der BGH weist darauf hin, dass ein älterer Mensch keinen „so langen Leidensweg" mehr vor sich hat wie ein jüngerer;[97] ggf. sei dem auch durch Zubilligung einer Schmerzensgeldrente – neben einem Kapitalbetrag – Rechnung zu tragen.[98] Andererseits kann ein jüngerer Mensch die Verletzungsfolgen meist physisch und psychisch besser kompensieren. Auch Kleinkindern steht ein Schmerzensgeld zu; zwar mag hier die Genugtuungsfunktion noch keine Bedeutung haben, im Vordergrund steht aber ohnehin die Ausgleichsfunktion.[99]

### f) Tod der Leibesfrucht

294  Da die Leibesfrucht selbstständiges Leben bildet, ist ihre Tötung als solche keine Körperverletzung der Mutter, ein Schmerzensgeld wird daher nicht geschuldet.[100] Allerdings ist gegebenenfalls Schmerzensgeld unter dem Gesichtspunkt des Schockschadens[101] zu zahlen.

### g) Höhe des Ausgleichsanspruchs nach § 338 Abs. 3 ZGB (DDR-Recht)

295  Maßgeblich ist die Rechtspraxis der alten DDR, aufgrund der relativ niedrige Schmerzensgelder zugesprochen wurden. Diese Beträge sind aber entsprechend der Veränderung der wirtschaftlichen Verhältnisse zu erhöhen.[102]

---

[93] BGH NZV 97, 69 = VersR 97, 122 m. w. H.; BGH VersR 81, 1178; OLG Düsseldorf v. 2. 9. 2003 (I-4 U 238/02), Juris; unklar OLG Hamm DAR 95, 77.

[94] Vgl. Rdn. 12, 224.

[95] OLG Frankfurt NZV 93, 67: Zugebilligt wurden 5.000,– EUR Schmerzensgeld anstatt vom OLG für vergleichbare gesundheitliche Beeinträchtigungen wohl für richtig gehaltenen 25.000,– EUR.

[96] S. z. B. OLG Düsseldorf SP 06, 418.

[97] Ebenso OLG Köln VersR 08, 364; LG München VersR 07, 1139.

[98] BGH NZV 91, 150 = VersR 91, 350; vgl. auch VersR 78, 36.

[99] Ebenso *Diehl* in einer Anmerkung zu einem, das Schmerzensgeld ablehnenden Urteil des AG Bochum, VersR 94, 1483 = ZfS 94, 165. Vgl. auch z. B. OLG Stuttgart VersR 92, 1013.

[100] OLG Düsseldorf NJW 88, 777; OLG Hamm VersR 92, 876; a. A. OLG Koblenz NJW 88, 2959: Vor der Geburt sind Mutter und Fötus eine rechtliche Einheit. Dahingestellt in OLG Oldenburg NJW 91, 2355.

[101] S. Rdn. 304.

[102] BGH NZV 93, 389 = VersR 93, 1158: nicht beanstandet wurden 4.500,– EUR Ausgleichsanspruch anstatt nach BGB wohl angemessenen 9.000,– EUR bis 10.000,– EUR.

## h) Schmerzensgeld für Neurosen

Ein Schmerzensgeld kommt grundsätzlich auch für psychische Ausfälle in Betracht, die organisch nicht zu erklären sind.[103] Voraussetzung ist jedoch der Rechtswidrigkeitszusammenhang zwischen der Verletzungshandlung und diesen psychischen Folgen. Wegen der Einzelheiten kann auf die zusammenhängende Darstellung in Rdn. 12 ff., 221 ff., verwiesen werden. **296**

Führen allerdings geringfügige Körperverletzungen aufgrund derartiger psychogener Faktoren zu schwerwiegenderen Körperschäden, ist das für Letztere an sich geschuldete Schmerzensgeld beträchtlich herabzusetzen.[104]

## 6. Schmerzensgeldrente

Obwohl – im Gegensatz zu den Ansprüchen aus §§ 843, 844 BGB – gesetzlich nicht vorgesehen, kann der Tatrichter anstatt oder neben Kapital auch eine Schmerzensgeldrente zubilligen.[105] **297**

Grundsätzlich verbleibt es jedoch bei der Kapitalentschädigung;[106] die Rente sollte für lebenslange, schwere Dauerschäden, die der Verletzte immer wieder schmerzlich empfindet,[107] vorbehalten bleiben, wenn sie nach den Umständen des Falles geboten ist.[108] Gegen ein zu leichtfertiges Zusprechen einer Rente bestehen erhebliche Bedenken.[109] Der Schutz des Verletzten vor der Geldentwertung ist jedenfalls kein Grund für eine Rente.[110] Eine Schmerzensgeldrente kommt auch dann nicht in Betracht, wenn der Verletzte z. B. infolge eines Hirnschadens nicht dauernd und immer wieder fühlbar unter den Folgen der Verletzung leidet und die Rente nicht als Genugtuung empfindet.[111] **298**

Eine Schmerzensgeldrente sollte auch – neben einem entsprechend reduzierten Kapitalbetrag – zugebilligt werden, wenn z. B. bei Minderjährigen die Gefahr besteht, dass der Verletzte nicht in den vollen Genuss des Schmerzensgeldkapitals kommt oder wenn der Verletzte schon höheren Alters ist.[112] Der Schädiger kann dem Verletzten eine Schmerzensgeldrente nicht „aufdrängen",[113] und das Gericht kann von dieser Möglichkeit wohl **299**

---

[103] BGH NZV 91, 23 = VersR 91, 432 = NJW 91, 747; VersR 91, 704 = NJW 91, 2347. OLG Frankfurt VersR 95, 796 (Rev. nicht angen.)

[104] Hierzu Rdn. 292. OLG Frankfurt NZV 93, 67 - Rev. nicht angen: Anstatt 25.000,- EUR nur 5.000,- EUR für Lähmungserscheinungen an einem Bein zugebilligt.

[105] St. Rspr., BGH VersR 55, 615 = NJW 55, 1675; VersR 57, 66 = NJW 57, 383; VersR 59, 458 = NJW 59, 1031; VersR 81, 1178.

[106] OLG Düsseldorf VersR 81, 557 = NJW 81, 1324.

[107] OLG Hamm NZV 03, 528: Querschnittslähmungen, schwerste Hirnschäden; OLG Hamm ZfS 05, 122; OLG Köln SP 00, 234; OLG Frankfurt VersR 87, 1140; OLG Hamm VersR 90, 865; OLG Düsseldorf VersR 92, 1412; OLG Brandenburg r+s 06, 260; LG Duisburg SP 08, 362; s. auch BGH NJW E-VHR 99, 141.

[108] Grundlegend Großer Senat BGH VersR 55, 615 = NJW 55, 1675; BGH VersR 76, 967; VersR 79, 739 = NJW 79, 1654; OLG Frankfurt DAR 92, 62 = VersR 92, 621; OLG Düsseldorf VersR 93, 113; OLG Hamm VersR 97, 1291 (n. Lts.); OLG Düsseldorf SP 01, 200; OLG Hamm SP 01, 267.

[109] Vgl. z. B. *Ciupka* VersR 76, 226; *Berger* VersR 77, 877; KG VersR 79, 624; s. auch die Gründe in BGH VersR 73, 1067; OLG Frankfurt VersR 81, 1131.

[110] BGH VersR 73, 941 = NJW 73, 1653; VersR 76, 967.

[111] BGH NJW 76, 1147; OLG Frankfurt VersR 87, 489, 491.

[112] Vgl. oben Rdn. 293.

[113] OLG Schleswig VersR 92, 462 = ZfS 92, 193.

nur auf Antrag Gebrauch machen.[114] „Mini"-Renten können ihren Zweck nicht erfüllen und sollten daher nicht zugesprochen werden.[115]

300 Die Höhe der Schmerzensgeldrente muss in einer ausgewogenen Relation zum Schmerzensgeldkapital stehen; der sich bei einer Kapitalisierung[116] der Rente ergebende Betrag zuzüglich des zugestandenen Kapitals muss zumindest annähernd dem Betrag entsprechen, der sonst für vergleichbare Verletzungen zugesprochen wird.[117] Bei der Kalkulation ist wie folgt vorzugehen:[118] Zunächst ist unter Berücksichtigung vergleichbarer Urteile ein Kapitalbetrag zu schätzen und im Urteil auch anzugeben.[119] Sodann sollte die Höhe der Rente gebildet werden. Diese ist dann unter Berücksichtigung der statistischen Lebenserwartung[120] und mit dem üblichen Zinsfuß von 5% zu kapitalisieren[121] und der sich daraus errechnende Kapitalbetrag vom Gesamtschmerzensgeld abzuziehen. Der Rest ist neben der Rente als Schmerzenskapital zuzubilligen. Die Schmerzensgeldrente unterliegt nach der geänderten Rechtsprechung des BFH nicht der Einkommensteuerpflicht.[122] Insoweit kommt daher auch eine Ersatzpflicht des Schädigers nicht in Betracht.

301 Eine *Abänderung* der Schmerzensgeldrente nach § 323 ZPO ist grundsätzlich möglich,[123] allerdings ist die Steigerung des Lebenshaltungskostenindex als solche keine geeignete Bezugsgröße.[124] Nach dem BGH kommt eine Abänderung nur unter besonderen Umständen in Betracht, z. B. wenn bei einer ganz erheblichen Steigerung der Lebenshaltungskosten (nicht unter 25%) und unter Berücksichtigung der Rentenhöhe und der bereits gezahlten und noch zu zahlenden Rentenraten die Rente nicht mehr ihren Zweck als „billigen" Schadenausgleich erfüllt.[125] Die vom OLG Düsseldorf hierfür vorgeschlagene Abwägung zwischen dem Ausgleichsbedürfnis des Verletzten und dem für den Schädiger Zumutbaren dürfte dagegen keine praktikable Leitlinie für die Praxis bilden.[126] M.E. könnte man auch daran denken, geänderte Wertvorstellungen zum Schmerzensgeld, die sich in der Rechtsprechung zur Höhe widerspiegeln, angemessen zu berücksichtigen.[127]

---

[114] OLG Brandenburg r+s 06, 260;

[115] OLG Brandenburg r+s 06, 260: z. B. 50 EUR monatlich.

[116] Für die Kapitalisierung wird, soweit ersichtlich, überwiegend ein Zinssatz von 5% zugrundegelegt; OLG Celle SP 04, 407; OLG Oldenburg SP 02, 56; OLG Naumburg VersR 02, 1295 = NZV 02, 459; OLG Köln SP 00, 234; OLG Brandenburg r+s 06, 260; a. A. allerdings OLG Frankfurt SP 08, 11: 3%, wobei der niedrigere %Satz zu einem höherem Kapitalbetrag und damit im Ergebnis zu einem niedrigeren Schmerzensgeld führt. Zur Technik der Kapitalisierung s. Rdn. 853 ff.

[117] BGH VersR 76, 967; OLG Celle VersR 77, 1009; OLG Düsseldorf VersR 85, 291, 293; OLG Frankfurt VersR 87, 1140; OLG Düsseldorf VersR 97, 65 (Rev. nicht angen.); OLG Thüringen ZfS 99, 419; OLG Düsseldorf SP 01, 200; OLG Hamm NZV 03, 528; OLG Hamm ZfS 05, 122; OLG Karlsruhe VersR 08, 545; OLG Brandenburg r+s 06, 260.

[118] Vgl. z. B. OLG Oldenburg SP 02, 56; ähnlich OLG Naumburg VersR 02, 1295 = NZV 02, 459.

[119] OLG Brandenburg r+s 06, 260.

[120] OLG Hamm VersR 03, 780.

[121] Zu der Berechnung eines Kapitalbetrages im Einzelnen vgl. Rdn. 853 ff.

[122] BFH DB 95, 19 = DStR 95, 49; Erlass FinMin. Brandenburg DB 95, 851; vgl. auch Rdn. 439.

[123] BGH NZV 07, 451 = VersR 07, 961; VersR 84, 739 unter 2 b; OLG Karlsruhe VersR 69, 1123.

[124] BGH VersR 73, 1067 = NJW 73, 1653: Eine durch Koppelung an den amtlichen Lebenshaltungskostenindex indizierte, dynamische Schmerzensgeldrente könne nicht zugebilligt werden, weil sie die Funktion der Rente als einen billigen Ausgleich in Geld nicht zu gewährleisten vermöge. Diese Argumentation gilt entsprechend für eine Abänderung nach § 323 ZPO. Ebenso OLG Düsseldorf Zfs 86, 5; a. A. LG Hannover ZfS 02, 430 m. abl. Anm. *Diehl*.
A. A. OLG Nürnberg VersR 92, 623, nach dem allerdings eine Erhöhung der Lebenshaltungskosten um 10% „bei weitem" nicht ausreicht, um eine Abänderung zu rechtfertigen; OLG Karlsruhe VersR 69, 1123; OLG Düsseldorf ZfS 86, 5.

[125] BGH NZV 07, 451 = VersR 07, 961.

[126] OLG Düsseldorf ZfS 86, 6; LG Hannover ZfS 02, 430 mit ablehnender Anm. *Diehl*.

[127] Ebenso *Diehl* ZfS 02, 431.

# 7. Teilschmerzensgeld und offene Schmerzensgeldteilklage

Grundsätzlich ist das Schmerzensgeld nach dem Gesetz einheitlich zu bemessen: Grundsatz der Einheitlichkeit des Schmerzensgeldes.[128] Gelegentlich werden von der Rechtsprechung freilich Teilschmerzensgelder für bestimmte Zeiträume zugebilligt.[129] Dafür besteht kein Bedürfnis und dagegen bestehen praktische und rechtstheoretische Bedenken.[130] Mit dem BGH sollten solche Teilschmerzensgelder auf Fälle beschränkt werden, in denen der Umfang des derzeitigen Körperschadens feststeht, die zukünftige Entwicklung aber ungewiss und nicht überschaubar ist.[131] Beansprucht der Geschädigte Schmerzensgeld nur für die Verletzungsfolgen, die bereits eingetreten sind und in Zukunft als Dauerschaden weiter fortbestehen, kann er zwar insoweit zulässigerweise eine offene Teilklage erheben.[132] Treten dann später als möglich voraussehbare weitere gesundheitliche Beeinträchtigungen auf, kann er ein weiteres Schmerzensgeld beanspruchen. Es genügt aber auch und führt zum selben Ergebnis, wenn unter Darlegung der Beeinträchtigungen, die eingetreten sind und für die Schmerzensgeld verlangt wird, die Feststellung der Ersatzpflicht für zukünftige immaterielle Schäden beantragt wird.[133] Ein solcher Feststellungsantrag ist auch erforderlich, um die Gefahr der Verjährung des Anspruchs für spätere Schäden zu vermeiden. Zu achten ist hier auf eine klare Formulierung des Urteilstenors und der Gründe. Macht der Kläger von diesen prozessualen Möglichkeiten keinen Gebrauch, sind mit dem zugesprochenen Betrag alle zukünftigen Verschlimmerungen mit abgegolten, mit deren Eintritt im Zeitpunkt der letzten mündlichen Verhandlung objektiv zu rechnen war.[134]

302

In einer Vielzahl von Fällen besteht nämlich ein Bedürfnis für ein *zeitlich unbegrenztes Teilschmerzensgeld*, wenn eine zukünftige Verschlimmerung möglich, aber nicht sicher ist. So ist z.B. bei einer gelenknahen Fraktur in der Regel mit einer Arthrose zu rechnen, für deren Eintritt aber noch keine überwiegende Wahrscheinlichkeit, zumindest keine hohe Wahrscheinlichkeit besteht. Der Richter kann zwar die schon hinreichend sicheren Unfallfolgen bei der Bemessung des Schmerzensgeldes berücksichtigen, nicht aber die lediglich möglichen.[135] Ein immaterieller Vorbehalt im Rahmen eines Feststellungsurteils ermöglicht es dann dem Geschädigten, ein weiteres Schmerzensgeld im Falle des Eintritts der Verschlimmerung geltend zu machen und sich insoweit auch gegen Verjährung abzusichern.[136] Wichtig ist bei einem solchen zeitlich unbegrenzten Teilschmerzensgeld

303

---

[128] BGH VersR 04, 1334 = NZV 04, 240; VersR 01, 876; OLG Hamm r+s 00, 328; r+s 01, 505.

[129] Z.B. OLG Schleswig SP 00, 196: Befristung auf zwei Jahre wegen Kopfschmerzen, deren Dauer in der Zukunft nicht überschaubar ist.

[130] Ebenfalls ablehnend OLG Oldenburg NJW-RR 88, 615; OLG Schleswig ZfS 96, 93; OLG Düsseldorf VersR 96, 984 = NZV 95, 449; OLG Hamm VersR 01, 1386 = SP 00, 413; LG Darmstadt ZfS 02, 526; *Lemcke* r+s 00, 309.

[131] BGH VersR 01, 876; VersR 61, 727; VersR 66, 144; OLG Karlsruhe VersR 71, 1068; KG VersR 76, 290; OLG Hamm NJW-RR 94, 991.

[132] Vgl. hierzu BGH VersR 04, 1334 = NZV 04, 240 m. Anm. *Lemcke;* OLG Brandenburg SP 09, 71; *Terbille* VersR 05, 37.

[133] BGH VersR 04, 1334 = NZV 04, 240 unter II 2. b) cc).

[134] BGH VersR 04, 1334 = NZV 04, 240.

[135] *Lemcke* r+s 00, 309: „Die Schnittlinie ist also nicht zeitbezogen an einem bestimmten Stichtag zu ziehen, sondern schadenbezogen vom Schluss der mündlichen Verhandlung ab in die Zukunft hinein; sie verläuft da ab zwischen den schon jetzt hinreichend sicheren und den zwar auch möglichen, aber noch nicht hinreichend sicheren Folgen."

[136] BGH VersR 01, 876; VersR 01, 874; OLG Hamm VersR 01, 1386 = SP 00, 413. Dies gilt entsprechend für einen Vergleich, der ebenfalls mit einem immateriellen Vorbehalt vereinbart werden kann.

die präzise Beschreibung der Verletzungen in der Urteilsbegründung (und auch in der Klagebegründung), für die ein Schmerzensgeld zugebilligt wird, und zwar insbesondere hinsichtlich der für die Höhe des Schmerzensgeldes unterstellten, vom Richter als hinreichend wahrscheinlich angenommenen gesundheitlichen Entwicklung. Im außergerichtlichen Schmerzensgeldvergleich sollte man nach Möglichkeit auch genau festlegen, was unter einer Verschlimmerung zu verstehen ist (z.B. eine bestimmte Erhöhung der MdE, nach Möglichkeit aufgrund einer Beurteilung derselben Klinik).

## 8. „Schockschaden"[137]

304   Ein Schmerzensgeld für Verwandte kennt das deutsche Recht nicht. Der üblicherweise als „Schock" bezeichnete seelische Zustand nach dem Tod naher Angehöriger, die „seelische Erschütterung", selbst die „tiefe depressive Verstimmung" rechtfertigt nach dem Schutzweck des § 823 Abs. 1 BGB selbst dann noch kein Schmerzensgeld, wenn diese Folgen medizinisch fassbar sind.[138]

Schmerzensgeld wird erst dann geschuldet, wenn diese Auswirkungen über die gesundheitlichen Beeinträchtigungen hinausgehen, die Personen beim Tod naher Angehöriger erfahrungsgemäß erleiden.[139] Es muss zu psycho-pathologischen Ausfällen von einiger Dauer kommen.[140]

---

[137] Es handelt sich hier um psychisch vermittelte Schäden, die dem Schädiger unter bestimmten Voraussetzungen schadensersatzrechtlich zurechenbar sind. Ausführlicher dazu siehe Rdn. 18.

[138] BGH VersR 71, 905; VersR 76, 539; VersR 84, 439 = NJW 84, 1405; VersR 89, 853 = DAR 89, 263; OLG Stuttgart NJW-RR 89, 477; OLG Nürnberg NZV 96, 367; OLG Düsseldorf NJW-RR 96, 214 = ZfS 96, 176 (auch nicht bei pathologisch zu verifizierenden Beeinträchtigungen wie Depressionen, Verzweiflung, andauernder Leistungsrückgang etc.); OLG Hamm r+s 04, 80. Vgl. im Übrigen Rdn. 18.
Beispiele aus der Rechtsprechung, in denen ein Schmerzensgeld nicht zugebilligt wurde: OLG Hamm r+s 04, 80; KG DAR 05, 25; NZV 02, 38; OLG Düsseldorf NJW-RR 96, 214; OLG Köln VersR 89, 519; 82, 558 (kein Krankheitscharakter); OLG Düsseldorf VersR 77, 1011; OLG Zweibrücken VersR 77, 1059; OLG Frankfurt VersR 79, 578 (vorübergehender Schockzustand ohne organische Schäden); LG Zweibrücken VersR 79, 242 (Arbeitsunfähigkeit von 7 Wochen): LG Tübingen NJW 68, 1187 (Tod der Freundin).

[139] Herausragend: OLG Nürnberg VersR 97, 328 (n. Lts.) = NZV 96, 367 (Rev. nicht angen.): 30.000,- EUR bzw. 15.000,- EUR an die Eltern von drei unfallgetöteten Kindern bei schwersten physischen und psychischen Folgen; OLG Oldenburg NJW-RR 99, 820: 10.000,- EUR; OLG Frankfurt ZfS 04, 452; LG Gießen NJW 87, 711 in einem besonders schweren Fall (mehrjährige Selbstmordgefahr): 5.000,- EUR; OLG Nürnberg VersR 99, 1501 = ZfS 98, 378: je 5.000,- EUR für 2 Kinder, die Tod ihrer Mutter durch Erschießen miterlebten. LG Freiburg VersR 97, 504 je 4.500,- EUR für beide Eltern bei 1/3 Mithaftung. Beispiele aus der Rechtsprechung im Übrigen:
– 3.000,- EUR (LG Oldenburg ZfS 95, 372);
– 2.500,- EUR (LG Lüneburg SP 95, 333; LG Heilbronn VersR 94, 443);
– 2.000,- EUR (OLG Frankfurt VersR 71, 968; LG München ZfS 80, 200);
– 1.500,- EUR (OLG Karlsruhe VersR 78, 575; KG DAR 99, 115; LG Bad Kreuznach VersR 82, 586);
– 1.000,- EUR (LG München VersR 81, 696) KG VersR 99, 504;
– 750,- EUR (AG Castrop-Rauxel r+s 79, 39);
– 500,- EUR (LG Bielefeld r+s 87, 283);
– 375,- EUR (AG Passau ZfS 84, 36).
Weitere Hinweise auf nicht veröffentlichte Urteile in DAR 88, 320.

[140] BGH VersR 89, 853 = DAR 89, 263. Siehe hierzu auch die Beispiele in der Entscheidung AG Saarlouis SP 97, 460: Nervenzusammenbrüche, Herzrhythmusstörungen, Hypertonie, schwere Angstträume und Angstzustände; allgemein bei länger andauernden psychotherapeutischen Behandlungen wegen Depression und Verhaltensänderungen. Kein Schmerzensgeld bei einer nur vorübergehenden gesundheitlichen Beeinträchtigung.

Ein Schmerzensgeld kommt auch dann in Betracht, wenn Personen eine zumindest  305
gleichschwere Gesundheitsbeeinträchtigung durch das Miterleben schwerster, lebensbedrohender Verletzungen naher Angehöriger[141] oder als unmittelbar Beteiligte des Unfallgeschehens erleiden.

Ein Mitverschulden des Getöteten ist zwar nicht über § 846 BGB, aber über §§ 242,  306
244 BGB zu berücksichtigen.[142] Zu beachten ist auch das Haftungsprivileg der §§ 104 ff.
SGV VII im Verhältnis zwischen Schädiger und Geschädigtem.[143]

## 9. Vererblichkeit

Bis zum 30. 6. 1990 war der Schmerzensgeldanspruch nur bei vertraglicher Anerken-  307
nung oder Rechtshängigkeit vererblich (§ 847 Abs. 1 S. 2 BGB a. F.). Zu den Voraussetzungen und zu den Problemen in der Praxis wird auf die 5. Auflage, Rdn. 213 ff. Bezug
genommen.

Mit einer gesetzlichen Neuregelung, die am 1. 7. 1990 in Kraft trat, wurde § 847 Abs. 1  308
Satz 2 BGB ersatzlos gestrichen. Danach ist der Schmerzensgeldanspruch frei vererblich
und pfändbar.

Die Neuregelung gilt für alle Schadenfälle, in denen der Verletzte zum Zeitpunkt des  309
In-Kraft-Tretens noch gelebt hatte.

Trotz der höchstpersönlichen Natur des Schmerzensgeldes braucht nach Wegfall der  310
Einschränkungen des Gesetzes der Wille des Verletzten, diesen Anspruch geltend zu machen, nicht mehr persönlich artikuliert zu werden.[144]

Als Folge der gesetzlichen Neuregelung hat die Zahl der Fälle, in denen das Schmer-  311
zensgeld für eine kurze Überlebenszeit zu bemessen ist, deutlich zugenommen. Zu Einzelheiten der Bemessung s. Rdn. 290.

## 10. Prozessuales

Im Klageantrag kann die Entscheidung über die Höhe des angemessenen Schmerzens-  312
geldes zwar in das *Ermessen des Gerichts* gestellt werden.[145] Der Anwalt des Verletzten
sollte hier jedoch wegen der Zulässigkeit seiner Klage und der Frage der Beschwer für ein
Rechtsmittel Vorsicht walten lassen. Die prozessuale Möglichkeit, die Höhe des Klagebegehrens in das Ermessen des Gerichts zu stellen, gewährt ihm nur einen gewissen Spielraum und soll ihn nicht etwa in die Lage versetzen, das Kostenrisiko ganz oder zum größten Teil auszuschalten.[146]

Voraussetzung für die Zulässigkeit des *unbezifferten Antrages* nach § 253 Abs. 2 Nr. 2  313
ZPO ist die Angabe einer Größenordnung des Schmerzensgeldes.[147] Sie kann durch einen
Mindest-[148] oder einen Ungefähr-Betrag erfolgen, es genügt aber auch die Streitwertangabe oder sogar die stillschweigende Billigung einer Streitwertfestsetzung.[149] Eine Begren-

---
[141] BGH VersR 85, 499 II 2 a); VersR 86, 240; OLG Karlsruhe VersR 78, 575.
[142] BGH VersR 71, 905; im Grundsatz auch OLG Hamm VersR 82, 558.
[143] OLG Celle VersR 88, 67.
[144] BGH NZV 95, 144 = VersR 95, 353 = DAR 95, 105; KG ZfS 95, 130 = NJW-RR 95, 91.
[145] St. Rspr.; VersR 77, 861 m. w. H.
[146] BGH VersR 82, 96 = NJW 82, 340 m. w. H.
[147] St. Rspr., zuletzt BGH DAR 92, 56; OLG Düsseldorf ZfS 91, 342.
[148] Nach OLG München ZfS 86, 175 muss der Kläger dann auch eine Obergrenze für das Schmerzensgeld angeben.
[149] BGH VersR 82, 96 = NJW 82, 340; VersR 84, 538 = NJW 84, 1807; VersR 84, 739; OLG Köln
ZfS 94, 362. Zum Kostenrisiko s. a. *Steinle* VersR 92, 425.

zung in der Höhe des zuzusprechenden Schmerzensgeldes erfolgt dadurch nicht; das Gericht ist trotz § 308 ZPO nicht gehindert, auch ein wesentlich höheres Schmerzensgeld auszuurteilen.[150] Auf der anderen Seite trägt der Kläger das Kostenrisiko, wenn das Gericht ein Schmerzensgeld zuspricht, das unter der Mindestvorstellung des Klägers liegt.[151] Die Klage ist dann teilweise abzuweisen, allerdings hat das Gericht bei der Kostenregelung die Möglichkeit, zugunsten des Klägers § 92 Abs. 2 ZPO zu berücksichtigen.[152] Hatte der Kläger nur eine Größenordnung angegeben, ist nach dem OLG München bei einer teilweisen Klageabweisung die untere Grenze des dann bestehenden Rahmens als Streitwert zugrunde zu legen.[153]

314 Aus Gründen der Waffengleichheit hat auch der Schädiger die prozessuale Möglichkeit, im Berufungsverfahren die begehrte Herabsetzung des erstinstanziell zugesprochenen Schmerzensgeldes in das Ermessen des Gerichts zu stellen; er muss insoweit nur einen Sachverhalt vortragen, der die Bemessungsgrundlage des von ihm für richtig gehaltenen Schmerzensgeldes deutlich macht.[154]

315 Der prozessuale Nutzen eines unbezifferten Klageantrags mit Angabe einer Mindestvorstellung liegt darin, dass das Gericht einerseits ein höheres Schmerzensgeld zusprechen kann, andererseits der Kläger aber kein Kostenrisiko hat, wenn nur der Mindestbetrag zugesprochen wird. Hier hat der Kläger aber wieder den Nachteil, dass ein Rechtsmittel mangels Beschwer unzulässig ist.[155] Dieser prozessuale Mangel kann auch nicht durch eine Erhöhung der Mindestvorstellung in der Berufungsinstanz geheilt werden.[156] Spricht das Gericht ein Schmerzensgeld auf der Grundlage der Vorstellungen des Klägers zu, so ist dessen Höhe mit der Höhe des Streitwerts identisch.[157] Beschwert ist der Kläger nur dann, wenn der von ihm genannte Mindestbetrag unterschritten wird.[158] Das gilt auch dann, d.h. eine Beschwer liegt nicht vor, wenn der Mindestbetrag zugesprochen wird, obwohl ein Mitverschulden des Verletzten bejaht wird.[159] Maßgeblicher Zeitpunkt für die Äußerung zur Mindestvorstellung ist die letzte mündliche Verhandlung vor Erlass des Urteils.[160]

316 Wird für erlittene Körperverletzungen infolge eines Unfalls uneingeschränkt Schmerzensgeld verlangt und zugesprochen, erstreckt sich die *Rechtskraft eines Leistungsurteils auf alle Verletzungsfolgen*, die entweder bereits eingetreten und objektiv erkennbar waren oder deren Eintritt jedenfalls – nach den Erfahrungen und der Einschätzung eines medizinisch Sachkundigen – vorhergesehen werden konnte.[161] Die Erkennbarkeit richtet sich

---

Der Mindestbetrag ist im Falle der Klageabweisung für die Ermittlung des Streitwerts und der Beschwer heranzuziehen (BGH NZV 99, 204; BGH r+s 96, 303 m. A. *Lemcke*; OLG Hamm r+s 00, 286).

[150] BGH VersR 96, 990 = NJW 96, 2425 m. Anm. *Frahm* VersR 96, 1212; OLG Hamm VersR 99, 489; BGH (III. Senat) VersR 02, 1521 = NZV 02, 557.
[151] OLG Celle NJW 69, 279; OLG München VersR 84, 1194; OLG Köln ZfS 94, 362.
[152] Vgl. z. B. OLG München VersR 85, 601.
[153] OLG München ZfS 87, 366: 37.500,- EUR bei als Größenordnung angegebenen 50.000,- EUR und zugebilligten 2.000,- EUR.
[154] OLG Düsseldorf VersR 87, 203.
[155] St. Rspr., zuletzt BGH NZV 04, 347 = VersR 04, 1618 m. w. H.
[156] BGH NZV 99, 204 = r+s 99, 198.
[157] KG VersR 73, 575 m. w. H.; OLG München VersR 74, 347.
[158] St. Rspr., zuletzt BGH NZV 03, 565 = VersR 04, 219 m. w. H.; 99, 204 = VersR 99, 902.
[159] BGH NZV 02, 27 = ZfS 02, 69.
[160] BGH NZV 99, 204 = r+s 99, 198.
[161] BGH NZV 06, 408 = VersR 06, 1090 m. w. H.; OLG Oldenburg VersR 97, 1541; OLG München SP 02, 304. Etwas anderes gilt allerdings dann, wenn in der Klagebegründung nur bestimmte Verletzungsfolgen genannt werden, andere dagegen nicht (z. B. OLG Celle VersR 98, 643: Der Klageantrag bezog sich nur auf orthopädische Verletzungen, nicht auf eine zwar erkennbare, aber nicht

dabei nach objektiven Gesichtspunkten, d. h. nach den Erkenntnissen und Erfahrungen eines Sachkundigen.[162] In diesem Fall kann ein weiteres Schmerzensgeld nur für solche Spätfolgen verlangt werden, mit denen bei Schluss der mündlichen Verhandlung[163] nicht oder nicht ernstlich zu rechnen war[164] und die daher bei der Schmerzensgeldbemessung auch nicht berücksichtigt werden konnten.[165] Eine Feststellungsklage ist insoweit zulässig.[166] Dasselbe gilt für einen gerichtlichen Vergleich.[167]

Eine Rente kann nur auf Antrag des Klägers zugebilligt werden.[168] Dies gilt erst recht in der Berufungsinstanz, wenn das erstinstanzielle Gericht antragsgemäß Kapital zubilligt und der Beklagte Berufung eingelegt hat.[169] **317**

*Prozesszinsen* – und ggf. auch Verzugszinsen[170] – sind auch bei einem unbezifferten Klageantrag grundsätzlich von der Rechtshängigkeit an zu zahlen.[171] Das als angemessen gerichtlich zuerkannte Schmerzensgeld gilt als von Anfang an geschuldet. Prozessuale Voraussetzung ist freilich der Zinsantrag in der Klage.[172] **318**

---

erkannte psychische Unfallfolge. Hier erstreckte sich die Rechtskraft des Urteils nicht auf diese psychischen Folgen). Völlig abweichend von der herrschenden Meinung OLG Stuttgart VersR 00, 1115, nur Lts.: Weiteres Schmerzensgeld trotz Rechtskraft, wenn die Wahrscheinlichkeit einer Verschlechterung genauso groß ist wie die einer Besserung.

[162] BGH NZV 95, 225 = VersR 95, 471 m. w. H. Auch OLG München SP 02, 304: Ob der Geschädigte oder das Gericht die Verletzungsfolgen zutreffend gewürdigt hat, ist unerheblich.
[163] Zu diesem Zeitpunkt bereits eingetretene Verletzungsfolgen werden von der Rechtskraft erfasst, wenn sie bekannt oder zumindest objektiv erkennbar waren. Für zukünftige Schäden gilt dies, soweit ihr Eintritt vorhergesehen und berücksichtigt werden konnte – BGH VersR 88, 929 = NZV 88, 99.
[164] BGH VersR 76, 440 = NJW 76, 1149; VersR 80, 975 = NJW 80, 2754; VersR 95, 471; OLG Oldenburg ZfS 85, 72.
[165] NZV 06, 408 = VersR 06, 1090 m. w. H.; OLG Hamm VersR 98, 730.
[166] BGH VersR 01, 876.
[167] Nach OLG Hamm r+s 01, 505 sogar auch dann, wenn ein materieller Vorbehalt getroffen wurde (?).
[168] OLG Brandenburg r+s 06, 260; OLG Schleswig VersR 92, 462; vgl. auch BGH VersR 62, 93. Dahingestellt in BGH SP 98, 389 = ZfS 98, 416.
[169] BGH NJW 98, 3411 = SP 98, 389 = ZfS 98, 416.
[170] Vgl. dazu OLG Celle NJW 65, 531.
[171] BGH VersR 65, 380 = NJW 65, 531.
[172] BGH VersR 65, 380 = NJW 65, 531.

## VI. Schadensersatz wegen entgangenen Unterhalts

319   Bei Tötung eines gesetzlich[1] zum Unterhalt Verpflichteten haben die unterhaltsberechtigten Angehörigen nach den §§ 844 Abs. 2 BGB, 10 Abs. 2 StVG, 5 Abs. 2 HpflG, 35 Abs. 2 LuftVG Anspruch auf Ersatz des mittelbaren Schadens, der ihnen durch Entzug des Unterhaltsrechts entsteht.[2] Schadensersatz ist für die „*mutmaßliche Dauer*" des Lebens des Verpflichteten zu leisten.[3] Die mutmaßliche Dauer bestimmt sich nach der statistischen Lebenserwartung[4] des Getöteten zum Unfallzeitpunkt unter Berücksichtigung seiner „besonderen Lebens- und Gesundheitsverhältnisse";[5] evtl. gesundheitlich bedingte, konkrete Vorversterbensrisiken sind also zu berücksichtigen. Ausnahmsweise hat der Unterhaltsberechtigte über den mutmaßlichen Tod des Unterhaltsverpflichteten hinaus einen Schadensersatzanspruch, wenn seine Hinterbliebenenpension unfallbedingt geschmälert ist[6] oder gar wegfällt.[7] Bei Freiberuflern und Selbstständigen kommt ebenfalls ein Ersatzanspruch über den fiktiven Todeszeitpunkt hinaus in Betracht, wenn der Getötete zur Bildung von Rücklagen unterhaltsrechtlich verpflichtet war, zu denen es infolge des Todes nicht mehr gekommen ist.[8] Für die Schätzung der Höhe des Unterhaltsschadens ist eine Prognose erforderlich, wie sich die Unterhaltsbeziehungen zwischen Verpflichteten und Berechtigten ohne den Tod wahrscheinlich (§ 287 ZPO) entwickelt hätten.[9]

320   Der Anspruch entsteht dem Grunde nach bereits mit der Körperverletzung. Stirbt der Getötete erst längere Zeit nach dem Unfall, kann ein mit ihm abgeschlossener Abfindungsvergleich den Hinterbliebenen nicht entgegengehalten werden.[10] Zwischen Unfall und Tod neu hinzugekommene Unterhaltsberechtigte (Eheschließung, Zeugung, nasciturus) haben keinen Schadensersatzanspruch wegen entgangenen Unterhalts; das die Unterhaltspflicht begründende familienrechtliche Verhältnis muss bereits im Unfallzeitpunkt bestanden haben.[11]

321   Das Unterhaltsrecht muss infolge des Todes entzogen worden sein: § 844 Abs. 2 BGB ist nicht analog anwendbar, wenn nach einer Körperverletzung der Tod unfallunabhängig eintritt und den Hinterbliebenen ein – nicht ersatzpflichtiger – Drittschaden wegen einer niedrigeren Hinterbliebenenrente infolge Nichtentrichtung von Sozialversicherungsbeiträgen durch den Verletzten entsteht.[12]

322   *Unterhaltsberechtigt* sind Ehegatten untereinander (§ 1360 BGB), Partner einer eingetragenen Lebenspartnerschaft (§§ 2, 5 LPartG – s. Rdn. 324), mit Einschränkungen auch

---

[1] Eindeutige Voraussetzung des § 844 Abs. 2 BGB. Ausdrücklich erwähnt z. B. in BGH VersR 01, 648; r+s 01, 245.
[2] BGH NZV 04, 513 = VersR 04, 1192.
[3] Zur Laufzeit des Schadensersatzes vgl. ausführlich Rdn. 864 ff.
[4] Verwendung der „zeitnächsten" Sterbetafel des Statistischen Bundesamts (BGH NZV 04, 291 = VersR 04, 653 m.w.H.).
[5] BGH NZV 04,291 = VersR 04, 653 m. w. H.
[6] BGH VersR 62, 568.
[7] BGH VersR 60, 551.
[8] OLG Stuttgart VersR 02, 1520 = r+s 02, 18 – Rev. nicht angen., m. w. H.; im konkreten Fall wurden die Voraussetzungen vom OLG allerdings verneint.
[9] BGH VersR 04, 75 = NZV 04, 23.
[10] BGH NZV 96, 229 = VersR 96, 649 = SP 96, 168 = DAR 96, 357.
[11] BGH NZV 96, 229 = VersR 96, 649.
[12] BGH VersR 86, 391 = NJW 86, 984.

geschiedene Ehegatten (§ 1570 BGB),[13] Verwandte in gerader Linie (§§ 1601 ff. BGB), insbesondere Kinder gegenüber ihren Eltern, nichteheliche Kinder gegenüber Mutter und Erzeuger (§§ 1615 a ff.),[14] ehelich erklärte oder adoptierte Kinder[15] (§§ 1736, 1754 BGB), aber auch ggf. Eltern gegenüber ihrem Kind.[16] Verwandte in gerader Linie sind nur in Höhe ihres Bedarfs und nur insoweit unterhaltsberechtigt, als sie auch unterhaltsbedürftig sind. Unterhaltsbedürftigkeit besteht, soweit der Angehörige außerstande ist, sich selbst zu unterhalten (§ 1602 Abs. 1 BGB); eigene Einkünfte sind daher anzurechnen.[17]

*Keinen Unterhaltsanspruch* haben Partner einer – heterogenen oder nicht eingetragenen homophilen – nicht ehelichen Lebensgemeinschaft[18] und Stiefkinder gegen den Ehepartner des leiblichen Elternteils.[19] Der Entzug vertraglicher Unterhaltsansprüche fällt nicht unter § 844 Abs. 2 BGB.[20]   323

Dagegen steht dem Partner einer eingetragenen gleichgeschlechtlichen Lebensgemeinschaft im Todesfall ein Anspruch wegen entgangenen Bar- und Naturalunterhalts nach § 844 Abs. 2 BGB zu. § 5 LPartG verweist insoweit auf die einschlägigen §§ 1360 S. 2, 1360a, 1360b BGB.[21]   324

Maßgeblich ist der fiktive, nach den §§ 1360a, I, 1602 II, 1610 BGB *gesetzlich geschuldete,* nicht der tatsächlich geleistete[22] oder vertraglich geschuldete Unterhalt.[23] Maßgeb-   325

---

[13] Da ein Unterhaltsanspruch nur unter bestimmten Voraussetzungen (§§ 1570 ff. BGB) und auch nur eingeschränkt in Betracht kommt, ist die Frage, ob und wann eine zum Unfallzeitpunkt noch existierende Ehe geschieden worden wäre, von erheblicher Bedeutung. Nach der Rechtsprechung des BGH genügt eine vor dem Tod geäußerte Scheidungsabsicht nicht, erforderlich ist das Einreichen der Scheidungsklage (BGH VersR 74, 700 = NJW 74, 1236; VersR 69, 350). Zu Recht verweist das LG Bayreuth darauf, dass diese Rechtsprechung nicht ohne Weiteres auf das neue Scheidungsrecht zu übertragen ist; zumindest bei einer Zerrüttungsvermutung nach § 1566 Abs. 2 BGB (3 Jahre Getrenntleben) besteht ein „greifbarer Anhaltspunkt" für die Beurteilung des hypothetischen Eheverlaufs im Sinne der Rechtsprechung des BGH – LG Bayreuth VersR 82, 607; *Becker-Böhme,* Kraftverkehrs-Haftpflicht-Schäden, Rdn. D 202. Vgl. aber auch OLG Hamm VersR 92, 511 = ZfS 91, 408: Trotz eingereichter Scheidungsklage wegen Indizien für Aussöhnung der Eheleute Schadensersatz ab bestimmten Zeitpunkt gewährt.
[14] BGH VersR 76, 291.
[15] Auch der Nasciturus, § 844 Abs. 2 S. 2 BGB.
[16] Beispielsfall OLG Stuttgart ZfS 91, 83 = r+s 91, 165.
[17] BGH NZV 06, 467 = VersR 06, 1081 zur Anrechnung des Pflegegeldes für ein behindertes Kind nach dem Tod der Mutter.
[18] Vgl. *Becker* VersR 85, 201 ff. Höchstrichterlich nicht geklärt ist, ob der Wegfall des Anspruchs der nicht ehelichen Mutter auf Unterhalt gegen den Erzeuger aus Anlass der Geburt nach § 1615 l BGB (6 Wochen vor und 8 Wochen nach der Geburt bei Erwerbstätigkeit, bei Fehlen der Erwerbstätigkeit längstens 4 Monate bzw. 12 Monate) zu einem Schadensersatzanspruch wegen entgangenen Unterhalts führt. M.E. ist dies nicht der Fall, weil der Anspruch infolge des Todes nach § 1615 l Abs. 3 S. 5 BGB nicht erlischt, sondern – gegen den Nachlass – fortbesteht.
[19] BGH VersR 69, 998. Ein Unterhaltsanspruch von Stiefkindern besteht auch dann nicht, wenn die Ehepartner vereinbart hatten, dass die angeheiratete Frau die Kinder mitversorgt (BGH VersR 84, 189 = NJW 84, 977).
[20] BGH VersR 84, 936; VersR 79, 1066; OLG Frankfurt ZfS 84, 165.
[21] Das neue LPartG ist am 1. 8. 2001 in Kraft getreten. Eingetragene Lebenspartner haben den Ehepartner angenäherte Rechte und Pflichten. § 5 LPartG verweist hinsichtlich der Unterhaltsverpflichtung auf §§ 1360 S. 2 (Haushaltsführung), 1360a, 1360b BGB (Barunterhalt) Sind beide Partner erwerbstätig, ist der ersparte Unterhaltsbeitrag des Hinterbliebenen – wie in der Ehe – als Vorteil vom entgangenen Unterhalt abzusetzen – vgl. Rdn. 404 ff. Ebenso wie bei einer Ehe entfällt der Ersatzanspruch wegen entgangenen Unterhalts mit dem Eingehen einer neuen Lebenspartnerschaft – s. Rdn. 421 ff..
[22] St. Rspr.; zuletzt BGH NZV 06, 467 = VersR 06, 1081. Siehe auch BGH VersR 04, 75 = NZV 04, 23 m. w. H.; VersR 90, 317; VersR 88, 1166 = NJW-RR 88, 1238; VersR 87, 156.
[23] BGH NZV 06, 467 = VersR 06, 1081 m. w. H.

lich für die Höhe ist auch die persönliche und wirtschaftliche Leistungsfähigkeit des Verpflichteten.²⁴ Fehlte es an der Leistungswilligkeit, hatte und hätte der Getötete tatsächlich zu wenig oder keinen Unterhalt geleistet und wäre dieser auch nicht durch Zwangsmaßnahmen erreichbar gewesen, entsteht durch den Tod kein Schaden.²⁵ Zum Nachweis der Realisierbarkeit kann sich der Geschädigte auf die Beweiserleichterung des § 287 ZPO berufen.²⁶ Ein Anspruch auf Zahlung von *Unterhaltsrückständen* besteht dagegen nicht.²⁷

326 Der *Umfang* des geschuldeten Unterhalts von Ehegatten untereinander und im Verhältnis zu ihren Kindern bestimmt sich nach den §§ 1360a Abs. 1, 1602 Abs. 2, 1610 BGB: Danach ist angemessener Unterhalt zu leisten, der alles umfasst, was nach den Verhältnissen der Ehegatten erforderlich ist, um die Kosten des Haushalts zu bestreiten und die persönlichen Bedürfnisse der Ehegatten und der gemeinsamen unterhaltsberechtigten Kinder zu befriedigen.

327 Der gesetzliche Unterhalt umfasst den gesamten Lebensbedarf der Familie, und zwar die wirtschaftliche Unterstützung *(Barunterhalt)* und die *persönliche Betreuung* (Naturalunterhalt: *Haushaltsführung,* Erziehung) des Unterhaltsberechtigten.

## 1. Barunterhalt bei Tod des „Alleinverdieners"

328 In Rechtsprechung und Praxis wird der Schaden wie folgt berechnet:
– Nettoeinkommen des Getöteten, abzüglich Aufwendungen zur Vermögensbildung (a),
– abzüglich fixe Kosten der Haushaltsführung (b),
– davon Unterhaltsanteile der Hinterbliebenen (c),
– zuzüglich fixe Kosten (b),
– abzüglich Vorteilsausgleich (d),
– abzüglich Hinterbliebenenrente (Rdn. 441 ff.).

Berechnungsbeispiel

| | |
|---|---|
| Nettoeinkommen des Getöteten monatlich | 3.000,– EUR |
| abzgl. fixe Kosten | – 1.000,– EUR |
| für persönliche Bedürfnisse zur Verfügung stehendes Einkommen | 2.000,– EUR |
| davon Unterhaltsanteil des Hinterbliebenen 45% | 950,– EUR |
| zzgl. fixe Kosten | + 1.000,– EUR |
| Unterhaltsschaden | 1.950,– EUR |
| abzgl. Hinterbliebenenrente | – 800,– EUR |
| verbleibender persönlicher Ersatzanspruch | 1.150,– EUR |

### a) Nettoeinkommen des Getöteten

329 Der Umfang des angemessenen Unterhalts bestimmt sich nach den „Verhältnissen" der Ehegatten (§ 1360a Abs. 1 BGB) und dem aufgrund der Lebensstellung gegebenen *Bedarf*

---

[24] St. Rspr., u. A. BGH VersR 04, 1147 = NZV 04, 514 m. w. H.; VersR 93, 56; VersR 90, 317.
[25] BGH VersR 74, 906 = NJW 74, 1373; KG ZfS 87, 133; OLG Köln NJW E-VHR 96, 152; vgl. auch OLG Bremen ZfS 90, 187 = FamRZ 90, 403. Sehr weitgehend OLG Hamm NZV 06, 85: Voraussetzung für die Verneinung eines Schadens sei, dass die Zwangsvollstreckung aus einem Unterhaltstitel und Strafverfolgung wegen Unterhaltspflichtverletzung nicht zu Unterhaltsleistungen geführt hatten.
[26] BGH VersR 74, 906 = NJW 74, 1373; KG ZfS 87, 133; LG Düsseldorf SP 00, 379.
[27] BGH VersR 73, 620 = NJW 73, 1076: § 844 Abs. 2 BGB begründet einen Schadensersatzanspruch wegen Verlust des Rechts auf Unterhalt, nicht wegen Verlust der Verwirklichungsmöglichkeit von rückständigen Unterhaltsforderungen.

der Berechtigten. Verhältnisse in diesem Sinne sind – objektiver Maßstab – die Lebensstellung (erlernter und ausgeübter Beruf) und der Lebensstil, der wiederum seine Grundlage im Einkommen[28] und Vermögen hat. Demnach ist das tatsächliche *Einkommen* des Getöteten, das dieser wahrscheinlich ohne den Tod erzielt hätte,[29] der richtige Ausgangspunkt für die Berechnung der Höhe des Unterhaltsschadens.[30] Für die Höhe dieses Einkommens im Unfallzeitpunkt und die Prognose der weiteren Entwicklung ohne den Unfalltod gelten dieselben Beweismaßstäbe wie beim Erwerbsschaden.[31] Zu berücksichtigen sind alle für die Entwicklung der Leistungsfähigkeit des Getöteten und die Unterhaltsbedürftigkeit der Hinterbliebenen maßgeblichen Faktoren.[32] Zukünftige Veränderungen auf Grund einer wahrscheinlichen Karriere, aber auch Einkommensminderungen wie z.B. eine niedrigere Altersrente nach dem fiktiven Zeitpunkt der Pensionierung des Getöteten sind in einer Rentenvereinbarung und einem Rentenurteil kalendermäßig zu bestimmen.[33]

Maßgeblich ist das *Netto-Einkommen*, also das Einkommen, das nach Abzug von Steuern und Sozialversicherungsbeiträgen verbleibt.[34] Heranzuziehen sind grundsätzlich alle Einkünfte, die dem Unterhaltsverpflichteten tatsächlich zugeflossen wären, soweit sie zur Deckung des Lebensbedarfs zur Verfügung gestanden hätten.[35]

**aa) Bei der Berechnung des Nettoeinkommens zu berücksichtigen sind:**
– grundsätzlich *alle Gehaltsbestandteile* einschl. Überstundenvergütung und Zulagen, Gratifikationen (Urlaubsgeld, Weihnachtsgeld – wohl anteilig pro Monat) und sonstige einmalige Zahlungen (z.B. Treueprämie);[36]
– *Sachbezüge,* z.B. Wert der Nutzung eines Dienstwagens;[37]
– Eigenheim- und Kinderzulagen nach § 9 EigZulG [38]
– Steuerrückerstattungen (Lohnsteuerjahresausgleich, Rückvergütung von Einkommensteuer);[39]
– *Renten,* die grundsätzlich der Befriedigung des Unterhaltsbedarfs dienen, z.B. KB-Rente,[40] Verletztenrente der BG,[41] Grundrente, soweit sie nicht der Abdeckung eines

330

---

[28] BGH VersR 71, 152.
[29] Das OLG Hamm (NZV 06, 85) vertritt allerdings den Standpunkt, es komme auf das erzielbare Einkommen an, und bei minderjährigen Kindern treffe den Unterhaltspflichtigen eine gesteigerte Erwerbsobliegenheit, die die Verpflichtung zur Ableistung von Überstunden und zur Annahme von Nebentätigkeiten einschließe. M.E. ist dieser Hinweis in seiner Allgemeinheit zumindest missverständlich, er war auch gar nicht entscheidungserheblich. Das OLG hatte sich mit einem 21-jährigen Vater zu befassen, der vor seinem Tod nur sporadisch gearbeitet hatte. Im Ergebnis war es vertretbar, für die Zukunft eine überwiegende Wahrscheinlichkeit für eine regelmäßigere Erwerbstätigkeit zu unterstellen. Eine Verpflichtung dagegen für Überstunden und Nebentätigkeiten zusätzlich zu einer zwar gering entlohnten, aber doch vollschichtigen Erwerbstätigkeit wird man nicht annehmen können, sie wäre auch nicht durchsetzbar.
[30] St. Rspr.; BGH VersR 52, 97; VersR 57, 128; VersR 61, 543; VersR 66, 588; VersR 70, 183; VersR 72, 176; VersR 83, 688.
[31] Siehe hierzu Rdn. 45 ff.
[32] BGH NZV 04, 291 = VersR 04, 653 m.w.H.
[33] BGH NZV 04, 291 = VersR 04, 653 m.w.H.
[34] St. Rspr.; BGH VersR 71, 717; NJW 52, 377; OLG Stuttgart VersR 69, 720.
[35] BGH VersR 04, 75 = NZV 04, 23 m.w.H.
[36] BGH VersR 71, 153.
[37] OLG Hamm ZfS 96, 211. Allerdings kann insoweit eine Berücksichtigung nur netto erfolgen, also nach Abzug der Einkommensteuer, die der Getötete für den Dienstwagen hätte zahlen müssen.
[38] BGH NZV 04, 23 = VersR 04, 75.
[39] BGH VersR 90, 748 = NJW-RR 90, 706.
[40] BGH VersR 60, 752.
[41] OLG Braunschweig VersR 79, 1124.

konkreten Mehrbedarfs dient,[42] sowie sonstige Barleistungen, auch die Schwerbeschädigten- und Pflegezulage,[43]
- *Nebenverdienste*, wenn sie nicht aus verbotener Schwarzarbeit[44] erzielt worden wären;
- *Vermögenserträgnisse*, wenn sie tatsächlich zum Familienunterhalt verwendet wurden;
- bei *unentgeltlicher Tätigkeit im Familienbetrieb*: nicht das tatsächlich vereinbarte, sondern das dem Beitrag zum Geschäftsgewinn und der Arbeitsleistung entsprechende „wirkliche Arbeitseinkommen".[45]
- Bei Empfängern von Leistungen zur Sicherung des Lebensunterhalts nach dem SGB II („ALG II") ist zu differenzieren: Das Arbeitslosengeld II nach § 20 SGB II dient ausschließlich dem Unterhalt des Betroffenen, nicht dem der Angehörigen. Bedürftige Angehörige, die mit dem Getöteten in einer so genannten Bedarfsgemeinschaft leben, erhalten zu ihrem Unterhalt Sozialgeld nach § 28 SGB II. Insoweit kommt also ein Barunterhaltsschaden nicht in Betracht. Fraglich könnte nur sein, ob der Wegfall von Leistungen der Bundesanstalt für Arbeit nach § 22 SGB II für Wohnung und Heizung zu einem Barunterhaltsschaden führen würde.
- Eigenleistungen zur Erhaltung eines Eigenheims,[46] nicht aber zur Errichtung oder Erweiterung.[47]

331 bb) **Unberücksichtigt bleiben:**
- Aufwandsentschädigungen, Auslösungen, Spesen, da zur Deckung von Unkosten und nicht zur Sicherstellung des Familienunterhalts bestimmt;[48]
- Einkünfte aus verbotener *Schwarzarbeit* oder sonstigen rechtswidrigen Geschäften;[49]
- Wert der Eigenleistung für einen Hausbau;[50]
- *Kindergeld*, das auch nach dem Tod des Vaters weitergezahlt wird;[51]
- *Eigenleistungen zum Erwerb oder Errichtung eines Eigenheims*.[52]

332 cc) **Ermittlung des Netto-Einkommens.** Vom Brutto-Einkommen sind abzuziehen:
- *Steuern* und *Sozialversicherungsbeiträge*.[53]
- Beiträge für freiwillige Versicherungen des Getöteten.[54]

---

[42] BGH NJW 81, 1313.
[43] BGH NJW 82, 41.
[44] Zur Schwarzarbeit vgl. Rdn. 331.
[45] BGH VersR 84, 353; im Ergebnis auch OLG Oldenburg v. 14. 8. 2009 (6 U 118/09). Der Rechengang ist folgender: zu ermitteln ist der Gewinn des Familienbetriebes nach Steuern, abzüglich Rücklagen für Investitionen (BGH VersR 67, 259), abzüglich Rücklagen zur Vermögensbildung (BGH VersR 68, 770). Sodann ist der Anteil des Ehemanns am restlichen Gewinn nach dem Verhältnis seiner Arbeitsleistung zur Arbeitsleistung der Ehefrau zu schätzen. Die jeweils anteilig zu tragenden Fixkosten (vgl. Rdn. 400) und der von der Witwe aus ihrem eigenen Einkommen ersparte Unterhalt (vgl. Rdn. 404) sind zu berücksichtigen. Vgl. im Übrigen auch Rdn. 42.
[46] BGH VersR 04, 1192 = NZV 04, 513.
[47] Das wäre Vermögensbildung, die familienrechtlich nicht geschuldet ist – siehe Rdn. 332.
[48] BGH VersR 86, 264 II 1b; a. A. OLG Saarbrücken VersR 77, 727; OLG Hamm VersR 83, 927: Berücksichtigung insoweit, als die Leistungen nicht zur Deckung des konkreten Mehrbedarfs tatsächlich verwendet worden wären; geschätzt wurde dies jeweils mit 50%.
[49] Vgl. die Rspr. zum Erwerbsschaden Rdn. 44.
[50] BGH VersR 84, 961 = NJW 85, 49 m. w. H.: Aufwendungen für den Erwerb eines Eigenheims gehören nicht zum standesgemäßen Unterhalt. Vgl. auch BGH VersR 66, 1141; VersR 67, 259; LG Lüneburg SP 95, 333.
[51] BGH VersR 79, 1029; OLG Saarbrücken SP 05, 160.
[52] BGH VersR 04, 1192 = NZV 04, 513; VersR 66, 1141; VersR 84, 961.
[53] St. Rspr., u. a. BGH VersR 71, 717.
[54] Prämien für Versicherungen, die den Schutz der Familie sicherstellen, wie Hausrat-, Wohngebäude-, Privathaftpflicht-, Rechtsschutzversicherung u. ä. sind bei den fixen Kosten zu berücksichtigen – vgl. Rdn. 338.

- Bei einer *Lebensversicherung* ist m. E. wie folgt zu differenzieren: Die Hinterbliebenen können für den Schadensersatz wählen: Entweder besteht ein Anspruch auf Vorwegerstattung der Beiträge, die zum Erhalt einer eigenen Altersversorgung erforderlich sind. (Dabei ist allerdings zu berücksichtigen, dass ein Teil der ohne den Tod des Unterhaltspflichtigen ausgezahlten Versicherungssumme den Unterhaltsberechtigten bereits ohne Anrechnung auf den Schadensersatz wegen entgangenen Unterhalts zugeflossen ist.) Oder es wird der Wegfall bzw. die Minderung der Altersversorgung nach Eintritt des hypothetischen Versicherungsfalls ausgeglichen.[55]
- Werbungskosten, insbesondere Fahrtkosten zur Arbeitsstätte (soweit nicht gerade deswegen ein höherer Unterhaltsanteil des Getöteten begründet wird).
- Bei Selbstständigen und Gewerbetreibenden kommt es meines Erachtens nicht auf den Netto-Gewinn, sondern auf die tatsächlichen Entnahmen für den Privatverbrauch an. Rücklagen für Investitionen[56] und für die Alterssicherung sowie freiwillige Beiträge für Versicherungen des Getöteten[57] mindern das für den Unterhalt zur Verfügung stehende (Netto-)Einkommen.
- Aufwendungen und Rücklagen zur *Vermögensbildung*, auch zum Erwerb eines Hauses.[58] Maßgeblich sind die tatsächlichen, konkreten Zahlungen.[59] Die Anwendung von Erfahrungssätzen und darauf beruhenden Tabellen ist nicht möglich.[60] Zu den nicht für den Familienunterhalt zur Verfügung stehenden Aufwendungen für Vermögensbildung zählen insbesondere auch die Tilgungsraten[61] einer Grundstückshypothek,[62] Bausparbeiträge sowie Hypothekenzinsen und Grundlasten, soweit diese die fiktiven Kosten des

---

[55] A. A. OLG Zweibrücken (VersR 94, 613), das mit einer von mir nicht nachvollziehbaren Begründung der Witwe 50% der Beiträge, die zu Lebzeiten des Getöteten entrichtet worden wären, zubilligt. OLG Hamm NZV 08, 570: Abzug der Hälfte der Prämien vom Nettoeinkommen.

[56] BGH VersR 67, 259; VersR 68, 770; VersR 71, 423; VersR 84, 353 = NJW 84, 979.

[57] BGH VersR 79, 1029. Der abweichenden Auffassung OLG Zweibrücken VersR 94, 630, wonach der hinterbliebenen Witwe fiktiv die Hälfte der Versicherungsbeiträge zusteht, kann nicht gefolgt werden. Die vom Getöteten für seine Versicherungen aufgewendeten Beiträge standen für den Unterhalt eben nicht zur Verfügung; dabei kann es nicht darauf ankommen, ob es sich um Pflichtversicherungsbeiträge oder aber um freiwillige Beiträge handelt. Davon unberührt bleibt die Verpflichtung des Schädigers, einen Unterhaltsverpflichteten verschafften Versicherungsschutz für die Hinterbliebenen aufrechtzuerhalten, sei es im Rahmen der fixen Kosten – vgl. hierzu Rdn. 335 ff. –, sei es als Unterhaltsschadensersatz nach Eintritt der hypothetischen Aufgabe des Betriebes nach Erreichen der Altersgrenze. Nach der Rechtsprechung des BGH haben die Hinterbliebenen insofern ein Wahlrecht: Sie haben entweder Anspruch auf Vorwegerstattung der Beiträge, die erforderlich sind, um ihre eigene Altersversorgung zu erhalten. Sie können aber auch den Wegfall oder die Minderung der Altersversorgung nach Eintritt des hypothetischen Versicherungsfalls als Schaden geltend machen; dann berechnet sich der Unterhaltsschaden ebenso wie bei den Unselbstständigen aus dem Netto-Einkommen (BGH VersR 52, 97; VersR 54, 325; VersR 64, 779; VersR 71, 717).

[58] St. Rspr., BGH NZV 04, 513 = VersR 04, 1189 m. w. H.; BGH VersR 84, 961; VersR 87, 156); OLG Bamberg VersR 82, 856; ZfS 83, 295; OLG Frankfurt SP 99, 267.

[59] Soweit dadurch nicht eine „zu dürftige Lebensführung" verursacht wurde – BGH VersR 87, 156.

[60] BGH VersR 87, 156; OLG Frankfurt SP 99, 267; a. A. OLG Bamberg VersR 82, 856: Bei einem Einkommen über 2.000,– EUR muss unterstellt werden, dass ca. 200,– EUR für die Vermögensbildung zurückgelegt werden und daher für den Unterhalt nicht zur Verfügung stehen. M. E. wird man bei einem höheren Einkommen erfahrungsgemäß von solchen Rücklagen ausgehen können; andernfalls trifft die Hinterbliebenen die Beweislast, dass das gesamte hohe Einkommen zum Unterhalt tatsächlich verwendet wurde.

[61] Nach dem OLG Hamm kann der Tatrichter im Rahmen des § 287 ZPO aus Praktikabilitätsgründen eine jährlich gleichmäßige Tilgung unterstellen (die das OLG bei einer Laufzeit von 30 Jahren mit 3,33% bemessen hat – OLG Hamm NZV 08, 570 – nur Leitsatz).

[62] BGH NZV 90, 185 = VersR 90, 317 = DAR 90, 55 m. w. H.

Mietzinses einer vergleichbaren Wohnung übersteigen. Tatsächlich gezahlte Zinsen und wohl auch Lasten des Grundstücks bis zur Höhe fiktiver Mietkosten sind dagegen als fixe Kosten zu berücksichtigen.[63]

333 **dd) Reduzierung überdurchschnittlich hoher Einkommen.** Bei höheren Einkommen besteht keine Verpflichtung, das gesamte Netto-Einkommen zum Familienunterhalt zur Verfügung zu stellen.[64] Ein „übertriebener Aufwand" hat schadensersatzrechtlich außer Betracht zu bleiben.[65] Der BGH hat z.B. für einen Fall aus dem Jahr 1971 entschieden, dass bei einem Erwerbseinkommen von damals 2.500,- EUR netto mit fixen Kosten in Höhe von 412,50 EUR und 2 unterhaltsberechtigten Kindern nur 1.500,- EUR für den Familienunterhalt in Betracht kamen.[66] Das OLG Bamberg zieht von einem Nettoeinkommen von 2.000,- EUR (1978) 200,- EUR mit der Begründung ab, dass der Verstorbene bei vernünftiger Lebensführung einen Teil des Einkommens nicht mehr zur Deckung des laufenden Lebensaufwandes der Familie, sondern zur langfristigen Vermögensbildung verwendet hätte.[67]

334 Diese Rechtsprechung hält der BGH für den Ehegattenunterhalt nicht mehr voll aufrecht. Hier soll eine „Sättigungsgrenze" nur noch in „Extremfällen" bestehen.[68] Zu berücksichtigen ist aber jedenfalls, dass tatsächliche Aufwendungen und Rücklagen zur Vermögensbildung nicht für den Unterhalt zur Verfügung stehen.[69] Bei hohen Einkommen besteht grundsätzlich eine Vermutung, dass derartige Rücklagen getätigt worden wären. Dies führt analog der älteren Rechtsprechung zu einer Reduzierung hoher Einkommen, soweit nicht der Hinterbliebene nachweist, dass derartige Rücklagen nicht oder nicht in dem behaupteten Umfang gebildet, sondern das gesamte Einkommen verbraucht wurde.

**b) Abzug fixer Kosten**

335 Zur Sicherung des standesgemäßen Lebensunterhalts sind den Hinterbliebenen die sog. „fixen Kosten" der Haushaltsführung vorweg zuzubilligen.[70] Rechnerisch erfolgt die Berücksichtigung in der Praxis dadurch, dass die fixen Kosten zunächst vom Nettoeinkommen abgezogen und dann dem Anteil der Hinterbliebenen an dem verbleibenden Nettoeinkommen wieder zugeschlagen werden.[71]

336 Zu den fixen Kosten rechnen alle *nicht teilbaren* und *nicht personengebundenen* Kosten der Haushaltsführung und Haushaltsorganisation, die – ggf. verringert oder erhöht –

---

[63] S. Rdn. 338 a.
[64] BGH VersR 79, 324; VersR 61, 543; VersR 66, 588; VersR 68, 770; VersR 85, 365 = NJW 85, 1460; OLG Stuttgart VersR 69, 720; OLG Bamberg VersR 82, 856; ZfS 83, 295, 296. Vgl. auch die familienrechtlichen Entscheidungen OLG Düsseldorf NJW 82, 831; OLG Frankfurt NJW 82, 833; OLG Karlsruhe NJW 82, 834.
[65] So BGH VersR 87, 156, der allerdings bei einem Einkommen von netto ca. 1.500,- EUR – zu Recht – einen von den Eheleuten „etwa beschlossenen vollständigen Verbrauch des Einkommens" nicht von vornherein als unangemessen betrachtet hat.
[66] BGH VersR 79, 324.
[67] OLG Bamberg VersR 82, 856. Den Betrag von 200,- EUR hat das OLG nach § 287 ZPO geschätzt. In einer anderen Entscheidung (ZfS 83, 295) hat das OLG bei einem Familieneinkommen von netto 1.450,- EUR bei einem Zwei-Personen-Haushalt einen Abzug von 275,- EUR, die tatsächlich für eine familienrechtlich nicht geschuldete Vermögensbildung verwendet wurden, vorgenommen. Vgl. im Übrigen auch OLG Frankfurt SP 99, 267.
[68] BGH VersR 87, 1243; vgl. auch NJW 82, 1645 u. FamRZ 83, 150.
[69] S. Rdn. 332, Fußn. 41.
[70] St. Rspr., u.a. BGH NZV 98, 149 = VersR 98, 333; VersR 88, 954; VersR 87, 1241; VersR 86, 39; VersR 84, 79.
[71] So ausdrücklich auch BGH VersR 86, 39.

nach dem Tod des Unterhaltspflichtigen weiterlaufen,[72] die wirtschaftliche Basis des Familienlebens bilden und deren Finanzierung der Getötete familienrechtlich geschuldet hätte.[73]

Die Existenz und die Höhe der fixen Kosten muss von dem Geschädigten nachgewiesen werden. Die Berücksichtigung von Statistiken ist nicht zulässig.[74] Dies gilt erst recht für die gelegentlich anzutreffende Praxis, bestimmte abstrakte Quoten des Nettoeinkommens zu berücksichtigen.[75]

**337**

aa) Als *fixe Kosten* anzuerkennen sind in der Regel die Aufwendungen für:

**338**

– Miete, Strom, Heizung, Wasser, Abgaben, z.B. Müllabfuhr,[76] Massenmedien (Zeitungen, Radio, Fernsehen),[77] Telefongrundgebühr.[78]
– *Pkw:* fortlaufende Kosten, wie Steuer, Versicherung,[79] Garage, aber auch Abschreibung oder Rücklagen.[80] Nicht zu den fixen Kosten rechnen lediglich die variablen Betriebskosten (Benzin, Reparaturen, eventuell noch laufleistungsbedingte Abschreibung), deren Anfall i.d.R. überwiegend personengebunden ist.[81]
– *Kindergartenkosten:* rechnen zu den fixen Kosten, wenn sie z.B. in der Doppelverdienerehe zur Organisation des Haushalts und des Familienlebens erforderlich sind.[82]
– *Versicherungen:* nur die Prämien für solche Versicherungen, die den Schutz der Familie sicherstellen, wie Hausrat-, Wohngebäude-, Privathaftpflicht-, Rechtsschutzversicherung u.Ä.,[83] nicht für personengebundene Versicherungen, wie Lebens-,[84] Un-

---

[72] S. auch ähnliche Definitionen z.B. BGH VersR 86, 39: „die unabhängig von der Personenzahl als feste Kosten im Haushalt anfallen". Weniger deutlich BGH VersR 87, 1241: „Aufwendungen für die Fortführung der wirtschaftlichen Basis des Zusammenlebens in der Familie"; vgl. auch OLG Frankfurt SP 99, 267.
[73] BGH VersR 88, 954 unter 4a).
[74] OLG Celle ZfS 87, 229; OLG Brandenburg NZV 01, 213. Vgl. auch OLG Zweibrücken VersR 94, 613 – Rev. nicht angen.; a.A. OLG Frankfurt DAR 90, 464. Allerdings lässt der BGH – VersR 88, 954 = NZV 88, 136 – im Rahmen der tatrichterlichen Schätzung nach § 287 ZPO bei den Rücklagen und auch bei den Kosten einer vergleichbaren Wohnung das Heranziehen von Statistiken zu. Ich halte dies für bedenklich. Die Hinterbliebenen können ohne weiteres nachweisen, ob und in welcher Höhe Rücklagen gebildet werden (Sparbuch, Girokonto) und was für eine vergleichbare Miete zu zahlen ist.
[75] Allerdings sieht der BGH in seiner Entscheidung v. 21.11.2006 keinen Rechtsfehler in der Schätzung der fixen Kosten mit 40% des Nettoeinkommens durch den Tatrichter, was allerdings von der Revision auch nicht beanstandet worden war (BGH NZV 07, 191 = VersR 07, 263).
[76] OLG Frankfurt SP 99, 267.
[77] BGH VersR 88, 954.
[78] BGH VersR 98, 333; VersR 84, 79 = NJW 85, 49.
[79] BGH VersR 88, 954 = NZV 88, 136.
[80] So BGH NZV 98, 149 = VersR 98, 333, der die Berücksichtigung durch das Instanzgericht ohne nähere Begründung billigt. Die ältere BGH-Rechtsprechung war hier noch zurückhaltend – s. die Zitate Rdn. 235 in der 6. Aufl.
[81] OLG Karlsruhe SP 06, 276. Der Fahrbedarf des Getöteten, z.B. zum Arbeitsplatz, fällt weg. Zu beachten ist im Übrigen: Es muss nachgewiesen werden, dass der Pkw auch tatsächlich nach dem Tod des Unterhaltspflichtigen weiter genutzt wird. Aus Gründen der Schadenminderungspflicht sind die Hinterbliebenen gegebenenfalls gehalten, einen kleineren Pkw anzuschaffen. Hatte der Getötete aus beruflichen Gründen einen repräsentativeren Pkw, die Witwe für die Familie einen kleineren Zweitwagen, ist der größere Wagen zu veräußern und der Wegfall der insoweit ersparten Kosten als Vorteil zu berücksichtigen. Dies gilt allerdings wiederum nicht, wenn es sich um einen Dienstwagen handelte. Verfügte die Familie nur über einen Dienstwagen, dessen Kosten der Arbeitgeber übernahm und der auch zu privaten Fahrten benutzt werden konnte, kommen u.U. sogar höhere fixe Kosten in Betracht. Hier ist der geldwerte Vorteil nach Abzug der Einkommensteuer beim Nettoeinkommen zu berücksichtigen (OLG Hamm ZfS 96, 211).
[82] BGH NZV 98, 149 = VersR 98, 333; VersR 84, 961.
[83] BGH VersR 88, 954 = NZV 88, 136; OLG Frankfurt SP 99, 267.
[84] A.A. OLG Hamburg 88, 96 – insoweit aber unverständlich, wobei aus den Gründen auch nicht klar wird, wer versichert war.

fall-,[85] Krankenversicherung.[86] Der BGH[87] weist im Übrigen zu Recht darauf hin, dass der Versicherungsschutz nach dem Tod des Unterhaltsverpflichteten aufrechterhalten werden muss. Versicherungen für ein Grundstück, wie z.B. eine Brandversicherung, können nicht berücksichtigt werden.[88]

– *Haus- oder Wohnungseigentum:* Zinsen,[89] Grundlasten (z.B. Grundsteuer) sowie Rücklagen[90] für Instandsetzungskosten; insgesamt aber nur bis zur Höhe der fiktiven Kosten einer Mietwohnung. Voraussetzung ist, dass diese Kosten auch tatsächlich anfallen. Bei einem lastenfreien Haus können nicht etwa fiktive Mietkosten als fixe Kosten berücksichtigt werden.[91]

– *Rücklagen* für Anschaffung und Reparatur von *Wohnungseinrichtung* und *Hausrat;*[92]

– *Rücklagen* für *Schönheitsreparaturen* der Wohnung[93] und für sonstige Reparaturen, soweit sie vom Mieter zu tragen sind.

**338a** *bb) Nicht* als fixe Kosten zu berücksichtigen sind:[94]

– Aufwendungen und Rücklagen zur *Vermögensbildung,*[95] insbesondere

– Kosten für den Erwerb eines *Eigenheims* (Bausparkassenbeiträge, Rücklagen);[96]

– Tilgung einer *Grundstückshypothek.*[97] Berücksichtigt werden können hier nur die Zinsen, Grundlasten und Instandsetzungs- und Erhaltungskosten bis zur Höhe der fiktiven Miete für eine vergleichbare Unterkunft,[98] und zwar für einen allein stehenden Hinterbliebenen nur für eine nach Ortslage, Zuschnitt und Bequemlichkeit vergleichbare Wohnung;[99]

---

[85] OLG Karlsruhe SP 06, 276.
[86] OLG Zweibrücken SP 94, 313.
[87] BGH VersR 88, 954 = NZV 88, 136.
[88] In VersR 88, 954 = NZV 88, 136 ist der BGH zwar anderer Auffassung, unterstellt hierfür freilich irrtümlich, es gebe auch eine Brandversicherung für Wohnungen, was nicht der Fall ist.
[89] BGH NZV 04, 23 = VersR 04, 75; NZV 90, 185 = VersR 90, 317 m.w.H. Solche Kosten sind allerdings nur dann im Rahmen der fixen Kosten zu berücksichtigen, wenn sie tatsächlich anfallen. Bei einem lastenfreien Haus können nicht etwa fiktive Mietkosten als fixe Kosten angesetzt werden. S. auch BGH NZV 98, 149 = VersR 98, 333; OLG Köln VersR 90, 1285; OLG Hamm r+s 92, 413.
[90] BGH NZV 98, 149 = VersR 98, 333; diese wären auch im Mietzins einkalkuliert.
[91] BGH NZV 98, 149 = VersR 98, 333: OLG Köln VersR 90, 1285.
[92] BGH VersR 88, 954 = NZV 88, 136; NZV 98, 149 = VersR 98, 333; OLG Hamm VersR 83, 927; r+s 92, 413. Ich halte diese Rechtsprechung für bedenklich, da es sich – auch heute noch – bei der Wohnungseinrichtung überwiegend um eine einmalige Anschaffung handelt; ablehnend auch OLG Celle ZfS 87, 229.
[93] OLG Hamm VersR 83, 927; ZfS 96, 211: „Wohnungserhaltungskosten". S. auch BGH NZV 98, 149 = VersR 98, 333.
[94] S. auch die Aufstellung OLG Frankfurt SP 99, 267: Vom Kläger geltend gemacht und vom OLG nicht berücksichtigt wurden Kosten für „Bettenreinigung", „Christbaum mit Zubehör", „Kerzen", „Reinigungsmittel/Putzmittel", „Streumaterial", „Teppichreinigung", „Ungezieferbekämpfung", „Wasch- und Entkalkungsmittel", „Zimmerpflanzen", „Gartenpflege" (die Hinterbliebenen ziehen auch Obst und Gemüse), „Tierhaltung" (Hühnerhaltung), „Grabpflege" (die Nichterstattung solcher Kosten nach § 844 Abs. 1 BGB kann nicht über den Umweg als fixe Kosten doch wiederum zu einer Erstattung führen – so das OLG), „Bücherkäufe".
[95] BGH VersR 84, 961.
[96] Nach älterer BGH-Rspr. jedenfalls bei finanziell beengten Verhältnissen nicht (VersR 66, 1141; VersR 67, 259), jetzt generell nicht (BGH VersR 84, 961).
[97] BGH VersR 84, 961 = NJW 85, 49; VersR 86, 264 = NJW 86, 715; NZV 90, 185 = VersR 90, 317; OLG Hamm r+s 92, 413.
[98] BGH NZV 04, 513 = VersR 04, 1192 m.w.H.; VersR 90, 317; VersR 88, 954.
[99] BGH VersR 84, 961; VersR 88, 954 = NZV 88, 136; NZV 90, 185 = VersR 90, 317; OLG Bamberg ZfS 83, 295; OLG Hamm r+s 92, 413.

– personengebundene Kosten, wie Gewerkschaftsbeiträge,[100] und sonstige Vereinsbeiträge,[101] Schulgeld für Kinder,[102] Musikunterricht, Nachhilfekosten[103] und Privatlehrer für Waisen;[104]
– nicht etwa fiktive Mietkosten,[105] wenn das Haus bereits schuldenfrei ist. Solche Kosten bilden lediglich die Obergrenze, bis zu der tatsächliche Aufwendungen, soweit sie nicht der Vermögensbildung dienen (also nur Zinsen und Grundlasten), berücksichtigt werden können.
– Rücklagen für *Instandsetzungskosten* eines Hauses.[106]

cc) Fixe Kosten sind zwar nicht personengebunden, gleichwohl können sie sich infolge des Todes des Unterhaltspflichtigen *verringern oder erhöhen*,[107] z.B.: Rückgang der Verbrauchskosten für Strom, Wasser[108] etc. Dann muss entweder ein Abschlag (oder Zuschlag) nach § 287 ZPO geschätzt oder aber es müssen die fixen Kosten neu berechnet werden.[109] Der Umzug in eine kleinere Wohnung ist u.U. zumutbar.[110] Andererseits kann bei erzwungener Aufgabe z.B. einer Werkswohnung eine höhere Miete zu zahlen und damit zu ersetzen sein. Bei der Schadenberechnung sind derartige Veränderungen dadurch zu berücksichtigen, dass man zunächst die fiktiven Kosten in der ursprünglichen Höhe vom Netto-Einkommen abzieht, dann aber den Hinterbliebenen nur die geringeren oder auch die höheren Kosten zubilligt.

dd) Da die Hinterbliebenen nicht Gesamtgläubiger, sondern *Einzelgläubiger* nach § 844 Abs. 2 BGB sind,[111] sind die fixen Kosten für die jeweiligen Ansprüche aufzuteilen. Nach welchem Schlüssel dies geschieht, richtet sich nach den Umständen des Einzelfalls.[112] Im Rahmen des § 287 ZPO kann im Allgemeinen davon ausgegangen werden, dass der Unterhaltsbedarf eines Elternteils höher ist als der eines Kindes.[113] Eine Verteilung von 50% für die Witwe und je 25% für zwei Waisen bzw. von $^2/_3$ für die Witwe und $^1/_3$ für eine Waise wird vom BGH nicht beanstandet.[114]

Damit nicht zu verwechseln ist die Verpflichtung der Ehegatten in der Doppelverdienerehe, sich an den Fixkosten im Verhältnis des beiderseitigen Einkommens zu beteiligen.

339

340

341

---

[100] BGH NZV 98, 149 = VersR 98, 333.
[101] OLG Karlsruhe SP 06, 277: Beiträge für Automobilclub, Turnverein; OLG Brandenburg NZV 01, 213; OLG Hamburg DAR 88, 96: ADAC-Beitrag.
[102] OLG Hamburg DAR 88, 96.
[103] OLG Hamm NZV 08, 570.
[104] Diese Kosten sind bereits im Unterhaltsbedarf der Waisen enthalten. Zu den fixen Kosten zählen nur die nicht personengebundenen allgemeinen Kosten.
[105] BGH NZV 98, 149 = VersR 98, 333; OLG Nürnberg NZV 97, 493; OLG Köln VersR 90, 1285.
[106] BGH NZV 98, 149 = VersR 98, 333 billigt insoweit die Entscheidung des OLG München vom 16. 2. 1996 aus der II. Instanz, in dem dies näher ausgeführt wird.
[107] OLG Bamberg ZfS 83, 295, 296.
[108] BGH VersR 86, 264 unter II 2b = NJW 86, 715: Der Strom-, Gas- und Wasserverbrauch reduziert sich spürbar; vgl. auch OLG Stuttgart VersR 82, 351.
[109] BGH VersR 86, 39; vgl. auch VersR 86, 264 = NJW 86, 715.
[110] Vgl. BGH VersR 84, 961.
[111] BGH VersR 72, 176.
[112] BGH NZV 07, 191 = VersR 07, 263.
[113] BGH NZV 07, 191 = VersR 07, 263; VersR 88, 954 = NZV 88, 136. Ein nicht eheliches Kind kann nicht etwa zusätzlich den Fixkostenanteil des hinterbliebenen Elternteils mit der Begründung verlangen, dass zwischen den nicht ehelichen Partnern keine Unterhaltsansprüche bestanden (BGH NZV 07, 191 = VersR 07, 263).
[114] BGH NZV 98, 149 = VersR 98, 333; VersR 72, 176; VersR 88, 954 = NZV 88, 136; r+s 90, 51; OLG Zweibrücken VersR 94, 613 – Rev. nicht angen.: 70% Witwe, 30% Waise.

342   ee) Bei *Selbstständigen* besteht die Besonderheit, dass die Hinterbliebenen Aufwendungen für die Altersversorgung entweder als fixe Kosten erstattet verlangen oder aber stattdessen die Minderung der Altersversorgung nach Eintritt des hypothetischen Versicherungsfalls als Schaden geltend machen können (s. Rdn. 332).

### c) Anteil der Hinterbliebenen am verteilbaren Nettoeinkommen

343   Die Verteilung des nach Abzug der fixen Kosten verbleibenden Betrages auf die Familienmitglieder richtet sich nach deren *Unterhaltsbedarf* und bei den Waisen zusätzlich nach deren *Bedürftigkeit*.

344   aa) Unterhaltsquoten („Unterhaltsbedarf"). Grundsätzlich hat ein erwerbstätiger Ehegatte einen höheren Unterhaltsbedarf als der nicht erwerbstätige Partner.[115]

345   Sind beide berufstätig oder ist keiner von beiden mehr erwerbstätig, ist das für den Barunterhalt zur Verfügung stehende Nettoeinkommen – nach Abzug der fixen Kosten und gegebenenfalls der Anteile von Waisen – im Verhältnis 1:1 aufzuteilen.[116]

346   Der Unterhaltsbedarf von Kindern verschiebt sich im Laufe des Wachstums und der Ausbildung, um schließlich beim Studenten – soweit er einen familienrechtlichen Anspruch auf Finanzierung oder Bezuschussung seines Studiums hat[117] – sehr hoch zu werden.

347   Die Sätze der „Düsseldorfer Tabelle"[118] oder anderer familienrechtlicher Unterhaltstabellen sind grundsätzlich nicht anzuwenden.[119] Die familienrechtlichen Leitlinien dieser Tabelle beziehen sich auf gestörte Familienverhältnisse (getrennt lebende Ehegatten mit doppelter Haushaltsführung), in denen sich eine höhere Belastung infolge doppelter Haushaltsführung ergibt.[120] Ihre Anwendung würde daher zu einem zu niedrigen Schadensersatz führen.

348   In der Praxis wird durchwegs mit pauschalen Prozentsätzen, so genannten Unterhaltsquoten gearbeitet. Dies wird von der Rechtsprechung des BGH gebilligt.[121] Deren Höhe hängt davon ab, ob mit oder – wie es bei der Abwicklung des Regresses eines Sozialversicherungsträgers häufig aus Gründen der Vereinfachung geschieht[122] – ohne fixe Kosten gerechnet wird und ob der hinterbliebene Ehegatte ebenfalls erwerbstätig ist oder „nur" den Haushalt versorgt. Üblich sind dabei bestimmte feste Prozentsätze, von denen im Einzelfall aber bei Vorliegen besonderer Verhältnisse (z.B. erhöhter Unterhaltsbedarf wegen Erkrankung u.Ä.) abgewichen werden kann.

349   Bei den Unterhaltsquoten der Waisen ist im Übrigen zu beachten, dass bei hohen Einkommen[123] eine Anwendung der üblichen Unterhaltsquoten zu Beträgen führen kann, die den familienrechtlich geschuldeten Unterhalt übersteigen. Anhand einer einschlägigen

---

[115] BGH VersR 87, 507; VersR 76, 877; VersR 71, 717; OLG München VersR 79, 1064; OLG Düsseldorf NZV 93, 473 = r+s 92, 375: 60% : 40% bei schwerer körperlicher Arbeit, Überstunden und Nachtarbeit des Ehemanns; keine Kinder im Haushalt.

[116] BGH VersR 87, 507 m.w.H.

[117] Vgl. hierzu BGH VersR 69, 350, 352; OLG Celle DAR 75, 325. Zu beachten ist, dass ein Volljähriger nicht nur die Erträgnisse, sondern auch das Vermögen als solches zur Finanzierung seines Unterhalts angreifen muss (§ 1602 Abs. 2 BGB gilt nur für Minderjährige).

[118] Beilage zu NJW 05, Heft 30.

[119] BGH VersR 85, 365 = NJW 85, 1460; VersR 86, 39. Vgl. auch Nichtannahmebeschluss BGH VersR 83, 932. Ebenso OLG Hamm VersR 83, 927. A.A. OLG Köln VersR 75, 816; OLG Stuttgart VersR 83, 932; OLG Koblenz ZfS 83, 169 für den Barunterhalt einer Vollwaise.

[120] Anwendbar sind die Tabellen deshalb z.B. aber für den Unterhaltsschaden bei Gastarbeiterfamilien, wenn die Familie getrennt lebte (OLG Hamm NZV 89, 271).

[121] BGH VersR 86, 264; grundsätzlich auch VersR 87, 1243.

[122] Vgl. *Schloën-Steinfeltz*, Regulierung von Personenschäden, Kap. 6, Rdn. 351.

[123] Vgl. hierzu im Übrigen Rdn. 333.

Kontrollberechnung muss dann geprüft werden, ob nicht eine Korrektur nach unten zu erfolgen hat.[124] Wird ein allein stehender (oder in nicht ehelicher Lebensgemeinschaft lebender) Elternteil getötet, steht der Waise an sich eine höhere Quote aus dem Einkommen des Getöteten zu. Aber auch hier ist dann eine Kontrollberechnung durchzuführen.

Der BGH vertritt im Übrigen die Auffassung, dem unterschiedlichen Unterhaltsbedarf der Waisen je nach Altersstufe müsse durch eine Abstufung der Unterhaltsquote Rechnung getragen werden.[125] Diese Forderung des BGH ist in der Praxis, insbesondere in der außergerichtlichen Schadenregulierung, nur schwer zu verwirklichen.[126] Eine einheitliche Durchschnittsquote ohne Rücksicht auf das Alter der Waise, die im Ergebnis den Hinterbliebenen keinen geringeren Schadensersatz bietet, ist daher vorzuziehen.[127] Für die Abrechnung mit dem SVT bietet sich zur Vereinfachung ohnehin nur eine Einheitsquote an. **350**

Vorgeschlagen werden für die Praxis folgende Quoten: **351**
– Einheitsquoten, nicht abgestuft nach dem Alter der Waisen, nicht erwerbstätige Witwe (o. Witwer), Berechnung mit fixen Kosten.

| | |
|---|---|
| 45%[128] | Witwe[129] |
| 35/20%[130] | Witwe, 1 Kind[131] |
| 30/15/15%[132] | Witwe, 2 Kinder |
| 27/13/13/13% | Witwe, 3 Kinder |

– Wird ohne fixe Kosten gerechnet, können die Unterhaltsquoten angehoben werden:[133]

| | |
|---|---|
| 50% | Witwe |
| 40/20% | Witwe, 1 Kind |
| 35/15/15% | Witwe, 2 Kinder[134] |
| 34/12/12/12% | Witwe, 3 Kinder |

---

[124] BGH VersR 87, 1243. Zu beachten ist, dass der insoweit freiwerdende Betrag dem Unterhalt der Eltern zur Verfügung steht. Es erhöht sich dann – bis zu einer Sättigungsgrenze – der Unterhaltsanspruch der Witwe; Berechnung ähnlich Rdn. 352.

[125] BGH VersR 87, 1243: Der Tatrichter brauche sich zwar nicht an die Altersstufen der Regelbedarfsverordnung zu halten, er könne die Altersgruppen im Interesse einer möglichst kontinuierlichen Schadensabwicklung „größer zuschneiden", dürfe aber die Altersgruppenzugehörigkeit nicht gänzlich unberücksichtigt lassen.

[126] In Betracht kämen trotz der vom BGH zugelassenen Reduzierung der Zahl der Altersgruppen immerhin noch zwei bis drei Stufen. Bei jeder Änderung der Quote für eine Waise müssten die Quoten aller anderen Beteiligten ebenfalls geändert werden. Z.B. müsste bei drei Waisen bis zu neunmal der Unterhaltsschaden aller Hinterbliebenen neu berechnet und bei der – üblichen – Kapitalisierung mit komplizierten Rechenoperationen berücksichtigt werden.

[127] So auch OLG Hamm NZV 89, 271; ZfS 96, 211.

[128] Im Einzelfall auch höher bis 47,5% oder niedriger bis 40%.

[129] Nach BGH VersR 87, 507 kann eine Verteilung von 60%:40%, die BGH VersR 76, 877 noch angenommen hatte, nach heutiger Auffassung nicht mehr als Regel gelten. In dieser Entscheidung akzeptierte der BGH in einem Fall, in dem der getötete Mann Spesen erhalten und überwiegend für sich verbraucht hatte, eine Quote von 47,5% der Witwe als noch im tatrichterlichen Ermessen liegend. Eine durchschnittliche Quote von 45% dürfte daher vertretbar sein. Ebenso OLG Hamm r+s 92, 413. Vgl. auch OLG Düsseldorf NZV 93, 473: 60% : 40% bei schwerer körperlicher Arbeit, Überstunden und Nachtarbeit des Ehemanns. Keine Kinder im Haushalt.

[130] Ebenso OLG München ZfS 87, 201; OLG Hamburg VersR 88, 135: 42, 5/15%.

[131] Der BGH nennt Quoten von 15–20% (VersR 86, 39 und VersR 86, 264) generell für Waisen; vgl. auch OLG München ZfS 87, 201: 20% für eine Waise.

[132] Ähnlich BGH VersR 86, 264: 35/35/15/15% (beide Partner erwerbstätig).

[133] Die folgenden Quoten entsprechen den Prozentsätzen, die der HUK-Verband zusammen mit dem Hauptverband der gewerblichen Berufsgenossenschaften für die Vereinbarung in Teilungsabkommen vorgeschlagen hatte. Vgl. auch *Schloën-Steinfeltz*, Regulierung von Personenschäden, Kap. 6, Rdn. 357.

[134] OLG Hamm ZfS 96, 211: 27/23/17%.

– Erwerbstätige Witwe, fixe Kosten, keine Abstufung nach Altersstufen.

| | |
|---|---|
| 50% | Witwe |
| 40/20% | Witwe, 1 Waise |
| 35/15/15% | Witwe, 2 Waisen[135] |

352 **bb) Anrechnung von Einkünften der Waisen („Bedürftigkeit").** Eine *Waise* hat nach § 1602 Abs. 2 BGB einen Anspruch auf Barunterhalt nur insoweit, als der Ertrag ihrer Arbeit und Erträgnisse ihres Vermögens zur Deckung des Unterhaltsbedarfs nicht ausreichen. Auf den nach den obigen Grundsätzen errechneten Unterhaltsbedarf ist daher anzurechnen:[136]
– *Ausbildungsbeihilfe,* soweit sie berufsbedingte Aufwendungen, nach den Pauschalen der Düsseldorfer Tabelle derzeit 90,– EUR[137] übersteigt.[138]
– Erträgnisse aus eigenem Vermögen
– *Erträgnisse* aus dem Nachlass des Getöteten im Rahmen des Vorteilsausgleichs[139]
– *BAföG* oder Stipendium, soweit es auch ohne den Unfall gezahlt worden wäre.[140]
– Pflegegeld für ein behindertes Kind.[141]

353 Danach anrechenbare Einkünfte mindern sowohl den Anspruch auf Barunterhalt, als auch den Anspruch auf persönliche Betreuung, sie sind daher bei der hier abgehandelten Hausfrauenehe – je zur Hälfte gegenüber Vater und Mutter abzusetzen.[142] Die Verringerung des Unterhaltsteils der Waise führt im Übrigen zu einer entsprechenden Erhöhung des zur Verteilung für die Ehegatten zur Verfügung stehenden Einkommens.[143]

**Beispiel:**

| | |
|---|---|
| Nettoeinkommen Getöteter | 2.000,– EUR |
| Unterhaltsquote Waise 20% | 400,– EUR |
| Ausbildungsbeihilfe | 500,– EUR |
| anrechenbare Ausbildungsbeihilfe (50% von 500,– EUR ./. 150,– EUR) | − 175,– EUR |
| Barunterhaltsschaden der Waise | 225,– EUR |
| für Hinterbliebene zur Verfügung stehendes Nettoeinkommen (3000,– EUR ./. 225,– EUR) | 2.775,– EUR |
| hieraus 45% Unterhaltsanteil | 1.248,75 EUR |
| Schadensersatz für Hinterbliebenen und Waisen (425,– EUR + 1.248,75 EUR) | 1.673,75 EUR |

---

[135] So auch OLG München in der vom BGH NZV 98, 149 = VersR 98, 333 gebilligten Entscheidung v. 16. 2. 96.
[136] BGH VersR 72, 948, 950.
[137] BGH VersR 72, 948, 951 verweist auf die Düsseldorfer Tabelle. Die aktuelle Fassung dieser Tabelle ist abgedruckt in der Beilage zu NJW 08, Heft 10; vgl. auch *Palandt,* Rdn. 10 ff. vor § 1601.
[138] BGH NJW 81, 2462; VersR 72, 948, 951.
[139] *Wussow-Dressler,* Unfallhaftpflichtrecht, Kap. 49, Rdn. 18 m. Hinweisen auf die Rechtsprechung; *Geigel,* Der Haftpflichtprozess, Kap. 8, Rdn. 27: Hier handelt es sich nicht um die Frage, in welchem Umfange die Waise ohne den Tod des Unterhaltspflichtigen bedürftig gewesen wäre. Änderungen in der Vermögenslage, die nur durch den Tod des Unterhaltspflichtigen verursacht wurden, sind im Rahmen des Vorteilsausgleichs – s. dazu Rdn. 419 ff. – zu berücksichtigen.
[140] Soweit BAföG auch ohne den Tod des Unterhaltspflichtigen gezahlt worden wäre, hätte m. E. schon kein familienrechtlicher Unterhaltsanspruch auf Barunterhalt bestanden. Zumindest fehlt es aber an der Bedürftigkeit. Daran ändert sich auch nichts, wenn der BAföG-Empfänger zur Rückzahlung dieser Leistungen verpflichtet ist. Dagegen kommt eine Anrechnung m. E. dann nicht in Betracht, wenn BAföG infolge des Unfalls gezahlt wird (Rechtsgedanke aus § 843 Abs. 4 BGB).
[141] BGH NZV 06, 467 = VersR 06, 1081.
[142] BGH NJW 81, 168; NJW 81, 2462.
[143] *Drees* VersR 85, 611 ff., 616.

## d) „Arbeitspflicht" des Hinterbliebenen

Behandelt wird hier der Fall, in dem der Hinterbliebene eine Erwerbstätigkeit, die er bei Fortbestehen der Ehe nicht oder nicht mehr ausgeübt hätte, infolge des Todes des Ehegatten aufnimmt oder fortsetzt. Die Schadensberechnung des Falles, in dem der Tod des Ehegatten keinen Einfluss auf die Ausübung der Erwerbstätigkeit durch den Hinterbliebenen hat, wird unter Rdn. 397 ff. dargestellt (Doppelverdienerehe). 354

Ein tatsächlich erzieltes Nettoeinkommen des Hinterbliebenen kann im Wege des *Vorteilsausgleichs*,[144] ein erzielbares kann nach den Grundsätzen der *Schadenminderungspflicht* berücksichtigt werden (zum Vorteilsausgleich im allgemeinen Rdn. 419 ff.). Die Anrechnung erfolgt nur, wenn den hinterbliebenen Ehegatten schadensersatzrechtlich eine Arbeitspflicht trifft, die Erwerbstätigkeit also *zumutbar* ist und den Schädiger nicht unbillig entlastet.[145] Ist dies der Fall, spielt es im Ergebnis keine Rolle, ob er tatsächlich arbeitet oder nicht; ein nur erzielbares Einkommen wird bei einer Arbeitspflicht fingiert.[146] Auf den Schadensersatzanspruch wegen entgangenen Unterhalts der Waise sind Anteile aus dem Erwerbseinkommen des Hinterbliebenen grundsätzlich nicht anzurechnen; etwas anderes gilt nur dann, wenn er ein ererbtes Unternehmen o. Ä. weiterführt („Quellentheorie" – vgl. Rdn. 420). 355

Für die Frage der *Arbeitspflicht* kommt es maßgeblich auf Alter, Leistungsfähigkeit, sonstige Lebensverhältnisse, frühere Erwerbstätigkeit und Ausbildung des Hinterbliebenen an.[147] Eine Arbeitspflicht wird man i. d. R. unterstellen können, wenn er jung, arbeitsfähig und kinderlos ist,[148] es sei denn, er kann nur eine „sozial niedrigere" Tätigkeit ausüben.[149] Bei Existenz minderjähriger Kinder nimmt man eine Arbeitspflicht etwa ab dem 12. bis 15. Lebensjahr des jüngsten Kindes an.[150] Ein Verstoß gegen diese Arbeitspflicht kann schon dann vorliegen, wenn sich der hinterbliebene Ehegatte nicht in zumutbarer Weise um eine Arbeitsstelle bemüht und anzunehmen ist, dass eine Beschäftigung hätte gefunden werden können.[151] 356

Ist das Erwerbseinkommen aus einer infolge des Todes des Unterhaltspflichtigen aufgenommenen oder schuldhaft nicht aufgenommenen Erwerbstätigkeit nach diesen Grundsätzen zu berücksichtigen, so wird es im vollem Umfang auf den Unterhaltsschaden angerechnet,[152] wenn nicht der Geschädigte nachweist, dass die Erwerbstätigkeit auch ohne den Tod des Ehegatten aufgenommen worden wäre.[153] 357

---

[144] BGH VersR 76, 877.
[145] BGH VersR 76, 877; VersR 69, 469.
[146] BGH VersR 56, 573; VersR 84, 936.
[147] BGH VersR 74, 142; VersR 76, 877; VersR 84, 936, 938; OLG Düsseldorf NZV 93, 473 = ZfS 93, 81.
[148] St. Rspr., BGH NZV 07, 29 = VersR 07, 76; VersR 76, 877; NJW 76, 1501; OLG Düsseldorf NZV 93, 473 = ZfS 93, 81.
[149] BGH VersR 60, 159: Frühere Stenotypistin, die angesehenen Rechtsanwalt geheiratet und seitdem nicht mehr gearbeitet hatte. Ob sich diese BGH-Entscheidung bei der heutigen sozialen Bewertung und der Nivellierung im Erwerbsleben noch vertreten lässt, ist mehr als zweifelhaft – vgl. dazu *Schloën-Steinfeltz*, Regulierung von Personenschäden, Kap. 6, Rdn. 382.
[150] Vgl. *Schloën-Steinfeltz*, Regulierung von Personenschäden, Kap. 6, Rdn. 383. OLG Celle FamRZ 80, 137: Frühestens ab 15. Lebensjahr; vgl. auch OLG Frankfurt SP 99, 267. OLG Hamm NZV 08, 570: Wegfall der Notwendigkeit der Kinderbetreuung.
[151] BGH NZV 07, 29 = VersR 07, 76. Zwar trifft grundsätzlich den Schädiger die Beweislast für einen Verstoß gegen die Schadenminderungspflicht. Der Geschädigte muss jedoch, soweit es sich um Vorgänge aus seiner Sphäre handelt, an der Sachaufklärung mitwirken,
[152] OLG Düsseldorf NZV 93, 473 = r+s 92, 375.
[153] Zur Schadenberechnung in einem solchen Fall s. Rdn. 397 ff.

**Beispiel:**

| | |
|---|---:|
| Nettoeinkommen Ehemann | 3.000,– EUR |
| 50% Unterhaltsquote Ehefrau | 1.500,– EUR |
| Vorteilsausgleich: | |
| Nettoeinkommen durch Erwerbstätigkeit | – 1.000,– EUR |
| Schadensersatz | 500,– EUR |

358  Trifft den Getöteten eine *Mithaftung* und ist der Schadensersatzanspruch daher zu quotieren, wird der Vorteil allerdings – abweichend von den allgemeinen Grundsätzen – nicht vom Schaden abgezogen. Der BGH hat hier dem Hinterbliebenen eine Art „*Quotenvorrecht*" hinsichtlich der Einkünfte aus seiner Erwerbstätigkeit zugebilligt.[154] Danach ist das tatsächlich erzielte (oder erzielbare) Netto-Erwerbseinkommen zunächst auf den Ausfall beim Schadensersatz wegen der Mithaftung des Getöteten (Differenz zwischen entgangenem Unterhalt und Quote hieraus vor Vorteilsausgleich) zu verrechnen. Nur ein verbleibender Überschuss kann als Vorteil vom – dann allerdings wegen der Mithaftung schon quotierten – Schaden abgezogen werden.

**Beispiel:**

| | | |
|---|---:|---:|
| 75% Haftung | | |
| Nettoeinkommen Getöteter | | 3.000,– EUR |
| 50% Unterhaltsquote Hinterbliebener[155] | | 1.500,– EUR |
| Schadensersatz 75% vor Vorteilsausgleich | | 1.125,– EUR |
| Vorteilsausgleich: | | |
| Vorteil | 1.000,– EUR | |
| ./. Ausfall (25%) | – 375,– EUR | |
| anrechenbarer restlicher Vorteil daher | | 625,– EUR |
| | | 500,– EUR |

359  Fazit: Die Mithaftung des Getöteten wirkt sich nur in den – seltenen – Fällen zu Lasten des Hinterbliebenen aus, in denen das erzielte Erwerbseinkommen niedriger ist als der Ausfall beim Schadensersatz wegen der Mithaftung.[156]

## 2. Naturalunterhalt (Wegfall der Haushaltsführung)

360  Die Führung des Familienhaushaltes und die Betreuung und Erziehung der Kinder ist keine Dienstleistung i.S.d. § 845 BGB, sondern eine *Unterhaltsleistung* nach § 1360 BGB.[157] Nach Tötung desjenigen, der zu diesem Naturalunterhalt familienrechtlich verpflichtet war und weiterhin gewesen wäre, haben die unterhaltsberechtigten Familienangehörigen als Teilgläubiger[158] Schadensersatzansprüche nach § 844 Abs. 2 BGB. Ebenso wie beim Barunterhalt ist auch bei diesem sog. Naturalunterhalt Voraussetzung für einen

---

[154] BGH VersR 55, 275; VersR 67, 259.

[155] Dem nicht erwerbstätigen Haushaltsführenden steht an sich nur eine Unterhaltsquote von ca. 45% (s. Rdn. 351) zu. Es wäre jedoch unbillig, auf den entgangenen Unterhalt das volle Nettoeinkommen, das aus der neu aufgenommenen Erwerbstätigkeit erzielt wird, anzurechnen. Es muss ein bestimmter Anteil für berufsbedingte Aufwendungen verbleiben. Der Einfachheit halber kann man mit demselben wirtschaftlichen Ergebnis dem Hinterbliebenen bei der Berechnung des entgangenen Unterhalts zunächst eine Quote von 50% zubilligen.

[156] Dies, juristisch m.E. schwer zu begründende, lediglich durch Billigkeitserwägungen getragene Ergebnis bei der Bewertung des Vorteilsausgleichs hat der BGH ausgedehnt auf die Schadensberechnung in der Doppelverdienerehe – s. Rdn. 405.

[157] Beschluss des Großen Senats vom 9. 7. 68 – VersR 68, 852.

[158] BGH VersR 72, 176 = NJW 72, 251; VersR 72, 743 = NJW 72, 1130; VersR 73, 84 = NJW 72, 1130. Vgl. Rdn. 383.

## 2. Naturalunterhalt (Wegfall der Haushaltsführung)

Schadensersatzanspruch nach § 844 Abs. 2 BGB, dass der Anspruch auf Haushaltsführung auch durchsetzbar gewesen wäre.[159]

Kinder haben nur bis zur Vollendung des 18. Lebensjahres einen Unterhaltsanspruch auf Betreuung und Haushaltsführung. Dieser Anspruch resultiert aus der elterlichen Sorgepflicht und endet damit mit dem Eintritt der Volljährigkeit.[160] Dies gilt auch dann, wenn es sich um ein behindertes, pflegebedürftiges Kind handelt.[161]

**361** Innerhalb einer gleichgeschlechtlichen Lebenspartnerschaft[162] bestand bis 31. 12. 2004 bei Tötung des Haushaltsführenden kein Anspruch wegen entgangenen Naturalunterhalts. Das LPartG verwies lediglich auf die für den Barunterhalt maßgeblichen Bestimmungen der §§ 1360a, 1360b BGB. Die Bestimmungen über die Haushaltsführung, nämlich die §§ 1356, 1360 BGB fanden demnach keine Anwendung. Die Partner traf keine unterhaltsrechtliche Verpflichtung zur Haushaltsführung, auch wenn dies anders zwischen den Beteiligten vereinbart wurde. Dies hat sich ab 1. 1. 2005 gesetzlich geändert: nunmehr besteht auch eine Verpflichtung zur Haushaltsführung wie innerhalb einer Ehe.

**362** Nachdem das ursprüngliche gesetzliche *Leitbild der sog. „Hausfrauenehe"*, nach der grundsätzlich die Ehefrau ihren familienrechtlichen Unterhaltspflichten durch die Führung des Haushalts genügte, *aufgegeben* worden ist (§ 1360 BGB n.F.),[163] können beide Ehegatten frei vereinbaren, wer und in welchem Umfang durch eine Erwerbstätigkeit den materiellen Unterhalt der Familie sicherstellt und wer und in welchem Umfang den Haushalt führt, wobei Mischformen (Teilzeitarbeit, Mithilfe im Haushalt) möglich und auch allgemein üblich sind.[164] Schadensersatz wegen entgangener Haushaltsführung kommt daher auch für die Witwe bei Tötung eines „Hausmanns" in Betracht.[165] Soweit im Folgenden von der *„Hausfrau"* die Rede ist, gelten die Ausführungen entsprechend für den „Hausmann".

**363** Ebenso wie beim Barunterhalt[166] kommt es allein auf den *rechtlich geschuldeten Unterhalt*, nicht auf den Umfang der tatsächlichen Arbeitsleistung des Haushaltsführenden an.[167] Es ist daher jeweils zu prüfen, ob und in welchem Umfang den Ehepartner[168] und

---

[159] Vgl. zu einem Fall mangelnder Leistungsfähigkeit der Getöteten und fehlender Durchsetzbarkeit OLG Köln NJW E-VHR 96, 152. Allerdings kommt es in diesem Zusammenhang auf die Qualität der Erziehung nicht an – BGH FamRZ 04, 526, Beschluss zu OLG Celle r + s 05, 129.

[160] BGH NJW 02, 2026; 94, 1530; 84, 1813; OLG Oldenburg v. 14. 8. 2009 (6 U 118/09); vgl. auch Münchner Kommentar, BGB, § 1610, Rdn. 37; *Jahnke* in Festschrift zum 25-jährigen Bestehen der Arbeitsgemeinschaft Verkehrsrecht im DAV, S. 213.

[161] BGH NJW 84, 1813. Hat ein an sich gegenüber seinem behinderten Kind barunterhaltspflichtiger Elternteil stattdessen auf Grund Vereinbarung die Pflege übernommen (Ersetzungsbestimmung nach § 1612 Abs. 2 S. 1 BGB), so ist dies als gesetzlich geschuldeter Unterhalt i.S.d. § 844 Abs. 2 BGB zu werten – BGH NZV 06, 467 = VersR 06, 1081.

[162] S. Rdn. 324.

[163] Vgl. Rdn. 397.

[164] BGH VersR 84, 79; VersR 85, 365; NZV 88, 60 = VersR 88, 490; VersR 93, 56 = DAR 93, 25; OLG Oldenburg v. 14. 8. 2009 (6 U 118/09).

[165] In BGH VersR 82, 291 = NJW 82, 1054 als selbstverständlich unterstellt. Vgl. auch BGH VersR 79, 622, 623; OLG Frankfurt VersR 80, 287. Allerdings wird man eine rechtliche Unterhaltsverpflichtung eines Hausmannes und damit einen Schadensersatzanspruch der Hinterbliebenen nicht bei gelegentlichen Hilfeleistungen wie Einkaufen, Hilfe beim Abwaschen etc., sondern nur bei Übernahme wesentlicher Teile der Haushaltsführung unterstellen können; ebenso OLG Oldenburg VersR 83, 890.

[166] Vgl. Rdn. 325.

[167] St. Rspr.; zuletzt BGH VersR 93, 56 = DAR 93, 25 m.w.H.; VersR 71, 423; OLG Nürnberg r+s 87, 103; *Hofmann* VersR 77, 296, 300.

[168] Zur Mitarbeitspflicht des erwerbstätigen Ehepartners nach seiner Pensionierung siehe Rdn. 209.

die Kinder[169] ohne den Tod der Haushaltsführenden eine Mitarbeitspflicht im Haushalt getroffen hätte.[170] Der Umfang der gesetzlich geschuldeten Haushaltsführung bestimmt sich nach dem sozialen Stand der Familie (Beruf und Einkommen des Ehepartners),[171] nach der Größe und Ausstattung des Haushalts, der Zahl, dem Alter und dem Gesundheitszustand der Familienmitglieder etc.

364 Allerdings ist die tatsächliche Verteilung der Hausarbeit auf beide Ehegatten von Bedeutung. Beide Partner können nämlich – im Rahmen der Angemessenheit, § 1360 S. 1 BGB – frei vereinbaren, wer durch Erwerbstätigkeit den materiellen Unterhalt der Familie sicherstellt und wer und in welchem Umfang den Haushalt führt.[172] Aus der tatsächlichen Handhabung der Haushaltsführung kann auf eine entsprechende einvernehmliche Regelung der Ehepartner geschlossen werden.[173]

365 Die konkrete Gestaltung der Versorgung der Hinterbliebenen, soweit sie in ihrem wohlverstandenen Interesse geboten und möglich ist, bildet den „Maßstab" für den erforderlichen Betreuungsaufwand.[174] Der Berechnungsmodus für den Schadensersatz hängt daher davon ab, ob
– die Haushaltsführung ohne Einstellung einer Ersatzkraft von den Hinterbliebenen übernommen wird,
– eine Ersatzkraft tatsächlich eingestellt wird,
– Verwandte Hilfe leisten oder
– der Familienverband aufgelöst und die Waisen in einer anderen Familie oder im Heim untergebracht werden.

**a) Keine Einstellung einer Ersatzkraft, aber Aufrechterhaltung des Familienverbandes**

366 Der Umstand, dass keine konkreten Kosten entstehen, sondern die Familienmitglieder durch Mehrarbeit den Schaden auffangen, entlastet den Schädiger nicht. Der Schaden ist normativ zu bewerten.[175]

367 Die Natur dieses abstrakten Schadensersatzanspruchs legt eine „nicht in alle Einzelheiten der tatsächlichen Haushaltstätigkeiten eindringende", bis zu einem gewissen Grade objektivierte und schematisierte Bewertung nahe.[176] Die Schematisierung findet der BGH darin, dass er die *Kosten einer vergleichbaren Ersatzkraft* als Anhaltspunkt für die Schätzung des Schadens zulässt.[177]

368 Das Problem besteht hier in dem Fehlen eines „Hausfrauen-Marktes".[178] Der BGH greift zwar auf den Bundesangestellten-Tarif (BAT) für eine bezahlte Ersatzkraft zurück, lässt insoweit jedoch Vorsicht walten, bereinigt den Tariflohn um die Arbeitnehmer-Komponenten Steuern und Sozialabgaben[179] und berücksichtigt auch den nach örtlichen

---

[159] Die älteren Entscheidungen zur Mitarbeitspflicht des Ehemannes können im Hinblick auf die Prämisse des BGH zur freien Vereinbarung des Umfangs der Haushaltsführung wohl nicht mehr berücksichtigt werden – vgl. Rdn. 401.
[170] Näheres dazu s. Rdn. 372.
[171] Das Nettoeinkommen des Mannes bestimmt zwar „nicht stets" die Obergrenze der Ersatzleistung, wirkt sich aber auf den mit zu berücksichtigenden Lebenszuschnitt der Familie aus (BGH VersR 82, 951), der den Rahmen für die erforderlichen Kosten der Schadenbehebung abgibt.
[172] BGH NZV 88, 60 = VersR 88, 490; VersR 85, 365; VersR 84, 79.
[173] BGH NZV 88, 60 = VersR 88, 490; VersR 93, 56 = DAR 93, 25.
[174] BGH VersR 86, 264 unter II 5 b) = NJW 86, 715; OLG Stuttgart VersR 93, 1536.
[175] U. a. BGH VersR 86, 790 = NJW-RR 86, 217; OLG Stuttgart VersR 93, 1356.
[176] BGH VersR 71, 1065.
[177] BGH VersR 71, 1045; VersR 72, 743; VersR 72, 948.
[178] *Steffen* VersR 85, 605, 607.
[179] BGH VersR 83, 458 = NJW 83, 1425.

## 2. Naturalunterhalt (Wegfall der Haushaltsführung)

Gegebenheiten billigeren Tarif oder Arbeitslohn einer Hilfskraft.[180] Zu prüfen ist, welche Ersatzkraft vergleichbar ist und welches Gehalt für wie viele Stunden der Schadenberechnung zugrunde zu legen ist.

Nach *Schulz-Borck/Hofmann*[181] ist wie folgt vorzugehen: **369**
- Wöchentlicher Zeitbedarf für die Versorgung der Hinterbliebenen und Aufrechterhaltung des durch den Tod der Hausfrau verkleinerten Haushalts[182] im ursprünglichen Standard;
- abzüglich Mithilfepflicht der Angehörigen;
- sich danach ergebende Stundenzahl multipliziert mit der Netto-Stundenvergütung einer nach BAT bezahlten Hilfskraft; dabei Einstufung BAT nach Zahl und Alter der Kinder sowie sozialem Stand;
- Aufteilung des sich danach ergebenden Schadensersatzes auf die Hinterbliebenen;
- abzüglich weggefallener Barunterhalt beim Anspruch des hinterbliebenen Ehegatten
- abzüglich Hinterbliebenenversorgung.

**aa) Arbeitszeitbedarf.** Eine Tabelle über den erforderlichen Zeitbedarf zur Führung **370** von Haushalten unterschiedlicher Größe, sozialen Stands und Technisierung findet sich bei *Schulz-Borck/Hofmann* (Tabelle 1).[183]

Für beispielsweise einen reduzierten 4-Personen-Haushalt mittleren Zuschnitts, der nach **371** dem Tod des Haushaltsführenden nur noch 3 Köpfe umfasst, sind etwa 49 Wochenstunden, für einen reduzierten 2-Personen-Haushalt (nur ein Hinterbliebener) geringerer Anspruchsstufe ca. 19 Wochenstunden erforderlich.[184] Abgesehen von der Zahl der Personen kommt es für den Arbeitszeitbedarf auf die Größe und den Standard[185] des Haushalts an. Für besondere Verhältnisse (Technisierung, besondere Erschwernisse etc.) sind Ab- und Zuschläge zu machen.[186] Eine Erhöhung des Zeitbedarfs kommt insbesondere bei der Betreuung von Kleinkindern in Betracht.[187]

Vom Arbeitszeitbedarf ist die Zeit abzuziehen, für die eine familienrechtliche *Mithilfe-* **372** *pflicht* im Haushalt besteht. Die Mithilfepflicht eines Kindes beginnt in der Regel mit dem 12.[188]–14. Lebensjahr, wobei es auf seinen Gesundheitszustand, seinen Entwicklungs- und

---

[180] BGH VersR 82, 951 = NJW 82, 2866.
[181] Ähnlich: Entschließung 15. Verkehrsgerichtstag 1977 Goslar; in wesentlichen Punkten auch BGH VersR 79, 670 = NJW 79, 1501; OLG Nürnberg r+s 87, 103; OLG Hamm ZfS 90, 341; OLG Oldenburg v. 14. 8. 2009 (6 U 118/09); sowie *Schlund* DAR 77, 281; LG Bayreuth VersR 83, 66.
[182] Die Eigenversorgung der getöteten Hausfrau fällt weg (BGH VersR 82, 951 = NJW 82, 2866 m. w. H.; OLG Nürnberg r+s 87, 103; a. A. noch OLG Frankfurt VersR 81, 251 m. krit. Anm. *Hofmann* VersR 81, 338).
[183] Insbesondere Tab. 1 – Der BGH billigt die Anwendung dieser Tabelle, da sie auf Erfahrungswerten beruhe, im Rahmen der tatrichterlichen Schätzung nach § 287 ZPO (BGH NZV 88, 60 = VersR 88, 490 m. w. H.), wobei eine Abweichung im konkreten Einzelfall aufgrund besonderer Umstände möglich – und erforderlich – ist; ebenso OLG Stuttgart VersR 93, 1536; vgl. auch BGH NZV 90, 307 = VersR 90, 907. Vgl. auch OLG München v. 16. 2. 96, insoweit gebilligt von BGH NZV 98, 149 = VersR 98, 333. Dagegen ist die Tabelle 8 nicht verwertbar. Abgesehen davon, dass hier nicht auf den im Rahmen des § 844 Abs. 2 BGB maßgeblichen Arbeitszeitbedarf, sondern auf eine tatsächliche Arbeitsleistung abgestellt wird, erscheinen die Werte unplausibel hoch. Siehe im Einzelnen auch die Anm. hierzu in der Fußn. zu Rdn. 193.
[184] Tabelle 1 bei *Schulz-Borck/Hofmann*, Schadensersatz bei Ausfall von Hausfrauen und Müttern im Haushalt; zustimmend BGH VersR 79, 670; OLG Hamm VersR 80, 723: 15 Wochenstunden für Witwe allein.
[185] *Schulz-Borck/Hofmann* unterscheiden 4 Anspruchsstufen.
[186] Tabelle 2 bei *Schulz-Borck/Hofmann*.
[187] Tabelle 2 bei *Schulz-Borck/Hofmann*.
[188] OLG Oldenburg v. 14. 8. 2009 (6 U 118/09).

Ausbildungsstand und seine Belastung in Schule oder Berufsausbildung ankommt.[189] Die Mithilfepflicht eines erwerbstätigen Ehepartners richtet sich nach den getroffenen Absprachen im Rahmen seiner beruflichen Belastung. Beide Partner können frei vereinbaren, wer und in welchem Umfange den Haushalt führt und einer Erwerbstätigkeit nachgeht. Da ausdrückliche Abreden insoweit kaum getroffen werden, kommt es auf die tatsächlichen Verhältnisse an.[190]

373 **bb) Stundensatz BAT.** Die Einstufung in den BAT-Tarif hängt von der Zahl und dem Alter der Familienangehörigen und dem sozialen Stand der Familie ab (Vorschläge bei *Schulz-Borck/Hofmann*, Tab. 3). Bei heranwachsenden erziehungsbedürftigen Kindern kommt eine Wirtschafterin oder eine Hauswirtschaftsleiterin (BAT VIII–VI b) mittlerer Altersstufe[191] in Betracht.[192] Im kinderlosen 2-Personen-Haushalt sind dagegen lediglich die Kosten einer Zugehfrau mit Kenntnissen zur selbstständigen Haushaltsführung[193] bzw. eine stundenweise beschäftigte Haushaltshilfe[194] zu berücksichtigen.

374 Ist nach den örtlichen Gegebenheiten eine Ersatzkraft zu einem billigeren Tarif oder einem *billigeren Arbeitslohn* zu bekommen, gilt dieser.[195]

375 Bei einer so genannten interfamiliären Lösung, bei der ein Verwandter die Betreuung der Familie übernimmt, ist nicht nur auf die Situation des Haushalts als solche, sondern auch auf die Qualifikation des Verwandten abzustellen. Bei fehlender hauswirtschaftlicher Ausbildung kann dies zu einer Reduzierung der BAT-Einstufung führen.[196]

376 **cc) Nettogehalt.** Maßgeblich sind nur die Kosten netto, vom im BAT ausgewiesenen Brutto-Tarif sind die Steuern und Sozialversicherungsbeiträge abzuziehen.[197] (Die Liste der aktuellen Brutto- und Nettogehälter für die einzelnen BAT-Stufen findet sich bei *Schulz-Borck/Hofmann*, Schadensersatz bei Ausfall von Hausfrauen und Müttern im Haushalt, Tab. 5.) Anstatt einer konkreten Berechnung kann auch ein *pauschaler Abzug* in Höhe von 30% erfolgen.[198] Eine Ausnahme lässt der BGH nur für den Fall zu, dass Familienmitglieder zur Führung des Haushaltes eine Erwerbstätigkeit aufgegeben haben.[199]

**b) Einstellung einer bezahlten Ersatzkraft**

377 Die tatsächlich aufgewendeten Kosten (brutto, einschließlich Arbeitgeberanteile zur Sozialversicherung) bilden den „bestimmenden Ausgangspunkt" für die Schätzung des Schadens,[200] wenn durch die Tätigkeit der Hilfskraft der Ausfall der Hausfrau vollständig

---

[189] BGH NZV 90, 307 = VersR 90, 907 = DAR 90, 296; VersR 73, 939; VersR 83, 458 m. w. H. OLG Hamburg VersR 88, 135: Ab dem 12. Lebensjahr, OLG Oldenburg v. 14. 8. 2009 (6 U 118/09); OLG Stuttgart VersR 93, 1536: ab dem 12.–14. Jahr jeweils 1 Stunde täglich.
[190] S. a. OLG Stuttgart VersR 93, 1536.
[191] LG Bayreuth VersR 83, 66.
[192] BGH VersR 73, 84; VersR 73, 939; VersR 79, 670.
[193] BGH VersR 74, 32.
[194] BGH VersR 83, 458; NZV 88, 60 = VersR 88, 490: BAT X.
[195] BGH VersR 82, 951 = NJW 82, 2866; OLG Düsseldorf DAR 88, 24.
[196] OLG Stuttgart VersR 93, 1536: Statt BAT VII zugebilligt BAT VIII bei Versorgung durch die nicht ausgebildete Schwiegermutter.
[197] BGH VersR 83, 458 = NJW 83, 1425; NZV 88, 60; OLG Nürnberg r+s 87, 103. Für die Arbeitgeberanteile zur Sozialversicherung schon BGH VersR 82, 951 = NJW 82, 2866. A. A. noch OLG Frankfurt VersR 81, 240.
[198] OLG Stuttgart VersR 93, 1536.
[199] In diesem Fall dürfte das entgangene Einkommen brutto – abzüglich Vorteilsausgleich – zu berücksichtigen sein. Zu prüfen ist hier aber immer, ob die Aufgabe der Erwerbstätigkeit tatsächlich unfallbedingt erfolgte und auch erforderlich war.
[200] BGH VersR 74, 604; VersR 73, 940.

ausgeglichen wird.²⁰¹ Wenn dies nur zum Teil der Fall ist, ist die Differenz zu den erforderlichen Kosten „netto" auszugleichen.

Erforderlich sind nur die Kosten einer solchen Ersatzkraft, deren Dienste den gesetzlich geschuldeten Unterhaltsleistungen der getöteten Hausfrau entsprechen.²⁰² Vergleichbarkeit muss hinsichtlich der Qualifikation der Ersatzkraft und hinsichtlich der Arbeitszeit gegeben sein (Rdn. 370f.). **378**

### c) Einschaltung von Verwandten

Der Schaden berechnet sich bei einer solchen familiären Lösung nach dem Betrag, den die Familienangehörigen bezahlen müssten, um den einsatzbereiten Dritten „voll angemessen" zu entschädigen.²⁰³ Dabei ist zu berücksichtigen, dass Verwandte die Versorgung von Waisen rationeller (mit weniger Zeitaufwand) gestalten können und dass – bei Wahl der Vergütungsgruppe (s. Rdn. 373) – der Verwandte in der Regel keine ausgebildete Fachkraft ist.²⁰⁴ Gibt der Verwandte seine eigene Erwerbstätigkeit auf, um die Hinterbliebenen zu betreuen, bildet der entgangene Nettoverdienst die Grundlage für die Schadensschätzung, soweit er nicht die Kosten einer Ersatzkraft übersteigt.²⁰⁵ **379**

### d) Auswärtige Unterbringung der Waisen

Wird eine Vergütung gezahlt, sind die aufgewendeten Beträge, sofern angemessen, zu ersetzen.²⁰⁶ Der Anspruch des Witwers berechnet sich dann nach dem Zeitaufwand, der für seine Versorgung erforderlich ist. Insoweit genügt in der Regel eine stundenweise bezahlte Haushaltshilfe mit Kenntnissen im Kochen und Waschen.²⁰⁷ Wurde durch den Unfall gleichzeitig auch der barunterhaltspflichtige Vater getötet, darf der insoweit zusätzlich entstehende Unterhaltsschaden nicht übersehen werden.²⁰⁸ **380**

Bei unentgeltlicher Unterbringung sind an sich nach der Rechtsprechung des BGH nur Kosten einer *vergleichbaren Familienunterkunft* zu erstatten.²⁰⁹ Die in den einschlägigen Entscheidungen genannten Beträge sind nach heutiger Auffassung jedoch weitaus zu gering. Außerdem ist es schwierig, die Kosten einer vergleichbaren Familienunterkunft zu ermitteln. Der 15. Deutsche Verkehrsgerichtstag hat deshalb vorgeschlagen, den Schadensersatz pro Waise nach dem doppelten Regelbedarfssatz der Regelunterhaltsverordnung zu bemessen. Dieser Weg ist zwar juristisch zweifelhaft (der Regelbedarf deckt den materiellen, nicht den persönlichen Unterhalt), dürfte aber zu praktikablen Ergebnissen führen.²¹⁰ **381**

Zu ersetzen sind auch die Kosten einer Heimunterbringung.²¹¹ Übernimmt der Kostenträger die Aufwendungen für Bekleidung, Taschengeld etc., ist die Höhe des Schadensersatzes um die – fortbestehende – Barunterhaltspflicht des Vaters zu reduzieren.²¹² **382**

---

²⁰¹ BGH VersR 86, 790.
²⁰² OLG Köln VersR 90, 1285.
²⁰³ BGH VersR 82, 874 = NJW 82, 2864; VersR 85, 365.
²⁰⁴ BGH VersR 85, 365.
²⁰⁵ BGH VersR 86, 264 unter II 5 = NJW 86, 715.
²⁰⁶ BGH VersR 71, 1045; OLG Frankfurt VersR 92, 1411 – Rev. nicht angen.
²⁰⁷ BGH VersR 84, 389.
²⁰⁸ OLG Koblenz ZfS 83, 169.
²⁰⁹ BGH VersR 74, 601; VersR 71, 1045; VersR 76, 291.
²¹⁰ OLG Celle VersR 80, 583 folgt dem nicht ganz: Einerseits zwar einfacher Regelbedarfssatz, aber andererseits höhere Altersstufen; Zuschläge bei besseren wirtschaftlichen und sozialen Verhältnissen.
²¹¹ OLG Celle r+s 05, 129 mit begründetem Nichtannahmebeschluss des BGH FamRZ 04, 526.
²¹² OLG Düsseldorf VersR 85, 698.

### e) Aufteilung des Schadensersatzes auf die einzelnen Hinterbliebenen

383  Die Hinterbliebenen sind nicht Gesamt-, sondern Teilgläubiger.[213] Der Verteilungsschlüssel ist Tatfrage; es kommt auf die Verhältnisse des konkreten Falles an. Insbesondere Kleinkinder haben einen relativ hohen Unterhaltsbedarf. Andererseits billigt der BGH einem 7–14 Jahre alten Kind nur einen Anteil von $^1/_3$ (für den Witwer $^2/_3$) zu.[214]

### f) Schadenminderungspflicht

384  Unter Umständen ist der allein stehende hinterbliebene Ehegatte gehalten, in eine zwar qualitativ gleichwertige, aber kleinere Wohnung umzuziehen.[215] Dies gilt insbesondere auch dann, wenn die Waisen bei Verwandten oder im Heim untergebracht werden.

### g) Vorteilsausgleich

385  Der Wegfall der eigenen Barunterhaltspflicht des erwerbstätigen Ehegatten gegenüber dem haushaltsführenden Partner ist nach st. Rspr. im Rahmen des § 254 BGB als Vorteil[216] zu werten,[217] und zwar wird konsequenterweise der Unterhaltsanteil des Verstorbenen am teilbaren Familieneinkommen, das nach Abzug der fixen Kosten verbleibt (zur Berechnung s. Rdn. 328 ff.), auf den Unterhaltsschaden des Witwers (nicht auf den der Waise) angerechnet:

**Beispiel:**

| | |
|---|---:|
| Haushaltsführungsschaden (Witwe/r, 1 Waise) | 1.200,– EUR |
| davon Anteil Witwe/r 50% (vgl. Rdn. 383) | 600,– EUR |
| Vorteilsausgleich: | |
| Nettoeinkommen Witwe/r | 2.000,– EUR |
| abzüglich fixe Kosten | – 600,– EUR |
| verteilbares Einkommen | 1.400,– EUR |
| Unterhaltsquote Getöteter 35% | 490,– EUR |
| ersparter Unterhaltsbeitrag | – 490,– EUR |
| Schadensersatz Witwe/r | 110,– EUR |
| Schadensersatz Waise (50%) | 600,– EUR |

386  Der so errechnete Vorteil kann sich freilich reduzieren, wenn die getötete Hausfrau ihre Arbeitskraft über das gesetzliche Maß hinaus verwertet hatte, in dem sie z.B. im eigenen Garten Nahrungsmittel zog, Kleider für die Familie nähte etc.[218] Ähnliches gilt, wenn die Getötete leibliche Kinder des Witwers ohne gesetzliche, aber aufgrund sittlicher Verpflichtung mitversorgt hatte[219] oder wenn über die gesetzliche Unterhaltsverpflichtung hinausgehende Pflegeleistungen für den Hinterbliebenen erbracht wurden.[220]

---

[213] BGH VersR 72, 743; VersR 73, 84 = NJW 72, 1130.
[214] BGH VersR 84, 875: Dem Vater steht ein doppelt so hoher Anteil im Vergleich zu dem Kind zu, weil die Hausfrau ihre Arbeitskraft in erster Linie der Versorgung des Ehemanns und der Aufrechterhaltung des ehelichen Haushalts zur Verfügung stellen musste; vgl. auch BGH VersR 74, 885 = NJW 74, 1238. A.A. OLG Hamm ZfS 90, 341: Größerer Anteil der Versorgung für ein minderjähriges Kind. A.A. auch *Drees* VersR 85, 611 ff.: Aufteilung gleichmäßig nach Zahl der Anspruchsberechtigten.
[215] BGH NZV 88, 60; VersR 82, 874; VersR 71, 1065; OLG Karlsruhe VersR 91, 1190.
[216] Zum Vorteilsausgleich im Übrigen s. die zusammenfassende Darstellung unter Rdn. 419 ff.
[217] U. a. BGH VersR 71, 1065; VersR 79, 670; VersR 84, 79; VersR 84, 189; VersR 84, 876.
[218] BGH VersR 79, 670.
[219] BGH VersR 84, 189.
[220] OLG Zweibrücken NJW-RR 89, 479.

## 2. Naturalunterhalt (Wegfall der Haushaltsführung)

Bei einer *Mithaftung* des Getöteten ist der vom hinterbliebenen Ehegatten ersparte Barunterhalt zunächst mit dem Ausfall zu verrechnen, der wegen der Quotierung des Schadensersatzanspruches entsteht.[221] Im wirtschaftlichen Ergebnis wirkt sich danach eine Mithaftung des Getöteten nur dann und insoweit zur Entlastung des Schädigers aus, als der ersparte Unterhaltsbeitrag niedriger ist als der Ausfall wegen der Mithaftung. Ein Vorteilsausgleich greift nur dann und insoweit, als dieser größer ist als der Ausfall wegen der Mithaftung. 387

**Beispiel** (s. Rdn. 385):

| | | |
|---|---:|---:|
| Haushaltsführungsschaden Witwer | | 600,– EUR |
| 50% Haftung | | |
| Schadensersatz vor Vorteilsausgleich | | 300,– EUR |
| Vorteilsausgleich (ersparter Unterhaltsbeitrag) | 490,– EUR | |
| Ausfall wegen Mithaftung | − 300,– EUR | |
| anrechenbarer Vorteil | 190,– EUR | |
| | | − 190,– EUR |
| Schadensersatz daher | | − 110,– EUR |

Die Mithaftung wirkt sich wegen des reduzierten Vorteils also nicht aus. Zu dem Problem der Berechnung der Ersatzforderungen im Falle der Zahlung einer kongruenten Hinterbliebenenrente s. Rdn. 445. 388

### h) „Anrechnung" von Einkünften der Waise

Soweit Waisen aufgrund eigener Einkünfte aus Erwerbstätigkeit oder Erträgnissen des Vermögens[222] nicht unterhaltsbedürftig sind, besteht auch kein Schadensersatzanspruch wegen Wegfalls des persönlichen (Natural-)Unterhalts.[223] Werden beide Elternteile bei einem Unfall getötet, gilt dies auch z.B. für die Erträgnisse des vom Vater geerbten Vermögens hinsichtlich des Anspruchs wegen des Todes der Mutter.[224] Berechnungsbeispiel s. Rdn. 352. 389

### i) Steuerliche Nachteile des Hinterbliebenen

Nach einer Übergangszeit gehen die Vorteile des Splitting-Tarifs sowie höherer Grenzen für Werbungskosten und Sonderausgaben verloren. Darin liegt nur ein mittelbarer Schaden, der nicht vom Schädiger zu ersetzen ist.[225] 390

### j) Laufzeit und Abstufung des Schadensersatzes

Der Anspruch des hinterbliebenen Ehegatten besteht für die mutmaßliche Dauer des Lebens des Getöteten,[226] die sich grundsätzlich nach der zum Todeszeitpunkt gegebenen statistischen Lebenserwartung[227] richtet. 391

---

[221] BGH VersR 87, 70. Die Entscheidung betrifft zwar den ersparten Barunterhalt aus Renteneinkünften, gilt aber erst recht für den erwerbstätigen Hinterbliebenen.
[222] Vgl. Rdn. 352.
[223] BGH VersR 72, 948; VersR 73, 939; VersR 74, 601; krit. *Hofmann* VersR 77, 296, 304.
[224] BGH VersR 74, 601.
[225] BGH VersR 79, 670 = NJW 79, 1501. Siehe auch BGH VersR 04, 75 = NZV 04, 23.
[226] § 844 Abs. 2 BGB. BGH NZV 90, 307 = VersR 90, 907: Es ist daher eine Prognose erforderlich, wie sich die Unterhaltsbeziehungen zwischen den Unterhaltsberechtigten und dem Unterhaltspflichtigen im Falle seines Fortlebens nach dem Unfall entwickelt haben würden. Die Prognose erfolgt im Rahmen des § 287 ZPO.
[227] S. Rdn. 864.

392  Beim erwerbstätigen Ehepartner ist eine steigende Mitarbeitspflicht (z. B. mit der Pensionierung) einerseits[228] und die sinkende Leistungsfähigkeit der Haushaltführenden mit zunehmenden Alter andererseits[229] zu berücksichtigen.

393  Bei *Wiederheirat* des hinterbliebenen Ehegatten entfällt der Schaden wegen entgangener Haushaltsführung.[230] Das gilt entsprechend, wenn der neue Partner Erwerbseinkommen hat und daraus einen entsprechenden finanziellen Beitrag zum Familienunterhalt leisten muss.[231]

394  Auf den Schadensersatzanspruch der Waisen wegen entgangenen Naturalunterhalts ist die tatsächliche Betreuung durch die Stiefmutter nicht anzurechnen.[232]

395  Gegenüber Kindern besteht eine Verpflichtung der Eltern zur Leistung von Naturalunterhalt nur bis zur Vollendung des 18. Lebensjahres (Eintritt der Volljährigkeit).[233]

### k) Übergang auf leistende Dritte

396  Zwischen der Hinterbliebenenversorgung durch Sozialversicherungsträger, Dienstherrn u. Ä. und dem Schadensersatz wegen entgangener Haushaltsführung (Naturalunterhalt) besteht sachliche Kongruenz. Der Ersatzanspruch von hinterbliebenen Ehegatten und Waisen geht daher nach §§ 116 SGB X, 87a BBG etc. über.[234]

## 3. Erwerbstätigkeit beider Ehegatten

397  Nach dem Wegfall des gesetzlichen Leitbildes der „Hausfrauenehe"[235] können beide Ehegatten nicht nur frei vereinbaren, wer erwerbstätig ist und wer den Haushalt führt. Sie können auch gemeinsam für den materiellen Familienunterhalt durch eine Berufstätigkeit aufkommen und die Haushaltsarbeiten im gegenseitigen Einvernehmen untereinander verteilen.[236] Beide Ehegatten sind dann auch unterhaltsrechtlich verpflichtet, Bar- und Naturalunterhalt zu leisten, und im Todesfall steht den Hinterbliebenen ein Anspruch wegen entgangenen Barunterhalts und wegen Wegfalles der Haushaltsführung zu.

---

[228] BGH VersR 73, 84; 73, 939; 83, 458. Der Umfang dieser Mitarbeit wird man nur in Ausnahmefällen oder dann mit 50% ansetzen können, wenn der Partner schon zur Zeit seiner Erwerbstätigkeit in erheblichem Umfang im Haushalt mitgearbeitet hat. In der Entscheidung VersR 73, 939 hat der BGH 10 Stunden Mitarbeit als im Rahmen des tatrichterlichen Ermessens liegend angesehen. Auch für die Zeit nach der Pensionierung gilt der Grundsatz, dass beide Ehepartner frei vereinbaren können, wer in welchem Umfang den Haushalt führt (vgl. Rdn. 401). Nach der Tabelle 8 bei *Schulz-Borck /Hofmann* entfällt in einem 2-Personen-Haushalt ⅔ der Arbeitszeit auf die Ehefrau und nur ⅓ auf den Mann.

[229] BGH VersR 73, 84; VersR 73, 939; OLG Zweibrücken VersR 78, 356.

[230] BGH VersR 70, 522 = NJW 70, 1127; OLG Stuttgart VersR 93, 1536.

[231] BGH VersR 70, 522 = NJW 70, 1127; OLG Stuttgart VersR 93, 1536.

[232] BGH VersR 69, 998; OLG Hamm VersR 78, 64.

[233] Siehe Rdn. 360.

[234] So ausdrücklich für den Anspruch der Waisen wegen entgangener Betreuung BGH VersR 66, 487; VersR 68, 771; VersR 87, 1092 = NJW 87, 2293. Für den Anspruch der Ehefrau wegen entgangener Mithilfe des Ehemanns im Haushalt BGH VersR 82, 291 = NJW 82, 1045; OLG Frankfurt NZV 93, 474. Für die Tötung des den Haushalt allein oder überwiegend führenden Partners muss dasselbe gelten (BGH VersR 62, 330 ist überholt); OLG Hamm r+s 94, 420; OLG Stuttgart VersR 93, 1636.

[235] Vgl. Rdn. 362.

[236] BGH VersR 84, 79; VersR 85, 365 = NJW 85, 1460; NZV 88, 60 = VersR 88, 490; VersR 93, 56 = DAR 93, 25.

## a) Barunterhalt

Beide *Ehegatten* haben unterhaltsrechtlich jeweils einen Anspruch gegen den Partner auf Beteiligung an dessen Nettoeinkommen.[237] Die beiderseitige Beteiligungsquote ist gleich hoch.[238] Abweichende Vereinbarungen, nach der etwa der Partner einen Nebenverdienst für sich selbst beanspruchen kann, sind grundsätzlich unzulässig.[239] Unklar bleibt gelegentlich in der Rechtsprechung, ob die Barunterhaltsansprüche der Ehepartner einander gegenüberstehen und der Wegfall der eigenen Barunterhaltspflicht gegenüber dem Getöteten daher nur als Vorteil bei der Schadenberechnung zu berücksichtigen ist,[240] oder ob sich der Unterhaltsanspruch auf eine Beteiligung an dem Saldo zwischen beiden Einkünften beschränkt.[241] Für die Berechnung des Barunterhaltschadens hat dies jedoch praktische Bedeutung nur für den Fall einer Mithaftung des Getöteten, bei dem dem Hinterbliebenen ein Quotenvorrecht zusteht.[242]

**398**

Eheliche Kinder haben einen Barunterhaltsanspruch gegen beide Elternteile,[243] und zwar nach dem Verhältnis dieser Erwerbseinkommen zueinander,[244] d.h. den Waisen steht jeweils eine gleich hohe Quote aus beiden Nettoeinkommen zu.

**399**

Beide Ehegatten haben sich an den *fixen Kosten* der Haushaltsführung im Verhältnis ihres eigenen Nettoeinkommens zum Familiennettoeinkommen zu beteiligen.[245]
Zur Berechnung des Barunterhaltschadens siehe Rdn. 328 ff.

**400**

## b) Naturalunterhalt (Haushaltsführung)

Maßgeblich für die Höhe des Unterhaltsschadens ist zwar grundsätzlich die rechtlich geschuldete, nicht die tatsächlich geleistete Haushaltsführung.[246] Beide Ehegatten regeln Umfang und Verteilung der Haushaltsarbeiten jedoch im gegenseitigen Einvernehmen. Das im Sinne des § 844 Abs. 2 BGB rechtlich Geschuldete ergibt sich aus dem Vereinbarten.[247] Ihre Grenze finden derartige Absprachen lediglich in der familienrechtlichen Angemessenheit.[248] Da diese Vereinbarungen aber regelmäßig nicht ausdrücklich getroffen werden, kann aus der tatsächlichen Handhabung der Haushaltsführung auf ein solches Einvernehmen geschlossen werden.[249] Damit kommt den tatsächlichen Verhältnissen die entscheidende – indizielle – Bedeutung für den rechtlich geschuldeten Unterhalt und damit für die Höhe des Schadensersatzes zu.

**401**

Mehr oder weniger häufige, *gelegentliche Hilfeleistungen* eines voll erwerbstätigen Ehegatten haben allerdings regelmäßig schadensersatzrechtlich außer Betracht zu bleiben.[250]

**402**

---

[237] BGH VersR 84, 79; VersR 84, 353; VersR 84, 961.
[238] *Drees* VersR 85, 611, 613.
[239] OLG Frankfurt ZfS 84, 165.
[240] So die überwiegende Rechtsprechung des 6. Senats des BGH, s. z.B. BGH VersR 84, 79; VersR 84, 353; VersR 84, 961.
[241] BGH VersR 83, 688: Unterhaltsquote des geringer verdienenden Ehegatten aus der Differenz zwischen dem gemeinsamen Einkommen („Familieneinkommen") und dem eigenen Einkommen.
[242] S. Rdn. 406.
[243] Bei hohen Einkommen ist zu berücksichtigen, dass der Unterhaltsbedarf einer Waise begrenzt ist – vgl. Rdn. 349.
[244] BGH VersR 85, 365.
[245] BGH VersR 84, 79; vgl. auch VersR 83, 726; OLG Hamburg VersR 88, 135.
[246] BGH VersR 71, 423; OLG Nürnberg r+s 87, 103.
[247] BGH NZV 88, 60 = VersR 88, 490; VersR 84, 79; VersR 85, 365 = NJW 85, 1460.
[248] § 1316 S. 1 BGB – vgl. Rdn. 407.
[249] BGH NZV 88, 60 = VersR 88, 490.
[250] OLG Oldenburg VersR 83, 890.

Solche Leistungen erfolgen gefälligkeitshalber, eine familienrechtlich relevante Absprache über eine – teilweise – Führung des Haushaltes dürfte kaum vorliegen.

403 Die Berechnung der *Höhe* des Schadensersatzes folgt im Übrigen den unter Rdn. 360 ff. dargestellten Grundsätzen. Allerdings ergeben sich Besonderheiten beim Zeitaufwand. Mit der Tabelle über den Arbeitszeitbedarf bei *Schulz-Borck/Hofmann* (Tabelle 1) kann nicht ohne weiteres gearbeitet werden.[251] Zu berücksichtigen ist nämlich, dass beide Ehegatten auch den Umfang der Haushaltsführung bestimmen können und bei einer beiderseitigen Erwerbstätigkeit weniger Zeit für die Haushaltsführung zur Verfügung steht.[252]

### c) Wegfall der Barunterhaltspflicht des hinterbliebenen Ehegatten

404 Die wegen des Todes des Ehegatten entfallende unterhaltsrechtliche Verpflichtung zur Beteiligung des Partners am eigenen Nettoeinkommen (s. Rdn. 398 ff.) mindert den Schaden. (Zur Berechnung siehe Rdn. 385 sowie die Beispiele unter Rdn. 409 ff.) Eine Anrechnung des ersparten Barunterhalts kann allerdings nur – dies wird in der Praxis gelegentlich übersehen – auf den Ersatzanspruch des Witwers, nicht auf den der Waisen, erfolgen.

405 Das Einkommen des Hinterbliebenen ist auch dann zu berücksichtigen, wenn die Ehegatten minderjährige Kinder zu versorgen haben.[253] In der Doppelverdienerehe regeln beide Gatten im gegenseitigen Einvernehmen den Umfang der beiderseitigen Erwerbstätigkeit und Haushaltsführung. Es kommt hier nicht auf die schadensersatzrechtliche Zumutbarkeit der Aufnahme einer Erwerbstätigkeit an.[254] Die Grenze, die auch schadensersatzrechtlich zu beachten ist, liegt hier nur im familienrechtlich Zumutbaren.[255]

406 Bei Mithaftung des Getöteten ist der ersparte Barunterhalt auch hier zunächst mit dem Ausfall zu verrechnen, der wegen der Quotierung des Schadensersatzanspruchs entsteht.[256] Zu den Besonderheiten der Berechnung des persönlichen und des übergegangenen Ersatzanspruchs bei Zahlung einer Hinterbliebenenrente durch den SVT s. Rdn. 445 ff. mit Berechnungsbeispiel.

### d) Überobligatorische Tätigkeit

407 Die grundsätzlich zulässigen Vereinbarungen der Ehepartner über den Umfang von Erwerbstätigkeit und Haushaltsführung und deren Verteilung finden ihre Grenze im familienrechtlich Angemessenen,[257] wobei den Ehepartnern allerdings ein „weiter, gestaltungsfreier Raum" zusteht.[258] In einer Familie mit Kindern müssen sich beide Elternteile zwar nicht mit im Ergebnis gleichen Anteilen am gesamten Unterhalt (Barunterhalt und Be-

---

[251] Dies gilt erst recht für die Tabelle 8, die z. T. sogar zu noch höheren Werten kommt, die aber schon deshalb nicht anwendbar ist, weil dort auf die tatsächliche Arbeitsleistung abgestellt wird. Zu den Bedenken gegen diese Tabelle vergleiche im Übrigen Fußn. 349 zu Rdn. 193.

[252] Vgl. BGH NZV 88, 60 = VersR 88, 490.

[253] Dies wird vom BGH als selbstverständlich unterstellt. BGH NZV 98, 149 = VersR 98, 333: Zwei Waisen im Alter von 3 und 5 Jahren, Berücksichtigung des Witweneinkommens. Siehe auch BGH VersR 74, 885.

[254] Die Frage einer Zumutbarkeit der Erwerbstätigkeit bei der Erziehung und Betreuung von Kindern unter 14 Jahren stellt sich nur bei der Prüfung der sog. „Arbeitspflicht" des Hinterbliebenen, also der Schadenminderungspflicht bei Aufnahme einer bislang nicht ausgeübten Erwerbstätigkeit nach dem Tod des Ehegatten – s. hierzu Rdn. 354.

[255] Der BGH unterstellt das Ergebnis als selbstverständlich (BGH NZV 98, 149 = VersR 98, 333): Bei 2 Waisen im Alter von 3 und 5 Jahren Berücksichtigung des Witweneinkommens zur Berechnung des Barunterhaltschadens.

[256] Vgl. Rdn. 387 mit Berechnungsbeispiel.

[257] BGH NZV 88, 60 = VersR 88, 490.

[258] BGH VersR 93, 56 = DAR 93, 25.

treuung) beteiligen; eine hiervon abweichende Aufteilung der Pflichten „nach den Bedürfnissen und Möglichkeiten des einzelnen Partners" ist zulässig; bei einem „offensichtlichen Missverhältnis" muss aber eine Korrektur vorgenommen werden.[259]

Die ältere Rechtsprechung korrigiert dadurch, dass sie dem Haushaltsführenden einen größeren Anteil an seinem eigenen Nettoeinkommen zubilligt.[260] Nach einer jüngeren BGH-Entscheidung liegt es im Ermessen des Tatrichters, ob er entweder den Barunterhalt oder aber den Anspruch wegen entgangener Haushaltsführung kürzt.[261] Als Faustregel kann man vielleicht festhalten, dass der allein Haushaltsführende allenfalls den Teil seines Einkommens für den Familienunterhalt zur Verfügung stellen muss, den er bei einer Halbtagstätigkeit erzielen würde. Dies gilt jedoch nicht im Verhältnis zu den Kindern; bei Tötung eines überobligatorisch tätigen Elternteils ist der Ersatzanspruch nicht herabzusetzen.[262]

**408**

e) **Berechnungsbeispiele (auf volle EURO gerundet):**

aa) **Ausschließlich Barunterhalt.** (Tod des voll erwerbstätigen Ehegatten; Teilzeitarbeit und alleinige Haushaltsführung des Hinterbliebenen; keine unterhaltsberechtigten Waisen.)

**Fall 1**

**409**

| | |
|---|---|
| mutmaßliches Nettoeinkommen des Getöteten | 2.000,– EUR |
| tatsächliches Einkommen des Hinterbliebenen | 1.000,– EUR |
| fixe Kosten | 1.000,– EUR |

Die Praxis kennt drei Berechnungsmethoden:
– „Verfeinerte" Methode nach BGH VersR 83, 726.

| | |
|---|---|
| 1. Mutmaßliches Nettoeinkommen des Getöteten | 2.000,– EUR |
| 2. tatsächliches Einkommen des Hinterbliebenen | + 1.000,– EUR |
| 3. Familieneinkommen (1. + 2.) | 3.000,– EUR |
| 4. abzüglich feste Haushaltskosten | − 1.000,– EUR |
| 5. verteilbares Familieneinkommen (3.–4.) | 2.000,– EUR |
| 6. Anteil des Hinterbliebenen hieran (50% von 5.) | 1.000,– EUR |
| 7. in 6. enthaltene Einkünfte des Hinterbliebenen, die zur Erfüllung seiner eigenen persönlichen Bedürfnisse zur Verfügung stehen, das sind: 50% des um seinen eigenen Anteil an den festen Haushaltskosten verminderten eigenen Einkommens | |
| abzgl. Anteil fixe Kosten ⅓ | − 333,– EUR |
| | 667,– EUR |
| davon 50% | 333,– EUR |
| 8. entgangener Beitrag des Getöteten zu den persönlichen Bedürfnissen des Hinterbliebenen (6.–7.) | 666,– EUR |
| 9. entgangener Beitrag des Getöteten zu den festen Haushaltskosten (⅔) | + 667,– EUR |
| 10. entgangener Unterhaltsbeitrag | 1.333,– EUR |
| 11. abzüglich Unterhaltsersparnis (s. 7.) | − 333,– EUR |
| 12. Schadensersatz | 1.000,– EUR |

– Vorzuziehen, weil bei identischem Ergebnis meist wohl einfachere Methode (ähnlich BGH VersR 84, 79 und BGH VersR 84, 963):

---

[259] BGH VersR 85, 365.
[260] BGH NJW 57, 537; vgl. auch OLG Bamberg ZfS 83, 295.
[261] BGH VersR 74, 885.
[262] OLG Frankfurt VersR 92, 1411 – Rev. nicht angen. Hier ist aber besonders darauf zu achten, dass die Grenze für den Unterhalt und damit auch für den Schadensersatz beim Bedarf der Waise liegt.

| 1. Mutmaßliches Einkommen des Getöteten | | 2.000,– EUR |
| --- | --- | --- |
| 2. abzüglich Anteil des Getöteten an den festen Kosten der Haushaltsführung $\frac{1000 \times 2000}{3000}$ | | – 667,– EUR |
| 3. für Familienunterhalt zur Verfügung stehendes Einkommen des Getöteten | | 1.333,– EUR |
| 4. Anteil des Hinterbliebenen hieran 50% | | 667,– EUR |
| 5. zuzüglich Fixkostenanteil | | 667,– EUR |
| 6. entgangener Barunterhalt | | 1.334,– EUR |
| 7. Vorteilsausgleich | | |
| Einkommen Hinterbliebener | 1.000,– EUR | |
| abzüglich Fixkostenanteil | 333,– EUR | |
| | 667,– EUR | |
| Unterhaltsanteil Getöteter 50% | 334,– EUR | |
| | | – 334,– EUR |
| | | 1.000,– EUR |

– Häufig anzutreffende, noch einfachere, „schlichte" Methode (BGH NZV 94, 475)

| 1. Mutmaßliches Einkommen des Getöteten | 2.000,– EUR |
| --- | --- |
| 2. tatsächliches Einkommen Hinterbliebener | + 1.000,– EUR |
| 3. Familieneinkommen | 3.000,– EUR |
| 4. abzüglich fixe Kosten | – 1.000,– EUR |
| 5. zum Unterhalt zur Verfügung stehendes Einkommen | 2.000,– EUR |
| 6. Unterhaltsanteil Hinterbliebener 50% | 1.000,– EUR |
| 7. zuzüglich fixe Kosten | + 1.000,– EUR |
| 8. entgangener Barunterhalt | 2.000,– EUR |
| 9. abzüglich Nettoeinkommen Hinterbliebener (Vorteilsausgleich) | – 1.000,– EUR |
| | – 1.000,– EUR |

**Achtung:** Diese Methode kann nicht angewendet werden bei Mithaftung (s. Fall 3). Denn hier ist das „Quotenvorrecht" des Hinterbliebenen beim Vorteilsausgleich zu beachten. Außerdem ist zu berücksichtigen, dass Witwe und Waisen getrennte Ansprüche haben, die ggf. gesondert zu berechnen sind (s. Fall 2). Dies gilt insbesondere im Falle eines Prozesses (zutreffender Antrag!) und auch dann, wenn Hinterbliebenenrenten eines Sozialversicherungsträgers bei einem Anspruchsberechtigten voll übergangsfähig, bei einem anderen nur zum Teil übergangsfähig sind.

**410 Fall 2**

Tod des voll erwerbstätigen Ehegatten; Teilzeitarbeit und alleinige Haushaltsführung des Hinterbliebenen; eine unterhaltsberechtigte Waise

| Mutmaßliches Nettoeinkommen des Getöteten | 2.000,– EUR |
| --- | --- |
| tatsächliches Einkommen des Hinterbliebenen | 1.000,– EUR |
| fixe Kosten | 1.000,– EUR |

Berechnung nach Methode Rdn. 409, Nr. 2

| 1. Fiktives Einkommen des Getöteten | 2.000,– EUR |
| --- | --- |
| 2. Fixkostenanteil des Getöteten $\frac{1000 \times 2000}{3000}$ | – 667,– EUR |
| 3. für Familienunterhalt zur Verfügung stehendes Einkommen des Getöteten | 1.333,– EUR |

4. Schadenersatz Waise
   – 20% Unterhaltsanteil von 1.333,– EUR          267,– EUR
   – zuzüglich 40% des Fixkostenanteils 667,– EUR  + 267,– EUR
                                                    534,– EUR

5. Hinterbliebener Ehegatte
   – 40% Unterhaltsanteil von 1.333,– EUR          533,– EUR
   – 60% vom Fixkostenanteil 667,– EUR             + 400,– EUR
   entgangener Unterhalt                            933,– EUR
   – Vorteilsausgleich
     Einkommen Hinterbliebener     1.000,– EUR
     abzüglich Fixkostenanteil     –  333,– EUR
                                      667,– EUR

   40% Unterhaltsanteil des Getöteten              – 267,– EUR

   Schadensersatz hinterbliebener Ehegatte wegen
   entgangenen Unterhalts nach Vorteilsausgleich    666,– EUR
   Schadensersatz insgesamt                        1.200,– EUR

(BGH VersR 83, 727 käme zu demselben Ergebnis.)

**Fall 3**  411

Wie Fall 2, aber 60% Haftung.

Grundsatz beachten: Bei einer Mithaftung des Getöteten ist der ersparte Beitrag des Hinterbliebenen zu den persönlichen Bedürfnissen des Getöteten zunächst mit der wegen der Mithaftung nicht ersetzten Quote des entgangenen Unterhalts zu verrechnen (s. Rdn. 386).

1. Fiktives Einkommen des Getöteten              2.000,– EUR
2. Fixkostenanteil des Getöteten
   $$\frac{1000 \times 2000}{3000}$$             – 667,– EUR
3. für Familienunterhalt zur Verfügung stehendes Einkommen
   des Getöteten                                 1.333,– EUR
4. Schadenersatz Waise
   – 20% Unterhaltsanteil von 1.333,– EUR          267,– EUR
   – zuzüglich 40% des Fixkostenanteils 667,– EUR  + 267,– EUR
   entgangener Unterhalt                            534,– EUR
   Schadensersatz 60% Haftung                       320,– EUR
5. Hinterbliebener Ehegatte
   – 40% Unterhaltsanteil von 1.333,– EUR          533,– EUR
   – 60% vom Fixkostenanteil 667,– EUR             + 400,– EUR
   entgangener Unterhalt                            933,– EUR
   – 60% Haftung                                    560,– EUR
   – Vorteilsausgleich
     Einkommen Hinterbliebener     1.000,– EUR
     abzüglich Fixkostenanteil     –  333,– EUR
                                      667,– EUR
   40% Unterhaltsanteil des Getöteten   267,– EUR

   Dieser Vorteil von 267,– EUR ist niedriger als der Verlust wegen der Mithaftung von 40% von 933,– EUR = 373,– EUR.
   Daher kein Vorteilsausgleich!
   Schadensersatz gesamt                           880,– EUR

   (und nicht 60% von 1.200,– EUR = 720,– EUR)

– Falsches Ergebnis nach der unter Rdn. 409 dargestellten 3. Berechnungsmethode

| | |
|---|---:|
| 1. Mutmaßliches Nettoeinkommen des Getöteten | 2.000,– EUR |
| 2. tatsächliches Einkommen des Hinterbliebenen | + 1.000,– EUR |
| 3. Familieneinkommen | 3.000,– EUR |
| 4. abzüglich fixe Kosten | – 1.000,– EUR |
| 5. verfügbares Familieneinkommen | 2.000,– EUR |
| 6. Anteil hinterbliebener Ehegatte und Waise 60% | 1.200,– EUR |
| 7. zuzüglich fixe Kosten | + 1.000,– EUR |
| 8. entgangener Barunterhalt | 2.200,– EUR |
| 9. 60% Haftung | 1.320,– EUR |
| 10. Anrechnung des Einkommens hinterbliebener Ehegatte 1.000,– EUR abzüglich 880,– EUR Ausfall Anrechnung daher | – 120,– EUR |
| Schadensersatz | 1.200,– EUR |

anstatt 880,– EUR. Der Fehler dieser Methode beruht darauf, dass der Witwe ein Schadensersatzanspruch wegen entgangenen Unterhalts aus ihrem eigenen Einkommen (!) zugebilligt wird.

**bb) Bar- und Naturalunterhalt.**

**412 Fall 4**

Tod des teilzeitbeschäftigten und (allein-)haushaltsführenden Ehepartners. (Eine solche Aufteilung von Erwerbstätigkeit und Haushaltsführung dürfte familienrechtlich noch zulässig sein.)

| | |
|---|---:|
| Nettoeinkommen Hinterbliebener | 2.000,– EUR |
| mutmaßliches Nettoeinkommen Getöteter | 1.000,– EUR |
| fixe Kosten | 1.000,– EUR |
| Schadensersatz wegen entgangener Haushaltsführung unterstellt | 500,– EUR |
| keine Waisen | |

Berechnung des Schadensersatzes (ähnlich BGH VersR 84, 79, 81; VersR 84, 961, 963):

| | | |
|---|---:|---:|
| Barunterhalt: | | |
| – Mutmaßliches Nettoeinkommen des Getöteten | 1.000,– EUR | |
| – abzüglich Fixkostenanteil 1/3 von 1.000,– EUR | – 333,– EUR | |
| – zu verteilendes Einkommen | 667,– EUR | |
| – 50% Anteil des Hinterbliebenen | 334,– EUR | |
| – zuzüglich Fixkostenanteil | + 333,– EUR | |
| – entgangener Barunterhalt | | 667,– EUR |
| Entgangene Haushaltsführung (unterstellt) | | + 500,– EUR |
| Ersparter Unterhaltsbeitrag | | |
| – Nettoeinkommen Hinterbliebener | 2.000,– EUR | |
| – ./. Fixkostenanteil | – 667,– EUR | |
| – zu verteilendes Nettoeinkommen | 1.333,– EUR | |
| – Unterhaltsanteil des Getöteten 50% | 667,– EUR | |
| – Vorteil | | – 667,– EUR |
| – Schadensersatz | | 500,– EUR |

## Fall 5  413

Abweichung vom Fall 4: Haftung 60%

| | | |
|---|---:|---:|
| – Barunterhaltsschaden | | 667,– EUR |
| – Schaden wegen entgangener Haushaltsführung | | + 500,– EUR |
| Unterhaltsschaden insgesamt | | 1.167,– EUR |
| – 60% Haftung | | 700,– EUR |
| – ersparter Unterhaltsbeitrag | 667,– EUR | |
| – Ausfall wegen Mithaftung | 467,– EUR | |
| – anrechenbarer Vorteil daher | | – 200,– EUR |
| Schadensersatz nach Vorteilsausgleich | | 500,– EUR |

Wegen des Quotenvorrechts bei der Berücksichtigung ersparten Barunterhalts führt die Mithaftung hier also nicht zu einer Reduzierung des Schadensersatzes. Umgekehrt gibt es Fallsituationen – wenn der Ausfall wegen der Mithaftung höher ist als der anrechenbare Vorteil (hohe Mithaftung und/oder ein relativ geringer ersparter Barunterhalt) –, in denen zwar die Haftungsquotierung, nicht aber der Vorteilsausgleich zu einer Reduzierung des Schadensersatzes führt.

## Fall 6  414

Volle Erwerbstätigkeit beider Ehepartner und Haushaltsführung je zur Hälfte.
Schadenberechnung erfolgt wie im Fall 4. Es besteht nicht nur ein Anspruch wegen entgangenen Barunterhalts, sondern auch wegen entgangener Haushaltsführung.[263] Der hinterbliebene Ehegatte muss nämlich für die Fortführung des Haushalts im alten Standard mehr Zeit aufwenden, als er vorher für die Hälfte der Hausarbeiten benötigte. (Dies wird auch z. B. in der Tabelle 1 bei *Schulz-Borck/Hofmann* über den Zeitbedarf reduzierter Haushalte berücksichtigt.) Zu beachten ist bei dieser Fallkonstellation im Übrigen, dass in der Regel wegen der beiderseitigen Erwerbstätigkeit weniger Zeit für den Haushalt übrig bleibt, als in den anderen Fällen; der Schadensersatzanspruch wegen entgangener Haushaltsführung reduziert sich entsprechend.[264]

## Fall 7  415

Tod des voll erwerbstätigen und den Haushalt – angeblich – allein führenden Ehegatten.
Schon vom Tatsächlichen her bestehen bei einer solchen Konstellation erhebliche Bedenken. Behauptet der hinterbliebene Ehegatte, der Partner habe neben seiner vollen Erwerbstätigkeit den Haushalt allein geführt, so ist er für diese Abweichung von der Regel (Teilung der Hausarbeit) voll beweispflichtig. Es ist zu prüfen, ob der Getötete zeitlich und gesundheitlich überhaupt in der Lage war, diese Doppelbelastung zu bewältigen.
Familienrechtlich würde ein solches Verhalten m. E. keinen Unterhaltsanspruch begründen. Daraus folgt, dass auch der Schadensersatzanspruch entsprechend *zu reduzieren* ist.[265] Die ältere Rechtsprechung billigt dem Haushaltsführenden hier einen größeren Anteil an seinem eigenen Nettoeinkommen zu.[266] Nach einer jüngeren BGH-Entscheidung liegt es im Ermessen des Tatrichters, ob er entweder den Barunterhalt oder aber den Anspruch wegen entgangener Haushaltsführung kürzt.[267] Als Faustregel kann man vielleicht festhalten, dass der allein Haushaltsführende allenfalls den Teil seines Einkommens für den Familienunterhalt zur Verfügung stellen muss, den er bei einer Halbtagstätigkeit beziehen würde.

## 4. Tod eines unterhaltspflichtigen Kindes oder sonstiger unterhaltspflichtiger Verwandter

Dem Grundsatz, dass ein Schadensersatzanspruch wegen entgangenen Unterhalts nach  416
§ 844 Abs. 2 BGB nur dann und insoweit in Betracht kommt, als der gesetzlich geschul-

---
[263] BGH NZV 88, 60 = VersR 88, 490; a. A. noch BGH VersR 84, 961.
[264] Vgl. Rdn. 403.
[265] BGH VersR 85, 365: „Korrektur durch die Wertung als überobligationsmäßig".
[266] BGH NJW 57, 537; vgl. auch OLG Bamberg ZfS 83, 295, 296.
[267] BGH VersR 74, 885.

dete Unterhalt entzogen wurde, kommt gerade bei der Tötung von Kindern besondere Bedeutung zu. Die Höhe des Anspruchs der Eltern richtet sich nicht nach dem, was das Kind tatsächlich an Unterhalt geleistet hätte.[268] Die Unterhaltspflicht von Kindern bestimmt sich nach den §§ 1601 ff. BGB. Voraussetzung ist Leistungsfähigkeit des Verpflichteten und Bedürftigkeit des Berechtigten.

417 *Leistungsfähig* ist der Verwandte, der nach Finanzierung seines standesgemäßen Lebensstandards und Erfüllung sonstiger Verpflichtungen (§ 1603 Abs. 1 BGB) noch Mittel zum Unterhalt zur Verfügung hat. Die Reihenfolge bei verschiedenen Verpflichteten (§ 1606 BGB) und Unterhaltsberechtigten (§ 1609 BGB) ist zu beachten.[269] *Bedürftig* ist nur, wer außerstande ist, sich selbst zu unterhalten (§ 1602 Abs. 1 BGB); der Ertrag der Arbeit, Erträgnisse des Vermögens und – in vernünftigen Grenzen – auch der Stamm des Vermögens, soweit dies unter Berücksichtigung der voraussichtlichen Lebensdauer zumutbar ist,[270] müssen zunächst zum eigenen Unterhalt herangezogen werden.[271]

418 Der Hinterbliebene kann eine *Feststellungsklage* erheben, wenn die „nicht eben entfernt liegende Möglichkeit" besteht, dass der Getötete nach dem gewöhnlichen Lauf der Dinge unterhaltspflichtig hätte werden können.[272]

## 5. Vorteilsausgleich

### a) Unterhaltsleistungen Dritter

419 Nach § 844 Abs. 2 S. 1 BGB i. V. m. § 843 Abs. 4 BGB wird der Anspruch auf Ersatz entgangenen Unterhalts *nicht* dadurch ausgeschlossen oder gemindert, dass ein Dritter anstelle des Getöteten Unterhalt zu gewähren hat.[273] Von diesem Grundsatz hat die Rechtsprechung allerdings folgende bedeutsame *Ausnahmen* zugelassen:

420 aa) Quellentheorie. Hat zwar die Person des Unterhaltspflichtigen gewechselt, wird der Unterhalt aber aus demselben Vermögen, derselben „Quelle" bestritten, sind diese Unterhaltsleistungen auf den Schadensersatzanspruch wegen entgangenen Unterhalts grundsätzlich anzurechnen.[274] *Typischer Fall*: die Witwe führt das Erwerbsgeschäft des Ehemanns (z. B. Bauernhof, Einzelhandelsgeschäft etc.) fort und bestreitet den Unterhalt der gemeinsamen Kinder aus dem Gewinn des Unternehmens; hier erfolgt eine Anrechnung auch auf den Unterhaltsanspruch der Kinder. Für den Hinterbliebenen gilt ohnehin der generelle Grundsatz der Anrechnung eigenen Erwerbseinkommens aus einer zumutbar aufgenommenen Tätigkeit (vgl. Rdn. 354ff.); die Bewirtschaftung des Hofes, das Führen des Geschäfts muss für den Hinterbliebenen schadensersatzrechtlich, zumindest familienrechtlich zumutbar sein.[275] Ist dies nicht zumutbar, wird man erzielbare Pachtzinsen, soweit sie den Gewinn nicht übersteigen, anrechnen können. Dies gilt auch für erzielte Pachteinnahmen, wenn der übernommene Hof tatsächlich verpachtet wird. Anzurechnen sind auch die sonstigen Erträgnisse eines ererbten Vermögens (Kapitalzinsen, Miet- und Pachtzinsen etc.), die schon vor dem Tod des Unterhaltspflichtigen zum Unterhalt der

---

[268] BGH VersR 88, 1166 = NJW-RR 88, 1238.
[269] BGH VersR 88, 1166 = NJW-RR 88, 1238.
[270] BGH VersR 66, 283; VersR 76, 987, 988.
[271] BGH VersR 85, 1140.
[272] BGH LM Nr. 9 zu § 844 BGB; NJW 56, 1479.
[273] Dies gilt erst recht, wenn ein Dritter freiwillig Unterhalt leistet – RGZ 92, 57.
[274] BGH VersR 69, 951 = NJW 69, 205; OLG Oldenburg v. 14. 8. 2009 (6 U 118/09); *Wussow*, Unfallhaftpflichtrecht, Kap. 49, Rdn. 18; *Geigel*, Der Haftpflichtprozess, Kap. 8, Rdn. 27; *Jahnke*, Unfalltod und Schadensersatz, Kap. 6, Rdn. 255.
[275] BGH VersR 69, 951 = NJW 69, 205; VersR 72, 391. Zur Zumutbarkeit vgl. Rdn. 354ff., 405.

Familie verwendet wurden (vgl. dazu Rdn. 426), ohne dass hier das Problem der Zumutbarkeit eine praktische Rolle spielt.

**bb) Wiederheirat.** Nach st. Rspr. entfällt der Unterhaltsschaden des Ehegatten insoweit, als der Hinterbliebene wieder heiratet und in der neuen Ehe vom Ehepartner tatsächlich Bar- oder Naturalunterhalt erhält.[276] Dies widerspricht nicht dem Grundsatz des § 843 Abs. 4 BGB, da die Unterhaltsleistung des Dritten nicht aufgrund des Todes des ersten Ehepartners, sondern aufgrund der Wiederheirat gewährt wird.[277] 421

Die einschlägigen Entscheidungen betrafen zwar nur eine Wiederheirat nach Tod des zum Barunterhalt verpflichteten Ehegatten. Entsprechend anwendbar sind diese Grundsätze aber auf den Schadensersatzanspruch wegen Wegfalls der Haushaltsführung. 422

Dogmatisch ist die Anrechnung der neuen Unterhaltsleistungen nicht als Vorteilsausgleich zu werten; der Unterhaltsschaden fällt weg oder entsteht erst gar nicht, soweit vom neuen Ehepartner Leistungen erbracht werden.[278] Unterlässt es freilich der Wiederverheiratete schuldhaft, mögliche Unterhaltsansprüche zu realisieren, wird man wohl auf den Rechtsgedanken eines Verstoßes gegen die Schadenminderungspflicht zurückgreifen müssen.[279] 423

**b) Sonstige Leistungen Dritter**

Aus § 843 Abs. 4 BGB wird der allgemeine Rechtsgedanke gefolgert, dass Leistungen Dritter *nicht* im Wege des Vorteilsausgleichs anrechenbar sind, wenn sie ihrer Natur nach nicht dem Schädiger zugute kommen sollen.[280] Dies gilt insbesondere, wenn diese Leistungen der sozialen Sicherung und Fürsorge gegenüber Dienstpflichtigen und ihren Angehörigen dienen.[281] 424

Bei einer Betriebsrente muss man m.E. wie folgt differenzieren: Der Pensionsvertrag enthält in der Regel keine Verpflichtung zur Abtretung eines Ersatzanspruchs. Hatte der Getötete bereits eine Betriebsrente bezogen, muss einerseits die Höhe des Unterhaltsschadens unter Berücksichtigung dieser Betriebsrente errechnet, andererseits die fortgezahlte Rente dann aber auch angerechnet werden.[282] Stand der Getötete noch im aktiven Erwerbsleben und erhält der Hinterbliebene erstmals eine Betriebsrente, ist abzuwägen, ob eine Bereicherung des Hinterbliebenen durch Nichtanrechnung der Rente hingenommen, oder aber der Schädiger durch eine Anrechnung der Renten entlastet werden soll. Die Frage ist zwar höchst richterlich noch nicht grundsätzlich entschieden,[283] nach der generellen Tendenz in der Rechtsprechung dürfte eine Anrechnung aber wohl grundsätzlich nicht in Betracht kommen.[284] 425

---

[276] St. Rspr.; u.a. BGH VersR 58, 627; VersR 70, 522, 524; OLG Stuttgart VersR 93, 1536.
[277] BGH VersR 70, 522, 524.
[278] A.A. OLG Celle VersR 67, 164.
[279] S. die Begründung BGH VersR 70, 522, 524.
[280] St. Rspr., u.a. BGH VersR 70, 41; vgl. im Übrigen Rdn. 34 ff.
[281] BGH VersR 78, 249 m.w.H.
[282] M.E. kann man hier wohl auf die Grundsätze der Quellentheorie – vgl. Rdn. 420 – zurückgreifen: Zwar hat der Unterhaltsleistende gewechselt (Grundsatz des § 843 Abs. 4 BGB), die Quelle des Unterhalts, nämlich die Leistung des Arbeitgebers, ist jedoch identisch geblieben.
[283] OLG Hamm r+s 92, 413: Anrechnung ohne Prüfung der Frage, ob evtl. ein Übergang auf den Arbeitgeber bzw. die Pensionskasse erfolgt war.
[284] So jedenfalls OLG Hamm NZV 08, 570, wobei die kurze Begründung in der Veröffentlichung nicht ganz überzeugt.

### c) Erbschaft

**426** Erträgnisse des Vermögens und auch Teile des Vermögensstamms sind dann, aber auch nur dann als Vorteil abzuziehen, wenn sie schon vor dem Tod zum Unterhalt verwendet worden sind.[285] Wurde nämlich das Vermögen nicht angegriffen und seine Erträgnisse jeweils wieder reinvestiert, liegt kein Vorteil vor, da die Erben das um die Erträgnisse vermehrte Vermögen ohnehin, wenn auch erst zu einem späteren Zeitpunkt erhalten hätten.

**427** Ein Vorteilsausgleich kommt nach Auffassung des BGH[286] aber auch dann nicht in Betracht, wenn der Erblasser Erträgnisse oder Teile des Vermögens zwar nicht zum Unterhalt verwendet, aber anderen Zwecken zugeführt hatte. Hier fließe den Hinterbliebenen durch Erbgang zwar etwas zu, was sie bei einem natürlichen Tod des Erblassers nicht erhalten hätten. Dieser Vorteil stehe aber nicht in einem Zusammenhang mit dem Unterhaltsschaden; die Hinterbliebenen hätten nach § 844 Abs. 2 BGB nicht Anspruch auf Wiederherstellung „der insgesamt gleichen wirtschaftlichen Vermögenslage", sondern nur auf Ausgleich für den Verlust des gesetzlichen Rechts auf Unterhalt.

**428** Ist eine Anrechnung möglich, ist das zur Verteilung stehende Nettoeinkommen des Getöteten zunächst um diese Erträgnisse zu erhöhen und die daraus errechneten Unterhaltsanteile der Hinterbliebenen sodann um die Erträgnisse wieder zu vermindern.

**Beispiel:**

| | |
|---|---:|
| Nettoeinkommen Getöteter | 3.000,- EUR |
| Einkünfte aus Vermietung eines Hauses | + 1.000,- EUR |
| | 4.000,- EUR |
| Unterhaltsquote Hinterbliebener 50% | 2.000,- EUR |
| abzüglich Vorteilsausgleich (Mieteinnahmen) | − 1.000,- EUR |
| Unterhaltsschaden | 1.000,- EUR |

**429** Besteht die Erbschaft in einem *Unternehmen* (Einzelhandelsgeschäft, Bauernhof etc.), ist der Gewinn dieses Unternehmens dann als Vorteil anrechenbar, wenn die Fortführung des Erwerbsgeschäfts für den Hinterbliebenen zumutbar ist.[287] Unterlassen die Erben eine zumutbare Fortführung des Geschäfts, liegt ein Verstoß gegen die Schadenminderungspflicht vor. Dann wird die Fortführung des Betriebes fingiert,[288] der erzielbare Gewinn wird angerechnet. Wenn die Fortführung dagegen nicht zumutbar ist, ist zu prüfen, ob der hinterbliebene Ehegatte seine Arbeitskraft anderweitig verwerten kann und muss.[289] Ist diese Frage zu bejahen, wird, wie üblich, das erzielbare Einkommen schadenmindernd berücksichtigt. *Zinserträgnisse* aus dem Verkaufserlös sind nach BGH freilich nicht anzurechnen, da es an dem erforderlichen „inneren" Zusammenhang mit dem Unterhaltsschaden fehlen soll.[290]

### d) Zahlungen privater Versicherer

**430** Leistungen privater Summenversicherer und Erträgnisse hieraus sind grundsätzlich *nicht* anrechenbar, und zwar weder der Unfall-[291] noch der Lebensversicherer.[292]

---

[285] BGH VersR 74, 700 = NJW 74, 1236; OLG Frankfurt VersR 91, 595 = ZfS 91, 231.
[286] BGH VersR 79, 323.
[287] BGH VersR 72, 391; Zur Zumutbarkeit vgl. im Übrigen Rdn. 354 ff.
[288] So wohl auch BGH VersR 84, 353. Etwas abweichend BGH VersR 72, 391: Maßgeblich ist der „objektive Wert" des Geschäfts, das ist in der Regel der erzielbare Pachtzins.
[289] BGH VersR 84, 353 = NJW 84, 979.
[290] BGH VersR 84, 353 = NJW 84, 979.
[291] BGH VersR 68, 361.
[292] BGH VersR 79, 323 unter Aufgabe der alten Rspr., in der noch zwischen der Risiko- und der Sparversicherung differenziert worden war (BGH VersR 63, 543).

Eine differenzierte Betrachtung erfordert allerdings die sog. *befreiende Lebensversicherung*. Einerseits sind die fiktiven Beiträge des Getöteten von den zum Unterhalt zur Verfügung stehenden Nettoeinkommen abzuziehen. Andererseits wird man sicherlich die ausgezahlte Versicherungssumme und ihre Erträgnisse nicht auf den Unterhaltsschaden anrechnen können. Die Hinterbliebenen trifft freilich die Schadenminderungspflicht, Versicherungssumme und Erträgnisse wieder bestmöglich anzulegen, damit zu dem Zeitpunkt, zu dem der Getötete ohne den Unfall voraussichtlich pensioniert worden wäre, ein Kapitalbetrag für den Unterhalt zur Verfügung steht. Die Erträgnisse aus dem tatsächlich angesparten oder ansparbaren Kapitalbetrag sind dann auf den Unterhaltsanspruch, den der Getötete ja auch aus der ihm gewährten Leistung aus der befreienden Lebensversicherung hätte erfüllen müssen, anzurechnen. **431**

### e) Arbeitsaufnahme nach dem Tod

Das Einkommen aus einer zumutbaren, nach dem Tode aufgenommenen Erwerbstätigkeit ist in vollem Umfange auf den Schadensersatzanspruch des erwerbstätigen Hinterbliebenen anzurechnen. Zu den Einzelheiten s. Rdn. 354 ff. Für den Schadensersatzanspruch der Waisen gilt dies allerdings nur insoweit, als der Hinterbliebene ein ererbtes Erwerbsgeschäft fortführt (*„Quellentheorie"*: s. oben Rdn. 420). **432**

### f) Ersparter Unterhalt aus eigenen Einkünften des hinterbliebenen Ehegatten

Soweit der Hinterbliebene schon zu Lebzeiten des Getöteten über eigene Erwerbs- oder sonstige Einkünfte verfügt und auch ohne den Unfall weiter verfügt hätte, hätte er seinerseits Barunterhaltsleistungen an den Getöteten erbringen müssen. Der Wegfall dieser Unterhaltsleistung ist schadensersatzrechtlich anzurechnen. **433**

### g) Nichteheliche Lebensgemeinschaft

Der vom Lebensgefährten an den Hinterbliebenen tatsächlich gezahlte Unterhalt ist nach dem BGH nicht schadenmindernd zu berücksichtigen.[293] Weder seien die Grundsätze der Wiederheirat eines Hinterbliebenen anzuwenden, noch sei der tatsächliche Unterhalt ein anrechenbarer Vorteil. Dagegen bleibt aber zu prüfen, ob der Hinterbliebene wegen Nichtaufnahme einer zumutbaren Erwerbstätigkeit gegen seine Schadenminderungspflicht verstößt.[294] **434**

### h) Kindergeld

Das nach dem Tod eines Elternteils (auch des barunterhaltspflichtigen) fortgezahlte staatliche Kindergeld[295] ist weder bei der Berechnung des (Bar-)Unterhalts dem Nettoeinkommen des Getöteten hinzuzufügen, noch beim Unterhaltsschaden als Vorteil abzuziehen.[296] **435**

---

[293] BGH VersR 84, 936 = NJW 84, 2520 m. krit. Anm. *Lange* JZ 85, 90 u. *Dunz* VersR 85, 509 ff. Sollte die Rspr., der Empfehlung des VGT Goslar 1985 folgend (VersR 85, 224), der verletzten Haushaltsführenden in einer nichtehelichen Lebensgemeinschaft Schadensersatzanspruch wegen Beeinträchtigung dieser Haushaltsführung zubilligen, weil auch die Haushaltsführung in einer nichtehelichen Lebensgemeinschaft eine wirtschaftlich sinnvolle Verwertung der Arbeitskraft der Hausfrau ist, müsste man konsequenterweise dann aber auch den Vorteilsausgleich zulassen.
[294] Vgl. Rdn. 354.
[295] Zum Wegfall des Kindergeldes bei Gewährung von Kinderzulage oder Kinderzuschuss seitens eines SVT und zum Regress des SVT wegen dieser Leistungen vgl. Rdn. 602.
[296] BGH VersR 79, 1029; OLG Saarbrücken SP 05, 160.

### i) Ausbildungsvergütung

**436**  Kein Problem des Vorteilsausgleichs, sondern der Bedürftigkeit der Waise. Vgl. Rdn. 352.

### j) BAföG

**437**  Erhält eine unterhaltsberechtigte Waise Leistungen nach dem Bundesausbildungsförderungsgesetz (BAföG), wird man m. E. wie folgt differenzieren müssen: Wird BAföG infolge des Todes des Barunterhaltspflichtigen gewährt, dürften diese Leistungen nach dem unter b) dargestellten Grundsatz nicht anrechenbar sein. Anders dagegen, wenn die Waise auch schon zu Lebzeiten des Barunterhaltspflichtigen BAföG erhalten hätte; insoweit hätte nämlich die Waise keinen Unterhaltsanspruch gegen den erwerbstätigen Elternteil gehabt (vgl. Rdn. 352).

### k) Adoption

**438**  Wäre die Adoption auch ohne den Tod des Unterhaltspflichtigen erfolgt, besteht kein Schadensersatzanspruch wegen entgangenen Unterhalts. Anders bei einer Adoption infolge des Todes: Der Schadensersatzanspruch nach § 844 Abs. 2 BGB wird nicht berührt.[297] Soweit nämlich die Waise Anspruch auf Ersatz entgangenen Unterhalts hat, besteht keine Unterhaltspflicht der Adoptiveltern. Im Gegensatz zur Wiederverheiratung ist eine Doppelentschädigung also nicht gegeben. Durch die Neufassung des Adoptionsrechts (§ 1755 BGB) hat sich an diesem Ergebnis m. E. nichts geändert.

## 6. Steuerfragen

**439**  Schadensersatz wegen entgangenen Unterhalts ist nicht einkommensteuerpflichtig, und zwar auch dann nicht, wenn er in Form einer Rente gezahlt wird. Nach der älteren Rechtsprechung des BFH waren zwar solche Renten als „wiederkehrende Bezüge" i.S.d. § 22 Ziff. 1 EStG einkommensteuerpflichtig.[298] Diese Rechtsprechung hatte der VIII. Senat des BFH mit Urteil vom 25. 10. 94[299] aufgegeben. Eine systemgerechte und verfassungskonforme Auslegung des § 22 Nr. 1 EStG führe dazu, dass eine Steuerpflicht für wiederkehrende Bezüge nur noch dann bestehe, wenn die Rente Ersatz für andere, bereits steuerbare Einkünfte ist, z.B. wegen Beeinträchtigung der Erwerbsfähigkeit, und daher auch die entsprechende Kapitalentschädigung zu versteuern wäre. Die Entscheidung des BFH betraf ausdrücklich zwar nur eine Rente wegen vermehrter Bedürfnisse. Die Begründung betrifft aber genauso die Schadensersatzrente wegen entgangenen Unterhalts, da dieser Schadensersatz in Kapitalform unstreitig nicht der Einkommensteuerpflicht unterliegt.[300]

## 7. Rentnerkrankenversicherung

**440**  Hinterbliebene, die eine Hinterbliebenenrente eines Rentenversicherungsträgers beziehen, sind unter bestimmten Voraussetzungen pflichtkrankenversichert und auch beitragspflichtig zur Pflegeversicherung. Der vom Rentner zu tragende Beitragsanteil ist ein vom Schädiger zu ersetzender Schaden. Zu den Einzelheiten s. Rdn. 124, 607.

---

[297] BGH VersR 70, 1051.
[298] BFH Der Betrieb 79, 529 – VIII R 9/77 u. VIII R 5/78.
[299] DStR 95, 49 = DB 95, 19.
[300] So jetzt auch der X. Senat des BFH ausdrücklich für den Schadensersatz wegen entgangenen Unterhalts; der Senat bezieht sich dabei auf die Begründung des VII. Senats (Urteil vom 26. 11. 08, 10 R 31/07, NJW 09, 1229 = SP 09, 142). Jetzt auch Verlautbarung des BMF v. 15. 7. 2009.

## 8. Forderungsübergang auf leistende Dritte

### a) Sachliche und zeitliche Kongruenz

Die für einen gesetzlichen Forderungsübergang nach den jeweils maßgeblichen Bestimmungen (§§ 116 SGB X, 87a BBG etc.)[301] erforderliche sachliche Kongruenz besteht zwischen 441
- der üblichen Hinterbliebenenversorgung durch SVT,[302] Dienstherr etc. und
- dem Schadensersatzanspruch wegen entgangenen Barunterhalts *und* entgangener Haushaltsführung.[303]

Bei Berechnung der übergegangenen und der bei den Hinterbliebenen verbliebenen Ersatzansprüche ist auch die erforderliche zeitliche Kongruenz zu beachten.[304] Die ungeprüfte Addition des Unterhaltsschadens für verschiedene Zeiträume einerseits und der Leistungen Dritter andererseits führt zu unzutreffenden Ergebnissen, wenn diese Leistungen für bestimmte Zeiträume voll, für andere dagegen nicht voll übergangsfähig sind. 442

### b) Getrennte Ansprüche der Hinterbliebenen

Zu beachten ist auch, dass den einzelnen Hinterbliebenen getrennte Ansprüche zustehen.[305] Es kann z.B. sein, dass der Unterhaltsschaden einer Waise geringer ist als die Waisenrente (die Waisenrente ist dann „nicht voll übergangsfähig"), während andererseits dem Hinterbliebenen ein höherer Unterhaltsanspruch zusteht, als er Hinterbliebenenrente bezieht, mit der Konsequenz, dass ihr ein persönlicher Schadensersatzanspruch verbleibt. 443

### c) Vorrecht gegenüber dem Rentenversicherungsträger bei Tod eines Rentners

Erbringt der SVT aufgrund des Unfalles keine höheren Leistungen als ohne den Unfall, steht den Hinterbliebenen nach § 116 Abs. 5 SGB X im Falle einer Mithaftung ein Quotenvorrecht zu.[306] Dies ist z.B. der Fall, wenn ein Rentner getötet wurde und der Rentenversicherungsträger infolge des Unfalles statt des Altersruhegeldes jetzt nur noch eine geringere (60%) Witwenrente zahlt. Hatte die Witwe einen höheren Unterhaltsanspruch als 60% der Rente des Mannes (weil der Rentner noch hinzuverdient hatte oder die fixen Kosten sehr hoch sind), kann die Witwe verlangen, dass der wegen der Mithaftung quotierte Schadensersatzanspruch zunächst zur Deckung der Lücke zwischen der SVT-Leistung und dem Unterhaltsschaden verwendet wird; nur der restliche Schadensersatzanspruch geht auf den Sozialversicherungsträger über. 444

---

[301] S. im Einzelnen Rdn. 577 ff.
[302] Bei der Rente für den hinterbliebenen Ehegatten ist zu beachten, dass eine sog. kleine Witwenrente oder Witwerrente (§ 46 Abs. 1 SGB VI) sich in eine höhere große Witwenrente umwandeln kann, sobald das 45. Lebensjahr vollendet wird (§ 46 Abs. 2 SGB VI).
[303] So ausdrücklich für den Anspruch der Waisen wegen entgangener Betreuung BGH VersR 66, 487; VersR 68, 771. Für den Hinterbliebenen Ehegatten muss dasselbe gelten; BGH VersR 87, 1092. Für den Anspruch der Ehefrau wegen entgangener Haushaltsführung durch den „Hausmann" jetzt auch BGH VersR 82, 291 (Revisionsentscheidung zu dem anders lautenden Urteil OLG Frankfurt VersR 80, 287 m. krit. Anm. *Perkuhn* VersR 81, 137).
[304] Einzelheiten s. Rdn. 603.
[305] BGH VersR 72, 176.
[306] Dies hatte der BGH auch schon so zu § 1542 RVO entschieden (VersR 81, 334); vgl. auch BGH VersR 78, 179 = NJW 78, 640 für den Fall einer Überschreitung einer Höchsthaftungssumme. Für Schadenfälle ab 1.7.1983 ausdrückliche Regelung in § 116 Abs. 5 SGB X.

**Beispiel:**

| | |
|---|---|
| Renteneinkommen des Getöteten | 1.500,– EUR |
| fixe Kosten | 500,– EUR |
| Witwenrente | 900,– EUR |
| Haftung 50% | |
| Rente Getöteter | 1.500,– EUR |
| abzüglich fixe Kosten | – 500,– EUR |
| verteilbares Einkommen | 1.000,– EUR |
| 50% Unterhaltsanteil | 500,– EUR |
| + fixe Kosten | + 500,– EUR |
| Unterhaltsschaden | 1.000,– EUR |
| Schadensersatz 50% | 500,– EUR |
| Bei § 116 Abs. 3 S. 1 SGB X | |
| – Regress SVT | 450,– EUR |
| – Anspruch Hinterbliebene | 50,– EUR |

Stattdessen Quotenvorrecht der Witwe (§ 116 Abs. 5 SGB X)
Witwe erhält zunächst vom Schadensersatz so viel, wie zum Ausgleich der Lücke zwischen Unterhaltsschaden 1.000,– EUR und der Rente 900,– EUR erforderlich ist.
Also:

| | |
|---|---|
| – Anspruch Hinterbliebene | 100,– EUR |
| – Regress SVT (Rest) | 400,– EUR |

**445** Von dieser Regel, die der BGH in Durchbrechung des alten Quotenvorrechts des SVT schon zur Zeit der Gültigkeit des § 1542 RVO a. F. aufgestellt hatte, hatte der BGH wieder eine *Ausnahme* zugunsten des SVT gemacht für den Fall, in dem eine Witwe durch Schadensersatz, Hinterbliebenenrente und ersparten Unterhalt aus einem eigenen Einkommen[307] mehr erhalten würde, als der durch den Tod entgangene Unterhalt beträgt.[308] Obwohl diese Ausnahme von der Ausnahme nicht mehr ausdrücklich in § 116 SGB X geregelt ist, wird man wohl nach dem Zweck des § 116 SGB X den Abs. 5 einschränkend auslegen müssen, dass der Teil des Schadensersatzes, den die Witwe zum Ausgleich des entgangenen Unterhalts nach Abzug der Rente und des ersparten Unterhaltsbeitrages nicht mehr benötigt, auf den SVT übergeht. Andernfalls würde sie mehr erhalten als bei voller Haftung, was mit dem Grundsatz des § 116 SGB X nicht vereinbar wäre.[309]

**d) Regress des Rentenversicherungsträgers bei Vorrecht des Hinterbliebenen für die Anrechnung des ersparten Unterhalts aus eigenem Einkommen in Fällen der Mithaftung**

**446** Der Hinterbliebene braucht sich den ersparten Unterhaltsbeitrag an den Getöteten nur insoweit auf den – quotierten – Schadensersatz wegen entgangenen Unterhalts anrechnen zu lassen, als diese Ersparnis den Abzug beim entgangenen Unterhalt wegen der Mithaftung übersteigt (vgl. im Einzelnen Rdn. 358, 387, 406). Bei einer kongruenten Hinterbliebenenversorgung durch den SVT kam diese dogmatisch nur schwer zu begründende Billigkeitsrechtsprechung im Rahmen des § 1542 RVO a.F. (Fälle bis 30. 6. 1983) in erster Linie dem SVT zugute. Höchstrichterlich noch nicht geklärt ist, ob und wie dieses Vorrecht des Hinterbliebenen im Rahmen des § 116 Abs. 3 S. 1 SGB X (Fälle ab 1. 7. 1983 – relative Theorie –) zu berücksichtigen ist.

---

[307] Erläuterung dieses Vorteilsausgleichs in Rdn. 404 ff.
[308] BGH VersR 83, 726.
[309] So OLG Hamm NZV 04, 43 = VersR 04, 1425 zu der Fallsituation, die unter Rdn. 446 dargestellt wird.

## 8. Forderungsübergang auf leistende Dritte    141

**Beispiel:**

| | | |
|---|---:|---:|
| Entgangener Unterhalt | | 1.500,– EUR |
| ersparter Barunterhalt | | – 500,– EUR |
| Schaden und Schadensersatz bei 100% Haftung | | 1.000,– EUR |
| Schadenersatz bei 50% Haftung: | | |
| a) ohne Rücksicht auf Vorrecht des Hinterbliebenen | | 500,– EUR |
| b) mit Vorrecht, ohne Hinterbliebenenrente: | | |
| Entgangener Unterhalt | 1.500,– EUR | |
| 50% hieraus | 750,– EUR | |
| Vorteilsausgleich: | | |
| ersparter Unterhalt | 500,– EUR | |
| Ausfall wegen Mithaftung | 750,– EUR | |
| Vorteilsausgleich | 0,– EUR | |
| Schadensersatz | | 750,– EUR |
| c) Hinterbliebenenrente mindestens in Höhe des Unterhaltsschadens von | | 1.000,– EUR |

Regress des SVT:
Nach dem Wortlaut des § 116 Abs. 3 S. 1 SGB X ist zunächst zu prüfen, welcher Anspruch auf den SVT bei 100%iger Haftung überginge. Bei voller Haftung des Schädigers würde das Quotenvorrecht der Hinterbliebenen hinsichtlich der Anrechnung eigener Einkünfte keine Anwendung finden. Danach stünde dem SVT im Beispielsfall ein Regress von 1.000,– EUR zu. Bei 50%iger Haftung geht nach § 116 Abs. 3 S. 1 SGB X die Quote aus diesen 1.000,– EUR, also 500,– EUR über. Das Vorrecht des Hinterbliebenen kommt zugunsten des SVT also nicht zum Tragen. Der Hinterbliebene erleidet keine Nachteile, weil die Rente den entgangenen Unterhalt nach Vorteilsausgleich abdeckt.

d) Hinterbliebenenrente niedriger als                    1.000,– EUR

**Beispiel:**

| | |
|---|---:|
| Rente | 800,– EUR |
| Regress bei 100%iger Haftung | 800,– EUR |
| Restanspruch Hinterbliebener | 200,– EUR |

Hier würde die direkte Anwendung des § 116 Abs. 3 S. 1 SGB X zu einem unbilligen Ergebnis führen:

| | |
|---|---:|
| Bei 100%iger Haftung gehen über | 800,– EUR |
| Bei 50% Haftung daher Übergang | 400,– EUR |
| Restanspruch Witwe daher | 350,– EUR |

Danach erhielte die Witwe mit 350,– EUR mehr, als sie bei voller Haftung (200,– EUR) bekommen würde. Dieses Ergebnis würde dem Zweck des § 116 Abs. 1 SGB X eindeutig widersprechen.
Zu prüfen ist daher eine dem Sinn und Zweck des § 116 Abs. 1 SGB X entsprechende einschränkende Auslegung des Abs. 3 S. 1 für diese Fälle. Zwei Lösungen werden diskutiert.
1. Anteilige Befriedigung von SVT und Hinterbliebenen nach den rechnerischen Grundsätzen der relativen Theorie:
   SVT erhält einen Anteil vom quotierten Schadensersatz, der dem Verhältnis seiner Leistung zum Gesamtschadensersatzanspruch bei 100%iger Haftung entspricht.
   Regress SVT  $\dfrac{750,\text{–EUR} \times 800,\text{–EUR}}{1.000,\text{–EUR}} =$       600,– EUR

   Anspruch Witwe  $\dfrac{750,\text{–EUR} \times 200,\text{–EUR}}{1.000,\text{–EUR}} =$    150,– EUR

2. Berücksichtigung des Grundsatzes, dass das von dem Hinterbliebenen erzielte Einkommen in erster Linie diesem und nicht dem SVT zugute kommen sollte. D.h., der ersparte Barunterhaltsbeitrag des Hinterblie-

nen sollte zunächst herangezogen werden, um die Differenz zwischen der SVT-Leistung und dem bei 100%iger Haftung zu zahlenden Schadenersatz zu decken.

Daher:

| | | |
|---|---|---|
| Schadensersatz bei 100%iger Haftung | | 1.000,– EUR |
| abzüglich Hinterbliebenenrente | | – 800,– EUR |
| offene Differenz | | 200,– EUR |
| Der ersparte Barunterhalt mit 500,– EUR ist höher als die Differenz von | | 200,– EUR |
| Anspruch Hinterbliebener daher | | 200,– EUR |
| Regress SVT | 750,– EUR | |
| ./. | – 200,– EUR | |
| | | 550,– EUR |

Nach meiner Auffassung verdient Lösung 2 den Vorzug.[310] Sie wird am ehesten der relativen Theorie auf der einen Seite und dem von der Rechtsprechung entwickelten Vorrecht des Hinterbliebenen bei der Anrechnung des ersparten Unterhalts andererseits gerecht. Dabei ist sichergestellt, dass der Hinterbliebene nicht mehr erhält als bei 100%iger Haftung. Ist z.B. die Leistung des SVT höher als der Schadensersatzanspruch bei voller Haftung unter Berücksichtigung des Vorteilsausgleichs, kommt ein persönlicher Ersatzanspruch des Hinterbliebenen nicht mehr in Betracht.

---

[310] So auch OLG Hamm NZV 04, 43 = VersR 04, 1425.

## VII. Beerdigungskosten

Beerdigungskosten sind demjenigen zu erstatten, dem die Verpflichtung obliegt, diese Kosten zu übernehmen (§ 844 Abs. 1 BGB und die entsprechenden Bestimmungen in den Sondergesetzen). Dies ist in erster Linie der *Erbe*, der für eine standesgemäße Beerdigung des Erblassers zu sorgen hat (§ 1968 BGB).[1]   **447**

In zweiter Linie kommen *sonstige unterhaltspflichtige* Personen als Kostenträger in Betracht.[2] Übernimmt ein *Dritter*, der hierzu nicht verpflichtet ist, die Kosten, so erfüllt er damit eine Pflicht des Erben (§§ 677ff. BGB); er hat einen Erstattungsanspruch aus Geschäftsführung ohne Auftrag gegen die Erben, aber auch unmittelbar gegen den ersatzpflichtigen Schädiger.[3]   **448**

Die Kosten der Beerdigung sind auch dann zu übernehmen, wenn der Getötete aufgrund seines schlechten Gesundheitszustandes ohnehin kurze Zeit später gestorben wäre; eine überholende Kausalität gibt es hier nicht.[4]   **449**

Zu ersetzen sind die Kosten einer standesgemäßen Beerdigung. § 844 Abs. 1 BGB ist insoweit restriktiv auszulegen.[5] Maßgeblich ist das, was nach Herkommen, Lebensstellung und wirtschaftlichen Verhältnissen des Verstorbenen[6] und nach den in seinen Kreisen herrschenden Gebräuchen[7] zu einer würdigen Bestattung zählt. Beerdigung im Sinne des § 844 Abs. 1 BGB ist der Bestattungsakt als solcher, der seinen Abschluss mit der Herrichtung einer zur Daueinrichtung bestimmten und geeigneten Grabstätte findet.   **450**

Bei der Prüfung des Standesgemäßen wird zum Teil auf die Gesamtkosten abgestellt,[8] zum Teil auf die Höhe der Einzelkosten.[9]   **451**

**Erstattungspflichtig** können grundsätzlich folgende, alphabetisch geordnete Positionen sein.[10]   **452**

– *Anzeigen* (z.B. Zeitungs- und Einzelanzeigen, Danksagungen);[11]
– *Beerdigungsakt*[12] (auch Feuerbestattung);

---

[1] Einzelheiten s. *Palandt*, BGB, § 1968, A. 1.
[2] *Palandt* § 1968, A. 1.
[3] OLG Saarbrücken VersR 64, 1257; KG VersR 79, 379; LG Mannheim NZV 07, 367; vgl. auch LG Oldenburg VersR 79, 1135 = ZfS 80, 53: Anspruch des Staats wegen Aufwendungen für Beerdigung eines Soldaten.
[4] OLG Düsseldorf ZfS 94, 405 m. w. H.
[5] BGH VersR 89, 853.
[6] OLG München VersR 79, 1066; OLG Koblenz ZfS 82, 7; LG Wiesbaden VersR 70, 1140.
[7] BGH VersR 74, 140; OLG Karlsruhe VersR 56, 542. Bei einem fremden Kulturkreis (hier türkische Gastarbeiter) sind die Besonderheiten dieser Kultur mit zu berücksichtigen; KG DAR 99, 115: Flugkosten des Vaters eines getöteten Kindes in die Türkei, Transport einer Trauergesellschaft mit 2 Kleinbussen, für die Beerdigung offenbar erforderliche Einebnung der Dorfstraße.
[8] OLG Hamm NJW-RR 94, 155 = ZfS 93, 407: 7.500,– EUR als noch vertretbare Obergrenze im gutbürgerlichen Mittelstand. Diese Gesamtschau entbehrt allerdings nicht die Notwendigkeit, bei den einzelnen Positionen deren grundsätzliche Erstattungspflichtigkeit zu überprüfen – vgl. Rdn. 452.
[9] OLG Düsseldorf SP 94, 210 = VersR 95, 1195: 2.000,– EUR für Grabstein, Grableuchte und Grabvase zugebilligt, anstelle von geltend gemachten ca. 7.500,– EUR.
[10] S. auch *Theda* DAR 85, 10ff.
[11] Anzeigen i. V. m. dem 6-Wochenamt oder Jahresgedächtnis rechnen wohl nicht mehr zu den unmittelbaren Beerdigungskosten und sind daher nicht zu erstatten.
[12] BGH VersR 74, 140; LG Hamburg VersR 79, 64.

- *Bepflanzung:* nur die *Erstbepflanzung;*[13]
- *Bewirtung* und Unterbringung von Trauergästen: soweit üblich, in beschränktem Umfang;[14]
- *Blumen, Kränze:* Sarg-, Trauerhallen-, Grabschmuck, aber keine Erstattung der Kosten von Allerheiligen-, Jahresgedächtnisschmuck, Grabpflege;[15]
- *Danksagung;*[16]
- *Gebühren:* kirchliche und behördliche Bestattungsgebühren;
- *Grablaterne;*[17]
- *Grabstein:* Bei einem Doppelgrabstein sind nur die fiktiven Kosten eines angemessenen Einzelgrabsteins zu ersetzen;[18]
- *Grabstelle;*[19]
- *Sterbeurkunde;*[20]
- *Trauerkleidung;*[21]
- *Todesanzeige;*[22]
- *Überführung:* Grundsätzlich erstattungspflichtig, aber nur im Rahmen der Angemessenheit und soweit nicht ein Verstoß gegen die Schadenminderungspflicht (§ 254 Abs. 2 BGB) vorliegt;[23]
- *Umbettung,* wenn der bisherige Friedhofsteil nach einigen Jahren aufgelassen wird;[24]
- *Verdienstausfall* anlässlich der Beerdigung: u. U. für einen Vorbereitungs- und für den Beerdigungstag.[25]

453  Nicht zu ersetzen sind u. a.:
- *Doppelgrab, Doppelgrabstein, Familiengrab:* Ein Anspruch besteht nur auf Ersatz der fiktiven Kosten eines angemessenen Einzelgrabes bzw. Einzelgrabsteins (s. Fußn. 18);
- *Erbschein;*[26]
- *Fotos;*[27]
- *Frustrierte Aufwendungen,* wie z. B. Zahlungen für eine gebuchte und dann nicht angetretene Reise;[28]

---

[13] BGH VersR 74, 140.
[14] OLG Hamm VersR 72, 405; LG München VersR 75, 73; LG Stuttgart ZfS 85, 166.
[15] OLG Köln VersR 56, 646.
[16] LG Kleve SP 98, 458.
[17] AG Aachen ZfS 88, 168.
[18] BGH VersR 74, 140 zur Doppelgrabstelle; OLG Köln ZfS 81, 73; OLG Düsseldorf MDR 73, 671; OLG Celle r+s 97, 160: Ersatz nur anteilig; a. A. OLG München NJW 68, 252; OLG Köln VersR 76, 373.
[19] S. Fußn. 18.
[20] LG Hamburg VersR 79, 64.
[21] Zum Abzug für Eigenersparnis s. Rdn. 454.
[22] LG München VersR 75, 73.
[23] OLG Karlsruhe VersR 54, 12 = NJW 54, 720. Bei Gastarbeitern kommt der Ersatz von Überführungskosten nur in Betracht, wenn der Getötete sich nur vorübergehend in Deutschland aufgehalten hatte und in guten wirtschaftlichen Verhältnissen lebte (LG Gießen ZfS 84, 231 = DAR 84, 151).
[24] OLG München NJW 74, 703.
[25] OLG Hamm DAR 56, 217 = VersR 56, 666; ein Anspruch des Arbeitgebers wegen Teilnahme von Arbeitnehmern an der Beerdigung eines Arbeitskollegen besteht nicht – OLG Hamburg VersR 67, 666.
[26] OLG Koblenz ZfS 82, 7; OLG Köln VersR 82, 558; LG Augsburg ZfS 86, 167; LG Nürnberg VersR 84, 196: Ausnahmsweise Kostenübernahme, wenn der Ersatzpflichtige grundlos den Erbschein verlangt hat.
[27] LG München VersR 75, 73.
[28] BGH VersR 89, 853 = DAR 89, 263.

- *Grabpflege*,²⁹
- *Nachlassverwaltung*,³⁰ *Testamentseröffnung*;³¹
- *Reisekosten.* Eine Erstattung kommt ausnahmsweise für Reisekosten naher Angehöriger dann in Betracht, wenn diese wegen Bedürftigkeit die Kosten nicht selbst aufbringen können und auf Kostenübernahme durch den Erben angewiesen sind.³²
- *Umbettungskosten*,³³

Die Frage, ob und in welchem Umfang bei *Trauerkleidung* ein – grundsätzlich rechtlich zulässiger³⁴ – Abzug wegen *Vorteilsausgleichs* gemacht werden kann, ist streitig.³⁵ Einerseits wird Trauerkleidung meist nicht mehr über längere Zeit getragen, andere Kleidung also nicht nennenswert eingespart.³⁶ Andererseits wird schwarze Kleidung (Schuhe!) aber auch ohne Trauerfall verwendet, durch die Anschaffung im zeitlichen Zusammenhang mit dem Trauerfall also ein späterer ohnehin erfolgter Kauf erspart.³⁷ **454**

Erhalten die Erben ein Sterbegeld eines Sozialversicherungsträgers, Dienstherrn u. Ä., ist der *gesetzliche Übergang* des Schadensersatzanspruchs zu beachten.³⁸ **455**

---

²⁹ BGH VersR 74, 140; Rspr. – Übersicht KG DAR 74, 225; LG Stuttgart ZfS 85, 166; LG Rottweil VersR 88, 1246; LG Koblenz SP 94, 412; AG Warburg SP 96, 382; a. A. – mit unzutreffender Begründung – OLG Hamm ZfS 90, 223 = r+s 90, 304 m. ablehnender Anm. *Dornwald.*
³⁰ OLG Koblenz SP 03, 200.
³¹ *Theda* DAR 85, 12.
³² BGH VersR 60, 357; LG Siegen SP 98, 457; OLG Karlsruhe VersR 70, 261: Oder wenn sie aufgrund öffentlich rechtlicher Vorschriften zur Beerdigung verpflichtet sind. KG DAR 99, 115: Ersatz der Flugkosten eines türkischen Gastarbeiters in die Türkei nach Tötung seines in Deutschland lebenden Kindes und dessen Beerdigung in der Türkei.
³³ OLG Koblenz SP 03, 200.
³⁴ Vgl. Rdn. 38 ff.
³⁵ BGH VersR 73, 224: 50%. Ebenso OLG Hamm VersR 82, 961 = ZfS 82, 363; LG Detmold r+s 78, 237 (25% bis 50%); LG Köln VersR 83, 1066 = ZfS 84, 9. 40% Abzug: LG Düsseldorf VersR 67, 985. 20% Abzug: OLG Celle ZfS 87, 229; ZfS 81, 330 (wenn nicht ausgesprochene Trauerkleidung). Kein Abzug: OLG Frankfurt ZfS 81, 269 = r+s 81, 148; OLG Koblenz ZfS 82, 7; OLG Stuttgart ZfS 83, 325; LG Bad Kreuznach ZfS 81, 198; LG Münster ZfS 86, 171 = DAR 86, 121.
³⁶ Vgl. OLG Hamm VersR 77, 1110.
³⁷ Vgl. insoweit OLG Celle ZfS 81, 330.
³⁸ Vgl. Rdn. 602; kein Übergang (und keine Anrechnung) des nach § 41 BAT gezahlten Sterbegeldes (BGH VersR 78, 249).

## VIII. Schadensersatz wegen entgangener Dienste, § 845 BGB

456 War der Getötete oder der Verletzte zum Unfallzeitpunkt[1] zur Leistung von Diensten einem Dritten gesetzlich (familienrechtlich) verpflichtet, kann der Dienstberechtigte bei Wegfall der Dienstleistungen Ersatz ihres Wertes verlangen. Für die Regulierungspraxis hat diese Bestimmung nur noch geringe Bedeutung, da der den Haushalt führende oder im Erwerbsgeschäft des anderen mitarbeitende[2] Ehegatte keine Dienst-, sondern Unterhaltsleistungen erbringt.[3]

457 Bei Tötung oder Verletzung eines *Ehepartners* scheidet § 845 BGB als Anspruchsgrundlage generell aus. Im Verletzungsfall steht auch dem haushaltsführenden Ehepartner ein eigener Anspruch nach § 843 BGB zu.[4] Bei Tötung – auch eines haushaltsführenden – Ehepartners richtet sich der Ersatzanspruch des Hinterbliebenen ausschließlich nach § 844 Abs. 2 BGB.[5] § 845 BGB kommt auch nicht etwa subsidiär zur Anwendung.[6]

458 Eine gewisse Bedeutung hat § 845 BGB noch für familienrechtlich geschuldete Dienstleistungen von *Kindern* (§ 1619 BGB).[7] Problematisch ist insoweit häufig die Entscheidung, ob es sich tatsächlich um eine familienrechtliche (gesetzliche) oder lediglich um eine arbeitsvertragliche Verpflichtung handelt.[8] Es gibt keine Vermutung für die eine oder die andere Variante.[9] Entscheidend ist der Wille der Beteiligten.[10] Familienrechtliche Dienstleistungen kommen so lange in Betracht, als das Kind von den Eltern erzogen oder unterhalten (Kost und Logis) wird und dem elterlichen Hausstand angehört.[11] Ein Schadensersatzanspruch im Todesfall scheitert dann jedoch meist daran, dass der Wert der Dienstleistungen die ersparten Ausgaben[12] nicht erreicht.[13] In der *Landwirtschaft* ist es zwar auch bei einem volljährigen Sohn unter den heutigen gesellschaftlichen Verhältnissen nicht ausgeschlossen, die auf dem elterlichen Hof erbrachten Leistungen als familienrechtlich geschuldete zu bewerten,[14] dies ist aber nicht die Regel.[15] Eine Dienstleistungspflicht besteht insbesondere dann nicht, wenn das Kind eine anderweitige entgeltliche (Vollzeit-) Erwerbstätigkeit ausübt.[16] Werden familienrechtliche Dienstleistungen bejaht, besteht das

---

[1] OLG München VersR 65, 1085; KG NJW 67, 1090.
[2] BGH VersR 72, 1075.
[3] Vgl. Rdn. 360.
[4] Vgl. Rdn. 180 ff.
[5] Vgl. Rdn. 360 ff.
[6] BGH VersR 80, 921 = NJW 80, 2196.
[7] BGH VersR 78, 90 = NJW 78, 159; OLG Celle SP 04, 407.
[8] Vgl. BGH VersR 78, 90 = NJW 78, 159. Beispiele aus der Rechtsprechung, in denen eine familienrechtliche Arbeitspflicht verneint wurde: OLG Nürnberg VersR 92, 188 = DAR 91, 179; OLG Stuttgart VersR 90, 902 = ZfS 90, 341; LG Nürnberg-Fürth VersR 60, 383; LG Arnsberg VersR 69, 911; LG Oldenburg VersR 71, 163; OLG Hamm r+s 79, 212; LG Paderborn ZfS 83, 261. Ein Anspruch nach § 845 BGB bejaht wurde vom OLG Saarbrücken VersR 81, 542.
[9] BGH NJW 72, 429.
[10] BGH NZV 91, 110 = VersR 91, 428 = DAR 91, 144.
[11] OLG Nürnberg VersR 92, 188 = DAR 91, 179; OLG Schleswig VersR 99, 633 = SP 98, 241.
[12] Vgl. Rdn. 460.
[13] So z.B. OLG Karlsruhe r+s 88, 168 = VersR 88, 128 – Rev. nicht angenommen.
[14] BGH NJW 72, 429; OLG Saarbrücken VersR 81, 542; OLG Hamm r+s 86, 128.
[15] OLG Köln VersR 83, 1066, OLG Hamm r+s 86, 128. OLG Celle NZV 90, 434 = VersR 91, 11: Keinesfalls besteht eine Vermutung für eine familienrechtliche Grundlage.
[16] BGH VersR 98, 466 = NJW 98, 3007. S. auch OLG Celle r+s 97, 160 (Rev. nicht angen.): Keine Dienstleistungspflicht bei Absolvierung einer Lehre in einem Fremdbetrieb.

weitere Problem, wie lange das erwachsene Kind auf familienrechtlicher Basis gearbeitet hätte; das Verhältnis ist insoweit „instabil".[17]

Eine Dienstleistungspflicht von Eltern gegenüber ihren Kindern besteht nicht; § 1608a BGB begründet keine familienrechtliche Dienstleistungspflicht.[18]     **459**

Zu ersetzen ist nicht der Schaden aus dem Verlust der Dienste, sondern ihr *Wert*.[19] Der Wert bestimmt sich nach den Kosten, die für eine Ersatzkraft aufgebracht werden müssten.[20] Ersparte Ausgaben für Wohnung und Verpflegung des Dienstleistungsverpflichteten sind im Wege des *Vorteilsausgleichs* abzuziehen.[21]     **460**

Der Ersatzanspruch besteht nur *subsidiär*: Kann der Verletzte einen eigenen Schadensersatzanspruch geltend machen, sei es, weil er infolge des Unfalls eine andere Erwerbstätigkeit mit einem Minderverdienst aufgenommen hat, sei es, weil er ohne den Unfall ab einem bestimmten Zeitpunkt aus dem elterlichen Haushalt ausgeschieden wäre, so steht den Eltern ein Anspruch aus § 845 BGB nicht zu.[22]     **461**

Die Rente eines *Sozialversicherungsträgers* an den Verletzten ist auf den Ersatzanspruch des Berechtigten anzurechnen. In diesem Ausnahmefall ist Identität zwischen dem Empfänger der Sozialleistung und dem Schadensersatzberechtigten nicht erforderlich.[23]     **462**

---

[17] BGH NZV 91, 110 = VersR 91, 428 = DAR 91, 144; VersR 98, 466 = NJW 98, 3007; OLG Celle r+s 97, 160.
[18] OLG Bamberg VersR 85, 290. In der Revisionsentscheidung BGH VersR 85, 290 wird dies zwar dahingestellt, ein Anspruch nach § 845 BGB komme jedoch jedenfalls nur bei besonderen Umständen (in schwieriger Lebenslage) in Betracht.
[19] BGH VersR 78, 90.
[20] BGH VersR 52, 133; VersR 52, 289; VersR 52, 432; OLG Hamm r+s 86, 128.
[21] BGH VersR 61, 856; OLG Schleswig VersR 99, 632.
[22] BGH VersR 78, 90 = NJW 78, 159.
[23] BGH VersR 78, 90 = NJW 78, 159; VersR 67, 176 – vgl. Rdn. 588.

# IX. Ausländer, insbesondere Gastarbeiter

**463** Wird ein Ausländer in Deutschland durch ein hier zugelassenes Kfz. geschädigt, richten sich Grund und Höhe der Schadensersatzansprüche gem. deutschem IPR i.d.R. nach *deutschem Deliktsrecht (Tatortrecht)*.[1] Folgende Besonderheiten (zum Problem des Ersatzes der höheren Kosten der Behandlung eines ausländischen Soldaten in einem Armee-Krankenhaus in Deutschland s. Rdn. 251) sind zu beachten.

## 1. Verdienstausfall und Schmerzensgeld eines Gastarbeiters

**464** Für die Höhe des Erwerbsschadens ist von dem in Deutschland erzielbaren Einkommen auszugehen. Dies gilt jedoch nur bis zu dem Zeitpunkt, in dem der Verletzte „nach dem gewöhnlichen Lauf der Dinge oder nach den besonderen Umständen, insbesondere nach den getroffenen Anstalten und Vorkehrungen" (§ 252 BGB) ohne den Unfall in sein *Heimatland zurückgekehrt* wäre. Ab diesem Zeitpunkt sind der Ermittlung des Schadens die in den Gastarbeiterländern – zum Teil wesentlich – niedrigeren Einkommen zugrunde zu legen.[2] Unterschiede ergeben sich insbesondere im Verhältnis zu den typischen Gastarbeiterländern Türkei, den Nachfolgestaaten des ehemaligen Jugoslawien und Griechenland,[3] jetzt auch zu den Ländern des ehemaligen Ostblocks. Zu prüfen ist außerdem noch, ob der Gastarbeiter nach der Rückkehr überhaupt wieder in den Arbeitsprozess im Heimatland eingegliedert worden wäre.[4]

**465** Zur Ermittlung des wahrscheinlichen Zeitpunktes einer unfallunabhängigen Rückkehr in das Heimatland sind im Rahmen der §§ 252 BGB, 287 ZPO vor allem folgende Fakten und Daten von Bedeutung: Dauer, Fristen und Widerrufsvorbehalte der *Aufenthaltserlaubnis*[5] und der *Arbeitererlaubnis* die allgemeine *Arbeitsmarktsituation*[6] und die wirtschaftliche Entwicklung des Arbeitgebers, die persönlichen und *familiären Verhältnisse*[7] und die Absichten und Pläne des Gastarbeiters.

**466** Wesentlich ist außerdem der Zeitpunkt der *tatsächlichen Rückkehr* des Verletzten ins Heimatland. Liegt dieser vor dem hypothetischen Zeitpunkt der unfallunabhängigen Rückkehr, ist zwar von dem in Deutschland entgangenen Einkommen auszugehen, zu berücksichtigen ist jedoch folgender Vorteilsausgleich: Einmal hat der dem Geschädigten zur Verfügung gestellte EURO in den meisten Gastarbeiterländern eine höhere Kaufkraft;

---

[1] Deutsches Deliktsrecht würde z. B. dann nicht zur Anwendung kommen, wenn beide Beteiligte, Geschädigter und Schädiger, ihren gewöhnlichen Aufenthalt im selben ausländischen Staat haben.
[2] In BGH VersR 79, 622 = NJW 79, 1403 unterstellt. Vgl. auch *Schloën-Steinfeltz*, Regulierung von Personenschäden, Kap. 6, Rdn. 160; WJ 67, 121.
[3] Übersichten über Löhne, Gehälter und Arbeitskosten im Ausland werden jährlich vom Statistischen Bundesamt veröffentlicht und sind auch über das Internet abzurufen (Adresse: www.destatis.de).
[4] *Becker-Biela,* Kraftverkehrshaftpflichtschäden, D. 130.
[5] Aufenthaltsgesetz (AufentG).
[6] Die Arbeitslosigkeit bei Gastarbeitern ist besonders hoch. Aktuelle Daten sind dem jeweils neuesten Statistischen Jahrbuch zu entnehmen.
[7] Wohnsitz der Familie, Sprachkenntnis des Gastarbeiters und der Familienangehörigen, Erwerbstätigkeit und Schulausbildung der Familienmitglieder, Staatsangehörigkeit des Ehegatten etc. Allgemeiner Grundsatz: je besser die Integration des Gastarbeiters, desto längerer Aufenthalt in Deutschland ist zu unterstellen.

der Geschädigte braucht also eine entsprechend geringere Ersatzleistung, um sich denselben Lebensstandard zu sichern.[8] Als Vorteil abzuziehen sind des Weiteren die im konkreten Fall ersparten Aufwendungen für z.B. die Urlaubs-Heimreise des Gastarbeiters, den zweiten Haushalt in Deutschland etc.

Die niedrigere Wirtschaftskraft im Heimatland des Ausländers führt auch zu einer Minderung des Schmerzensgeldes.[9] Zwar beurteilt sich die Höhe des Schmerzensgeldes wegen des anzuwendenden deutschen Rechts nach deutscher Gerichtspraxis. Das gilt auch für US-Staatsbürger.[10] Die Tatsache unterschiedlicher – niedriger – Einkommens- und Lebensverhältnisse muss jedoch berücksichtigt werden.[11] 467

Ab dem Zeitpunkt der tatsächlichen Rückkehr reduziert sich meist auch die Höhe der vermehrten Bedürfnisse. Insbesondere sind die Pflegekosten, aber auch die Kosten für Hilfsmittel etc. im Heimatland wesentlich niedriger. 468

## 2. Todesfall

Deutsches Deliktsrecht, insbesondere § 844 Abs. 2 BGB findet zwar Anwendung. Nach welchem Recht sich jedoch die Vorfrage beurteilt, ob und in welchem Umfang ein Hinterbliebener einen Unterhaltsanspruch gegen den Getöteten gehabt hätte, bestimmt Art. 18 EGBGB.[12] Für die getötete Hausfrau gilt folgende Besonderheit: In einigen Gastarbeiterländern hat der Ehemann nur einen Anspruch wegen entgangener Dienste entsprechend der Regelung in § 845 BGB. Der Anspruch ist gleichwohl in Deutschland als Schadensersatzanspruch wegen entgangenen Unterhalts nach § 844 Abs. 2 BGB zu qualifizieren.[13] Nach deutschem Recht beurteilt sich dann wieder die Höhe des Schadensersatzes, die Schadenminderungspflicht und der Vorteilsausgleich. Für die Beerdigungskosten sind als Maßstab für eine standesgemäße Beerdigung auch die Besonderheiten des fremden Kulturkreises mit zu berücksichtigen.[14] 469

---

[8] Vgl. BGH VersR 79, 622 = NJW 79, 1403 (zwar für den umgekehrten Fall eines unfallbedingt längeren Aufenthalts in Deutschland, das Kaufkraftgefälle muss jedoch entsprechend auch bei vorzeitiger Rückkehr berücksichtigt werden). Vgl. auch Rdn. 477 beim Unterhaltsschaden.
[9] OLG Köln ZfS 94, 47.
[10] KG VersR 02, 1567 – Rev. nicht angen.
[11] OLG Köln ZfS 94, 47: Reduzierung zwar nicht im Verhältnis der Einkommensunterschiede. Berücksichtigung im Rahmen der Billigkeit. Bei einem Polen statt grundsätzlich für richtig gehaltener 10.000,– EUR wurden 7.500,– EUR zugebilligt. Vgl. des weiteren LG Stuttgart v. 18. 11. 97 24 O 265/97, zitiert bei Hacks-Ring-Böhm, 22. Aufl., Nr. 3000: Abschlag 1/3; LG Darmstadt v. 23. 1. 03 3 O 442/01: 25%; Geigel, Kap. 7, Rdn. 39. Übersichten über das Kaufkraftgefälle werden vom Statistischen Bundesamt ermittelt und veröffentlicht und können aus dem Internet (Adresse www. destatis.de) abgerufen werden.
[12] In Kraft getreten am 1. 9. 86. Zum Übergangsrecht s. Art. 220 Abs. 1 und Abs. 2 EGBGB. Art. 18 Abs. 1 S. 1 EGBGB bestimmt für die Unterhaltspflicht primär das Recht des gewöhnlichen Aufenthalts des Unterhaltsberechtigten. Gewährt dieses keinen Anspruch, so ist sekundär das Recht des Staates anzuwenden, dem Unterhaltsverpflichteter und Unterhaltsberechtigter angehören (Art. 18 Abs. 1 S. 2 EGBGB). Besteht auch danach keine Unterhaltspflicht, ist subsidiär deutsches Recht maßgeblich (Art. 18 Abs. 2 EGBGB). Für Verwandte in der Seitenlinie oder Verschwägerte sieht Art. 18 Abs. 3 EGBGB eine Sonderregelung vor. Deutsches Recht ist jedenfalls dann anzuwenden, wenn Berechtigter und Verpflichteter deutsche Staatsangehörige sind und der Verpflichtete seinen gewöhnlichen Aufenthalt in Deutschland hat (Art. 18 Abs. 5 EGBGB). Bei diesen Verweisungen handelt es sich nicht um IPR-Verweisungen, sondern um Sachrechtsverweisungen direkt in das ausländische Recht.
[13] BGH VersR 76, 295 – Solange die Ehefrau allerdings im Heimatland geblieben wäre, schiede für die Zeit des Aufenthalts des Ehemanns in Deutschland ein Schadensersatzanspruch wegen entgangenen Unterhalts aus. Vgl. im Übrigen Rdn. 478.
[14] KG DAR 99, 115.

470  Zu beachten ist, dass nach der Rechtsordnung vieler Gastarbeiterländer der Kreis der *Unterhaltsberechtigten* größer ist, als nach dem – insoweit nicht maßgeblichen – deutschen Recht. So sind z.B. Geschwister unterhaltsberechtigt in Griechenland, Italien, Portugal, Schweiz, Spanien und der Türkei. In den Nachfolgestaaten des ehemaligen Jugoslawiens ist die Rechtslage derzeit unübersichtlich. In Italien haben auch halbblütige Geschwister einen Unterhaltsanspruch. In Belgien, Frankreich und den Niederlanden trifft dies für die Schwiegereltern und Schwiegerkinder zu. In Portugal ist u.U. sogar noch der Onkel verpflichtet. Dagegen hatte in Jugoslawien die Ehefrau nur ein Unterhaltsrecht, wenn sie kein Vermögen hat, arbeitsunfähig oder arbeitslos ist.[15] Es empfiehlt sich, das Bestehen und den Umfang eines Unterhaltsrechts jeweils besonders zu prüfen; Einzelheiten sind bei *Bergmann-Ferid*, Internationales Ehe- und Kindschaftsrecht, zu finden.

471  Was die *Höhe des geschuldeten Unterhalts* anbelangt, bestehen in den europäischen Ländern kaum Abweichungen vom deutschen Recht. Maßgeblich ist auch dort jeweils die Leistungsfähigkeit des Verpflichteten und der Bedarf bzw. die Bedürftigkeit der Berechtigten. Leistungsfähigkeit und Bedarf hängen entscheidend vom allgemeinen Lebenshaltungskosten- und Einkommensniveau am Aufenthaltsort des Betroffenen ab (zum Kaufkraftgefälle und zu den unterschiedlichen Einkommensverhältnissen in den Gastarbeiterländern s. Rdn. 464). Zu beachten ist allerdings, dass bei einer Ausdehnung des Kreises der Unterhaltsberechtigten die Höhe der Ansprüche der einzelnen Berechtigten entsprechend zu reduzieren ist.

472  Im Schrifttum wird zum Teil die Auffassung vertreten, Art. 38 EG BGB sei – entgegen seinem Wortlaut – analog anwendbar, wenn bei einem Unfall in Deutschland wegen eines auf den Unterhaltsanspruch anzuwendenden ausländischen Rechts weiter gehende Ansprüche geltend gemacht werden, als sie nach deutschem Recht gegeben wären.[16]

473  Für die Höhe des Unterhaltsanspruchs kommt es wesentlich darauf an, ob die Familie des Gastarbeiters zusammen mit ihm in Deutschland wohnte oder sich noch im Heimatland aufhielt, wann der Getötete ohne den Unfall ins Heimatland zurückgekehrt wäre und wann die Hinterbliebenen tatsächlich Deutschland verlassen.

474  War lediglich der *Getötete in Deutschland,* die Familie aber noch im Heimatland, besteht im Vergleich zu deutschen Verhältnissen ein erheblich höherer Eigenbedarf des Mannes und ein wesentlich niedrigerer Unterhaltsbedarf der Familie. Für den Mann wären die Kosten des zweiten Haushalts und der Heimfahrten angefallen. Für den Unterhaltsbedarf der Hinterbliebenen sind die wesentlich niedrigeren Lebenshaltungskosten im Heimatland zu berücksichtigen. Mit den üblichen Quoten kann hier nicht gerechnet werden.

475  Aber auch wenn sich die *gesamte Familie in Deutschland* befand, ist zu berücksichtigen, dass regelmäßig nicht das gesamte Einkommen zum Unterhalt verbraucht wird, sondern, wozu auch eine unterhaltsrechtliche Verpflichtung besteht, erhebliche Rücklagen für die spätere Rückkehr ins Heimatland gebildet werden.[17]

476  Ebenso wie im Verletztenfall kommt es im Übrigen darauf an, wann der Gastarbeiter ohne den Unfall Deutschland wieder verlassen hätte.[18] Ab diesem Zeitpunkt ist für die Berechnung des Unterhaltsschadens das im Heimatland erzielbare Nettoeinkommen zugrunde zu legen, dies allerdings auch nur unter der Voraussetzung, dass die Wiedereingliederung in das Erwerbsleben voraussichtlich möglich gewesen wäre.

---

[15] Art. 11 des ehemaligen jugoslawischen Grundgesetzes über die Ehe vom 28. 4. 65.
[16] Für analoge Anwendung *Wais* VersR 73, 605; die von *Wais* zitierte BGH-Entscheidung VersR 66, 283 passt allerdings nicht.
[17] OLG Stuttgart vom 23. 4. 79 – 5 U 63/78.
[18] Vgl. Rdn. 464.

## 4. Leistungen von Sozialversicherungsträgern

Kehrt die Familie unfallbedingt *vorzeitig* ins Heimatland zurück, verringert sich der Unterhaltsbedarf. Der Anspruch ist entsprechend dem Verhältnis der Lebenshaltungskosten in Deutschland zu den Kosten im Heimatland zu kürzen.[19] 477

Auch bei Tötung einer *Hausfrau* kommt es darauf an, ob die Familie zusammen lebte und wann sie voraussichtlich ohne den Unfall oder tatsächlich infolge des Unfalls wieder im Heimatland gewohnt hätte bzw. wohnt. Ein Unterhaltsanspruch des Ehemanns auf Haushaltsführung scheidet aus, wenn er allein in Deutschland in einem zweiten Haushalt lebte. Kehrt die Restfamilie wieder ins Heimatland zurück, sind die dort beträchtlich niedrigeren Kosten einer vergleichbaren Ersatzkraft zu berücksichtigen; häufig wird dann auch die Betreuung der Familie durch die Großmutter oder andere Verwandte übernommen.[20] 478

### 3. Vormundschaftsgerichtliche Genehmigung

Die Volljährigkeit eines Verletzten oder Hinterbliebenen richtet sich nach seinem Heimatrecht (Art. 7 EGBGB). Die Frage, ob der Vergleichsabschluss mit einem Minderjährigen der vormundschaftsgerichtlichen Genehmigung bedarf, regelt das nach Art. 21 EGBGB berufene Recht (Recht des gewöhnlichen Aufenthalts des Kindes), gleichgültig, ob es sich um ein eheliches oder nichteheliches Kind handelt.[21] 479

### 4. Leistungen von Sozialversicherungsträgern und sonstigen Dritten

#### a) Deutsche SVT

§ 116 SGB X findet Anwendung. Eintrittspflichtig sind in der Regel: die deutsche Krankenkasse, meist auch ein Rentenversicherungsträger[22] und bei Berufsunfall der Unfallversicherungsträger. 480

Kehrt der Gastarbeiter nach dem Unfall in sein Heimatland zurück, bleibt der deutsche SVT zur Leistung von Krankengeld und Rente (Barleistungen) verpflichtet.[23] Etwas anderes gilt hinsichtlich der Sachleistungen (z. B. Krankenpflege), die vom zuständigen SVT des Heimatlandes erbracht werden.[24] *Aussiedler* (insbesondere aus der ehemaligen UdSSR) können hohe Ansprüche gegenüber dem deutschen Sozialversicherungsträger haben. Bei der Teilnahme an Deutschkursen besteht Unfallversicherungsschutz.[25] 481

#### b) Ausländische SVT

Tritt anstelle oder neben einem deutschen SVT ein ausländischer SVT ein, regelt sich die Frage, ob dieser wegen seiner Leistungen Regress nehmen kann, nach dem *EG-Abkommen über die soziale Sicherheit*[26] und den entsprechenden zweiseitigen Verträgen 482

---

[19] Vgl. Rdn. 466 u. BGH VersR 79, 622 zum Verletztenfall; OLG Stuttgart vom 23. 4. 79 – 5 U 63/78; WJ 80, 37; so auch Art. 18 Abs. 1 S. 1 EGBGB.
[20] Zur Berechnung des Schadensersatzes bei der Betreuung durch Verwandte vgl. Rdn. 379.
[21] Neufassung des Art. 21 EGBGB durch das KindRG v. 16. 12. 97.
[22] Zu beachten ist hier, dass nach den einschlägigen Sozialversicherungsabkommen die im Heimatland und in Deutschland zurückgelegten Versicherungszeiten zur Erfüllung der Rentenanwartschaft und bei der Berechnung der Rente addiert werden.
[23] EG VO Nr. 1408/71.
[24] Vgl. WJ 67, 205.
[25] Zum Jahresarbeitsverdienst s. § 8 a Fremdrentengesetz.
[26] EWG-VO Nr. 1408/71, abgedr. im Amtsbl. der EG v. 5. 7. 71 Nr. L 149.

mit den europäischen Nicht-EG-Mitgliedern. Danach wird ein Übergang, soweit er im Sozialversicherungsrecht des leistenden Versicherungsträgers vorgesehen ist,[27] nach deutschem Recht anerkannt. Dies gilt auch dann, wenn das ausländische Recht anstatt einer Legalzession einen originären Anspruch vorsieht.[28] Danach kann der ausländische Sozialversicherungsträger gegen den deutschen Schädiger und seinen Haftpflichtversicherer einen Regressanspruch erheben; der Geschädigte ist insoweit nicht aktiv legitimiert.

483 Die Höhe des übergegangenen Schadensersatzanspruchs richtet sich nach *deutschem Recht*.[29] Insbesondere können alle nach deutschem Recht bestehenden Einwände des Schädigers, wie ein Haftungsausschluss,[30] der Verstoß gegen die Schadenminderungspflicht, der Vorteilsausgleich etc. geltend gemacht werden.

484 In- und ausländische Sozialversicherungsträger sind bei gemeinsamen Leistungen Gesamtgläubiger.[31] Leistungen an einen der Gesamtgläubiger befreien den Schädiger; der Innenausgleich ist dann zwischen den Sozialversicherungsträgern durchzuführen.

### c) Gutglaubensschutz des Haftpflichtversicherers?

485 Auch hier[32] sind an den für eine befreiende Leistung an den Geschädigten nach § 407 BGB erforderlichen guten Glauben des Sachbearbeiters des Haftpflichtversicherers strenge Anforderungen zu stellen. Er muss die Existenz des EG-Abkommens und der zweiseitigen Verträge kennen und auch berücksichtigen, dass die in Deutschland und im Heimatland zurückgelegten Versicherungszeiten zusammengerechnet werden.[33]

486 Häufig macht der deutsche SVT, der neben dem ausländischen Versicherer Gesamtgläubiger ist, dessen Anspruch mit geltend. Hier ergeben sich Schwierigkeiten, zumal die Feststellung der Leistungspflicht durch den ausländischen Versicherer erhebliche Zeit in Anspruch nimmt. Persönliche Ansprüche des Verletzten oder der Hinterbliebenen können erst dann reguliert werden, wenn feststeht, ob ein ausländischer SVT einzutreten hat und, wenn ja, wie hoch dessen Leistungen sind.

### d) Leistungen sonstiger Dritter

487 Das EG-Abkommen über die soziale Sicherheit greift hier nicht. Maßgeblich ist Art. 33 Abs. 3 EGBGB: Übergang des Ersatzanspruchs nach dem Recht, das der Leistung des Dritten zugrunde liegt (Zessionsgrundstatut). Die Frage ob und in welcher Höhe ein Er-

---

[27] Übergang: – Italien: nur Heilbehandlungskosten und Leistungen der gesetzlichen Unfallversicherung; – Spanien, Portugal: nur Heilbehandlungskosten; – Großbritannien: nur ein Teil der Heilbehandlungskosten; – Dänemark, Schweden, Norwegen: generell kein Übergang; – Niederlande: Übergang der Heilbehandlungskosten nach dem „Ziekenfonds" und der Leistungen nach dem WAO (Arbeitsunfähigkeitsgesetz), kein Übergang der Leistungen aufgrund der AWBZ, AWW, AAW, ANW.

[28] Dies ist in den meisten Sozialversicherungsabkommen vorgesehen (z. B. Art. 93 des EG-Abkommens). Andernfalls greift Art. 33 Abs. 3 EGBGB direkt oder analog ein. In den Fällen aus der Praxis geht der Regress aufgrund eines originären Anspruchs nicht über den einer Legalzession hinaus. Offen ist die Frage, ob Einwände erhoben werden könnten, wenn der originäre Anspruch sich nicht auf den kongruenten Schadensersatzanspruch des Geschädigten beschränken würde (wie im umgekehrten Fall z. B. § 110 SGB VII).

[29] BGH VersR 78, 231. Das EG-Abkommen und die zweiseitigen Verträge ändern nichts daran, dass für Grund und Höhe nach deutschem IPR nach wie vor das deutsche Deliktsrecht gilt (s. oben Rdn. 463).

[30] Z. B. Art. 93 Abs. 2 EG-Abkommen: §§ 104 ff. SGB VII. Vgl. im Übrigen OLG Schleswig VersR 87, 79.

[31] Vgl. Rdn. 659.

[32] Vgl. im Allgemeinen Rdn. 840.

[33] OLG Nürnberg VersR 77, 613.

satzanspruch besteht, richtet sich allerdings auch hier nach deutschem IPR, bei einem Unfall in Deutschland in der Regel nach deutschem Deliktsrecht.[34]

Für *Asylbewerber* gibt es umfangreiche Leistungen nach dem Asylbewerberleistungsgesetz (AsylbLG). Ein Übergang nach § 116 SGB X kommt nicht in Betracht, da es sich bei den Leistungsträgern nicht um Sozialhilfeträger handelt. Nach § 7 Abs. 3 AsylbLG kann der Leistungsträger einen Ersatzanspruch des Asylbewerbers aber nach § 90 BSHG auf sich überleiten. Der Übergang findet dann im Zeitpunkt des Zugangs der Überleitungsanzeige statt. **488**

### e) Anrechnung von Leistungen Dritter bei fehlendem Übergang?

Teils wird eine Anrechnung (Vorteilsausgleich) zugelassen,[35] überwiegend wird sie abgelehnt.[36] **489**

## 5. Laufzeit des Schadensersatzes

Zu beachten ist, dass die *Lebenserwartung* der Angehörigen der meisten Gastarbeiterländer, jedenfalls derjenigen der „ersten Generation" nicht unerheblich reduziert ist.[37] Dies gilt auch für Aus- und Übersiedler. Tabellen über die unterschiedliche Lebenserwartung in den einzelnen Ländern finden sich in den Veröffentlichungen des Statistischen Bundesamts.[38] **490**

---

[34] S. Rdn. 463.
[35] LG Frankfurt VersR 75, 354 für Leistungen des US-Claims-Office; LG Darmstadt ZfS 86, 174 für kanadische SVT.
[36] *Speiser* VersR 83, 108; *Thümmel* VersR 86, 415. OLG Celle VersR 67, 164 für die Leistungen des Social Security Act. OLG München VersR 85, 482 für Leistungen des US Claims Office. BGH NZV 89, 105 = VersR 89, 54 für die kostenlose Krankenhausbehandlung und die Soldfortzahlung des Staats an einen englischen Soldaten. Vgl. auch OLG Celle NZV 89, 187.
[37] Siehe auch *Jahnke,* Abfindung von Personenschadenansprüchen, Rdn. 128 f.
[38] Auch bei *Jahnke,* Abfindung von Personenschadenansprüchen, Rdn. 21 ff. und *Böhme/Biela.*

# X. Mitwirkendes Verschulden des Geschädigten

491 Im Rahmen dieser Schrift soll nur auf typische Mithaftungsprobleme bei Insassen bzw. Sozien von Kfz. eingegangen werden.

492 Grundsätzlich trägt zwar der Fahrer allein die Verantwortung für das ordnungsgemäße Führen des Kfz.[1] Ohne konkreten Anlass braucht sich der Insasse nicht darum kümmern, ob der Fahrer den jeweiligen Anforderungen der Verkehrslage ausreichend Rechnung trägt.[2] Den *Insassen* trifft allerdings eine *Verpflichtung zum Eingreifen, wenn* aus der Fahrweise eine konkrete Gefährdung erkennbar wird,[3] was z.B. bei laufend überhöhter Geschwindigkeit,[4] bei drohendem Einschlafen[5] etc. der Fall sein kann.

493 Möglich ist ein Mitverschuldenseinwand gegenüber dem Insassen auch dann, wenn er sich hat mitnehmen lassen, obwohl er wusste oder wissen musste, dass der Fahrer noch *keine Fahrerlaubnis* hatte,[6] dass das Fahrzeug nicht zugelassen war[7] oder *technische Mängel* hatte,[8] der Fahrer *Anfänger* war und eine schwierige Verkehrssituation vorlag.[9]

## 1. Alkohol, Übermüdung

494 Für die Praxis wichtig sind vor allem die Fälle des *Alkoholgenusses* und der *Übermüdung* des Fahrers. Ein Mitverschulden des Insassen liegt vor, wenn der Unfall nachweisbar durch Fahruntüchtigkeit des Fahrers verursacht wurde[10] und sich dem Insassen bei *zumutbarer Aufmerksamkeit aus den erkennbaren Gesamtumständen begründete Zweifel an der Fahrtüchtigkeit des Fahrers* zu Beginn der Fahrt[11] *aufdrängen mussten.*[12] Die Beweislast trifft den Schädiger.[13] Nach älteren BGH-Entscheidungen soll Kenntnis vom Alkoholgenuss als solche nicht ausreichen, wenn der Insasse nicht zumindest in etwa eine

---

[1] BGH VersR 66, 565; OLG Hamm NZV 99, 466.

[2] BGH VersR 61, 918; VersR 65, 688.

[3] BGH VersR 79, 938; OLG Oldenburg VersR 98, 1390 = r+s 98, 237.

[4] Allerdings OLG Hamm NZV 99, 466: Keine Mithaftung des Insassen, wenn der Fahrer die Autobahn-Richtgeschwindigkeit erheblich überschreitet.

[5] Vgl. *Weber,* Rechtsprechungsübersicht DAR 80, 181; OLG Düsseldorf VersR 68, 852.

[6] BGHZ 34, 363; VersR 85, 965; OLG Bamberg VersR 85, 786; OLG Köln SP 99, 190: Kein Mitverschulden, wenn die Fahrerlaubnis kurze Zeit vor dem Unfall polizeilich sichergestellt worden war.

[7] So wohl im Grundsatz BGH VersR 69, 424, der allerdings im konkreten Fall die Auffassung des Instanzgerichtes billigt, dass die Voraussetzungen des § 254 Abs. 1 BGB nicht vorlagen.

[8] BGH NJW 65, 1075.

[9] BGH NJW 65, 1075.

[10] OLG Schleswig VersR 75, 290; bei einem Verkehrsverstoß des fahruntüchtigen Fahrers besteht ein Anscheinsbeweis für die Kausalität; vgl. im Einzelnen *Küppersbusch,* Veröffentlichungen 12. Verkehrsgerichtstag 74, S. 206 f.

[11] Wird die Alkoholisierung des Fahrers erst während der Fahrt erkennbar, ist der Mitverschuldenseinwand nur dann berechtigt, wenn der Insasse Gelegenheit gehabt hätte, das Fahrzeug rechtzeitig zu verlassen – KG DAR 89, 305.

[12] St. Rspr., u.a. BGH VersR 70, 624; VersR 71, 473; VersR 72, 398; VersR 79, 938; NJW 88, 2365; OLG Hamburg VersR 77, 380; OLG Nürnberg VersR 80, 97; OLG Frankfurt VersR 80, 287; OLG Koblenz VersR 80, 238; VersR 81, 756; OLG Hamm ZfS 87, 290; OLG Frankfurt VersR 87, 1142; OLG Koblenz VersR 89, 405 OLG Schleswig SP 95, 397; OLG Düsseldorf r+s 95, 293; OLG Hamm ZfS 96, 4 = SP 97, 156; OLG Oldenburg SP 98, 349; VersR 98, 1390; OLG Düsseldorf SP 02, 267; OLG Hamm NZV 06, 85.

[13] OLG Köln SP 96, 1; OLG Hamm SP 98, 101.

Vorstellung von Art und Menge des Alkohols hatte.[14] Ich halte dies für zu eng und lebensfremd. Es ist heute allgemein bekannt, dass schon geringe Mengen Alkohol die Fahrtüchtigkeit beeinträchtigen (den Fahrer trifft ggf. der Vorwurf grober Fahrlässigkeit); es muss deshalb für ein Mitverschulden genügen, wenn der Insasse, der selbst eine Fahrerlaubnis hat, weiß, dass der Fahrer erhebliche Mengen Alkohol getrunken hat,[15] auch wenn dieser äußerlich noch den Eindruck der Fahrtüchtigkeit zu erwecken vermag.

Zweifel an der Fahrtüchtigkeit müssen sich insbesondere dann aufdrängen, wenn wegen der fortgeschrittenen Stunde auch eine *Übermüdung* des Fahrers in Betracht kommt, die die Wirkung des Alkohols noch erhöht. Eine unfallsursächliche Übermüdung kann im Übrigen auch ohne eine Alkoholisierung des Fahrers einen Mitverschuldensvorwurf gegenüber dem Insassen begründen.[16] **495**

Bemerkt der Insasse die Fahruntüchtigkeit des Fahrers deshalb nicht, weil er *selbst alkoholisiert* ist, so schließt das eine Mithaftung nicht aus.[17] Kann der Mitfahrer die alkoholbedingte Fahruntüchtigkeit des Fahrers bei gehöriger Sorgfalt vor Fahrtantritt erkennen, muss er von der Mitfahrt Abstand nehmen. Erkennt er sie erst während der Fahrt, muss er den Fahrer zum Anhalten auffordern, um aussteigen zu können. Unterlässt er dies, trifft ihn der Mithaftungseinwand.[18] **496**

Die *Mithaftungsquote* bei *Alkoholisierung* des Fahrers wird, wenn keine besonderen Umstände vorliegen, in der Regel mit einem Drittel bewertet.[19] Eine höhere Mithaftung von bis zu 50%,[20] eventuell sogar ein völliger Haftungsausschluss[21] kommt dann in Betracht, wenn Fahrer und Insasse gemeinsam eine „Bierreise" verabredet hatten oder der Insasse den Fahrer zu der Fahrt im alkoholisierten Zustand überredet oder der Halter dem Fahrer das Kfz. überlassen hatte.[22] **497**

## 2. Schutzhelm[23]

Für den Mitverschuldenseinwand wegen Nichttragens eines Schutzhelms durch den Fahrer oder Sozius eines Kraftrades[24] muss zwischen Motorrädern, Mopeds und Fahrrädern mit Hilfsmotor unterschieden werden. **498**

Bei **Motorrädern** begründet das Nichttragen des nach § 21a Abs. 2 StVO vorgeschriebenen Schutzhelms generell den *Mitverschuldensvorwurf*.[25] Voraussetzung ist, dass es sich **499**

---

[14] BGH VersR 68, 197; VersR 70, 624; wer aber weiß oder wissen muss, dass der Fahrer erhebliche Mengen Alkohol zu sich genommen hat, muss sich über das Ausmaß der Alkoholisierung vergewissern, OLG Hamburg VersR 77, 380. M.E. verfehlt OLG Frankfurt VersR 87, 1142: kein Mitverschulden trotz wahrgenommener Alkoholfahne und Kenntnis vom Diskobesuch. OLG Hamm SP 98, 101: Kein Mitverschulden bei wahrgenommenem Alkoholgeruch und gemeinsamen Aufenthalt – wenn auch in getrennten Cliquen – in einer Diskothek. Ähnlich auch OLG Hamm VersR 99, 1376 = r+s 98, 236 im Falle einer allerdings relativ geringfügigen BAK von 0,86‰.
[15] OLG Hamm NZV 06, 85.
[16] OLG München ZfS 86, 1; OLG Koblenz ZfS 81, 358; OLG Düsseldorf VersR 75, 57.
[17] OLG Karlsruhe NZV 09, 226; OLG Saarbrücken VersR 68, 905; OLG Hamm ZfS 96, 4.
[18] OLG Oldenburg VersR 98, 1390 = SP 98, 349 (Rev. nicht angen.).
[19] Z.B.: OLG Stuttgart r+s 76, 99; OLG Celle VersR 78, 330; OLG Frankfurt VersR 80, 287; OLG Koblenz VersR 81, 756; OLG Oldenburg r+s 88, 133 = ZfS 89, 292. OLG Hamm ZfS 96, 4 und OLG Frankfurt NZV 07, 525: 25%.
[20] LG Frankfurt VersR 79, 332; OLG Koblenz VersR 80, 238; OLG München VersR 86, 925.
[21] OLG Zweibrücken VersR 78, 1030; OLG Köln ZfS 90, 3; LG Hannover VersR 76, 101.
[22] OLG Celle VersR 82, 960: 75%.
[23] Zur Mithaftung wegen des Fehlens angemessener Schutzkleidung s. OLG Düsseldorf SP 06, 418.
[24] S. auch die Übersicht in DAR 89, 297.
[25] BGH VersR 65, 497 = NJW 65, 1075; OLG München VersR 81, 560; LG Aachen ZfS 86, 321 (1,75‰ des Fahrers, kein Führerschein); LG Kassel ZfS 86, 321 (2‰ des Fahrers).

um die Folgen von Verletzungen handelt, die durch das Tragen eines Schutzhelms voraussichtlich vermieden worden wären.[26] Das ist bei Kopfverletzungen generell der Fall;[27] hier spricht der Beweis des ersten Anscheins für einen ursächlichen Zusammenhang zwischen der Nichtbenutzung des Helms und der eingetretenen Verletzung.[28] Angemessen ist eine Mithaftungsquote von 20 %[29] bis etwa 33 %.[30] Ein Mitverschulden ist fraglich, wenn ein Helm lediglich nicht richtig befestigt worden war und daher kurz vor dem Aufprall verloren wird.[31]

500  Bei **Mopeds** (Kleinkrafträdern mit einer durch die Bauart bestimmten Höchstgeschwindigkeit von 40 km/h) kommt es auf den Zeitpunkt des Unfalls an. Spätestens mit Inkrafttreten der Verordnung vom 24. 5. 78, durch die § 21a Abs. 2 StVO neu formuliert und die Pflicht zum Tragen von Schutzhelmen auch für Mopedfahrer und -sozien eingeführt wurde, wird man ein *Mitverschulden* annehmen müssen.[32]

501  Für **Fahrräder mit Hilfsmotor** und einer Höchstgeschwindigkeit von nicht mehr als 25 km/h (**Mofa 25**) bestand nach § 21a Abs. 2 S. 2 StVO keine Pflicht zum Tragen von Schutzhelmen. Diese Einschränkung wurde mit Wirkung zum 1. 10. 85 gestrichen. Mofafahrer sind mithin in die Regelung des § 21a Abs. 2 StVO eingeschlossen und machen sich beim Nichttragen des Helms bußgeldpflichtig. Legt man die einschlägige Rechtsprechung des BGH zugrunde, kann für Unfälle ab dem genannten Datum unfallbeteiligten Mofafahrern ein Mitverschuldenseinwand wegen Nichttragens des vorgeschriebenen Helms gemacht werden.

502  Für **Radfahrer** ist das Tragen eines Schutzhelmes unstreitig zur Vermeidung von Kopfverletzungen sinnvoll. Gleichwohl stellt auch hier die Rechtsprechung auf eine gesetzliche Verpflichtung ab: Solange das Tragen eines Schutzhelms gesetzlich nicht vorgeschrieben sei, könne das Nichttragen dem Geschädigten nicht als Mitverschulden entgegengehalten werden.[33] Jedenfalls fehle es für den „normalen" Radfahrer ohne sportliche Ambitionen an dem allgemeinen Bewusstsein für die Notwendigkeit eines Helmschutzes[34]; etwas anderes kann für den sportlichen Fahrer gelten, der auch außerhalb eines Vereins hobbymäßig hohe Geschwindigkeiten erzielen will,[35] oder wenn in seiner persönlichen Disposition ein gesteigertes Gefährdungspotential besteht.[36]

### 3. Sicherheitsgurt

503  Das Nichttragen vorhandener Sicherheitsgurte durch Kfz-Insassen ist grundsätzlich als Mitverschulden hinsichtlich der dadurch (mit-)verursachten Verletzungen zu werten.[37]

---

[26] BGH VersR 79, 369 = NJW 79, 980.
[27] BGH NJW 65, 1075 = VersR 65, 497.
[28] BGH VersR 83, 440 = NJW 83, 1380.
[29] Vgl. z. B. BGH VersR 65, 497 = NJW 65, 1075.
[30] Vgl. z. B. OLG Nürnberg r+s 89, 182: 30 % = ZfS 89, 258.
[31] OLG Hamm r+s 00, 458.
[32] Das geht aus den Gründen der Entscheidungen BGH VersR 79, 369 = NJW 79, 980 und BGH VersR 79, 1104 hervor.
[33] OLG Nürnberg NZV 91, 230 = VersR 91, 354; OLG Karlsruhe NZV 91, 25 = ZfS 91, 80; OLG Nürnberg NZV 99, 472 = SP 99, 371; VersR 00, 337; OLG Hamm VersR 01, 1577.
[34] OLG Düsseldorf NZV 2007, 614.
[35] OLG Düsseldorf NZV 2007, 619; ebenso OLG Saarbrücken NZV 08, 202 = VersR 08, 928.
[36] OLG Saarbrücken NZV 08, 202 = VersR 08, 928.
[37] Drei Grundsatzurteile des BGH in VersR 79, 528 ff. = NJW 79, 1363 ff.; zuletzt VersR 01, 524. Die Rechtsprechung der Instanzgerichte ist dem durchwegs gefolgt. Der Mitverschuldenseinwand ist auch gerechtfertigt, wenn ein Insasse z. B. neben 2 weiteren Personen in der Mitte der Rückbank ohne Anschnallmöglichkeit mitfährt (OLG Karlsruhe NZV 99, 422).

Dies gilt auch dann, wenn ein Insasse auf der Rückbank deshalb keinen Sicherheitsgurt anlegen kann, weil die mit Gurten versehenen Sitze bereits belegt sind.[38] Der nachgewiesene Nutzen des Gurts überwiegt mögliche Nachteile derart, dass ein verantwortungsbewusster Fahrer oder Insasse sich nur dann verkehrsrichtig verhält, wenn er sich anschnallt. Obwohl der BGH den Mitverschuldenseinwand erst für Schadensfälle ab dem 1. 1. 76, d. h. dem In-Kraft-Treten der Verordnung über die Pflicht zur Anlegung von Sicherheitsgurten auf Vordersitzen (§ 21 a Abs. 1 StVO), zulässt, stützt sich der Mitverschuldensvorwurf weniger auf dieses Anschnallgebot, als vielmehr auf die Tatsache, dass der Insasse diejenige Sorgfalt außer Acht gelassen hat, die ein ordentlicher und verständiger Mensch zur Vermeidung eigenen Schadens anzuwenden pflegt.[39]

a) Nach den Gründen der einschlägigen BGH-Entscheidungen und der im Anschluss daran ergangenen obergerichtlichen Rechtsprechung ist der Mithaftungseinwand unter *folgenden Voraussetzungen* gegeben: 504

aa) Der Insasse (Fahrer oder Mitfahrer) hat einen vorhandenen Gurt nicht angelegt, obwohl er dazu gesetzlich verpflichtet und ihm dies auch *zumutbar* war. Die Beweislast trifft den Schädiger. Bei bestimmten typischen Gruppen von Unfallverletzungen besteht ein Anscheinsbeweis dafür, dass der verletzte Insasse den Sicherheitsgurt nicht benutzt hatte.[40] 505

Nicht nur automatische, sondern auch *statische 3-Punkt-, Becken- und Schultergurte*[41] schützen vor Schäden und sind daher anzulegen. Hinsichtlich der gesetzlichen Verpflichtung sind die *Ausnahmeregeln* in § 21a Abs. 1 StVO zu beachten, z.B. für Taxifahrer,[42] Lieferanten beim Haus-zu-Haus-Verkehr und Kindern unter 12 Jahren, sowie das Vorliegen einer Ausnahmegenehmigung nach § 46 Abs. 1 S. 1 Nr. 5b StVO. Ein Mitverschulden kann dann entfallen, wenn der Verletzte zwar keine Ausnahmegenehmigung hatte, sie ihm aber hätte erteilt werden müssen, falls er sie beantragt hätte.[43] Andere Gründe befreien den Kfz-Insassen im Übrigen nicht von seiner Anschnallpflicht; z.B. entfällt die Anschnallpflicht auch nicht bei einem kurzzeitigen verkehrsbedingten Anhalten des Kfz.[44] *Unzumutbar* dürfte das Nichtanlegen eines Gurts nur in seltenen Ausnahmefällen sein; die *Verpflichtung* zu Anlegung des Gurts trifft grundsätzlich auch *Frauen*[45] und *Jugendliche* über 12 Jahre.[46] Ereignet sich der Unfall im *Ausland,* kommt es nicht darauf an, ob dort konkret eine Anschnallpflicht bestand.[47] 506

---

[38] OLG Karlsruhe VersR 00, 609 = SP 00, 9.
[39] Rechtsprechungsübersicht *Weber* DAR 84, 163.
[40] BGH NZV 90, 386 = VersR 91, 195 = DAR 90, 379. S. a. Rdn. 508.
[41] BGH VersR 81, 260 = NJW 81, 760; VersR 87, 384; NZV 90, 345; vgl. auch OLG Düsseldorf ZfS 92, 336 = NJW-RR 92, 1443; auch OLG Köln VersR 82, 1098 (das OLG Köln hätte wegen des bestehenden Versicherungsschutzes nach § 539 Abs. 1 Ziff. 9a RVO die Frage, ob der Anspruch auf Ersatz des Erwerbsschadens nicht bereits im Unfallzeitpunkt auf die eintrittspflichtige BG übergegangen ist, nicht dahingestellt sein lassen dürfen). S. auch die gute Zusammenfassung mit denselben Ergebnissen wie hier in WJ 88, 117.
[42] Einen Taxifahrer trifft jedoch ein Mitverschulden, wenn er auf einer – zumindest längeren – Leerfahrt den Gurt nicht anlegt (BGH VersR 82, 400 = NJW 82, 985; *Weber* DAR 86, 1 ff.).
[43] BGH VersR 92, 1529.
[44] BGH VersR 01, 524. Vgl. im Übrigen BGH VersR 92, 1529 = NZV 93, 23 = DAR 93, 62.
[45] BGH VersR 81, 548.
[46] Bei Kindern und Jugendlichen, die grundsätzlich ab dem 12. Lebensjahr zum Anlegen des Gurts verpflichtet sind, ist das Vorliegen eines Verschuldens (einschließlich des Bewusstseins von der Gefährlichkeit des Nichtanlegens) besonders zu prüfen. Für ein 15-jähriges Kind wurde ein Mitverschulden vom OLG Celle grundsätzlich bejaht (Leitsatz VersR 83, 463). Dabei sind auch die Anweisungen und das Verhalten der Eltern zu berücksichtigen; ggf. kommt hier ein Regressanspruch gegen diese (soweit es sich nicht um den ohnehin haftenden Fahrer handelt) in Betracht.
[47] KG VersR 82, 1199.

507 bb) Der Schädiger muss beweisen, dass die Verletzungen bei angelegtem Gurt vermieden worden oder nicht so schwerwiegend ausgefallen wären (*Kausalität* des Nichtanlegens für den Schaden). Hierfür kann er sich auf den *Anscheinsbeweis* berufen, wenn folgende Voraussetzungen vorliegen:[48]
– Unfallmechanismen,[49] bei denen der Sicherheitsgurt seine Schutzwirkung entfalten kann, nämlich Frontalzusammenstöße mit voller oder teilweiser Überdeckung, Sekundärkollisionen nach Auffahrunfällen, sowie Unfälle, bei denen der Nichtangeschnallte aus dem Fahrzeug herausgeschleudert wurde;[50]
– keine wesentliche Deformierung des vom Verletzten benutzten Teils der Fahrgastzelle;
– Verletzungen, die typischerweise durch den Gurt verhindert werden können (am Kopf, am Becken und den Extremitäten). Bei Mehrfachverletzungen kann das Nichtanlegen des Gurts für die einzelnen Verletzungen unterschiedliches Gewicht haben.[51] Hier hat der BGH aus Gründen der Praktikabilität die Bildung einer einheitlichen Mitverschuldensquote gefordert.[52]

508 Zwar muss der Schädiger zunächst einmal beweisen, dass der Insasse den Gurt tatsächlich nicht angelegt hatte. Spricht jedoch der erste Anschein dafür, dass die Verletzungen bei einem angelegten Gurt vermieden worden wären, so ist damit konsequenterweise auch der Anscheinsbeweis dafür geführt, dass der Verletzte den Gurt nicht benutzt hatte.[53]

509 Wendet der Verletzte ein, dass gleich schwere Verletzungen auch dann eingetreten wären, wenn er angeschnallt gewesen wäre, trifft ihn hierfür die Beweislast.[54]

510 b) Die *Höhe der Mithaftungsquote* hängt – wie allgemein beim Mitverschuldenseinwand – von den Umständen des Einzelfalls und vom Ausmaß der beiderseitigen Verursachungsbeiträge, der Schwere des Verschuldens des verletzten Insassen[55] und vor allem des Fahrers[56] ab. In der Rechtsprechungspraxis[57] beginnen die Mithaftungsquoten bei

---

[48] BGH VersR 80, 824 = NJW 80, 2125; VersR 81, 548; OLG München VersR 79, 1157; OLG Bamberg VersR 85, 786; *Weber* NJW 86, 2667. Vgl. auch BGH VersR 83, 440 (Urteil zum Schutzhelm): Bei einem Verstoß gegen Schutzvorschriften (wie es § 21a Abs. 1 StVO ist) spricht der erste Anschein dafür, dass es bei Beachtung der Schutzvorschrift nicht zu den schweren Verletzungen gekommen wäre, wenn sich in dem Unfall gerade die Gefahr verwirklicht hat, deren Eintritt die Vorschrift verhindert wollte. S. im Übrigen Entschließung 16. Verkehrsgerichtstag Goslar 1976.

[49] Bei ungeklärtem Unfallablauf ist erforderlichenfalls ein Sachverständiger zu hören, BGH VersR 80, 824 = NJW 80, 2125.

[50] LG Halle SP 00, 336: „Vermutung" der Ursächlichkeit beim Herausschleudern aus dem Kfz.

[51] Es ist möglich, dass bestimmte Verletzungen durch den Gurt ganz verhindert worden wären (z.B. am Kopf), andere in ihrer Schwere verringert oder einzelne vielleicht gar nicht vermieden worden wären.

[52] BGH VersR 80, 824 = NJW 80, 2125; VersR 81, 57 = NJW 81, 287.

[53] Vgl. BGH VersR 80, 824 = NJW 80, 2125.

[54] BGH VersR 80, 824 = NJW 80, 2125; OLG Düsseldorf DAR 85, 59.

[55] Dabei soll z.B. auch der ausgeübte Beruf eine Rolle spielen, im entschiedenen Fall Gesichtsverletzungen einer Kosmetikerin, die auf ein gutes Aussehen angewiesen ist – OLG München VersR 85, 868.

[56] Den Fahrer trifft vor allem gegenüber alkoholisierten Insassen eine besondere Fürsorgepflicht, den Sicherheitsgurt anlegen zu lassen (OLG Karlsruhe NZV 90, 226).

[57] Beispiele aus der Rechtsprechung:
– 20%: OLG Braunschweig VersR 77, 477; OLG Celle DAR 79, 305; KG VersR 79, 1031; OLG Karlsruhe ZfS 83, 290; LG Hanau VersR 78, 435; LG Augsburg DAR 79, 54; LG Kaiserslautern VersR 79, 633; OLG Frankfurt ZfS 86, 1; OLG Karlsruhe VersR 00, 609; OLG Celle SP 00, 154; OLG München VersR 00, 900.
– 25%: OLG Köln VersR 77, 1133; OLG München VersR 79, 1157; KG VersR 81, 64; LG Frankfurt VersR 79, 332; LG Berlin ZfS 88, 305; AG Ibbenbüren ZfS 98, 130.
– 30–35%: OLG Celle VersR 83, 463; AG Augsburg VersR 79, 268; LG Mainz VersR 79, 1133; LG Karlsruhe ZfS 80, 196; LG Hamburg ZfS 81, 358; LG Kassel VersR 82, 562; LG Osnabrück ZfS 83, 1; OLG Frankfurt ZfS 84, 321; OLG Saarbrücken DAR 87, 381;

20%,[58] liegen überwiegend bei ca. einem Drittel,[59] gehen aber auch bis 50% oder darüber hinaus.[60] Haftet der Schädiger lediglich aus Gefährdungshaftung, kann sein Ursachenbeitrag u.U. sogar ganz zurücktreten.[61] Umgekehrt ist der Tatrichter nicht gehindert, in einem besonders gelagerten Einzelfall trotz schuldhaft nicht angelegten Gurts das Verschulden des Geschädigten hinter einem gravierenden Verschulden des Schädigers zurücktreten zu lassen.[62]

Eine Kürzung des Schadensersatzes wegen Mithaftung kommt wohlgemerkt nur hinsichtlich solcher Schäden in Betracht, die im Prinzip durch den Gurt verhindert werden können, also nur für den Personenschaden, nicht etwa für den Kfz-Schaden.[63]

**511**

|   | OLG Celle ZfS 88, 97; OLG Karlsruhe ZfS 90, 184; LG Hanau ZfS 92, 79; LG Limburg SP 99, 191; OLG Hamm DAR 96, 24: nur 30%, da der nicht angeschnallte Insasse betrunken war und der Fahrer daher seine Fürsorgepflicht nach § 3 Abs. 2a StVO verletzt hatte; LG Halle SP 00, 336. |
|---|---|
| – 40%: | LG Osnabrück VersR 82, 255; LG Saarbrücken DAR 84, 323 = ZfS 84, 355; OLG Nürnberg VersR 80, 97; LG Bielefeld VersR 86, 98; OLG Frankfurt VersR 87, 823; AG Neuss SP 96, 11 bei besonderen Umständen; LG Oldenburg SP 09, 109 bei Gesichtsverletzungen. |
| – 50%: | KG ZfS 82, 163 (Unfallverursacher haftet nur aus Betriebsgefahr – Revision vom BGH nicht angenommen); OLG München VersR 85, 868 (Geschädigte war als Kosmetikerin besonders auf ein gutes Aussehen angewiesen); LG Darmstadt VersR 80, 342; LG Osnabrück ZfS 85, 33; LG Augsburg ZfS 86, 193; LG Oldenburg ZfS 89, 75; OLG Frankfurt ZfS 89, 257 bei Gesichtsverletzung; OLG Düsseldorf r+s 91, 85, Augenverletzung, LG Flensburg VersR 96, 905 in einem Glatteisunfall. |
| – über 50%: | LG Ravensburg DAR 88, 166 (²/₃ zu Lasten eines hinausgeschleuderten Insassen), AG Osnabrück SP 97, 10: ²/₃ Mithaftung. |

[58] 10% bei besonderen Umständen (LG Braunschweig VersR 02, 774), z.B. bei dem Vorwurf eines zwar angelegten, aber nicht gestrafften Gurts (LG München II SP 09, 10).
[59] Z.B. OLG Hamm VersR 98, 1040: „i.d.R. ¹/₃".
[60] BGH VersR 81, 57, 59 = NJW 81, 287 hält dies – insbesondere, wenn der Verursacher nur aus Betriebsgefahr haftet – für zulässig.
[61] OLG Frankfurt ZfS 80, 196.
[62] BGH NZV 98, 148 = VersR 98, 474 (1,83‰ BAK beim unfallverursachenden Fahrer, der auf die Gegenfahrbahn gerät und frontal mit dem entgegenkommenden Kfz. zusammenstößt).
[63] OLG München VersR 79, 1157; BGH VersR 80, 824 = NJW 80, 2125.

## XI. Haftungsausschluss bei Arbeits- oder Dienstunfall

512 Seit dem 1. 1. 1997 sind die §§ 104 ff. SGB VII in Kraft, die die alten §§ 636 ff. RVO abgelöst haben. Das neue Gesetz gilt für Schadenfälle ab diesem Datum. Auf eine zusammenfassende Darstellung der Rechtslage für die Schadenfälle vor dem 1. 1. 1997 wird verzichtet. Insoweit kann die 7. Auflage dieses Werks herangezogen werden. Allerdings erfolgen gelegentlich Hinweise zur abweichenden alten Rechtslage. Rechtsprechung zu den §§ 636 ff. RVO wird zitiert, soweit sie ohne weiteres auch für die Auslegung und Anwendung der §§ 104 ff. SGB VII herangezogen werden kann. Bei Unfällen von Inländern im europäischen Ausland oder von Ausländern im Inland ist zu beachten, dass die Anwendung eines Haftungsprivilegs nicht nach dem anzuwendenden Deliktsrecht, sondern gemäß Art. 93 Abs. 2 EWGV 1408/71 nach dem Recht des Mitgliedsstaats zu beurteilen ist, nach dessen Recht sich die Gewährung von Sozialleistungen richtet.[1]

513 Nach den §§ 104 ff. SGB VII ist die Haftung des Schädigers für den Personenschaden infolge eines Arbeitsunfall des Geschädigten unter folgenden *Voraussetzungen* ausgeschlossen:

Es muss sich um einen *Arbeitsunfall*[2] handeln, der
– durch den *Unternehmer* des *Betriebes* oder
– durch eine *betriebliche Tätigkeit* eines *Versicherten* des *Betriebes*,

in dem der Arbeitsunfall des Geschädigten versichert ist, verursacht wurde. Ein Haftungsprivileg besteht auch dann, wenn eine Schädigung zwischen Versicherten mehrerer Betriebe, die auf einer gemeinsamen Betriebsstätte tätig sind, erfolgt ist (§ 106 Abs. 3 SGB VII).

514 Wurde der Unfall vorsätzlich oder auf einem nach § 8 Abs. 2 Nr. 1–4 SGB VII versicherten Weg des Geschädigten verursacht, wird das Haftungsprivileg wieder „entsperrt", d. h. die persönlichen Ersatzansprüche des Geschädigten sind auszugleichen; allerdings gehen nach § 104 Abs. 1 S. 2 SGB VII keine Ansprüche auf den SVT gemäß § 116 Abs. 1 SGB X über.

515 Ausgeschlossen sind die Ansprüche auf Ersatz des *Personenschadens,* und zwar auch originäre Ansprüche der Hinterbliebenen nach § 844 BGB (Unterhaltsschaden, aber auch Beerdigungskosten),[3] nicht aber deren etwaige Ansprüche wegen so genannter Schockschäden.[4] Der Sachschaden ist dagegen zu ersetzen. Das Haftungsprivileg findet auch dann Anwendung, wenn der Schädiger haftpflichtversichert ist.[5] Es ist auch insoweit verfassungsrechtlich nicht zu beanstanden, als der Schmerzensgeldanspruch ausgeschlossen ist.[6]

---

[1] BGH NZV 07, 404 = VersR 07, 64.
[2] Die §§ 104 ff. SGB VII beziehen sich auf einen Versicherungsfall. Versicherungsfälle sind nach § 7 SG3 VII Arbeitsunfälle und Berufskrankheiten. Die Definition des Arbeitsunfalls findet sich in § 8 SG3 VII.
[3] BAG NJW 89, 2388.
[4] BGH NZV 07, 453 = VersR 07, 803.
[5] BGH VersR 63, 149; VersR 73, 736.
[6] BVerfG VersR 73, 269 = NJW 73, 502; NJW 95, 1607; BAG VersR 71, 528; VersR 73, 736. BGH r+s 09, 347: Verfassungsmäßigkeit auch im Verhältnis Kind zum Träger eines Kindergartens.

## 1. Übersicht der neuen §§ 104 ff. SGB VII

Zum Haftungsprivileg des **Unternehmers**[7] (§ 104 SGB VII):       **516**
Voraussetzung ist:
- der Unternehmer verursacht nicht vorsätzlich (Verschulden oder Gefährdungshaftung)
- einen Arbeitsunfall des Verletzten,[8]
- der im eigenen Unternehmen versichert ist, und zwar weil der Verletzte
- als Beschäftigter[9] im
- oder als Hilfeleistender[10] für das Unternehmen tätig geworden ist.

Ereignet sich der Unfall bei Teilnahme am allgemeinen Verkehr (auf einem „versicherten Weg" nach 8 Abs. 2 Nr. 1 bis 4 SGB VII),[11] wird die Haftung des Unternehmers wieder „entsperrt" mit der Folge, dass der Verletzte Ersatz seines nach Abzug der Leistungen der SVT verbleibenden Schadens verlangen kann; ein Regress der SVT nach § 116 SGB X bleibt allerdings ausgeschlossen.

Das Haftungsprivileg steht auch nicht versicherten Unternehmern zu. Es gilt auch gegenüber Besuchern, soweit sie gegen das Unfallrisiko nach § 3 Abs. 1 Nr. 2 SGB VII versichert sind (§ 104 Abs. 1 S. 1 SGB VII).

Zum Haftungsprivileg von „*Arbeitskollegen*" (§§ 105, 106 Abs. 3 SGB VII):       **517**
Voraussetzung ist:
- Arbeitsunfall des Verletzten,[12]
- nicht vorsätzlich verursacht (Verschulden oder Gefährdungshaftung)
- durch eine betriebliche Tätigkeit[13] des Schädigers entweder
- für den Betrieb, über den der Arbeitsunfall versichert ist[14] (§ 105 SGB VII), oder
- zwar für einen anderen Betrieb, aber auf einer gemeinsamen Betriebsstätte[15]
(§ 106 Abs. 3 SGB VII).

Auch hier gilt: Ereignet sich der Unfall bei Teilnahme am allgemeinen Verkehr (auf einem „versicherten Weg" nach 8 Abs. 2 Nr. 1 bis 4 SGB VII),[16] wird die Haftung des Schädigers „entsperrt", mit der Folge, dass der Verletzte Ersatz seines nach Abzug der kongruenten Leistungen der SVT verbleibenden Schadens verlangen kann; ein Regress der SVT nach § 116 SGB X bleibt allerdings ausgeschlossen.

Betriebsangehörigkeit des Schädigers ist nach der gesetzlichen Neuregelung nicht mehr erforderlich.[17] Es genügt, wenn der Schädiger bei einer versicherten Tätigkeit, also auch

---

[7] Zum Begriff des Unternehmers: § 136 Abs. 3 S. 1 SGB VII – „Unternehmer ist derjenige, dem das Ergebnis des Unternehmens unmittelbar zum Vorteil oder Nachteil gereicht." Unternehmen: weite Auslegung, „planmäßige, zweckgerichtete Vielzahl von Tätigkeiten von gewisser Dauer" (BGH VersR 90, 1161). Dazu zählen Betriebe im eigentlichen Sinn, aber auch Verwaltungen, Einrichtungen und bloße Tätigkeiten (§ 121 Abs. 1 SGB VII). Unternehmen ist daher auch beispielsweise die Kfz- und Tierhaltung, Unternehmer ist auch der Selbstständige.
[8] Einzelheiten Rdn. 518 ff.
[9] Versicherungsschutz nach § 2 Abs. 1 Ziff. 1 SGB VII.
[10] Versicherungsschutz nach § 2 Abs. 2 SGB VII.
[11] Siehe hierzu Rdn. 536 ff.
[12] Rdn. 518 ff.
[13] Rdn. 523 ff.
[14] Versicherungsschutz des Geschädigten als Beschäftigter des Unternehmens/Betriebs (§ 2 Abs. 1 Ziff. 1 SGB VII) oder als Helfer (§ 2 Abs. 2 SGB VII).
[15] Rdn. 549 ff.
[16] Siehe hierzu Rdn. 536 ff.
[17] Vgl. z.B. BGH NZV 04, 349 = VersR 04, 1045.

z. B. bei einer Hilfeleistung den Arbeitsunfall verursacht hat. Das Haftungsprivileg besteht auch gegenüber einem versicherungsfreien Geschädigten, insbes. einem Beamten (§ 105 Abs. 1 S. 2 SBG VII).

**Checkliste:**

Arbeitsunfall[18] des Geschädigten[1]

Fahrlässige Verursachung oder Gefährdungshaftung

Infolge betrieblicher Tätigkeit des Schädigers

Versicherungsfall des Geschädigten im selben Bereich

    dort als Beschäftigter

    als Helfender

oder auf gemeinsamer Betriebsstätte

Haftungsprivileg[19]

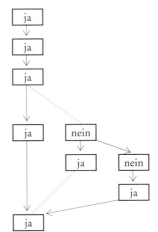

## 2. Arbeitsunfall des Geschädigten

518  Es muss sich um einen *Unfall* handeln, den der Verletzte oder der Getötete *bei einer* der nach den §§ 2, 3, 6 SGB VII *versicherten Tätigkeiten* erleidet (§ 8 SGB VII). Verbotswidriges Handeln schließt den Versicherungsschutz nicht aus (§ 7 Abs. 2 SGB VII).

519  Versichert sind u. A.
- „Beschäftigte" (§ 2 Ab.1 Nr. 1 SGBVII). Darunter fallen alle aufgrund einer abhängigen *Erwerbstätigkeit* (Arbeits-, Dienst- oder Lehrverhältnis) arbeitenden Personen.[20] Die Abgrenzung zu einer – gegebenenfalls freiwillig versicherten – selbstständigen Tätigkeit hängt nicht von der formellen Vertragsgestaltung, sondern vom Gesamtbild der Arbeitsleistung[21] und ihrer tatsächlichen Ausgestaltung ab.[22]
- Behinderte in der Behindertenwerkstatt,
- Landwirte und mitarbeitende Familienangehörige,
- *Kinder während* des Besuchs von Tageseinrichtungen, Schüler beim Schulbesuch und Studenten während der Ausbildung,

---

[18] Bei Arbeitsunfällen außerhalb des Unternehmens im öffentlichen Verkehr siehe gesonderte Checkliste zur Abgrenzung Wege- und Betriebswegeunfall (Rdn. 531).

[19] Bei grober Fahrlässigkeit Regress nach § 110 SGB VII.

[20] „Beschäftigte" nach § 2 Abs. 1 SGB VII sind auch geringfügig Beschäftigte (LAG Köln v. 29. 1. 2008, 9 Sa 1208/07).

[21] BSG v. 26. 6. 2007, BSGE 98, 285 = SGb 08, 418.

[22] Maßgeblich ist § 7 Abs. 1 SGB IV. Für Beschäftigung im sozialversicherungsrechtlichen Sinn spricht: Abhängigkeit vom Unternehmer, Eingliederung in den Betrieb, Weisungsrecht des Unternehmers hinsichtlich Zeit, Dauer, Ort und Art der Arbeitsleistung. Merkmal einer selbstständigen Tätigkeit ist demgegenüber: eigenes Unternehmerrisiko, eigene Betriebsstätte, Verfügungsmöglichkeit über die eigene Arbeitskraft und im Wesentlichen frei gestaltete Tätigkeit. Vgl. hierzu die instruktive Entscheidung des BSG v. 26. 6. 2007, BSGE 98, 285 = SGb 08, 418.
Zum Versicherungsschutz eines Geschäftsführers siehe BGH NZV 08, 394 = VersR 08, 255.

- ehrenamtlich in der Wohlfahrtspflege, für Kirchen und öffentliche Körperschaften Tätige,
- für Hilfeleistende bei Unglücksfällen oder gemeiner Gefahr,[23]
- nicht erwerbsmäßig tätige Pflegepersonen.[24]

Nach § 2 Abs. 2 SGB VII ist *auch eine nur vorübergehende, arbeitnehmerähnliche*[25] *Tätigkeit* (**„Wie-Beschäftigte"**) versichert. Hierunter fallen typischerweise die häufigen Fälle der unentgeltlichen Mithilfe, z. B. beim Ab- oder Beladen eines Kfz. (vgl. Rdn. 526), aber auch bei Reparaturarbeiten und der Pannenhilfe (Rdn. 530), bei der Tierpflege und Tierhaltung oder im Haus und Garten.[26] Kein Versicherungsschutz besteht allerdings für Hilfeleistungen aus familiärer oder nachbarschaftlicher Gefälligkeit,[27] oder wenn die eigenen Interessen und Hobbys der Hilfeleistung das Gepräge geben.[28] Ereignet sich ein Unfall bei einer Tätigkeit, die sowohl betrieblichen als auch privaten Zwecken[29] gedient hat, besteht Versicherungsschutz, wenn die Tätigkeit dem Betrieb zwar nicht überwiegend, aber doch wesentlich zu dienen bestimmt war.[30] Es muss ein innerer Zusammenhang zwischen Unfall und der versicherten Tätigkeit bestehen.[31]

Ein Unfall auf dem Weg nach oder von dem Ort der versicherten Tätigkeit *(Wegeunfall)* gilt als Arbeitsunfall (§ 8 Abs. 2 SGB VII: „versicherte Tätigkeit"). Unfälle auf einem so genannten Betriebsweg,[32] also z. B. innerhalb des abgetrennten Betriebsgeländes (innerbetrieblicher Werkverkehr), mit Firmenfahrzeugen im Interesse des Betriebs (Werkverkehr) oder auch auf Dienstreisen mit dem eigenen Kfz. sind aber Arbeitsunfälle i. e. S. des § 8 Abs. 1 SGB VII. 520

Ein Arbeitsunfall i. S. d. §§ 8 Abs. 1, 104, 105 SGB VII kann auch dann vorliegen, wenn der Unfall schon als beamtenrechtlicher Dienstunfall anerkannt ist und daher an sich *Versicherungsfreiheit* nach § 4 Abs. 1 S. 1 SGB VII besteht.[33] 521

---

[23] Zu Lasten des Nothelfers besteht kein Haftungsprivileg (s. Rdn. 529). Eine Hilfeleistung, die Teil der vertraglich geschuldeten Arbeitsleistung ist, ist nach § 2 Abs. 2 Nr. 1 versichert (BSG v. 18. 3. 08 – B 2 U 12/07 R – SGb 08, 292 (§ 135 Abs. 1 Nr. 5 SGB VII).

[24] Dies gilt auch dann, wenn die Pflegeperson weniger als 14 Stunden wöchentlich arbeitet und daher nicht rentenversicherungspflichtig ist (BSG NJW 05, 1148). Zu beachten ist hier das besondere Haftungsprivileg nach § 106 Abs. 2 SGB VII; siehe hierzu auch OLG Saarbrücken v. 25. 9. 2007, 4 U 110/07 – SP 08, 243.

[25] Es muss sich um eine Tätigkeit handeln, die typischerweise zumindest auch von Arbeitnehmern, nicht von Selbstständigen verrichtet wird.

[26] Beispiele aus der Rechtsprechung: BAG VersR 91, 902 (Be- und Entladen eines Lkw's); VersR 87, 202 (Reparaturarbeiten am Kfz.); OLG Hamm VersR 03, 192 = r+s 03, 42 (Probefahrt); OLG Köln VersR 94, 693 (Tierpflege). Es muss sich allerdings wirtschaftlich um Arbeit, nicht um eine reine Freizeitbeschäftigung handeln (BGH VersR 98, 1173); OLG Stuttgart ZfS 02, 384: Ausführen eines Hundes, wenn dies über bloße Gefälligkeiten des täglichen Lebens unter Nachbarn und Bekannten hinausgeht (im vorliegenden Fall bejaht; ebenso OLG Frankfurt ZfS 92, 335.

[27] Siehe hierzu die Ausführungen unter Rdn. 527.

[28] Tierpflege, die zwar auch dem Halter dient, aber doch in erster Linie aus eigener Tierliebe betrieben wird.

[29] Eigenwirtschaftliche Zwecke bejaht: Kind wird von einem Pferd verletzt, das von ihm zum eigenen Vergnügen auf die Weide geführt wird (s. den der BGH-Entscheidung VersR 93, 1540 zugrunde liegenden Fall); Unfall eines Kfz-Halters, der nach Beendigung einer Mithilfe in der Werkstatt dort verbleibt, um bei der Reparatur des Pkw's zuzuschauen (BGH VersR 94, 579).

[30] BSG VersR 95, 363; VGH VersR 87, 384 = NJW 87, 1022.

[31] Vom BSG verneint z. B. bei einem traditionellen Umzug wissenschaftlicher Universitätsangestellter (BSG VersR 96, 867), beim Abholen privat eingekaufter Waren in der anderen Abteilung eines Kaufhauses durch eine Verkäuferin (BSG NZS 95, 371); bejaht für den Betriebssport (BSG NZS 97, 87; VersR 67, 603) und während einer Dienstreise (NZS 92, 157).

[32] Siehe hierzu Rdn. 533.

[33] BSG VersR 84, 1038.

522   Nach dem SGB VII gilt das Haftungsprivileg des Schädigers nun auch zu Lasten des nicht versicherten Unternehmers (ausdrückliche Regelung in § 105 Abs. 2 S. 1 SGB VII) und erst recht zu Lasten des versicherten Unternehmers.[34]

### 3. Betriebliche Tätigkeit des Schädigers

523   Während es für das Haftungsprivileg des Unternehmers ohne Bedeutung ist, ob die schädigende Handlung im Zusammenhang mit seiner unternehmerischen Tätigkeit erfolgt, muss im Falle des § 105 SGB VII der Arbeitsunfall durch eine betriebliche Tätigkeit des Schädigers verursacht worden sein.[35] Betriebliche Tätigkeit in diesem Sinne ist jede gegen Arbeitsunfall versicherte Tätigkeit.[36]

Bei versicherten *Schulunfällen* sind die Grundsätze der §§ 104ff. SGB VII auf die besondere Situation in der Schule gedanklich umzuformen.[37] Eine betriebliche Tätigkeit liegt daher vor, wenn die Verletzungshandlung schulbezogen ist, also auf der typischen Gefährdung durch den engen schulischen Kontakt beruht und nicht nur bei Gelegenheit des Schulbesuchs erfolgt.[38] Daher besteht auch ein Haftungsprivileg für die Beteiligten an Neckereien und Raufereien, und zwar auch außerhalb des Schulgeländes, soweit noch eine enge räumliche Nähe zum organisierten Betrieb der Schule vorliegt.[39]

Nachdem nicht mehr Voraussetzung ist, dass ein Angehöriger des Betriebes den Schaden verursacht hat, in dem der Unfall des Geschädigten versichert ist, kann jetzt wie folgt differenziert werden:

#### a) Schädiger ist Betriebsangehöriger des Betriebs, über den der Arbeitsunfall versichert ist

524   Ist der Schädiger Betriebsangehöriger, ist nach dem Zweck der §§ 104ff. SGB VII der Begriff der betrieblichen Tätigkeit weit auszulegen.[40]

525   Betriebliche Tätigkeit ist grundsätzlich mit der nach § 8 Abs. 1 S. 1 SGB VII versicherten Tätigkeit gleichzusetzen.[41] Betrieblich ist nicht nur eine Tätigkeit im Rahmen des zugewiesenen betrieblichen Aufgabenkreises,[42] es genügt, dass die Tätigkeit objektiv im Interesse und im nahen Zusammenhang mit dem Betrieb und dem betrieblichen Wir-

---

[34] BGH NZV 08, 504 = VersR 08,1260 m.w.H.; s. auch *Waltermann* NJW 97, 3401. Zum Ausgleich der Tatsache, dass dem Unternehmer kein Anspruch auf Ersatz seines Personenschadens zusteht, wird er gemäß § 105 Abs. 2 S. 2 SGB VII wie ein Versicherter behandelt, der einen Versicherungsfall erlitten hat. Er erhält Dienst- und Sachleistungen in vollem Umfang sowie Geldleistungen nach § 105 Abs. 2 S. 3, 4 SGB VII. Da Grundlage hier der Mindest-JAV ist, ist die Barleistung also nicht sehr hoch. Umgekehrt werden die Barleistungen aber begrenzt durch einen evtl. niedrigeren zivilrechtlichen Schadensersatzanspruch, bei dem z.B. auch das Mitverschulden berücksichtigt wird (vgl. hierzu *Waltermann* NJW 97, 3401).
[35] *Wussow*, Unfallhaftpflichtrecht, Kap. 80, Rdn. 106.
[36] BAG VersR 01, 720.
[37] St. Rspr., BGH VersR 92, 854; OLG Schleswig VersR 02, 238; OLG Hamm NZV 04, 400 = VersR 05, 369. Zum Haftungsprivileg des Trägers eines Kindergarten gegenüber einem Kind siehe BGH r+s 09, 347 und zur Haftung gegenüber einer Praktikantin OLG Koblenz r+s 09, 171 (mit vom BGH zugelassener Revision).
[38] BGH VersR 08, 1407; NZV 04, 343 = VersR 04, 789: Werfen eines Feuerwerkskörpers auf dem Schulhof; ebenso OLG Hamm NZV 04, 400 = VersR 05, 369.
[39] BGH VersR 08,1407 m.w.H.; VersR 92, 854.
[40] BAG NZV 04, 627 = VersR 05, 366; BGH VersR 68, 1193; VersR 70, 353; VersR 71, 564; BAG VersR 74, 1077.
[41] BAG NZV 04, 627 = VersR 05, 366 m.w.H.
[42] Dazu BGH VersR 67, 1021; VersR 70, 353.

kungskreis erfolgt.⁴³ Dazu rechnen auch Geschäftsreisen, Teilnahme am Betriebssport, an Gemeinschaftsveranstaltungen und Bildungsmaßnahmen.⁴⁴ Der betriebliche Zusammenhang wird nicht etwa dadurch unterbrochen, dass der Schädiger eine Ordnungswidrigkeit begeht oder einen Alkoholstraftatbestand verwirklicht.⁴⁵ Anders verhält es sich, wenn der Schaden nur bei Gelegenheit der Arbeit im Betrieb durch eine gefahrträchtige Spielerei verursacht wird.⁴⁶

Keine betriebliche Tätigkeit sondern Privatangelegenheit ist die Fahrt zur und von der Arbeitsstätte, die vom so genannten Betriebsweg für das Haftungsprivileg (nicht für die Anerkennung als Arbeitsunfall) scharf zu trennen ist.⁴⁷

**b) Schädiger ist nicht Betriebsangehöriger**

Eine betriebliche Tätigkeit liegt aber auch dann vor, wenn der Schädiger – z. B. bei einer *Hilfeleistung* – wie ein „nach Abs. 1 Nr. 1 SGB VII Versicherter" („Wie-Beschäftigter") tätig geworden ist. Eine arbeitsrechtliche Beziehung des Schädigers zum Betrieb ist nicht erforderlich, seine Tätigkeit muss aber in die betriebliche Sphäre des Unternehmens fallen.⁴⁸ Häufig wird hier – m. E. missverständlich und unpräzise – von der „Eingliederung" des Schädigers (oder des Geschädigten) gesprochen.

526

Eine *freiwillige Hilfeleistung* für einen anderen Betrieb ist dann – auch – über diesen versichert, wenn die Tätigkeit nach ihrem Gesamtbild mit einer Arbeitnehmertätigkeit zu vergleichen ist; wenn sie also wirtschaftlich als Arbeit zu werten ist und tatsächlich dem fremden Betrieb dient,⁴⁹ wenn sie nützlich und arbeitserleichternd ist, wobei selbst eine kurzfristige, einmalige Handreichung genügt.⁵⁰ Es muss sich um eine Tätigkeit handeln, die regelmäßig und typischerweise von unselbstständig Beschäftigten, nicht etwa von Selbstständigen verrichtet wird.⁵¹ Versicherungsschutz besteht auch dann, wenn die Hilfeleistung aus eigenem Entschluss und ohne vorherige Absprache mit Betriebsangehörigen – „spontan und punktuell" – erfolgt, solange sie nicht dem Willen und der Absicht des Unternehmens entgegensteht.⁵² Erfolgt die Hilfe – wie zumeist – aus reiner Gefälligkeit, schließt dies den Versicherungsschutz nicht aus. Gefälligkeitshandlungen fallen nur dann nicht unter den Versicherungsschutz einer arbeitnehmerähnlichen Tätigkeit, wenn sie ihr Gepräge durch eine persönliche, engere Beziehung, wie Familienangehörigkeit, Lebenspartnerschaft, Freund- oder Nachbarschaft erhält.⁵³

527

Versicherungsschutz besteht aber nur für den Vorgang und für die Dauer der Hilfeleistung.⁵⁴ Wird eine Hilfeleistung auch durch die Wahrnehmung eigener Aufgaben bestimmt, besteht kein Versicherungsschutz über den fremden Betrieb.⁵⁵ Das ist erst

528

---

⁴³ BAG VersR 74, 1077; OLG Brandenburg VersR 04, 382.
⁴⁴ Siehe die insoweit sehr instruktive Darstellung bei *Leube* VersR 05, 622.
⁴⁵ BGH VersR 68, 353; vgl. auch BGH VersR 76, 539 = NJW 76, 673.
⁴⁶ BAG NZV 04, 627 = VersR 05, 366; BGH VersR 98, 1173: Spiel mit einer Peitsche im Pferdestall; OLG Brandenburg VersR 04, 382.
⁴⁷ Siehe dazu Rdn. 531 ff.
⁴⁸ BGH VersR 83, 31; VersR 83, 728; VersR 84, 736.
⁴⁹ BGH VersR 66, 182; VersR 77, 959.
⁵⁰ BGH VersR 77, 959; VersR 83, 854; NZV 90, 345 = VersR 90, 994 m. w. H.; OLG Stuttgart VersR 04, 68: Halter lässt auf Bitten eines Monteurs in der Werkstatt Motor an. OLG Brandenburg VersR 07, 1133: Hergabe einer Leiter.
⁵¹ BSGE 5, 168; 15, 292; 25, 102; OLG Brandenburg VersR 07, 1133 mit zustimmender Anm. *Muschner*.
⁵² BGH VersR 77, 959; VersR 83, 855 = NJW 83, 2882.
⁵³ Kasseler Kommentar, § 2 SGB VII, Rdn. 110 ff.
⁵⁴ OLG Zweibrücken r + s 00, 111 – Rev. nicht angenommen.
⁵⁵ St. Rspr., zuletzt BGH NZV 04, 349 = VersR 04, 1045 m. w. H.

recht dann der Fall, wenn der Schädiger „seine Unternehmenssphäre" verlassen hatte und „in der Sphäre des Unfallbetriebes" tätig geworden war.[56] Es kommt darauf an, ob Aufgaben des „Unfallbetriebs" oder solche des „Stammbetriebs" der Tätigkeit das Gepräge gegeben haben.[57] Maßgeblich ist die Zweckbestimmung der Arbeitsleistung; steht bei ihr ein eigenwirtschaftliches Interesse im Vordergrund, besteht kein Versicherungsschutz nach § 2 Abs. 2 SGB VII, und zwar auch dann nicht, wenn die Tätigkeit für den Unfallbetrieb nützlich war.[58] Dient die Hilfeleistung objektiv beiden Unternehmen, ist regelmäßig davon auszugehen, dass sie subjektiv nur im Interesse des eigenen Betriebes erbracht wurde.[59] Auch bei einem „Leiharbeitnehmer" bestimmt sich die Abgrenzung, ob er für seinen Stammbetrieb oder für den Unfallbetrieb tätig wurde, nach der Zuordnung seines Aufgabenbereichs.[60] Liegt nur eine Arbeitsberührung vor,[61] erfüllt der Schädiger lediglich Aufgaben seines Stammbetriebs, die mehr oder weniger zufällig dem anderen nützlich sind, besteht für ihn kein Haftungsprivileg, es sei denn, diese „Arbeitsberührung" erfolgte auf einer „gemeinsamen Betriebsstätte" i.S.d. § 106 Abs. 3 SGB VII.

### c) Hilfeleistung bei Unglücksfällen oder gemeiner Gefahr

**529**  Etwas anderes gilt für *Hilfeleistungen in Unglücksfällen* und bei gemeiner Gefahr (sog. Nothilfe). Diese Tätigkeit ist nicht über § 2 Abs. 2 SBG VII, sondern nach § 2 Abs. 1 Ziff. 13a SGB VII versichert.[62] Die Hilfeleistung wird in einem solchen Fall nicht für das Unternehmen, von dem die Gefahr ausgeht, sondern zum Schutz der Allgemeinheit erbracht, sie schafft also kein arbeitnehmerähnliches Verhältnis.[63] Schadensersatzansprüche des bei der Hilfeleistung Verletzten gegen den Helfer[64] und umgekehrt des Helfers gegen einen Betriebsangehörigen oder den Unternehmer sind daher nicht ausgeschlossen.[65] Für die Blutspende, versichert nach § 2 Abs. 1 Nr. 13b SGB VII, gelten dieselben Grundsätze.[66]

Die Voraussetzungen des § 2 Abs. 1 Ziff. 13a SGB VII sind schon dann gegeben, wenn der Eingreifende aufgrund der Umstände annehmen durfte, es bestehe die nahe liegende Möglichkeit eines Schadens für unbestimmt viele Personen.[67]

---

[56] BGH VersR 78, 150.
[57] BGH NZV 04, 349 = VersR 04, 1046 m. w. H.
[58] St. Rspr., zuletzt BGH NZV 04, 349 = VersR 04, 1045; VersR 87, 384; BGH NZV 90, 345 = VersR 90, 994; VersR 94, 579 = r+s 94, 179; BGH NJW 98, 2365 = r+s 98, 377 m. w. H.
[59] BGH VersR 89, 67; VersR 87, 384 = NJW 87, 1022: Hilfe beim Anschieben eines fremden Kfz., das die Weiterfahrt des eigenen Kfz. behindert hatte; BGH VersR 96, 1412. OLG Hamm VersR 99, 448: Hilfe eines Klinikangestellten beim Verladen eines Pferdes dient zwar auch dem Pferdehalter, erfolgt aber im Interesse des Stammbetriebes.
[60] OLG Hamm NZV 00, 375.
[61] S. die Beispiele in BGH VersR 78, 150.
[62] S. insoweit auch Rdn. 519.
[63] BGH NZV 06, 367 = VersR 06, 548 m. w. H.; BGH VersR 81, 260 = NJW 81, 760; VersR 87, 384; NZV 90, 345; vgl. auch OLG Düsseldorf ZfS 02, 523; ZfS 92, 336 = NJW-RR 92, 1443; OLG Köln VersR 82, 1098 (das OLG Köln hätte wegen des bestehenden Versicherungsschutzes nach § 539 Abs. 1 Ziff. 9a RVO die Frage, ob der Anspruch auf Ersatz des Erwerbsschadens nicht bereits im Unfallzeitpunkt auf die eintrittspflichtige BG übergegangen war, nicht dahingestellt sein lassen dürfen). S. auch die gute Zusammenfassung mit denselben Ergebnissen wie hier in WJ 88, 117.
[64] Nach der neuen Rechtslage gem. §§ 104ff. SGB VII sind grundsätzlich auch Ersatzansprüche des Betriebsangehörigen gegen den Helfer ausgeschlossen.
[65] BGH NZV 06, 367 = VersR 06, 548 m. w. H.
[66] BGH VersR 06, 838 = NJW 06, 2108.
[67] BGH NZV 90, 345 = VersR 90, 995.

## d) Pannenhilfe

Bei der *Pannenhilfe* für ein Kfz. muss dagegen unterschieden werden: Schadensersatzansprüche des nach § 2 Abs. 1 Ziff. 13 a SGB VII versicherten Helfers sind auch hier nicht ausgeschlossen, wenn von dem liegen gebliebenen Kfz. eine Gefahr für andere Verkehrsteilnehmer oder sonstige Dritte ausging[68] oder wenn die Hilfe zugunsten eines Verletzten erfolgte.[69] In den anderen Fällen besteht für den Helfer Versicherungsschutz nach §§ 2 Abs. 2, 128 Abs. 1 Ziff. 9[70] SGB VII. Der Halter des privaten Pkw (bei gewerblichem Kfz. gelten die §§ 104, 105 SGB VII ohnehin), der als Unternehmer gilt, kann sich gegenüber dem Helfer auf § 104 SGB VII, der Fahrer auf § 105 SGB VII berufen.[71] Dem Helfenden steht ebenfalls nach § 105 Abs. 2 S. 1 SGB VII das Haftungsprivileg gegenüber dem verletzten – als solchen nicht versicherten – Halter[72] eines privaten PKW zu, der insoweit „Unternehmer" ist, nicht aber gegenüber dem – als solchen nicht versicherten – Fahrer. Dies gilt auch für die Hilfe bei Übernahme von Wartungs- und Reparaturarbeiten an einem Kfz. aus Gefälligkeit.[73]

530

## e) Straßenverkehrsunfälle

**Checkliste:**

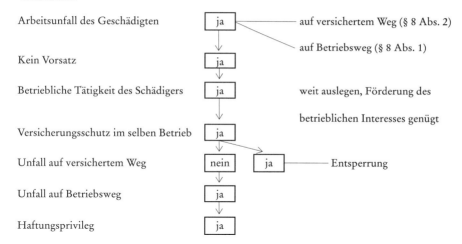

Bei Straßenverkehrsunfällen mit Kraftfahrzeugen bestehen besondere Probleme. Bevor man hier die Frage prüft,[74] ob der *Geschädigte* den Unfall auf dem Wege zur oder von der

531

---

[68] S. Rdn. 529; OLG Köln VersR 82, 1098.
[69] BGH VersR 81, 260 = NJW 81, 760.
[70] Zuständigkeit eines Unfallversicherungsträgers der öffentlichen Hand im Landesbereich bei Hilfe für ein nicht gewerbsmäßig gehaltenes Kfz.
[71] BGH VersR 81, 260, 261 r. Sp. = NJW 81, 760; BSG NJW 73, 1821; VersR 85, 636; OLG Bamberg VersR 76, 890; Thüringer OLG NZV 04, 466.
[72] Gegenüber dem nicht versicherten Fahrer, der nicht zugleich Halter ist, bleibt die Haftung bestehen.
[73] BGH VersR 87, 202; BSG ZfS 86, 299 = BKK 86, 309.
[74] Hier wird immer wieder der Fehler gemacht, diese – zweite – Frage vor der ersten zu prüfen. Häufig fällt die Antwort für Schädiger und Geschädigten gleich aus. Entfällt danach schon das Haftungsprivileg, kommt es auf eine Entsperrung nicht mehr an und der Schädiger muss auch an den SVT Schadensersatz leisten.

versicherten Tätigkeit, also bei Teilnahme am allgemeinen Verkehr erlitten hat,[75] ob also die Haftung entsperrt ist, sollte man die Voraussetzung einer betrieblichen Tätigkeit des *Schädigers* prüfen. Liegt eine betriebliche Tätigkeit nicht vor, kommt es auf eine Entsperrung nicht mehr an, die Haftung besteht auch zugunsten des SVT. Entscheidend ist, ob sich der Schädiger auf einem Betriebsweg (Versicherungsschutz nach § 8 Abs. 1 SGB VII) oder auf einem Privatweg (Fahrt zur oder von der Arbeitsstätte – „Arbeitsstättenweg" – Versicherungsschutz nach § 8 Abs. 2 SGB VII) befand.[76] Grundsätzlich gehört das Erreichen des Arbeitsplatzes vom Wohnsitz aus nicht in die betriebliche, sondern in die private Sphäre des Arbeitnehmers.[77] Gleichwohl kann § 105 SGB VII vorliegen. Es kommt immer auf eine Abwägung der betrieblichen und der privaten Interessen an. Kriterien für eine Betriebsbezogenheit können sein: Naher Zusammenhang mit dem Betrieb; Organisation, Zahlung eines Kilometergeldes oder sonstige Beteiligung durch den Arbeitgeber.[78] Betriebliche Verrichtung des Fahrers (und keine Teilnahme der Insassen am allgemeinen Verkehr)[79] liegt bei einem Fahrdienst des Schulträgers für die Beförderung der Schüler vom Wohnsitz zur Schule vor.[80] Die Fahrt muss als Teil der betrieblichen Organisation erscheinen und durch sie geprägt sein; nur dann hebt sie sich von den „normalen" Risiken des „allgemeinen Verkehrs" ab.[81]

**532** Es genügt dagegen nicht, wenn die Fahrt lediglich den betrieblichen bzw. dienstlichen Interessen nützlich ist.[82]

**533** Eine betriebliche Tätigkeit wird von der Rechtsprechung bei **Kfz-Unfällen** vor allem in folgenden Fallvarianten angenommen:[83]
- Unfälle innerhalb des Werkgeländes (so genannter *innerbetrieblicher Verkehr*), auch wenn sich der Schädiger noch auf dem Weg zu seinem eigentlichen Arbeitsplatz befand.[84] Der insoweit bestehende Versicherungsschutz nach § 8 Abs. 1 SGB VII – für Schädiger und Geschädigten – endet erst mit dem Durchfahren des Werktors[85] bzw. dem Verlassen des Betriebsgeländes oder des betrieblichen Parkplatzes. Bei ausgelagerten Tätigkeiten in einem fremden Betrieb gelten diese Grundsätze entsprechend; Ort der Tätigkeit i.S. des § 8 Abs. 1 SGB VII ist bei ständiger Tätigkeit außerhalb des Betriebsgeländes des Arbeitgebers das Betriebsgelände des tatsächlichen Arbeitsplatzes.[86]
- Unfälle auf dienstlich angeordneten oder im dienstlichen Interesse erfolgenden Fahrten, soweit sie eben nicht – nur – der nach § 8 Abs. 2 Nr. 1–4 SGB VII versicherten Zurücklegung des Weges zwischen Arbeitsstätte und Wohnsitz (Wegeunfälle i.e.S.) dienen, sondern sog. *Betriebs-* o. *Dienstwege* darstellen.[87] Dazu rechnen Kundenbesuche, Aus-

---

[75] S. Rdn. 536 ff.
[76] Zur Abgrenzung *Ricke* VersR 03, 540.
[77] BGH VersR 67, 1201; VersR 70, 353; VersR 71, 564; VersR 74, 1077; VersR 81, 251; VersR 84, 759; VersR 88, 391; VersR 92, 122; BAG VersR 74, 1077.
[78] BGH VersR 70, 353; VersR 72, 145; OLG Düsseldorf VersR 77, 1027; OLG Bamberg DAR 77, 326.
[79] S. Rdn. 536 ff.
[80] BGH (III. Senat) VersR 01, 335.
[81] BGH NZV 92, 112.
[82] BGH NZV 92, 112 unter Aufgabe der abweichenden Entscheidungen BGH VersR 71, 564; VersR 72, 145.
[83] Viele der im Folgenden zitierten Urteile beziehen sich auf die „Teilnahme am allg. Verkehr" des Geschädigten nach altem Recht. Die Grundsätze können aber auf die Vorprüfung, ob eine betriebliche Verrichtung des Schädigers vorliegt, übertragen werden.
[84] BGH VersR 74, 1077; OLG Hamm VersR 93, 1173.
[85] BAG VersR 01, 720.
[86] BGH VersR 06, 221 = ZfS 06,203 = r+s 06, 301.
[87] OLG Zweibrücken SP 02, 127: Fahrt vom Betrieb zur auswärtigen Arbeitsstätte.

lieferungsfahrten, Transporte, ganz generell Dienstreisen.[88] Betriebsweg ist ein Weg, der in Ausübung der versicherten Tätigkeit zurückgelegt wird und der damit der Betriebsarbeit gleichsteht. Insoweit können auch die Grundsätze zur Abgrenzung der Teilnahme am allgemeinen Verkehr[89] herangezogen werden.[90] Die Förderung betrieblicher Interessen allein genügt zur Annahme eines Betriebswegs noch nicht; sie muss darüber hinaus Teil der innerbetrieblichen Organisation sein.[91] Dies ist dann anzunehmen, wenn der Arbeitgeber organisatorischen Einfluss auf die Fahrt genommen hat. Kriterien hierfür (die nicht kumulativ vorliegen müssen) sind: Stellung eines betriebseigenen Fahrzeugs, Einteilung von Arbeitskollegen als Fahrer, Mitnahme von Gerätschaften und Material,[92] Start vom Firmengelände aus etc. Dabei kommt es nicht darauf an, ob die Fahrt mit einem Betriebsfahrzeug oder einem angemieteten bzw. geleasten Fahrzeug[93] oder dem eigenen Kfz. zurückgelegt wird. Der betriebsbezogene Charakter der Fahrt und damit die betriebliche Tätigkeit entfällt auch nicht etwa dann, wenn der Unfall auf Alkoholgenuss des Fahrers zurückzuführen ist und für diesen daher kein Arbeitsunfall vorliegt.[94]

– Eine betriebliche Verrichtung des Fahrers liegt auch bei Beförderung von Mitarbeitern im Rahmen eines Sammeltransports zu einer auswärtigen Arbeitsstelle im Auftrag des Arbeitgebers vor,[95] und zwar auch dann, wenn nur ein einmaliger Transport angeordnet wurde,[96] oder wenn die Teilnahme freiwillig ist,[97] der Heimtransport nach einer Betriebsveranstaltung erfolgte,[98] der Arbeitgeber nur einen Teil der Kosten trägt[99] oder auch die Benutzung eines privaten Pkw für den Transport angeordnet oder geduldet hatte,[100] wobei eine konkludente Duldung des Transports in Verantwortung des Unternehmers genügt.[101]

## 4. Versicherungsschutz des Geschädigten in demselben Betrieb

Der Arbeitsunfall des Geschädigten muss – zumindest auch – in dem Betrieb versichert sein, für den der Schädiger betrieblich tätig geworden ist. Ist der Unternehmer dieses Betriebes Schädiger, kommt es auf eine betriebliche Tätigkeit nicht an.  534

Zur Beurteilung der Frage, ob der Geschädigte einen derartigen versicherten Arbeitsunfall erlitten hat, kann auf die Ausführungen zur „betrieblichen Tätigkeit" unter Rdn. 523 ff. verwiesen werden. Ist der Geschädigte Betriebsangehöriger, stellen sich ohnehin keine Probleme. Diesem gleichgestellt ist der so genannte Leiharbeiter, der schon nach der Rechtsprechung zu §§ 636 ff. RVO als Betriebsangehöriger galt.[102] Ist der Verletzte  535

---

[88] Siehe hierzu auch *Ricke* VersR 03, 540.
[89] Rdn. 539 ff.
[90] BGH NZV 04, 193 = VersR 04, 379.
[91] BGH NZV 04, 193 = VersR 04, 379; OLG Dresden NZV 09, 70.
[92] BGH NZV 04, 347 = VersR 04, 788.
[93] OLG Stuttgart VersR 03, 71 = ZfS 02, 431 = r+s 02, 377 – Rev. nicht. angen.
[94] BGH VersR 68, 353.
[95] BGH VersR 04, 379 = NZV 04, 193; BGH NZV 92, 112; OLG Stuttgart VersR 03, 71 = r+s 02, 377.
[96] BGH VersR 65, 806; VersR 76, 539; OLG München VersR 78, 822.
[97] BGH NZV 04, 193 = VersR 04, 379.
[98] BGH VersR 56, 36.
[99] BGH VersR 68, 1193.
[100] BGH VersR 68, 1193; VersR 76, 539.
[101] BGH VersR 76, 539 = NJW 76, 673.
[102] BGH VersR 79, 934 m.w.H.; Ein derartiges Leiharbeitsverhältnis wird angenommen, wenn weisungsgebunden Arbeiten verrichtet werden, zu denen der Unternehmer Dritten gegenüber verpflichtet ist.

dagegen bei einer Hilfeleistung geschädigt worden, hängt das Haftungsprivileg des ebenfalls für den Betrieb tätig gewordenen Schädigers davon ab, ob der Verletzte wie ein „nach Abs. 1 Nr. 1 SGB VII Versicherter" tätig geworden ist. Zu den Einzelheiten siehe Rdn. 526 ff. Auch hier besteht kein Haftungsprivileg bei Hilfeleistungen in Unglücksfällen (Rdn. 529). Bei Straßenverkehrsunfällen ist zunächst zu prüfen, ob der Schädiger betrieblich tätig geworden ist (Rdn. 531). Wenn man dies bejaht hat, ist weiter zu prüfen, ob nicht jedenfalls der Geschädigte einen persönlichen Ersatzanspruch hat, weil das Haftungsprivileg – bei Vorsatz oder bei einem Wegeunfall – wieder entsperrt ist.

### 5. Entsperrung der Haftung bei Vorsatz und Wegeunfällen

536  Wurde der Arbeitsunfall vorsätzlich verursacht oder wurde der Geschädigte auf einem nach § 8 Abs. 2 Nr. 1–4 SGB VII versicherten Weg, insbesondere auf dem Weg vom Wohnsitz zur und von der Arbeitsstätte verletzt, entfällt das Haftungsprivileg des Schädigers. Die Haftung ist „entsperrt", d.h. der Geschädigte kann seinen immateriellen und materiellen Schaden, soweit er nicht durch Leistungen der Sozialversicherungsträger ausgeglichen wird, geltend machen (§ 104 Abs. 1 S. 1 SGB VII). Ein Übergang auf die Sozialversicherungsträger nach § 116 SGB X ist allerdings ausgeschlossen (§ 104 Abs. 1 S. 2 SGB VII).

537  Vorsatz muss sich nicht nur auf die schädigende Handlung, sondern auch auf die Schadenfolgen beziehen. Dies ist insbesondere bei Schulunfällen wichtig, wenn z.B. bei einer vorsätzlichen Rauferei nicht beabsichtigte oder zumindest auch nicht in Kauf genommene schwere Verletzungen eines Schülers verursacht werden. Dies war schon für die Entsperrung nach den alten §§ 636 ff. RVO Voraussetzung. Hieran hat sich aber auch nichts – trotz der abweichenden Formulierung des § 110 SGB VII – geändert.[103]

538  Die Entsperrung des Haftungsprivilegs bei Straßenverkehrsunfällen greift in der Praxis selten. Denn bei den einschlägigen Wegeunfällen fehlt es meist schon an einer betrieblichen Verrichtung des Schädigers, die Haftung ist dann nicht gesperrt, auf eine Entsperrung kommt es nicht mehr an. Die Vielzahl der Urteile, die zu dem vergleichbaren Begriff der „Teilnahme am allg. Verkehr" nach den §§ 636 ff. RVO ergangen ist, täuscht. Häufig hätte das Haftungsprivileg in diesen Prozessen schon wegen Fehlens einer betrieblichen Verrichtung des Schädigers verneint werden müssen. Bejaht man die betriebliche Verrichtung des Fahrers, weil es sich z.B. nicht nur um die Mitnahme eines Kollegen auf der Fahrt zum Arbeitsplatz handelt, sondern diese Fahrt „Teil der betrieblichen Organisation" ist (s. hierzu Rdn. 533), dann stellt sich die Fahrt für den mitgenommenen Arbeitskollegen in der Regel eben nicht als „Teilnahme am allgemeinen Verkehr" (altes Recht) oder als „Wegeunfall" (neues Recht) dar. Es bleibt dann beim vollen Haftungsprivileg.

539  Umstritten war, ob sich durch den Verzicht des Gesetzgebers auf den Begriff der „Teilnahme am allgemeinen Verkehr" und das Abstellen in §§ 104 ff. SGB VII auf den „Unfall auf einem versicherten Weg" etwas geändert hat.

540  Nach dem insoweit an sich klaren Wortlaut des Gesetzes müsste jetzt das Haftungsprivileg auch dann entsperrt sein, wenn die Fahrt betrieblich organisiert wurde, es sich aber lediglich um den Transport des Arbeitnehmers von seiner Wohnung zum Arbeitsplatz bzw. zur Arbeitsstätte handelt. Nach altem Recht lag insoweit keine Teilnahme am allgemeinen Verkehr vor, das Haftungsprivileg bestand.

541  III. und VI. Senat des BGH gehen aber davon aus, dass der Gesetzgeber die Rechtslage nicht ändern und die Haftung zu Lasten des Arbeitgebers nicht erweitern wollte. Die

---

[103] BGH VersR 03, 595 = NZV 03, 276; BAG NZV 04, 627 = VersR 05, 366; OLG Hamburg r+s 00, 329.

## 5. Entsperrung der Haftung bei Vorsatz und Wegeunfällen

Rechtsprechung zur Abgrenzung der innerbetrieblichen Vorgänge von der Teilnahme am allg. Verkehr nach § 636 Abs. 1 S. 1 RVO kann daher zur Anwendung der Neuregelung herangezogen werden.[104] Nach dieser Rechtsprechung kommt es darauf an, ob der Geschädigte im Verhältnis zum Schädiger[105] den Unfall als Betriebsangehöriger oder als normaler Verkehrsteilnehmer erlitten hat,[106] ob er die betriebliche Gefahrengemeinschaft seines Betriebes verlassen und sich in den Gefahrenbereich des allg. Verkehrs begeben hat,[107] in den jeder beliebige Dritte hätte hineingeraten können, ob sich also der Unfall in einem Bereich ereignet hat, der sich im Verhältnis zum Schädiger als innerbetrieblicher Vorgang darstellt, oder ob nur ein loser Zusammenhang mit dem Betrieb besteht.[108] Im Übrigen werden in der Entscheidung des VI. Senats[109] die Grundsätze für die Abgrenzung zwischen dem Betriebsweg (keine Teilnahme am allgemeinen Verkehr) und dem nach § 8 Abs. 2 SGB VII versicherten Weg wie folgt herausgearbeitet: maßgeblich ist, ob der Weg bzw. die Fahrt Teil des innerbetrieblichen Organisations- und Funktionsbereichs ist, ob sie durch die betriebliche Organisation geprägt ist (Werkverkehr, betriebseigenes Kfz., Fahrt auf dem Werkgelände),[110] oder durch Anordnung des Arbeitgebers zu einer betrieblichen Aufgabe erklärt worden ist.[111] Wesentliche Faktoren, die nicht etwa kumulativ vorliegen müssen, sind: Anordnung des Unternehmers, betriebseigenen Kfz., Interesse des Unternehmers. Die Annahme eines Betriebswegs wird nicht dadurch ausgeschlossen, dass die Mitfahrt freiwillig ist und von der Wohnung erfolgt[112] oder außerhalb der bezahlten Arbeitszeit liegt. Noch verstärkt wird der erforderliche organisatorische Bezug zum Unternehmen aber durch die Anrechnung als bezahlte Arbeitszeit, durch die Mitnahme von Arbeitsgerät und durch den Start auf oder die Rückkehr zum Betriebsgelände.[113]

**542** Liegen diese Voraussetzungen nicht vor, sind Fahrten von und zur Arbeitsstelle, auch bei Mitnahme von Arbeitskollegen, in der Regel Teilnahme am allgemeinen Verkehr; diese endet mit dem Einfahren auf das nach außen abgeschlossene Firmen- oder Behördengelände[114] oder auf einen außerhalb dieses Geländes gelegenen Firmenparkplatz.[115] Nimmt ein Unternehmer seinen Betriebsangehörigen mit, liegt für diesen regelmäßig keine Teilnahme am allgemeinen Verkehr vor;[116] der betriebsbezogene Charakter einer solchen Fahrt ändert sich nicht dadurch, dass sie durch eine private oder familienrechtliche Beziehung zum Unternehmer mit veranlasst ist.[117] Nach der – entsprechend anzuwendenden[118] – Rechtsprechung zu §§ 636 ff. RVO a. F. wird im Übrigen Teilnahme am allgemeinen Verkehr verneint beim Transport eines Arbeitnehmers im firmeneigenen Kfz von der

---

[104] BGH III. Senat NZV 01, 74 = VersR 01, 335; VI. Senat NZV 04, 193 = VersR 04, 379. Ebenso BAG VersR 04, 1047; *Waltermann* NJW 97, 3401 und *Stern-Krieger/Arnau* VersR 97, 408. A. A. *Rolfs* NJW 96, 3177.
[105] BGH v. 25. 10. 2005 – VI ZR 334/04 (ZfS 06, 203).
[106] BGH VersR 53, 134; VersR 73, 736; VersR 71, 564.
[107] BGH VersR 76, 539; VersR 93, 122; vom 25. 10. 2005 – VI ZR 334/04.
[108] BGH VersR 73, 736; OLG Hamm r+s 93, 380; *Lepa* VersR 85, 8 ff.
[109] BGH NZV 04, 193 = VersR 04, 379.
[110] BGH NZV 04, 193 = VersR 04, 379; NZV 04, 347 = VersR 04, 788. BGH NZV 08, 289 = VersR 08, 410: Fahrt zum Feuerwehreinsatz im Privatwagen.
[111] BGH NZV 04, 193 = VersR 04, 379.
[112] BGH NZV 04, 193 = VersR 04, 379.
[113] BGH NZV 04, 347 = VersR 04, 788: Start vom Betriebsgelände und Mitnahme von Gerätschaften reichen aus, um die Fahrt als innerbetrieblichen Vorgang erscheinen zu lassen.
[114] BGH VersR 88, 391 = NJW-RR 88, 602; vgl. auch OLG Hamm r+s 93, 380.
[115] BGH VersR 95, 561 = NZV 95, 186: Dabei kommt es nicht darauf an, ob dieser Parkplatz durch einen Zaun oder an der Einfahrt durch eine Schranke abgesichert ist.
[116] OLG Köln NZV 92, 116.
[117] OLG Frankfurt VersR 83, 955.
[118] S. Rdn. 541.

Baustelle zu einer angemieteten Unterkunft.[119] Dasselbe gilt, wenn der Unternehmer das Heimbringen eines Betriebsangehörigen mit einem Betriebsfahrzeug angeordnet hat.[120]

543   Auch bei *Schulunfällen* sind die für den Dienst- und Arbeitsunfall entwickelten Grundsätze anzuwenden, allerdings für den Schulbereich „gedanklich umzuformen".[121] Verneint wird die Teilnahme am allgemeinen Verkehr bei Mitnahme von Schülern in einem von der Schule organisierten Schulbustransport.[122] Allerdings bleibt es gegebenenfalls bei der Haftung des KH-Versicherers eines nicht vom Schulträger gehaltenen Kraftfahrzeugs.

### 6. Haftungsprivileg nach § 106 Abs. 3 SGB VII, insbesondere gemeinsame Betriebsstätte

544   *Wirken Unternehmen zur Hilfe bei Unglücksfällen zusammen* (Altern. 1)[123] oder verrichten *„Versicherte mehrerer Unternehmen vorübergehend betriebliche Tätigkeiten auf einer gemeinsamen Betriebsstätte"* (Altern. 2), *„gelten die §§ 104 und 105 SGB VII für die Ersatzpflicht der für die beteiligten Unternehmen Tätigen untereinander".*

545   Diese Erweiterung des Haftungsprivilegs[124] war in ihrer Bedeutung und Auslegung – erwartungsgemäß – in den ersten Jahren nach Inkrafttreten des Gesetzes am 1. 1. 1997 heftig umstritten. Aufgrund der inzwischen vorliegenden BGH-Entscheidungen und einer Vielzahl von oberlandesgerichtlichen Urteilen lassen sich die Konsequenzen der Neuregelung wie folgt zusammenfassen:

546   Voraussetzung für ein Haftungsprivileg nach §§ 104, 105 SGB VII ist, dass Schädiger und Geschädigter für *denselben Betrieb* eine in diesem versicherte Tätigkeit ausübten. Schädiger und/oder Geschädigter müssen zwar nicht (mehr) Betriebsangehörige sein, es genügt, wenn einer von ihnen – oder beide – als „Wie-Beschäftigte" i.S.d. § 2 Abs. 2 SGB VII im Betrieb des anderen tätig waren. Liegt lediglich eine Arbeitsberührung vor, treffen also Schädiger und Geschädigter bei einer parallelen Tätigkeit jeweils für ihren eigenen Betrieb zusammen, sind die Voraussetzungen der §§ 104, 105ff. SGB VII nicht erfüllt. Dann kommt aber ein Haftungsprivileg nach § 106 Abs. 3 SGB VII in Betracht. Daraus folgt im Übrigen für die Praxis, dass zunächst einmal die Voraussetzungen der §§ 104, 105 SGB VII zu prüfen sind.[125] Erst wenn deren Voraussetzungen nicht vorliegen, sollte man den § 106 Abs. 3 SGB VII heranziehen, für den schwierige **Voraussetzungen** bestehen.

**a) Versicherte mehrerer Unternehmen**

547   Nach dem klaren Wortlaut des § 106 Abs. 3 SGB VII müssen beide Unfallbeteiligte, Schädiger und Geschädigter, unfallversichert sein.[126] Das gilt auch für den Unternehmer

---

[119] OLG Nürnberg VersR 96, 216 (Rev. nicht angen.).
[120] BGH VersR 92, 122 = NJW 92, 572.
[121] BGH VersR 77, 129; VersR 81, 849 = NJW 82, 37; VersR 83, 636.
[122] BGH NZV 01, 74 = VersR 01, 335; NZV 04, 193 = VersR 04, 379.
[123] Siehe hierzu BGH NZV 08, 289 = VersR 08, 410.
[124] Ob es sich überhaupt um eine Erweiterung handelt, war zunächst streitig. In einem Teil der Literatur wurde der Standpunkt vertreten, § 106 Abs. III 3. Alt. SGB VII habe keine eigenständige Bedeutung und dokumentiere nur die Rechtsprechung zum Haftungsprivileg in der Arbeitsgemeinschaft – Einzelheiten s. Vorauflage, Rdn. 419b, Fußn. 95. Aufgrund mehrerer BGH-Urteile und einer Vielzahl von oberlandesgerichtlichen Urteilen steht nunmehr fest, dass die Bestimmung in der Tat das Haftungsprivileg erheblich erweitert.
[125] Das schlägt auch der BGH NZV 01, 421 = VersR 01, 1028 dem OLG vor, an das der Rechtsstreit zur weiteren Entscheidung zurückverwiesen worden ist.
[126] Deutlich herausgestellt von BGH (III. Sen.) NZV 02, 455 =VersR 03, 250; NZV 03, 30 = VersR 03, 70.

als Schädiger[127] und als Geschädigter.[128] Bei Prüfung der Frage, ob Versicherungsschutz besteht, ist die Bindungswirkung des § 108 SGB VII zu beachten.[129]

Ein Haftungsausschluss kommt nicht in Betracht gegenüber nicht versicherten Besuchern.

### b) Betriebliche Tätigkeit des Schädigers

Insoweit kann auf Rdn. 523 ff. verwiesen werden. **548**

### c) Gemeinsame Betriebsstätte

Betriebsstätte kann jeder Ort sein, an dem eine betriebliche Tätigkeit verrichtet wird.[130] **549** „Gemeinsame" heißt aber nicht „dieselbe". Es genügt also nicht, dass im räumlichen Zusammenhang eine Arbeitsberührung erfolgt. Voraussetzung ist das Bestehen einer Gefahrengemeinschaft zwischen den – versicherten[131] – Angehörigen mehrerer Betriebe,[132] bei der man sich wechselseitig in die „Quere" kommen kann. Nach der Grundsatzentscheidung des BGH vom 17. 10. 2000[133] erfasst der Begriff der gemeinsamen Betriebsstätte „über die Fälle der Arbeitsgemeinschaft hinaus betriebliche Aktivitäten von Versicherten mehrerer Unternehmen,
– die bewusst und gewollt bei einzelnen Maßnahmen ineinander greifen, miteinander verknüpft sind, sich ergänzen oder unterstützen,
– wobei es ausreicht, dass die gegenseitige Verständigung „stillschweigend durch bloßes Tun erfolgt".

Mit dieser Definition hat der BGH eine praktikable und überzeugende Abgrenzung gefunden, die auch vom Verkehrsgerichtstag Goslar 2001 als „sachgerechte Basis für die Erledigung vergleichbarer Fälle" angesehen wurde.[134] Eine bloße Arbeitsberührung, ein zufälliges Zusammentreffen von Arbeiten, die beziehungslos nebeneinander durchgeführt werden (parallele Tätigkeiten), genügt dagegen nicht,[135] und zwar auch dann nicht, wenn diese Arbeiten dem gleichen Ziel und Zweck (z. B. Errichtung eines Gebäudes) dienen.[136] Umgekehrt ist für die Annahme einer gemeinsamen Betriebsstätte aber auch nicht erforderlich, dass die Arbeiten demselben Zweck dienen.[137] Es muss ein bewusstes Miteinander im Arbeitsablauf vorliegen[138] oder die Arbeiten müssen auf gegenseitige Unterstützung **550**

---

[127] BGH NZV 01, 423 = VersR 01, 1156.
[128] BGH VersR 08, 1260 = NZV 08, 504; BSG v. 26. 6. 2007, BSGE 98, 285. Anders noch die Vorauflage unter Hinweis auf Kasseler Kommentar § 105 SGB VII Rdn. 9.
[129] BGH NZV 08, 504 = VersR 08, 1260 m. w. H.
[130] *Leube* VersR 05, 622: Baustelle, Werksgelände, öffentliche Straße, Fußballplatz, Kegelbahn, Seminarhotel.
[131] BGH NZV 02, 455 = VersR 03, 250.
[132] *Leube* VersR 05, 622 m. w. H.
[133] BGH VersR 01, 336 = r+s 01, 26 = NJW 01, 443 = NZV 02, 32; vgl. auch BGH VersR 01, 372 = NZV 01, 168; VersR 03, 1260 = NZV 03, 466; VersR 07, 948; BAG VersR 03, 1177 NJW 03, 1891. Weitere Fälle: BGH VersR 04, 381 = NZV 04, 191 (verneint); KG VersR 02, 573; OLG Koblenz VersR 02, 574.
[134] r+s 01, 67. Ebenso *Tischendorf* NZV 04, 351.
[135] BGH NZV 03, 374 = VersR 03, 904 – Revisionsurteil zu OLG Hamm r+s 02, 331 = NZV 02, 561; BGH NZV 05, 37 = VersR 04, 1604) OLG Stuttgart VersR 03, 508 – Rev. n. angen.; OLG Celle SP 05, 194.
[136] BGH NZV 03, 374 = VersR 03, 904.
[137] BGH VersR 01, 372 = NZV 01, 168: Das faktische Zusammenwirken durch bloßes Tun genügt.
[138] BGH VersR NZV 03, 374 = VersR 03, 904; NZV 03, 466 = VersR 03, 1260; NZV 04, 191 = VersR 04, 381; BAG r+s 05, 304 = NZA 05, 1375.

und Ergänzung ausgerichtet sein.[139] Der Haftungsausschluss beruht auf dem Gedanken der Gefahrengemeinschaft; typischerweise können die miteinander Tätigen gleichermaßen zu Schädiger und Geschädigtem werden, ein lediglich einseitiger Bezug reicht nicht aus.[140] Daher liegt auch dann eine gemeinsame Betriebsstätte vor, wenn wegen der räumlichen Nähe gefährlicher Arbeitsvorgänge, bei denen man sich „in die Quere kommen kann," zur Vermeidung von wechselseitigen Gefährdungen Absprachen zwischen den Beteiligten erfoderlich sind[141] und auch getroffen werden,[142] oder zumindest eine stillschweigende Verständigung durch bloßes Tun vorliegt.[143] Dabei reicht die Möglichkeit gegenseitiger Verletzungen aus, auch wenn sie eher fern liegt, aber auch nicht völlig ausgeschlossen ist.[144]

551  Aus der Vielzahl der inzwischen vorliegenden obergerichtlichen Entscheidungen lässt sich für die typischen Fallgruppen folgendes Resümee ziehen:
– Zeitgleiches Zusammenwirken auf einer Baustelle
In der Regel dürfte hier eine Verknüpfung und Ergänzung der Tätigkeiten mit zumindest stillschweigender gegenseitigen Verständigung i. S. d. der BGH-Rechtsprechung jedenfalls dann vorliegen, wenn die Gefahr, sich gegenseitig in die Quere zu kommen, besteht (Gesichtspunkt der Gefahrengemeinschaft).[145] Dies gilt auch für die Be- und Entladevorgänge bei der Anlieferung von Baumaterialien an die Baustelle; hier ist jedoch jeweils zu prüfen, ob nicht schon ein Fall des § 105 SGB VII vorliegt.[146] Eine gemeinsame Betriebsstätte liegt aber auch dann vor, wenn sich die Arbeiten zwar nicht gegenseitig ergänzen, wegen der räumlichen Nähe aber eine Verständigung über den Arbeitsablauf erforderlich ist.[147] Ein Zusammenwirken dürfte demgegenüber nicht vorliegen, wenn lediglich Kontroll- und Überwachungsarbeiten durchgeführt werden (z. B. Bauleiter).[148]

– Zeitlich versetzte Tätigkeiten auf der Baustelle
Typischer Fall: Ein Gerüst wird fehlerhaft durch den Arbeiter A des Gerüstbauunternehmens B errichtet. Der Dachdecker C des Dachdeckerunternehmens D kommt deshalb zu Schaden. Hier fehlt es nach Auffassung des BGH an einem aufeinander bezogenen Zusammenwirken der Beteiligten: keine gemeinsame Betriebsstätte.[149]

---

[139] BGH NZV 05, 37 = VersR 04, 1604.
[140] BGH NZV 04, 191 = VersR 04, 381 m. w. H.; zur Gefahrengemeinschaft s. auch OLG Bremen r + s 05, 265.
[141] BGH NZV 08, 400 = VersR 08, 642; VersR 08, 1260 = NZV 08, 504; VersR 04, 381 = NZV 04, 191.
[142] BGH VersR 07, 948; NZV 03, 374 = VersR 03, 904.
[143] BGH NZV 08, 289 = VersR 08, 410 m.w. H.
[144] BGH NZV 08, 400 = VersR 08, 642; OLG Frankfurt v. 19. 2. 07, 16 U 100/06, r+s 07, 524 – Rev. nicht angenommen.
[145] BGH NZV 08, 400 = VersR 08, 642; OLG Frankfurt v. 19. 2. 07, 16 U 100/06, r+s 07, 524 – Rev. nicht angenommen: „allein die enge Zusammenarbeit und die gleichzeitige Anwesenheit auf einer Baustelle kann ohne weiteres" in eine gefährdende Situation münden. BGH VersR 01, 1028 = NZV 01, 421: Verletzung eines Arbeiters, der Bauteile in einen Kran einhängt, durch den Kranführer. Der BGH hat hier allerdings dem OLG vorgeschlagen, zunächst einmal die Voraussetzungen der §§ 104 ff. SGB VII zu prüfen. Beide Beteiligte waren zwar Angehörige verschiedener Betriebe, es kam aber ein Haftungsausschluss nach § 105 SGB VII wegen einer versicherten Hilfeleistung für den anderen Betrieb in Betracht. Weiteres Beispiel: BGH VersR 03, 348. BGH VersR 07, 948: Haftungsprivileg zugunsten eines bauleitenden Architekten deshalb verneint, weil keine wechselseitige Gefährdung vorlag. OLG Stuttgart VersR 03, 508: gemeinsame Betriebsstätte wird verneint in einem Fall, in dem die Arbeiten auf *einer* Baustelle beziehungslos nebeneinander ausgeführt wurden.
[146] S. die vorhergehende Fußn.
[147] BGH NZV 03, 374 = VersR 03, 904.
[148] VersR 07, 948 = NJW-RR 07, 1027; OLG Koblenz VersR 08, 1263.
[149] BGH NZV 04, 191 = VersR 04, 381; ebenso OLG Bremen r + s 05, 265.

– Schäden auf einem Betriebshof bei der Anlieferung und Abholung von Waren
In diesem häufigen Fall der Praxis kommt es im konkreten Fall darauf an, ob die Tätigkeitsbereiche von Schädiger und Geschädigtem im Sinne der BGH-Rechtsprechung miteinander verknüpft waren. Verneint wurde die gemeinsame Betriebsstätte bei dem Zusammenstoß zwischen zwei Lkw-Fahrern verschiedener Fuhrunternehmer bei der Anlieferung von Waren.[150] Anders ist der Fall wohl zu beurteilen, in dem die Lkw-Fahrer sich an einem sog. Einweiser orientieren,[151] oder wenn sich Schäden beim Abladevorgang ereignen, bei dem Lkw-Fahrer und der Versicherte des Betriebshofs zusammenarbeiten müssen,[152] weil sie sich ablaufbedingt in die Quere kommen.[153]

– Durchführung von (z. B. Reparatur- oder Reinigungs-)Arbeiten durch beauftragte Unternehmen auf dem Betriebsgelände des Geschädigten.
Auch hier ist im konkreten Fall zu prüfen, ob tatsächlich eine Verzahnung, eine gegenseitige Verständigung vorliegt. Verneint wurde dies vom BGH in seiner Musterentscheidung vom 17. 10. 2000 für den Fall, in dem ein Reinigungsunternehmen auf dem Betriebsgelände der Deutschen Bahn tätig geworden war.[154] Bejaht wurde das Haftungsprivileg in Fällen, in denen Reparaturmaßnahmen im laufenden Betrieb eines anderes Unternehmens durchgeführt werden, die besondere Vorsichtsmaßnahmen und gegenseitige Rücksicht erfordern und für die daher entweder besondere Verhaltensregeln ausdrücklich angeordnet waren[155] oder für die zumindest bei Durchführung der Arbeiten eine gegenseitige Verständigung zum Ausschluss der besonderen Gefahren erforderlich war.[156]

Nach dem Wortlaut des § 106 Abs. 3 SGB VII findet das Haftungsprivileg der gemeinsamen Betriebsstätte grundsätzlich auch zugunsten[157] und zu Lasten[158] eines versicherten[159] Unternehmers Anwendung. Ist der Unternehmer Schädiger, ist Voraussetzung für das Haftungsprivileg, dass er persönlich auf der Baustelle mitgearbeitet[160] und dabei den Geschädigten verletzt hat.[161] Das Haftungsprivileg findet auch zugunsten einer juristi-

**552**

---

[150] BGH VersR 01, 372 = NZV 01, 168. In dieser Entscheidung hatte der BGH zwar das der Klage stattgebende Urteil im Ergebnis bestätigt, aber zur Auslegung des Begriffs der gemeinsamen Betriebsstätte ausdrücklich darauf hingewiesen, dass es nicht erforderlich sei, dass die Unternehmen ein gemeinsames Ziel verfolgten; das faktische Zusammenwirken durch bloßes Tun reiche aus. Ähnlich OLG Köln VersR 02, 575: Lkw-Fahrer wird bei der Vorbereitung der Beladung seines Fahrzeugs durch einen hierbei unbeteiligten Gabelstaplerfahrer verletzt.

[151] Hier wird die gegenseitige Verzahnung der betrieblichen Tätigkeiten durch einen Dritten vermittelt.

[152] OLG Karlsruhe VersR 03, 506: Haftungsprivileg bei Zusammenarbeit beim Entladevorgang. OLG Karlsruhe r+s 99, 375: Schädigung eines Lkw-Fahrers durch einen Gabelstapler-Fahrer; OLG Oldenburg r+s 02, 65: Schäden beim koordinierten Abladevorgang generell (im konkreten Fall wurde der Klage gegen den Halter des Lkw allerdings stattgegeben, weil diesem das Haftungsprivileg nicht zugute komme).

[153] BGH VersR 08, 1260 = NZV 08, 504.

[154] BGH VersR 07, 948; VersR 05, 1397 = NZV 05, 515; VersR 01, 336 = NZV 02, 32 = NJW 01, 443.

[155] OLG Schleswig r+s 01, 197 – Rev. nicht angen.

[156] OLG Düsseldorf vom 5. 12. 2000 26 U 39/00 – Rev. n. angen.

[157] BGH VersR 01, 1028 und 1156.

[158] BGH NZV 08, 504 = VersR 08, 1260 = NJW 08, 2895 m. Anm. Waltermann; OLG Karlsruhe VersR 03, 506; *Jahnke* NJW 00, 265; *Waltermann* NJW 97, 3401.

[159] Siehe Rdn. 547.

[160] BGH VersR 01, 1156 = NZV 01, 423; VersR 03, 466 = VersR 03, 1260.

[161] BGH VersR 04, 381 = NZV 04, 191; VersR 01, 1028 = NZV 01, 421; VersR 01, 1156 = NZV 01, 423 („Tierarzt-Fall"): Haftungsprivileg nach § 106 Abs. 3 SGB VII bejaht; VersR 02, 1107; VersR 03, 70; OLG Karlsruhe VersR 03, 506.

**553** War der Unternehmer nicht auf der gemeinsamen Betriebsstätte tätig oder hat er jedenfalls die Schadenursache nicht selbst gesetzt, kommt seine Haftung nach § 831 BGB für einen Verrichtungsgehilfen oder nach § 7 StVG als Halter eines Kraftfahrzeuges in Betracht. Er kann sich dann allerdings auf ein gestörtes Gesamtschuldverhältnis[163] berufen mit der Folge, dass sich seine Haftung im Außenverhältnis gegenüber dem Geschädigten auf die Haftungsquote beschränkt, die ihn im Innenverhältnis gegenüber dem haftungsprivilegierten Erstschädiger trifft. Ein möglicher arbeitsrechtlicher Freistellungsanspruch bleibt dabei unberücksichtigt.[164] In den meisten Fällen scheidet dann eine Schadensersatzverpflichtung des Unternehmers und seines Haftpflichtversicherers aus.[165] Etwas anderes gilt freilich, wenn der Unternehmer eine eigene Verantwortlichkeit etwa wegen eines Organisationsverschuldens oder einer Verletzung der Verkehrssicherungspflicht trifft, die bei der Haftungsabwägung im Innenverhältnis zum Schädiger als Quote zu berücksichtigen ist.

## 7. Prozessuales

**555** An die rechtskräftige Entscheidung[166] eines Sozialversicherungsträgers oder eines Sozialgerichts darüber,
– ob ein Arbeitsunfall vorliegt oder nicht vorliegt,[167]
– in welcher Höhe
– und von welchem UVT Leistungen gewährt werden,
– ob der Verletzte als „Wie-Beschäftigter" (§ 2 Abs. 2 SGB VII) oder als Nothelfer (§ 2 Abs. 1 Nr. 13a SGB VII)[168] und
– ob der Verletzte als Beschäftigter (§ 2 Abs. 1 SGB VII) oder als „Wie-Beschäftigter" (§ 2 Abs. 2 SGB VII) verletzt worden ist,[169]
ist das Zivilgericht im Schadensersatzprozess,[170] in dem sich der Schädiger auf die §§ 104 ff. SGB VII beruft, gebunden (§ 108 Abs. 1 SGB VII),[171] und zwar auch dann, wenn diese Entscheidung möglicherweise falsch ist[172] oder wenn sie erst in der Revisionsinstanz ergeht.[173] Voraussetzung für die Bindungswirkung ist, dass der Ersatzpflichtige oder sein

---

[162] BGH NZV 05, 37 = VersR 04, 1604.
[163] Vgl. Rdn. 557.
[164] BGH VersR 04, 202 = NZV 04, 188; VersR 05, 1397 = r+s 05, 395; a. A. noch OLG Oldenburg r+s 02, 66 und OLG Hamm r+s 01, 150.
[165] So BGH für den Fall einer Verschuldenshaftung des Schädigers und einer Haftung des Arbeitgebers lediglich nach den §§ 831, 823, 840 Abs. 1 BGB – BGH VersR 05, 1397 = r+s 05 und NZV 05, 456 = r+s 05, 397; ebenso OLG Jena MDR 05, 448.
[166] Ein Prozessvergleich zwischen dem Sozialleistungsträger und dem Geschädigten ist keine Entscheidung i. S. d. § 118 SGB VII (OLG Naumburg v. 23. 9. 08, 9 U 146/07). Im Nichtannahmebeschluss des BGH v. 12. 5. 09 (VI ZR 268/08) wird diese Frage dahingestellt, da die erforderliche Kausalität zwischen Schädigung und Schaden nicht von der Bindungswirkung erfasst wird.
[167] BAG NZA 07, 262.
[168] BGH NZV 06, 367 = VersR 06, 548.
[169] BGH v. 19. 5. 2009, VersR 09, 1074, unter ausdrücklicher Aufgabe seiner vorgehenden Rechtsprechung; BGH VersR 08, 820 = NZV 08, 396 m. kritischer Anm. Lemcke in r+s 08, 308. S. hierzu auch Rdn. 556.
[170] § 108 SGB X ist nicht analog auf Ansprüche aus einem Teilungsabkommen anwendbar (BGH VersR 05,1751).
[171] BGH VersR 72, 945; OLG Frankfurt ZfS 93, 153.
[172] KG VersR 76, 290; OLG Frankfurt ZfS 93, 153.
[173] BGH NZV 04, 342 = VersR 04, 931.

## 7. Prozessuales

Kraft-Haftpflichtversicherer[174] gem. § 109 S. 1 SGB VII am sozialrechtlichen Verfahren beteiligt war.[175] Beteiligung liegt vor, wenn der Schädiger oder sein Versicherer zum Sozialverfahren hinzugezogen (§ 12 Abs. 2 SGB X), im Sozialrechtsstreit beigeladen worden war oder das Verfahren selbst betrieben hatte (siehe dazu im Folgenden). Versicherer bzw. Schädiger müssen in Kenntnis des Verfahrens und dessen Auswirkungen auf die eigene rechtliche Position darüber entschieden haben, ob sie am sozialrechtlichen Verfahren teilnehmen wollen oder nicht.[176]

Liegt eine solche Entscheidung noch nicht vor, muss das Zivilgericht den Rechtsstreit aussetzen (§ 108 Abs. 2 S. 1 SGB VII). Die Aussetzung ist eine prozessleitende Maßnahme zur Verhinderung von sich widersprechenden Entscheidungen, die nicht etwa im Ermessen des Gerichts liegt, sondern von Amts wegen zu erfolgen hat.[177] Dies gilt auch dann, wenn noch kein Verfahren eingeleitet oder nicht einmal ein Antrag auf Gewährung von Versicherungsschutz gestellt wurde. Das Zivilgericht setzt dann eine Frist für die Einleitung eines solchen Verfahrens, nach deren ergebnislosen Ablauf die Aufnahme des ausgesetzten Verfahrens zulässig ist (§ 108 Abs. 2 S. 2 SGB VII).

Der Schädiger[178] und sein KH-Versicherer haben ein eigenes Antrags-, Beschwerde- und Klagerecht für das sozialrechtliche und das sozialgerichtliche Verfahren[179] (§ 109 S. 1 SGB VII), wenn der Verletzte das Verfahren nicht selbst betreibt („können statt der Berechtigten ...").[180] Die Fristen des SGG sind dabei zu beachten, die allerdings jeweils erst ab Kenntnis laufen (§ 109 S. 2 SGB VII).[181] Waren Schädiger und Versicherer am sozialrechtlichen Verfahren nicht beteiligt, ist eine gegenüber dem Geschädigten ergangene, bestandskräftige Entscheidung nicht bindend.[182] Auf Antrag des KH-Versicherers bzw. des Schädigers ist das Verwaltungsverfahren zu wiederholen. Betreibt der Geschädigte das Verfahren, kann – und sollte – der Haftungsprivilegierte dem Verfahren beitreten. Er ist dann entweder Beteiligter nach § 12 Abs. 1 Nr. 4 SGB X oder notwendiger Streitgenosse nach § 74 SGG i.V.m. § 62 ZPO[183] oder Beigeladener nach § 75 SGG.[184] Entscheidungen sind dem Haftungsprivilegierten nach Antragstellung auch dann[185] zuzustellen, wenn dem Antrag – noch – nicht stattgegeben wurde.

Nach der älteren BGH-Rechtsprechung war das Zivilgericht nicht daran gehindert, einen Arbeitsunfall auch einer nach § 2 Abs. 2 SGB VII versicherten (Hilfs-)Tätigkeit für ein anderes Unternehmen und damit auch einem anderen Unfallversicherungsträger zuzuordnen.[186] Dies galt freilich ohnehin schon nicht, wenn das Sozialgericht Versicherungsschutz nach § 2 Abs. 1 Ziff. 13a SGB VII wegen Hilfeleistung bei Unglücksfällen oder gemeiner Gefahr bejaht hat. Hieran ist das Zivilgericht gebunden[187] und ein Haf-

**556**

---

[174] In BGH NZV 95, 274 = VersR 95, 1209 als selbstverständlich unterstellt.
[175] BGH NZV 95, 274 = VersR 95, 682 m.w.H.; BGH NZV 04, 342 = VersR 04, 931.
[176] BGH NZV 08, 395 = VersR 08, 513.
[177] BGH NZV 04, 342 = VersR 04, 931; VersR 08, 255 = NZV 08, 394.
[178] Der haftpflichtversicherte Schädiger wird seinem AH-Versicherer eine entsprechende Vollmacht erteilen, die aber auf eine natürliche Person ausgestellt werden muss (*Meyer-Ladewig* SGG, § 73, Rdn. 3a).
[179] Vgl. z.B. OLG Hamm, r+s 00, 156.
[180] *Nehls* in *Hauck/Noftz*, § 109 SGB VII, Rdn. 7; *Ricke* in Kasseler Kommentar, § 109 SGB VII, Rdn. 2.
[181] *Nehls* in *Hauck/Noftz*, § 109, Rdn. 9.
[182] BGH NZV 04, 342 = VersR 04, 931; VersR 08, 255 = NZV 08, 394.
[183] BSG VersR 70, 542.
[184] *Ricke* in Kasseler Kommentar, § 109 SGB VII Rdn. 3.
[185] *Ricke* in Kasseler Kommentar, § 109 SGB VII, Rdn. 5.
[186] BGH NZV 95, 274 = VersR 95, 1209 m.w.H.
[187] BGH NZV 06, 367 = VersR 06, 548 m.w.H.

tungsausschluss zugunsten des Schädigers ist dann nicht gegeben (vgl. oben Rdn. 529). Jetzt hat der BGH diese Rechtsprechung ausdrücklich aufgegeben: Hat ein Unfallversicherungsträger – auch für den Schädiger – unanfechtbar Versicherungsschutz nach § 2 Abs. 1 SGB VII zu gewähren, darf der Haftungsfall keinem weiteren Unternehmer nach § 2 Abs. 2 SGB VII zugeordnet werden.[188]

### 8. Gestörtes Gesamtschuldverhältnis

557   Haftet neben dem nach §§ 104, 105 SGB VII privilegierten Erstschädiger ein *Zweitschädiger, so beschränkt* sich dessen *Haftung* auf die Quote des Schadens, die er ohne das Haftungsprivileg des Erstschädigers im Verhältnis zu diesem letztlich tragen müsste.[189] Ein solches gestörtes Gesamtschuldverhältnis liegt auch dann vor, wenn z.B. ein Unternehmer neben seinem privilegierten Mitarbeiter – wenn sein Haftungsprivileg nicht bestünde – aus § 831 BGB wegen eines vermuteten Überwachungsverschuldens,[190] aber auch wegen eines eigenen Organisations- oder sonstigen Verschuldens oder als Halter aus der Betriebsgefahr seines Kfz. haften würde.[191] Ein möglicher arbeitsrechtlicher Freistellungsanspruch bleibt insoweit außer Betracht.[192] Der Einwand kann nicht nur gegenüber dem Regress eines Sozialversicherungsträgers nach § 116 SGB X oder eines anderen Rechtsnachfolgers, sondern auch gegen den bei dem Geschädigten verbliebenen persönlichen Schadensersatzanspruch einschließlich des Schmerzensgeldes erhoben werden.[193]

### 9. Regress des Sozialversicherungsträgers bei Vorsatz oder grober Fahrlässigkeit (§ 110 SGB VII)

558   Kann sich der Schädiger auf das Haftungsprivileg aus §§ 104, 105 SGB VII berufen, hat er aber grob fahrlässig gehandelt, oder hat der Arbeitgeber bzw. der Betriebsangehörige den Arbeitsunfall vorsätzlich herbeigeführt, kann der Sozialversicherungsträger (Berufsgenossenschaft, aber auch Rentenversicherungsträger und Krankenkasse) einen Anspruch nach – aber auch *nur* nach – § 110 SGB VII geltend machen. Es handelt sich hier um einen originären bürgerlich-rechtlichen Anspruch, der vor dem Zivilgericht geltend gemacht werden muss.[194] Sämtliche Voraussetzungen eines Haftungsprivilegs müssen vorliegen;[195] ist dies nicht der Fall, kommt auch bei grober Fahrlässigkeit nur ein Regress nach § 116 SGB X in Betracht.

559   Vorsatz und grobe Fahrlässigkeit mussten sich nach § 640 RVO a.F. auf *Eintritt und Umfang des Schadens* beziehen.[196] Nach § 110 SGB VII braucht sich das Verschulden des

---

[188] BGH VersR 08 820 = NZV 08, 396 m. kritischer Anm. *Lemcke* in r+s 08, 308 und Urteil v. 19. 5. 2009, VersR 09, 1074, unter ausdrücklicher Aufgabe seiner vorgehenden Rechtsprechung. In den einschlägigen Fällen wird es dann darauf ankommen, ob nicht jedenfalls ein Haftungsausschluss wegen eines Unfalls auf einer gemeinsamen Betriebstätte nach § 106 Abs. 3 SGB VII in Betracht kommt.
[189] St. Rspr., zuletzt BGH NZV 08, 400 = VersR 08, 642 und NZV 04, 188 = VersR 04, 202; jeweils mit weiteren Hinweisen; OLG Düsseldorf r+s 06, 85.
[190] BGH NZV 05, 456 = VersR 05, 1087; OLG München NZV 03 472 m. Anm. *Tischendorf*.
[191] S. hierzu Rdn. 553.
[192] BGH NZV 04, 188 = VersR 04, 202.
[193] BGH NZV 04, 188 = VersR 04, 202; VersR 74, 888; VersR 81, 260 = NJW 81, 760; OLG Nürnberg r+s 94, 257.
[194] St. Rspr., u.a. BGH VersR 68, 64; a. A. *Sanden* VersR 68, 12 ff. m. w. H.; *Konertz* VersR 80, 209.
[195] BGH VersR 81, 251 = NJW 81, 869.
[196] BGH VersR 80, 164; OLG Köln VersR 98, 914.

Schädigers nur noch auf den Arbeitsunfall, nicht mehr auf die konkreten Schadenfolgen und die Höhe des Schadens beziehen (§ 110 Abs. 1 S. 2 SGB VII).[197] Im Übrigen hat sich an der Beurteilung, ob grobe Fahrlässigkeit vorliegt, nichts geändert. Die Rechtsprechung zu § 640 RVO a. F. kann daher herangezogen werden.[198]

*Grobe Fahrlässigkeit* liegt vor bei einer objektiv schweren, ungewöhnlichen, krassen Verletzung der im Verkehr erforderlichen Sorgfalt, einem Fehlverhalten, das auch subjektiv nicht entschuldbar ist und den gewöhnlichen Umfang erheblich übersteigt.[199] Einen Anscheinsbeweis für grobe Fahrlässigkeit gibt es nicht;[200] die subjektive Seite muss voll nachgewiesen werden. „Insbesondere" in den Fällen des §§ 640 RVO, 110 SGB VII kann allein aus einem objektiv groben Pflichtverstoß noch nicht auf ein entsprechend gesteigertes, „schlechthin unentschuldbares" subjektives Verschulden geschlossen werden.[201] In der Rechtsprechung ist eine Tendenz erkennbar, die Anforderungen an die grobe Fahrlässigkeit im konkreten Fall höher zu stellen als bei § 61 VVG.[202]   560

Der Verstoß gegen Unfallverhütungsvorschriften erfüllt nicht ohne weiteres den objektiven Tatbestand der groben Fahrlässigkeit.[203] Zunächst einmal kommt es nicht darauf an, ob die Unfallverhütungsvorschriften vorsätzlich oder grob fahrlässig verletzt wurden; Vorsatz oder grobe Fahrlässigkeit müssen sich nämlich auf den Eintritt des Erfolges, also den Arbeitsunfall beziehen.[204] Die Verletzung der Unfallverhütungsvorschriften indiziert auch nicht etwa grobe Fahrlässigkeit hinsichtlich des Schadeneintritts: Auch bei „besonders wichtigen" Unfallverhütungsvorschriften muss subjektiv ein gesteigertes Verschulden vorliegen; allgemeiner „Schlendrian" entlastet den Schädiger.[205] Anders ist die Rechtslage allerdings bei Verstoß gegen Unfallverhütungsvorschriften zum Schutze vor tödlichen Gefahren: Eine solch objektiv schwere Pflichtverletzung legt den Schluss auch auf subjektiv gesteigertes Verschulden nahe und dürfte in der Regel grob fahrlässig sein.[206] Dabei kommt es aber darauf an, ob nur unzureichende Sicherungsmaßnahmen getroffen worden sind (grobe Fahrlässigkeit ist dann sehr fraglich)[207] oder ob von solchen Maßnahmen gänzlich abgesehen worden ist (grobe Fahrlässigkeit liegt nahe).   561

---

[197] BGH VersR 08, 1407. Die Erweiterung hat Bedeutung für die Schulunfälle zwischen raufenden Schülern. Kommt es hier zu schweren Verletzungen zwischen den Beteiligten, konnte man regelmäßig Vorsatz hinsichtlich dieser Verletzungen und damit den Anspruch aus § 640 RVO ausschließen. Dies ändert sich durch § 110 SGB VII. Der Haftpflichtversicherer muss in diesen Fällen Deckung gewähren, da der Risikoausschluss wegen Vorsatz nach § 152 VVG nur greift, wenn der Vorsatz auch – wie im § 640 RVO a. F. – die Folgen der Vorsatztat umfasst.
[198] BGH VersR 01, 985 = NJW 01, 2092 = r + s 01, 193.
[199] Vgl. BGH VersR 72, 944; VersR 76, 649; VersR 77, 465; VersR 88, 474 = NJW 88, 1265; VersR 89, 584; OLG Düsseldorf r + s 94, 460; OLG Nürnberg DAR 94, 454.
[200] BGH DAR 74, 162; VersR 76, 649; VersR 77, 465; VersR 88, 474 = NJW 88, 1265; OLG Düsseldorf VersR 94, 65; anders wohl bei absoluter Fahruntüchtigkeit (z. B. OLG Frankfurt VersR 81, 51).
[201] BGH VersR 88, 474 = NJW 88, 1265; VersR 89, 582; beiden Entscheidungen ist zu entnehmen, dass der BGH die Voraussetzungen der groben Fahrlässigkeit gerade bei § 640 RVO besonders streng prüft.
[202] Vgl. z. B. BGH VersR 88, 474: „dies gilt insbesondere in den Fällen des § 640 RVO" (entspricht § 110 SGB VII.). Weitere Hinweise bei *Lemcke*, Der Regress des Sozialversicherers nach § 110 SGB VII, r+s 07, 221 ff., 223.
[203] BGH VersR 81, 75; vgl. auch OLG Köln VersR 62, 648; VersR 63, 621; OLG Frankfurt VersR 70, 808; r + s 95, 342 – Rev. nicht angen.
[204] So zu Recht *Lemcke* in einer Anmerkung zu OLG Hamm r + s 02, 331.
[205] BGH VersR 88, 474 = NJW 88, 1265.
[206] BGH r + s 01, 193 = VersR 01, 985 = NJW 01, 569; OLG Düsseldorf VersR 04, 65; VersR 89, 109; OLG Karlsruhe VersR 94, 211; OLG Nürnberg VersR 95, 331 u. 684; LG Saarbrücken VersR 06, 975.
[207] BGH VersR 01, 985 = NJW 01, 2092; OLG Düsseldorf VersR 04, 65.

**562** Im Straßenverkehr wird bei einem objektiv krassen Versagen der Nachweis selten zu führen sein, dass der Schädiger auch subjektiv grob fahrlässig gehandelt hat.[208] Eine Ausnahme bilden insoweit die Unfälle, die durch alkoholbedingte Fahruntüchtigkeit verursacht werden; hier kommt in der Praxis § 105 SGB VII jedoch selten zur Anwendung.

**563** § 110 SGB VII begründet einen *originären Anspruch* des Sozialversicherungsträgers auf Ersatz seiner unfallbedingten Mehraufwendungen. Dazu rechnen neben den eigentlichen Sozialleistungen auch Kosten für ärztliche Gutachten, nicht aber allgemeine Verwaltungskosten.[209] Der Erstattungsanspruch des SVT ist aber auf die Höhe des zivilrechtlichen Schadensersatzanspruchs[210] beschränkt (§ 110 Abs. 1 S. 1 SGB VII). Allerdings ist sachliche und zeitliche Kongruenz zwischen den Leistungen des SVT und dem fiktiven Schadensersatzanspruch nicht erforderlich. Der SVT kann daher auch auf den fiktiven Schmerzensgeldanspruch zugreifen.[211] Die Mithaftung des Geschädigten ist zu berücksichtigen. Die Beweislast für die Begrenzung des Regresses richtet sich nach den üblichen Grundsätzen: Der SVT muss die Höhe des Schadens, also die Höhe des fiktiven Schadensersatzanspruchs,[212] der Schädiger die Mithaftung darlegen und beweisen.[213] Im Übrigen verbleibt es aber bei der Beschränkung auf die „infolge des Versicherungsfalls entstandenen Aufwendungen";[214] auch gegenüber § 110 SGB VII kann der Geschädigte daher einwenden, dass der SVT schon vor dem Unfall an den Verunglückten Rente zahlen musste.

Mehrere Sozialleistungsträger sind m.E. Gesamtgläubiger nach § 426 BGB. Soweit ein Träger bereits auf den fälligen, fiktiven Schadensersatzanspruch zugegriffen und diesen „verbraucht" hat, steht dieser nicht mehr den anderen SVT zur Verfügung. Der Anspruch gegen den Schädiger ist insoweit erloschen, die Träger müssen untereinander Ausgleich in entsprechender Anwendung des § 117 SGB X suchen.[215]

Der Sozialversicherungsträger kann nach § 110 Abs. 1 S. 2 SGB VII zwischen laufender Abrechnung und dem Kapitalwert der Rente wählen.[216] Nach Ausübung des Wahlrechts, die auch durch konkludente Handlung erfolgen kann, z.B. durch eine erste Abrechnung pro rata temporis, ist der Sozialversicherungsträger m.E. an diese Abrechnungsform gebunden; ein einseitiger Widerruf ist nicht möglich.[217] Selbstverständlich können die Parteien dann aber eine Abfindung frei vereinbaren.

**564** Der Sozialversicherungsträger kann nach §§ 640 Abs. 2 RVO, 110 Abs. 2 SGB VII auf seinen Ersatzanspruch nach „billigem" Ermessen *verzichten*. Die *Verpflichtung* des Versicherungsträgers zur Ausübung dieses billigen Ermessens ist gerichtlich nachprüfbar; der Anspruch des Schädigers auf Verzicht ist vor dem Zivilgericht geltend zu machen.[218] Bei

---

[208] S. hierzu die überzeugende Entscheidung des BGH v. 8. 2. 89 (VersR 89, 582) zum – dann nicht als grob fahrlässig zu bewertenden – Augenblicksversagen. Zur Missachtung einer roten Ampel BGH VersR 03, 364: kein Grundsatz, dass stets grob fahrlässig i.S.d. 61 VVG; zudem werden die Anforderungen bei § 110 SGB VII tendenziell höher gestellt – s. Rdn. 560.

[209] *Lemcke* r+s 07, 221 ff., 228.

[210] „Fiktive" Fälligkeit des Schadensersatzanspruchs ist Voraussetzung.

[211] BGH NZV 07, 31 = VersR 06, 1429 entgegen einem Teil der Literatur (Übersicht bei *Küppersbusch* NZV 05, 393).

[212] BGH NZV 08, 397 = VersR 08, 659: den SVT trifft nicht nur eine sekundäre Darlegungs-, sondern die primäre Darlegungs- und Beweislast; *Küppersbusch*, NZV 05, 393.

[213] *Küppersbusch* NZV 05, 393; *Hauck/Noftz*, SGB VII, Rdn. 19; *Stern-Krieger/Arnau* VersR 97, 412.

[214] BGH VersR 72, 251 = NJW 72, 442.

[215] *Lemcke* r+s 07, 221 ff., 228.

[216] Der Schadensersatzberechtigte und sein Rechtsnachfolger können nur bei Vorliegen eines wichtigen Grundes eine Kapitalabfindung gegebenfalls gerichtlich durchsetzen – vgl. dazu Rdn. 853.

[217] *Palandt*, BGB, § 263 Rdn. 2.

[218] BGH VersR 71, 1167.

Ausübung der Ermessensentscheidung kann das Bestehen von Haftpflichtversicherungsschutz berücksichtigt werden.[219]

Wegen der Möglichkeit eines Verzichts auf den Anspruch nach § 640 RVO war nach der Rechtsprechung des BGH das Familienprivileg des § 116 Ab. 6 SGB X nicht analog anwendbar.[220] Dies dürfte sich jetzt durch die Begrenzung auf den zivilrechtlichen Schadensersatzanspruch geändert haben.[221] Im Übrigen ist auch folgendes zu berücksichtigen: Da bei ausreichendem Haftpflichtversicherungsschutz ein Regressverzicht des Sozialversicherungsträgers wohl nicht in Betracht kommt, hinge der Anspruch gegen den familienangehörigen Schädiger mithin von dessen Haftpflichtversicherungsschutz ab, ein im Hinblick auf die Rechtsprechung zu der Anwendung des § 67 Abs. 2 VGG im Rahmen des § 116 SGB X[222] zumindest überraschendes, mir auch nicht einleuchtendes Ergebnis. Jedenfalls wird man auf § 116 Ab. 6 SGB X immer noch dann zurückgreifen müssen, wenn der *Familienfrieden* durch einen Prozess gestört würde,[223] dessen Schutz § 116 Abs. 6 SGB X ebenfalls bezweckt. 565

Der Anspruch des Sozialversicherungsträgers *verjährt* nach § 113 SGB X, § 852 Abs. 1 BGB. Danach tritt Verjährung erst nach dem Ablauf von 3 Jahren ein. Die Verjährungsfrist beginnt an dem Tag, an dem die Leistungspflicht für den Unfallversicherungsträger bindend festgestellt oder ein entsprechendes Urteil rechtskräftig geworden ist. 566

Kann der Sozialversicherungsträger sowohl einen Anspruch nach *§ 110 SGB VII* gegen einen *Erstschädiger* als auch einen Regressanspruch nach *§ 116 SGB X* gegen einen *Zweitschädiger* geltend machen, hat er die Wahl zwischen beiden Ansprüchen.[224] Zwischen beiden Schädigern besteht zwar kein echtes Gesamtschuldverhältnis.[225] Gleichwohl wirkt die Erfüllung des einen auch zugunsten des anderen.[226] Im Verhältnis zwischen dem nach § 116 SGB X haftenden Zweitschädiger und dem SVT finden die Grundsätze des gestörten Gesamtschuldverhältnisses Anwendung,[227] d.h. die Haftung des Zweitschädigers ist auf die Quote beschränkt, die er im Innenverhältnis zum Erstschädiger zu übernehmen hätte, wenn dieser gesamtschuldnerisch für den Schaden haften würde.[228] Der Erstschädiger, der Zahlungen nach § 110 SGB VII an den SVT erbracht hat, hat gegen den Zweitschädiger einen Bereicherungsanspruch nach § 812 BGB, soweit er diesen von seiner Leistungspflicht (im Rahmen von dessen Haftungsquote aus dem Innenverhältnis) befreit hat.[229] 567

## 10. Haftungsausschluss bei Unfällen von Beamten und Soldaten

Durch Gesetz v. 5. 2. 2009[230] sind die maßgeblichen Regelungen den §§ 104 ff. SGB VII angepasst worden. Unverständliche, teils gegensätzliche Regelungen wurden beseitigt. Da

---

[219] BGH VersR 78, 35 = NJW 78, 218.
[220] BGH VersR 78, 35 = NJW 78, 218.
[221] Nach dem Zweck des Gesetzes soll der Schädiger nicht mehr zahlen, als er ohne Haftungsprivileg zahlen müsste. Ohne Haftungsprivileg könnte er sich aber gegenüber dem Sozialleistungsträger auf das Familienprivileg berufen und müsste nicht zahlen. Im Ergebnis so auch *Lemcke* r+s 07, 221, 228.
[222] Vgl. Rdn. 635 ff.
[223] Dies wird auch in BGH VersR 78, 35 angedeutet.
[224] BGH VersR 72, 171.
[225] BGH VersR 56, 36; VersR 59, 698; VersR 71, 476; VersR 81, 649.
[226] BGH VersR 81, 649: Durch die Regressleistung aus dem einen Rechtsgrund werden die Regressansprüche aus dem anderen Rechtsgrund erfüllt.
[227] BGH VersR 81, 649.
[228] Vgl. Rdn. 645 f.
[229] BGH VersR 81, 649 m.w.H.
[230] BGBl. 2009 I S. 160. Zeitpunkt des Inkrafttretens der neuen §§ 46 BeamtVG, 91a SVG ist der Tag nach der Verkündung am 12. 2. 2009, sie gelten also für Unfälle ab dem 13. 2. 2009.

die Neuregelung erst für Schadenfälle ab 13. 2. 2009 gilt, wird auch noch die alte Rechtslage im Folgenden dargestellt.

568 Beim Dienstunfall eines Beamten oder einer Wehrdienstbeschädigung eines Soldaten kam ein Haftungsprivileg nach den §§ 46 Abs. 2 BeamtVG a. F., bzw. 91 a SVG a. F. i. V. m. § 1 ERWG[231] in Betracht. Diese Haftungsprivilegien wiesen Parallelen zu den §§ 104 ff. SGB VII auf. Es gab jedoch auch wesentliche, teils unverständliche Unterschiede.

569 Vor allem: Der Schädiger konnte sich nur insoweit auf ein Haftungsprivileg berufen, als der Schadensersatzanspruch die Versorgungsleistungen des Dienstherrn überstieg. Ausgeschlossen war also nur der persönliche Ersatzanspruch des Beamten oder Soldaten. Soweit der Dienstherr Versorgungsleistungen erbrachte, war die Haftung nicht gesperrt und der Ersatzanspruch ging daher in Höhe der kongruenten Leistungen auf den Dienstherrn – oder auf einen SVT – über.[232] Nach dem neuen § 4 Abs. 2 BeamtVG ist die Haftung eines öffentlich-rechtlichen Verwaltungsträgers oder einer in seinem Dienst stehende Person für den Personenschaden[233] generell ausgeschlossen.[234]

Dies gilt dann nicht, wenn der Dienstunfall durch eine vorsätzliche unerlaubte Handlung verursacht wurde oder bei Teilnahme am allgemeinen Verkehr eingetreten ist.[235] In diesem Fall behält der Beamte – wie schon bisher auch – seinen nach Abzug der Leistungen des Dienstherrn verbleibenden Ersatzanspruch; der Regress des Dienstherren ist nach der ausdrücklichen Regelung in § 4 Abs. 2 S. 2 BeamtVG ausgeschlossen. Für Soldaten gilt die Neuregelung entsprechend (§ 91 a SVG, der auf eine entsprechende Anwendung des § 4 Abs. 2 BeamtVG verweist). Nach der bisherigen Rechtslage war dies ebenso:

570 Bei Teilnahme am allgemeinen Verkehr war § 4 ErwG a. F. einschlägig: Der Regress des Dienstherrn gegen eine andere öffentliche Verwaltung, die für ihren Bediensteten nach § 839 BGB, Art. 34 GG haftete, war ausgeschlossen.[236] Dem Beamten stand ein Ersatzanspruch in Höhe der durch die kongruenten Leistungen nicht gedeckten Schadens allerdings zu.

571 Eine *Wehrdienstbeschädigung* i. S. d. § 80 Abs. 1 SVG liegt nur dann vor, wenn der Unfall durch die dem Wehrdienst eigentümlichen Verhältnisse (§ 81 Abs. 1 SVG) herbeigeführt wurde, also auf Lebensbedingungen beruht, die eng mit den besonderen Gegebenheiten des Dienstes verknüpft sind. Dies kann auf einer Dienstreise (§ 80 Abs. 3 SVG) oder bei einer Reise zwischen Dienststelle und Wohnort (§ 80 Abs. 4 SVG) der Fall sein, dagegen nicht auf einer Privatfahrt, und zwar selbst dann nicht, wenn sich der Unfall auf einem Kasernengelände ereignet hat.[237] An die Entscheidung der Verwaltungsbehörde über das Vorliegen eines Dienstunfalls ist das Zivilgericht gebunden (ähnlich § 108 Abs. 1 SGB VII; vgl. Rdn. 555).[238]

---

[231] Gesetz über die erweiterte Zulassung von Schadensersatzansprüchen bei Dienst- und Arbeitsunfällen vom 7. 12. 1943.

[232] BGH VersR 97, 61; VersR 89, 495; VersR 77, 649.

[233] Diese Beschränkung ergibt sich zwar nicht unmittelbar aus dem Gesetzeswortlaut, aber wohl aufgrund einer Auslegung.

[234] Dies entspricht den §§ 104 ff. SGB VII – s. dazu Rdn. 512 ff.

[235] Ebenfalls deckungsgleich mit §§ 104 ff. SGB VII, wenn man einmal von der Gesetzesformulierung „Teilnahme am allgemeinen Verkehr" absieht. Diese Formulierung war in den §§ 636 ff. RVO enthalten, wobei die im Wortlaut geänderte Einschränkung in §§ 104 f. SGB VII, nämlich „Unfall auf einem versicherten Weg" aber genauso ausgelegt wird – s. Rdn. 536 ff.

[236] BGH VersR 73, 467; VersR 74, 784.

[237] Unfall auf der Heimfahrt von einem Diskothekenbesuch: BGH NZV 93, 227 = VersR 93, 591 unter Aufgabe von BGH VersR 72, 491 und unter Anpassung an die Rechtsprechung des BSG; a. A. auch noch OLG München NZV 89, 26.

[238] BGH VersR 93, 707.

Bei Unfällen im militärischen Bereich außerhalb eines Truppenübungsplatzes oder **572**
eines sonst abgegrenzten militärischen Bezirks auf einer öffentlichen Straße kommt es
darauf an, ob Schädiger und Geschädigter Truppenteilen angehören, die organisatorisch in
Verbindung stehen. Ist dies nicht der Fall, liegt Teilnahme am allgemeinen Verkehr vor,[239]
ein Ersatzanspruch nach § 1 ErwG ist also gegeben.

Nicht erforderlich ist, dass der Schädiger den Schaden durch eine dienstliche Verrich- **573**
tung herbeigeführt hat; es genügt ein ursächlicher Zusammenhang zwischen der Handlung und dem öffentlich-rechtlichen Dienstverhältnis,[240] der Schädiger muss den Unfall
also gerade in seiner Eigenschaft als Beamter oder Soldat verursacht haben.[241]

Die Auslegung des Begriffs *Teilnahme am allgemeinen Verkehr* deckt sich mit der Aus- **574**
legung derselben Formulierung in § 637 RVO,[242] an der der BGH auch hier festhält.[243]
Insbesondere liegt dann keine Teilnahme des geschädigten Beamten am allgemeinen Verkehr vor, wenn der Unfall im Verhältnis zu der Verwaltung, der der Schädiger angehört,
als innerdienstlicher Vorgang zu qualifizieren ist.[244] Dabei ist zu beachten, dass der Begriff
der Verwaltung enger ist als der des Dienstherrn; ein Dienstherr kann für mehrere öffentliche Verwaltungen zuständig sein[245] (z.B. Bundeswehrverwaltung und Bundeswehr,[246]
nicht aber Feldheer einerseits und Territorialheer andererseits).[247] Ist der Ersatzanspruch
des Beamten wegen Teilnahme am allgemeinen Verkehr nicht ausgeschlossen, ist umgekehrt das mögliche Haftungsprivileg des Beamten selbst nach § 839 BGB, Art. 34 GG zu
beachten, wenn der Schaden in Ausübung eines öffentlichen Amtes (z.B. Dienstfahrt)
verursacht wurde.[248]

Das Haftungsprivileg findet im Übrigen keine Anwendung, wenn der Dienstunfall **575**
bzw. die Wehrdienstbeschädigung durch eine „vorsätzlich unerlaubte Handlung" verursacht worden ist. Ebenso wie nach der Neufassung der §§ 104 ff. SGB VII genügt es für
die Anwendung dieser Ausnahme, dass sich der Vorsatz nur auf den Dienstunfall, nicht
auf dessen Schadenfolgen erstreckt.[249]

Hat für den Schaden auch ein nicht privilegierter Zweitschädiger einzutreten, finden **576**
die Grundsätze des gestörten Gesamtschuldverhältnisses (Rdn. 557) Anwendung.[250]

---

[239] BGH NZV 90, 115; NJW-RR 89, 473 = VersR 89, 650.
[240] BGH VersR 77, 649.
[241] BGH VersR 72, 491; VersR 77, 649.
[242] BGH VersR 04, 473 = NZV 04, 133 m.w.H. Zur Auslegung vgl. ausführlich Rdn. 541 ff.
[243] BGH VersR 04, 473 = NZV 04, 133.
[244] BGH VersR 75, 900 = NJW 75, 1321; VersR 79, 32; jeweils m.w.H.; OLG München NZV 89, 86; OLG Koblenz SP 07, 173.
[245] BGH VersR 79, 32.
[246] BGH VersR 75, 900 = NJW 75, 1321.
[247] BGH VersR 79, 32.
[248] BGH VersR 81, 753.
[249] Das hatte der BGH auch schon für Unfälle während der Gültigkeitszeit des insoweit abweichenden § 640 RVO angenommen (BGH VersR 94, 695).
[250] BGH VersR 85, 763 = NJW 85, 2261.

# XII. Regress des Sozialversicherungsträgers

## 1. Einleitung

577 Die Schnittstelle zwischen dem Schadensersatzrecht und dem Sozialrecht bereitet der praktischen Schadenregulierung erhebliche Probleme. Da soziale Drittleistungen regelmäßig zu einem gesetzlichen Forderungsübergang – dem Grunde nach meist bereits im Unfallzeitpunkt – führen, ist die Berücksichtigung von Art und Höhe aktueller und zukünftiger Sozialleistungen bei der Bewertung des Schadensersatzes eines Geschädigten zur Vermeidung von Doppelzahlungen von entscheidender Bedeutung. Aber auch die Abwicklung der Regresse der Drittleistungsträger wirft eine Vielzahl von Problemen auf. Hinzu kommt, dass das Sozialrecht nicht nur außerordentlich komplex, sondern auch einem ständigen und schnellen Wandel unterworfen ist.[1] Im folgenden Kapitel XII wird der für die Praxis wichtigste Regress des Sozialversicherungsträgers nach § 116 SGB X behandelt. Mit den Regressen anderer Drittleistungsträger befasst sich das Kapitel XIII.

Nach § 116 Abs. 1 S. 1 SGB X[2] geht ein auf anderen gesetzlichen Vorschriften beruhender Anspruch eines Versicherten auf Ersatz seines Schadens insoweit auf den Träger der Sozialversicherung (SVT) über, als dieser nach sozialrechtlichen Vorschriften Leistungen zu gewähren hat. Der Regress des SVT ist also *doppelt begrenzt:* zum einen durch die Höhe seiner Leistung, zum anderen durch die Höhe des Schadensersatzanspruchs des Versicherten.

578 *Zweck* der Legalzession ist es, eine Doppelentschädigung des Versicherten oder seiner Hinterbliebenen zu vermeiden, ohne den Schädiger zu entlasten;[3] die Leistungen des SVT sollen dem Schädiger nicht zugute kommen.[4] Die wirtschaftliche Entlastung des SVT tritt als Zweck dagegen in den Hintergrund.[5]

579 § 116 SGB X begründet keine erweiterte Einstandspflicht des Schädigers für Belastungen des SVT durch gesetzlich angeordnete Leistungen.[6] Dem SVT steht *kein Anspruch auf Ersatz seines eigenen Schadens* zu.[7] Ein solcher ist andererseits aber auch nicht Voraussetzung für einen Regress.[8]

---

[1] Ein – aus Sicht des Schadenjuristen unerfreuliches – Beispiel aus jüngster Zeit ist die rückwirkende Änderung von Bestimmungen des SGB II, die für Schadensersatz und Regress wichtig sind, wenige Monate nach Inkrafttreten – siehe hierzu Rdn. 165 ff., 708.

[2] Diese Bestimmung, die den § 1542 RVO abgelöst hatte, gilt für Schadenfälle ab 1. 7. 1983 (Stichtagsregelung in Art. II § 33 des Gesetzes vom 4. 11. 82 – BGBl. I, 1450); BGH VersR 04, 1267 m. w. H.

[3] St. Rspr.; BGH VersR 84, 1191 m. w. H.

[4] BGH VersR 78, 861; VersR 81, 429; *Weber* DAR 85, 164.

[5] BGH VersR 76, 870, 873: „§ 1542 RVO verfolgt nicht auch noch den weiteren Zweck, den SVT ... möglichst weitgehend finanziell zu entlasten"; vgl. im Übrigen auch BGH VersR 71, 149; *von Marschall*, Reflexschäden und Regressrechte, S. 274.

[6] BGH VersR 81, 427; VersR 82, 767 = NJW 82, 1638. Zum Regress des Staats nach der entsprechenden Legalzession des § 81 a BVG jetzt auch BGH VersR 02, 1110 = NZV 02, 453. Auch bei den Heilbehandlungskosten kann der Schaden niedriger sein als die Leistung des SVT. Beispiel OLG Frankfurt VersR 01, 595: Überhöhte Tagessätze für stationäre Behandlung, die zum Ausgleich eines Defizits des Krankenhausträgers mit der Kasse vereinbart worden sind, sind nicht erstattungspflichtig. Die zu ersetzenden erforderlichen Heilbehandlungskosten beschränken sich auf einen angemessenen Pflegesatz.

[7] BGH VersR 70, 40; VersR 78, 861; VersR 81, 447 = NJW 81, 1846.

[8] Bei Tötung eines Rentners, der eine Witwe hinterlässt, zahlt der Rentenversicherungsträger aufgrund des Unfalls eine geringere Rente, wegen der er gleichwohl Regress beim Schädiger nehmen kann – s. Rdn. 444.

## 2. Leistungen des SVT „auf Grund des Schadensereignisses"

Es muss sich um Leistungen handeln, die im SGB gesetzlich vorgesehen sind. Es kommt **580** nicht darauf an, ob es sich um Pflicht- oder „Kann-" bzw. Ermessensleistungen[9] handelt. In Betracht kommen auch Leistungen an freiwillig Versicherte, und zwar selbst dann, wenn sich die Möglichkeit zur *freiwilligen Versicherung* lediglich aufgrund einer Satzung (z. B. einer Ersatzkasse) ergibt.[10] Besteht die Leistung des SVT nicht in einer Zahlung, sondern in der Gewährung von Sachleistungen, wie z. B. die Heilbehandlung durch die gesetzliche Krankenkasse, ist die Zahlung der Kasse an den Sachleistungserbringer für die Höhe des Regresses maßgeblich; von der Kasse ausgehandelte Tarife sind i. d. R. der Überprüfung durch einen Schadensersatzpflichtigen entzogen.[11] Dies muss auch für die gesetzlich vorgesehenen Pauschalen der stationären Heilbehandlung gelten. Anders verhält es sich freilich, wenn die Kasse aus sachfremden Erwägungen besondere Vereinbarungen trifft.[12]

Wegen irrtümlich erfolgter Zahlung des SVT erfolgt kein Übergang nach § 116 **581** SGB X. Der SVT hat insoweit nur einen Rückforderungsanspruch gegen den Geschädigten. Dabei kann es keine Rolle spielen, ob es sich um grundsätzlich vorgesehene, aber konkret nicht geschuldete Zuviel-Leistungen handelt oder nicht.[13]

Leistungen an einen unzuständigen SVT[14] entlasten den Versicherer nicht. Abfindungs- **582** vergleiche sind unwirksam.[15] Häufiger Fall der Praxis ist der Arbeitsunfall, für den der Unfallversicherungsträger zunächst seine Leistungspflicht ablehnt und daher die Krankenkasse Heilbehandlungskosten übernimmt. Steht dann später die Eintrittspflicht des UVT fest, sei es aufgrund eines rechtskräftigen Urteils, sei es aufgrund einer Änderung der Entscheidung des UVT, gilt der UVT als von Anfang an zuständig. Der Versicherer, der den nicht bestehenden Regress der Krankenkasse gezahlt hat, hat nur einen Bereicherungsanspruch gegen den unzuständigen SVT.[16] Die Kasse hat keinen Regressanspruch, und zwar auch nicht, wenn sie es versäumt hat, ihren Erstattungsanspruch gegen den zuständigen SVT rechtzeitig (§ 111 SGB X) nach § 105 SGB X geltend zu machen.[17] Probleme können aber auch bei Rehabilitationsleistungen entstehen, für die mehrere Sozialleistungsträger grundsätzlich als zuständig in Betracht kommen. Hier ist genau zu prüfen, wer vorrangig eintrittspflichtig ist. Die Abfindung eines zunächst zuständigen Rehaträgers wirkt nur dann nicht zu Lasten eines anderen Rehaträgers, wenn

---

[9] § 39 Abs. 2 SGB I verweist für Ermessensleistungen auf die Regeln des SGB für Pflichtleistungen, damit also auch auf § 116 SGB X, dessen Sinn und Zweck ohnehin einen Übergang von Ersatzansprüchen auch bei Ermessensleistungen fordert.

[10] BGH VersR 76, 756; VersR 77, 768; VersR 83, 686; VersR 86, 698; OLG Oldenburg SP 95, 39; OLG Hamburg SP 98, 315.

[11] BGH VersR 04, 1189 = NZV 04, 519 für Tarife des Krankentransports.

[12] Z. B. höhere Pauschalen zum Ausgleich eines Defizits in der Vergangenheit.

[13] Die Auffassung in der Vorauflage, bei einer grundsätzlich vorgesehenen, aber im konkreten Fall zu hohen Zahlung habe der SVT ein Wahlrecht zwischen einem Bereicherungsanspruch gegen den Geschädigten und einen Regress gegen den Schädiger, gebe ich auf. Dies widerspräche dem Wortlaut des § 116 SGB X und würde den Schädiger mit einem zu hohen Risiko bei der Regulierung der Ansprüche des Geschädigten belasten.

[14] Hier ist die Bindungswirkung des § 118 SGB X zu beachten. Danach ist ein Gericht an eine unanfechtbare Entscheidung darüber gebunden, ob und in welchem Umfang ein Träger Leistungen zu erbringen hat. Nach dem OLG Naumburg gilt dies auch für Prozessvergleiche zwischen SVT (Urteil v. 25. 8. 2006, 10 U 30/06, OLGR Naumburg 2007, 415).

[15] BGH NJW 03, 3193 = r+s 03, 524 = ZfS 03, 542 – Revisionsentscheidung zu OLG Hamm r+s 02, 461.

[16] BGH NJW 03, 3193 = r+s 03, 524 = ZfS 03, 542.

[17] OLG Rostock VersR 06, 430.

dieser erst für spätere Zeiträume Leistungen gewährt und hierfür – was dann genau zu prüfen ist – auch tatsächlich neu zuständig wird.[18]

**583** Nach dem eindeutigen Wortlaut des § 116 Abs. 1 SGB X muss die Sozialleistung „auf Grund des Schadensereignisses" erbracht werden. Das ist z.B. nicht der Fall bei einer Altersrente, die unter den Regelvoraussetzungen der §§ 35, 36 SGB VI wegen Erreichen der Altersgrenze gewährt wird.[19] Generell kann man deshalb sagen: Beeinflusst das Schadensereignis die Höhe[20] oder die Laufzeit[21] der aus anderen Gründen gewährten Rente, ist ein Regress schon nach dem Wortlaut, aber auch nach dem Zweck des § 116 Abs. 1 SGB X nicht möglich. Es geht eben nicht darum, dem SVT einen Anspruch auf Ausgleich seiner Belastung, seines mittelbaren Schadens zu gewähren. Treffen unfallbedingte und *unfallunabhängige* körperliche Beeinträchtigungen zusammen, ist wie folgt zu differenzieren: Kann die Sozialleistung rechnerisch in einen unfallbedingten und einen unfallunabhängigen Teil aufgespalten werden (z.B. eine Verletztenrente nach zwei Unfällen), kommt ein Regress nur wegen des Teils in Betracht, für den der Schädiger verantwortlich ist. Für den Schadensersatzanspruch ist dann zu prüfen, ob und in welcher Höhe der Verletzte ohne diesen Unfall ein Erwerbseinkommen trotz des anderen Unfalls erzielt hätte, das er jetzt nicht mehr hat. Im Übrigen ist bei Sozialleistungen, die nicht aufgeteilt werden können, allein entscheidend, ob sie ohne den Unfall nicht erbracht worden wären. Nur dann besteht Kausalität im Sinne des § 116 SGB X.

Dagegen ist nicht Voraussetzung für einen Regress, dass der Geschädigte auch formell Inhaber des Anspruchs gegen den SVT ist, solange nur die an den Anspruchsberechtigten erbrachte Leistung dem Ausgleich des aufgrund des Unfallereignisses entstandenen Schadens des Verletzten dient (sachliche Kongruenz – s. Rdn. 597 ff.). So kann z.B. der Rentenversicherungsträger, der dem versicherten Elternteil eines verletzten Kindes die Kosten für ein Kinderheilverfahren erstattet, gegen den Schädiger des Kindes Regress nehmen.[22] Umgekehrt hat eine Krankenkasse, die die Heilbehandlungskosten für ein behindertes Kind übernimmt, das aufgrund eines ärztlichen Beratungsfehlers zur Welt gekommen ist („wrongful life"), keinen Regressanspruch gegen den Arzt:[23] Zwar haben die

---

[18] Vgl. BGH VersR 09, 995 zur Zuständigkeit des RVT nach 11 Abs. 2a Nr. 1 SGB VI und der subsidiären Zuständigkeit der BA nach § 22 SGB III. Siehe auch Rdn. 658.

[19] BGH VersR 82, 166 = NJW 82, 984: dem SVT ist ein Regress wegen dieser Rente verwehrt, und zwar auch dann, wenn das Motiv des Verletzten für die Inanspruchnahme der Altersrente vor dem 65. Lebensjahr die Behinderung durch die Unfallfolgen ist.

[20] Auch wenn ein Teil dieser Altersrente rechnerisch auf der Berücksichtigung von unfallbedingten Anrechnungszeiten (§ 58 SGB VI) beruht, kommt nicht etwa ein Regress wegen dieses Teils in Betracht; die Altersrente ist eine Einheit – eine gelegentlich so bezeichnete „Unfall-Zusatzrente" gibt es nicht.

[21] Wird z.B. eine Waisenrente länger gezahlt, weil sich die Ausbildungszeit der Waise unfallbedingt verlängert, so scheidet ein Regress des RVT m.E. schon deshalb aus, weil die Rente auch während der Verlängerung immer noch aufgrund des Todes eines Elternteils, nicht aufgrund der Verletzung der Waise gezahlt wird. Im Übrigen würde es hier auch an der Kongruenz zwischen Waisenrente und Erwerbsschaden fehlen.

[22] So auch OLG Dresden v. 30. 9. 05, 7 U 1147/05 – nicht veröffentlicht.

Zeitpunkt des Übergangs von Ersatzansprüchen des Kindes im Fall einer späteren eigenen Pflichtversicherung ist allerdings der Beginn dieses Versicherungsschutzes (s. dazu auch Rdn. 590 Fußn. 49). Der SVT muss sich daher eine zeitlich vorhergehende Abfindung des kongruenten Ersatzanspruchs sowie auch den Ablauf der Verjährungsfrist entgegenhalten lassen. Eine Feststellungsklage zur Vermeidung einer späteren Verjährung dürfte mangels Vorliegens eines Versicherungsverhältnisses und Fehlens eines bereits übergegangenen Ersatzanspruchs unzulässig sein.

[23] OLG Sachsen-Anhalt VersR 01, 341 (a.A. im Ergebnis OLG Düsseldorf VersR 98, 194, allerdings ohne auf die Problematik einzugehen). Dasselbe muss m.E. für den Regress eines Sozialhilfeträgers gelten. Denn auch gegenüber diesem ist das Kind anspruchsberechtigt und die Leistungen des SHT werden für das Kind erbracht.

Eltern einen Anspruch auf Ersatz des erhöhten Unterhaltsbedarfs des Kindes,[24] das Kind selbst aber hat keinen Schadensersatzanspruch. Krankenversichert ist das Kind, das einen eigenen Sozialanspruch gegen die Kasse hat und für das die Kasse auch ihre Leistungen erbringt.

Trägt ein Verletzter die Heilbehandlungskosten selbst, indem er sich einer *Privatbehandlung* unterzieht, also keine kassenärztlichen Leistungen in Anspruch nimmt, so bleibt er hinsichtlich des Schadensersatzes aktiv legitimiert, ein Übergang auf die Krankenkasse findet nicht statt.[25] Im Übrigen kann ein Sozialversicherter auf Sozialleistungen durch schriftliche Erklärung gegenüber dem Leistungsträger verzichten; der Verzicht ist allerdings jederzeit mit Wirkung für die Zukunft widerrufbar (§ 46 Abs. 1 SGB I). Der Geschädigte ist nicht etwa zur „Schadenminderung" verpflichtet, gegen einen Bescheid des SVT über die Gewährung (oder Ablehnung) von Leistungen Rechtsmittel zu ergreifen, wenn der Versicherer wegen eines Teilungsabkommens mit dem SVT aufgrund eines Übergangs Ersparnisse erzielen würde.[26] **584**

Grundsätzlich muss der SVT darlegen – und gegebenenfalls beweisen –, dass und in welcher Höhe er Leistungen für den Versicherten bzw. seine Hinterbliebenen konkret erbracht hat. Eine Ausnahme bilden lediglich die Kosten für nicht stationäre ärztliche Behandlung und Versorgung mit Arznei- und Verbandmitteln, die nach § 116 Abs. 8 SGB X in Höhe von 5% der monatlichen Bezugsgröße (§ 18 SGB IV) *pauschaliert* werden können.[27] Solange eine Rente ruht, ist ein Regress des SVT nicht möglich.[28] **585**

*Nicht* zu den Leistungen rechnen Verwaltungskosten des SVT,[29] der so genannte „Investitionskostenzuschlag",[30] Kosten für *ärztliche Gutachten*[31] und Rechtsanwälte.[32] Kosten für das *Durchgangsarztverfahren* der Berufsgenossenschaft fallen nur insoweit unter § 116 SGB X, als eine Heilbehandlungsmaßnahme erfolgte. **586**

Erbringt ein SVT für einen anderen Kostenträger Leistungen, deren Erstattung er dann von diesem verlangen kann, scheidet ein Regress des leistenden SVT nach § 116 SGB X aus. Beispiel: die gesetzliche Krankenkasse übernimmt die Heilbehandlung für nicht sozialversicherte Sozialhilfeempfänger und Asylbewerber nach § 264 SGB V und kann Kostenerstattung vom Sozialhilfeträger verlangen. Der Kostenerstatter hat dann einen Rückgriffsanspruch wegen unfallbedingter Heilbehandlungskosten (nicht pauschaler Verwaltungskosten), soweit er sich auf eine einschlägige Legalzession berufen kann.[33]

## 3. Schadensersatzanspruch

In Betracht kommen vor allem Ansprüche wegen Verschuldens- (§§ 823 ff. BGB) und Gefährdungshaftung (§§ 7 ff. StVG, 1 ff. HPflG 31 ff. LuftVG, 1 ff. RHG), aber auch wegen positiver Vertragsverletzung.[34] Auch der *Amtshaftungsanspruch* nach § 839 BGB geht **587**

---

[24] BGH VersR 08, 1265 = NJW 08, 2846; VersR 02, 1148 = NJW 02, 2636 m. w. H.
[25] Vgl. BGH VersR 65, 161.
[26] BGH VersR 04, 1147 = NZV 04, 514.
[27] Siehe Rdn. 628 ff.
[28] BGH NJW 74, 1237.
[29] *Wussow/Schneider,* Unfallhaftpflichtrecht, Kap. 74 Rdn. 21.
[30] OLG Jena NZV 04, 310: kein kongruenter Schaden.
[31] LG Stuttgart SP 95, 11 zum entsprechenden Regress des Dienstherrn.
[32] BGH VersR 61, 1141 = NJW 62, 202; OLG Karlsruhe VersR 74, 582; m. E. liegt hier weder eine Leistung des SVT, noch ein übergangsfähiger Schaden des Versicherten vor.
[33] Zugunsten des SHT ist dies § 116 SGB X. Siehe auch BGH VersR 05, 1004 = SP 05, 302 zum Regress des Kostenträgers.
[34] BGH VersR 69, 1038.

grundsätzlich auf den SVT über; soweit sich der Schädiger überhaupt noch auf eine subsidiäre Haftung nach § 839 Abs. 1 S. 2 BGB berufen kann,[35] ist jedenfalls die Leistung des SVT keine anderweitige Ersatzmöglichkeit im Sinne dieser Bestimmung.[36] Ein Übergang kommt im Prinzip auch für den *Billigkeitsanspruch* nach § 829 BGB in Betracht; allerdings dürfte wegen der Leistung des SVT regelmäßig eine Billigkeitshaftung ausscheiden.[37] Ansprüche aus *Geschäftsführung ohne Auftrag* dagegen unterliegen der Legalzession jedenfalls dann nicht, wenn der „Geschäftsführer" bei einem Unglücksfall geholfen und das Opfer sich nicht nachweislich schuldhaft in die Notlage gebracht hatte.[38] Ansprüche aus einem privaten Versicherungsvertrag, z.B. einer Unfallversicherung gehen ebenfalls nicht über, und zwar auch dann nicht, wenn ein Sozialhilfeträger Leistungen erbringt.[39]

588 Identität zwischen Leistungsempfänger und Schadensersatzberechtigten ist nicht erforderlich, jedoch muss bei einem Auseinanderfallen die sachliche Kongruenz zwischen Leistung und Schadensersatzanspruch[40] besonders beachtet werden. Beispiele für einen Regress trotz Auseinanderfallen von Anspruchsberechtigung und Leistungsempfänger sind: Zahlung von Rentenversicherungsbeiträgen durch die Pflegekasse an die Pflegekraft,[41] Kinderkrankengeld (§ 45 SGB V) an einen versicherten Arbeitnehmer wegen unfallbedingter Pflegebedürftigkeit seines Kindes.[42]

589 Auf den Forderungsübergang finden die §§ 412, 399ff. BGB Anwendung. Dem Schädiger stehen alle Einwendungen zu, die er auch gegenüber dem Geschädigten gehabt hätte (Mithaftung, Verstoß des Geschädigten gegen die Schadenminderungspflicht etc.).[43] Dies gilt lediglich nicht hinsichtlich der Verjährung: Wegen des Übergangs im Unfallzeitpunkt bei bestehender Sozialversicherungspflicht[44] beginnt die Verjährungsfrist zu Lasten des Sozialversicherungsträgers erst zu laufen, wenn dessen zuständiger Bediensteter Kenntnis – oder grob fahrlässige Unkenntnis – vom Schadenfall und vom Schädiger erlangt hat.[45] In entsprechender Anwendung des § 254 Abs. 2 BGB kann der Schädiger im Übrigen auch auf dem SVT den Einwand des Verstoßes gegen die *Schadenminderungspflicht* vorhalten, wenn dieser seine Pflichten aus dem öffentlich-rechtlichen Versicherungsverhältnis zum Versicherten verletzt hat.[46]

---

[35] Das ist nicht der Fall, wenn der Schaden bei Teilnahme des Schädigers am Straßenverkehr ohne Inanspruchnahme von Sonderrechten nach § 35 StVO (BGH VersR 77, 541 = NJW 77, 1238; VersR 79, 547) oder durch eine Verletzung der Verkehrssicherungspflicht im Bezug auf den Straßenverkehr (BGH VersR 79, 1009; VersR 80, 282; VersR 80, 946 = NJW 80, 2194) verursacht wurde.

[36] BGH VersR 78, 231 = NJW 78, 495; VersR 81, 252; VersR 82, 351; VersR 83, 638 = NJW 83, 2192.

[37] Vgl. dazu *Wussow*, Unfallhaftpflichtrecht, 14. Aufl., Rdn. 1438.

[38] BGH VersR 84, 1191 m.w.H. Offen lässt der BGH in dieser Entscheidung, ob der Anspruch des Geschäftsführers dann übergeht, wenn sich das Opfer nachweislich schuldhaft in die Notlage gebracht hat, oder ob der Übergang nicht generell ausgeschlossen ist. Nach OLG Karlsruhe VersR 88, 1081 (und LG Trier SP 95, 298 zu § 6 EFZG) geht der Anspruch auf Aufwendungsersatz in keinem Fall über; in Betracht kommt allerdings ein Schadensersatzanspruch, wenn das Opfer die Hilfeleistung durch sein Verhalten herausgefordert und dadurch fahrlässig eine Körperverletzung verursacht hat. A.A. *Gitter* JZ 85, 392, der allerdings unter Heranziehung des Rechtsgedankens aus § 765a Abs. 2 RVO einem Verzicht des SVT bei „normaler" Fahrlässigkeit das Wort redet.

[39] OLG Düsseldorf r+s 95, 386.

[40] S. Rdn. 597ff.

[41] S. Rdn. 697.

[42] S. Rdn. 602 (4.).

[43] BGH VersR 79, 424 m.w.H.; VersR 81, 347.

[44] Vgl. Rdn. 590.

[45] Vgl. Rdn. 792.

[46] BGH VersR 81, 347, 349 mit im Ergebnis zust. Anm. *Klimke* VersR 81, 1075.

## 4. Zeitpunkt des Rechtsübergangs

Unter folgenden Voraussetzungen vollzieht sich der Übergang auf den SVT bereits dem **590** Grunde nach im Unfallzeitpunkt:
– Das Sozialversicherungsverhältnis muss zum Unfallzeitpunkt bestehen.[47] Ist dies nicht der Fall, erwirbt der SVT die Forderung erst mit Begründung des Versicherungsverhältnisses,[48] z. B. mit der Aufnahme einer pflichtversicherten Erwerbstätigkeit. Bei Verletzung eines Kindes ist zu beachten, dass die Familien-Krankenversicherung über die Eltern und die spätere Pflicht-Krankenversicherung aufgrund einer eigenen Erwerbstätigkeit ein einheitliches Krankenversicherungsverhältnis bilden; selbst der Ersatzanspruch wegen eines Erwerbsschadens infolge einer späteren unfallbedingten Wiedererkrankung war dann dem Grunde nach bereits im Unfallzeitpunkt auf den Träger der Familienversicherung übergegangen.[49]
– Nach den Umständen des Schadenfalls ist mit möglichen – sachlich und zeitlich kongruenten – Leistungen des SVT in Zukunft zu rechnen.[50] Insoweit genügt eine weit entfernte Möglichkeit, die Leistungen dürfen nicht völlig unwahrscheinlich, also nicht als nahezu ausgeschlossen[51] erscheinen.
– Eine Leistungspflicht des SVT muss aufgrund der Art der Verletzung in Betracht kommen.[52] Sie darf nicht „völlig unwahrscheinlich sein", es genügt bereits eine „weit entfernte Möglichkeit".[53]
– Die Leistung muss in ihrer Art bereits gesetzlich vorgesehen sein.

Dies ist bei einer so genannten *Systemänderung* nicht der Fall.[54] Eine solche Systemänderung liegt vor, wenn durch Gesetzesänderung ein neuer Anspruch des Versicherten geschaffen wird, der im bisherigen Leistungssystem noch nicht enthalten war und für die es keine gesetzliche Grundlage gab.[55] Hier ist die in Zukunft gerichtete Wirkung des Anspruchsübergangs ausgeschlossen. Der Übergang vollzieht sich erst zum Zeitpunkt

---

[47] BGH VersR 83, 536; VersR 84, 136; VersR 90, 1028; vgl. auch BGH NZV 94, 476 = ZfS 94, 491; s. a. *Küppersbusch* VersR 83, 193, 195.
[48] OLG Nürnberg VersR 80, 1069.
[49] BGH VersR 90, 1028 = NZV 90, 308 m. w. H. Dies gilt z. B. auch für den Wechsel von der Familienversicherung in eine freiwillige Versicherung (BGH VersR 90, 437 = NJW-RR 90, 344). Das Gesetz bezwecke einen möglichst weitgehenden Schutz des SVT vor anderweitigen Verfügungen des Geschädigten. Dies werde nur dann erreicht, wenn in den Forderungsübergang im Zeitpunkt des Unfalls auch solche Sozialversicherungsleistungen einbezogen würden, die nach dem Leistungssystem der sozialen Sicherung rechtlich bereits angelegt sind, möge der Verletzte auch erst später in diese Rechtsposition hineinwachsen.
Anders verhält es sich aber z. B. bei der Rentenversicherung. Auch wenn aus der Rentenversicherung eines Elternteils Leistungen für das Kind gewährt werden (z. B. Kinderheilverfahren nach § 31 Abs. 4 SGB VI), findet für den Fall, dass das Kind aufgrund einer späteren Erwerbstätigkeit pflichtversichert wird, ein Übergang eines Ersatzanspruchs z. B. infolge einer Wiedererkrankung auf den RVT dem Grunde nach erst mit Beginn der Pflichtversicherung statt. Der RVT muss sich dann einen vorher mit dem noch aktiv legitimierten Geschädigten geschlossenen Abfindungsvergleich oder den Ablauf der Verjährungsfrist entgegenhalten lassen.
[50] St. Rspr., u. A. BGH NZV 09, 131 = VersR 09, 230 m. w. H.; VersR 08, 1350; VersR 04, 1147 = NZV 04, 514; vgl. auch BGH VersR 05, 1004 = SP 05, 302.
[51] BGH NZV 09, 132 = VersR 09, 230 m. w. H.
[52] BGH VersR 83, 536.
[53] BGH VersR 84, 35; VersR 90, 1028; VersR 90, 437 = NJW-RR 90, 344. Beispiel für einen späteren Übergang: Schwerstverletzter, der zu einer sinnvollen Erwerbstätigkeit nicht mehr in der Lage ist, erreicht aufgrund eines gefälligkeitshalber geschlossenen Arbeitsvertrages doch noch die Wartezeit für eine EU-Rente (OLG Bamberg NZV 97, 517).
[54] St. Rspr., BGH NZV 07, 33 = VersR 06, 1383.
[55] BGH NZV 07, 33 = VersR 06, 1383.

des In-Kraft-Tretens des neuen Gesetzes, nicht etwa schon mit der Verkündung im Gesetzblatt.[56] Eine Systemänderung bildete z. B.
- die Neuregelung der Witwen- und Waisenhilfe nach § 48 BVG,[57]
- die Einführung der Verpflichtung des Krankenversicherungsträgers zur Zahlung von Beiträgen zur Arbeitslosenversicherung aus dem Krankengeld aufgrund des Haushaltbegleitgesetzes vom 22. 12. 83,[58]
- die Einführung der §§ 53 ff. SGB V a. F., aufgrund der die Krankenkasse bei Schwerstpflegebedürftigkeit Leistungen, z. B. ein abstraktes Pflegegeld in Höhe von 400,– DM zu gewähren hatte.[59]

**591** Keine Systemänderung ist dagegen die Erhöhung einer bereits gesetzlich vorgesehenen Leistung[60] und die Anpassung von Leistungen an allgemeine Veränderungen im Lohn- und Preisgefüge,[61] eine Umstellung in der Rentendynamik,[62] die Vorverlegung des Zeitpunkts für den Bezug einer höheren Rente[63] und die Änderung von Berechnungsmodalitäten.[64] Der BGH verneint daher auch eine Systemänderung für die Einführung des Pflegegeldes aufgrund des Pflegeversicherungsgesetzes in den Fällen, in denen ein Schwerstpflegebedürftiger nach §§ 53 ff. SGB V a. F. bereits ein abstraktes Pflegegeld in Höhe von 400,– DM erhalten hatte.[65] Trotz drastischer Erhöhung des Pflegegeldes – i. d. R. – auf das Doppelte, trotz neuer Zuständigkeit der Pflegekasse und geänderter organisatorischer Abwicklung sei durch die gesetzliche Neuregelung keine neue Anspruchsberechtigung geschaffen worden.[66] Dagegen beruhen die neu eingeführten Leistungen für Pflegepersonen nach §§ 44 ff. SGB XI, wie z. B. die Rentenversicherungsbeiträge, auf einer Systemänderung. Hier wurden durch das SGB XI bisher nicht versicherte Personen wegen ihrer unentgeltlichen Pflege rentenversicherungspflichtig mit Anspruchsberechtigung auf Zahlung der Beiträge durch die Pflegekasse.

**592** Der Übergang erfolgt uneingeschränkt und unbefristet. Er erfasst alle künftig zu erbringenden Leistungen des jeweils zuständigen SVT. Der Übergang ist allerdings auflösend bedingt durch den endgültigen Wegfall der Leistungspflicht des SVT.[67]

---

[56] BGH NZV 97, 264 = VersR 97, 723; NZV 90, 308 = VersR 90, 1028.
[57] BGH VersR 84, 35.
[58] BGH VersR 90, 1028.
[59] BGH NZV 97, 264 = VersR 97, 723; OLG Köln VersR 06, 569. Weitere Beispiele für eine Systemänderung aus der Rechtsprechung: Altersruhegeld für die Ehefrau schon ab dem 60. Lebensjahr ohne besonderen Nachweis der Invalidität (BGH VersR 54, 537; VersR 55, 393); Witwenrente trotz fehlender Anwartschaft des Getöteten durch das Angestelltenversicherungs-Neuregelungsgesetz vom 23. 2. 57 (BGH VersR 66, 233).
[60] BGH NZV 07, 33 = VersR 06, 1383.
[61] BGH VersR 53, 209; VersR 56, 97.
[62] BGH VersR 60, 830.
[63] BGH VersR 62, 19; VersR 62, 467.
[64] BGH VersR 84, 35.
[65] BGH VersR 03, 267 = NZV 03, 176; a. A. OLG Koblenz VersR 99, 911.
[66] Die vom BGH offen gelassene Frage, ob bei einem nicht schwerpflegebedürftigen Verletzten, d. h. bei einem Verletzten, der nach §§ 53 ff. SGB V a. F. kein abstraktes Pflegegeld erhalten hatte, eine Systemänderung vorliegt, ist m. E. zu bejahen (a. A. allerdings LG Nürnberg-Fürth NJW-RR 04, 462). Hier wurde im Sinne der BGH-Argumentation eine neue Anspruchsberechtigung geschaffen. Große praktische Bedeutung dürfte die BGH-Entscheidung im Übrigen nicht haben, weil es sich um Altfälle aus der Zeit vor In-Kraft-Treten des Pflegeversicherungsgesetzes handelt und die meisten Fälle entweder vergleichsweise mit den Krankenkassen bzw. den Pflegekassen erledigt sind oder jedenfalls Verjährung eingetreten ist.
[67] St. Rspr., u. A. BGH NZV 99, 158 = VersR 99, 382; VersR 04, 1147 = NZV 04, 514: einer Rückübertragung bedarf es nicht, der Geschädigte wird wieder Rechtsinhaber, wenn eine Inanspruchnahme als nahezu ausgeschlossen erscheint (vgl. auch BGH VersR 03, 267 = NZV 03, 176). Siehe Rdn. 595.

*Vor* dem Rechtsübergang abgeschlossene *Vergleiche* des Geschädigten mit dem Schädiger muss sich der SVT entgegenhalten lassen.[68] Dies gilt auch hinsichtlich einer bereits laufenden Verjährungsfrist (§§ 412, 404 BGB).[69]   593

Zahlungen, die an den Geschädigten trotz bereits erfolgten Rechtsübergangs geleistet wurden oder mit diesem geschlossene Vergleiche wirken nur dann gegenüber dem SVT, wenn sich der Schädiger auf *guten Glauben* berufen kann (§§ 407 Abs. 1, 412 BGB). Kein Gutglaubensschutz besteht, wenn er Tatsachen kennt, aus denen sich ergibt, dass der Verletzte sozialversichert ist.[70]   594

c) Der Übergang auf den SVT im Unfallzeitpunkt erfolgt auflösend bedingt.[71] Steht fest, dass eine Leistungspflicht des SVT – aus welchen Gründen auch immer – nicht oder nicht mehr besteht, oder lehnt der SVT seine Leistungspflicht endgültig ab,[72] fällt der Anspruch wieder auf den Geschädigten zurück,[73] ohne dass es einer besonderen Rückübertragung bedarf.[74] Der Geschädigte wird daher in einem solchen Fall nicht etwa Rechtsnachfolger des zuletzt zuständigen SVT. Daraus folgt, dass die §§ 412, 404 BGB nicht anwendbar sind und der Geschädigte sich daher auch nicht einen Abfindungsvergleich des SVT oder den Ablauf der Verjährungsfrist in der juristischen Person des SVT entgegenhalten lassen muss.[75]   595

Eine auflösende Bedingung für den Anspruchsübergang ist auch die Gewissheit, dass keine Versicherungsleistungen mehr zu erbringen sind.[76] Dies gilt insbesondere z. B. beim Wechsel aus der gesetzlichen zu einer privaten Krankenversicherung.[77]   596

## 5. Kongruenz

### a) Sachliche Kongruenz

Die Leistung des SVT muss der „Behebung eines Schadens der gleichen Art dienen" (Wortlaut § 116 Abs. 1 SGB X), sie muss in einem inneren Zusammenhang mit dem Scha-   597

---

[68] Dies folgt aus der bestehenden Aktivlegitimation des Geschädigten, über seine ihm noch zustehenden Ansprüche verfügen zu können; s. z. B. LG Gera r+s 08, 400 m. zustimmender Anmerkung *Jahnke*.
[69] BGH VersR 84, 136.
[70] BGH VersR 68, 771; VersR 75, 446; VersR 90, 1028 m. w. H.
[71] BGH NZV 09, 131 = VersR 09, 230 m. w. H; NZV 99, 158 = VersR 99, 382.
[72] BGH VersR 05, 1004 = SP 05, 302 zum vergleichbaren Übergang auf einen Versorgungsträger.
[73] BGH NZV 09, 131 = VersR 09, 230 m. w. H.; NZV 99, 158 = VersR 99, 382 r+s 99, 510 m. Anm. *Lemcke;* Vgl. auch BGH VersR 08, 1350; VersR 05, 1004 = SP 05, 302; VersR 03, 267.
[74] BGH NZV 09, 131 = VersR 09, 230 m. w. H.; OLG Celle NJW 08, 1088.
[75] Hinsichtlich der Ansprüche des Geschädigten kommt es darauf an, ob in seiner Person der Anspruch bereits verjährt oder ein Abfindungsvergleich geschlossen worden ist.
Insoweit kann der Entscheidung des BGH NZV 99, 158 = VersR 99, 382 nicht gefolgt werden. Der BGH hatte den Ablauf der Verjährungsfrist beim SVT zu Lasten des Geschädigten berücksichtigt. Dabei wurde übersehen, dass nach herrschender Meinung eine Verjährungsfrist ohnehin erst bei Eintritt der auflösenden Bedingung zu laufen beginnen würde (so zu Recht *Lemcke* in r+s 99, 510 m. w. H.). Im Übrigen geht der Ersatzanspruch des Verletzten z. B. wegen der Heilbehandlungskosten oder eines Erwerbsschadens ohnehin nicht völlig auf den SVT über. Er spaltet sich praktisch dem Grunde nach auf. Dem SVT steht der Ersatzanspruch immer nur bis zur Höhe seiner Leistungen zu. Der Geschädigte behält seinen Ersatzanspruch, soweit keine Leistungen erfolgen (z. B. bei Heilbehandlungskosten typischerweise in Höhe von Eigenersparnis und Zuzahlungen). Der Ablauf der Verjährungsfrist und ein Abfindungsvergleich des SVT können sich daher immer nur auf den Teil des Schadensersatzanspruchs beziehen, der wegen der Leistung des SVT konkret übergegangen ist.
[76] BGH VersR 87, 386 unter II 4 e).
[77] BGH NZV 99, 158 = VersR 99, 382.

den stehen.⁷⁸ Leistung des SVT und Schadensersatz müssen denselben Zweck, nämlich den Ausgleich ein und derselben Einbuße des Geschädigten erfüllen.⁷⁹ Sachliche Kongruenz ist erforderlich, genügt aber auch; Identität zwischen Leistungsempfänger und Schadenersatzberechtigten braucht dagegen nicht zu bestehen.⁸⁰

598 Es genügt, wenn der Sozialversicherungsschutz seiner Art nach den Schaden umfasst, für den der Schädiger einzustehen hat; es kommt nicht darauf an, ob auch der einzelne Schadensposten vom Versicherungsschutz gedeckt ist.⁸¹ Auch unterschiedliche Berechnungsmethoden schließen sachliche Kongruenz nicht aus.⁸² Etwas anderes gilt, wenn das Risiko, das sich im Schadenfall verwirklicht hat, von vornherein von der Deckung durch die Versicherung ausgenommen ist (s. dazu die Beispiele unter Rdn. 600).⁸³

599 Im Allgemeinen besteht Kongruenz, wenn die Leistung des SVT und der Schadensersatz derselben *Schadengruppe* (Schadenposition) zuzurechnen sind,⁸⁴ also
– Heilungskosten,
– vermehrte Bedürfnisse,
– Erwerbsschaden,
– Unterhaltsschaden,
– Beerdigungskosten.

600 Vom BGH wurde diese „Gruppentheorie" jedoch in doppelter Hinsicht „aufgeweicht". Einerseits wurde Kongruenz eines Teils der vom SVT aufgewendeten Heilungskosten auch zum Erwerbsschaden bejaht.⁸⁵ Andererseits wurde in einschränkender Auslegung des § 1542 RVO a. F. nach seinem Sinn und Zweck ein Rückgriff des SVT wegen *fehlender sachlicher Kongruenz* in folgenden Fällen verneint:
– Leistungen einer gesetzlichen Krankenkasse und zusätzlicher Aufwand des Verletzten für die Behandlung in der 2. oder 1. Pflegeklasse⁸⁶ bzw. für Besuchskosten;⁸⁷
– Leistungen des SVT zur Rentnerkrankenversicherung und nach dem Netto-Einkommen des Getöteten berechneter Barunterhalts-Schaden bzw. Netto-Erwerbsschaden,⁸⁸
– Barleistungen (Kranken-, Übergangsgeld und Rente) und Anspruch auf Erstattung von freiwilligen Rentenversicherungsbeiträgen.⁸⁹

601 Nach Einführung der *relativen Theorie* durch § 116 Abs. 3 SGB X dürfte diese Einschränkung der Gruppentheorie an Bedeutung verloren haben. Durch sie wurde verhindert, dass sich der SVT wegen seiner nicht durch Schadensersatz gedeckten Leistungen auf Grund seines Quotenvorrechts auch noch an solche Positionen hielt, für die er an sich keinen Versicherungsschutz gewährte. Jetzt entstehen dem Geschädigten keine Nachteile mehr, da er immer die Haftungsquote aus der Differenz zwischen dem Schaden und der

---

⁷⁸ St. Rspr. BGH VersR 73, 576; VersR 79, 640; VersR 81, 477 u. a.
⁷⁹ BGH VersR 77, 427 = NJW 77, 802; VersR 83, 686 zu § 87 a BBG.
⁸⁰ Vgl. Rdn. 587.
⁸¹ BGH VersR 79, 640.
⁸² BGH VersR 83, 686.
⁸³ BGH VersR 81, 477 = NJW 81, 1846.
⁸⁴ BGH VersR 81, 477 = NJW 81, 1846.
⁸⁵ BGH VersR 84, 583 = NJW 84, 2628.
⁸⁶ BGH VersR 73, 566 = NJW 73, 1196.
⁸⁷ OLG München VersR 78, 373.
⁸⁸ Vgl. Rdn. 607 ff. Kongruenz besteht nur zu dem Teil des Schadens, der sich auf den Krankenversicherungsschutz bezieht.
⁸⁹ BGH VersR 81, 477 = NJW 81, 1846 – der Leitsatz im VersR, der SVT könne Erstattung für die Zeit verlangen, in der der Verletzte beitragsfrei versichert sei, ist missverständlich und unvollständig. Der Regress scheitert generell an der fehlenden Kongruenz. Vgl. auch BGH VersR 77, 1158, 1160 = NJW 78, 157, wo allerdings – offenbar versehentlich – auf fehlende „zeitliche" Kongruenz abgestellt wird.

Leistung des SVT erhält. Etwas anderes gilt nur dann, wenn – was bei Barleistungen möglich ist – die Sozialleistung den kongruenten Schaden übersteigt; hier muss ein Rückgriff des SVT auf Schadenposten, für die er keine Deckung gewährt, ausgeschlossen sein.

Sachliche Kongruenz besteht zwischen

| Schadensersatz | Leistung SVT | 602 |
|---|---|---|
| **Sachschaden** | 1.<br>– Ersatz für die Beschädigung künstlicher Körperteile, § 33 SGB V,[90] | |
| **Schmerzensgeld** | 2.<br>– Keine Kongruenz zu irgendwelchen Leistungen des SVT.[91] | |
| **Heilungskosten**<br>Kein Regress wegen der *Besuchskosten*.[92] Bei stationärer Behandlung Regress nur wegen der Aufwendungen für die allgemeine Pflegekasse, nicht die *Kosten* der *privatärztlichen Behandlung* und des Doppel- oder Einzelzimmers.[93] | 3.<br>**Gesetzliche Krankenkasse:**<br>Leistungen für<br>– ambulante und stationäre Krankenbehandlung (§§ 27, 39 SGB V),<br>– Versorgung mit Arznei-, Verband- (§ 31 SGB V), Heil- und Hilfsmitteln (§§ 32, 33 SGB V),<br>– weitere Leistungen zur medizinischen Rehabilitation (§ 40 SGB V),<br>– Fahrtkosten bei zwingender medizinischer Notwendigkeit (§ 60 SGB V)<br>**Unfallversicherungsträger:**<br>Leistungen für<br>– ambulante und stationäre ärztliche Behandlung (§§ 28, 33 SGB VII),<br>– Heil- und Hilfsmittel (§§ 29 ff. SGB VII),<br>– Rehabilitation (§§ 26, 33 SGB VII),<br>– Fahrtkosten (§ 43 SGB VII).<br>**Rentenversicherungsträger:**<br>– medizinische Reha (§ 15 SGB VI) und ergänzende Leistungen (§ 28 SGB VI) | |
| **Vermehrte Bedürfnisse**<br>– nur soweit vermehrte Bedürfnisse fortlaufend entstehen (Rentenanspruch) (vgl. auch Rdn. 263), nicht bei vorübergehendem, einmaligem Mehrbedarf.[94] | 4.<br>**Gesetzliche Krankenkasse:**<br>Leistungen für<br>– häusliche Krankenpflege neben ärztlicher Behandlung (§ 37 SGB V),<br>– Haushaltshilfe bei Krankenhausbehandlung (§ 38 SGB V),<br>– Krankengeld nach § 45 SGB V bei Pflege eines Kindes (Kongruenz zum Ersatzanspruch des Kindes wegen Pflegekosten – Identität zwischen Leistungsempfänger und Schadensersatzberechtigten bei § 116 SGB X nicht erforderlich).<br>**Unfallversicherungsträger:**<br>Leistungen für<br>– häusliche Krankenpflege (§ 32 SGB VII),<br>– Haushaltshilfe (§§ 42, 54 SGB VII), | |

---

[90] *Geigel*, Der Haftpflichtprozess, Kap. 30 Rdn. 23; WJ 68, 69.
[91] S. Rdn. 273.
[92] Vgl. Rdn. 600, 236 ff.; OLG München VersR 78, 373.
[93] Vgl. Rdn. 600, 230; VersR 73, 566.
[94] LG Berlin r+s 87, 71.

| Schadensersatz | Leistung SVT |
|---|---|
| | – Pflegegeld[95] (§ 44 SGB VII),<br>– Kleidermehrverschleiß (§ 31 Abs. 2 SGB VII),<br>– Kfz-Hilfe (§ 40 SGB X).<br>**Pflegeversicherer**<br>– Leistungen nach dem Pflegeversicherungsgesetz.[96]<br>5. |
| **Erwerbsschaden**<br>– Erwerbseinkommen im engeren Sinn, i.d.R. netto[97]<br>– auch nicht versicherte Nebeneinkünfte,[98] Eigenleistungen beim Hausbau[99] etc. (siehe Rdn. 42)<br>– Haushaltsführungsschaden, soweit für Familienangehörige gearbeitet wird (vgl. Rdn. 212) | **Barleistungen**<br>**Krankenkasse:**<br>– Krankengeld (§ 44 SGB V),[100] auch bei freiwilliger Versicherung,[101]<br>**Unfallversicherungsträger:**<br>– Verletztengeld (§§ 45 ff. SGB VII) oder Übergangsgeld (§§ 49 ff. SGB VII),<br>– (Teil- oder Voll-)Verletzten-Rente (§§ 56 ff. SGB VII)[102]<br>**Rentenversicherungsträger:**<br>– Übergangsgeld (§ 20 SGB VI),<br>– Erwerbsminderungsrente (§ 43 SGB VI),<br>– vorgezogenes Altersruhegeld (vor dem 63. Lebensjahr bei Männern) bei Schwerbehinderung, Berufs- bzw. Erwerbsunfähigkeit oder Arbeitslosigkeit (§§ 37, 38 SGB VI a.F.; jetzt bei Anerkennung als Schwerbehinderter, § 37 Abs. 2 SGB VI n.F.); Kongruenz zum Schaden gegeben,[103] (allerdings m.E. begrenzt bis zu dem Zeitpunkt, zu dem Altersruhegeld nach den Regelvoraussetzungen bezogen worden wäre).<br>– Kinderzulage (§ 583 Abs. 1 RVO):[104] Kongruenz besteht an sich zum Erwerbsschaden.[105] Dem steht auch nicht entgegen, dass diese Leistungen zu einem Wegfall des staatlichen Kindergeldes führen.[106] Der Regress des SVT ist nach einer einschränkenden Auslegung der |

---

[95] BGH VersR 04, 1192 = NZV 04, 513.
[96] S. Rdn. 679.
[97] BGH VersR 76, 756; VersR 77, 768; VersR 83, 686.
[98] OLG Stuttgart VersR 78, 838; OLG Karlsruhe VersR 77, 1096; OLG Zweibrücken VersR 07, 272 = ZfS 07, 147, Rev. nicht angenommen: die Rente dient dem Ausgleich der Behinderung bei der Nutzung der Arbeitskraft insgesamt als Erwerbsquelle.
[99] OLG Hamm NZV 89, 72 = DAR 89, 308; *Geigel,* Der Haftpflichtprozess, Kap. 30 Rdn. 30 (S. 1289).
[100] OLG Nürnberg VersR 04, 1290 = ZfS 03, 283 m. Anm. *Diehl.*
[101] BGH VersR 67, 1068.
[102] St. Rspr., zuletzt BGH NZV 09, 131 = VersR 09, 230 m.w.H.; OLG Celle NJW 08, 1088. Die gesamte Verletztenrente (inkl. des Anteils in Höhe einer Grundrente) ist – ausschließlich – kongruent zum Erwerbsschaden – BGH VersR 03, 390 = NZV 03, 172. Dies gilt generell und nicht nur bei einer hohen MdE (insoweit unzutreffend OLG Karlsruhe VersR 01, 1429). Dagegen besteht keine Kongruenz zu den vermehrten Bedürfnissen (BGH NZV 04, 514).
[103] BGH VersR 86, 812 für den Schwerbehinderten; OLG Bamberg VersR 97, 71.
[104] Diese Bestimmung gilt für das Gebiet der ehemaligen DDR fort – §§ 215, 217 Abs. 2, 3 SGB VII.
[105] BGH VersR 75, 446 = NJW 75, 978.
[106] Vgl. Rdn. 606.

## 5. Kongruenz

| Schadensersatz | Leistung SVT |
|---|---|
| | Legalzession nach ihrem Sinn und Zweck allerdings auf den Betrag beschränkt, der das Kindergeld übersteigt.[107] |
| | – Aufwendungen eines Unfall- (§§ 35 ff. SGB VII) oder Rentenversicherungsträgers (§ 16 SGB VI) für die **berufliche Rehabilitation**: z. B. Umschulung,[108] Eingliederungshilfe.[109] |
| | – Leistungen der Krankenkasse für stationäre Behandlung in Höhe der ersparten Verpflegungskosten.[110] |
| | Kein Regress[111] wegen fehlender Kongruenz bei Altersruhegeld, das unter den sog. Regelvoraussetzungen bezogen wird (Männer mit dem 65. – § 35 SGB VI – bzw. 63. Lebensjahr[112] – § 36 SGB VI, Frauen mit dem 60. Lebensjahr – § 39 SGB VI). |
| | Kein Regress wegen fehlender Kongruenz einer so genannten „Unfall-Zusatzrente", also des Teils der Altersrente, der auf unfallbedingt beitragslosen Zeiten beruht.[113] |
| – Sozialversicherungsbeiträge | Übernahme eines Teils („Trägerbeiträge") oder der gesamten Sozialversicherungsbeiträge durch einen SVT (Rdn. 616 ff.). |
| | Keine Kongruenz der Barleistungen im Übrigen.[114] |
| Kein Schaden ist die Kürzung einer Erwerbsminderungs- oder Altersrente wegen des Zusammentreffens mit einer Unfallrente.[115] | |
| – Beeinträchtigung der Haushaltsführung, soweit durch sie Unterhaltsleistungen für die Familie erbracht worden wären; die Abgrenzung zu den nicht übergangsfähigen vermehrten Bedürfnissen kann im Regelfall nach der Kopfzahl der Familie erfolgen.[116] | – Barleistungen<br>– Leistungen zur sozialen Rehabilitation und ergänzende Leistungen (§§ 39 ff. SGB VII) |

---

[107] BGH VersR 83, 52 = NJW 83, 114.
[108] Zu den Problemen des Regresses wegen der Umschulungskosten s. im Einzelnen Rdn. 65 f.
[109] Ein Regress wegen der Eingliederungshilfe kommt nur in Betracht, wenn die Einstellung des Verletzten beim Arbeitgeber nur aufgrund dieser Leistung erfolgte (OLG Celle VersR 88, 1252), wenn andernfalls der Verletzte in das Erwerbsleben nicht hätte wieder eingegliedert werden können (Darlegungs- und Beweislast bei der Bundesanstalt für Arbeit, OLG Köln ZfS 88, 43). Vgl. auch OLG Celle ZfS 82, 239; OLG Köln VersR 85, 94; *Westphal* VersR 82, 1126.
[110] BGH VersR 84, 583 = NJW 84, 2628; Einzelheiten s. Rdn. 168 ff.
[111] BGH VersR 82, 166 = NJW 82, 984. Das gilt auch, soweit ein – errechenbarer – Teil der Altersrente auf unfallbedingt beitragslosen Zeiten beruht (sog. „Unfall-Zusatzrente" – OLG Bamberg u. LG Coburg NZV 2007, 629.
[112] BGH VersR 82, 166 = NJW 82, 984. Der Geschädigte muss sich auf seinen Schadensersatzanspruch allerdings die gezahlte Rente anrechnen lassen.
[113] OLG Bamberg Beschluss v. 31. 8. 2006, 5 U 10/06 – NZV 07, 629.
[114] BGH VersR 81, 675; VersR 86, 698; KG VersR 81, 536; OLG Köln SP 95, 135 = r+s 95, 141; OLG Düsseldorf ZfS 94, 405. Achtung: Neuregelung § 58 SGB V: Sterbegeld wird nur noch für Versicherte gezahlt, die am 1. 1. 1989 schon versichert waren. Die Höhe beträgt gemäß § 59 SGB V bei Mitgliedern 1.050,– EUR, bei Familienangehörigen 525,– EUR.
[115] BGH VersR 77, 130.
[116] BGH VersR 74, 162 = NJW 74, 41; VersR 85, 356 = NJW 85, 735.

| Schadensersatz | Leistung SVT |
|---|---|
| Beerdigungskosten | 6.<br>– Sterbegeld und Überführungskosten nach § 64 SGB VII[117] |
| **Schadensersatz wegen entgangenen Unterhalts**<br>– Übergangsfähig ist auch der Schadensersatzanspruch wegen entgangener persönlicher Betreuung.[118]<br>– Verlust des Krankenversicherungsschutzes (zum Problem der Kongruenz zu den RKV-Beiträgen vgl. Rdn. 609 ff.). | 7.<br>– Hinterbliebenenrenten<br>– Trägerbeiträge zur Rentnerkrankenversicherung.[119]<br>Keine übergangsfähige Leistung ist die Witwenbeihilfe nach § 600 RVO.[120] |
| **Schadensersatz wegen entgangener Dienste (§ 845 BGB)** | 8.<br>– EU/BU-Rente oder Verletztenrente an den Dienstleistungsverpflichteten.[121] |

### b) Zeitliche Kongruenz

603 Die Leistungen des SVT müssen sich auf *denselben Zeitraum* beziehen, für den Schadensersatzansprüche bestehen.[122]

604 Sowohl der Schaden als auch die Leistungen der SVT müssen also zeitlich aufgeteilt werden. Für den Schaden gilt Folgendes: Der Verdienstausfall wegen einer ständigen Erwerbstätigkeit ist für das tageweise abgerechnete Krankengeld ebenfalls auf Tage umzulegen. Und zwar entspricht der 7. Teil des Wochenlohns einem Tag Krankengeld.[123] Generell muss eine monatlich erfolgende Leistung des SVT entsprechend verteilt werden, wenn die Arbeitsleistung unfallbedingt nur während eines Teils des Monats ausfällt.[124]

605 Hätte der Verletzte umgekehrt nur einen bestimmten Zeitraum innerhalb eines Jahres gearbeitet, seinen Unterhalt aber für das ganze Jahr aus dem insoweit bezogenen Erwerbseinkommen bestritten, besteht zeitliche Kongruenz zu den sachlich kongruenten Leistungen des SVT für das ganze Jahr.[125] Bei einem Selbstständigen, der den jährlich entgangenen Gewinn geltend macht, wird man die kongruenten Barleistungen des gesamten Jahres zur Gewinnminderung dieses Jahres als zeitlich kongruent ansehen müssen. Dies gilt wohl auch dann, wenn der Schaden durch die Kosten von unfallbedingt eingesetzten Hilfskräften während weniger Monate entstanden ist.

### c) Zusätzliche Einschränkungen nach Sinn und Zweck

606 Würde der Regress des SVT zu Lasten seines Versicherten gehen, bedarf die Legalzession neben dem Erfordernis der sachlichen und zeitlichen Kongruenz einer weiteren einschränkenden Korrektur. Das ist der Fall, wenn die Versicherungsleistung lediglich eine andere Sozialleistung in Wegfall bringt, wie der Kinderzuschuss (§ 270 SGB VI) oder die Kinderzulage (§ 583 Abs. 2 S. 1 RVO)[126] hinsichtlich des staatlichen *Kindergeldes* (Wegfall

---

[117] Das Sterbegeld für gesetzlich Krankenversicherte nach § 59 SGB V a. F. wurde mit Wirkung zum 1. 1. 04 aus dem Leistungskatalog gestrichen.
[118] Vgl. Rdn. 441.
[119] Vgl. Rdn. 607.
[120] § 600 RVO gilt weiter für das Gebiet der ehemaligen DDR – §§ 215, 217 Abs. 2, 3 SGB VII.
[121] BGH VersR 78, 90, vgl. Rdn. 462.
[122] St. Rspr., BGH VersR 73, 436; zuletzt NZV 97, 302.
[123] WJ 66, 187.
[124] BGH VersR 73, 436.
[125] BGH NZV 97, 302.
[125] Gilt noch für das Gebiet der ehemaligen DDR – §§ 215, 217 Abs. 2, 3 SGB VII.

nach § 8 Abs. 1 Nr. 1 BKGG). Der grundsätzlich zulässige Regress des SVT auf den Anspruch wegen Erwerbsschadens[127] ist hier auf den Betrag beschränkt, mit dem der Kinderzuschuss/-zulage das Kindergeld übersteigt.[128]

## 6. Regress des RVT wegen der Trägerbeiträge zur Rentner- Krankenversicherung (KVdR)

Bezieher einer Rente aus der gesetzlichen Rentenversicherung sind bei Vorliegen bestimmter Voraussetzungen pflicht-krankenversichert (§ 5 Abs. 1 Ziff. 11 SGB V). Rentner und Rentenversicherungsträger tragen die Beiträge je zur Hälfte (§ 249a SGB V). Die Höhe des Beitrages richtet sich nach dem allgemeinen Beitragssatz der zuständigen Krankenkasse (§ 247 Abs. 1 S. 1 SGB V). 607

Zahlungstechnisch führt der RVT den gesamten Beitrag an die Krankenkasse ab, holt sich aber den Versichertenanteil durch entsprechenden Abzug von der Rente wieder zurück. Der RVT hat gegen den Schädiger Anspruch auf Erstattung des Trägerbeitrags. Der Ausgleich des in der Belastung mit dem Versichertenanteil liegenden Schadens des Rentners erfolgt dadurch, dass vom entgangenen Einkommen lediglich die tatsächlich ausbezahlte, gekürzte (Netto-)Rente abgezogen wird (vgl. auch Rdn. 123). 608

**Abrechnungsbeispiel:**

Zahlung RVT an Rentner:
| | |
|---|---:|
| Rente | 1.500,– EUR |
| Trägerbeitrag (7%[129] aus 1.500,– EUR) | + 105,– EUR |
| KVdR Beitrag (14% aus 1.500,– vom RVT an GKV abgeführt) | – 210,– EUR |
| | 1.395,– EUR |

Regress RVT
| | |
|---|---:|
| Verdienstausfall netto | 2.000,– EUR |
| Rente voll übergangsfähig | 1.500,– EUR |
| Trägerbeitrag | + 105,– EUR |
| | 1.605,– EUR |

Anspruch Rentner
| | |
|---|---:|
| Beitragsschaden (7% aus 1.500,– EUR) | 105,– EUR |
| restlicher Verdienstausfall | + 500,– EUR |
| | 605,– EUR |

### a) Keine volle Übergangsfähigkeit von Renten

Bei einem *Berufsunfall* mit Eintrittspflicht von RVT und UVT ist zu beachten, dass Kongruenz der Verletztenrente nur zu dem Anspruch des Rentners auf Ersatz seines Erwerbsschadens ohne Beitragsbelastung besteht. Nur dieser eingeschränkte Ersatzanspruch geht gemeinsam auf RVT und UVT über, die insoweit Gesamtgläubiger werden,[130] während der RVT wegen seines Trägerbeitrages Einzelgläubiger wird.[131] 609

---

[127] BGH VersR 75, 446 = NJW 75, 978.
[128] BGH VersR 83, 52 = NJW 83, 172.
[129] Ab 1. 1. 2009: 7,75% bzw. 15,5%; auf eine Neuberechnung des nur der Erläuterung dienenden Beispiels wurde verzichtet.
[130] BGH VersR 03, 390 = NZV 03, 172: Analogie § 117 SGB X. Vgl. auch schon BGH NZV 89, 306 = VersR 89, 604 zum Unterhaltsschaden.
[131] BGH NZV 89, 306 = VersR 89, 604. Diese Entscheidung betraf zwar den Zuschuss des Rentenversicherungsträgers nach § 1304e Abs. 1 RVO a. F. Die Grundsätze gelten jedoch entsprechend für die neue Rechtslage ab 1. 1. 1992.

**Beispiel:**

| | |
|---|---|
| Rente BG | 750,– EUR |
| Rente LVA | 500,– EUR |
| Erwerbsschaden | 1.000,– EUR |
| Beitragsschaden (14% aus LVA-Rente) | 70,– EUR |
| (Eigenanteil Rentner 35 EUR) | |
| Gesamtschaden | 1.070,– EUR |
| BG erhält als Gesamtgläubiger | |
| (vgl. Rdn. 659 ff.) | |
| $\dfrac{1035 \times 750}{1.250}$ | 621,– EUR |
| LVA erhält | |
| – als Gesamtgläubiger | |
| $\dfrac{1035 \times 500}{1.250}$ | 414,– EUR |
| – als Einzelgläubiger | 35,– EUR |
| Regress LVA gesamt | 449,– EUR |
| Schadensersatz gesamt | 1.070,– EUR |

### b) Tod einer nicht erwerbstätigen Mutter (Haushaltsführung)

610 Für die RKV-Beiträge des RVT nach §§ 385 Abs. 2, 1390 Abs. 1 RVO a. F. hatte der BGH zu Recht die sachliche Kongruenz zum Unterhaltsschaden wegen der entgangenen Betreuung und damit einen Regress verneint.[132]

611 Allerdings ist nicht zu verkennen, dass die Waise durch die Belastung mit den Beiträgen zur Rentner-Krankenversicherung einen wirtschaftlichen Schaden erleiden würde.

**Beispiel:**

| | |
|---|---|
| Betreuungsschaden | 400,– EUR |
| Waisenrente | 300,– EUR |
| RKV-Beitrag 14%[133] aus 300,– EUR | 42,– EUR |
| Beitragsanteil Waise 7% | 21,– EUR |

Würde hier der Schadensersatz wegen entgangener Betreuung in Höhe von 300,– EUR (Waisenrente) auf den RVT übergehen, verbliebe bei der Waise eine Einbuße von 21,– EUR. Ein Schadensersatzanspruch kommt insoweit nicht in Betracht, da es sich hier nicht um einen Unterhaltschaden, sondern um einen rentensystembedingten Nachteil handelt, der als Drittschaden nicht ersatzpflichtig ist. Eine akzeptable Lösung erreicht man durch eine Beschränkung des Regresses nach Sinn und Zweck des § 116 SGB X.[134]

Ein Übergang auf den RVT und eine Anrechnung erfolgt daher nur insoweit, als der RVT tatsächlich Zahlungen erbringt (sog. „Netto"-Rente), das wäre im Beispielfall 300,– EUR abzügl. 21,– EUR, also 279,– EUR.

---

[132] BGH VersR 80, 844. An diesem Ergebnis hat sich durch die Neuregelungen der Rentner-Krankenversicherung zum 1. 1. 1983 und 1. 1. 1992 nichts geändert. Nach wie vor fehlt es an einem kongruenten Schadensersatzanspruch der Waise wegen entgangenen Unterhalts.

[133] Ab 1. 1. 2009: 7,75% bzw. 15,5%; auf eine Neuberechnung des nur der Erläuterung dienenden Beispiels wurde verzichtet.

[134] Ähnlich BGH VersR 83, 52 = NJW 83, 114 zur Einschränkung des Regresses wegen Kinderzuschuss bzw. Kinderzulage.

## c) Tod eines Elternteils bei Erwerbstätigkeit beider Eltern

Die vom RVT nach alter Rechtslage zu entrichtenden Beiträge hatte der Schädiger nur zu 50% zu übernehmen.[135] Für den Trägerbeitrag kann nichts anderes gelten. Der Getötete hatte eben nur die Hälfte des Krankenversicherungsschutzes vermittelt. Das Problem, dass die Waise auch hier – allerdings nur mit der Hälfte ihres Eigenanteils – belastet bleibt, ist genauso wie bei b) zu lösen: Der Regress des SVT reduziert sich um diese halbe Eigenbeteiligung.

612

## d) Erwerbstätigkeit des hinterbliebenen Ehegatten

Hätte der Hinterbliebene auch ohne den Tod des Unterhaltspflichtigen eine Erwerbstätigkeit ausgeübt, wäre er ohnehin pflichtkrankenversichert gewesen. Der Unterhaltsanspruch umfasste nicht die Sicherstellung des Krankenversicherungsschutzes. Ein Regress des RVT wegen seines Trägerbeitrages scheitert daher bereits an einem kongruenten Schadenersatzanspruch wegen entgangenen Unterhalts.

613

Ähnlich verhält es sich, wenn der Hinterbliebene infolge des Todes eine Erwerbstätigkeit aufnimmt. Auch hier ist der Regressanspruch abzulehnen, allerdings deshalb, weil ohnehin Krankenversicherungsschutz besteht, Beiträge vom Hinterbliebenen entrichtet werden und es mithin an einer Leistung zugunsten des Geschädigten im Sinne des § 116 SGB X fehlt.

614

Dasselbe gilt, wenn der Hinterbliebene aus eigenem Recht eine (Erwerbsminderungs-) Rente erhält und mithin Krankenversicherungsschutz aufgrund dieser Rente besteht.

615

## 7. Regress von Beiträgen bei Lohnersatzleistungen

*Lohnersatzleistungen* wie Krankengeld, Verletztengeld, Übergangsgeld, Arbeitslosengeld I und II unterliegen der Beitragspflicht zur Sozialversicherung. Die gesetzlichen Regelungen sind insoweit differenziert und unübersichtlich, wer welche Beiträge in welcher Höhe an welchen Sozialversicherungsträger zahlt.[136] Folgende Grundsätze lassen sich vorausschicken:

616

– Soweit der Träger der Lohnersatzleistung die Beiträge an den zuständigen SVT zahlt, steht ihm ein Regressanspruch nach der ausdrücklichen – allerdings nur klarstellenden – Regelung des § 116 Abs. 1 S. 2 Ziff. 1 SGB X zu. Der Schaden wird in entsprechender Höhe normativ konstruiert.
– Soweit der Geschädigte mit einem Beitragsanteil belastet wird, führt der Träger der Lohnersatzleistung diese Beiträge für den Geschädigten ab und verrechnet sie mit der (Brutto-)Lohnersatzleistung. Ein Ausgleich erfolgt dadurch, dass lediglich die tatsächlich ausbezahlte (Netto-)Lohnersatzleistung vom entgangenen Einkommen abgezogen wird.[137]
– Rentenversicherungsbeiträge aus der Differenz zwischen entgangenem Bruttoeinkommen und der niedrigeren Lohnersatzleistung (z.B. Krankengeld beträgt nur 90% des Nettoeinkommens), dem so genannten Spitzbetrag, werden vom RVT nach § 119 SGB X geltend gemacht.
– Die gesetzliche Krankenkasse kann während der Krankengeldzahlung die ausgefallenen Krankenversicherungsbeiträge nach § 116 Abs. S. 2 Ziff. 2 SGB X verlangen.

---
[135] BGH VersR 78, 346.
[136] S. a. die zusammenfassende Darstellung *Küppersbusch* NZV 92, 58 ff.
[137] Siehe die Beispielrechnung Rdn. 120.

617  Ein Ersatzanspruch des Verletzten und ein Regressanspruch des Beiträge zahlenden SVT setzt im Übrigen voraus, dass ohne den Unfall Sozialversicherungsbeiträge entrichtet worden wären, die infolge des Unfalls ausfallen.

### a) Beiträge zur Rentenversicherung

618  Lohnersatzleistungen sind rentenversicherungspflichtig (§ 166 Abs. 1 Ziff. 2 SGB VI). *Bemessungsgrundlage* sind 80% des der Berechnung der Lohnersatzleistung zugrunde liegenden Arbeitsentgelts (des so genannten „Regelentgelts").

619  Der Empfänger von Kranken- oder Verletztengeld trägt 50% des auf die Lohnersatzleistung entfallenden Anteils, der SVT den restlichen, höheren Beitrag.[138] Bei Zahlung von Übergangsgeld, Arbeitslosengeld I und II übernimmt der SVT bzw. die Bundesagentur für Arbeit die Beiträge in vollem Umfang.[139]

620  Es handelt sich um Pflichtbeiträge zur Rentenversicherung. Der Lohnersatzleistungsträger kann daher wegen der von ihm gezahlten Beiträge nach der ausdrücklichen Regelung in § 116 Abs. 1 S. 2 Ziff. 1 SGB X[140] Regress nehmen.[141] Die Neuregelung gilt mangels einer Stichtagsregelung[142] auch für ältere Schadenfälle, soweit ein Erwerbs- und damit ein Beitragsschaden ab 1. 1. 92 eintritt.

621  Der Verletzte selbst hat zwar einen Anspruch auf Ersatz seines in der Belastung durch den Versichertenanteil – bei Kranken- und Verletztengeld – liegenden (Erwerbs-) Schadens.[143] Da der Lohnersatzleistungsträger den Beitragsanteil des Verletzten für diesen an den zuständigen SVT abführt und mit der Lohnersatzleistung verrechnet, wird der Schaden rechnerisch dadurch ausgeglichen, dass vom entgangenen (Netto-)Einkommen lediglich die tatsächlich ausbezahlte (Netto-)Lohnersatzleistung abgezogen wird (Berechnungsbeispiel siehe Rdn. 120).

622  Neben den Anspruch des *Trägers der Lohnersatzleistung* (Krankenversicherer, Unfallversicherungsträger oder Bundesagentur für Arbeit) nach § 116 SGB X tritt der Anspruch des *Rentenversicherungsträgers* nach § 119 SGB X. Auch hier sind die besonderen Voraussetzungen dieses Anspruchs zu beachten.[144] Zu erstatten sind die Beiträge in Höhe des aktuellen Beitragssatzes zur Rentenversicherung[145] aus der Differenz zwischen dem ent-

---

[138] § 170 Abs. 1 Ziff. 2a SGB VI: „Die Beiträge werden getragen bei Personen, die Krankengeld oder Verletztengeld beziehen, von den Beziehern der Leistung und den Leistungsträgern je zur Hälfte, soweit sie auf die Leistung entfallen …, im Übrigen vom Leistungsträger."

[139] §§ 170 Abs. 1 Ziff. 2b, 1, 173 S. 2 SGB VI.

[140] § 116 Abs. 1 S. 2 SGB X hat nur klarstellenden Charakter – *Küppersbusch* NZV 92, 58 ff.; *Hessert* VersR 91, 166.

[141] Soweit die BA nur Zahlender, der Bund aber Kostenträger ist (vgl. hierzu Rdn. 624, 708), kommt ein Regress der BA nicht in Betracht.

[142] Eine solche bestand zwar für den am 1. 7. 83 in Kraft getretenen § 119 SGB X, der nur für Schadenfälle ab diesem Zeitpunkt gilt – vgl. Rdn. 763 –, nicht aber für das Rentenreformgesetz.

[143] *Küppersbusch* NZV 92, 58, 60; vgl. auch Rdn. 121 ff.

[144] Vgl. Rdn. 763 ff.

[145] **Beitragssätze in der Rentenversicherung (alte und neue Bundesländer):**

| | | | | | |
|---|---|---|---|---|---|
| 1. 1. 1992 | 17,7 vH | 1. 4. 1999 | 19,5 vH | 1. 1. 2007 | 19,9 vH |
| 1. 1. 1993 | 17,5 vH | 1. 1. 2000 | 19,3 vH | 1. 1. 2008 | 19,9 vH |
| 1. 1. 1994 | 19,2 vH | 1. 1. 2001 | 19,1 vH | 1. 1. 2009 | 19,9 vH |
| 1. 1. 1995 | 18,6 vH | 1. 1. 2002 | 19,1 vH | | |
| 1. 1. 1996 | 19,2 vH | 1. 1. 2003 | 19,5 vH | | |
| 1. 1. 1997 | 20,3 vH | 1. 1. 2004 | 19,5 vH | | |
| 1. 1. 1998 | 20,3 vH | 1. 1. 2005 | 19,5 vH | | |
| 1. 1. 1999 | 20,3 vH | 1. 1. 2006 | 19,5 vH | | |

Die Beitragsbemessungsgrenze liegt derzeit (1. 1. 2009) bei 5.400,– EUR (West) bzw. 4.550,– EUR (Ost).

gangenen Bruttoeinkommen und der Bemessungsgrundlage für die Rentenversicherungsbeiträge aus der Lohnersatzleistung, dem so genannten Spitzbetrag.[146]
Folgendes *Zahlenbeispiel* möge die Anspruchskonkurrenz verdeutlichen.

**Beispiel:**
- 3.000,- EUR entgangenes Bruttoeinkommen (Regelentgelt)
- 585,- EUR entgangener RV-Beitrag (19,5%)
- 2.000,- EUR entgangenes Nettoeinkommen
- 1.800,- EUR Krankengeld
- RV-Beitrag 19,5% aus 80% von 3.000,- EUR                              468,- EUR
- davon Versichertenanteil 9,75% aus 1.800,- EUR
  Krankengeld                                                            175,50 EUR
- davon Trägeranteil 468,- EUR abzügl 175,50 EUR =                       292,50 EUR
- Differenz entgangener RV-Beitrag                    585,- EUR
  gezahlter RV-Beitrag                              - 468,- EUR          117,- EUR

**Schadensersatz und Regress:**
Lohnersatzleistungsträger Trägerbeitrag nach § 116 SGB X                 292,50 EUR
Verletzter (§ 249 BGB – Ausgleich rechnerisch dadurch,
  dass nur Abzug des ausbezahlten Netto-Krankengeldes
  – siehe Beispiel Rdn. 120)                                             175,50 EUR
Rentenversicherungsträger nach § 119 SGB X                               117,- EUR
insgesamt                                                                585,- EUR

**b) Beiträge zur Arbeitslosenversicherung**

Nach § 26 Abs. 2 SGB III sind die Empfänger der Lohnersatzleistungen Krankengeld, **623** Verletztengeld und Übergangsgeld auch in der Arbeitslosenversicherung beitragspflichtig. Bemessungsgrundlage sind hier ebenfalls 80% des der Leistung zugrunde liegenden Arbeitsentgelts (§ 345 Ziff. 5 SGB III). Die Verteilung der Beitragslast auf SVT und Verletzten erfolgt nach denselben Grundsätzen wie bei den RV-Beiträgen: Der Empfänger von Verletzten- und Krankengeld zahlt 50% des auf die Lohnersatzleistung entfallenden Anteils, der SVT den – höheren – Rest. Krankenkassen und Unfallversicherungsträger haben hinsichtlich der Trägerbeiträge einen Regressanspruch nach § 116 Abs. 1 SGB X,[147] der Beitragsschaden des Verletzten wird durch Abzug der tatsächlich ausbezahlten Netto-Lohnersatzleistung ausgeglichen. Ein Anspruch der Bundesagentur für Arbeit auf Erstattung von Beiträgen aus der Differenz zum Brutto-Einkommen besteht nicht. § 119 SGB X gilt nur für Rentenversicherungs-,[148] § 116 Abs. 1 S. 2 Ziff. 2 SGB X nur für Krankenversicherungsbeiträge.

**c) Beiträge zur Krankenversicherung**

Der zuständige *Rehabilitationsträger* hat während der Teilnahme des Verletzten an me- **624** dizinischen oder berufsfördernden Maßnahmen zur Rehabilitation die Beiträge zur Krankenversicherung zu zahlen (§§ 192 Abs. 1 Ziff. 3, 251 Abs. 1 SGB V). Bemessungsgrundlage ist die Lohnersatzleistung. Die Höhe des Beitragssatzes orientiert sich an den aktuellen Sätzen der zuständigen Kasse.

Auch die Empfänger von Arbeitslosengeld I (und II) sind krankenversichert; die Bundesagentur für Arbeit übernimmt die KV-Beiträge, die sich aus 80% des der Bemessung der

---

[146] S.o. Rdn. 618. Zu den Einzelheiten des Beitragsanspruchs nach § 119 SGB X vgl. im Übrigen Rdn. 763 ff.
[147] BGH VersR 90, 1028; VersR 86, 485. Dies gilt allerdings nicht in den Fällen, in denen die Krankenkasse Krankengeld an einen zum Unfallzeitpunkt Arbeitslosen zahlt – zur Begründung vgl. Rdn. 617.
[148] Vgl. Rdn. 763 ff.

Lohnersatzleistung zugrunde liegenden Entgelts berechnen (§ 252 SGB V). Die BA hat wegen der von ihr gezahlten Beiträge aus dem unfallbedingt gewährten Arbeitslosengeld I einen Regressanspruch nach § 116 SGB X. Beim Arbeitslosengeld II scheidet ein Regress aus.[149]

625 Ein Anspruch des Verletzten besteht nicht, da voller Krankenversicherungsschutz auf Grund der Beiträge aus der Lohnersatzleistung besteht.

626 Während der Zahlung von Krankengeld ist ein Verletzter zwar beitragsfrei krankenversichert (§ 224 Abs. 1 SGB V). Der Krankenkasse steht gleichwohl ein Anspruch auf Erstattung ausgefallener KV-Beiträge zu. § 224 Abs. 2 SGB V, in Kraft getreten zum 1. 1. 1992, hatte nämlich für den Fall – und nur für diesen! – der Zahlung von Krankengeld einen Beitragsschaden des Verletzten fingiert. Die Krankenkasse konnte diesen Beitragsausfall nach § 119 SGB X a. F. geltend machen. Mit Inkrafttreten des Rentenreformgesetzes zum 1. 1. 2001 steht der Krankenkasse dieser Anspruch nunmehr nach § 116 Abs. 1 S. 2 SGB X zu: „Dazu gehören auch die Beiträge zur Krankenversicherung, die für die Dauer des Anspruchs auf Krankengeld unbeschadet des § 224 Abs. 1 SGB V zu zahlen wären." Maßgebliche Bemessungsgrundlage ist m. E. das Krankengeld.[150] Dies ergibt sich schon aus dem Wortlaut: ohne die Beitragsfreiheit nach § 224 Abs. 1 SGB V wären Beiträge, wie bei allen anderen Lohnersatzleistungen auch, aus dem Krankengeld zu zahlen. Wären Beiträge aus dem entgangenen Bruttoeinkommen zu ersetzen, wäre dies der Ersatz eines Drittschadens (der Kasse), den das deutsche Recht nicht kennt.[151] Ein Anspruch besteht auch bei freiwilliger Versicherung. Im Übrigen finden alle Bestimmungen des § 116 SGB X Anwendung, insbesondere das Familienprivileg (Abs. 6), das Befriedigungsvorrecht (Abs. 4) und das Quotenvorrecht (Abs. 2).

### d) Beiträge zur Pflegeversicherung

627 Bemessungsgrundlage für die Beiträge zur Pflegeversicherung ist: Bei Krankengeld 80% des Regelentgelts (§ 57 Abs. 2 SGB XI), sonst die Höhe der Lohnersatzleistung (§ 55 SGB XI). Der Beitragssatz beträgt derzeit 1,95%, gegebenenfalls zuzüglich 0,25 Prozentpunkten Zuschlag für „Kinderlose"(§ 55 SGB XI). Der Empfänger von Krankengeld zahlt 50% des auf die Lohnersatzleistung entfallenden Beitrags (§ 59 Abs. 2 SGB XI); der Rehabilitationsträger und die Bundesanstalt für Arbeit tragen die Beiträge allein (§§ 59 Abs. 1 SGB XI i. V. m. 249a ff. SGB V). Auch hier steht dem SVT wegen der Trägerbeiträge ein Regressanspruch nach § 116 SGB X zu; beim Verletzten erfolgt der Schadenausgleich durch Abzug der tatsächlich ausbezahlten Netto-Lohnersatzleistung.[152]

## 8. Pauschalierung ambulanter Heilbehandlungskosten

628 § 116 Abs. 8 SGB X[153] lässt eine Pauschalierung *ambulanter Heilbehandlungskosten* zu. Die Pauschale umfasst:
– *nicht stationäre ärztliche Behandlung (§ 28 SGB V)*,
– *Arznei- und Verbandmittel (§ 27 Ziff. 3 SGB V) und*
– *Notfallbehandlung im Krankenhaus (da nicht stationär*[154]*).*

---

[149] Siehe Rdn. 708.
[150] In der Regulierungspraxis wird nicht selten das Bruttoentgelt zur Berechnungsgrundlage genommen.
[151] A. A. – allerdings ohne nähere Begründung – Kasseler Kommentar, § 116 SGB X, Rdn. 210b; *Geigel-Plagemann*, Kap. 30, Rdn. 134.
[152] Zur Berechnung des Schadensersatzes s. Rdn. 120.
[153] In den Teilungsabkommen der Haftpflichtversicherer mit Krankenkassen, über die überwiegend der Regress abgewickelt wird, sind durchwegs Sondervereinbarungen getroffen worden.

## 8. Pauschalierung ambulanter Heilbehandlungskosten

*Transportkosten* ins Krankenhaus zur stationären Behandlung werden daher nicht von der Pauschale abgedeckt.[155]

Die Höhe der Pauschale beträgt 5% der monatlichen Bezugsgröße nach § 18 SGB IV. In Teilungsabkommen wird häufig – wegen der Möglichkeit der Kasse, ein Wahlrecht zwischen Pauschale und den konkret entstandenen höheren Kosten auszuüben[156] – eine Pauschale von 6% vereinbart. Die Pauschalen betragen: **629**

| Jahr | Bezugsgröße nach § 18 SGB IV monatlich | 5% | 6% |
|---|---|---|---|
| 2004 | 2.415,– EUR | 120,75 EUR | 144,90 EUR |
| 2005 | 2.415,– EUR | 120,75 EUR | 144,90 EUR |
| 2006 | 2.450,– EUR | 122,50 EUR | 147,– EUR |
| 2007 | 2.450,– EUR | 122,50 EUR | 147,– EUR |
| 2008 | 2.485,– EUR | 124,25 EUR | 149,10 EUR |
| 2009 | 2.520,– EUR | 126,– EUR | 151,20 EUR |
| Neue Bundesländer | | | |
| 2004 | 2.030,– EUR | 101,50 EUR | 121,80 EUR |
| 2005 | 2.030,– EUR | 101,50 EUR | 121,80 EUR |
| 2006 | 2.065,– EUR | 103,25 EUR | 123,90 EUR |
| 2007 | 2.100,– EUR | 105,– EUR | 126,– EUR |
| 2008 | 2.100,– EUR | 105,– EUR | 126,– EUR |
| 2009 | 2.135,– EUR | 106,75 EUR | 128,10 EUR |

Maßgeblich ist dabei das Jahr des Schadenereignisses, nicht der Zeitpunkt der Behandlung. **630**

Die Pauschale gilt *je Schadenfall*, also für den haftungsrechtlichen Schadenfall, nicht für den sozialversicherungsrechtlichen Leistungsfall.[157] Kosten aufgrund einer Wiedererkrankung werden demnach miterfasst. **631**

Die Kasse hat ein *Wahlrecht* zwischen der Pauschale und den konkret entstandenen, von ihr nachzuweisenden höheren Kosten. Hat der SVT die Kosten pauschaliert und der Schädiger die Pauschale gezahlt, ist der Anspruch auf Ersatz ambulanter Heilbehandlungskosten nach § 362 BGB erloschen, eine Nachforderung – unter Anrechnung der gezahlten Pauschale – kommt dann nicht mehr in Betracht.[158] Wird die Pauschale unter dem Vorbehalt der Nachforderung konkreter Kosten geltend gemacht, kann der Schädiger m. E. die Zahlung der Pauschale ablehnen, da der Ersatzanspruch erst nach Ausübung des Wahlrechts fällig wird.[159] Wird freilich trotz Vorbehalt gezahlt, ist eine Nachforderung der Kasse möglich.[160] **632**

Hat eine Krankenkasse die Pauschale abgerechnet und wird eine andere Kasse, z. B. wegen Wohnsitzwechsel, zuständig, so kann diese nicht noch einmal die Pauschale oder **633**

---
[154] Kasseler Kommentar, SGB X, Rdn. 264.
[155] A. A. *Marburger* Versicherungspraxis 83, 104.
[156] Siehe Rdn. 632.
[157] Diese alte Streitfrage ist durch den eindeutigen Wortlaut der Bestimmung nicht mehr zweifelhaft. Ebenso *Deinhardt* VersR 84, 702.
[158] LG München ZfS 90, 45; AG Wetzlar ZfS 87, 44; AG Stolzenau VersR 88, 704 = ZfS 87, 171; VersR 65, 660, 661 und LG Aachen NJW 63, 1834 jeweils für den umgekehrten Fall; vgl. auch OLG München r+s 87, 345 Leits.: „kann höhere Aufwendungen geltend machen, wenn er sich bei der pauschalierten Abrechnung ausdrücklich eine spätere Nachberechnung der tatsächlichen Aufwendungen vorbehalten hatte"; a. A. *Pappai* BKK 83, 97; WJ 86, 53.
[159] S. auch AG Wetzlar ZfS 87, 44.
[160] OLG München r+s 87, 345; a. A. LG München ZfS 90, 45.

konkrete Kosten geltend machen. Die zweite Kasse ist *Rechtsnachfolgerin* der ersten.[161] Die zweite Kasse muss sich die Erfüllung des Anspruchs auf Ersatz der Heilbehandlungskosten entgegenhalten lassen.

634 Bei geringfügigen Verletzungen kann die Pauschale die fiktiven Kosten einer Privatbehandlung übersteigen. Der *Einwand einer unzulässigen Rechtsausübung,*[162] der bei der Pauschalierung nach § 1542 Abs. 2, Abs. 1 S. 2 RVO a. F. eine große Rolle gespielt hatte, hat keine Bedeutung mehr. Zwar kann auch jetzt ein relativ großer Unterschied zwischen Pauschale und fiktiven Kosten bestehen, jedoch fehlt es an der für den Einwand des Rechtsmissbrauchs erforderlichen absolut beträchtlichen Differenz.[163]

## 9. Kein Regress gegen in häuslicher Gemeinschaft lebende Familienangehörige („Familienprivileg")

635 Nach § 116 Abs. 6 SGB X ist der Übergang eines Schadensersatzanspruchs auf den SVT ausgeschlossen, wenn der Schädiger nicht vorsätzlich gehandelt hat[164] und Schädiger und Geschädigter Familienangehörige sind, die in häuslicher Gemeinschaft leben.

636 *Zweck* des Haftungsprivilegs ist die Erhaltung des Familienfriedens und der Schutz der Familienkasse vor einer Inanspruchnahme durch den SVT.[165] Mit Rücksicht auf die „ideelle und wirtschaftliche Verbundenheit" der Familie sollen Familienangehörige insoweit nicht in Anspruch genommen werden, als öffentliche Versicherungs- und Versorgungsleistungen den Schaden auffangen.[166]

637 Der Regress ist *auch dann ausgeschlossen,* wenn der Schädiger *haftpflichtversichert* ist.[167] In der Krafthaftpflichtversicherung hat daran weder die Einführung des Direktanspruchs aufgrund des PflVG,[168] noch der Wegfall des Risikoausschlusses für Schadensersatzansprüche von Familienangehörigen gem. § 11 Ziff. 4 AKB zum 1. 1. 77[169] etwas geändert.

638 *Familienangehörige* im Sinne der §§ 67 Abs. 2 VVG a. F., 116 Abs. 6 SGB X sind Ehegatten, Verwandte auf- und absteigender Linie, Adoptiv- und Stiefkinder bzw. -eltern, ggf. auch deren Geschwister und Ehegatten[170] sowie eingetragene Partner einer gleichgeschlechtlichen Lebensgemeinschaft.[171] Das Privileg des § 116 Abs. 6 SGB X haben dagegen nicht geschiedene Ehegatten[172] und – nach der älteren Rechtsprechung[173] – Partner

---

[161] Vgl. Rdn. 667.
[162] Vgl. dazu 3. Aufl. Rdn. 454 ff.
[163] BGH VersR 56, 178.
[164] Der Vorsatz muss auch die Schadenfolgen umfassen (OLG Koblenz VersR 02, 1579 m. w. H.).
[165] U. a. BGH VersR 77, 149; VersR 79, 256.
[166] BGH NZV 04, 514 = VersR 04, 1147.
[167] BGH VersR 68, 248; VersR 77, 149 m. w. H.; VersR 80, 644. Der BGH hatte in einem obiter dictum in der in NZV 96, 445 veröffentlichten Entscheidung in Frage gestellt, ob dieser Grundsatz heute noch gilt. Dies wurde daraufhin von *Plagemann* zu Recht und eindeutig bejaht (NZV 98, 94). Inzwischen hat der BGH in einem Urteil vom 28. 11. 2000 nach Abwägung der gegensätzlichen Meinung in der Literatur nochmals bestätigt, dass das Familienprivileg zu Lasten des Sozialversicherungsträgers generell, d. h. auch bei Bestehen von Haftpflichtversicherungsschutz, besteht (BGH r + s 01, 112 = VersR 01, 215).
[168] BGH VersR 70, 950.
[169] BGH VersR 79, 256 = DAR 79, 105.
[170] Vgl. *Lauterbach,* Unfallversicherung, SGB X § 116 Anm. 22.
[171] Nach § 11 Abs. 1 LPartG ist der Partner Familienangehöriger. Siehe Rdn. 640.
[172] BGH NJW 55, 1196.
[173] BGH VersR 88, 253 = NJW 88, 1091 (mit krit. Anm. *Schirmer* DAR 88, 289): Das Familienprivileg erstreckt sich nicht auf die eheähnliche Lebensgemeinschaft; ebenso OLG München ZfS 88, 174; OLG Köln NVZ 91, 395 = VersR 91, 1237; OLG Hamm VersR 93, 1513 für die homophile Lebensgemeinschaft.

einer heterogen nichtehelichen Lebensgemeinschaft,[174] Verlobte,[175] Pflegekinder nicht generell, sondern nur unter bestimmten Voraussetzungen.[176]

Nach der neusten Rechtsprechung des BGH[177] und auch von Obergerichten[178] besteht das Familienprivileg auch zugunsten der Partner einer nicht ehelichen Lebensgemeinschaft. Ob eine solche vorliegt, muss an Hand von Indizien ermittelt werden. Wesentlich ist das Zusammenleben der Partner in einer Weise, die einem Familienverbund ähnlich ist und die wirtschaftliche Zusammengehörigkeit der Partner. Die Gemeinschaft muss aus der subjektiven Sicht der Partner auf Dauer angelegt sein und der Lebensunterhalt aus einer gemeinsamen Haushaltskasse bestritten werden („gemeinsame Mittelaufbringung"[179]).[180] **639**

Anders verhält es sich bei eingetragenen Lebenspartnern i. S. d. Lebenspartnerschaftsgesetzes (LPartG). Eingetragene Lebenspartner haben Rechte und Pflichten, die denen von Ehepartnern stark angenähert sind. Sie sind zu gegenseitigem angemessenen Barunterhalt und Naturalunterhalt verpflichtet (§ 5 LPartG). Nach § 11 LPartG gelten sie rechtlich als Familienangehörige. Damit findet § 116 Abs. 6 SGB X schon seinem Wortlaut nach, gleichermaßen aber auch seinem Sinn und Zweck nach Anwendung. **640**

*Häusliche Gemeinschaft* liegt vor bei einem auf gewisse Dauer beabsichtigten Zusammenleben mit überwiegend gemeinschaftlicher Haushaltsführung vor.[181] Eine vorübergehende Trennung hebt die häusliche Gemeinschaft noch nicht auf. Mit Kindern kann sie auch dann bestehen, wenn das Kind zum Zweck seiner Ausbildung vorübergehend außerhalb des Hauses untergebracht ist, ohne dass der Haushalt aufgehört hat, Mittelpunkt der Rechtsbeziehung des Kindes zu bleiben, und den Eltern noch die Sorge für das materielle und seelische Wohl des Kindes obliegt.[182] **641**

Einerseits genügt es, wenn die Voraussetzungen Familienangehörigkeit und häusliche Gemeinschaft zum *Zeitpunkt des Unfalls* vorlagen;[183] § 116 Abs. 6 SGB X ist auch dann anwendbar, wenn diese Voraussetzungen später weggefallen sind[184] oder der Schädiger bei dem Unfall getötet wurde.[185] Andererseits reicht es bei Ehegatten aber auch aus, wenn die **642**

---

[174] BGH VersR 88, 253 = NJW 88, 1091 (mit krit. Anm. *Schirmer* DAR 88, 289): Das Familienprivileg erstreckt sich nicht auf die eheähnliche Lebensgemeinschaft; ebenso OLG München ZfS 88, 174; OLG Köln NVZ 91, 395 = VersR 91, 1237; OLG Hamm VersR 93, 1513 für die homophile Lebensgemeinschaft. Siehe aber die folgende Rdn. 639.

[175] BGH VersR 76, 289.

[176] BGH VersR 80, 526; nichteheliche, aber blutsmäßige Abstammung = NJW 80, 1468; OLG Stuttgart ZfS 93, 182, Rev. nicht angen.: Anwendung des Familienprivilegs, wenn Pflegeverhältnis auf Dauer und mit genügender Intensität ausgestattet ist, was eine Gleichstellung mit einem Familienverband rechtfertigt.

[177] BGH VersR 09, 813 = NZV 09, 442. Die Entscheidung betrifft zwar das Familienprivileg nach § 67 Abs. 2 VVG a. F. Die hierzu entwickelten Grundsätze gelten aber auch entsprechend für § 116 Abs. 6 SGB X. Darauf wird in der Entscheidung ausdrücklich hingewiesen. Siehe auch *Lang*, jurisPR-VerkR 11/2009.

[178] OLG Brandenburg VersR 02, 839 = NVersZ 02, 302; OLG Nürnberg NZV 09, 287; auch in der Tendenz OLG Rostock NJW-RR 08, 691.

[179] BGH VersR 09, 813 = NJW 09, 2062.

[180] OLG Nürnberg NZV 09, 287.

[181] Zur Abgrenzung des gemeinschaftlichen Zusammenlebens von einem Zusammenwohnen vgl. BGH VersR 80, 644; vgl. auch OLG Frankfurt VersR 84, 254. BGH VersR 86, 333: Erforderlich ist eine gewisse wirtschaftliche Einheit.

[182] Vgl. auch *Wussow,* Unfallhaftpflichtrecht, Kap. 74, Rdn. 103.

[183] BGH VersR 70, 950.

[184] BGH VersR 71, 901.

[185] Bei Tod des Schädigers genügt es, wenn die Erben – zum Zeitpunkt des Schadenereignisses oder bei Geltendmachung des Rückgriffs – mit dem Geschädigten in häuslicher Gemeinschaft leben (BGH NJW 85, 1958 = VersR 85, 471).

häusliche Gemeinschaft und/oder die Familienangehörigkeit *(Eheschließung) erst nach dem Unfall* (aber vor der Zahlung[186]) begründet wurde, sei es zur Zeit der Inanspruchnahme,[187] sei es nach der Geltendmachung des Anspruchs, spätestens vor der letzten mündlichen Verhandlung,[188] und zwar selbst dann, wenn die Beteiligten zum Unfallzeitpunkt nicht einmal verlobt waren.[189] Diese Grundsätze gelten auch, wenn die Haftpflichtfrage bereits rechtskräftig entschieden wurde, der Familienfriede durch Regress tatsächlich also nicht mehr gestört werden kann.[190]

643 Auf eine rechtsgeschäftliche *Abtretung* des Versicherten kann sich der SVT nicht berufen (Analogie zu § 68 a VVG).[191]

644 Nach dem Wortlaut des § 116 Abs. 6 S. 2 SGB X mag es zweifelhaft sein, ob ein Regress des SVT dann wieder möglich ist, wenn eine nach dem Schadenfall geschlossene *Ehe* zwischen Schädiger und Geschädigtem *wieder aufgelöst wird*.[192] Während nämlich nach S. 1 (Familienverhältnis bestand bereits vor dem Schadenfall) der Übergang auf den SVT ausgeschlossen ist, kann nach S. 2 ein bereits übergegangener Ersatzanspruch im Falle einer Eheschließung nach dem Unfall nur nicht geltend gemacht werden. Für eine solche, von der bisherigen Rechtsprechung abweichende Differenzierung sehe ich jedoch keine sachliche Notwendigkeit. Insbesondere wird die Manipulationsgefahr in der Praxis ausgeschlossen sein. Der Gesetzgeber dürfte die unterschiedliche Formulierung in S. 1 und S. 2 rein aus sprachlichen Gründen getroffen haben.

## 10. Gestörtes Gesamtschuldverhältnis

645 Haften mehrere Schädiger für den Schaden als Gesamtschuldner und kann sich der Erstschädiger auf die Analogie des § 67 Abs. 2 VVG bzw. § 116 Abs. 6 SGB X oder einen Haftungsausschluss nach §§ 104 ff. SGB VII[193] berufen, ist der *Regress* des SVT *gegen den Zweitschädiger* auf das *beschränkt*, was der Zweitschädiger im Innenverhältnis zum Erstschädiger letztlich zu tragen hätte („gestörtes Gesamtschuldverhältnis").[194] Für das Haftungsprivileg der §§ 104 ff. SGB VII ist bereits der Schadensersatzanspruch des Geschädigten auf diese Quote begrenzt, beim Haftungsprivileg des Familienangehörigen ist der Übergang in Höhe der Mithaftungsquote des Zweitschädigers ausgeschlossen.

646 Dieser Grundsatz findet z.B. auch Anwendung, wenn neben einem Zweitschädiger die *Eltern* eines Kindes aus *Verletzung der Aufsichtspflicht* und damit als Gesamtschuldner haften: Hier können sich die Eltern gegenüber dem SVT auf § 116 Abs. 6 SGB X berufen; die Verpflichtung des Zweitschädigers gegenüber dem SVT beschränkt sich daher auf seine Haftungsquote im Innenverhältnis zu den Eltern.[195]

---

[186] OLG Rostock NZV 08, 563 = r+s 08, 219: eine Rückabwicklung von Zahlungen, die vor Entstehen des Familienprivilegs geleistet worden sind, ist nicht möglich. Vgl. auch *Jahnke* NZV 95, 377.
[187] BGH VersR 72, 764.
[188] BGH VersR 76, 289; OLG Köln NZV 91, 395 = VersR 91, 1237.
[189] BGH VersR 77, 149.
[190] BGH VersR 77, 149.
[191] OLG Frankfurt ZfS 83, 301.
[192] Für Fälle des § 1542 RVO ist der Regress auch dann ausgeschlossen (BGH VersR 76, 289, 290 l. Sp.).
[193] Rdn. 512 ff.
[194] St. Rspr., u.a. BGH VersR 70, 950; VersR 80, 938 = NJW 80, 2080; VersR 93, 841 = r+s 93, 324.
[195] BGH VersR 79, 421, Revisionsentscheidung zu LG München VersR 77, 729; OLG Karlsruhe VersR 82, 450; OLG Düsseldorf ZfS 85, 362.

## 11. Mithaftung des Versicherten

Bei Mithaftung des Geschädigten ist die Ersatzpflicht des Schädigers durch die Haftungsquote begrenzt. Reichen die Leistungen von SVT/Dienstherr/Versorgungsträger nicht aus, um den kongruenten Schaden abzudecken (sog. „volle Übergangsfähigkeit"), verbleibt dem Geschädigten also nach Abzug der Sozialleistungen ein „Restschaden", stellt sich die Frage der Verteilung des quotierten Schadensersatzes. 647

Nachdem das Quotenvorrecht des SVT im alten § 1542 RVO für Schadenfälle ab 1. 7. 1983 nicht mehr gilt,[196] gibt es heute praktisch nur noch 2 Verteilungsmodelle bei einer Legalzession: 648

„**Relative Theorie**" nach § 116 Abs. 3 S. 1 SGB X: Geschädigter und SVT bzw. Sozialhilfeträger werden gleichrangig befriedigt. Der SVT erhält die Haftungsquote aus der voll übergangsfähigen Leistung, der Geschädigte die Quote aus seinem Restschaden, also der Differenz zwischen Leistungen und Schaden.[197] 649

„**Quotenvorrecht**" nach §§ 87a BBG, 81a BVG (ebenso § 6 Abs. 3 EFZG, § 67 Abs. 1 VVG): Nur der Teil des quotierten Ersatzanspruchs geht über, den der Geschädigte nicht benötigt, um seinen Restschaden, also die Differenz zwischen der Leistung des Dritten und seinem Schaden auszugleichen (Quotenvorrecht des Geschädigten – „Differenztheorie").[198] 650

**Beispiel:**

| | |
|---|---|
| Erwerbsschaden | 3.000,– EUR |
| Leistung SVT/Dienstherr/Versorgungsträger | 2.500,– EUR |
| „Restschaden" des Verletzten | 500,– EUR |
| 60% Haftung | |
| Schadensersatz | 1.800,– EUR |

| | § 1542 RVO a. F. | § 116 Abs. 3 S. 1 SGB X | §§ 87a BBG a. F., 76 BBG n. F., 81a BVG |
|---|---|---|---|
| Regress SVT/Dienstherr | 1.800,– EUR | 1.500,– EUR | 1.300,– EUR |
| Anspruch Geschädigter | 0,– EUR | 300,– EUR | 500,– EUR |

Rechengang bei der „relativen Theorie":
- Übergangsfähige Leistung SVT — 2.500,– EUR
  hiervon 60% für den SVT — 1.500,– EUR
- Restschaden des Verletzten — 500,– EUR
  hiervon 60% für den Verletzten[199] — 300,– EUR

Rechengang Quotenvorrecht des Verletzten:
| | |
|---|---|
| Erwerbsschaden | 3.000,– EUR |
| abzgl. Leistung Dienstherr | – 2.500,– EUR |
| Restschaden | 500,– EUR |
| Schadensersatz (60%) | 1.800,– EUR |
| voller Ersatz Restschaden Beamter | 500,– EUR |
| restlicher Regress Dienstherr/Versorgungsträger | 1.300,– EUR |

---

[196] Ausführlich *Küppersbusch* VersR 81, 313.
[197] Begründung bei *Küppersbusch* VersR 93, 198.
[198] Vgl. zum Quotenvorrecht des Beamten Rdn. 748, des Arbeitnehmers Rdn. 111. S. auch Rdn. 655, 657.
[199] Man kann auch wie folgt rechnen: vom quotierten Schadensersatzanspruch (= 1.800,– EUR) wird beim Geschädigten die quotierte übergangsfähige SVT-Leistung (= 1.500,– EUR) abgezogen, die Differenz (= 300,– EUR) verbleibt beim Geschädigten.

### a) Grundsatz „relative Theorie"

**651** Nach § 116 Abs. 3 S. 1 SGB X geht von dem „bei unbegrenzter Haftung übergehenden Ersatzanspruch der Anteil über, welcher dem Vomhundertsatz entspricht, für den der Schädiger ersatzpflichtig ist". Die Regelung klingt kompliziert, ist in ihrer Anwendung aber denkbar einfach: Bei 100%iger Haftung könnte der SVT seine Leistung im Regress voll geltend machen (bei voller „Übergangsfähigkeit", wenn also der SVT-Leistung ein mindestens gleich hoher kongruenter Ersatzanspruch gegenübersteht). Er erhält daher die Haftungsquote aus seiner Leistung. Der beim Geschädigten nach Abzug des übergegangenen Teils verbleibende Ersatzanspruch beträgt daher: Haftungsquote aus dem Restschaden (Schaden abzüglich Leistung des SVT). Ist die Leistung nicht voll übergangsfähig (kongruenter Schaden geringer), erhält der SVT im wirtschaftlichen Ergebnis die Quote aus dem Schaden.

**652** Von dieser praktikablen Neuregelung hat der Gesetzgeber **2 Ausnahmen** gemacht:

### b) § 116 Abs. 3 S. 3 SGB X

**653** Nach dieser Bestimmung ist der Anspruchsübergang „ausgeschlossen, soweit der Geschädigte oder seine Hinterbliebenen dadurch hilfebedürftig i.S.d. Vorschriften des *Bundessozialhilfegesetzes* werden".

**654** Diese verunglückte Regelung bringt dem Geschädigten keine materiellen Vorteile, sondern soll nur verhindern, dass er die Fürsorge in Anspruch nimmt. Ihre Anwendung bietet so erhebliche rechtliche und praktische Schwierigkeiten,[200] dass sie in der Praxis völlig übergangen wird.[201]

### c) § 116 Abs. 5 SGB X, Quotenvorrecht des Geschädigten, wenn der SVT aufgrund des Schadensereignisses keine höheren Sozialleistungen zu erbringen hat

**655** Der Gesetzgeber hat hier die Rechtsprechung des BGH zu § 1542 RVO a.F. kodifiziert.[202]

**656** Danach steht dem Geschädigten ausnahmsweise ein Quotenvorrecht zu, wenn dem SVT in Folge des Unfalls keine finanziellen Mehrbelastungen entstehen (typischer Fall: Tod eines Rentners, der eine Witwe hinterlässt).[203]

### d) Besonderheiten bei der Anrechnung ersparten Barunterhalts

**657** Siehe hierzu im Einzelnen Rdn. 446 f. mit Berechnungsbeispielen.

## 12. Rangverhältnis zwischen mehreren Zessionaren

### a) Sozialversicherungsträger/Sozialhilfeträger/Bundesagentur für Arbeit/Bund

**658** Sind mehrere Versorgungsträger nebeneinander zur Gewährung von Sozialleistungen verpflichtet, die sich inhaltlich decken, geht der deliktische Schadensersatzanspruch im Rahmen der Kongruenz gleichzeitig auf beide Sozialleistungsträger über, die damit Ge-

---

[200] Einzelheiten s. *Küppersbusch* VersR 83, 198.
[201] BGH NZV 07, 33 = VersR 06, 1383 geht nur kurz auf diese Bestimmung ein und verneint ihre Voraussetzungen.
[202] BGH VersR 81, 334.
[203] BGH VersR 81, 334; vgl. auch VersR 78, 179 = NJW 78, 640. Einzelheiten mit Berechnungsbeispiel s. Rdn. 444.

samtgläubiger werden.²⁰⁴ Voraussetzung für Gesamtgläubigerschaft ist, dass die Leistungen für denselben Zeitraum gewährt werden (zeitliche Kongruenz) und untereinander sachlich kongruent sind. Eine unterschiedliche Rechtsgrundlage für die Legalzession schließt Gesamtgläubigerschaft nicht aus²⁰⁵ und sie kann auch vorliegen, wenn ein SVT sowohl aufgrund eines bestehenden Sozialversicherungsverhältnisses als auch als Zahlungsträger für einen Kostenträger leistet.²⁰⁶ Allerdings muss der Übergang im gleichen Zeitpunkt erfolgen.²⁰⁷ Beide Gesamtgläubiger können dann die Leistung so geltend machen, als wäre der Schadensersatzanspruch nur auf ihn übergegangen, der Schädiger braucht aber nur einmal zu leisten.²⁰⁸ Ein (Abfindungs-)Vergleich zwischen einem Gesamtgläubiger und dem Schädiger wirkt nur, soweit die Gesamtgläubigerschaft reicht; er bezieht sich also nur auf den zeitlich und sachlich kongruenten Schadensersatzanspruch bis zur Höhe der Leistung des betroffenen Gesamtgläubigers.²⁰⁹

Sind zwei Zessionare zeitlich hintereinander zur Gewährung von Leistungen verpflichtet, kann Rechtsnachfolge vorliegen,²¹⁰ dies muss aber nicht der Fall sein.²¹¹ Gesamtgläubigerschaft besteht dann nicht.²¹²

Reicht der Schadensersatzanspruch nicht aus, um die kongruenten Leistungen mehrerer Sozialleistungsträger zu decken (z. B. Eintrittspflicht von LVA und BG bei einem Arbeitsunfall), sind sie nach einer analogen Anwendung des § 117 Satz 1 SGB X Gesamtgläubiger.²¹³ § 117 Satz 1 SGB X bestimmt dies zwar ausdrücklich nur für die Fälle, in denen der Schadensersatzanspruch aus Rechtsgründen geringer ist als der Schaden (§ 116 Abs. 2 – Haftungshöchstgrenze, § 116 Abs. 3 SGB X – Mithaftung). Dies gilt aber auch in den anderen Fällen, in denen – z. B. bei Eintrittspflicht von Rentenversicherungsträger und Unfallversicherungsträger – die Leistungen des SVT den Schaden übersteigen.²¹⁴ Jeder Gesamtgläubiger ist berechtigt, den gesamten Anspruch bis zur Höhe seiner Aufwendungen geltend zu machen und einzuklagen.²¹⁵ Hat ein SVT die Klagefrist nach Art. 12 Abs. 3 NTS-AG versäumt, kann der andere den Schadensersatzanspruch ausschöpfen.²¹⁶ **659**

Untereinander sind die Leistungsträger im Verhältnis der von ihnen erbrachten Leistungen zum Ausgleich verpflichtet (§ 117 S. 2 SGB X). Die Formel lautet: **660**

$$\frac{\text{kongruenter Ersatzanspruch} \times \text{Sozialleistung Träger 1}}{\text{Summe Sozialleistungen Träger 1 + 2}} = \text{interner Anteil Träger 1}$$

---

²⁰⁴ BGH VersR 05, 1004 = SP 05, 302; VersR 95, 600.
²⁰⁵ BGH VersR 95, 600: Gleichzeitige Eintrittspflicht einer Krankenkasse (§ 116 SGB X) und eines Versorgungsträgers im Rahmen der Opferentschädigung für erstattete Heilbehandlungskosten.
²⁰⁶ BGH VersR 05, 1004: Die Krankenkasse erbringt aufgrund einer Wehrdienstbeschädigung Leistungen an einen gesetzlich versicherten Soldaten. Die Kasse und der erstattungspflichtige, nach § 81a BVG ebenfalls regressberechtigte Bund werden dann Gesamtgläubiger.
²⁰⁷ Ist dies nicht der Fall, weil es sich z. B. um Leistungen eines SVT (Übergang im Unfallzeitpunkt) und eines privaten Versicherers (Übergang nach § 67 VVG im Zeitpunkt der Leistung) handelt, geht der Ersatzanspruch vorrangig auf den SVT bis zur Höhe von dessen Leistung über.
²⁰⁸ BGH VersR 05, 1004 = SP 05, 302.
²⁰⁹ So wohl auch BGH VersR 09, 995 = r+s 09, 302.
²¹⁰ Z. B. Übergang eines Kindes von einer gesetzlichen Familienversicherung zur gesetzlichen Krankenkasse auf Grund eigenen Versicherungsverhältnisses.
²¹¹ Z. B. verschiedene Rehaträger (RVT nach § 11 Abs. 2a Nr. 1 SGB VI) und Arbeitsagentur nach § 22 SGB III – s. auch BGH VersR 09, 995 = r+s 09, 302.
²¹² BGH VersR 09, 995 = r+s 09, 302.
²¹³ BGH VersR 03, 390 = NZV 03, 172.
²¹⁴ S. insoweit auch die Rechtsprechung zur Gesamtgläubigerschaft zwischen SVT beim Rechtsübergang nach § 1542 RVO a. F.; BGH VersR 69, 898; BSH VersR 79, 741; *Geigel*, Kap. 30, Rdn. 125, BGH VersR 03, 390 = NZV 03, 172.
²¹⁵ BGH VersR 87, 156.
²¹⁶ BGH VersR 79, 741.

661  Soweit jedoch eine bestimmte Sozialleistung nur von einem Träger erbracht wird, steht diesem der insoweit kongruente Ersatzanspruch allein zu (§ 117 Satz 3 SGB X). Das gilt insbesondere für die Beiträge zur Krankenversicherung eines Rentners, die der RVT zu tragen hat.[217]

662  Streitig war, ob in der Verhältnisrechnung zwischen UVT und RVT für den Regress wegen eines Erwerbsschadens die Rente des UVT in voller Höhe oder aber nur abzüglich des *anrechnungsfreien Grundrentenanteils* (§ 93 Abs. 2 Nr. 2a SGB VI) zu berücksichtigen ist. Unter Bezugnahme auf den Nichtannahmebeschluss des BVerfG vom 8. 2. 95[218] wurde die Auffassung vertreten, da die Verletztenrente in Höhe des anrechnungsfreien Grundrentenanteils keine Lohnersatzfunktion habe, sei der UVT insoweit auch nicht Gesamtgläubiger. Diese Streitfrage hatte der BGH mit Urteil vom 3. 12. 2002 entschieden. Die Verletztenrente des Unfallversicherungsträgers ist auch nach Inkrafttreten des Rentenreformgesetzes 1992 im vollem Umfange – und ausschließlich – mit dem Erwerbsschaden des Unfallgeschädigten kongruent.[219]

663  In der Praxis macht der SVT von vornherein nur die Quote des gesamten Schadensersatzanspruchs geltend, die ihm im Innenausgleich mit dem konkurrierenden SVT zustehen würde. M.E. muss sich der jeweilige SVT an eine solche Praxis auch dann festhalten lassen, wenn z.B. der Ersatzanspruch des anderen SVT bereits verjährt ist.[220] Er kann sich dann nicht etwa abweichend von einer jahrelangen Übung darauf berufen, dass ihm als Gesamtgläubiger – bis zur Höhe seiner eigenen Leistungen – der gesamte Schadensersatzanspruch zusteht. Schließt ein SVT mit dem Haftpflichtversicherer einen Vergleich über den ihm im Innenverhältnis zum zweiten SVT zustehenden Anteil, so hat der darin liegende Erlassvertrag auch Wirkung gegenüber dem zweiten Gesamtgläubiger.[221]

### b) SVT und öffentlicher Dienstherr

664  Beim Zusammentreffen der Leistungen eines öffentlichen Dienstherrn und eines SVT, der den Beamten aus einer früheren sozialversicherten Erwerbstätigkeit Leistungen schuldet, sind beide Zessionare nur dann Gesamtgläubiger, wenn sie an dem übergegangenen Ersatzanspruch konkurrieren.[222]

665  Das ist dann der Fall, wenn 100%ige Haftung des Schädigers besteht, und auch dann, wenn SVT und Dienstherr wegen einer Höchsthaftungssumme im Verhältnis zum Geschädigten gemeinsam zurücktreten müssen (§ 116 Abs. 2 SGB X, Quotenvorrecht des Beamten nach § 87a BBG). Bei Mithaftung des Geschädigten steht dem SVT zunächst der seiner Leistung kongruente, quotierte Ersatzanspruch zu.[223] Nur der verbleibende Teil des Ersatzanspruches (Schaden abzüglich kongruente Leistung SVT multipliziert mit Haftungsquote – s. Rdn. 651) kann unter Berücksichtigung des Quotenvorrechts des Beamten[224] auf den Dienstherrn übergehen.[225]

---

[217] BGH NZV 89, 306 = VersR 89, 604; VersR 69, 898 = NJW 69, 1901. Berechnungsbeispiel s. Rdn. 609.
[218] NJW 95, 1607.
[219] BGH VersR 03, 390 = NZV 03, 172.
[220] A. A. *Drees* VersR 86, 19 ff.
[221] BGH VersR 86, 812 = NJW 86, 1861.
[222] BGH NVZ 89, 268 = VersR 89, 648.
[223] S. Rdn. 651.
[224] Das Quotenvorrecht kommt nur zum Zuge, wenn die Leistungen von SVT und Dienstherrn den Schaden nicht decken.
[225] BGH NVZ 89, 268 = VersR 89, 648.

### c) SVT – Arbeitgeber – privater Schadenversicherer

Da sich die Legalzession des § 116 SGB X i.d.R. bereits im Zeitpunkt des Unfalls voll- **666**
zieht, der Arbeitgeber den Anspruch aber erst zu einem späteren Zeitpunkt, nämlich dem
seiner Leistung erwirbt,[226] ist der SVT „bevorrechtigt", d.h., der Arbeitgeber kann nur
noch das erwerben, was nicht bereits auf den SVT übergegangen ist.[227] Dasselbe Ergebnis
gilt für alle Zessionare, auf die der Anspruch erst später übergeht,[228] z.B. für einen privaten Schadenversicherer.[229] Zwischen SVT einerseits und Arbeitgeber bzw. privatem Schadenversicherer andererseits besteht daher keine Gesamtgläubigerschaft.

### 13. Wechsel des SVT

Wird anstelle eines zunächst eintrittspflichtigen SVT – für gleichartige Leistungen – ein **667**
anderer SVT (o. Dienstherr)[230] eintrittspflichtig, tritt Rechtsnachfolge ein.[231]

Der zweite SVT übernimmt den Regressanspruch gegen den Schädiger in dem Zustand, **668**
in dem er sich bei dem Wechsel der Zuständigkeit befand. Vergleiche, Anerkenntnisse,
Ablauf von Verjährungsfristen, Feststellungsurteile wirken auch zugunsten und zu Lasten
des zweiten SVT, die §§ 404 ff. BGB finden Anwendung.[232] Ein Anspruch des nachfolgenden SVT auf Beteiligung an einer Abfindungssumme besteht nicht.[233] Diese Grundsätze gelten auch dann, wenn ein weiterer SVT oder der ursprünglich zuständige wieder eintrittspflichtig wird.[234]

Häufiger Fall einer Rechtsnachfolge ist die Änderung in der Zuständigkeit der Kran- **669**
kenkasse wegen Wohn- o. Arbeitsplatzwechsels[235] oder der Wechsel aus der Familien-
krankenhilfe für Angehörige zu einer Mitgliedschaft aufgrund eigener Erwerbstätigkeit in
der gesetzlichen Krankenversicherung.[236] Rechtsnachfolge dürfte auch zwischen der ab
1.4.95 eintrittspflichtigen Pflegekasse und einer Krankenkasse insoweit bestehen, als
diese gleichartige Leistungen für Pflegebedürftigkeit nach den §§ 53 ff. SGB V a.F. erbracht hatte. Rechtsnachfolge[237] kann auch zwischen einem öffentlichen Dienstherrn und
einem SVT[238] oder umgekehrt[239] bestehen. Voraussetzung ist jedoch immer, dass es sich
um gleichartige Leistungen handelt.[240]

Rechtsnachfolge kommt allerdings nur hinsichtlich übergegangener gesetzlicher Scha- **670**
densersatzansprüche in Betracht. Bestand zwischen dem Haftpflichtversicherer und dem
ersten SVT ein Teilungsabkommen, tritt der nachfolgende SVT nicht in die Rechte und

---

[226] Vgl. Rdn. 110.
[227] Im Ergebnis ebenso OLG Celle VersR 77, 1027, das diese Folge allerdings m.E. etwas ungenau zum Quotenvorrecht des SVT rechnet.
[228] Z.B. § 90 BSHG a.F., § 67 Abs. 1 VVG, § 398 BGB.
[229] BGH VersR 80, 1072.
[230] BGH VersR 83, 262.
[231] St. Rspr., u.a. BGH NZV 99, 158 = VersR 99, 382; NZV 98, 109 = VersR 98, 124; VersR 85, 732; VersR 74, 862; VersR 78, 660, 661; vgl. auch VersR 83, 536.
[232] BGH VersR 85, 1083 = NJW 85, 2756; VersR 85, 732 m.w.H., r+s 01, 289 = DAR 01, 215.
[233] BGH VersR 85, 1083 = NJW 85, 2756.
[234] BGH VersR 01, 1005 = r+s 01, 289 = DAR 01, 215.
[235] Vgl. z.B. BGH VersR 74, 862, 863.
[236] BGH VersR 83, 724.
[237] So jedenfalls auch im Ergebnis der BGH, der zu Recht zwar nicht die Pflegekasse als Rechtsnachfolger der Krankenkasse ansieht, aber Rechtsnachfolge hinsichtlich des Forderungsübergangs
annimmt (VersR 03, 267 = NZV 03, 176).
[238] BGH VersR 82, 703.
[239] BGH VersR 83, 262.
[240] BGH VersR 83, 536, 537.

Pflichten aus diesem Abkommen ein,[241] es sei denn, auch der zweite SVT kann sich auf ein Teilungsabkommen stützen, in dem ausdrücklich etwas anderes geregelt ist.

## 14. Regress der Pflegekasse

671   Das in der politischen Diskussion lange umstrittene *Pflegeversicherungsgesetz* (Pflege-VG) wurde am 26. 5. 1994 im Bundesgesetzblatt[242] verkündet. Es ist am 1. 1. 1995 in Kraft getreten. Die dort vorgesehenen Leistungen für häusliche Pflege, teilstationäre und Kurzzeitpflege wurden ab 1. 4. 1995 gewährt. Leistungen für die stationäre Pflege gibt es seit 1. 7. 1996.

672   Zur sozialen Absicherung des Risikos der Pflegebedürftigkeit wurde ein neuer, eigenständiger Zweig der Sozialversicherung geschaffen (§ 1 Abs. 1 SGB XI). Die Versorgung Pflegebedürftiger wurde auf eine völlig neue Grundlage gestellt. Träger der Versicherung sind die neu eingerichteten Pflegekassen, die bei jeder Krankenkasse des SGB V als rechtlich selbstständige Körperschaft eingerichtet wurden und deren Aufgaben von der jeweiligen Krankenkasse wahrgenommen werden.

673   Die Pflegekasse kann wegen ihrer Leistungen nach § 116 SGB X auf sachlich und zeitlich kongruente Schadensersatzansprüche, das sind hier die Ansprüche wegen vermehrter Bedürfnisse, zurückgreifen.[243]

### a) Versicherungspflichtige Personen (§§ 20 ff. SGB XI)

674   Der Kreis der versicherten Personen ist sehr weit gesteckt. Pflichtversichert sind insbesondere
– in der gesetzlichen Krankenversicherung *pflichtversicherte Mitglieder* (§ 20 Abs. 1 SGB XI), und zwar insbesondere
– gegen Arbeitsentgelt Beschäftigte (Arbeiter, Angestellte und Auszubildende);
– Empfänger von Arbeitslosengeld und Arbeitslosenhilfe;
– Landwirte und ihre Angehörigen, die krankenversicherungspflichtig sind;
– nach dem Künstlersozialversicherungsgesetz Versicherte;
– in Behindertenwerkstätten tätige Verletzte;
– Teilnehmer an einer beruflichen Rehabilitation;
– versicherungspflichtige Studenten;
– krankenversicherungspflichtige Rentner;
– in der gesetzlichen Krankenversicherung *freiwillig versicherte Mitglieder* (§ 20 Abs. 3 SGB XI), soweit sie sich nicht von der Versicherungspflicht befreit haben lassen (§ 22 Abs. 2: Der Antrag musste innerhalb von 3 Monaten nach Beginn der Versicherungspflicht bei der Pflegekasse gestellt werden);
– *Familienangehörige* des Pflichtversicherten unter bestimmten Voraussetzungen (§ 25 SGB XI);
– „sonstige Personen" (§ 21 SGB XI), z. B. Zeitsoldaten und Personen, die Anspruch auf Heilbehandlung nach dem BFG haben.

675   Bei der Regulierung von Ansprüchen wegen vermehrter Bedürfnisse ist daher immer sehr genau zu prüfen, ob der Geschädigte pflegeversichert ist und ob und welche Leistungen die Pflegekasse gewährt. Sonst läuft der Haftpflichtversicherer Gefahr einer Doppelzahlung.

---

[241] WJ 74, 206; WJ 75, 95.
[242] BGBl. I S. 1014.
[243] BGH VersR 03, 267 = NZV 03, 176; OLG Koblenz VersR 99, 911.

*Privat Versicherte* sind verpflichtet, bei einer privaten Krankenversicherung eine Pflegeversicherung abzuschließen (§ 23 SGB XI). Entsprechendes gilt für Beamte (§ 23 Abs. 3 SGB XI). Insoweit ist bei Leistungen des privaten Versicherers für Pflegebedürftigkeit der Übergang nach § 67 VVG zu beachten. 676

### b) Beiträge (§§ 54 ff. SGB XI)

Der Beitragssatz beträgt 1,95%, gegebenenfalls Zuschlag von 0,25% Punkten für Kinderlose (§ 55 SGB XI). Die Beitragsbemessungsgrenze entspricht der der Krankenversicherung (§ 55 Abs. 2 SGB XI): 677

Je zur Hälfte wird der Beitrag getragen von Arbeitnehmer und Arbeitgeber, Rentner, Studenten, Selbstständige und sonstige, nicht beschäftigte freiwillig Versicherte sowie Empfänger von Versorgungsbezügen tragen die Beiträge allein. Bei Bezug von Krankengeld zahlt die Krankenkasse (§ 60 Abs. 2 SGB XI) in vollem Umfang. 678

### c) Leistungen der Pflegekasse

**Übersicht** 679

**A. Leistungen bei häuslicher Pflege**

| | |
|---|---|
| 1. Pflegesachleistung (§ 36) Häusliche Pflegehilfe, Grundpflege und hauswirtschaftliche Versorgung als Sachleistung (Stellung von Pflegekräften) | Je Kalendermonat werden gezahlt:[244] Pflegestufe I: Pflegeeinsätze bis zu 420,– EUR Pflegestufe II: Pflegeeinsätze bis zu 980,– EUR Pflegestufe III: Pflegeeinsätze bis zu 1.470,– EUR besondere Fälle in Pflegestufe III: Pflegeeinsätze bis zu 1.918,– EUR |
| 2. Pflegegeld für selbst beschaffte Pflegehilfen anstelle der häuslichen Pflegehilfe (§ 37) | Je Kalendermonat werden gezahlt:[245] Pflegestufe I: 215,– EUR Pflegestufe II: 420,– EUR Pflegestufe III: 700,– EUR |
| 3. Kombination von Geldleistung und Sachleistung (§ 38) | Anteiliges Pflegegeld i.S. des § 37 bei nur teilweiser Inanspruchnahme von Sachleistung nach § 36 |
| 4. Häusliche Pflege bei Verhinderung d. Pflegeperson (§ 39) | Kosten für eine Ersatzkraft für längstens 4 Wochen je Kalenderjahr. Maximale Leistung: 1.470,– EUR[246] im Kalenderjahr |
| 5. Pflegehilfsmittel und technische Hilfen (§ 40) | – Versorgung mit Pflegehilfsmitteln, maximal 31,– EUR im Monat – teilweise Überlassung techn. Hilfsmittel – Zuschüsse zur Verbesserung des individuellen Wohnumfeldes bis zu 2.557,– EUR je Maßnahme |

**B. Teilstationäre Pflege und Kurzzeitpflege**

| | |
|---|---|
| 6. Teilstationäre Pflege in Einrichtungen der Tages- oder Nachtpflege einschl. Beförderung von der Wohnung zur Einrichtung und zurück (§ 41)[247] | Pflegestufe I: bis zu 420,– EUR Pflegestufe II: bis zu 980,– EUR Pflegestufe III: bis zu 1.470,– EUR |

---

[244] Ab 1.7. 2008. Ab 1.1. 2010: 440,–/1.040,–/1.510,– EUR. Ab 1.1. 2012: 450,–/1.100,–/1.550,– EUR.
[245] Ab 1.7. 2008. Ab 1.1. 2010: 225,–/430,–/685,– EUR. Ab 1.1. 2012: 235,–/440,–/700,– EUR.
[246] Ab 1.7. 2008. Ab 1.1. 2010: 1.510,– EUR. Ab 1.1. 2012: 1.550,– EUR.
[247] Ab 1.7. 2008. Ab 1.1. 2010: 440.–/1.040,–/1.510,– EUR. Ab 1.1. 2012: 450,–/1.100,–/1.550,– EUR

| | |
|---|---|
| 7. Kurzzeitpflege in vollstationärer Einrichtung für eine Übergangszeit in Krisensituationen (§ 42) | Zusätzlich anteiliges Pflegegeld, wenn der vorgesehene Höchstwert für die Sachleistung nicht voll ausgeschöpft wird. Maximal 1.470,– EUR[248] im Kalenderjahr |
| **C. Vollstationäre Pflege** | |
| 8. Pflegeleistungen der Pflegeeinrichtung ohne Aufwendung für Unterkunft und Verpflegung (§ 43) | Maximal 1.470,– EUR[249] im Monat in Ausnahmefällen bis zu 1.750,– EUR[250] im Monat |
| **D. Leistungen für Pflegepersonen** | |
| 9. Leistungen zur sozialen Sicherung der Pflegepersonen (§ 44) | – Beiträge an den Träger der gesetzlichen Rentenversicherung (§§ 166, 170 SGB VI)<br>– Beiträge zur gesetzlichen Unfallversicherung,<br>– Unterhaltsgeld für Pflegepersonen, die ins Erwerbsleben zurückkehren nach § 153 SGB III |
| 10. Pflegekurse für Angehörige und ehrenamtliche Pflegepersonen (§ 45) | Unentgeltliche Schulungskurse |

680 Leistungen aus der gesetzlichen Unfallversicherung bei Berufs- und Wegeunfall, sowie nach dem Bundesversorgungsgesetz haben gegenüber dem SGB XI Vorrang (§ 13 Abs. 1). Die Pflegeversicherung hat demgegenüber wiederum Vorrang gegenüber dem Bundessozialhilfegesetz.

681 Wichtig ist die Differenzierung zwischen den *3 Pflegestufen,* die vom medizinischen Dienst der Krankenversicherung (MDK) festgestellt werden (§ 18 SGB XI). Pflegestufe I *("erheblich Pflegebedürftige")* besteht bei Personen, die bei der Körperpflege, bei der Ernährung oder der Mobilität für wenigstens zwei Verrichtungen aus einem oder mehreren Bereichen mindestens einmal täglich der Hilfe bedürfen und zusätzlich mehrfach in der Woche Hilfen bei der hauswirtschaftlichen Versorgung benötigen. *Schwer Pflegebedürftige* nach der Pflegestufe II sind Personen, die mindestens dreimal täglich zu verschiedenen Tageszeiten Hilfe brauchen. Bei Hilfsbedürftigkeit rund um die Uhr, auch nachts, besteht Pflegestufe III *("schwerst Pflegebedürftige").* Bei Schwer-Pflegebedürftigkeit i.S.d. § 53 SGB V a.F. besteht automatisch Stufe II, auf Antrag wird Stufe III zugebilligt.

682 Die Leistungen der Pflegekasse ruhen, solange sich ein Versicherter im Ausland aufhält (§ 34 Abs. 1 Ziff. 1 SGB VI). Dies ist wichtig für die Regulierung z.B. von Schäden von Gastarbeitern: Nach der tatsächlichen Rückkehr ins Heimatland endet die Eintrittspflicht der Kasse für den Zeitraum des Auslandsaufenthaltes.

#### d) Regress der Pflegekasse

683 Zwischen den Leistungen der Pflegekasse und dem Schadensersatzanspruch des Verletzten wegen seiner Pflegebedürftigkeit (vermehrte Bedürfnisse) besteht grundsätzlich *sachliche Kongruenz.*[251] Der Kasse steht daher wegen ihrer Leistungen ein Regress nach § 116 SGB X bis zur Höhe des Ersatzanspruchs des Verletzten zu.

---

[248] Ab 1.7.2008. Ab 1.1.2010: 1.510,– EUR. Ab 1.1.2012: 1.550,– EUR.
[249] Ab 1.7.2008. Ab 1.1.2010: 1.510,– EUR. Ab 1.1.2012: 1.550,– EUR.
[250] Ab 1.7.2008. Ab 1.1.2010: 1.825,– EUR. Ab 1.1.2012: 1.918,– EUR.
[251] BGH VersR 03, 267 = NZV 03, 176; OLG Koblenz VersR 99, 911.

Probleme bereitet das Zusammentreffen von unfallbedingten mit unfallunabhängigen **684**
Behinderungen und Pflegebedarf. Bestand aufgrund von Vorschäden schon vor dem Unfall Pflegebedarf, sind die insoweit anfallenden Kosten von den Gesamtpflegekosten nach dem Unfall abzusetzen.[252] Die Trennlinie ist nach §§ 252 BGB, 287 ZPO zu schätzen. Diese Schätzung kann nicht in Form eines prozentualen Anteils erfolgen; es muss stattdessen festgestellt werden, welche Pflege zu welchen Kosten ohne den Unfall erforderlich geworden wäre.

Zu berücksichtigen ist des Weiteren eine überholende Kausalität. Zu prüfen ist, ob, in **685**
welchem Umfang und ab welchem Zeitpunkt unfallunabhängig Pflegebedürftigkeit eingetreten wäre.[253] Im Falle eines unfallunabhängigen Krankenhausaufenthaltes wird die Pflege über die Betreuung im Krankenhaus voll abgedeckt; unfallbedingte weitere Pflegekosten entstehen nicht. Allenfalls sind die Kosten der Vorhaltung eines Heimplatzes zu erstatten. Ist der Krankenhausaufenthalt unfallbedingt, liegt Gesamtgläubigerschaft zwischen Kranken- und Pflegekasse vor. D. h., der Schädiger kann an beide mit befreiender Wirkung zahlen.

Sehr deutlich wird dies vom OLG Hamm dargestellt:[254] In einem ersten Schritt ist zu **686**
prüfen, ob der Unfall zu einem „Mehr an Verletzungen oder Beschwerden" geführt hat, als dies vor dem Unfall der Fall war. Das genügt für eine Ersatzpflicht. Dies gilt auch dann, wenn zwar schon Vorschäden vorhanden waren, die aber nicht mit Beschwerden verbunden, also z.B. „klinisch stumm", „latent" oder „symptomlos" waren. In einem solchen Fall ist allerdings in einem zweiten Schritt zu prüfen, ob diese Vorschäden ohne den Unfall zu einem späteren Zeitpunkt zu Beschwerden und Behinderungen geführt hätten, die Pflegebedürftigkeit zur Folge gehabt hätten. Die Beweislast hierfür trifft zwar den Schädiger, der sich aber auf die Beweiserleichterung des § 287 ZPO berufen kann.

aa) **Pflegesachleistung (Pflegehilfe – § 36 SGB XI).** Die Hilfe erfolgt durch Pflege- **687**
kräfte, die entweder
– von ambulanten Pflegediensten gestellt werden, mit denen die Pflegekasse einen Versorgungsvertrag geschlossen hat (§ 72 SGB XI), oder
– die persönlich einen Vertrag mit der Pflegekasse vereinbart haben (§ 77 Abs. 1 SGB XI) oder
– direkt von der Kasse angestellt sind (§ 77 Abs. 2 SGB XI).

§ 89 SGB VI legt die Grundsätze für die zwischen den Pflegekassen und den Trägern der Pflegedienste abzuschließenden Versorgungsverträge fest.

Für den Regress der Pflegekasse kommt es zunächst einmal auf die dem Schaden und **688**
dem Geschädigten konkret zurechenbaren Leistungen der Kasse, bereinigt von deren Verwaltungs- und Gemeinkosten, an. Im Übrigen ist der Regress der Pflegekasse jedenfalls durch die *Höhe des Schadens* des Verletzten begrenzt. Dieser berechnet sich nach den erforderlichen Kosten – brutto – einer Pflegekraft, die sich der Verletzte auf dem freien Markt besorgen könnte. Es ist wohl davon auszugehen, dass selbstständige Pflegekräfte zu einem günstigeren Honorar zu bekommen sind als Pflegekräfte einer ambulanten Pflegeeinrichtung, für die Lohnnebenkosten und anteilige Gemeinkosten berechnet würden.

Soweit der Verletzte einen nicht durch die Pflegekasse abgedeckten Pflegebedarf **689**
selbst sicherstellt (Familienpflege, Beschäftigung professioneller Pflegekräfte), steht der Ersatzanspruch insoweit ausschließlich dem Verletzten zu. Die Pflegekasse kann nicht etwa wegen ihrer Leistungen, die den Schaden übersteigen, Zugriff auf den Anspruch des

---

[252] OLG Hamm SP 00, 411.
[253] S. hierzu die Entscheidung des OLG Hamm SP 00, 411.
[254] OLG Hamm SP 00, 10.

Verletzten nehmen. Insoweit besteht Kongruenz nur zu dem Teil des Schadensersatzes, der sich auf den durch die Pflegekasse abgedeckten Teil der Pflege bezieht.

690 **bb) Pflegegeld für selbst beschaffte Pflegehilfen.** Sachliche Kongruenz besteht zu den Pflegekosten im Rahmen der vermehrten Bedürfnisse. Soweit der Verletzte tatsächlich gegen Entgelt eine Pflegekraft einstellt, sind die insoweit aufgewendeten Kosten brutto zu erstatten, und zwar bis zur Höhe des Pflegegeldes an die Pflegekasse. Erfolgt die Pflege unentgeltlich z. B. im Rahmen der Familie, ist die Rechtsprechung zum Schadensersatz bei *Familienpflege* zu beachten.[255] In der Regel dürfte volle Übergangsfähigkeit zugunsten der Pflegekasse bestehen. Pflegegeld wird auch dann ungekürzt gezahlt, wenn der Verletzte z. B. im Internat, in einer Behindertenwerkstatt oder in einer sonstigen Behinderten-Wohneinrichtung untergebracht ist. Dann ist die Übergangsfähigkeit genau zu prüfen, wobei allerdings zu berücksichtigen ist, dass ggf. morgens, abends, am Wochenende und in den Ferien häuslicher Pflegebedarf besteht.

691 Bei der Kombination von Geld- und Sachleistung (§ 38 SGB XI) hat eine anteilige Berechnung nach den Grundsätzen von aa) und bb) zu erfolgen. Für die Ersatzpflegekraft nach § 39 SGB XI gilt das zu Rdn. 690 Ausgeführte.

692 **cc) Technische Hilfsmittel (§ 40 SGB XI).** Auch hier besteht Kongruenz zu den vermehrten Bedürfnissen. Probleme für den Regress entstehen, wenn die Pflegekassen entsprechend dem gesetzlichen Gebot (§ 40 Abs. 3 SGB XI) diese Hilfsmittel „vorrangig leihweise" überlassen. Folgende Praxis hat sich entwickelt:

693 Übereignet die Kasse das Hilfsmittel an den Verletzten, nimmt sie in Höhe des Einkaufspreises Regress. Dies ist meist bei geringwertigeren Hilfsmitteln (z. B. Brillen) der Fall. Höherwertige Hilfsmittel, z. B. Rollstühle, Krankenbetten etc. werden einem Pool entnommen und dem gesetzgeberischen Auftrag entsprechend dem Verletzten kostenlos zur Verfügung gestellt. Hier regressiert die Kasse zu Recht nur die Instandhaltungskosten. Werden solche Hilfsmittel bei einem Dritten, z. B. dem Hersteller gemietet oder geleast, werden die Mietkosten – auch insoweit zu Recht – geltend gemacht.

694 Die Zuzahlung des Verletzten in Höhe von 10%, höchstens 25,– EUR, ist bei der Schadenregulierung zu beachten.

695 **dd) Teil- und vollstationäre Pflege incl. Beförderungskosten (§§ 41, 43 SGB XI).** Der Regress wegen dieser Leistungen dürfte keine Schwierigkeiten bereiten, Übergangsfähigkeit dürfte i. d. R. gegeben sein.

696 Bei vollstationärer Pflege ist zu berücksichtigen, dass die Verletzten die Aufwendungen für Unterkunft und Verpflegung selbst tragen müssen. Ein Abzug wegen ersparter Miete und häuslicher Pflege kommt beim Regress der Pflegekasse daher nicht in Betracht.

697 **ee) Rentenversicherungsbeiträge für Pflegepersonen (§ 44 SGB XI).** Personen, die nicht erwerbsmäßig Verletzte zu Hause wenigstens 14 Stunden wöchentlich pflegen („*Pflegepersonen*" i. S. d. § 19 SGB VI), sind unter der Voraussetzung rentenversichert, dass sie nicht oder jedenfalls nicht mehr als 30 Stunden wöchentlich – abhängig oder selbstständig – erwerbstätig sind, noch nicht das 65. Lebensjahr vollendet haben und auch keine Altersrente beziehen (§ 44 SGB XI). Die Pflegekasse zahlt für diese Personen Rentenversicherungsbeiträge an den RVT. Ihr steht insoweit ein Regress nach § 116 Abs. 1 SGB X zu.[256] Der BGH bejaht insoweit die sachliche Kongruenz zu dem Anspruch des Geschädigten auf Ersatz der Pflegekosten, der auch auf Zahlung von Rentenversicherungsbeiträgen für die Pflegeperson gehe.

---

[255] Vgl. Rdn. 265.
[256] BGH NZV 99, 76 = VersR 99, 252 m. w. H. auf zustimmende und abweichende Meinungen im Schrifttum.

Gibt die Pflegeperson die Pflege auf, um ins Erwerbsleben zurückzukehren, erhält sie 698
ein *Unterhaltsgeld* gem. § 46 AFG (§ 44 Abs. 1 S. 4 SGB XI). Dieses Unterhaltsgeld kann
die Pflegekasse nicht beim Schädiger geltend machen. Es fehlt an einem normativen Schaden des Verletzten. Die Leistung der Pflegekasse erfolgt auch nicht zugunsten des Verletzten, sondern dient dem allgemeinen Ziel der Förderung der privaten Pflege durch Verbesserung der sozialen Situation der Pflegekräfte.

**ff) Pflegekurse für Angehörige und sonstige Pflegepersonen (§ 45 SGB XI).** Auch 699
hier besteht kein Regressanspruch der Pflegekasse. Die Kosten des Kurses wären nur
schwer abzugrenzen und dem Geschädigten zuzuordnen. Vor allem steht wiederum die
Förderung der privaten Pflege im Allgemeinen als sozialpolitisches Motiv im Vordergrund. Eine andere Frage ist, ob bei einer Verletzung der Pflegeperson durch einen haftpflichtigen Schädiger – neben dem Ersatzanspruch wegen Beeinträchtigung der Haushaltsführung i. w. S. – ein Regress des Rentenversicherungsträgers nach § 119 SGB X in
Betracht kommt. Ein solcher Regress wird von *von Einem*[257] bejaht, da aufgrund der obligatorischen Entrichtung von Rentenversicherungsbeiträgen eine Rentenversicherungspflicht i. S. d. § 119 SGB X bestehe.

**e) Vergleiche über vermehrte Bedürfnisse vor In-Kraft-Treten des SGB XI am 1. 1. 95**

**aa) Zeitpunkt des Rechtsübergangs auf die Pflegekasse.** Die Pflegekasse als Körper- 700
schaft des öffentlichen Rechtes existiert erst seit In-Kraft-Treten des SGB X zum 1. 1. 95.
Erst zu diesem Zeitpunkt konnte daher ein Anspruch auf Ersatz vermehrter Bedürfnisse,
soweit er noch bestand, auf die Pflegekasse übergehen. Die Kasse ist insoweit *Rechtsnachfolger* geworden, und zwar entweder
– des Verletzten, soweit dieser noch Anspruchsinhaber war oder
– der Krankenkasse hinsichtlich des Regressanspruchs wegen deren Leistungen nach
§§ 53 ff. SGB V a. F.[258] oder
– eines sonstigen, noch aktiv legitimierten Zessionars.

**bb) Kapitalabfindungen.** Abfindungsvergleiche, die den Ersatzanspruch wegen Pfle- 701
gekosten einschließen und die mit im Zeitpunkt des Vergleiches aktiv legitimierten Anspruchsinhabern geschlossen worden sind, muss sich die Pflegekasse entgegenhalten lassen (§ 404 BGB). Bei einem Regress der Pflegekasse ist also immer zu prüfen, ob und in
welchem Umfang der Partner des Abfindungsvergleichs (Geschädigter oder Zessionar)
Inhaber des Schadensersatzanspruchs war. Dabei kommt es nicht darauf an, ob der Schädiger „bösgläubig" war; die Frage der Gut- oder Bösgläubigkeit nach §§ 413, 407 BGB
stellt sich erst dann, wenn ein Abfindungsvergleich über einen bereits übergegangenen
Anspruch mit einem nicht mehr aktiv legitimierten Geschädigten geschlossen wurde.
Daraus folgt:
– *Abfindungsvergleiche vor dem 1. 1. 89*
mit dem aktivlegitimierten Geschädigten, aber auch mit anderen Zessionaren können
der Pflegekasse entgegengehalten werden. Ein Regress der Pflegekasse scheidet aus.[259]

---

[257] VersR 95, 1164.
[258] OLG Koblenz VersR 99, 911; von BGH VersR 99, 1126 als selbstverständlich unterstellt; a. A. *Wegmann* VersR 95, 1288.
[259] OLG Köln VersR 06, 569. Dies dürfte nach der Grundsatzentscheidung des BGH v. 18. 2. 97 (BGH NZV 97, 264 = VersR 97, 723) unstreitig sein. Der Abfindungsvergleich konnte danach nämlich schon der Krankenkasse entgegengehalten werden, die in der Zeit vom 1. 1. 89 bis 31. 12. 95 Leistungen nach §§ 53 ff. SGB V a. F. wegen Schwerpflegebedürftigkeit, z. B. ein Pflegegeld in Höhe von 400, – DM/mtl. (§ 57 SGB V a. F.) zu gewähren hatte. Erst recht scheidet ein Anspruchsübergang auf die erst seit 1. 1. 95 existierende Pflegekasse aus.

– Bei *Abfindungsvergleichen* in der Zeit vom *1. 1. 89 bis zum 31. 12. 94* muss differenziert werden:
Variante 1: Schwerpflegebedürftigkeit nach den §§ 53 ff. SGB V a. F. lag vor. Nach dem BGH war die Einführung der Pflegeversicherung und damit die drastische Erhöhung der Leistungen und die Zuständigkeit eines neuen Versicherungsträgers keine Systemänderung.[260] Vergleiche mit dem Geschädigten können der Pflegekasse daher nicht entgegengehalten werden. Allerdings ist m. E. zu prüfen, ob nicht im Einzelfall sich der Schädiger auf eine befreiende Leistung wegen guten Glaubens nach § 407 BGB berufen kann,[261] oder ob nicht jedenfalls Verjährung eingetreten ist.[262]
Anders verhält es sich mit einem Abfindungsvergleich, der mit der Krankenkasse geschlossen worden ist. Hier konnte ein Ersatzanspruch nach Vergleichsabschluss nicht mehr auf die Pflegekasse übergehen.
Variante 2: Abfindungsvergleich mit dem Geschädigten, der keine Ansprüche gegenüber der Krankenkasse nach §§ 35 ff. SGB V a. F. hatte, weil keine Schwerpflegebedürftigkeit vorlag.
Der BGH hat in der Entscheidung vom 3. 12. 2002[263] ausdrücklich offen gelassen, ob hier eine Systemänderung vorliegt. M. E. ist dies zu bejahen. Für den nicht schwerpflegebedürftigen Verletzten, der keine Leistungen von der Krankenkasse erhalten hatte, wurde ein neuer Anspruch auf Erstattung von Pflegekosten begründet. Der Vergleich kann der Pflegekasse entgegengehalten werden.

702 cc) **Rentenvergleiche.** Aufgrund eines Rentenvergleichs hatte der Geschädigte bis zum 31. 3. 95 Anspruch auf Zahlung der Rentenraten in der vereinbarten Höhe. Ab diesem Zeitpunkt, d. h. mit der Gewährung kongruenter Leistungen ging der Anspruch aus diesem Rentenvergleich auf die Pflegekasse über. Die Kasse ist an Vereinbarungen über die Rentenhöhe zwar gebunden. Ein Problem dürfte hier in der Praxis jedoch selten entstehen, da die vereinbarten Rentenraten i. d. R. höher sind als die Leistungen der Kasse. Sollte dies nicht der Fall sein,[264] kommt eine Anpassung des Vergleichs nach § 242

---

[260] BGH VersR 03, 267 = NZV 03, 176. Vgl. im Übrigen Rdn. 590.
[261] Grundsätzlich kann sich der Schädiger zwar nicht auf guten Glauben nach § 407 BGB wegen seiner Leistungen an den nicht mehr aktivlegitimierten Geschädigten berufen, wenn er Tatsachen kennt, aus denen sich die Sozialversicherungspflicht ergibt (vgl. im Einzelnen Rdn. 594). Es ist aber doch fraglich, ob nicht für die Einführung der Pflegeversicherung etwas anderes gelten muss. Hier traten anstelle der relativ geringfügigen Leistungen der §§ 53 ff. SGB V drastisch erhöhte und erweiterte Leistungen aus der Pflegeversicherung. Es wurde ein völlig neuer Zweig der Sozialversicherung geschaffen. Jedenfalls bis zu einem gewissen Zeitpunkt, m. E. der Verkündung des PflegeVG im Bundesgesetzblatt am 26. 5. 1994, brauchte der Schädiger mit der Einführung der Pflegeversicherung, die schon lange politisch diskutiert wurde und die bis zum Abschluss des Gesetzgebungsverfahrens „auf der Kippe stand", nicht zu rechnen. Der BGH hat dies in der zitierten Entscheidung vom 3. 12. 2002 (VersR 03, 267 = NZV 03, 449) zwar nicht geprüft, möglicherweise wurde es aber auch von den Parteien nicht vorgetragen.
[262] Die Verjährungsfrist begann mit der Kenntnis des zuständigen Bediensteten vom Schaden und vom Schädiger zu laufen (Einzelheiten s. Rdn. 792). Das war hier der Mitarbeiter der Regressabteilung der Krankenkasse. Den Fristablauf bei der Krankenkasse muss sich die Pflegekasse nach der Legalzession entgegenhalten lassen. War der Anspruch im Zeitpunkt dieser Rechtsnachfolge noch nicht verjährt, lief die Frist bei der Pflegekasse weiter. Der zuständige Bedienstete der Pflegekasse kann sich nicht etwa darauf berufen, dass er erst aufgrund der Entscheidung des BGH über die fehlende Systemänderung die erforderliche Kenntnis für den Beginn des Laufs der Verjährungsfrist erhalten hat. Die Verjährungsfrist beginnt mit der Kenntnis von der Person des Schädigers und vom Schaden (nach neuem Recht genügt auch grob fahrlässige Unkenntnis), nicht etwa erst mit einem klärenden BGH-Urteil zur Rechtslage.
[263] VersR 03, 267 = NZV 03, 176.
[264] Weil zum Beispiel von der kostengünstigeren Familienpflege abgesehen wurde und die Kasse nunmehr eine erheblich teurere Pflegekraft stellt.

BGB oder – wenn vereinbart – über eine analoge Anwendung des § 323 ZPO in Betracht.²⁶⁵

Der Übergang des Anspruchs aus dem Rentenvergleich auf die Kasse zwingt zu einer **703** Anpassung des Vergleichs im Verhältnis zum Geschädigten. Bei gerichtlichen Vergleichen kann diese generell auf § 323 ZPO gestützt werden.²⁶⁶ Bei außergerichtlichen Vereinbarungen kommt entweder – soweit vereinbart – § 323 ZPO analog oder aber § 242 BGB als Rechtsgrundlage in Betracht.

**f) Verjährung**

In Schadenfällen ab 1. 1. 1995 gilt das zu Rdn. 589 Ausgeführte. War der Schadenfall **704** aber schon vorher eingetreten, konnte die Pflegekasse nur Rechtsnachfolger der vorher zuständigen Krankenkasse oder des Geschädigten werden. Sie muss sich dann einen bereits beim Rechtsvorgänger eingetretenen Ablauf der Verjährungsfrist entgegenhalten lassen (§§ 404, 412 BGB).²⁶⁷ Durch den Forderungsübergang wurde eine bereits laufende Verjährungsfrist weder unterbrochen (kein Neubeginn), noch trat durch mögliche Nichtkenntnis der Pflegekassen von übergegangenen Forderungen eine Hemmung der Verjährung ein.²⁶⁸ Darauf, dass die Pflegekasse formal erst am 1. 1. 95, also mit dem Zeitpunkt ihrer Existenzgründung, oder erst später vom Schaden und vom Schädiger Kenntnis erlangt,²⁶⁹ kommt es nicht an. Die Rechtsprechung des BGH, nach der für den Beginn der Verjährungsfrist von Ansprüchen des Zessionars dessen Kenntnis maßgeblich ist, betrifft ausschließlich den Fall, in dem bereits im Unfallzeitpunkt der Anspruch dem Grunde nach auf den SVT übergeht.

**g) Teilungsabkommen**

Da die Pflegekassen selbstständige Körperschaften des öffentlichen Rechts sind und **705** nur die Bearbeitung der Regresse in Personalunion mit den jeweiligen Krankenkassen vorgenommen wird, gelten die mit der Krankenkasse geschlossenen Teilungsabkommen nicht. Die Abwicklung erfolgt grundsätzlich nach Sach- und Rechtslage. Allerdings können Teilungsabkommen zu üblichen Konditionen geschlossen werden.²⁷⁰ Die Teilungsquote und sonstige Regelungen sollten identisch mit den entsprechenden Abkommen mit der Krankenkasse sein. Es empfiehlt sich lediglich, das Limit drastisch anzuheben, um nicht in einer Vielzahl von Schadenfällen nach Überschreitung des Limits doch noch nach Sach- und Rechtslage abrechnen zu müssen.

---

[265] Ebenso *Jahnke* VersR 96, 924; vgl. auch OLG Saarbrücken NZV 97, 271 für gerichtliche Vergleiche.
[266] OLG Saarbrücken NZV 97, 271: Auch wenn das SGB XI schon länger in der politischen Diskussion stand, war bis zum In-Kraft-Treten nicht abzusehen, welche Pflegesätze vom Gesetzgeber eingeführt werden würden. Das Festhalten am Vergleich ist dem Schädiger und seinem Haftpflichtversicherer nicht zuzumuten.
[267] BGH VersR 67, 974.
[268] BGH NJW 68, 1381; VersR 84, 136.
[269] Wegen der Personalunion mit der Krankenkasse wird häufig schon früher Kenntnis in der Person des jeweils zuständigen Bediensteten eingetreten sein.
[270] Solche Teilungsabkommen existieren inzwischen zahlreich.

## XIII. Weitere Legalzessionen

### 1. Regress der Bundesagentur für Arbeit (BA)

706    Maßgeblich ist die Legalzession des § 116 SGB X.[1] Nach § 116 Abs. 10 SGB X gilt die BA als Versicherungsträger im Sinne des § 116 SGB X.

#### a) Arbeitslosengeld I (§§ 117 ff. SGB III)

707    Wird ein Verletzter unfallbedingt arbeitslos und zahlt die BA daraufhin Arbeitslosengeld I, geht der Anspruch des Verletzten auf Ersatz seines Erwerbsschadens in Höhe des ALG I auf die BA über. Und zwar findet der Übergang dem Grunde nach bereits im Unfallzeitpunkt statt, wenn ein Arbeitslosenversicherungsverhältnis besteht, der Verletzte also aufgrund einer Erwerbstätigkeit arbeitslosenversichert ist.[2] Regress nehmen kann die BA wegen des von ihr unfallbedingt gezahlten Arbeitslosengeldes und der hierauf entfallenden, von ihr zu tragenden Beiträge an die Sozialversicherung.

War der Verletzte bereits im Unfallzeitpunkt arbeitslos, zahlt die BA das ALG I für 6 Wochen weiter.[3] Diese Weiterzahlung, die lediglich aus Gründen der verwaltungstechnischen Vereinfachung erfolgt, soll den Schädiger – ähnlich wie bei Lohnfortzahlung – nicht entlasten. Der normative Ersatzanspruch[4] des Verletzten geht daher auf die BA nach § 116 SGB X über.[5] Ein Regress dieser Leistungen nach § 116 SGB X kommt m. E. nicht in Betracht.[6] Die BA erbringt dann keine Leistungen „auf Grund des Schadenereignisses", wie es § 116 SGB X voraussetzt. Die Legalzession zugunsten des Arbeitgebers bei Entgeltfortzahlung, in der ausschließlich auf die Weiterzahlung abgestellt wird, ist wegen Fehlens einer Regelungslücke nicht etwa entsprechend anwendbar. Etwas anderes gilt allerdings dann, wenn der BA im Einzelfall der Nachweis gelingen sollte, dass der Verletzte während der kurzen Zeitspanne ohne den Unfall wieder einen Arbeitsplatz gefunden hätte.

#### b) Arbeitslosengeld („ALG") II und sonstige Leistungen nach dem SGB II[7]

708    Auch hier gilt § 116 SGB X: soweit die BA trotz subsidiärer Eintrittspflicht unfallbedingt ALG II zahlt, geht ein kongruenter Ersatzanspruch auf sie über. Aufgrund der Subsidiarität der Leistungen nach dem SGB II gelten freilich einige, der Situation bei der Sozialhilfe vergleichbare Besonderheiten: Wohl keine Anwendung des Familienprivilegs

---

[1] Für Schadenfälle ab 1. 7. 1983 bis 31. 12. 1997 gilt § 127 a. F. Für Schadenfälle bis zum 30. 6. 83 vollzog sich der Übergang des kongruenten Schadensersatzanspruchs frühestens zum Zeitpunkt der Bewilligung der jeweiligen Leistung (Einzelheiten s. 6. Aufl. Rdn. 530).

[2] BGH NZV 90, 22; NZV 94, 476 = ZfS 94, 491 = r+s 95, 19.

[3] Danach zahlt die Krankenkasse Krankengeld in Höhe des Arbeitslosengeldes und kann deswegen Regress nach § 116 SGB X nehmen.

[4] S. Rdn 166.

[5] BGH VersR 08, 824 = NZV 08, 402 entgegen der bis dahin wohl herrschenden, im BGH-Urteil zitierten Meinung (auch der Vorauflage).

[6] Ebenso LG Aachen VersR 85, 893.

[7] Das neue SGB II („Hartz IV") ist seit 1. 1. 2005 in Kraft. Zur Rechtslage bei der früheren „Arbeitslosenhilfe" nach §§ 190 ff. SGB III a. F. siehe die 8. Aufl. Rdn. 708.

nach § 116 Abs. 6 SGB X[8] und keine Anwendung des Verweisungsprivilegs nach § 158 c Abs. 4 VVG bei versagter Deckung.[9]

Im Gegensatz zur unfallbedingten Zahlung von ALG I kommt beim ALG II aber kein Regress von Sozialversicherungsbeiträgen in Betracht. Zwar ist auch das ALG II beitragspflichtig zur Sozialversicherung und die Beiträge werden zunächst auch von der BA gezahlt; Kostenträger ist jedoch der Bund, der die Beiträge der BA nach § 179 Abs. 1 SGB VI erstattet.[10]

Anders ist auch hier die Rechtslage, wenn der Verletzte im Unfallzeitpunkt aufgrund längerer Arbeitslosigkeit bereits ALG II bezogen hatte. Die ursprünglich vorgesehene Weiterzahlung von ALG II nach unfallbedingter Erkrankung erfolgt aufgrund einer rückwirkenden Änderung[11] des SGB II nicht mehr.[12] Die BA zahlt nur noch Vorschüsse für eintrittspflichtige Renten- und Unfallversicherungsträger, die daher auch nicht als – endgültige – Sozialleistungen der BA nach § 116 SGB X regressiert werden können.

### c) Rehabilitationsleistungen (§§ 217 ff., 236 ff. SGB III)

Hier findet der Übergang bereits zu dem Zeitpunkt statt, zu dem ernsthaft mit Leistungen der BA zur Rehabilitation zu rechnen ist. Das ist grundsätzlich bereits mit Kenntnis eines Dauerschadens der Fall, aufgrund dessen mit der Erforderlichkeit von Rehabilitationsleistungen in der Zukunft zu rechnen ist.[13] Darauf, ob der Verletzte zum Unfallzeitpunkt bereits im Erwerbsleben stand oder sich noch in der Ausbildung befand, kommt es nicht an. 709

## 2. Regress des Sozialhilfeträgers (SHT) für Leistungen nach dem SGB XII

Für die soziale Absicherung Hilfebedürftiger außerhalb der eigentlichen Sozialversicherung gibt es sehr differenzierte, unübersichtliche gesetzliche Regelungen. Für erwerbsfähige Hilfebedürftige und deren nicht erwerbsfähige Angehörige greift das SGB II mit der Leistungspflicht der Bundesagentur für Arbeit.[14] Im SGB XII ist die Sozialhilfe i. e. S. für zeitweise nicht erwerbsfähige Personen bis zum 65. Lebensjahr und die Grundsicherung[15] für dauernd Erwerbsgeminderte und für Personen ab dem 65. Lebensjahr geregelt. Der Leistungskatalog des SGB XII ist umfangreich. Sachlich zuständig für die Zahlung von Sozialhilfe sind die Kreise und die kreisfreien Städte als die örtlichen Träger der Sozialhilfe (§ 3 SGB XII), soweit nicht nach Landesrecht etwas anderes bestimmt ist. 710

Gewährt ein SHT aufgrund eines Unfalles Leistungen, kann er beim Schädiger Regress nehmen. Für diesen Regress wurde der SHT in § 116 Abs. 1 S. 1 SGB X dem Sozialversicherungsträger gleichgestellt.[16] Die Neuregelung gilt für Schadenfälle ab 1. 7. 1983.[17] 711

---

[8] So jedenfalls BGH zur Sozialhilfe wegen deren Subsidiarität – BGH VersR 96, 1258 = NZV 96, 445.
[9] Die BA ist zwar in § 116 Abs. 10 SGB X dem SVT gleichgestellt, nicht aber in § 158 c Abs. 4 VVG.
[10] Siehe hierzu auch Rdn. 758. A. A. LG Stuttgart v. 29. 7. 2009, 18 O 59/09
[11] Verwaltungsvereinfachungsgesetz v. 21. 3. 05 (BGBl. 2005, 818).
[12] Siehe auch Rdn. 168.
[13] BGH NZV 94, 476 = ZfS 94, 491 = r+s 95, 19.
[14] Siehe Rdn. 708.
[15] Siehe hierzu Rdn. 730 ff.
[16] § 116 SGB X gilt für Schadenfälle ab 1. 7. 1983. Für ältere Schadenfälle musste der SHT einen Ersatzanspruch nach § 90 BSHG a. F. auf sich überleiten.

712  Gleichwohl gelten für den Regress des SHT viele wichtige Besonderheiten. Der Grund hierfür liegt einmal darin, dass zwischen dem Geschädigten und dem SHT das „besondere Band des Versicherungsverhältnisses" fehlt.[18] Zum anderen ist der Grundsatz des Nachrangs der Sozialhilfe zu beachten.[19] Die sich hieraus ergebenden Besonderheiten werden in den Randnummern 714 ff. behandelt.

713  Vor allem folgende Gemeinsamkeiten bestehen mit dem Regress des SVT:
– Auch der SHT kann nur den gesetzlich übergegangenen Schadensersatzanspruch des Geschädigten geltend machen; es besteht kein Anspruch auf Drittschadensersatz.
– Der SHT muss daher Grund und Höhe des Ersatzanspruchs darlegen und beweisen.
– Zwischen der Leistungen des SHT und dem Schadensersatzanspruch muss sachliche Kongruenz bestehen.[20]
– Bei einer Mithaftung des Geschädigten ist der Schadensersatzanspruch nach den Grundsätzen der *relativen Theorie* zu verteilen (§ 116 Abs. 3 S. 1 SGB X); in den Fällen des § 116 Abs. 3 S. 3, Abs. 2 und Abs. 5 SGB X steht dem Sozialhilfeempfänger sogar ein *Quotenvorrecht* zu.

### a) Zeitpunkt des Übergangs

714  Die Bestimmung des Zeitpunkts, in dem ein Schadensersatzanspruch auf den SHT übergeht, hat für die Regulierungspraxis erhebliche Bedeutung. Von ihm hängt die Aktivlegitimation des Geschädigten für die Regulierung[21] und der Beginn und der Lauf der Verjährungsfrist ab. Während bei Bestehen eines Sozialversicherungsverhältnisses ein Ersatzanspruch dem Grunde nach bereits im Unfallzeitpunkt auf den SVT übergeht, kann, muss dies aber nicht für die Legalzession zugunsten des SHT gelten. Denn es fehlt hier an einer dem Versicherungsverhältnis vergleichbaren rechtlichen Beziehung.[22] Maßgeblich für den Übergang ist der Zeitpunkt, in dem aufgrund konkreter Anhaltspunkte des Einzelfalls mit der Leistungspflicht des SHT ernsthaft zu rechnen ist.[23] Solche Anhaltspunkte können sein: Schwere der Verletzungen, schlechte Einkommens- und Vermögensverhältnisse des Verletzten sowie – bei Minderjährigen – geringes Einkommen der Eltern.[24] Besteht allerdings Bereitschaft eines Haftpflichtversicherers, den Schaden zu regulieren, wird auch bei Vorliegen solcher Anhaltspunkte m.E. nicht mit einer Bedürftigkeit des Geschädigten zu Lasten der Sozialhilfe zu rechnen sein; höchstrichterlich ist dies freilich noch nicht geklärt. Weitere Voraussetzung für einen Übergang wäre dann, dass der an sich verantwortliche Haftpflichtversicherer die Regulierung des Schadenfalles – z.B. wegen von ihm bestrittener Haftung – ablehnt.

715  **aa) Schadenregulierung vor Übergang auf den SHT.** Der Geschädigte ist im vollen Umfange (soweit nicht andere Legalzessionen vorliegen) Anspruchsinhaber und berechtigt, über seine Ansprüche zu verfügen. Der Versicherer leistet mit befreiender Wirkung. Vergleiche, einschließlich Abfindungsvergleiche, sind wirksam. Wird der Verletzte später

---

[17] Nach dem für Schadenfälle bis 30. 6. 1983 maßgeblichen Recht (§ 90 BSHG a. F.) musste der SHT Ersatzansprüche auf sich überleiten. Auf Kongruenz kam es nicht an und der Übergang vollzog sich im Zeitpunkt der Zustellung der Überleitungsanzeige.
[18] BGH NZV 96, 402 = VersR 96, 1126.
[19] BGH NZV 96, 445; NZV 98, 279 = VersR 98, 772.
[20] St. Rspr., BGH NZV 07, 33 = VersR 06, 1383 m. w. H. S. im Übrigen Rdn. 597 ff.
[21] S. aber insoweit Rdn. 716.
[22] BGH NZV 96, 402 = VersR 96, 1126.
[23] BGH NZV 07, 33 = VersR 06, 1383; NZV 96, 110 = VersR 96, 349.
[24] BGH NZV 96, 110 = VersR 96, 349; NZV 96, 402 = VersR 96, 1126; VersR 02, 869 = ZfS 02, 337.

sozialhilfebedürftig, können auf den SHT nur noch solche Ansprüche übergehen, die nicht durch Zahlung oder Vergleich erledigt sind.

**bb) Schadenregulierung nach Übergang auf den SHT.** Ist der Ersatzanspruch bereits übergegangen, 716
- weil aufgrund konkreter Anhaltspunkte mit Sozialhilfebedürftigkeit zu rechnen war, erst recht
- wenn der SHT bereits Leistungen erbracht hat,

steht dem Geschädigten nach der Rechtsprechung des BGH eine sog. Einziehungsermächtigung zu.[25] Aufgrund des Nachrangs der Sozialhilfe bestehen eine Verpflichtung und ein Recht des Geschädigten, den Schadensersatzanspruch gegen den Versicherer geltend zu machen.[26] Soweit der Verletzte noch keine kongruenten Leistungen des SHT erhalten hat, muss der Schädiger an ihn leisten und kann ihn nicht an den SHT verweisen. Dies gilt auch für den Fall eines Prozesses. Soweit allerdings der Geschädigte bereits Sozialhilfe empfangen hat, kann er nur Zahlung an den SHT verlangen (Prozessstandschaft).[27]

Für die Schadenregulierung beutet dies eine erhebliche Erschwernis und hat auch Risiken für den zahlenden Haftpflichtversicherer zur Folge. Zunächst einmal muss der Haftpflichtversicherer – ggf. unter Einschaltung des örtlich zuständigen Sozialhilfeträgers – klären, ob und welche Leistungen der Sozialhilfeempfänger bereits erhalten hat. Soweit dies nämlich der Fall ist, ist nur noch der SHT anspruchsberechtigt. Eine Leistung an den Geschädigten hätte nur dann befreiende Wirkung, wenn sich der Haftpflichtversicherer auf guten Glauben nach § 407 BGB berufen könnte. 717

Sodann ist noch nicht endgültig geklärt, wie weit die Einziehungsermächtigung des Geschädigten geht. Zwar dürfte kaum zweifelhaft sein, dass der Sozialhilfeempfänger das Recht hat, sich über Grund und Höhe seines Ersatzanspruchs mit dem Schädiger zu vergleichen. Auch im Prozess würde das Gericht – auch ohne Mitwirkung des SHT – über Grund und Höhe entscheiden müssen. Eine Einziehungsermächtigung wäre inhaltslos, wenn nach einer einvernehmlichen Schadenregulierung der Schadensersatzanspruch erneut geprüft werden könnte. Die grundsätzlich mögliche Einschaltung des SHT für die Regulierung und auch im Prozess (Streitverkündung) würde die Regulierung nur verzögern und damit höhere Leistungen des SHT – entgegen dem Grundsatz seines Nachrangs – zur Folge haben. 718

Nicht entscheidend ist des Weiteren die Frage, ob die Einziehungsermächtigung dem Geschädigten auch das Recht gibt, sich durch einen Kapitalbetrag für die Zukunft abfinden zu lassen. M.E. muss dies gerade auch im Hinblick auf eine Entlastung des SHT möglich sein. Will sich der Geschädigte mit einem – ordnungsgemäß kalkulierten – Abfindungsbetrag eine neue Existenz aufbauen, so dient dies letztlich auch der Entlastung des Sozialhilfeträgers. Wenn der Geschädigte dann aus nicht unfallbedingten Gründen mit seiner neuen Existenz scheitert und der Sozialhilfe wieder zur Last fällt, ist dies dem Schädiger nicht mehr zurechenbar. 719

Diese Schwierigkeiten für die Regulierungspraxis könnten vermieden werden, wenn man den Nachrang des SHT durch eine andere rechtliche Konstruktion Rechnung trägt. 720

Ich halte es für praktikabler und auch dogmatisch einleuchtender, mit der Erklärung des Versicherers, den Schaden zu regulieren, einen Rückfall des bereits übergegangenen Anspruchs an den Geschädigten zu unterstellen. Für den Übergang auf den Sozialver- 721

---

[25] BGH NZV 96, 110 = VersR 96, 349; VersR 02, 869 = ZfS 02, 337; (III. Senat) VersR 02, 1521 = NZV 02, 557; NZV 07, 33 = VersR 06, 1383.
[26] Vgl. auch BGH NZV 97, 302; NZV 98, 279 = VersR 98, 772.
[27] BGH NZV 07, 33 = VersR 06, 1383 m. w. H.

sicherungsträger ist anerkannt, dass diese unter der auflösenden Bedingung des Erlöschens der Leistungspflicht des SVT steht.[28] Mit Eintritt der auflösenden Bedingung lebt die Aktivlegitimation des Geschädigten wieder auf. Für den Übergang auf den SHT, für den ja auch § 116 SGB X maßgeblich ist, muss dies erst recht gelten. Kapitalabfindungen des Geschädigten sind dann gegenüber einem später wieder eintrittspflichtig werdenden SHT wirksam.

### b) Gutglaubensschutz des regulierenden Haftpflichtversicherers

722  Sind dem Haftpflichtversicherer keine Tatsachen bekannt, die Sozialhilfebedürftigkeit des Geschädigten erkennen lassen, kann er trotz eines bereits erfolgten Übergangs auf den SHT mit befreiender Wirkung an den Geschädigten nach § 407 BGB leisten. Dies gilt erst recht dann, wenn der Geschädigte eine ausdrückliche Erklärung abgibt, keine Sozialhilfe in Anspruch genommen zu haben, und dem Sachbearbeiter auch keine konkreten Hinweise für Leistungen des Sozialhilfeträgers vorliegen.[29]

### c) Verjährung

723  Erfolgt der Übergang im Unfallzeitpunkt, beginnt die Verjährungsfrist erst mit Kenntnis des zuständigen Bediensteten des SHT zu laufen.[30] Dies ist ein Mitarbeiter der für den Regress zuständigen Abteilung des SHT. Aufgrund des Nachrangs der Sozialhilfe kann sich der SHT aber auf die Hemmung der Verjährung durch Rechtsverfolgungsmaßnahmen (insbesondere Klage) des Geschädigten sowie auf die 30-jährige Verjährungsfrist aus einem rechtskräftigen Feststellungsurteil zugunsten des Geschädigten[31] berufen. Dies gilt auch für den Neubeginn der Verjährung durch ein Anerkenntnis des Schädigers gegenüber dem Geschädigten.[32]

724  Findet der Übergang auf den SHT erst zeitlich nach dem Unfall statt, muss sich der SHT allerdings den Beginn und Ablauf der Verjährungsfrist in der Person des Schädigers entgegenhalten lassen. Ebenso wie Verfügungen über den Anspruch vor dem Übergang auch gegenüber dem Rechtsnachfolger wirken, gilt dies für den Lauf der Verjährungsfrist.

### d) Schadenquotierung bei Mithaftung

725  Die Sonderregelung des § 116 Abs. 3 S. 3 SGB X hat – erwartungsgemäß – in der Praxis keine Bedeutung erlangt. Gleichwohl wird noch einmal kurz die Rechtslage dargestellt.

726  Zu unterscheiden ist zwischen den Fällen, in denen der SHT in Anspruch genommen wird, entweder weil der wegen einer Mithaftung quotierte Schadensersatzanspruch zur Deckung des Existenzminimums nicht ausreicht oder weil der Haftpflichtversicherer nicht rechtzeitig leistet.

---

[28] St. Rspr., zuletzt BGH NZV 99, 158 = VersR 99, 382.
[29] Begründung s. *Küppersbusch* VersR 82, 193, 196; zweifelnd *Deinhardt* VersR 84, 697, 699, der meint, der Haftpflichtversicherer müsste eine Rückfrage beim Fürsorgeträger halten. Abgesehen davon, dass dies die Schadenregulierung zum Nachteil des Verletzten erheblich verzögern würde, übersieht *Deinhardt* m. E., dass nach § 407 BGB der Schuldner nicht etwa verpflichtet ist, Informationen darüber einzuholen, ob der Geschädigte noch aktivlegitimiert ist; nur bei Kenntnis einer Legalzession scheidet eine befreiende Leistung an den Zedenten aus.
[30] BGH VersR 96, 1126; VersR 02, 869 = r+s 02, 241. Bei entsprechender Rechtslage beim Regressanspruch des SVT s. Rdn. 792.
[31] BGH VersR 02, 869 = r+s 02, 241.
[32] OLG Köln VersR 98, 1307.

**Fall 1:** Sozialhilfebedürftigkeit wegen Mithaftung

| | |
|---|---:|
| Erwerbsschaden | 2.000,– EUR |
| 25% Haftung | |
| durchsetzbarer Anspruch gegenüber dem Haftpflichtversicherer | |
| also | 500,– EUR |
| Grenze der Sozialhilfebedürftigkeit liegt bei | 1.000,– EUR |
| Verletzter beansprucht 500,– EUR vom Haftpflichtversicherer | |
| und 500,– EUR vom Sozialhilfeträger | |

Hier steht dem Verletzten das Quotenvorrecht nach § 116 Abs. 3 S. 3 SGB X zu. Würde wegen der Leistung des SHT in Höhe von 500,– EUR ein Übergang nach § 116 Abs. 3 S. 1 (relative Theorie) stattfinden, würde weitere Sozialhilfebedürftigkeit nicht nur in Höhe von 500,– EUR, sondern darüber hinaus in Höhe von insgesamt 750,– EUR entstehen. Daher greift § 116 Abs. 3 S. 3 SGB X ein, der für diesen Fall sogar eine zweckmäßige Regelung darstellt.[33] Der Verletzte kann daher den Ersatzanspruch in Höhe von 500,– EUR voll geltend machen. 727

**Fall 2:** Sozialhilfebedürftigkeit wegen Leistungsverweigerung des Haftpflichtversicherers

| | |
|---|---:|
| Erwerbsschaden | 2.000,– EUR |
| 60% Haftung | |
| Schadensersatz beträgt 1.200,– EUR, | |
| Haftpflichtversicherer verweigert aber Leistung. | |
| Grenze für Sozialhilfebedürftigkeit | 1.000,– EUR |

Der SHT leistet hier 1.000,– EUR. Ist die Eintrittspflicht des Haftpflichtversicherers geklärt, ist der Schadensersatz nach § 116 Abs. 3 S. 1 (relative Theorie) wie folgt zu verteilen:

| | |
|---|---:|
| Regress SHT 60% von 1.000,– EUR | 600,– EUR |
| Anspruch Verletzter (2.000,– EUR Schaden ./. 1.000,– EUR Sozialhilfe, | |
| 60% vom „Restschaden" 1.000,– EUR) | 600,– EUR |

Dieses Beispiel zeigt, dass es in Mithaftungsfällen für den Geschädigten vorteilhaft sein kann, sich zunächst einmal an die Sozialhilfe zu wenden und erst dann den Restanspruch gegen den Haftpflichtversicherer geltend zu machen. Er bekommt dann mehr (im Beispielsfall statt 1.200,– EUR insgesamt 1.600,– EUR). Die Gleichstellung des SHT mit dem SVT, nach der die relative Theorie nach § 116 Abs. 3 S. 1 SGB X zu Lasten des SHT Anwendung findet, führt also zu einer Belastung des SHT. Ein Ergebnis, das der Gesetzgeber sicherlich nicht gewollt hat. 728

### e) Kein Familienprivileg

Wegen des Nachrangs des Sozialhilfeträgers[34] findet § 116 Abs. 6 SGB X auf den Direktanspruch gegen den KH-Versicherer im Verhältnis zum SHT keine Anwendung.[35] Das Prinzip der Subsidiarität der Sozialhilfe hat hier Vorrang vor dem Grundsatz der Akzessorietät des Direktanspruchs zum Schadensersatzanspruch. 729

### f) Regress für Leistungen zur Grundsicherung (SGB XII)

Mit Wirkung zum 1. 1. 2003 war die bedarfsorientierte Grundsicherung im Alter und bei Erwerbsminderung (GSiG) eingeführt worden, die jetzt in den §§ 41 ff. SGB XII gere- 730

---

[33] Ausführlicher *Küppersbusch* VersR 93, 193, 200 unter III 3 c) bb) mit Rechenbeispielen.
[34] Vgl. Rdn. 712.
[35] BGH NZV 96, 445 = VersR 96, 1258; vgl. auch OLG Bamberg VersR 94, 995.

gelt ist. Leistungsträger sind – ebenso wie bei der Sozialhilfe im engeren Sinn – die Kreise und kreisfreien Städte. Ansprüche bestehen bei sog. Altersarmut (Hilfebedürftigkeit ab dem 65. Lebensjahr) und für bis zu 65-jährige bei dauerhafter vollständiger Erwerbsminderung, soweit nicht Leistungen der Sozialversicherungsträger erfolgen. Die Leistungen, die auf Antrag gewährt werden, entsprechen den Leistungen für Sozialhilfe im engeren Sinn. Im Gegensatz zur Sozialhilfe bleiben allerdings Unterhaltsansprüche gegenüber Eltern oder Kindern praktisch unberücksichtigt[36] und der Träger der Grundsicherung hat auch keine Möglichkeit zum Rückgriff gegenüber Kindern und Eltern des Anspruchsberechtigten.

731   Nachdem die Grundsicherung mit der Sozialhilfe im SGB XII zusammengefasst worden ist und der Träger der Grundsicherung damit Sozialhilfeträger ist, bestehen grundsätzlich keine Bedenken gegen die Anwendung des § 116 SGB X.[37] Die praktische Bedeutung dürfte jedoch gering sein.

## 3. Regress des Dienstherrn

732   Nach den §§ 87a BBG a.F., 76 BBG n.F.,[38] 30 Abs. 3 SoldG a.F., 80 SVG n.F. (jeweils i. Vbg. m. § 81a BVG), 81a BVG und den entsprechenden landesrechtlichen Vorschriften gehen Schadensersatzansprüche eines Beamten, eines Soldaten, eines Versorgungsempfängers und ihrer jeweiligen Angehörigen wegen des Personenschadens insoweit auf den Dienstherrn über, als dieser infolge der unfallbedingten Körperverletzung oder Tötung zur Gewährung von Leistungen verpflichtet ist.

733   Zweck,[39] Voraussetzungen und Inhalt der Legalzession decken sich weitgehend mit § 116 SGB X. Es muss sich um eine Pflichtleistung handeln;[40] ein Regress für freiwillige oder irrtümliche Zahlungen besteht nicht. Anders als in § 116 SGB X muss der Dienstherr nach §§ 87a BBG a.F., 76 BBG n.F. die Leistungen zugunsten des Beamten nicht selbst erbringen; es genügt, wenn er als Kostenträger mit den Aufwendungen letztlich belastet wird.[41] Der Übergang erfolgt grundsätzlich im Augenblick des Unfalls,[42] wenn die Möglichkeit von Versorgungsleistungen besteht.[43] Der Übergang ist auflösend bedingt; steht fest, dass keine Leistungen zu erbringen sind, entfällt der Übergang rückwirkend.[44] Wird das Beamtenverhältnis erst nach dem Unfall begründet, findet ein Übergang zu diesem Zeitpunkt statt.[45] Voraussetzung ist sachliche und zeitliche Kongruenz zwischen Leistung und Ersatzanspruch.[46] Das Familienprivileg des § 116 Abs. 6 SGB X[47] findet entsprechende Anwendung;[48] es kann nicht etwa durch Abtretung umgangen werden.[49]

---

[36] Voraussetzung ist, dass deren Einkommen unter 100.000,– EUR liegt, was allerdings gesetzlich vermutet wird (§ 43 Abs. 2 SGB XII).
[37] Anders noch die 8. Aufl. zum GSiG – siehe dort Rdn. 730.
[38] Inhaltlich hat sich durch die Neufassung in § 76 BBG nichts geändert.
[39] BGH VersR 05, 1004 = SP 05, 302: Vermeidung einer Entlastung des Schädigers und einer Bereicherung des Geschädigten.
[40] BGH NZV 02, 453 = VersR 02, 1110.
[41] BGH VersR 05, 1004 = SP 05, 302.
[42] BGH VersR 88, 614 m. w. H.
[43] BGH VersR 05, 1004 = SP 05, 302.
[44] BGH VersR 05, 1004 m. w. H.
[45] BayObLG VersR 87, 992.
[46] St. Rspr., zuletzt BGH VersR 05, 1004 und NZV 03, 228 = VersR 03, 330; OLG Hamm SP 02, 162 = ZfS 02, 475. Vgl. auch BGH VersR 70, 1053; VersR 71, 636; VersR 77, 426; VersR 86, 463.
[47] Vgl. hierzu Rdn. 635ff.
[48] BGH VersR 65, 386; NZV 89, 225; OLG Hamm NZV 94, 441 = NJW-RR 94, 536.
[49] OLG Hamm NZV 94, 441 = NJW-RR 94, 536: § 68a VVG analog.

### 3. Regress des Dienstherrn

Der Dienstherr kann nur einen übergegangenen Schadensersatzanspruch des Beamten, nicht seinen eigenen Schaden geltend machen.[50] Ihm steht daher *kein* Rückgriff zu wegen der
- Beihilfe für unfallunabhängige Erkrankungen;[51]
- möglichen Sachleistungen des Dienstherrn nach § 32 BeamtenVG a. F. (§ 87a BBG a. F. bestimmt nur den Übergang des Anspruchs wegen des Personenschadens);
- an den Rentenversicherer gezahlten Nachversicherungsbeiträge, da diese nicht unmittelbar den Hinterbliebenen zugute kommen und auch nicht dazu bestimmt sind, den Unterhaltsschaden der Hinterbliebenen auszugleichen;[52]
- Pensionsrückstellungen und sonstigen aus dem schädigenden Ereignis erwachsenen besonderen Versorgungslasten.[53]

Bei Zahlungen von Sozialversicherungsbeiträgen besteht ein Regress nur unter den üblichen Voraussetzungen.[54]

Streitig war, vom BGH und Obergerichten schließlich aber bejaht wurde die *sachliche Kongruenz*[55] zwischen  **734**
- Leistungen der Unfallfürsorge nach einem Dienstunfall, wie Unfallausgleich (§ 35 BeamtVG a. F.) bzw. Grundrente (§ 31 BeamtVG a. F.) sowie Hilflosigkeitszuschlag (§ 34 Abs. 2 BeamtVG a. F.) und den vermehrten Bedürfnissen;[56] z. B. Aufwendungen für Massagen und orthopädische Schuhe.[57]
- Sterbegeld (§§ 16 Nr. 2, 18 BeamtVG a. F.) und Beerdigungskosten (§ 844 Abs. 1 BGB);[58]
- im Voraus für den Sterbemonat gezahlten Bezügen eines Beamten (§§ 17, 27 BeamtVG a. F.), soweit sie auf die Zeit nach dem Tod entfallen, und dem Schadensersatz wegen entgangenen Unterhalts (§ 844 Abs. 2 BGB);[59]
- Beihilfe zu Heilbehandlungskosten (Einzelheiten s. Rdn. 740ff.) für einen verletzten Beamten und seine Angehörigen (Kongruenz zu den Heilbehandlungskosten) oder die Hinterbliebenen eines getöteten Beamten (Kongruenz zum Schadensersatz wegen entgangenen Unterhalts).

---

[50] BGH NZV 02, 453 = SP 02, 343 zu dem entsprechenden § 81a BVG.
[51] Vgl. Rdn. 740.
[52] BGH VersR 79, 737 = NJW 79, 1708.
[53] BGH VersR 82, 1193.
[54] S. hierzu BGH NZV 02, 453 = SP 02, 343: Leistungspflicht des Dienstherrn, Möglichkeit der freiwilligen Versicherung.
[55] Sachliche Kongruenz besteht auch zwischen dem Versorgungskrankengeld nach § 16 BVG und dem Erwerbsschaden (OLG Hamm VersR 03, 1595).
[56] BGH VersR 82, 239; a. A. zum Unfallausgleich noch BGH VersR 70, 899. Das KG bejaht jetzt wieder die Kongruenz des Unfallausgleichs zum Erwerbsschaden und nicht zu den vermehrten Bedürfnissen (VersR 02, 1429). Es zieht daher den Unfallausgleich vom Erwerbsschaden des Beamten ab. Dabei übersieht das KG allerdings die Entscheidung des BGH VersR 82, 238 und auch der Begründung kann nicht gefolgt werden. Zwar orientiert sich die Höhe des Unfallausgleichs am Grad der Erwerbsminderung. Dies gilt aber auch für die Grundrente, die unstreitig zu den vermehrten Bedürfnissen kongruent ist.
Zur Grundrente: BGH VersR 85, 990; OLG Bamberg VersR 79, 473. Zum entsprechenden § 85 SoldVG a. F. BGH VersR 65, 593. KG r+s 87, 71: Kongruenz allerdings nur zu einem Rentenanspruch wegen vermehrter Bedürfnisse, nicht bei einmaligen Aufwendungen.
[57] S. Rdn. 264.
[58] BGH VersR 77, 427 zu § 122 BBG a. F., aber schon unter Hinweis auf den ab 1. 7. 1977 geltenden § 18 BeamtVG a. F.; KG VersR 81, 536; Kongruenz besteht für das pauschale Sterbegeld nach § 18 Abs. 1, Abs. 2 Nr. 1, Abs. 3 BeamtVG a. F., erst recht für das „Kosten-Sterbegeld nach § 18 Abs. 2 Nr. 2 BeamtVG a. F.(unklar insoweit OLG München VersR 85, 96).
[59] So jedenfalls OLG Hamm VersR 83, 927 – m. E. nicht ganz überzeugend.

735   Im Unterschied zu § 116 SGB X steht dem Beamten ein „Quotenvorrecht" zu: Gem. § 87a S. 2 BBG a.F., 76 BBG n.F. kann der Übergang des Anspruchs nicht zum Nachteil des Beamten und seiner Angehörigen geltend gemacht werden.[60] Zu den Einzelheiten s. Rdn. 748 ff.

### a) Fortzahlung von Dienstbezügen

736   Voraussetzung ist die unfallbedingte – dauernde oder vorübergehende – Aufhebung der Dienstfähigkeit. Diese liegt vor, wenn der Beamte gesundheitlich unfähig ist, seine Dienstpflichten zu erfüllen.[61] Ist er an der Ausübung des Dienstes lediglich verhindert, z.B. während des Besuchs beim Arzt, findet ein Übergang nicht statt.[62] Nimmt der Beamte seine Dienstgeschäfte weiter wahr, so kommt ein Schadensersatzanspruch auch dann nicht in Betracht, wenn die Leistungsfähigkeit des Beamten beeinträchtigt und damit die Qualität seiner Arbeit reduziert ist.[63]

737   Der Regress des Dienstherrn umfasst das *Bruttogehalt*[64] einschließlich des anteiligen Urlaubsentgelts[65] und der anteiligen Sonderzuwendungen (Weihnachtsgratifikation etc.).[66] Insoweit entspricht die Rechtslage der bei der Lohnfortzahlung eines Arbeitnehmers.[67]

738   Eine Anrechnung häuslicher Ersparnisse während der stationären Heilbehandlung auf den Regressanspruch des Dienstherrn kommt nicht in Betracht.[68]

739   Dagegen sind weggefallene Fahrtkosten[69] und sonstige ersparte berufsbedingte Aufwendungen sowie die Steuerersparnis infolge des Freibetrages bei den Versorgungsbezügen[70] zu berücksichtigen.

### b) Beihilfe zu den unfallbedingten Heilbehandlungskosten

740   Die nach den einschlägigen Verordnungen gewährte Beihilfe ist eine „andere Leistung" i.S.d. §§ 87a BBG a.F., 76 BBG n.F. Soweit dem verletzten Beamten oder seinen Angehörigen ein kongruenter Anspruch auf Ersatz von Heilbehandlungskosten zusteht, geht dieser Anspruch in Höhe der Beihilfe auf den Dienstherrn über.[71]

741   Streitig war der Regress wegen Beihilfe für *unfallunabhängige Erkrankungen* während der Zeit einer unfallbedingten Dienstunfähigkeit. Hier fehlt es allerdings an einem unfallbedingten Schaden des Beamten und mithin an einem Ersatzanspruch, der im Wege der Legalzession auf den Dienstherrn übergehen könnte.[72] Dies wurde vom BGH jetzt be-

---

[60] Dieser S. 2 entspricht den Regelungen in den landesrechtlichen Vorschriften.
[61] BGH VersR 71, 127 = NJW 71, 240.
[62] BGH VersR 71, 127 = NJW 71, 240 – m.E. fehlt es hier bereits an einem Erwerbsschaden des Beamten.
[63] OLG Bamberg VersR 67, 691.
[64] BGH VersR 64, 1042; BB 65, 788.
[65] BGH VersR 72, 1056.
[66] BGH VersR 72, 566 = NJW 72, 1705.
[67] Vgl. Rdn. 105 ff.
[68] Begründung: Rdn. 245.
[69] BGH VersR 80, 455 = NJW 80, 1787; VersR 86, 463.
[70] BGH NZV 92, 313 = VersR 92, 886.
[71] BGH VersR 79, 737 = NJW 79, 1708; VersR 83, 686 m.w.H.; VersR 86, 463; VersR 89, 486; OLG Hamm NZV 94, 441 = NJW RR 94, 536.
[72] Ebenso *Schmalzl* VersR 98, 210. A.A. OLG Frankfurt VersR 97, 1297 (ähnlich OLG Koblenz VRS 92, 280) mit der Argumentation, der Beamte verliere mit der Dienstunfähigkeit seinen Beihilfeanspruch; die Tatsache, dass der Dienstherr gleichwohl Beihilfe weiter zahle, entlaste den Schädiger nicht. Dies halte ich für konstruiert. Der Beamte ist mit dem Eintritt in den Beamtenstatus in die staatliche Fürsorge eingebettet; er verliert den Beihilfeanspruch nicht mit der Dienstunfähigkeit oder seiner Pensionierung.

stätigt:⁷³ Weder wird die Beihilfe „infolge des Unfalls" gewährt, noch existiert ein kongruenter Ersatzanspruch des verletzten Beamten.

Bei der Gewährung von Beihilfe für die Heilbehandlung von Familienangehörigen **742** eines Beamten ist zu beachten, dass nach §§ 87 a BBG a. F., 76 BBG n. F., auch Schadensersatzansprüche von Familienangehörigen auf den Dienstherrn übergehen.

Bei Tötung eines Beamten kann der Dienstherr wegen seiner Beihilfeleistungen an die **743** Hinterbliebenen auf den Ersatzanspruch wegen entgangenen Unterhalts, der auch die Sicherstellung solcher Beihilfeleistungen umfasste, zurückgreifen.⁷⁴ Der Übergang umfasst der Höhe nach die Krankheitskosten in Höhe der Beihilfeberechtigung des Getöteten. Sind beide Ehegatten beihilfeberechtigt, steht dem Dienstherrn beim Tod des einen nur ein Regressanspruch wegen der Beihilfeleistungen an die Waisen zu, und zwar hier auch nur in Höhe von jeweils 50%.⁷⁵

### c) Ruhegehalt nach vorzeitiger Pensionierung

Der Schadensersatzanspruch des Beamten wegen des entgangenen Gehalts geht bis zur **744** Höhe der (Brutto-)Pension auf den Dienstherrn über. Dies gilt grundsätzlich selbst dann, wenn die Pensionierung – objektiv betrachtet – aufgrund der Unfallfolgen an sich nicht erforderlich war,⁷⁶ solange sie jedenfalls durch den Unfall verursacht wurde.⁷⁷

Wenn der Verwaltungsakt Pensionierung nicht gerade nichtig ist,⁷⁸ hat der Schädiger **745** nur folgende Einwände: Erfolgte die – unfallbedingte – Pensionierung aus erkennbar sachfremden Erwägungen (z. B. aus rein fiskalischen Gründen – Beweislast beim Schädiger), kann gegen den Regress des Dienstherrn der Einwand der *unzulässigen Rechtsausübung* (§ 242 BGB) erhoben werden.⁷⁹ Im Übrigen ist die Berechtigung der Pensionierung einer gerichtlichen Nachprüfung im Zivilverfahren entzogen.⁸⁰ Hat der Geschädigte nachweislich „unangemessen auf seine Zur-Ruhe-Setzung gedrängt" oder sich nicht „energisch genug dagegen gewehrt", hat er also gegen seine Schadenminderungspflicht nach § 254 BGB verstoßen, kann dieser Einwand auch gegenüber dem Zessionar erhoben werden.⁸¹ Zu beachten ist ggf. die *überholende Kausalität* einer Vorerkrankung, die ebenfalls mit Wahrscheinlichkeit zu einer vorzeitigen Pensionierung geführt hätte.⁸² Der pensionierte Beamte verstößt gegen seine Schadenminderungspflicht, wenn er nicht anderweitig erwerbstätig wird, obwohl er dazu fähig und in der Lage ist und es ihm auch zumutbar wäre, seine verbleibende Arbeitskraft nutzbringend einzusetzen.

Bei der Anrechnung eines bei Beachtung dieser Schadenminderungspflicht erzielbaren **746** Einkommens ist das „Quotenvorrecht" des Beamten nach § 87 a S. 2 BGB a. F., 76 BBG n. F. zu beachten: Da der Übergang nicht zum Nachteil des Beamten geltend gemacht

---

⁷³ BGH VersR 03, 330 = NZV 03, 228.
⁷⁴ BGH VersR 86, 463; NJW RR 89, 608 = VersR 89, 486 = NZV 89, 227.
⁷⁵ BGH NJW RR 89, 608 = VersR 89, 486 = NZV 89, 227.
⁷⁶ St. Rspr., u. a. BGH VersR 69, 538; VersR 72, 975; VersR 83, 488 = NJW 84, 354; OLG Frankfurt NZV 93, 471; OLG München NZV 97, 518; zusammenfassende Darstellung bei *Dunz* VersR 84, 905 ff.
⁷⁷ *Dunz* VersR 84, 905, 907 zweifelt an der Kausalität, wenn der Beamte den Unfall zum bloßen Anlass von Simulationen genommen hat, die dann erst zur Zurruhesetzung geführt haben.
⁷⁸ Das dürfte in der Praxis äußerst selten der Fall sein.
⁷⁹ BGH VersR 72, 975; Schleswig-Holsteinisches OLG SVR 05, 471; *Dunz* VersR 84, 905. In BGH VersR 60, 1094 wird auch die Anwendung des § 254 Abs. 2 BGB erwogen.
⁸⁰ BGH VersR 69, 538; OLG Frankfurt NZV 93, 471 – Rev. nicht angenommen.
⁸¹ OLG München NZV 97, 518; *Dunz* VersR 84, 905, 906.
⁸² *Dunz* VersR 84, 905.

werden kann, erfolgt eine Verrechnung zunächst mit dem auf den Dienstherrn übergegangenen Anspruch.[83]

**Beispiel:**

| | |
|---|---|
| entgangenes Einkommen | 4.000,– EUR |
| erzielbares Einkommen | – 3.000,– EUR |
| Schadensersatz | 1.000,– EUR |
| Ruhegehalt | 3.000,– EUR |
| „Restschaden" Beamter (nach Abzug des Ruhegehalts) | 1.000,– EUR |
| Anspruch Beamter | 1.000,– EUR |
| Regress Staat | 0,– EUR |

747 Nach Erreichen der *Altersgrenze,* mit der der Beamte ohne den Unfall pensioniert worden wäre, besteht sein Schaden in der Differenz zwischen dem zum Unfallzeitpunkt verdienten und dem bei normalem Verlauf erreichbaren Altersruhegeld. Soweit der Dienstherr ein Unfallruhegehalt zahlt, das über die normale Alterspension hinausgeht, kann er beim Schädiger Rückgriff nehmen.[84]

### d) Quotenvorrecht des Beamten

748 Nach §§ 87a BBG a.F., 76 BBG n.F., 81a BVG darf der Übergang des Anspruchs nicht zum Nachteil des Beamten geltend gemacht werden. Daraus folgt nicht nur ein *Befriedigungsvorrecht* des Beamten, wenn sein Schadensersatzanspruch aus tatsächlichen Gründen nicht voll durchgesetzt werden kann,[85] sondern auch ein *Quotenvorrecht,* wenn der Schadenersatzanspruch aus Rechtsgründen (Mithaftung, Überschreitung einer Höchsthaftungssumme) zu quotieren ist.[86] Danach ist aus dem quotierten Ersatzanspruch zunächst der nach Abzug der kongruenten Leistungen des Dienstherrn verbleibende Schaden des Beamten („Restschaden") zu bedienen. Nur der restliche Anspruch geht auf den Dienstherrn über. Ein Mithaftungseinwand greift danach primär gegenüber dem Dienstherrn.

749 Dies ergibt sich zwar nicht unmittelbar aus dem Wortlaut der §§ 87a BBG a.F., 76 BBG n.F., 81a BVG, aber aus der Fürsorge- und Alimentationspflicht des Dienstherrn mit der Konsequenz einer restriktiven Auslegung der Legalzession.

**Beispiel:**[87]

| | | |
|---|---|---|
| entgangenes (Brutto-)Gehalt | | 4.000,– EUR |
| (Brutto-)Ruhegehalt | | 3.000,– EUR |
| Haftung 50% | | |
| 1. Schritt: Höhe des **Schadensersatzes insgesamt:** | | 2.000,– EUR |
| 2. Schritt: Ermittlung „Restschaden" Beamter | | |
| entgangenes (Brutto-)Gehalt | 4.000,– EUR | |
| abzüglich (Brutto-)Ruhegehalt | – 3.000,– EUR | |
| „Restschaden" Beamter | 1.000,– EUR | |

---

[83] BGH VersR 83, 488 = NJW 84, 354: Ausdrücklich wird bestätigt, dass das Quotenvorrecht auch dann gilt, wenn es sich um einen Verstoß gegen eine Schadenminderungspflicht handelt. Ebenso OLG Frankfurt NZV 93, 471 – Rev. nicht angenommen.
[84] BGH VersR 60, 81.
[85] BGH VersR 67, 902.
[86] BGH VersR 57, 26 = NJW 57, 182; NJW 54, 1113; zu § 81a BVG BGH NZV 89, 268; OLG Hamm SP 02, 162 = ZfS 02, 475.
[87] Siehe auch das Berechnungsbeispiel zum Quotenvorrecht eines Arbeitnehmers bei Lohnfortzahlung Rdn. 111.

3. Schritt: Ermittlung **Schadensersatzanspruch Beamter**:
Vom Schadensersatz 2.000,- EUR erhält Beamter
zum bevorrechtigten Ausgleich seines Restschadens                                1.000,- EUR

4. Schritt: Ermittlung **Regress Dienstherr**:
Vom Schadensersatz werden abgezogen            2.000,- EUR
die bevorrechtigt
an den Beamten zu zahlenden                      − 1.000,- EUR
Verbleiben für den Dienstherrn                                                   1.000,- EUR

An diesem Quotenvorrecht hält der BGH[88] trotz Kritik in der Literatur[89] fest. Ob dieses Quotenvorrecht bei der Regulierung und Abfindung der persönlichen Ansprüche beachtet worden ist, spielt für den Rückgriff des Dienstherrn keine Rolle.[90] Es gilt selbst dann, wenn z. B. bei den Heilbehandlungskosten die Lücke zwischen der Beihilfeleistung des Dienstherrn und dem Schaden durch die Leistungen einer privaten Krankenversicherung abgedeckt wird, das Quotenvorrecht also dann nicht dem Beamten, sondern dem privaten Versicherer zugute kommt.[91]    750

Dem Beamten steht eine Art Quotenvorrecht auch dann zu, wenn er unter Verstoß gegen seine Schadenminderungspflicht nach einer Pensionierung einer zumutbaren Erwerbstätigkeit nicht nachgeht.[92]    751

### e) Steuerfragen

Pensionen des Dienstherrn – Ruhegehalt und Hinterbliebenenversorgung – sind einkommensteuerpflichtig. Der Staat führt die Einkommensteuer ab und zahlt an den Beamten bzw. seine Hinterbliebenen nur die Nettopension aus. Im Regress kann der Dienstherr grundsätzlich Bruttopension geltend machen, da es sich auch bei der abgeführten Einkommensteuer um eine Leistung zugunsten des Pensionsempfängers handelt. Der Geschädigte braucht sich allerdings nur die Nettoversorgung auf seinen Schadensersatzanspruch anrechnen zu lassen.    752

Der Erwerbsschaden des Beamten, auf den der Dienstherr wegen der Bruttopension zurückgreifen kann, ist ebenfalls brutto zu berechnen (inkl. Einkommensteuer). Einkommensteuerersparnisse entstehen hier deshalb nicht, weil das Ruhegehalt ebenfalls einkommensteuerpflichtig ist. Allerdings ist die Steuerersparnis durch den Freibetrag für Versorgungsbezüge nach § 19 Abs. 2 EStG als Vorteil anzurechnen.[93]    753

Dagegen unterliegt der Schadensersatz wegen entgangenen Unterhalts nicht der Einkommensteuer. Dies gilt auch dann, wenn dieser Schadensersatz in Rentenform geleistet wird oder würde.[94]    754

Für die Höhe des Schadensersatzes wegen entgangenen Unterhalts der Hinterbliebenen und des Regresses des Dienstherrn ist wie folgt zu differenzieren:    755

Ist die Hinterbliebenenversorgung niedriger als der Unterhaltsschaden, braucht sich der Geschädigte nur die Nettopension auf einen Ersatzanspruch anrechnen lassen, während der Dienstherr beim Regress die Bruttopension geltend machen kann. Im Ergebnis    756

---
[88] S. auch OLG Hamm VersR 03, 1595 = ZfS 02, 475.
[89] *Plagemann* NZV 93, 178 stellt de lege lata die Anwendung der relativen Theorie, wie sie in § 116 Abs. 3 SGB X eingeführt wurde, zur Diskussion.
[90] OLG Hamm VersR 03, 1595 = ZfS 02, 475.
[91] BGH NZV 97, 517 = VersR 97, 1537; NZV 98, 149 = VersR 98, 333; OLG Schleswig NZV 97, 79.
[92] S. o. Rdn. 746.
[93] BGH NZV 92, 313 = VersR 92, 886.
[94] BFH DB 95, 19 = DStR 95, 49. Einzelheiten siehe Rdn. 439. Dahingestellt in BGH NZV 98, 149 = VersR 98, 333.

zahlt der Ersatzpflichtige hier also eine Art „*Steuerschaden*", der in der Belastung der Pension durch die Einkommensteuer besteht.[95]

**Beispiel:**

| | |
|---|---|
| Unterhaltsschaden mtl. | 3.000,– EUR |
| Witwengeld brutto | 2.000,– EUR |
| Einkommensteuer | 500,– EUR |
| Witwengeld netto | 1.500,– EUR |
| Regress Staat: | |
| Witwengeld brutto | 2.000,– EUR |
| Anspruch Witwe: | |
| Unterhaltsschaden | 3.000,– EUR |
| Witwengeld netto | – 1.500,– EUR |
| Schadensersatz | 1.500,– EUR |
| Ersatzleistung Schädiger: | 3.500,– EUR |

757 Übersteigt die Leistung des Dienstherrn den Unterhaltsschaden (z.B. wegen Berücksichtigung des Witweneinkommens), beschränkt sich der Regress des Dienstherrn auf den Netto-Unterhaltsschaden. Da hier der Hinterbliebene vom Dienstherrn netto mehr erhält, als sein Unterhaltsschaden beträgt, kommt ein „Steuerschaden" nicht in Betracht.

**Beispiel:**

| | |
|---|---|
| mtl. Barunterhaltsschaden | 500,– EUR |
| Naturalunterhaltsschaden | + 400,– EUR |
| Unterhaltsschaden | 900,– EUR |
| Witwenpension brutto | 2.000,– EUR |
| Einkommensteuer | 500,– EUR |
| Witwenpension netto | 1.500,– EUR |
| Regress Dienstherr: | 900,– EUR |

Der Dienstherr kann nicht etwa auf eine fiktive Einkommensteuer auf eine tatsächlich nicht gezahlte Schadensersatzrente wegen entgangenen Unterhalts an den Hinterbliebenen zurückgreifen.[96]

## 4. Regress des Bundes

758 Zum Regress des Bundes als Dienstherr für Leistungen an einen Beamten, Richter oder Soldaten siehe die zusammenfassende Darstellung in Rdn. 732 ff. Eine weitere Legalzession bildet § 81a BVG, der schon nach seinem Wortlaut zugunsten des Bundes auch im Falle von Leistungen nach § 80 SoldVG für eine Wehrdienstbeschädigung Anwendung findet.[97] Auch hier bestehen dieselben Grundsätze wie für § 116 SGB X und § 81a BBG: Voraussetzung für einen Regress ist sachliche und zeitliche Kongruenz zwischen Leistung und Schadensersatz. Der Übergang findet dem Grunde nach schon im Unfallzeitpunkt statt, wenn die Möglichkeit von Leistungen besteht.[98] Der Übergang erfasst auch solche Leistungen, die nicht unmittelbar vom Bund als erstattungspflichtigen Kostenträger, sondern z.B. von der gesetzlichen Krankenkasse als Zahlungsträger nach § 18 Abs. 1 S. 3 BVG erbracht werden; dabei spielt es keine Rolle, dass die Erstattung durch den Bund in pauschalierter Form erfolgt.[99]

---

[95] So BGH NZV 98, 149 = VersR 98, 333 in einem obiter dictum zu einem Fall, in dem allerdings die Nettopension höher war als der Unterhaltsschaden, ein Steuerschaden also gar nicht entstehen konnte.
[96] BGH NZV 98, 149 = VersR 98, 333.
[97] So ausdrücklich auch BGH VersR 05, 1004 = SP 05, 302.
[98] BGH VersR 05, 1004.
[99] BGH VersR 05, 1004.

Soweit der Bund die in den SGB vorgesehenen Leistungen erbringt oder Sozialleistungen Dritter erstattet,[100] greift § 116 SGB X als Überleitungsbestimmung nicht. Der Bund ist kein Sozialversicherungsträger.

Eine spezielle Legalzession findet sich im nachträglich eingefügten[101] § 179 Abs. 1a SGB VI. Dem liegt folgende soziale Absicherung zugrunde: Behinderte sind in einer Behindertenwerkstatt rentenversichert (§ 1 Abs. 1 S. 1 Nr. 2a) SGB VI). Die Beiträge aus 80% der Bezugsgröße werden vom Träger der Behindertenwerkstatt gezahlt, wobei wiederum der Bund dem Träger die Beiträge aus der Differenz zwischen der Bezugsgröße und dem tatsächlich erzielten Arbeitsentgelt erstattet (§ 179 Abs. 1 SGB VI). Da § 116 SGB X zugunsten des Bundes nicht greift, hat der Gesetzgeber in Anlehnung an diese Legalzession den Abs. 1a in § 179 SGB VI nachträglich eingefügt: danach gehen Ersatzansprüche auf den Bund über, soweit dieser Rentenversicherungsbeiträge erstattet „hat". Voraussetzung für einen Regressanspruch des Bundes ist zunächst einmal ein kongruenter Ersatzanspruch, nämlich ein Anspruch des Verletzten auf Ersatz ausgefallener Rentenversicherungsbeiträge. Der Bund muss nachweisen, dass und in welcher Höhe der Verletzte ohne den Unfall ein sozialversicherungspflichtiges Einkommen erzielt und daraus Rentenversicherungsbeiträge entrichtet hätte.[102] Werden zusätzliche Beiträge von der Behindertenwerkstatt gezahlt, die zu einer höheren Altersversorgung des Verletzten führen, so ist dies eine soziale Wohltat, die aber nicht zu Lasten des Schädigers geht.

Ungeklärt ist, in welchem Verhältnis diese Legalzession zu der des § 119 SGB X steht. Umfasst der Schadensersatzanspruch des Verletzten einen Beitragsanspruch, geht dieser im Unfallzeitpunkt auf den zuständigen Rentenversicherungsträger über. Nach dem Wortlaut des § 179 Abs. 1a SGB VI erfolgt der Übergang jedoch erst im Zeitpunkt der Leistung („erbracht hat" anstatt „zu erbringen hat", nach § 116 SGB X).[103] Dies spricht für Priorität des RVT beim Übergang nach § 119 SGB X. Leistungen an den Rentenversicherungsträger *vor* diesem Zeitpunkt wären daher im Verhältnis zum Bund wirksam. Dies muss auch dann gelten, wenn der Rentenversicherungsträger den zukünftigen Anspruch durch einen Kapitalbetrag hat abfinden lassen, wozu ihn der Gesetzgeber ausdrücklich ermächtigt hat (§ 116 Abs. 8 SGB XII).[104] Aber auch Zahlungen an und Abfindungsvergleiche mit den Rentenversicherungsträger *nach* dem Zeitpunkt der Erstattung durch den Bund dürften wirksam sein, wenn dem Schädiger nicht bekannt ist, dass der Geschädigte in einer Behindertenwerkstatt arbeitet (guter Glaube). Im Übrigen wird man aber wohl dem Bund das Vorrecht aufgrund der spezielleren Norm des § 179 Abs. 1a SGB VI im Verhältnis zum RVT[105] einräumen müssen.[106] Diskutabel wäre es aber auch, Gesamtgläu-

---

[100] Zum Beispiel die Sozialversicherungsbeiträge für einen Bezieher von Arbeitslosengeld II (s. Rdn. 708).

[101] Hier handelt es sich um eine klassische so genannte Systemänderung (s. hierzu Rdn. 590). Zeitpunkt des Übergangs ist das Inkrafttreten des Gesetzes (siehe Rdn. 590).

[102] BGH VersR 07, 1536 = r+s 07, 478; LG Augsburg r+s 05, 441; *Jahnke* VersR 05, 1203, 1208; *Langenick/Vatter* NZV 05, 609, 611.

[103] So auch *Jahnke* VersR 05, 1203, 1206; *Langenick/Vatter* NZV 05, 609 ff., 614; *Geigel*, Der Haftpflichtprozess, Kap 30, Rn. 153.

[104] Abfindungsvergleiche vor Inkrafttreten des § 179 Abs. 1a SGB VI am 1. 1. 2001 sind ohnehin wirksam, da vor diesem Datum ein Übergang auf den Bund noch nicht stattgefunden hatte.

[105] Ein „Vorrecht" hat der Gesetzgeber ausdrücklich dem Bund nur für den Fall eingeräumt, dass der RVT bei Zahlung von Übergangsgeld Beiträge zahlen müsste, die niedriger wären als die vom Bund erstatteten Beiträge. Nach § 3 Abs. 2 S. 5, § 1 Nr. 3 i. V. m. § 1 S. 1 Nr. 2 SGB VI würde dann die Versicherungspflicht auf Grund der Tätigkeit in der Behindertenwerkstatt vorgehen, der RVT müsste keine Beiträge zahlen und hätte auch keinen Regress.

[106] Man könnte auch mit einer Analogie des § 119 Abs. 1 Nr. 2 SGB X arbeiten, der zwar nur auf § 116 SGB X verweist, aber damit auch die vergleichbare Bestimmung des § 179 Abs. 1a SGB VI

bigerschaft zwischen Bund und Rentenversicherungsträger anzunehmen,[107] wobei eine solche Aufspaltung allerdings kaum Sinn machen würde.[108] Es stellt sich daher die Frage nach dem Anwendungsbereich des § 179 Abs. 1a SGB, die höchstrichterlich noch beantwortet werden muss.

Besonderheiten bestehen bei Beziehern von Arbeitslosengeld II: diese Sozialleistung ist beitragspflichtig zur Renten-, Kranken- und Pflegeversicherung.[109] Gezahlt werden die Beiträge durch die Bundesagentur, Kostenträger ist der Bund. Die BA gilt zwar als Versicherungsträger im Sinne des § 116 SGB VII, ihr steht aber kein Regress zu, weil sie nur Zahlender, nicht aber Kostenträger ist und daher einen Erstattungsanspruch gegen den Bund hat.[110] Der Bund ist zwar Kostenträger, hat aber keine Legalzession; eine dem § 179 Abs. 1a SGB VI oder § 81a BVG entsprechende Bestimmung fehlt.

## 5. Regress des privaten Schadenversicherers nach § 67 VVG a. F., § 86 VVG n. F.

759 Leistungen aus einer *Schaden-*, nicht einer Summenversicherung, führen zu einem Übergang sachlich und zeitlich kongruenter Schadensersatzansprüche. Dazu rechnen auch die Leistungen eines Haftpflichtversicherers und eines Personenversicherers, soweit dieser Schadenleistungen erbringt.[111] Das charakteristische Unterscheidungsmerkmal zur Summenversicherung liegt darin, dass die Höhe der Leistung durch den Schaden bestimmt und begrenzt sein muss.[112] Kein Übergang findet daher statt wegen des Krankentagegelds eines Krankenversicherers,[113] das daher auch nicht angerechnet wird. Auch die Versorgungsanstalt des Bundes und der Länder[114] ist zwar ein privater Versicherer, aber kein Schadenversicherer.[115]

760 Der Übergang findet im Augenblick der Leistung statt.[116] Der Geschädigte ist daher vor diesem Zeitpunkt für den Abschluss von Abfindungsvergleichen aktiv legitimiert, deren Wirksamkeit ggf. dem Schadenversicherer entgegengehalten werden kann.

761 Der Geschädigte ist nicht verpflichtet, seinen privaten Versicherer, z. B. seinen Krankenversicherer, in Anspruch zu nehmen, der Schädiger kann ihn auch nicht an diesen verweisen. Leistet der Schädiger in Unkenntnis von der Zahlung des privaten Versicherers

---

einschließen könnte. Dem steht aber wieder der unterschiedliche Zeitpunk des Übergangs entgegen. Gegen ein Vorrecht des Bundes *Langenick/Vatter* NZV 05, 609ff. mit beachtlichen Gründen.

[107] So *Jahnke* VersR 05, 1203.

[108] Zu Recht bezeichnen daher *Langenick/Vatter* (NZV 05, 609ff.) den § 179 Abs. 1a SGB VI als eine verfehlte und überflüssige Regelung.

[109] §§ 170 Abs. 1 Ziff. 1, 173 S. 2 SGB VI; 251 Abs. 4, 253 SGB V; 59 Abs. 1 S. 1, 60 Abs. 1 S. 1 i. V. m. 251 Abs. 4, 253 SGB V.

[110] So BGH VersR 05, 1004 = SP 05, 302 zur vergleichbaren Situation bei einer Wehrdienstbeschädigung eines Soldaten: die Krankenkasse übernimmt zunächst die Heilbehandlungskosten, hat aber keinen Regress gegen den Schädiger, weil sie Erstattung vom Bund verlangen kann und andernfalls bereichert wäre.

[111] *Prölss/Martin*, VVG, § 67 A. 1 B.

[112] BGHZ 52, 350, 353.

[113] BGH (IV. Senat) NVersZ 01, 457; VersR 84, 690 m. w. H.; OLG Nürnberg VersR 86, 589; OLG Hamm ZfS 88, 309; OLG Köln r+s 93, 242; im Ergebnis auch OLG Hamburg SP 98, 315. In der Literatur streitig, Hinweise bei *Prölss/Martin*, VVG, § 67 A. 1 B. Das in VersR 86, 481 zitierte, abweichende Urteil des LG Regensburg war nicht rechtskräftig geworden, es wurde durch OLG Nürnberg VersR 86, 589 aufgehoben.

[114] Ebenso regionale Zusatzversorgungskassen.

[115] BGH VersR 79, 1120 m. w. H.

[116] *Prölss/Martin*, VVG, § 67 A. 4 A.

an den Geschädigten, so wird er gleichwohl von seiner Ersatzpflicht frei, da er sich auf den Gutglaubenschutz des § 407 BGB berufen kann.[117] Nimmt der Geschädigte seine private Krankenversicherung in Anspruch und entgeht ihm deshalb eine Prämienrückzahlung, so liegt darin zwar ein Vermögensschaden.[118] M.E. kann der Schädiger dann dem Geschädigten jedoch einen Verstoß gegen seine Schadenminderungspflicht vorwerfen.

Dem Versicherten steht gegenüber dem privaten Versicherer ein Befriedigungs- und Quotenvorrecht[119] zu (§ 67 Abs. 1 S. 2 VVG a.F., § 86 VVG n.F.). Zum Familienprivileg des § 67 Abs. 2 VVG a.F. s. die Ausführungen zu § 116 Abs. 6 SGB X.[120] Es gilt auch dann, wenn ein Direktanspruch gegen den KH-Versicherer besteht.[121]

**762**

---

[117] BGH VersR 66, 330; OLG Koblenz VersR 82, 692.
[118] OLG Köln NZV 90, 465 = VersR 90, 908.
[119] Zur rechnerischen Berücksichtigung des Quotenvorrechts siehe das Beispiel Rdn. 749.
[120] Rdn. 635 ff.
[121] So ausdrücklich für § 67 Abs. 2 VVG OLG Stuttgart NZV 06, 213. Siehe in übrigen die in der Fußnote zu Rdn. 637 zitierten BGH-Urteile zu § 116 Abs. 6 SGB X.

## XIV. Regress von Rentenversicherungsbeiträgen nach § 119 SGB X

763 Nach § 119 SGB X geht ein Anspruch des Sozialversicherten auf Ersatz von Beiträgen zur Rentenversicherung auf den Rentenversicherungsträger über, wenn der Geschädigte zum Zeitpunkt des Schadenereignisses bereits Pflichtbeitragszeiten nachweisen kann oder danach pflichtversichert wird. Es handelt sich hier um eine im Verhältnis zu § 116 SBG X eigenständige Legalzession, die zum Teil weitergeht, zum Teil aber auch an engere Voraussetzungen geknüpft ist. Charakteristisch ist auf der einen Seite das Fehlen einer kongruenten Leistung als Voraussetzung für den Übergang.[1] Auf der anderen Seite findet diese Bestimmung z. B. nur dann Anwendung, wenn der Verletzte schon einmal sozialversichert war („Pflichtbeitragszeiten nachweist") oder nach dem Unfall später pflichtversichert wird.

Der Anspruch geht vollständig auf den RVT als Treuhänder[2] über, dem Geschädigten verbleibt nicht etwa eine Art Einzugsermächtigung; er kann weder aus eigenem Recht noch in gewillkürter Prozessstandschaft des SVT klagen.[3] Der RVT ist zur Durchsetzung des Anspruchs – allein – aktiv legitimiert. Von ihm geschlossene, zivilrechtlich wirksame Abfindungsvergleiche haben Bindungswirkung und gelten auch gegenüber dem Geschädigten.[4] Kommt der RVT seiner sozialrechtlichen Pflicht zum Einzug der Beiträge nicht nach und kommt es daher zu einer Rentenminderung, hat der Geschädigte weder einen persönlichen Schadensersatzanspruch gegen den Schädiger,[5] noch kann er den RVT zur Geltendmachung einer Forderung zwingen. Er hat aber gegebenenfalls einen Schadensersatzanspruch gegen den RVT, der auf Gutschriften auf dem Beitragskonto gerichtet ist und vor dem Sozialgericht geltend gemacht werden muss.[6]

Durch den vollständigen Ersatz unfallbedingt ausgefallener Pflichtbeiträge im Rahmen der Haftung wird der Schaden ausgeglichen und erfüllt der Schädiger seine Schadensersatzpflicht. Das Beitragskonto weist im Ist-Verlauf dieselben Pflichtbeiträge wie im Soll-Verlauf aus. Ein Anspruch auf Ersatz einer Rentenminderung kommt daneben nicht mehr in Betracht. Zwar ist eine solche Rentenminderung – trotz Ersatz von Beiträgen in unveränderter Höhe – wegen einer unverständlichen gesetzlichen Neuregelung im RV-Altersgrenzenanpassungsgesetz möglich; dieser mittelbare Schaden ist dem Schädiger jedoch nicht mehr zurechenbar. Es ist Sache der RVT, hier einen Ausgleich zu schaffen, bzw. des Gesetzgebers, diesen Missstand zu beseitigen.[7]

764 In der Kernfrage besteht zwar Übereinstimmung mit § 116 SGB X: Übergeleitet wird der *Schadensersatzanspruch des Verletzten*, soweit er sich auf die Zahlung von Rentenver-

---

[1] Dies führt dazu, dass ein Anspruch nach § 119 SGB X auch gegen die Verkehrsopferhilfe geltend gemacht werden kann (BGH NZV 00, 252 = VersR 00, 471); die Verkehrsopferhilfe haftet nach § 12 Pflichtversicherungsgesetz nämlich nur dann subsidiär, wenn und soweit der Geschädigte Leistungen eines SVT tatsächlich erhält. Das ist hier nicht der Fall.
[2] St. Rspr., BGH NZV 08, 392 = VersR 08, 513 m. w. H.
[3] BGH VersR 04, 492 = NZV 04, 249. Siehe auch *Jahnke*, jurisPR-VerR 12/2008, Anm. 6.
[4] So wohl auch LSG Celle-Bremen v. 28. 9. 07, L 1 R 142/07, nicht rechtskräftig; LSG Baden-Württemberg v. 20. 3. 07, L 9 R 917/05 – die zugelassene Revision (BSG B 12 R 3/07 R) wurde zurückgenommen.
[5] Auch der Unfallversicherungsträger, der eine Verletztenrente bis zum Lebensende zahlt, kann sich nicht etwa auf einen übergegangenen Ersatzanspruch berufen – LG Stuttgart r+s 08, 402.
[6] BGH VersR 04, 492 = NZV 04, 249; *Jahnke*, jurisPR-VerR 12/2008, Anm. 6.
[7] So wohl auch im Ergebnis *Diehl* zfs 07, 686; *Jahnke*, Der Verdienstausfall im Schadensersatzrecht, Kap. 3 Rn. 218 ff.

sicherungsbeiträgen erstreckt.[8] Der Beitragsanspruch des Verletzten ist nach Grund und Höhe gem. den allgemeinen Regeln zu prüfen. Der Rentenversicherungsträger muss also darlegen und beweisen, dass dem Verletzten infolge des Unfalls ein sozialversicherungspflichtiges Erwerbseinkommen in einer bestimmten Höhe entgangen ist und Rentenversicherungsbeiträge daher ausgefallen sind.[9] Allerdings ist kein Nachweis erforderlich, dass dem Verletzen infolge des Ausfalls der Beiträge ein Rentenschaden entstanden ist:[10] Nach § 62 SGB VI wird ein Schaden des Verletzten fingiert.

## 1. Historische Entwicklung

Die ursprüngliche Fassung des § 119 SGB X war am 1. 7. 1983 in Kraft getreten. Danach konnte erstmals der Rentenversicherungsträger aufgrund einer Legalzession einen auf Erstattung von Rentenversicherungsbeiträgen gerichteten Ersatzanspruch des Geschädigten geltend machen. Voraussetzung war, dass das Zahlen freiwilliger Rentenversicherungsbeiträge sozialrechtlich möglich und wirtschaftlich vernünftig war.[11] Aufgrund einer Stichtagsregelung galt – und gilt – die Legalzession nur für Schadenfälle, die ab 1. 7. 1983 eingetreten waren. **765**

In der Folgezeit wurde § 119 SGB X zweimal überarbeitet. Durch das Rentenreformgesetz vom 1. 1. 1992 wurden die Voraussetzungen für den Anspruch auf Erstattung von Rentenversicherungsbeiträgen erleichtert.[12] Aufgrund der Neufassung des § 119 SGB X i. V. m. § 62 SGB VI n. F. wird ein Beitragsschaden und damit ein Ersatzanspruch des Verletzten auch für den Fall fingiert, in dem nach der alten Rechtsprechung kein wesentlicher Beitragsschaden auftreten konnte, also eine sog. unfallfeste Position vorlag. Diese Neuregelung galt zwar auch für alte Schadenfälle (ab 1. 7. 1983), aber nur insoweit, als ein Beitragsausfall ab In-Kraft-Treten der Neufassung zum 1. 1. 1992 nachgewiesen wurde.[13]

Eine weitere Reform der Legalzession des § 119 SGB X erfolgte zum 1. 1. 2001: Zum einen ist diese Bestimmung ihrem ausdrücklichen Wortlaut nach nur noch auf den Ausfall von Rentenversicherungsbeiträgen anzuwenden. Der Regress der Krankenkasse wurde – m. E. systemwidrig – in § 116 Abs. 2 Ziff. 2 SGB X n. F. neu geregelt.[14] Zum anderen wurde die Voraussetzung für einen Beitragsregress, dass der Verletzte zum Unfallzeitpunkt rentenversicherungspflichtig war,[15] aufgegeben. Es genügt, wenn der Verletzte zu einem früheren Zeitpunkt einmal rentenversicherungspflichtig war oder zu einem späteren Zeitpunkt rentenversicherungspflichtig wird.[16] Diese Neufassung gilt auch für Schadenfälle vor dem 1. 1. 2001, soweit zum Stichtag über den Schadenfall „noch nicht abschließend entschieden" worden war. **766**

---

[8] BGH VersR 86, 592 = NJW 86, 2247; VersR 87, 598; NZV 92, 110 = VersR 92, 367.
[9] S. auch OLG Hamm VersR 02, 732 = r + s 01, 507 m. w. H.
[10] St. Rspr., BGH NZV 08, 392 = VersR 08, 513 m. w. H.
[11] S. hierzu die 7. Aufl. Rdn. 566.
[12] Außerdem wurde durch § 119 SGB X n. F. i. V. m. § 224 Abs. 2 SGB V ein Anspruch der Krankenkasse auf Zahlung von Krankenversicherungsbeiträgen während der Zeit der Gewährung von Krankengeld eingeführt.
[13] BGH NZV 92, 110 = VersR 92, 367: Keine Rückwirkung für die vor dem 1. 1. 1992 aufgetretenen Beitragsausfälle.
[14] S. hierzu Rdn. 624.
[15] S. hierzu die 7. Aufl. Rdn. 468.
[16] Diese Erweiterung hat, wie auch die Praxis zeigt, nur geringe Bedeutung. Denn Voraussetzung für einen Beitragsanspruch ist immer, dass der Geschädigte ohne den Unfall nachweislich eine rentenversicherungspflichtige Tätigkeit ausgeübt hätte und durch den Unfall hieran gehindert wird. Dieser Nachweis fällt desto schwerer, je länger der Zeitraum zwischen einer versicherungspflichtigen Erwerbstätigkeit und dem Unfall ist. Vgl. im Übrigen hierzu Rdn. 773.

767  Als Ergebnis des Zusammenwirkens der verschiedenen Neufassungen des § 119 SGB X mit ihren unübersichtlichen Übergangsregelungen lässt sich festhalten:

768  Ein Anspruch des Rentenversicherungsträgers als Treuhänder des Geschädigten auf Erstattung von Rentenversicherungsbeiträgen kommt in Betracht,
– für Schadenfälle ab 1. 7. 1983, wenn der Geschädigte im Unfallzeitpunkt rentenversichert war und
– für Beitragsausfälle ab 1. 1. 1992[17] auch dann, wenn der Geschädigte entweder zum Unfallzeitpunkt oder irgendwann einmal in der Vergangenheit eine rentenversicherungspflichtige Tätigkeit ausgeübt hatte oder diese nach dem Unfall aufnimmt, und zwar auch dann, wenn er sie später wieder aufgibt.

769  Der Rentenversicherungsträger muss nicht nachweisen, dass dem Verletzten durch den Ausfall der Beiträge ein Rentenschaden entstehen würde und das Zahlen der Beiträge wirtschaftlich vernünftig ist.[18] Der RVT muss aber darlegen und beweisen, dass und in welcher Höhe aufgrund einer Erwerbstätigkeit im Soll-Verlauf Rentenversicherungsbeiträge ohne den Unfall entrichtet worden wären, die infolge des Unfalls jetzt ausfallen.

## 2. Rentenversicherungspflicht des Verletzten

770  Während nach der alten Fassung des § 119 SGB X Voraussetzung für einen Beitragsregress das Bestehen einer Sozialversicherungspflicht zum Unfallzeitpunkt war,[19] genügt es jetzt, wenn der Geschädigte irgendwann einmal in der Vergangenheit pflichtversichert war (§ 119 Abs. 1 S. 1 SGB X).[20] Auch in diesem Fall geht der Ersatzanspruch auf Zahlung von Rentenversicherungsbeiträgen auf den SVT über, der Geschädigte ist insoweit nicht aktiv legitimiert. Allerdings wird sich dann bei Zahlungen und Abfindungsvergleichen mit dem Geschädigten der Schädiger auf eine gutgläubige, befreiende Leistung berufen können, wenn er angesichts des Berufsbildes des Geschädigten und aufgrund seiner Angaben keine Kenntnis von einer früheren sozialversicherungspflichtigen Tätigkeit hat und auch nicht haben kann. Im Übrigen ist gerade bei dieser Fallgestaltung besonders darauf zu achten, dass ein Beitragsregress den Nachweis voraussetzt, dass der Verletzte ohne den Unfall wieder eine sozialversicherungspflichtige Beschäftigung aufgenommen hätte, die er nun infolge des Unfalls nicht mehr ausüben kann.

771  Ein Übergang findet nach dem Wortlaut des § 119 SGB X auch dann statt, wenn der Geschädigte später einmal tatsächlich pflichtversichert wird, auch zum Beispiel durch die Aufnahme in einer Behindertenwerkstatt.[21] Zeitpunkt für den Übergang ist dann allerdings nicht der Unfallzeitpunkt, sondern der Augenblick des tatsächlichen Beginns einer versicherungspflichtigen Beschäftigung.[22] Im Übrigen ist bei dieser Fallgestaltung Voraussetzung für den Regress des RVT, dass der Geschädigte infolge des Unfalls die aufgenommene Erwerbstätigkeit wieder aufgibt und daher unfallbedingt Beiträge aus-

---

[17] Der Regress des RVT für Beitragsausfälle bis zum 31. 12. 1991 dürfte in der Praxis durchweg ausgeglichen sein. Auf die Darstellung der umfangreichen, komplexen Materie (Voraussetzung z. B.: „unfallfeste Position") wird daher verzichtet und insoweit auf die 5. Aufl., Rdn. 543 ff. verwiesen.
[18] St. Rspr., BGH NZV 08, 392 = VersR 08, 513 m. w. H.
[19] Hinweise in der 7. Aufl., Rdn. 568.
[20] Nach der Übergangsregelung des § 120 Abs. 1 SGB X findet diese Neuregelung auch für Schadenfälle in der Zeit zwischen dem 1. 7. 1983 und dem 31. 12. 2000 Anwendung, wenn der Schadenfall bei In-Kraft-Treten noch nicht abschließend erledigt war.
[21] Versicherungspflicht nach § 1 S. 1 Nr. 2 SGB VI.
[22] LG Gera r+s 08, 400 m. zustimmender Anm. *Jahnke*; *Euler* im Handbuch des Fachanwalts Verkehrsrecht, Kap. 10 Rdn. 68. Ein vor dem Übergang geschlossener Abfindungsvergleich mit dem Geschädigten ist dann gegenüber dem RVT wirksam.

fallen. Große praktische Bedeutung wird die Neuregelung wegen dieser Voraussetzungen daher nicht haben.

Zwischen Sozialversicherten und Schadensersatzberechtigten muss Identität bestehen, 772 die z.B. nicht vorliegt, wenn ein Erwerbstätiger Verdienstausfall hat, weil er sein verletztes Kind pflegt. Schadensersatzberechtigt – Heilbehandlungskosten oder vermehrte Bedürfnisse – ist das verletzte Kind. Der Beitragsausfall tritt bei der Pflegeperson ein. Hier ist zwar ein Regress der Krankenkasse wegen des Krankengeldes nach § 116 SGB X möglich (vgl. dazu Rdn. 602), nicht aber der Beitragsregress nach § 119 SGB X. In Betracht kommt allerdings ein Anspruch der Pflegekasse nach § 116 SGB X, soweit diese Rentenversicherungsbeiträge für Pflegepersonen gem. § 44 SGB XI zahlt.[23]

## 3. Ausfall von Pflichtversicherungsbeiträgen

Ersetzt wird nur der Ausfall von Beiträgen, die ohne den Unfall geleistet worden 773 wären.[24] Die Beweislast für Höhe und Dauer liegt beim RVT.[25] Nachgewiesen werden muss,[26] dass der Verletzte eine rentenversicherungspflichtige Beschäftigung ausgeübt hätte, wie lange er sie ausgeübt und in welcher Höhe er ein rentenversicherungspflichtiges Einkommen erzielt hätte.[27] Zur Abgrenzung zwischen einer nicht versicherungspflichtigen selbstständigen Tätikeit und einer versicherungspflichtigen unselbstständigen Beschäftigung siehe Rdn. 519. Geringfügig Beschäftigte („400 €-Job") sind nicht versicherungspflichtig,[28] soweit nicht zusätzlich eine weitere versicherungspflichtige Tätigkeit ausgeübt oder auf Versicherungsfreiheit durch schriftliche Erklärung gegenüber dem Arbeitgeber verzichtet wird; ein Beitragsanspruch nach § 119 SGB X besteht bei fehlender Versicherungspflicht nicht.

Werden Pflichtbeiträge von dritter Seite entrichtet, kommt lediglich ein Rückgriff der Dritten, z.B. nach § 116 SGB X, nicht aber ein Beitragsanspruch nach § 119 SGB X in Betracht. Für die Entgeltfortzahlung des Arbeitgebers ist dies in § 119 S. 1 Ziff. 1 SGB X ausdrücklich geregelt, der Grundsatz gilt aber auch für Pflichtversicherungsbeiträge aus Lohnersatzleistungen.[29]

Bei Wechsel in ein anderes (Alters-)Sicherungssystem, z.B. Aufnahme in das Beamtenverhältnis nach dem Unfall, wird der Anspruch nach § 119 SGB X wegen Vorteilsausgleichs gekürzt oder fällt ganz weg.[30]

## 4. Leistungsfreiheit des KH-Versicherers

Nach dem Wortlaut der §§ 3 Nr. 6 PflVG, 158c Abs. 4 VVG scheidet ein Direktanspruch gegen den Krafthaftpflichtversicherer nur dann und insoweit aus, als der Geschädigte Ersatz seines Schadens von einem SVT erlangen kann. Das ist bei dem Beitragsüber- 774

---

[23] S. Rdn. 697.
[24] An einen deutschen Rentenversicherungsträger geleistet worden wären.
[25] Vgl. auch OLG Hamm VersR 02, 732 = r+s 01, 507 m.w.H.
[26] Beweismaßstab: § 287 ZPO.
[27] Siehe hierzu ausführlich Rdn. 779.
[28] §§ 5 Abs. 2 Nr. 1 SGB VI, 8, 8a SGB IV. Siehe hierzu ausführlich Jahnke, Der Verdienstausfall im Schadensersatzrecht, Kap. 3, Rdn. 12 ff.
[29] Vgl. Rdn. 618 ff.
[30] Zum Grundsatz und zur Berechnung siehe BGH VersR 08, 513 = NZV 08, 392. Ein Vorteilsausgleich findet m.E. auch dann statt, wenn der Verletzte in ein berufsständisches Versorgungswerk aufgenommen wird oder als Selbstständiger aus einem höheren Einkommen eine eigene Altersversorgung aufbauen kann.

gang nach § 119 SGB X gerade nicht der Fall. Der Anspruch besteht daher auch bei Leistungsfreiheit des KH-Versicherers. Aus diesem Grund besteht auch ein Beitragsanspruch des Rentenversicherungsträgers gegen die Deutsche Verkehrsopferhilfe.[31]

## 5. Kein Familienprivileg nach § 116 Abs. 6 SGB X

775  Für den Beitragsregress des Rentenversicherungsträgers hat der BGH entschieden, dass § 116 Abs. 6 SGB X nicht anzuwenden ist.[32] Gegenüber dem Beitragsanspruch des Krankenversicherers nach § 116 Abs. 1 Ziff. 2 SGB X bleibt es jedoch bei dem Einwand des Familienprivilegs.

## 6. Verjährung

776  Rechtlich bestehen keine Besonderheiten. Beitragsansprüche sind auf regelmäßig wiederkehrende Leistungen gerichtet;[33] es gilt daher die 3-jährige Verjährungsfrist (§§ 197 Abs. 2, 195 BGB n. F.). Von praktischer Bedeutung ist allerdings, dass die Verjährungsfrist für Ansprüche des RVT nach § 116 SGB X mit der Kenntnis oder grob fahrlässiger Unkenntnis vom Unfall, die bei der Verfolgung des zeitlichen vorweggehenden Beitragsregresses nach § 119 SGB X erworben worden ist, zu laufen beginnt.

## 7. Verstoß gegen die Schadensminderungspflicht

777  Es gelten die allgemeinen Grundsätze. Dem RVT kann insbesondere entgegengehalten werden, dass der Verletzte eine ihm zumutbare Erwerbstätigkeit schuldhaft nicht ausübt.

## 8. Befriedigungsvorrecht des Geschädigten gem. § 116 Abs. 4 SGB X bei Überschreitung der Versicherungssumme[34]

778  Zwar hat der Gesetzgeber eine § 116 Abs. 4 SGB X entsprechende Bestimmung in § 119 SGB X nicht normiert. Es gilt jedoch der Rechtsgrundsatz (der auch schon im Rahmen des § 1542 RVO ohne ausdrückliche Regelung maßgeblich war), dass der Altgläubiger im Rahmen des Kürzungsverfahrens nach § 156 Abs. 3 VVG gegenüber dem Neugläubiger ein Vorrecht genießt. Dem steht auch nicht entgegen, dass es sich im § 119 SGB X um die Legalzession eines Anspruchs des Verletzten handelt, dem keine Leistungen des SVT entsprechen. Wirtschaftlich handelt es sich nämlich jedenfalls zum Teil um einen Anspruch des RVT auf Ersatz seines im Beitragsausfall liegenden Drittschadens. Der wirtschaftliche Nachteil des Geschädigten für den Fall, dass der RVT mit seinem Bei-

---

[31] BGH NZV 00, 252 = VersR 00, 471.
[32] BGH VersR 89, 462. Der BGH begründet den Wegfall des Familienprivilegs bei den RV-Beiträgen damit, dass der Verletzte vor einer Kürzung seines Status in der gesetzlichen Rentenversicherung wegen des Ausfalls von Pflichtversicherungsbeiträgen bewahrt werden müsse. Der RVT erfülle nur die Aufgabe eines Treuhänders, er „nehme für den Verletzten die Beiträge in Empfang und führe sie dem Beitragskonto zu".
[33] Siehe hierzu Rdn. 784.
[34] A. A. *Euler* im Handbuch des Fachanwalts Verkehrsrecht, Kap. 10 Rdn. 69 und OLG Karlsruhe nicht veröffentlicht – v. 12. 5. 1997, 10 U 33/97. Eine BGH-Entscheidung zu dieser in der Regulierungspraxis streitigen Frage liegt nicht vor.

tragsanspruch im Kürzungsverfahren ausfällt, ist jedenfalls geringer als der Vorteil eines Befriedigungsvorrechts gegenüber dem RVT.

## 9. Höhe

Maßgeblich ist der jeweils gültige Beitragssatz aus dem entgangenen Bruttoeinkommen bis zur Bemessungsgrenze. Der RVT muss – im Rahmen des § 287 ZPO – nachweisen, welche Beiträge ohne den Unfall entrichtet worden wären, d. h., welches Bruttoeinkommen dem Verletzten infolge des Unfalls entgangen ist.[35] Es gelten hier die allgemeinen Grundsätze für den Nachweis eines Erwerbsschadens. Hypothetische Einkommenssteigerung, anteilige Sonderzahlungen (z. B. Gratifikationen) können nur dann berücksichtigt werden, wenn sie tatsächlich unfallbedingt nicht gezahlt worden sind. Da Arbeitgeber bei ihrem Regress in der Regel Gratifikationen und Sonderzahlungen anteilig berücksichtigen, ist bei der Vorlage von Arbeitgeberbescheinigungen im Rahmen des § 119 SGB X Vorsicht geboten.

779

## 10. Konkurrenz des § 119 SGB X zum Übergang eines Beitragsanspruchs nach §§ 6 EFZG, 116 SGB X, 179 Abs. 1 a SGB VI

Nach § 119 Abs. 1 Ziff. 1, 2 SGB X erfolgt kein Übergang, soweit der Arbeitgeber mit der Entgeltfortzahlung Rentenversicherungsbeiträge zahlt oder die Zession des Beitragsanspruchs nach § 116 SGB X greift. Obwohl also der Anspruch auf Rentenversicherungsbeiträge dem Grunde nach bereits im Unfallzeitpunkt auf den Rentenversicherungsträger übergegangen ist, scheidet ein Regress für die Dauer der Entgeltfortzahlung aus. Nach Ende der Entgeltfortzahlung und dem Beginn des Zeitraums von Lohnersatzleistungen, die beitragspflichtig sind und für die Rentenversicherungsbeiträge entrichtet werden, beschränkt sich der Beitragsanspruch nach § 119 SGB X auf den so genannten Spitzbetrag, d. h. der Rentenversicherungsträger kann den Beitragssatz aus der Differenz zwischen dem entgangenen Bruttoeinkommen und der niedrigeren Lohnersatzleistung geltend machen.[36] Auch der Übergang des Anspruchs auf den Träger der Lohnersatzleistung nach § 116 Abs. 1 S. 2 Ziff. 1 SGB X ist nach der ausdrücklichen Regelung in § 119 SGB X vorrangig.[37] In Fällen der Mithaftung steht dem Rentenversicherungsträger gem. den Grundsätzen der relativen Theorie (§ 116 Abs. 3 S. 1 SGB X) der quotierte Beitragsanspruch aus dem Spitzbetrag zu.

780

Hat sich der Rentenversicherungsträger wegen des Risikos zukünftiger Beitragsansprüche abfinden lassen, wozu ihn der Gesetzgeber ausdrücklich ermächtigt hat (§ 119 Abs. 4 S. 1 SGB X), erleidet aber der erwerbstätige Verletzte eine Wiedererkrankung mit Entgeltfortzahlung und nachfolgenden Lohnersatzleistungen, kommt ein Regressanspruch des Lohnersatzleistungsträgers m. E. nicht mehr in Betracht. Der Rentenversicherungsträger war im Zeitpunkt der Abfindung für den gesamten Anspruch aktiv legitimiert, und er konnte daher wirksam über ihn verfügen. Praktische Bedeutung hat dieses Ergebnis für den Fall der späteren Eingliederung eines unfallbedingt Behinderten in eine Behindertenwerkstatt.[38]

781

---

[35] Vgl. z. B. OLG Hamm SP 01, 10 = r + s 01, 507.

[36] Zahlenbeispiele siehe Rdn. 622.

[37] Das muss auch hinsichtlich der an sich vom Verletzten aus der Lohnersatzleistung zu tragenden Beiträge gelten, die genau genommen nicht unter § 116 SGB X fallen, die aber der Träger der Lohnersatzleistung für den Geschädigten abführt und mit der Lohnersatzleistung verrechnet (siehe insoweit die Ausführungen Rdn. 120 ff.).

[38] Siehe Rdn. 758.

## XV. Verjährung

782 Mit In-Kraft-Treten der *Schuldrechtsreform* zum 1. 1. 2002 wurde auch das Verjährungsrecht völlig neu geregelt. Die neuen Bestimmungen gelten für Schadenfälle ab 1. 1. 2002. Für Schäden, die bis zu diesem Datum eingetreten sind, ist die Übergangsregelung des Art. 229 § 6 EGBGB zu beachten. Daraus lassen sich folgende *Kernaussagen* ableiten:
– Schadensersatzansprüche, die am 31. 12. 2001 verjährt waren, bleiben verjährt.
– Für Schadensersatzansprüche, die am Stichtag noch nicht verjährt waren, gilt die jeweils kürzere Frist nach altem oder nach neuem Recht (§ 6 Abs. 1 S. 1 i. V. m. Abs. 3 EGBGB).
– Die kürzere Frist nach neuem Recht hat erst am 1. 1. 2002 zu laufen begonnen (§ 6 Abs. 4 S. 1 EGBGB). Daraus folgt, dass eine an sich längere Frist nach altem Recht gleichwohl vor Ablauf der kürzeren Frist nach neuem Recht enden konnte (§ 6 Abs. 4 S. 2 EGBGB).

### 1. Verjährungsfristen

#### a) Regelmäßige Verjährungsfrist 3 Jahre (§ 195 BGB)

783 Die neue Regelfrist von drei Jahren ist auch tatsächlich die Regel. Sie gilt für
– alle Schadensersatzansprüche.
Personenschäden auf Grund dauernder körperlicher Beeinträchtigung haben zur Folge, dass materielle und auch immaterielle Schäden in unterschiedlicher Höhe über Jahre und Jahrzehnte immer wieder neu entstehen. Für die Verjährung ist daher zwischen dem, dem Grunde nach im Unfallzeitpunkt entstandenen Stammrecht und den jeweils neu entstehenden Einzelansprüchen zu unterscheiden, für die an sich gesonderte Verjährungsfristen laufen, deren Verjährung aber auch vom Stammrecht abhängt. Läuft die Verjährungsfrist für das Stammrecht, läuft die Frist auch für zukünftige Teilansprüche. Ist das Stammrecht verjährt, sind auch die aus ihm folgenden Einzelansprüche, auch soweit sie erst in Zukunft entstehen, verjährt,[1] soweit nicht für sie eine gesonderte Hemmung (z. B. durch Leistungsklage) oder Neubeginn (beschränkte Anerkenntnis) anzunehmen ist.[2] Das macht die Wahrnehmung von Möglichkeiten zur Verlängerung der Verjährungsfristen für das Stammrecht[3] und die Berücksichtigung gesetzlicher Hemmungstatbestände[4] und des Neubeginns der Verjährung,[5] die im Folgenden beschrieben werden, gerade bei der Regulierung von Personenschäden, so wichtig.
Andererseits droht für (Teil-)Ansprüche auf wiederkehrende Leistungen auch dann der Ablauf der regelmäßigen Verjährungsfrist, wenn dies für das Stammrecht nicht der Fall ist, z. B. wegen eines Feststellungsurteils;[6]

---

[1] St. Rspr., vgl. z. B. Saarländisches OLG v.14. 11. 06, 4 U 227/06, SP 07, 392.
[2] BGH VersR 79, 55 = NJW 79, 268; MDR 95, 160; NZV 03, 225.
[3] Rdn. 813 ff.
[4] Rdn. 802 ff.
[5] Rdn. 799 ff.
[6] Dies gilt m. E. auch für die Hemmung des Stammrechts nach Anmeldung beim KH-Versicherer – s. Rdn. 802 – und für eine vertragliche Verlängerung der Verjährungsfrist – s. Rdn. 813.

– für Ansprüche auf regelmäßig wiederkehrende Ersatzleistungen[7] (Erwerbsschaden, vermehrte Bedürfnisse,[8] Unterhaltsschaden, sonstige Renten; hierzu kongruente Regresse von SVT, auch Beitragsansprüche nach § 119 SGB X); für sie gilt die dreijährige Verjährungsfrist nach § 197 Abs. 1 Ziff. 3 BGB n. F. auch dann, wenn für das Stammrecht die 30-jährige Verjährungsfrist aus einem Feststellungsurteil besteht.[9]
– den Direktanspruch gegen den KH-Versicherer;
Die Verjährung richtet sich nach der des Haftpflichtanspruchs (§ 3 Nr. 3 S. 1 PflVG a. F., § 115 Abs. 2 S. 1 VVG n. F.), endet jedoch spätestens nach 10 Jahren.[10] Zugunsten des Geschädigten besteht die Besonderheit der Hemmung des Direktanspruchs von der Anmeldung bis zur endgültigen Entscheidung des Haftpflichtversicherers (§ 3 Nr. 3 S. 3 PflVG a. F., § 115 Abs. 2 S. 3 VVG n. F.).[11]
– übergegangene Ansprüche eines Rechtsnachfolgers;
– originäre Ansprüche eines SVT nach § 110 SGB X wegen grob fahrlässig herbeigeführten Arbeitsunfalls;[12]
– Ansprüche aufgrund eines Teilungsabkommens;[13]
– Ausgleichsansprüche im Mehrschädigerverhältnis zwischen den KH-Versicherern.[14]

### b) 30-jährige Verjährungsfrist aufgrund eines Feststellungsurteils

Nach § 197 Abs. 1 Ziff. 3 BGB verjähren rechtskräftig festgestellte Ansprüche in 30 Jahren und zwar auch dann, wenn das Feststellungsurteil nur allgemein die Ersatzpflicht des Schädigers ausspricht.[15] Diese Verjährungsfrist gilt für das Stammrecht und für die zur Zeit der Urteilsverkündung fälligen Einzelansprüche.[16] Die 30-jährige Verjährungsfrist gilt auch für Spätschäden, die erst nach Ablauf dieser Frist auftreten.[17] Will sich der Geschädigte daher vor Verjährung nach Ablauf der 30-jährigen Frist schützen, muss er rechtzeitig eine Vereinbarung über eine Verlängerung der Frist treffen oder aber eine weitere Feststellungsklage einreichen.[18]

Soweit aufgrund des Feststellungsurteils[19] regelmäßig wiederkehrende Leistungen geltend gemacht werden, also z.B. Erwerbsschaden, vermehrte Bedürfnisse, entgangener

---

[7] Ansprüche, die „von vornherein und ihrer Natur nach" nicht einmal, sondern in regelmäßiger zeitlicher Wiederkehr entstehen (BGH NZV 06, 75 = VersR 06, 132).
[8] BGH NZV 06, 75 = VersR 06, 132.
[9] Davon geht auch offensichtlich der BGH aus – r+s 06, 40. S. zur entsprechenden Bestimmung des § 218 Abs. 2 BGB a. F. (vierjährige Verjährungsfrist): BGH VersR 80, 88; VersR 80, 927; NZV 03, 225; OLG Bamberg VersR 80, 852.
[10] Diese Regelung ist für den Haftpflichtversicherer ein „stumpfes Schwert". Denn ist der Schadensersatzanspruch gegen den Versicherten noch nicht verjährt, kann der Geschädigte gegen ihn vorgehen und in dessen Freistellungsanspruch gegen seinen Haftpflichtversicherer vollstrecken. War allerdings zunächst Klage gegen den Versicherer erhoben und diese wegen Verjährung abgewiesen worden, gilt die Verjährung wegen der Rechtskrafterstreckung nach § 3 Nr. 8 PflVG a. F., § 124 VVG n. F. auch zugunsten des Versicherten (BGH VersR 03, 1121).
[11] S. Rdn. 802 ff.
[12] § 110 SGB VII verweist noch auf § 852 BGB a. F., der durch die Neuregelung der §§ 194 ff. ersetzt wurde.
[13] Hier galt bisher eine 30-jährige Verjährungsfrist.
[14] Bisher 30-jährige Verjährungsfrist.
[15] BGH NJW-RR 89, 215 m. w. H.
[16] BGH NZV 09, 131 = VersR 09, 230 m. w. H.
[17] OLG Düsseldorf MDR 95, 160.
[18] LG Oldenburg v. 15. 12. 04 – Az. 9 O 3000/04: Zahlungen innerhalb der 30-jährigen Frist gelten nicht als Anerkenntnisse, die diese absolute Frist verlängern würden.
[19] Nach OLG Schleswig (ZfS 09, 259) gilt dies auch für einen Vergleich, der ein rechtskräftiges Feststellungsurteil ersetzen soll.

Unterhalt oder Schmerzensgeldrente, tritt für diese Ansprüche anstelle der 30-jährigen Verjährungsfrist die regelmäßige Verjährungsfrist von 3 Jahren (§ 197 Abs. 2 BGB).[20] Der Begriff der „wiederkehrenden Leistung" geht über den Begriff einer technischen Rente hinaus. Wiederkehrende Leistungen liegen auch dann vor, wenn die Höhe des Ersatzes schwankt oder gar für einzelne Monate gänzlich entfällt.[21] Die dreijährige Verjährungsfrist für die wiederkehrenden Leistungen beginnt jeweils mit Ende des Jahres, in dem die Ansprüche fällig geworden sind (§ 199 Abs. 1 BGB). Auf den Lauf der Frist finden die üblichen Gründe für Hemmung oder Neubeginn Anwendung.

#### c) Vertragliche Verlängerung der Verjährungsfrist

785    Nach § 202 Abs. 2 BGB kann die Verjährungsfrist für nicht vorsätzlich verursachte Schäden (§ 202 Abs. 1 BGB) vertraglich bis zu 30 Jahre verlängert werden.[22] Mit dieser Neuregelung entfallen die Schwierigkeiten und rechtlichen Konstruktionen, mit denen die Rechtsprechung das Verbot des § 225 BGB a. F., die Verjährung rechtsgeschäftlich zu erschweren, im Interesse des Geschädigten und im Interesse aller Beteiligten an der Schadenabwicklung umgangen hatte.[23]

#### d) 30-jährige Verjährungsfrist aufgrund eines konstitutiven Anerkenntnis

786    Ein solches Anerkenntnis wird selten vorliegen. Es genügt jedenfalls nicht ein schuldbestätigender Vertrag, durch den der Schädiger einen konkreten Anspruchsgrund anerkennt. Im Zweifel liegt nur ein deklaratorisches Anerkenntnis vor. Ist das deklaratorische Anerkenntnis auf Ersatz regelmäßig wiederkehrender zukünftiger Leistungen gerichtet, ist unter Umständen die Verjährungseinrede ausgeschlossen.

### 2. Beginn der Verjährungsfrist

787    Die dreijährige Regelfrist beginnt mit Schluss des Kalenderjahres, in dem der Schadensersatzanspruch dem Grunde nach („Stammrecht") entstanden ist und der Geschädigte „von den den Anspruch begründenden Umständen und der Person des Schuldners Kenntnis erlangt oder ohne grobe Fahrlässigkeit" erlangt haben müsste (§ 199 Abs. 1 BGB).[24] Die Rechtsprechung verlangt grundsätzlich, der Geschädigte müsse aufgrund der Tatsachen, die ihm bekannt oder grob fahrlässig nicht bekannt sind, gegen eine bestimmte Person eine Schadensersatzklage, zumindest eine Feststellungsklage erheben können, die bei verständiger Würdigung der Sachlage so viel Erfolgsaussichten hat, dass die Klage zumutbar erscheint.[25] Es muss sich dabei um Tatsachen handeln, die auf ein schuldhaftes bzw. verantwortliches Verhalten einer bestimmten Person hindeuten.[26] Völlige Sicherheit

---

[20] Nach der alten Regelung des § 197 BGB a. F. galt hier – ebenfalls abweichend von der 30-jährigen Verjährungsfrist des Feststellungsurteils – ebenfalls die kürzere vierjährige Verjährungsfrist. BGH VersR 00, 1116; NZV 02, 265 = VersR 02, 996.
[21] BGH NJW-RR 89, 215 zum Erwerbsschaden.
[22] Siehe hierzu Rdn. 813 f.
[23] S. Rdn. 815 ff. zum Verzicht auf die Einrede der Verjährung und zur „vertraglichen Ersetzung" eines rechtskräftigen Feststellungsurteils.
[24] Nach altem Recht war für den Beginn der Verjährungsfrist positive Kenntnis erforderlich (Vorauflage Rdn. 591 ff.). Den Geschädigten traf nur in sehr engen Grenzen eine Erkundigungspflicht.
[25] BGH VersR 80, 846 m. w. H.; VersR 83, 1158; VersR 87, 937 – NJW-RR 87, 916; VersR 90, 157; VersR 98, 378.
[26] BGH VersR 60, 754; VersR 71, 154; VersR 98, 378.

hinsichtlich des Obsiegens im Prozess braucht nicht zu bestehen.[27] Das *normale Prozessrisiko* schiebt den Beginn der Verjährung nicht hinaus.[28]

### a) Kenntnis der Person des Schädigers

Die für die Erhebung einer Klage notwendige Kenntnis von der Person des Ersatzpflichtigen hat der Geschädigte grundsätzlich erst dann, wenn er dessen Namen und Anschrift kennt[29] oder grob fahrlässig nicht kennt. Grobe Fahrlässigkeit wird man auf jeden Fall dann annehmen können, wenn der Verletzte Umstände erfährt, die ohne nennenswerte Mühe und ohne besonderen Kostenaufwand zur Feststellung von Namen und Adresse des Schädigers und z.B. seines KH-Versicherers führen könnten.[30] Kennt der Verletzte das polizeiliche Kennzeichen des unfallbeteiligten Fahrzeuges oder kann er sich ohne Mühe eine entsprechende Auskunft von den Polizeibehörden beschaffen, wird man regelmäßig grobe Fahrlässigkeit annehmen können, wenn er den Versicherer und Schädiger nicht über den Zentralruf[31] der Autoversicherer ermittelt. Unterlässt der Berechtigte zumutbare Nachforschungen, wird Kenntnis ab dem Zeitpunkt fingiert, in dem er tatsächlich Kenntnis hätte erlangen können. **788**

Bei mehreren möglichen Schädigern beginnt die Verjährung, wenn keine wesentlichen Zweifel über die Person des Verantwortlichen mehr bestehen.[32] **789**

### b) Kenntnis vom Schaden

Nicht erforderlich ist eine Kenntnis vom Umfang des Schadens und seiner einzelnen Schadenfolgen.[33] Der Schaden gilt als Einheit. Die Verjährungsfrist beginnt für den gesamten Schaden, auch soweit er erst in der Zukunft entsteht, mit dem Eintritt des Schadensereignisses.[34] Auch *Folgeschäden* gelten als bekannt, wenn sie für einen Mediziner *als möglich voraussehbar* waren.[35] Eine *Ausnahme* besteht lediglich für *Spätschäden*, die sich erst nach anscheinend ganz leichten Verletzungen unerwartet einstellen; es muss sich um Folgen handeln, die aus Sicht medizinischer Fachkreise nicht vorhersehbar waren.[36] Ist eine Schadensfolge auch für Fachleute zum Zeitpunkt des Schadens nicht vorhersehbar, wächst die Kenntnis hierüber in der Folgezeit in Fachkreisen jedoch heran, beginnt die Verjährung zu dem Zeitpunkt, zu dem der Verletzte hiervon erfährt.[37] Allerdings kann das Berufen auf Verjährung auch dann gegen Treu und Glauben verstoßen, wenn jene Folgen in medizinischen Fachkreisen vorhersehbar gewesen, die beteiligten Ärzte aber nur von vorübergehenden Verletzungsfolgen ausgegangen waren und die Spätfolgen außergewöhnlich schwer und existenzbedrohend sind.[38] **790**

---

[27] BGH VersR 56, 507; VersR 61, 158; VersR 63, 578; VersR 98, 378.
[28] BGH VersR 71, 154; VersR 72, 394; VersR 98, 378.
[29] BGH VersR 98, 378 m.w.H.
[30] In einem solchen Fall hatte die Rechtsprechung, jedenfalls bei Nichtwahrnehmung einer gleichsam „auf der Hand liegenden Erkenntnismöglichkeit", schon positive Kenntnis unterstellt (vgl. die Rechtsprechungshinweise in der Vorauflage Rdn. 592).
[31] Der Zentralruf der Deutschen Autoversicherer erteilt telefonisch Auskunft über den Halter und seinen Haftpflichtversicherer (Tel. 01 80 2 50 26).
[32] BGH VersR 64, 927; vgl. aber auch VersR 90, 167.
[33] BGH VersR 73, 371; VersR 79, 547; VersR 88, 401 = DAR 88, 136; VersR 97, 1111.
[34] St. Rspr., BGH VersR 77, 283 m.w.H.
[35] BGH VersR 79, 647; VersR 79, 1107; VersR 73, 371; OLG Celle SP 09, 9.
[36] BGH VersR 97, 1111 = NJW 97, 2448; VersR 79, 55; VersR 79, 1107; VersR 73, 371; VersR 67, 1092; Brandenburgisches OLG NZV 08, 155; Saarländisches OLG v. 14. 11. 06 (4 U 227/06), SP 07, 392; OLG Hamm ZfS 99, 14.
[37] BGH VersR 97, 1111 m.w.H.
[38] BGH NZV 91, 143 = VersR 91, 115 = NJW 91, 973.

### c) Kenntnis des „Verletzten" bei Rechtsnachfolge

791 Im Todesfall kommt es für die Ansprüche nach § 844 BGB auf die Kenntnis *der Hinterbliebenen* an.

792 Findet ein Rechtsübergang unmittelbar im Zeitpunkt des Unfalles statt (§§ 116 SGB X, 87a BBG – vgl. Rdn. 590),[39] ist die *Kenntnis des Zessionars* maßgeblich.[40] Dabei kommt es für den Regress der öffentlichen Hand[41] auf die Kenntnis der für den Rückgriff zuständigen Behörde[42] bzw. des zuständigen Bediensteten an.[43] Bei dem zuständigen Bediensteten muss es sich um einen so genannten Wissensvertreter handeln; das ist dann der Fall, wenn der Bedienstete mit der Betreuung und Verfolgung – auch nur zum Teil – mit der Ersatzforderung betraut ist.[44] Ist bei einem Sozialversicherungsträger die Leistungsabteilung mit der Entgegennahme und Weitergabe der Schadenmeldung an die Regressabteilung und diese mit der Geltendmachung des Regresses betraut, kommt es auf die Kenntnis oder grob fahrlässige Unkenntnis des Bediensteten der Regressabteilung an.[45] Ob sich diese ohnehin sehr weitgehende Rechtsprechung, die den Zessionar vor „Schlamperei" schützt,[46] aufgrund des Zwecks der gesetzlichen Neuregelung noch halten lässt, erscheint fraglich. Zumindest wird man ein gravierendes Organisationsverschulden bei der Behörde oder dem SVT als grob fahrlässige Unkenntnis vom Schadenfall auslegen können. Darüber hinaus hat der Gesetzgeber den Schuldner besser in den Fällen schützen wollen, in denen der Gläubiger vorwerfbar sich nicht um den Schadenfall kümmert. Dies könnte ein Grund für eine Neuorientierung der Rechtsprechung sein.

793 Für den Regress wegen des Ruhegehalts eines Beamten beginnt die Verjährungsfrist in dem Augenblick, in dem aufgrund ärztlicher Gutachten oder ähnlicher Unterlagen zur Überzeugung der Behörde feststeht, dass mit einer Pensionierung zu rechnen ist.[47]

794 Eine Besonderheit gilt für den Sozialhilfeträger: Nach „Sinn und Zweck der Regressregeln für den SHT und der in der Verjährung enthaltenen rechtlichen Wertung" kann sich der SHT auch auf ein rechtskräftiges Feststellungsurteil zugunsten des Geschädigten berufen. Dies gilt auch für den Fall des Übergangs im Unfallzeitpunkt.[48] Dasselbe gilt m. E. für sonstige prozessuale Maßnahmen des Geschädigten mit verjährungsrechtlicher Rele-

---

[39] Erfolgt der Übergang erst später, muss sich der Zessionar den verjährungsrechtlichen Status der Forderung im Zeitpunkt des Übergangs entgegenhalten lassen.

[40] BGH VersR 67, 974; VersR 66, 227; VersR 73, 371; VersR 77, 739.

[41] Nicht für den des Sozialversicherungsträgers (die bei *Hofmann*, Haftpflichtrecht für die Praxis, Tz. 1.15.4.2 zitierte Entscheidung des BGH in VersR 74, 340 betraf einen Übergang nach § 81a BVG).

[42] BGH VersR 86, 163.

[43] BGH VersR 86, 917 = NJW 86, 2315; NZV 92, 274 = VersR 92, 627; NZV 96, 402 = VersR 96, 1126; VersR 97, 635; NZV 97, 396; VersR 04, 123; NZV 07, 131 = VersR 07, 513 = r+s m. Anm. *Lemcke*.

[44] BGH VersR 94, 491 = NJW 94, 1150. Betraut in diesem Sinne ist m. E. bei einem SVT auch der Mitarbeiter der Leistungsabteilung, der bestimmungsgemäß dafür vorgesehen ist, Schadenmeldungen entgegenzunehmen, ggf. Meldeformulare ausfüllen zu lassen und die Akte dann an die Regressabteilung weiterzugeben.

[45] St. Rspr. des BGH, zuletzt BGH NZV 07, 131 = VersR 07, 513 = r+s m. Anm. *Lemcke*; BGH VersR 00, 1277 = ZfS 00, 535 m. kritischer Anm. *Stückrad/Wolf* in VersR 00, 1506.

[46] Auch bei einem SVT ist der Mitarbeiter der Leistungsabteilung bestimmungsgemäß dafür vorgesehen, Schadenmeldungen entgegenzunehmen, ggf. Meldeformulare auszufüllen und die Akten dann an die Regressabteilung weiterzugeben. Die Leistungsabteilung ist die beim SVT zuständige Stelle, die von der Ursache eines Leistungsfalls Kenntnis erlangen soll und auch tatsächlich erlangt und die dann die Regressabteilung einschalten muss. Es kann daher m. E. auch nur auf ihre Kenntnis vom Schadenfall ankommen.

[47] BGH VersR 61, 416; BFH VersR 64, 640; VersR 67, 496.

[48] BGH NZV 02, 266 = VersR 02, 869.

vanz, z.B. einer Streitverkündung, und wohl auch einem Anerkenntnis des Schädigers gegenüber dem Geschädigten.[49]

Erfolgt der Rechtsübergang erst zeitlich nach dem Unfall, z.B. bei Rechtsnachfolge eines weiteren SVT, übernimmt der Zessionar die Forderung in dem verjährungsrechtlichen Status, in dem sie sich beim Rechtsvorgänger befand. Für den Beginn der Verjährungsfrist kommt es dann auf die Kenntnis oder grob fahrlässige Unkenntnis des Geschädigten oder des vorhergehenden Zessionars an; eine bereits laufende Verjährungsfrist läuft auch zu Lasten des Rechtsnachfolgers.[50] Eine Hemmung wegen schwebender Verhandlungen zwischen dem Schädiger und dem Rechtsvorgänger endet m.E. mit dem Zeitpunkt des Übergangs des Anspruchs.[51] 795

### d) Unterschiedlicher Verjährungsbeginn bei einheitlichem Schadenereignis

Die Verjährungsfrist für Ansprüche, die aufgrund einer *Gesetzesänderung* entstehen, beginnt mit In-Kraft-Treten des Gesetzes, soweit sich daraus nichts anderes ergibt.[52] 796

Ändert sich die Höhe von *wiederkehrenden Leistungen* wegen äußerer Umstände, die unabhängig vom Schadenereignis und seinen Folgen eintreten (z.B. Auflösung einer nach dem Tod des ersten Gatten geschlossenen zweiten Ehe, Wegfall anrechenbarer Einkünfte etc.), beginnt für den zusätzlichen Teil des Schadensersatzes eine neue Verjährungsfrist.[53] Dasselbe gilt für *unvorhergesehene Spätfolgen*.[54] 797

### e) Zurechnung der Kenntnis eines Dritten

Bei Geschäftsunfähigen oder Minderjährigen kommt es auf die Kenntnis oder grob fahrlässige Unkenntnis des *gesetzlichen Vertreters* an.[55] Wird ein *Rechtsanwalt* mit der Ermittlung beauftragt, ist seine Kenntnis entscheidend.[56] 798

## 3. Neubeginn der Verjährung durch Anerkenntnis

§ 212 Abs. 1 Ziff. 1 BGB n.F. entspricht wörtlich dem alten § 208 BGB. Statt des Begriffs „Unterbrechung" hat der Gesetzgeber aber die treffendere Formulierung „Neubeginn" gewählt. Danach beginnt die Verjährungsfrist[57] neu zu laufen, wenn der Schuldner den Anspruch „durch Abschlagszahlung, Zinszahlung, Sicherheitsleistung oder in anderer Weise anerkannt" hat. Dies gilt allerdings nur für eine noch laufende, nicht etwa bereits abgelaufene Verjährungsfrist.[58] 799

Als Anerkenntnis in diesem Sinne ist nicht nur eine entsprechende rechtsgeschäftliche Erklärung, sondern jedes rein *tatsächliche Verhalten* des Schuldners zu werten, aus dem 800

---

[49] Zum Anerkenntnis s. Rdn. 799ff.
[50] BGH VersR 84, 136.
[51] Das gilt m.E. auch für die Hemmung wegen eines pactum de non petendo aufgrund eines Teilungsabkommens mit dem Rechtsvorgänger.
[52] Z.B. Änderung der Rechtsprechung – BGHZ 58, 355.
[53] BGH VersR 79, 55; KG VersR 81, 1080.
[54] Siehe Rdn. 790.
[55] BGH VersR 69, 906; VersR 76, 565 = NJW 76, 2344.
[56] OLG Köln VersR 74, 1089; vgl. BGH VersR 77, 739 zur Anwendung des Grundgedankens des § 166 BGB.
[57] Nach OLG Celle gilt dies auch für die 30-jährige Verjährungsfrist aufgrund eines Feststellungsurteils (Urteil v. 22. 8. 07 (14 182/06), NJW 08, 1088 m. Anm. Lang in juris PR-VerkR 4/2009 Anm. 2).
[58] *Palandt*, BGB, § 212 Rdn. 2 m.w.H.; OLG Dresden v. 11. 6. 2007 (7 U 132/07) – nicht veröffentlicht.

sich unzweideutig das Bewusstsein des Verpflichteten ergibt, dass der Anspruch dem Grunde nach besteht.[59] Dazu rechnen Zahlungen des Schädigers und seines Haftpflichtversicherers an den Gäubiger der Forderung,[60] und zwar nicht nur konkrete Abrechnungen einzelner Schadenpositionen,[61] sondern auch *Abschlagszahlungen,* und zwar selbst dann, wenn der Schädiger zur Höhe Vorbehalte macht,[62] u. U. sogar, wenn sie mit dem Hinweis „ohne Anerkennung einer Rechtspflicht" erfolgen.[63] Die Zahlung und generell ein Anerkenntnis des Haftpflichtversicherers führt zu einem Neubeginn der Verjährungsfrist für Ersatzansprüche gegenüber den versicherten Personen, und zwar auch insoweit, als die Deckungssumme überschritten wird;[64] etwas anderes gilt nur dann, wenn der Versicherer einen ausdrücklichen Vorbehalt macht.[65] Eine bloße Anfrage beim Geschädigten nach der Höhe seiner Forderung ist dagegen ohne verjährungsrechtliche Relevanz.[66] Bei einem Vergleich kommt es darauf an, welche Ansprüche vom Vergleich erfasst werden.[67] Die Zahlung auf einen bereits verjährten Anspruch hat keinen Neubeginn der Verjährungsfrist zur Folge.[68] Die Zahlung und generell ein Anerkenntnis gegenüber einem Zessionar wirkt nur gegenüber diesem und führt nicht zu einem Neubeginn der Verjährungsfrist für Ansprüche des Geschädigten oder anderer Zessionare.[69]

801   Ein *Teilanerkenntnis* unterbricht nur die Verjährung der Forderungsteile, auf die es sich bezieht.[70] Ob ein solches Teilanerkenntnis vorliegt, ist Auslegungsfrage.[71] Die Verjährungsfrist für die gesamte Forderung, also auch für das Stammrecht, beginnt neu, wenn sich aus den Umständen ergibt, dass die Ersatzpflicht dem Grunde nach voll anerkannt wird.[72] Bei der vorbehaltlosen Erfüllung von Einzelansprüchen wird dies regelmäßig der Fall sein.[73]

## 4. Hemmung

### a) Hemmung der Ansprüche nach § 3 Nr. 3 S. 3, 4 PflVG a. F., § 115 Abs. 2 S. 3 VVG n. F. gegen den Krafthaftpflichtversicherer

802   Der Direktanspruch gegen den Krafthaftpflichtversicherer ist ebenso wie der ihm zugrunde liegende Schadensersatzanspruch gegen den Versicherten[74] von der *Anmeldung* beim Versicherer bis zur *schriftlichen Entscheidung* des Versicherers gehemmt.[75]

---

[59] BGH VersR 69, 567; VersR 70, 549 m. w. H.; VersR 74, 571; OLG Celle NJW 08, 1088.

[60] Die Zahlung an den Zedenten nach Übergang oder an einen sonstigen Dritten führt nicht etwa zu einer Verjährung des Anspruchs des Zessionars (BGH NZV 09, 131 = VersR 09, 230) und umgekehrt.

[61] Die Erfüllung von Einzelansprüchen führt zu einem Neubeginn der Verjährungsfrist für den Gesamtanspruch (BGH NZV 09, 131 = VersR 09, 230), also auch für das Stammrecht.

[62] BGH VersR 74, 571.

[63] BGH VersR 72, 398.

[64] BGH NZV 07, 197 = VersR 06, 1676.

[65] BGH NZV 04, 623 = VersR 04, 1278.

[66] BGH VersR 66, 536.

[67] OLG Nürnberg VersR 70, 92.

[68] BGH NZV 03, 225; NJW 97, 516.

[69] Saarländischs OLG v. 14. 11. 06 (4 U 227/06), SP 07, 392.

[70] BGH VersR 69, 567; VersR 73, 232; vgl. hierzu auch OLG Koblenz NZV 07,198.

[71] BGH VersR 68, 277.

[72] Z. B. Verrechnung eines gezahlten Vorschusses auf sämtliche Schadensersatzansprüche – vgl. BGH VersR 68, 277; VersR 69, 567; VersR 74, 571.

[73] BGH VersR 70, 549; VersR 86, 96; OLG Koblenz VersR 94, 1438 = NJW-RR 94, 1049; OLG Celle NJW 08, 1088; Saarländisches OLG v. 14. 11. 06 (4 U 227/06), SP 07, 392.

[74] BGH VersR 84, 441 m. w. H.

Zur *Anmeldung* genügt das formlose Geltendmachen von Ersatzansprüchen des Berechtigten mit dem Hinweis auf ein bestimmtes Ereignis. Im Allgemeinen genügen die Unterrichtung des Versicherers vom Schadenereignis und die Vermittlung einer ungefähren Vorstellung vom Umfang seiner Eintrittspflicht.[76] Die Ansprüche brauchen nicht im Einzelnen benannt oder beziffert zu werden.[77] Die Anmeldung von Sachschäden hemmt auch die Verjährung des Personenschadens.[78] Schriftform ist allerdings erforderlich (§ 3 Nr. 7 PflVG a. F., § 115 Abs. 2 S. 3 VVG n. F.). Die Anmeldung umfasst hinsichtlich der Hemmung alle in Betracht kommenden Ansprüche, soweit keine Anhaltspunkte für einen anderen Erklärungswillen bestehen[79] (ein solcher müsste sich eindeutig aus dem Inhalt der Anmeldung ergeben). Die Hemmung betrifft auch solche Ansprüche, die zum Zeitpunkt der Anmeldung bereits auf einen anderen SVT oder anderen Zessionar übergegangen waren, später aber wieder auf den Geschädigten zurückgefallen sind.[80] Erfasst wird auch der Teil des Schadensersatzes, der die Versicherungssumme übersteigt.[81] Im Todesfall reicht die Anmeldung eines Hinterbliebenen aus, die Verjährung der Ansprüche der anderen Hinterbliebenen ist dann ebenfalls gehemmt.[82] Die Schadenanzeige des VN ist dagegen nicht als Anmeldung i. S. d. § 3 Nr. 3 S. 3 PflVG a. F., § 115 Abs. 2 S. 3 VVG n. F. zu werten.[83]

803

Die Hemmung betrifft nach h. M. nicht nur das Stammrecht, sondern auch die aus ihm erwachsenden Ansprüche auf wiederkehrende Leistungen (z. B. fortlaufender Erwerbsschaden).[84]

Die Hemmung endet mit dem Zugang der *schriftlichen Entscheidung* des Versicherers. Es muss sich um eine eindeutige und endgültige Entscheidung über die angemeldete Forderung handeln.[85] Entscheidung in diesem Sinne ist einmal die unzweideutige Ablehnung der angemeldeten Ansprüche,[86] und zwar auch eine teilweise Ablehnung verbunden mit der Abrechnung des anerkannten Schadenbetrages.[87] Entscheidung kann zum anderen aber auch ein *positiver Bescheid* sein.[88] Für Letzteren ist allerdings eine klare und umfas-

804

---

[75] Vgl. u. a. BGH VersR 77, 282 = NJW 77, 532; VersR 84, 442.
[76] VersR 87, 937 = NJW-RR 87, 916.
[77] BGH VersR 78, 423; VersR 79, 915; VersR 79, 1104; VersR 82, 546; VersR 87, 937; OLG Frankfurt DAR 92, 60 = r+s 92, 38 – Rev. nicht angen.
[78] OLG München VersR 01, 230.
[79] BGH VersR 82, 674; VersR 86, 1141; OLG München r+s 97, 48.
[80] BGH VersR 82, 674 = NJW 82, 2001.
[81] BGH VersR 84, 441 m. w. H.
[82] BGH VersR 79, 915 = NJW 79, 2155.
[83] OLG München VersR 75, 511.
[84] KG VersR 07, 1507; OLG Hamm in zwei nicht veröffentlichten Entscheidungen v. 21. 8. 06 (13 U 26/06) und v. 18. 12. 06 (3 U 72/06) sowie OLG Köln Hinweisbeschluss v. 21. 9. 07 (20 U 113/07). Mich überzeugt dies freilich aus folgenden Gründen nicht und ich hatte daher auch in der Vorauflage eine andere Auffassung vertreten: Wenn schon trotz der 30-jährigen Verjährungsfrist des Stammrechts aus einem Feststellungsurteil für wiederkehrende Ansprüche die regelmäßige Verjährungsfrist gilt, dann muss dies auch bei der Hemmung nach dem Pflichtversicherungsgesetz a. F. und dem VVG neu der Fall sein. Der Geschädigte ist hier nicht schutzwürdiger als bei einem Feststellungsurteil, zumal er bei schwebenden Verhandlungen ohnehin den Schutz der Hemmung nach § 203 BGB genießt. Es ist dem Geschädigten zuzumuten, einen tatsächlich entstehenden Schaden innerhalb der regelmäßigen Verjährungsfrist geltend zu machen und bei einem Abbruch der Verhandlungen die erforderlichen Schritte einzuleiten.
[85] BGH NZV 91, 151 = VersR 91, 179. Etwas abweichend OLG München NZV 92, 322: Eindeutig genügt, endgültig muss die Entscheidung nicht sein.
[86] BGH VersR 78, 423.
[87] Z. B. OLG Celle v. 16. 7. 08 (14 U 64/08), SP 09, 9: Ablehnung eines höheren als das für angemessen gehaltenen und gezahlten Schmerzensgeldes.
[88] BGH NZV 91, 307 = VersR 91, 878; NZV 96, 142.

sende Erklärung des Versicherers über seine zukünftige Eintrittspflicht erforderlich, die keine Zweifel über ihre Tragweite offen lässt; die Erklärung muss zu den Ansprüchen erschöpfend, umfassend[89] und endgültig sein.[90] Der Geschädigte muss aufgrund dieser Entscheidung sicher sein, dass auch künftige Forderungen aus dem Schadensfall freiwillig bezahlt werden, sofern sie nur der Höhe nach ausreichend belegt werden,[91] und daher auch begründet sind. Dagegen erfüllt die Mitteilung, in der sich der Versicherer nur zum Grund des Anspruchs erklärt und zur Höhe des Anspruchs Vorbehalte anmeldet oder sogar nur die Möglichkeit von Einwänden gegen Schadenpositionen offen bleibt,[92] die Anforderung an eine Entscheidung nicht. Voraussetzung ist im Übrigen, dass die positive Entscheidung des Versicherers schriftlich erfolgt; eine Zahlung des Versicherers genügt diesen Anforderungen nicht.[93] Zweifel gehen zu Lasten des Versicherers.[94] Die Hemmung der Verjährung endet auch durch die in einer *Abfindungserklärung* liegende „positive Entscheidung" des Versicherers,[95] und zwar auch dann, wenn ein Vorbehalt wegen des materiellen Zukunftsschadens gemacht wird (Einzelheiten siehe Rdn. 820). Wäre die ausdrückliche Ablehnung reine Förmelei, z. B. nach Klagerücknahme durch den Kläger, oder auch nach einem „Einschlafenlassen" der Verhandlungen, kommt ebenfalls ein Ende der Hemmung in Betracht.[96] Die schriftliche Entscheidung muss vom Versicherer stammen. Diese Voraussetzung liegt auch dann nicht vor, wenn der Geschädigte eine nur mündliche Ablehnung des Versicherers schriftlich bestätigt.[97] Die Ablehnung oder das Anerkenntnis kann sich auf einzelne Schadenpositionen beschränken; bezieht sich Ablehnung oder Anerkenntnis nur auf den immateriellen Schaden, besteht die Hemmung der Verjährung für den Anspruch auf Ersatz des materiellen Schadens weiter.[98]

805     Nach der endgültigen Entscheidung des Versicherers wird der Anspruch durch eine erneute Anmeldung nicht etwa nochmals gehemmt. § 3 Abs. 3 Nr. 3 PflVG a. F. betrifft nur die *erstmalige* Geltendmachung.[99] Wird gleichwohl weiter verhandelt, kommt allerdings eine Hemmung wegen laufender Verhandlungen in Betracht.[100]

---

[89] Die Erklärung muss sich auch auf noch nicht angemeldete Ansprüche beziehen – KG VersR 07, 1507.
[90] BGH VersR 78, 423; NZV 91, 151 = VersR 91, 179; NZV 92, 231 = VersR 92, 605. OLG Dresden, Beschluss v. 14. 5. 07 (7 U 0132/07) hat folgende Erklärung als Entscheidung in diesem Sinn gewertet: „*Wir erklären unsere Bereitschaft, die unfallbedingten Aufwendungen zu tragen.*"
[91] BGH NZV 96, 141; OLG Hamm VersR 02, 563 = NZV 02, 39; KG VersR 07, 1507.
[92] OLG Hamm VersR 02, 563 = NZV 02, 39.
[93] BGH VersR 92, 604 = NJW-RR 92, 606 = NZV 92, 231. A. A. OLG München NZV 92, 283 = VersR 92, 606: In der Überweisung eines Betrages liegt eine endgültige schriftliche Entscheidung.
[94] OLG Celle PVR 01, 363.
[95] BGH VersR 02, 474; NZV 03, 225; OLG Hamm ZfS 99, 14: Eine den Anforderungen des § 3 Nr. 3 S. 3 PflVG genügende einseitige Erklärung des Versicherers liegt dann zwar nicht vor. Mit der Unterzeichnung der Abfindungserklärung ist für alle Beteiligten jedoch ersichtlich, dass damit die Verhandlungen einvernehmlich beendet werden sollen. Einer schriftlichen Entscheidung des Versicherers bedarf es nicht mehr.
[96] OLG Frankfurt SP 03, 379; ZfS 04, 461: „Einschlafenlassen der Verhandlungen". OLG Celle v. 27. 9. 05 (12 O 38/04), SP 06, 278: Treu und Glauben steht dem Sich-Berufen auf die Hemmung entgegen, wenn nach Zahlungen des Versicherers der Geschädigte jahrelang nicht mehr auf die Sache zurückgekommen ist. Ebenso OLG Düsseldorf NZV 90, 74 = ZfS 90, 120. Vgl. auch OLG Naumburg VersR 08, 775: gegen dauerhafte Hemmung kann u. U. der Einwand von Treu und Glauben erhoben werden.
[97] BGH NZV 97, 227 = VersR 97, 637.
[98] OLG Düsseldorf v. 20. 12. 2004 (1 U 116/04), NJW-RR 05, 819; OLG Celle v. 16. 7. 2008 (14 U 64/ 08), SP 09, 9 m. Anm. *Lang* in jurisPR-VerkR 20/2008, Anm. 1.
[99] BGH NZV 03, 80 = r + s 03, 36.
[100] KG VersR 07, 1507.

Die Verjährung eines angemeldeten und noch nicht endgültig beschiedenen Anspruchs 806
endet spätestens 10 Jahre nach dem Schadenereignis (§ 3 Nr. 3 S. 2 a.E. PflVG a.F., § 115
Abs. 2 S. 2 VVG n. F.). Insoweit handelt es sich jedoch nicht um eine absolute Verjährungsfrist; ihr Ablauf unterliegt der Hemmung bzw. der Unterbrechung nach §§ 202ff.
BGB.[101] Erforderlich ist aber eine abschließende Entscheidung, mit der der Haftpflichtversicherer zu erkennen gibt, dass für ihn damit die Regulierung der in Frage stehenden
Ansprüche beendet ist.[102] Ein Vergleichsangebot oder eine vorläufige Abrechnung genügt
insoweit nicht.[103]

**b) Schwebende Verhandlungen (§ 203 BGB)**

Die Regelung, die § 852 Abs. 2 BGB entspricht, hat Bedeutung für die Fälle, in denen 807
nicht ohnehin die Spezialvorschrift des § 3 Nr. 3 S. 3 PflVG a.F., § 115 Abs. 2 S. 3 VVG
n. F. eingreift.[104] Auch sie erfasst alle Ansprüche, auch auf wiederkehrende Leistungen, es
sei denn, es ergibt sich eindeutig aus dem Willen der Parteien, nur über bestimmte, abgrenzbare Teilforderungen zu verhandeln.[105] Hemmung kann auch durch neu aufgenommene Verhandlungen, z.B. nach Ende der Hemmung nach § 3 Nr. 3 S. 3 PflVG oder nach
Abschluss eines widerruflichen Vergleichs über nicht streitgegenständliche Forderungen[106] in der Güteverhandlung eintreten.[107]

Der Begriff der Verhandlung i.S.d. § 852 Abs. 2 BGB ist weit zu verstehen.[108] Verhand- 808
lung in diesem Sinne ist jeder *Meinungsaustausch* über die gestellten Ansprüche, der die
*Möglichkeit einer außergerichtlichen Erledigung* offen lässt.[109] Nicht erforderlich ist, dass
von einer oder beiden Seiten Vergleichsbereitschaft signalisiert wird.[110] Es genügt z.B.,
wenn der Versicherer schreibt, nach Abschluss des Strafverfahrens werde er unaufgefordert auf die Angelegenheit zurückkommen,[111] oder wenn der Schädiger zwar zunächst
ablehnt, dabei aber zum Ausdruck bringt, dass er nach Durchführung von Ermittlungen
noch einmal verhandeln wolle. Die Hemmung beginnt, wenn der Schuldner Erklärungen
abgibt, die den Eindruck erwecken, er lasse sich auf eine inhaltliche Erörterung der Berechtigung der Ersatzansprüche ein.[112] Verhandlungen schweben auch dann, wenn der
Schädiger dem Geschädigten erklärt, in einer Besprechung den behaupteten Ablauf der
Verjährungsfrist zu erläutern.[113] Verhandlungen schweben dagegen nicht, wenn der Schädiger zu erkennen gibt, dass jeglicher Schadensersatz abgelehnt wird,[114] wenn nur Verjährungsverzichtserklärungen verlangt und abgegeben werden[115] oder wenn ein Sozialver-

---

[101] OLG Düsseldorf NJW-RR 90, 472 = r+s 90, 225 – Rev. nicht angen.
[102] KG VersR 80, 156; OLG München VersR 82, 173.
[103] KG VersR 80, 156; OLG München VersR 82, 173.
[104] BGH NZV 03, 80 = r+s 03, 36.
[105] BGH NZV 98, 108; KG VersR 07, 1507.
[106] Hemmung durch Rechtsverfolgung tritt nur hinsichtlich der Ansprüche ein, die mit der Klage geltend gemacht werden – vgl. Rdn. 811.
[107] BGH ZfS 05, 590 = NJW 05, 2004.
[108] BGH NZV 07, 29 = VersR 07,76 m.w.H.; BGH NZV 04, 239 = VersR 04, 656 m.w.H.; BGH VersR 83, 690 = NJW 83, 2075; KG VersR 07, 1507.
[109] BGH VersR 85, 643; VersR 69, 857 m.w.H.: OLG Stuttgart VersR 71, 1178; OLG Saarbrücken VersR 90, 1024; OLG Hamburg VersR 91, 1263.
[110] BGH VersR 01, 1255 = SP 01, 259; a.A. noch OLG Karlsruhe VersR 67, 667: Ernstlicher Wille beider Beteiligten, sich zu vergleichen.
[111] BGH VersR 75, 441; OLG Hamburg VersR 91, 1263.
[112] BGH VersR 01, 1167 = NZV 01, 466.
[113] BGH SP 97, 352.
[114] BGH VersR 69, 857; VersR 91, 475.
[115] OLG Köln r+s 08, 257.

sicherungsträger seinen Regress nur formularmäßig angezeigt hat und der Haftpflichtversicherer den Empfang bestätigt.[116] Mit Beginn der schwebenden Verhandlungen wirkt die Hemmung zurück auf den Zeitpunkt der Geltendmachung der Ansprüche.[117] Hat der Schädiger einen befristeten Verjährungsverzicht erklärt,[118] ist der Ablauf dieser Frist ohne Einfluss auf die Hemmung wegen andauernden Verhandlungen.[119]

809 Endet die Hemmung wegen Verweigerung der Fortsetzung der Verhandlungen, läuft die Verjährungsfrist weiter, Verjährung tritt aber frühestens drei Monate nach dem Ende der Hemmung ein (§ 203 S. 2 BGB).

810 Die *Hemmung der Verjährung endet*, wenn eine der Parteien die *Fortsetzung der Verhandlungen durch klares und eindeutiges Verhalten verweigert*.[120] Damit ist ein Verhalten gemeint, das jeden Zweifel an der Ablehnung weiterer Erörterungen ausschließt.[121] Das Ablehnen der Forderung genügt nicht.[122] Wird die Korrespondenz nur eingestellt, ist zwischen Schädiger und Geschädigtem zu unterscheiden. Die Untätigkeit des Schädigers geht nicht zu Lasten des Berechtigten.[123] Setzt der Geschädigte aber die Verhandlungen nicht mehr fort, lässt er sie „einschlafen", endet die Hemmung, da man von ihm erwarten muss, dass er sein Interesse an der Fortsetzung der Verhandlungen zu erkennen gibt.[124] Die Verjährungsfrist beginnt dann in dem Moment weiterzulaufen, in dem eine Antwort des Berechtigten spätestens zu erwarten gewesen wäre.[125]

### c) Hemmung durch Rechtsverfolgung (§ 204 BGB)

811 Nach altem Recht führte eine Klage zu einer Unterbrechung der Verjährungsfrist, die bis zur rechtskräftigen Entscheidung oder anderweitigen Erledigung des Rechtsstreits fortdauerte. Die neu eingeführte Hemmung der Verjährung durch Rechtsverfolgung schützt den Gläubiger zwar auch vor Ablauf der Verjährungsfrist, ist aber insofern für ihn gefährlicher, als die bereits abgelaufene Zeit der Verjährungsfrist abgelaufen bleibt.

Nach § 204 BGB wird die Verjährung gehemmt durch
– Erhebung einer Leistungs-[126] oder Feststellungsklage,
– der Zustellung eines Mahnbescheides,
– der Zustellung der Streitverkündung,
– des Beginns eines schiedsrichterlichen Verfahrens.

Eine Teilklage führt nur zur Hemmung der Verjährungsfrist für den geltend gemachten Teilanspruch.[127] Maßgeblich ist der Streitgegenstand der Klage, wie er sich aus dem Antrag und dem in der Begründung vorgetragenen Lebenssachverhalt ergibt.[128] Eine Feststellungsklage, die erkennbar zur Verjährungshemmung des gesamten Schadensersatzes

---

[116] OLG Stuttgart VersR 71, 1178.
[117] BGH VersR 59, 34; VersR 62, 615; OLG Hamm VersR 97, 1112.
[118] S. hierzu Rdn. 813 ff.
[119] BGH NZV 04, 239 = VersR 04, 656.
[120] BGH VersR 91, 475 = DAR 91, 222; VersR 98, 1295.
[121] BGH VersR 90, 755; VersR 91, 475; NZV 98, 457 = VersR 98, 1295.
[122] BGH NZV 04, 239 = VersR 04, 656.
[123] OLG Hamm VersR 97, 1112.
[124] BGH (IX. ZS) NJW 09, 1806 = MDR 09, 275; NZV 03, 80 = VersR 03, 99; NZV 90, 226 = VersR 90, 755; VersR 63, 145; VersR 65, 155; VersR 65, 1149; VersR 66, 618; OLG Köln r+s 08, 257; OLG München VersR 69, 932; LG Münster r+s 05, 264.
[125] BGH VersR 65, 155; VersR 66, 618; VersR 67, 502; VersR 85, 643; r+s 03, 37.
[126] Die Hemmungswirkung der Leistungsklage bezieht sich nur auf den streitgegenständlichen Anspruch; st. Rspr., BGH NJW 05, 2004 = ZfS 05, 590 m.w.H.; – s. auch die folgenden Ausführungen.
[127] KG VersR 04, 483.
[128] BGH VersR 05, 1004 = SP 05, 302.

führen soll, ist so auszulegen, dass sie dieses Ziel auch erreicht.[129] Die Hemmung endet 6 Monate nach rechtskräftiger Entscheidung oder anderweitiger Beendigung des eingeleiteten Verfahrens (§ 204 Abs. 2 S. 1 BGB). Gerät das Verfahren dadurch in Stillstand, dass die Parteien es nicht weiter betreiben, so tritt an die Stelle der Beendigung des Verfahrens die letzte Verfahrenshandlung der Parteien.

### d) Hemmung aus familiären Gründen (§ 207 BGB)

Zwischen Ehegatten ist die Verjährung von Schadensersatzansprüchen gehemmt, solange die Ehe besteht. Diese Regelung gilt auch für eingetragene gleichgeschlechtliche Lebenspartner, solange die Lebenspartnerschaft besteht,[130] sowie zwischen Eltern und Kindern während der Minderjährigkeit der Kinder. Die Hemmung gilt auch für Ansprüche gegen den Autohaftpflichtversicherer des Familienangehörigen,[131] soweit nicht ohnehin der Hemmungstatbestand nach § 3 Nr. 3 S. 3 PflVG, § 115 Abs. 2 VVG n. F. eingreift. 812

## 5. Verlängerung der Verjährungsfrist

Nach der Neuregelung des § 202 BGB ist – entgegen der etwas irreführenden Überschrift der Bestimmung – die einvernehmliche Verlängerung einer Verjährungsfrist ohne weiteres möglich. Während nach altem Recht (§ 225 BGB a. F.) die Verjährung rechtsgeschäftlich weder ausgeschlossen noch erschwert werden konnte, kann nunmehr die Verjährungsfrist für Ansprüche wegen nicht vorsätzlich herbeigeführter Schadenfälle bis zu 30 Jahren verlängert werden. Auch eine einseitige Erklärung, auf die Einrede der Verjährung zu verzichten, dürfte wirksam sein; wird sie unbefristet ausgesprochen, gilt sie aber auch nur für einen Zeitraum von 30 Jahren.[132] Ob allerdings die nach der alten Rechtslage maßgebliche Einschränkung weiter gilt, dass ein derartiger Verzicht jederzeit zurückgenommen werden kann und der Berechtigte dann nur noch eine kurze Überlegungsfrist hat, um ggf. Klage zu erheben,[133] muss die Rechtsprechung entscheiden. 813

Damit entfällt für die Zukunft eine Vielzahl von Problemen aus der Regulierungspraxis. Eine entsprechende Vereinbarung kommt schon dadurch zustande, dass der Geschädigte um eine Verlängerung der Verjährungsfrist „um X Jahre" bittet und der Versicherer dem zustimmt. Fraglich ist die Wirkung einer solchen Vereinbarung, die zunächst einmal das Stammrecht betrifft, auf Ansprüche wegen wiederkehrenden Schadensersatzes. Nach meiner Auffassung gilt für diese Ansprüche wieder die regelmäßige Verjährungsfrist – 3 Jahre ab Ende des Jahres der Fälligkeit.[134] Eindeutig ist dies, wenn die Parteien – wie schon nach altem Recht – die Wirkung eines rechtskräftigen Feststellungsurteils vereinbaren.[135]

Aus verschiedenen Gründen ist es allerdings sinnvoll, auf die bislang bestehenden Möglichkeiten, das Verbot des § 222 BGB a. F. zu umgehen, einzugehen. Einmal existiert noch eine Vielzahl von Regelungen aus der Zeit vor dem 31. 12. 2001, die noch heute bedeut- 814

---

[129] BGH VersR 05, 1004.
[130] Das Gesetz spricht nur von Lebenspartnern, gemeint sind m. E. aber gleichgeschlechtliche Lebenspartner nach dem LPartG (so auch *Palandt*, § 207 A. 2). Nur für diese gibt es schadensersatzrechtlich relevante Neuregelungen (vgl. Rdn. 183, 323, 360, 638). Für heterogene Lebenspartner fehlt ein klares Abgrenzungskriterium. Allerdings muss die Entwicklung der Rechtsprechung abgewartet werden.
[131] BGH VersR 87, 561 = NJW RR 87, 407.
[132] BGH VersR 08, 366.
[133] BGH VersR 78, 521.
[134] Zur Begründung siehe Rdn. 803.
[135] Siehe Rdn. 817 ff.

sam sind. Zum anderen geht es um die Auslegung von Erklärungen, die in Unkenntnis der Neuregelung des § 202 BGB abgegeben werden. Schließlich kann es für den Haftpflichtversicherer des Schädigers auch sinnvoll sein, wegen der kürzeren Verjährungsfrist für wiederkehrende Leistungen die Verlängerung der Verjährungsfrist auf die Wirkungen eines Feststellungsurteils zu beschränken.

### a) Verzicht auf die Einrede der Verjährung nach altem Recht

815    Nach § 225 BGB a. F. konnte zwar die Verjährung rechtsgeschäftlich weder ausgeschlossen noch erschwert werden. Gleichwohl war ein Verzicht auf die Einrede ein legitimes und in der Regulierungspraxis laufend angewendetes Mittel, um den drohenden Ablauf der Verjährungsfrist und eine deswegen erforderlich werdende Leistungs- oder Feststellungsklage zu vermeiden. Beide Parteien und auch die Gerichte hatten ein nahe liegendes Interesse daran, dass Prozesse, die lediglich der Unterbrechung der Verjährung dienen sollen, durch eine Verzichterklärung vermieden werden. Die Rechtsprechung erkannte daher auch durchwegs die Wirksamkeit eines solchen Verzichts insoweit an, als dadurch zwar nicht die Verjährung als solche beseitigt wird, der Berechtigte aber die *Gegeneinrede der Arglist* erheben kann, wenn sich der Schuldner trotz des Verzichts auf Verjährung beruft.[136] Wird allerdings die Einrede erhoben, muss der Berechtigte innerhalb einer vergleichsweisen kurzen Frist (Faustregel: 1 Monat) Klage erheben, um sich den Schutz aus § 242 BGB zu erhalten.[137]

816    Ein Verzicht vor dem 31. 12. 2001, der auf Wunsch des Geschädigten erklärt worden war, wird man nun in eine vertragliche Verlängerung der Verjährungsfrist umdeuten müssen; die Unwirksamkeit nach § 225 BGB a. F. wird nachträglich geheilt. Soweit die Verzichtserklärung unbefristet abgegeben wurde, konnte der Verzicht jederzeit und kurzfristig widerrufen werden; der Berechtigte hatte dann nur noch eine kurze Überlegungsfrist, um ggf. Klage zu erheben.[138]

### b) Vertragliche „Ersetzung" eines rechtskräftigen Feststellungsurteils

817    Zur Vermeidung eines kostenträchtigen Feststellungsprozesses konnte der Schädiger den Geschädigten durch vertragliche Vereinbarung oder auch nur Erklärung so stellen, wie er stehen würde, wenn er ein rechtskräftiges Feststellungsurteil[139] erlangt hätte.[140] Unter Umständen genügte hierzu bereits eine schriftliche Erklärung des Versicherers, mit der er den Zukunftsschaden dem Grunde nach anerkannte.[141] Zu empfehlen war jedoch die Abgabe einer deutlichen, ausdrücklichen Erklärung, dass dem Geschädigten der Status eingeräumt wird, den er aufgrund eines Feststellungsurteils hätte. Für eine Feststellungsklage bestand in diesen Fällen kein Rechtsschutzinteresse mehr.[142]

818    Der Geschädigte hatte bei einer solchen Erklärung allerdings darauf zu achten, dass die Wirkung auch nicht weiter geht als bei einem Feststellungsurteil.[143] Für regelmäßig wiederkehrende, erst künftig fällig werdende Leistungen bestand auch bei Existenz eines Feststellungsurteils eine vierjährige Verjährungsfrist ab der jeweiligen Fälligkeit (§§ 218

---

[136] Vgl. u. a. BGH VersR 78, 521; VersR 86, 1080.
[137] St. Rspr., z. B. Saarländisches OLG v. 14. 11. 06 (4 U 227/06), mit Hinweisen auf Rechtsprechung und Literatur.
[138] BGH VersR 78, 521.
[139] S. dazu Rdn. 783 f.
[140] BGH VersR 85, 62 = NJW 85, 791; VersR 86, 684.
[141] Vgl. hierzu auch BGH VersR 86, 684.
[142] OLG Celle SP 08, 7; OLG Karlsruhe NZV 90, 428.
[143] BGH VersR 85, 62 = NJW 85, 791.

Abs. 2, 197 BGB a.F. – nach neuem Recht 3 Jahre nach Ende des Jahres der Fälligkeit, § 199 Abs. 1 BGB).

Der Haftpflichtversicherer dürfte meist ein Interesse daran haben, die jetzt auf 3 Jahre 819
abgekürzte Verjährungsfrist für wiederkehrende Leistungen (Beginn allerdings jeweils erst am Ende des Jahres, in dem Fälligkeit eintritt) nicht zusätzlich zu verlängern und damit dem Geschädigten mehr Rechte einzuräumen, als er nach einem rechtskräftigen Feststellungsurteil hätte. Insoweit wäre die Beschränkung der vertraglichen Verlängerung der Verjährungsfrist auf die Wirkung eines Feststellungsurteils weiterhin sinnvoll.

## 6. Vorbehalt in der Abfindungserklärung

Der Abfindungsvergleich beendet als „abschließende Entscheidung" des Versicherers 820
die Verjährungshemmung, die mit der Anmeldung von Ersatzansprüchen beim Krafthaftpflichtversicherer nach § 3 Nr. 3 Satz 3 PflVG a.F. § 115 Abs. 2 VVG n.F. begonnen hatte.[144] Dies gilt auch, wenn der zukünftige Schaden vorbehalten wird.[145] Die Zahlung aufgrund der Abfindungserklärung ist aber jedenfalls ein *deklaratorisches Anerkenntnis* i.S.d. § 212 Abs. 1 Ziff. 1 BGB n.F. mit der Folge des Neubeginns der 3-jährigen Verjährungsfrist.[146]

Zum Teil wird die Auffassung vertreten, dass der Haftpflichtversicherer durch eine Ab- 821
findung mit Vorbehalt weiteren Schadensersatzes zusätzlich einen *Vertrauenstatbestand* schafft, Ansprüche des Geschädigten nur mit sachlichen Argumenten, nicht mit der Einrede der Verjährung zu begegnen.[147] Der Vorbehalt hätte danach ähnliche Wirkungen wie der Verzicht auf die Einrede der Verjährung.[148] Diese Auffassung ist abzulehnen.[149] Auch vom BGH wird eine solche Rechtsfolge nicht in Betracht gezogen.[150]

Man wird den Vergleich auch nicht als konstitutives Schuldanerkenntnis auslegen kön- 822
nen.[151] Möglicherweise ergibt sich jedoch aus der Abfindungserklärung – im Zusammenhang mit der gewechselten Korrespondenz[152] – eine Auslegung, nach der der Geschädigte die Stellung erhalten soll, die er bei einem *rechtskräftigen Feststellungsurteil* hätte.[153] Um sicherzugehen, sollte der Geschädigte jedoch insoweit eine ausdrückliche Erklärung

---

[144] BGH NZV 03, 225; VersR 02, 474 = NZV 02, 312; VersR 92, 1091; OLG Hamm SP 01, 53; r+s 93, 459; OLG Zweibrücken VersR 94, 1439; OLG Hamm SP 99, 11 = r+s 99, 105; OLG Karlsruhe VersR 98, 632. *Jahnke* VersR 98, 1473 m.w.H. Andere Auffassung vertritt das OLG Frankfurt r+s 02, 201 m. ablehnender Anm. *Lemcke*.
[145] BGH VersR 92, 1091; VersR 02, 474 = NZV 02, 312; NZV 03, 225; OLG Thüringen SVR 05, 383.
[146] BGH NZV 03, 225; VersR 92, 1091 = DAR 92, 375 m.w.H.; OLG Hamm SP 01, 53.
[147] OLG Stuttgart VersR 67, 888; LG Hanau ZfS 84, 98. A.A. OLG Zweibrücken SP 94, 212 = r+s 93, 459: Keine Wirkung hinsichtlich Verjährung.
[148] S. Rdn. 815. Nach OLG Stuttgart VersR 67, 888 hat der Geschädigte allerdings, wenn der Versicherer gleichwohl die Verjährungseinrede bringt, nur noch eine kurze Frist bis zur Klageerhebung.
[149] OLG Zweibrücken SP 94, 212 = r+s 93, 459; OLG München SP 94, 410; OLG Hamm r+s 93, 459 – Rev. nicht angen.
[150] BGH VersR 92, 1091 = DAR 92, 375: Vorbehalt hat lediglich die Wirkung eines Anerkenntnisses i.S.d. § 212 Abs. 1 Ziff. 1 BGB. Verneint wird ein konstitutives Anerkenntnis i.S.v. § 781 BGB. Die Frage des Vertrauenstatbestandes wird gar nicht geprüft.
[151] Ebenso BGH VersR 02, 474 = NZV 02, 236; OLG Saarbrücken SP 99, 50.
[152] S. Rdn. 836.
[153] BGH VersR 85, 62; SP 99, 44: Verjährungsverzicht „wie bei einem Anerkenntnisurteil", Einzelheiten s. Rdn. 817f. Vgl. aber BGH VersR 02, 474 = NZV 02, 236: kein konkludenter Verzicht auf die Einrede der Verjährung – erst recht dann keine Stellung wie aus einem Feststellungsurteil.

des Haftpflichtversicherers verlangen,[154] bzw. eine vertragliche Verlängerung der Verjährungsfrist vereinbaren.[155] Der Haftpflichtversicherer kann dann seinerseits eine Beschränkung des Inhalts verlangen, nach der der Schadensersatzanspruch aber spätestens drei Jahre nach Entstehung und subjektiver Kenntnis vom Schaden geltend gemacht wird.[156]

---

[154] Vgl. z.B. OLG Hamm VersR 99, 1495.
[155] Rdn. 813.
[156] Vgl. Rdn. 814, 817.

# XVI. Vergleich

## 1. Allgemeines

Ein Vergleich liegt vor, wenn der Streit oder die Ungewissheit der Parteien über ein Rechtsverhältnis im Wege *gegenseitigen Nachgebens* (Legaldefinition in § 779 BGB) beseitigt wird. Es genügt ein Nachgeben im kleinsten Punkt.[1] Ein Vergleich wird dagegen nicht geschlossen, wenn der Schädiger den von ihm für richtig gehaltenen Betrag zahlt und der Geschädigte sich hiermit zufrieden gibt.[2]  823

Der – außergerichtliche und gerichtliche – Vergleich ist ein gegenseitiger *Vertrag des materiellen Schuldrechts.*[3] §§ 104 ff. BGB sind zu beachten, §§ 119, 123, 138, 779 BGB finden Anwendung.[4]  824

Der *Haftpflichtversicherer* schließt den Vergleich für seinen Versicherungsnehmer aufgrund der sich aus den Allgemeinen Versicherungsbedingungen (z.B. § 10 Abs. 5 AKB, § 5 Abs. 7 AHB) ergebenden Regulierungsvollmacht. Der *Kraft-Haftpflichtversicherer* schließt wegen seiner unmittelbaren Haftung nach § 3 PflVersG den Vergleich auch im eigenen Namen; dabei sollte er seine eigene Verpflichtung aber ausdrücklich auf die Deckungssumme beschränken.  825

Bei minderjährigen Geschädigten ist auf die gemeinschaftliche Vertretung durch beide Elternteile zu achten (§ 1629 Abs. 1 BGB).[5] Dagegen ist auch bei sehr hohen Beträgen eine Genehmigung des Vormundschaftsgerichts nicht erforderlich.  826

Besteht aber Vormundschaft, muss der Vormund bei Vergleichen ab einer bestimmten Größenordnung die Genehmigung des Vormundschaftsgerichts einholen (§ 1822 Ziff. 12 BGB). Da dies schon dann erforderlich ist, wenn der streitige Betrag – nicht nur der Vergleichsbetrag – 3.000,– EUR übersteigt, sollte grundsätzlich immer die Genehmigung eingeholt werden. Auch bei Betreuung einer – volljährigen – Person wegen Unfähigkeit zur Ordnung eigener Angelegenheiten ist die Genehmigung des Vormundschaftsgerichts einzuholen (§ 1822 Nr. 12 BGB). Dies gilt auch dann, wenn ein Elternteil zum Betreuer ernannt wurde. Gerade bei Schwerstverletzten kann die Gefahr einer Geschäftsunfähigkeit nach §§ 104 Ziff. 2, 105 BGB bestehen. Hier ist die Erforderlichkeit einer Betreuung vor Vergleichsabschluss zu prüfen und zu klären.  827

## 2. Abfindungsvergleich

Der außergerichtliche Vergleich bedarf an sich keiner besonderen Form. Ein Vergleichsangebot kann auch konkludent angenommen werden, z.B. durch jahrelange Zahlung von Renten entsprechend einem Vorschlag des Gläubigers.[6]  828

---

[1] BGH VersR 63, 267 = NJW 63, 637.
[2] BGH VersR 70, 573 = NJW 70, 1122; OLG München NJW 69, 1306; LG Köln VersR 70, 721.
[3] *Geigel,* Der Haftpflichtprozess, Kap. 40 Rdn. 1.
[4] *Geigel,* Der Haftpflichtprozess, Kap. 40 Rdn. 2.
[5] Dieses gemeinschaftliche Sorgerecht der Eltern erlischt auch nicht mit einer Ehescheidung (§ 1671 BGB). Bei nichtehelichen Kindern hat in der Regel die Mutter das Sorgerecht (§ 1626a BGB), es sei denn, es liegt eine gemeinsame Sorgeerklärung nach § 1626a Abs. 1 BGB gegenüber dem Jugendamt vor.
[6] BGH VersR 65, 886.

829  Aus Beweisgründen ist jedoch grundsätzlich Schriftform zweckmäßig. Beim Vergleich über einen Personenschaden verlangt der Haftpflichtversicherer in der Praxis meist die Unterzeichnung einer so genannten *Abfindungserklärung*.

830  Hinsichtlich des formellen und materiellen Inhalts solcher Abfindungserklärungen hat das *Bundesaufsichtsamt für das Versicherungswesen* einige Anordnungen getroffen.[7] Abfindungserklärungen dürfen danach nur verwendet werden, wenn ein echter Vergleich über bereits entstandene Ansprüche zustande gekommen ist und/oder zukünftige Ansprüche abgefunden werden. Das Formular muss die Überschrift „Abfindungserklärung" tragen. Stellt die vom Geschädigten unterzeichnete Erklärung – wie zumeist in der Praxis – erst das Angebot auf Abschluss des Vergleichs dar, das der Versicherer noch annehmen muss, muss das Formular den Hinweis enthalten, dass der Geschädigte an sein Angebot nicht mehr gebunden ist, wenn die Zahlung des Versicherers nicht innerhalb einer bestimmten Frist (höchstens vier Wochen) erfolgt.

831  Die im Formular der Abfindungserklärung abgedruckten Regelungen sind Allgemeine Geschäftsbedingungen, sie unterliegen den §§ 305 ff. BGB.[8]

832  Wesentlicher Inhalt eines Abfindungsvergleichs ist nach den in der Praxis verwendeten Vordrucken die Abfindung der *gesamten* Schadensersatzansprüche für Vergangenheit und Zukunft.[9] Treten nach der Abfindung Schäden auf, mit denen der Geschädigte nicht gerechnet hatte, so hat er grundsätzlich keinen Anspruch auf weiteren Schadensersatz.[10] Diese Konsequenz ergibt sich bereits aus dem Wesen eines Abfindungsvergleichs, eines besonderen Hinweises hierauf in der Abfindungserklärung bedarf es an sich nicht. Ausnahmen bestehen in ganz ungewöhnlichen Fällen, wenn infolge des unvorhergesehenen und unvorhersehbaren Auftretens von *Spätschäden* ein krasses Missverhältnis zwischen Schaden und Schadensersatz entsteht; Einzelheiten siehe dazu Rdn. 848.

833  Möglich sind auch Abfindungsvergleiche, durch die der Schadensersatz lediglich für *bestimmte Zeiträume* (z. B. der bis zur Unterzeichnung der Abfindungserklärung entstandene Schaden) oder nur für einzelne Schadenpositionen (z. B. das Schmerzensgeld) abgefunden wird.[11] Die Beteiligten sollten hier Wert auf exakte Formulierungen legen. Es empfiehlt sich, die abgefundenen Positionen und die vorbehaltenen Ansprüche genau zu bezeichnen. Sollen dem Geschädigten weitere Ansprüche für den Fall einer gesundheitlichen Verschlechterung vorbehalten werden, ist eine genaue medizinische Definition zweckmäßig: Einmal ist es sinnvoll, durch den Hinweis auf ein bestimmtes medizinisches Gutachten den Gesundheitszustand zu dokumentieren, der dem Abfindungsvergleich zugrunde lag. Zum anderen sollte man sich für die Beurteilung einer Verschlimmerung auf konkrete medizinische Parameter einigen, z. B. auf eine bestimmte Erhöhung der prozentualen MdE des Verletzten und deren Feststellung durch die Klinik oder den Gutachter, der schon die der Abfindung zugrunde liegende medizinische Beurteilung abgegeben hat. Die Formulierung könnte dann in etwa lauten: „Vorbehalten bleibt der Ersatz eines zukünftigen Erwerbsschadens für den Fall, dass die unfallbedingte MdE 30 % übersteigt;

---

[7] VerBAV 80, 242.
[8] BGH VersR 85, 165 m. w. H.; a. A. OLG Düsseldorf NZV 01, 470 – Rev. nicht angen.
[9] Üblich sind deutliche Formulierungen in mehrfacher Wiederholung.
Rechtlich ausreichend ist z. B.: „Mit der Zahlung eines Betrages von weiteren … Euro sind alle materiellen Schadensersatzansprüche und der Anspruch auf Schmerzensgeld des Geschädigten aus dem Schadenfall vom … gegen den Versicherer … und seine Versicherten endgültig abgefunden."
[10] BGH VersR 83, 1034 = NJW 84, 115; OLG Saarbrücken VersR 85, 298; OLG Frankfurt r+s 94, 39 = VersR 93, 1147; OLG Nürnberg r+s 00, 459.
[11] „Mit der Zahlung dieses Betrags ist der Schmerzensgeldanspruch insgesamt und sind die materiellen Schadenersatzansprüche bis zum … abgefunden. Weitere materielle Schäden ab diesem Zeitpunkt bleiben vorbehalten. Insoweit wird die Verjährungsfrist bis zum … verlängert."

die Feststellung trifft die Unfallklinik XY." Geltend gemacht werden können dann gerade auch solche gesundheitlichen Verschlechterungen, die voraussehbar waren.[12]

Wird der Schaden nicht endgültig abgefunden, sondern ein Teilvergleich oder ein Vergleich mit einem Vorbehalt vereinbart, ist die Gefahr einer Verjährung der offen gebliebenen Ansprüche zu beachten.[13] Denn für solche Ansprüche beginnt mit der Zahlung der Vergleichssumme (Neubeginn der Verjährungsfrist) nur eine 3-jährige Verjährungsfrist zu laufen. Die vertragliche Verlängerung dieser Verjährungsfrist ist nach § 202 BGB n. F. zulässig und zu empfehlen.[14]  **834**

Vorgesehen ist im Formular der Abfindungserklärung meist auch die Abfindung von *Ansprüchen gegen Dritte*. Zweck einer solchen Regelung ist es, zu verhindern, dass der Haftpflichtversicherer über die Abfindungssumme hinaus noch mit Ausgleichsansprüchen Dritter belastet wird. Wenn die Abfindungserklärung allerdings die Beschränkung des Verzichts auf Ansprüche gegen ausgleichsberechtigte Dritte nicht ausdrücklich enthält, ist die Klausel insoweit wegen Verstoßes gegen §§ 3, 9 AGBG nichtig.[15] Die Bedeutung dieser Klausel wird freilich häufig verkannt. Soweit zwischen dem Versicherer und dem Dritten ein Gesamtschuldverhältnis besteht, wirkt die Erfüllung aufgrund des Abfindungsvergleiches auch zugunsten des anderen Gesamtschuldners.[16] In Fällen der Gesamtschau[17] und der Haftungseinheit[18] scheidet ein Ausgleichsanspruch des Dritten an sich aus; die Abfindungserklärung gewinnt hier jedoch dann Bedeutung, wenn der Dritte die Rechtslage anders beurteilen (andere Haftungsquotierungen, Verneinen einer Haftungseinheit) und im Prozess Erfolg haben würde.  **835**

Zur *Auslegung* eines Vergleichs ist die Korrespondenz zwischen dem Haftpflichtversicherer und dem Geschädigten und alle außerhalb des Textes der Abfindungserklärung liegenden Begleitumstände, wie z. B. auch der Inhalt von Vorverhandlungen heranzuziehen.[19] Aufgrund der Auslegung sich ergebende Regelungslücken sind im Wege ergänzender Vertragsauslegung zu schließen.[20] Der Inhalt eines Begleitschreibens geht dem Wortlaut des Formulars für die Abfindungserklärung vor.[21]  **836**

Die vom Schädiger zu erstattenden *Anwaltskosten* werden an sich von einem Abfindungsvergleich mit umfasst, wenn sich aus dessen Text nichts anderes ergibt.[22] Es empfiehlt sich daher immer, in die Abfindungserklärung auch die Höhe der zu erstattenden Anwaltskosten mit aufzunehmen. In der Praxis erheben die Haftpflichtversicherer jedoch i. d. R. keine Einwände, wenn in der Erklärung Anwaltskosten versehentlich nicht erwähnt werden.  **837**

Zur *Verjährung* von vorbehaltenen Schadenersatzansprüchen siehe Rdn. 820.  **838**

## 3. Wirkung gegenüber Rechtsnachfolgern

Grundsätzlich wirkt der Vergleich nur innerhalb der Vertragsparteien.[23] Gegenüber Rechtsnachfolgern gilt Folgendes:  **839**

---

[12] OLG Hamm r+s 95, 17.
[13] Vgl. Rdn. 820 ff.
[14] S. Rdn. 785.
[15] BGH VersR 85, 165; VersR 86, 467; a. A. OLG Düsseldorf NZV 01, 470 – Rev. nicht angen.
[16] § 422 BGB; vgl. Münchener Kommentar, § 422 A. 1, § 364 A. 8.
[17] *Hartung* VersR 80, 797 m. H. auf Rspr.
[18] BGH VersR 70, 1110; VersR 74, 34; VersR 83, 131 = NJW 83, 623.
[19] OLG Hamm NZV 94, 435; OLG Frankfurt VersR 93, 1147 = r+s 94, 93 – Rev. nicht angen.
[20] OLG Hamm NZV 94, 435 = r+s 94, 300.
[21] KG VersR 66, 1165.
[22] OLG Köln VersR 63, 468.
[23] Zur Wirkung gegenüber anderen Schädigern s. Rdn. 835.

840 Erwirbt der Zessionar die Forderung bereits im Unfallzeitpunkt[24] (§§ 116 SGB X, 87a BBG) oder jedenfalls vor Vergleichsabschluss, ist der Vergleich des Haftpflichtversicherers mit dem Geschädigten über Ansprüche, die bereits übergegangen waren, dann unwirksam, wenn der Versicherer Kenntnis von der Zession (§ 407 BGB) hat. An diese Kenntnis sind nach der Rechtsprechung geringe Anforderungen zu stellen. Der Schuldner ist bereits dann *bösgläubig,* wenn er von tatsächlichen Umständen weiß, von denen allgemein bekannt ist, dass sie eine Sozialversicherungspflicht begründen.[25] Das ist z.B. der Fall, wenn der Versicherer erfährt, dass der Geschädigte vor dem Unfall – und sei es auch nur vorübergehend – in abhängiger Stellung tätig war.[26] Bei einem Forderungsübergang im Zeitpunkt einer Systemänderung[27] kommt es für die Kenntnis auf den Zeitpunkt der Veröffentlichung im BGBl. an.[28] Keine Kenntnis in diesem Sinne liegt z.B. vor, wenn ein SVT Leistungen aufgrund einer dem Versicherer nicht bekannten freiwilligen (Zusatz-)Versicherung erbringt[29] oder wenn sich der Forderungsübergang erst aufgrund einer geänderten höchstrichterlichen Rechtsprechung ergibt.[30]

841 Kommt die Eintrittspflicht eines SVT in Betracht, können die beim Geschädigten verbliebenen Ersatzansprüche, soweit für sie ein Übergang nach § 116 SGB X möglich ist (z.B. nicht das Schmerzensgeld), in der Regel erst dann reguliert werden, wenn der Umfang der Leistungen des SVT feststeht. Bei einem Abfindungsvergleich über den Zukunftsschaden muss die Höhe zukünftiger Leistungen des SVT geschätzt werden. Es kommt daher zu bedauerlichen Verzögerungen der Schadenregulierung. Der Geschädigte kann zwar nach § 46 SGB I auf seine Ansprüche gegen den SVT verzichten;[31] das kann jedoch nur die Regulierung der Ansprüche für die Vergangenheit erleichtern, da der Verzicht jederzeit mit Wirkung für die Zukunft widerrufen werden kann (§ 46 Abs. 1 SGB I). Hilfreich wäre dagegen die *Abtretung* des Anspruchs des Versicherten auf Geldleistungen gegen den SVT an den Schädiger. Diese Abtretung bedarf aber nach § 53 Abs. 2 Ziff. 2 SGB I der Genehmigung durch den zuständigen SVT. Die Genehmigung ist zu erteilen, wenn sie im wohlverstandenen Interesse des Berechtigten liegt. Leider machen die SVT bei dieser Genehmigung häufig Schwierigkeiten. Sie sollten berücksichtigen, dass durch eine solche Abtretung die Schadenregulierung zugunsten des Geschädigten beschleunigt wird.

842 Tritt der *Forderungsübergang* nicht im Unfallzeitpunkt, sondern *erst später* ein (z.B. § 6 EFZG, §§ 86 VVG n.F., 67 VVG a.F. – vgl. Rdn. 110, 760), kann der Geschädigte vorher wirksam über seine gesamten Ansprüche zu Lasten des zukünftigen Zessionars verfügen. Dies hat jedoch u.U. Konsequenzen für seine eigenen Ansprüche gegen den Zessionar.[32] Zweckmäßig ist daher die Aufnahme einer Klausel „... soweit nicht Ersatzansprüche auf leistende Dritte übergehen" in den Vergleichstext. Man wird im Übrigen auch genau prü-

---

[24] S. dazu Rdn. 590.
[25] BGH VersR 68, 771; VersR 84, 35 = NJW 84, 607 m.w.H.; strengere Anforderungen an die – vom SVT zu beweisende – Bösgläubigkeit stellt OLG Karlsruhe VersR 68, 1071.
[26] Beispiel aus der Rspr. s. *Schloën/Steinfeltz,* Regulierung von Personenschäden, Kap. 3 Rdn. 92.
[27] Vgl. Rdn. 590.
[28] BGH VersR 84, 35. Der Leitsatz dieser Entscheidung darf nicht missverstanden werden. Maßgeblicher Zeitpunkt für den Übergang und damit die Aktivlegitimation ist das Inkrafttreten des Gesetzes. Wird es schon vor dem vorgesehenen Zeitpunkt im BGBl. veröffentlicht, haben die Beteiligten zwar schon Kenntnis, der Geschädigte bleibt aber bis zum Inkrafttreten aktiv legitimiert und kann daher über seine Ansprüche verfügen und der Schädiger mit befreiender Wirkung leisten.
[29] Vgl. dazu *Auf der Mauer* VersR 81, 814; s. auch BGH VersR 68, 771.
[30] BGH VersR 68, 771.
[31] Vgl. Rdn. 584.
[32] Leistungsfreiheit des Schadenversicherers nach § 67 Abs. 1 S. 3 VVG (nach § 86 VVG n.F. nur noch in beschränkter Form), wenn der Geschädigte einen Ersatzanspruch gegen den Schädiger aufgibt.

fen müssen, ob der Abfindungsvergleich die Ansprüche, die für einen Übergang auf den Dritten in Betracht kommen, tatsächlich mit umfasste.

## 4. Unwirksamkeit – Anpassung

### a) § 779 BGB

Nach dieser Bestimmung, einem Sonderfall des *Fehlens der Geschäftsgrundlage,* ist ein Vergleich unwirksam, wenn beide Parteien übereinstimmend einen Sachverhalt zugrunde gelegt haben, der tatsächlich nicht vorlag, und wenn sie bei Kenntnis der Sachlage den Vergleich nicht abgeschlossen haben würden. In Betracht kommt vor allem der gemeinsame Tatsachenirrtum. Ein reiner Rechtsirrtum, z.B. ein Irrtum über die Anspruchsgrundlage,[33] über die spätere Gesetzgebung[34] oder über die erwartete zukünftige Entwicklung[35] genügt nicht. **843**

Wegen dieser strengen Voraussetzungen spielt § 779 BGB für die praktische Schadenregulierung nur eine sehr geringe Rolle. **844**

### b) § 242 BGB, Fehlen der Geschäftsgrundlage

Über die engen Grenzen des § 779 BGB hinaus kommt zwar eine Anpassung des Vergleichs nach den *allgemeinen Grundsätzen des Fehlens oder des Wegfalls der Geschäftsgrundlage grundsätzlich* in Betracht.[36] Hier bestehen jedoch strenge Voraussetzungen: Mit der endgültigen Abfindung des Zukunftsschadens nehmen die Beteiligten regelmäßig in Kauf, dass die Kalkulation der zukünftigen Risiken auf Schätzungen und unsicheren Prognosen beruht. Weicht die tatsächliche Schadenentwicklung von der Prognose ab, kommt – auch bei schwerwiegenden Änderungen – ein Berufen auf eine Änderung der Geschäftsgrundlage nicht in Betracht.[37] Dies gilt auch bei Veränderungen im Gefüge von anrechenbaren kongruenten Sozialleistungen.[38] Änderungen der Höhe von Sozialleistungen, aber auch in den Leistungsstrukturen der Sozialversicherung sowie in den wirtschaftlichen Rahmenbedingungen gehören zum – beiderseitigen – Risikobereich einer endgültigen Abfindung.[39] **845**

Ausnahmen bestehen nur dann, wenn der Vergleich nachweislich auf gemeinsamen[40] oder zumindest auf erkennbaren, unbeanstandeten Vorstellungen einer Partei aufgebaut wurde.[41] Hierbei kann es sich um Vorstellungen über Tatsachen, aber auch über die Rechtslage handeln. Es genügt allerdings nicht, dass sich eine Partei in rechtlicher oder tatsächlicher Beziehung geirrt hat.[42] Weitere Voraussetzung ist, dass es sich um einen Irrtum mit erheblicher wirtschaftlicher Tragweite handelt.[43] Eine Anpassung kommt auch

---

[33] BGH BB 61, 766.
[34] BGH VersR 51, 233.
[35] BGH VersR 61, 808.
[36] BGH VersR 61, 382; VersR 90, 984; VersR 83, 1034; VersR 08, 686; VersR 08, 1648 = NJW-RR 08, 1716.
[37] BGH VersR 08, 686; VersR 08, 1648 = NJW-RR 08, 1716 m. Anm. *Lang* in jurisPR-VerkR 25/2008; Jahnke, Abfindung von Personenschadenansprüchen, § 2 Rdn. 359 ff.
[38] Beispiele: Wegfall bzw. Verringerung des Blindengeldes (BGH VersR 08, 686; OLG Oldenburg NJW 06, 3152); Reduzierung der von der Kasse zu tragenden Heilbehandlungskosten auf Grund der Gesundheitsreform (OLG Koblenz VersR 96, 232).
[39] BGH VersR 08, 686; *Jahnke,* Abfindung von Personenschadenansprüchen, § 2 Rdn. 394.
[40] Beispiel: BGH VersR 08, 1648.
[41] BGH VersR 68, 273; vgl. auch BGH VersR 08, 686; OLG München ZfS 92, 293.
[42] BGH VersR 68, 273.
[43] BGH VersR 08, 1648 = NJW-RR 08, 1716.

dann nicht in Frage, wenn über die betroffene Rechts- oder Tatsachenfrage im Rahmen der Verhandlungen ausdrücklich gesprochen worden ist und die Streitfrage gerade durch den Vergleich erledigt werden sollte.[44] Haben beide Parteien an die betreffende Frage gar nicht gedacht, so kann es darauf ankommen, ob es Sache der irrenden Partei war, selbst für die Aufklärung der Frage zu sorgen.[45]

846  Realisieren sich die maßgeblichen Vorstellungen beider Parteien nicht, und ist das *Festhalten am Vergleich* der benachteiligten Partei *nach § 242 BGB* nicht zuzumuten, ist der Vergleich entsprechend *anzupassen,* soweit dies wiederum der anderen Partei zuzumuten ist.[46]

847  Eine Anpassung ist nur möglich für noch nicht abgewickelte Vertragsverhältnisse, also nur für weiterlaufende Schadensersatzansprüche, und hat regelmäßig nur *ex-nunc*-Wirkung.[47] Bei Abfindungsvergleichen kommt eine derartige Anpassung wegen nicht vorgestellter Zukunftsschäden regelmäßig schon deshalb nicht in Betracht, weil Geschäftsgrundlage ja gerade die Abfindung des Zukunftsrisikos gegen einen Risikobetrag ist;[48] hier hilft allenfalls § 242 BGB (Einzelheiten Rdn. 848).

### c) Erhebliche Äquivalenzstörungen, insbesondere unvorhergesehene Spätschäden

848  Die jüngere, restriktive[49] Rechtsprechung bemüht § 242 BGB: Tritt infolge nicht vorhergesehener und nicht vorhersehbarer Spätfolgen[50] (dasselbe gilt, wenn der Zukunftsschaden aufgrund an sich vorhergesehener Spätfolgen, der Kalkulation der Abfindungssumme keine oder nur eine untergeordnete Rolle gespielt hat)[51] eine erhebliche, sogenannte Äquivalenzstörung,[52] ein „*krasses Missverhältnis*", eine so „ungewöhnliche Diskrepanz" zwischen Schaden und Abfindungssumme[53] auf, die für den Geschädigten nach den gesamten Umständen des Falls eine ungewöhnliche Härte bedeuten würde,[54] verstößt der Schädiger gegen Treu und Glauben, wenn er am Vergleich festhält. Besteht eine die „zu-

---

[44] BGH VersR 68, 273.
[45] BGH VersR 68, 273.
[46] BGH NJW 53, 1585; VersR 68, 273; OLG München (ZfS 92, 293) hat die Anpassung eines Vergleichs in einem Fall zugelassen, in dem beide Parteien bei Vertragsschluss davon ausgegangen waren, die Heilbehandlungskosten würden voll vom SVT übernommen; aufgrund des Gesundheitsreformgesetzes mit Einführung einer 10%igen Selbstbeteiligung war dies aber nicht mehr der Fall. Ob hier § 242 BGB schon greift, erscheint im Hinblick auf den geringen Umfang der Eigenbeteiligung allerdings zweifelhaft.
[47] BGH NJW 72, 1577.
[48] OLG Koblenz NZV 04, 197.
[49] Es gibt vergleichsweise nur wenige obergerichtliche Urteile, in denen einer „Vergleichsanfechtung" stattgegeben wurde. Beispiele hierfür: OLG Oldenburg VersR 04, 64; OLG Schleswig VersR 01, 983. Bestand hatte der Abfindungsvergleich u. A. in folgenden Entscheidungen: OLG Frankfurt VersR 93, 1147 = r+s 94, 93 – Rev. nicht angen.; OLG Düsseldorf VersR 96, 642; OLG Hamm VersR 98, 631; NZV 00, 127; OLG Celle NZV 00, 505; OLG Zweibrücken SP 00, 231; OLG Nürnberg VersR 01, 982 = NZV 00, 507 Rev. nicht angen.; OLG Frankfurt ZfS 04, 16; OLG Koblenz NZV 04, 197; LG Kaiserslautern ZfS 05, 336.
[50] Ist – etwa aufgrund ärztlicher Gutachten – mit der Möglichkeit dieser Spätfolgen zu rechnen, kommt eine Anpassung nicht in Betracht (OLG Düsseldorf VersR 96, 642 – Rev. nicht angen.); a. A. OLG Oldenburg VersR 04, 64.
[51] OLG Hamm VersR 87, 389; OLG Köln VersR 88, 520.
[52] BGH VersR 08, 686 m. w. H.; VersR 08, 1648 = NJW-RR 08, 1716.
[53] OLG Frankfurt ZfS 04, 16 fordert unter Bezug auf BGH VersR 66, 243 eine „Äquivalenzstörung um den Faktor 10". Die Diskrepanz muss nach den Wertverhältnissen zur Zeit des Vergleichsabschlusses beurteilt werden; für den Umfang des zusätzlichen Schadensersatzes gelten aber die aktuellen Maßstäbe.
[54] BGH VersR 08, 686; VersR 08, 1648 = NJW-RR 08, 1716.

mutbare Opfergrenze überschreitende Härte" für den Geschädigten, kann er wegen der Spätfolgen einen weiteren Schadensersatzanspruch geltend machen,[55] wobei eine Abänderung auch für die Vergangenheit möglich ist.[56] Allerdings findet dann nicht eine völlige Neuberechnung des Schadens statt. Bei der Bemessung der Höhe einer Nachforderung ist zwar zum einen der bereits geleistete Schadensersatz zu berücksichtigen, zum anderen aber auch, dass der weitere Ausgleich nur zur Vermeidung eines krassen Missverhältnisses zwischen Vergleichssumme und Schaden geboten ist.[57] Dabei hat das Gericht nicht nur die Möglichkeit der Schätzung nach § 287 ZPO, sondern darüber hinaus kann es auch pauschalieren, ohne dass eine detaillierte Aufschlüsselung der Entschädigung zu erfolgen hat. Wurde der Spätschaden durch einen ärztlichen Kunstfehler verursacht, für den der Erstschädiger zwar grundsätzlich auch einzustehen hätte, wegen dem der Geschädigte aber auch einen Ersatzanspruch gegen den verantwortlichen Arzt hat, ist eine Anpassung des Abfindungsvergleichs nach Treu und Glauben nicht erforderlich.

### d) Rentenvergleich

*Zukünftige Änderungen* in der Höhe des Rentenanspruchs[58] können vom Gericht berücksichtigt werden, wenn sie nach den Maßstäben der §§ 252 BGB, 287 ZPO vorhersehbar sind.[59] Dies gilt entsprechend für außergerichtliche Vergleiche. Dagegen darf das Gericht eine dynamische Rente, die an die Entwicklung der Lebenshaltungskosten oder der Einkommen gekoppelt ist, nicht zusprechen. Derartige Klauseln würden einmal der Genehmigung durch das Bundesamt für Wirtschaft und Ausfuhrkontrolle bedürfen,[60] zum anderen ist die zukünftige Entwicklung eben nicht zu überschauen.[61]

849

Ist der Übergang auf Sozialversicherungsträger oder sonstige leistende Dritte zu beachten, empfiehlt sich dringend die Aufnahme einer Formulierung in den Vergleichstext etwa folgenden Inhalts: „... Zahlung einer Schadensersatzrente wegen Erwerbsschadens in Höhe von ..., abzüglich der jeweils zeitlich kongruenten, nachzuweisenden Leistungen der Sozialversicherungsträger."

Der *Prozessvergleich* über eine Rente kann nach § 323 Abs. 4 ZPO aufgrund einer Abänderungsklage an die geänderten wirtschaftlichen Verhältnisse angepasst werden.[62]

850

Für *außergerichtliche Rentenvergleiche* ist § 323 ZPO – auch analog – nur dann anzuwenden, wenn dies ausdrücklich vereinbart wurde.[63] Möglich ist freilich auch hier eine

851

---

[55] Die Rechtsprechung ist restriktiv und stellt hohe Anforderungen an eine erfolgreiche „Vergleichsanfechtung". BGH VersR 61, 382; VersR 66, 243; VersR 67, 804; VersR 83, 1034 = NJW 84, 115; VersR 90, 984; OLG Schleswig VersR 78, 187; OLG Köln VersR 78, 576; OLG Frankfurt VersR 93, 1147 = r+s 94, 93 – Rev. nicht angen.; OLG Düsseldorf VersR 96, 642; OLG Hamm VersR 98, 631; OLG Celle NZV 00, 505; OLG Zweibrücken SP 00, 231; OLG Nürnberg VersR 01, 962; OLG Schleswig VersR 01, 983; OLG Frankfurt ZfS 04, 16; OLG Oldenburg VersR 04, 64; OLG Koblenz NZV 04, 197; LG Kaiserslautern ZfS 05, 336.
[56] BGH Großer Senat DAR 83, 52.
[57] OLG Schleswig VersR 01, 983: pauschal 62.500,– EUR zusätzlich zugebilligt.
[58] Z.B. Verminderung des Einkommens und Mithilfepflicht des Erwerbstätigen nach der Pensionierung, sichere Einkommenssteigerung infolge höheren Dienstalters etc.
[59] Vgl. *Palandt*, BGB, § 843 A. D) d).
[60] *Palandt*, BGB, § 245 A. 5. a.
[61] BGH NJW 61, 871; NJW 81, 818.
[62] Vgl. BGH VersR 60, 415. Die zeitliche Schranke des § 323 Abs. 3 ZPO gilt hier nicht; der Prozessvergleich kann auch für die Zeit bis zur Erhebung der Klage abgeändert werden (BGH Großer Senat VersR 83, 147). Eine Abänderung kommt dann nicht in Betracht, wenn sich die tatsächliche oder rechtliche Beurteilung der entscheidungserheblichen Umstände geändert hat (BGH VersR 81, 280).
[63] BGH VersR 60, 130.

Anpassung über §§ 157, 242 BGB, wenn sie wegen wesentlicher Veränderungen der wirtschaftlichen Verhältnisse erforderlich ist, um den mit dem Vertrag verfolgten Zweck zu erreichen.[64]

Da mit einem Rentenvergleich jedoch in der Regel eine „abschließende und dauerhafte Schadensregulierung angestrebt" wird, kommt eine Änderung der Rente nur dann in Betracht, wenn der Geldwertschwund ein Ausmaß erreicht hat, bei dem der Versorgungszweck des Vergleichs vereitelt wird.[65] Eine Rentenanpassung kann im Übrigen vertraglich ausgeschlossen werden; ein dahin gehender Parteiwille ist aber nicht schon dann zu unterstellen, wenn die Parteien ausdrücklich von der Aufnahme einer Gleitklausel abgesehen haben.[66] Zur Abänderung einer Schmerzensgeldrente s. Rdn. 301.

**e) Gerichtlicher Vergleich**

852   Zu beachten sind einige formelle und inhaltliche Besonderheiten: Der Vergleich muss vorgelesen oder vom Tonband vorgespielt und ordnungsgemäß protokolliert werden (§§ 162 Abs. 1, 160 Abs. 3 Nr. 1 ZPO). Die Möglichkeit einer Protokollierung besteht auch im schriftlichen Verfahren: § 278 Nr. 6 ZPO. Bei Vormundschaft entfällt die an sich erforderliche vormundschaftsgerichtliche Genehmigung, wenn sich aus dem Protokoll ergibt, dass der Vergleich auf Vorschlag des Gerichts geschlossen worden ist (§§ 1822 Nr. 12, 1981 BGB). Wird der Vergleich unter Widerrufsvorbehalt geschlossen, ist der Rücktritt nur innerhalb der Frist möglich; eine Wiedereinsetzung in den vorherigen Stand kommt nicht in Betracht.[67] Wichtig ist insoweit die Formulierung, dass der Widerruf „durch Einreichung eines Schriftsatzes bei Gericht" zu erfolgen hat.[68]

---

[64] BGH VersR 62, 805 = NJW 62, 2147; VersR 68, 450; NJW 86, 2054.
[65] BGH VersR 89, 154 = NZV 89, 65. In dieser Entscheidung hatte der BGH eine Erhöhung einer Schadensersatzrente wegen entgangenen Unterhalts trotz einer Steigerung der Lebenshaltungskosten von 36% abgelehnt, da der vereinbarte Betrag – entgangene Haushaltsführung – unter Berücksichtigung des ersparten Barunterhalts letztlich immer noch als nicht völlig unangemessen erschien.
[66] BGH VersR 89, 154.
[67] BGH NJW 74, 107.
[68] Nach OLG Koblenz (MDR 97, 883) kann andernfalls die Erklärung gegenüber dem Gegner erfolgen.

## XVII. Kapitalabfindung

Der Geschädigte kann anstatt einer Rente wegen vermehrter Bedürfnisse, Erwerbs- und Unterhaltsschadens (§§ 843 Abs. 1, 844 Abs. 2 S. 1 BGB) nur bei Vorliegen eines wichtigen Grundes eine Abfindung in Kapital verlangen (§ 843 Abs. 3 BGB).[1] Als *wichtiger Grund* wird u. a. von der Rechtsprechung anerkannt: der Aufbau einer neuen Existenz;[2] ein günstiger Einfluss auf den Zustand des Verletzten;[3] die Möglichkeit, sich durch den Kauf eines Erwerbsgeschäftes selbstständig zu machen;[4] Unsicherheit, ob im Falle des Endes der Besetzung der Bundesrepublik durch die Alliierten Truppen die Deckung der amerikanischen Haftpflichtversicherung noch zur Verfügung stand;[5] zu befürchtende Schwierigkeiten hinsichtlich der Durchsetzung des Ersatzanspruchs.[6] Einen Anspruch auf Kapitalisierung hat im Übrigen noch der Sozialversicherungsträger nach § 110 Abs. 1 S. 2 SGB VII bei vorsätzlicher oder grob fahrlässiger Verursachung eines Arbeitsunfalls und Vorliegen eines Haftungsprivilegs. Ein Anspruch des Schädigers auf Kapitalabfindung besteht dagegen nicht.[7] Bei Änderung der wirtschaftlichen Verhältnisse ist eine Abänderung der Abfindung etwa in entsprechender Anwendung des § 323 ZPO nicht möglich,[8] im Übrigen gelten die allgemeinen Grundsätze für die Anpassung eines Vergleichs über § 242 BGB (vgl. Rdn. 843ff.).

853

Die gesetzliche Ausnahme der Kapitalisierung von Rentenansprüchen ist in der Regulierungspraxis die Regel. Beide Seiten können eine Kapitalisierung frei vereinbaren und machen von dieser Möglichkeit auch ganz überwiegend Gebrauch. Bestimmungen über die Modalitäten einer Kapitalisierung existieren nicht. In seinem Urteil vom 8. 1. 1981 äußert sich der BGH zu den bei einer *gerichtlichen* Kapitalisierung zu beachtenden Grundsätzen: Der Berechtigte solle „denjenigen Kapitalbetrag erhalten, der während der voraussichtlichen Laufzeit der Rente zusammen mit dem Zinsertrag dieses Kapitals ausreicht, die an sich geschuldeten Renten zu zahlen".[9] Während allerdings bei der gerichtlichen Kapitalisierung die Sicherstellung des Geschädigten im Vordergrund steht, müssen bei der außergerichtlichen die wirtschaftlichen Interessen beider Seiten einschließlich der Ersparnis von Verwaltungsaufwand berücksichtigt werden.[10] Vor allem ist es bei der au-

854

---

[1] Im Gesetzgebungsverfahren zum Schadenrechtsänderungsgesetz war die Einführung eines generellen Anspruchs auf Kapitalabfindung zwar diskutiert worden, der Gesetzgeber hatte eine Anregung des Bundesrats nach Anhörung der Verbände aber nicht realisiert – vgl. dazu *Lang* VersR 05, 894.

[2] RG JW 33, 840.

[3] RGZ 73, 418.

[4] RG JW 33, 840.

[5] COURT OF APPEALS Nürnberg NJW 50, 783.

[6] OLG Frankfurt vom 4. 4. 79 – 10 O 275/77: Überschreitung der Deckungssumme und Gefahr, dass der persönlich haftende Schädiger sein Vermögen auf die Seite bringt (Revision insoweit nicht angenommen, BGH VersR 81, 283).

[7] A. A. *Schlund* VersR 81, 401: Recht auf Kapitalisierung unter bestimmten Voraussetzungen.

[8] BGH VersR 81, 283.

[9] BGH VersR 81, 283; a. A. *Schmid* DAR 81, 129; Deckung des gegenwärtigen laufenden Schadens aus Zinsen des Kapitalbetrages zuzüglich eines Jahresbetrages, da die Zinsen im Nachhinein fällig sind. Der Auffassung von Schmidt kann nicht gefolgt werden, da wegen des Verzichts auf Kapitalabbau Renten mit kürzerer Laufzeit zu teuer, Renten mit längerer Laufzeit wegen des höheren Zinssatzes als der üblichen 5% dagegen zu billig kapitalisiert werden.

[10] *Lang* VersR 05, 894; so auch Entschließung VGT Goslar 81, Arbeitskreis V, Ziff. 6 – VersR 81, 217.

ßergerichtlichen Kapitalisierung m.E. nicht gerechtfertigt, mögliche zukünftige inflationäre Steigerungen mit zu bewerten; der Geschädigte oder sein Zessionar haben andere Möglichkeiten, sich vor den Risiken einer Inflation zu schützen.

855 Wesentlich für die Berechnung des Kapitalbetrages sind daher:
– die Laufzeit (Rdn. 857 ff.),
– die Zahlungsweise (Rdn. 870) der Rente,
– der rechnerische Zinsfuß (unterstellter Zinsertrag) (Rdn. 868 ff.) und
– voraussichtliche Änderungen der Rentenhöhe (Rdn. 871 ff.).

856 Sind diese Parameter festgelegt, kann mit Hilfe der im Anhang abgedruckten Kapitalisierungstabellen der Kapitalbetrag errechnet werden. Diese Tabellen berücksichtigen die statistische Lebenserwartung, getrennt nach Geschlecht und bezogen auf das jeweilige Alter. Zugrunde gelegt ist eine monatlich vorschüssige bzw. vierteljährlich nachschüssige Zahlungsweise. Für davon abweichende Zahlungsweisen können die in Rdn. 870 genannten Zu- oder Abschläge gemacht werden. Ausgewiesen werden sodann Kapitalisierungsfaktoren auf der Basis einer Verzinsung von 4%, 5%, 5,5%, und 6%. Mit dem sich danach ergebenden Kapitalisierungsfaktor ist der jährliche Schadensersatzbetrag zu multiplizieren.

Ist die Rente im Zeitpunkt der Kapitalisierung noch nicht fällig, sondern beginnt sie erst zu einem in der Zukunft liegenden Zeitpunkt (sog. „aufgeschobene Rente"), ist die Abzinsung des Zeitraums zwischen der Abfindung und dem Beginn der Rente mit Hilfe der Sterbetafeln, des vereinbarten Zinssatzes und der unter Rdn. 879 dargestellten Formel zu berücksichtigen.

Werden bei einer Kapitalabfindung auch wahrscheinliche zukünftige *Kapitalforderungen* mit abgegolten, ist die Abzinsung ebenfalls zu berücksichtigen. Mit Hilfe einer Abzinsungstabelle (Tabelle Nr. VII im Anhang) ist ein Reduzierungsfaktor („Abzinsungsfaktor") zu bilden, mit dem der geschätzte und prognostizierte Kapitalbetrag zu multiplizieren ist.

## 1. Laufzeit der Schadensersatzrente

### a) Vermehrte Bedürfnisse

857 Besteht lebenslanger Pflegebedarf, ist zunächst auf die statistische Lebenserwartung im Zeitpunkt der Kapitalisierung abzustellen. Der Kapitalisierungsfaktor ergibt sich dann aus den Tabellen I/1 und 6 im Anhang, die auf der allgemeinen Lebenserwartung beruhen. Eine individuell gegebene verkürzte Lebenserwartung ist sodann zu berücksichtigen.

858 Die Lebenserwartung Unfallverletzter hat auch in schwersten Fällen (Querschnittslähmungen, Schädel-/Hirnverletzungen) in den letzten Jahren aufgrund der verbesserten medizinischen Dauerversorgung und Pflege zugenommen. Gleichwohl sind Abschläge vom Kapitalisierungsfaktor je nach der individuellen Situation gerechtfertigt. Verlässliche Statistiken für bestimmte Verletzungstypen existieren nicht.[11]

859 Zu berücksichtigen ist im Übrigen die unfallunabhängige gesundheitliche Entwicklung hinsichtlich der Höhe der vermehrten Bedürfnisse und des Pflegebedarfs (überholende Kausalität).

---

[11] Allerdings liegen Studien aus dem Ausland vor. Nach einer Untersuchung in der Schweiz (Unfallstatistik 1996 der Suva) besteht bei einer MdE zwischen 16% und 75% eine leichtere Vorversterbenswahrscheinlichkeit; bei einer MdE ab 76% eine höhere Vorversterblichkeit. In den USA (Quelle: Hannover Forum 1997 der Schweizer Rück) ist bei Schwerstverletzten die Lebenserwartung eines 30-jährigen um 6 Jahre, eines 50-jährigen um 5 Jahre herabgesetzt.

## b) Erwerbsschaden und Haushaltsführungsschaden

Schadensersatz ist längstens bis zu dem Zeitpunkt zu leisten, in dem der Verletzte voraussichtlich (§§ 252 BGB, 287 ZPO) aus dem Erwerbsleben ausgeschieden wäre. Diese zeitliche Begrenzung ist in einem Rentenurteil kalendermäßig anzugeben.[12] Für eine Kapitalisierung sollte dann aber nicht etwa mit einer Zeitrententabelle gearbeitet werden; da dann die tatsächliche Vorversterbensmöglichkeit nicht berücksichtigt würde. Anzuwenden sind die Tabellen temporäre Leibrenten (Tabellen I/2–6, 8–12 im Anhang).

860

Die Einführung der flexiblen Altersgrenze in der Rentenversicherung, des vorzeitigen Altersruhegeldes sowie das Risiko der vorzeitigen Invalidisierung eines Erwerbstätigen hatten dazu geführt, dass das durchschnittliche Pensionierungsalter für Angestellte und Arbeiter, für Männer und Frauen in etwa bei dem 60. Lebensjahr lag.[13] Inzwischen steigt diese Grenze langsam an. Das geplante Hinausschieben der Regelaltersgrenze auf das 67. Lebensjahr[14] wird aber nur dann eine Rolle spielen, wenn es der Wirtschaft gelingen sollte, auch für ältere Arbeitnehmer Arbeitsplätze zu schaffen und entsprechend verlängerte Arbeitszeiten einzuführen.

In der Praxis nimmt man heute für Männer meist das 63., für Frauen das 60. Lebensjahr als Endzeitpunkt des Erwerbslebens. Nach der ständigen Rechtsprechung des BGH muss allerdings bei einem unselbstständig Tätigen nach der „gesetzlichen Wertung in § 1248 Abs. 5 RVO" (entsprechend § 35 SGB VI) davon ausgegangen werden, dass ein Geschädigter erst mit dem 65. Lebensjahr Altersruhegeld bezogen hätte, soweit nicht Gründe für eine abweichende Entwicklung dargetan werden.[15] Der vom BGH unter Hinweis auf die Beweiserleichterung des § 287 ZPO zitierte „normale und regelmäßige Verlauf der Dinge" liegt eben nicht vor,[16] wenn nach den individuellen Verhältnissen, dem unfallabhängigen Gesundheitszustand des Verletzten (Vorerkrankungen!), der Art seiner Erwerbstätigkeit und die tatsächlichen Verhältnisse bei seinem Arbeitgeber und in seinem Erwerbszweig ein früheres Ausscheiden aus dem aktiven Erwerbsleben wahrscheinlich ist. Statistiken müssen dann berücksichtigt werden, wenn sie sich auf einschlägige Berufsgruppen beziehen.[17] Außerdem wird man sich die Verhältnisse beim Arbeitgeber hinsichtlich der Verrentung von Vergleichspersonen ansehen müssen, wenn es sich um besondere Branchen mit überdurchschnittlich früher Verrentung handelt.[18]

861

---

[12] BGH NZV 04, 291 = VersR 04, 629 zur Rente wegen entgangenen Unterhalts unter Hinweis auf die st. Rspr. zur Laufzeit eines Erwerbsschadens – s. Rdn. 861. Wird die Begrenzung im Urteilstenor versäumt, kommt wohl auch eine Abänderungsklage bei Eintritt des Zeitpunkts in Betracht, in dem der Verletzte auch ohne den Unfall seine Erwerbstätigkeit aufgegeben hätte – wohl aus BGH NJW 92, 364 zu folgern; so jedenfalls ausdücklich LG Aurich v. 28. 11. 08 (5 O 938/08).
[13] Detaillierte Hinweise Rdn. 652 der 7. Aufl.
[14] Zunächst einmal bedeutet dies aber nur, dass Rentner, die nach ihrer Lebensplanung wie bisher zu einem früheren Zeitpunkt aus dem Erwerbsleben ausscheiden, Abzüge von ihrer Rente hinnehmen müssen.
[15] BGH VersR 88, 464 = NZV 88, 98; NZV 89, 345 = VersR 89, 855; NZV 94, 63 = VersR 94, 186; VersR 95, 1321 = NZV 95, 441 = r+s 95, 383 m. Anm. *Lemcke*; NZV 95, 480 = VersR 95, 1447; NZV 04, 291 = VersR 04, 653 zum Unterhaltsschaden; vgl. auch OLG Stuttgart VersR 99, 630.
[16] Ebenso *Lemcke* zu BGH r+s 95, 383.
[17] *Lang* VersR 05, 894; *Lemcke* in seiner Anmerkung zu BGH v. 5. 11. 2002 in r+s 04, 343.
[18] Durchschnittliches Austrittsalter im Kohlebergbau 51,3, übriger Bergbau 55,6, Postdienste 55,6, Kleidung 55,9, Tabak 56,1, Textil 56,7, Bauhauptgewerbe 56,8, Holzverarbeitung und Mineralöl 57,2, Steine, Erden, Büromaschinen, Lederverarbeitung, Eisen und Stahl, Feinkeramik, Energie, Wasser, Stahlbau 57,4–58 (Quelle: Deutsches Institut für Altersvorsorge, SZ v. 7. 2. 2006). Dagegen z.B. u. A. Verkehr, Werbung, Rechtsberatung, Gebäudereinigung(!) zwischen 62 und 65.

862 Zu berücksichtigen ist die gesetzlich oder vertraglich vorgesehene frühere Pensionierungsgrenze bei bestimmten Berufen:
– Polizisten (längstens bis) 60. Lj.;
– Soldaten je nach Dienstgrad und Einsatz 41.–59. Lj.;
– unter Tage beschäftigte Bergleute 60. Lj. (gesetzliche Altersgrenze nach § 40 SGB VI);
– Flugzeugführer;
– Taucher etc.
Für Leitende Angestellte ist eine Befristung der Laufzeit des Arbeitsvertrages auf die Vollendung des 60. Lebensjahres weit verbreitet. Bei Selbstständigen wird man dagegen über das 65. Lebensjahr hinausgehen können.[19] Doch ist zu bedenken, dass die Arbeitskraft eines Menschen ihre natürliche Grenze hat; zumindest wird man ab dem 65. Lebensjahr eine Leistungsminderung einzukalkulieren haben.[20]

863 Schwierig ist die Bestimmung der voraussichtlichen Dauer der Haushaltsführung.[21] In der Praxis nimmt man häufig das 75. Lebensjahr als Begrenzung.[22] Bei älteren Personen nahe dieser Altergrenze oder nach ihrer Überschreitung, die tatsächlich den Haushalt noch geführt haben, muss man eine je nach Fallsituation längere Arbeitszeit unterstellen. Allerdings sind auch die nachlassende Arbeitskraft bei zunehmendem Alter sowie die Mitarbeitspflicht des erwerbstätigen Ehepartners nach dessen Pensionierung zu berücksichtigen.

### c) Entgangener Unterhalt

864 Für den entgangenen Barunterhalt bei Tötung eines Erwerbstätigen ist die nach dem Netto-Einkommen berechnete Ersatzleistung zunächst einmal auf den Zeitpunkt des wahrscheinlichen Ausscheidens aus dem Erwerbsleben zu befristen (siehe hierzu Rdn. 860 ff.).[23] Im Übrigen ist äußerste Grenze für eine Ersatzpflicht einerseits das mutmaßliche Lebensende des Getöteten[24] und andererseits der Tod des Berechtigten. Das mutmaßliche Lebensende des Getöteten berechnet sich nach seiner allgemeinen Lebenserwartung im Unfallzeitpunkt. Auf die vom Statistischen Bundesamt herausgegebenen zeitnächsten Sterbetafeln ist abzustellen, soweit nicht hiervon abweichende individuelle Anhaltspunkte bestehen.[25] Zur unterschiedlichen Lebenserwartung von ausländischen Staatsangehörigen können spezielle

---

[19] LG Aachen ZfS 86, 196 stellt auf das 65. Lebensj. ab.
[20] BGH VersR 76, 663.
[21] Siehe hierzu auch Rdn. 209, 210.
[22] OLG Celle ZfS 83, 291.
[23] BGH NZV 04, 291 = VersR 04, 653; siehe hierzu im Übrigen Rdn. 860 ff.
[24] BGH NZV 90, 307 = VersR 90, 907. Das mutmaßliche Lebensende bestimmt sich nach der statistischen Lebenserwartung, die in den bekannten – abgekürzten – Sterbetafeln des Statistischen Bundesamtes dokumentiert sind. Bei Gastarbeitern ist ggf. die nach Herkunftsland unterschiedliche Lebenserwartung mit zu berücksichtigen. Eine aufgrund einer massiven Vorerkrankung nachweislich verkürzte Lebenserwartung ist im Rahmen der Schätzung nach § 287 ZPO mit zu bewerten. Im Rentenurteil ist der unterstellte Zeitpunkt zu nennen, d.h. die mutmaßliche Lebensdauer ist kalendermäßig anzugeben (BGH NZV 04, 291 = VersR 04, 653). Über den Wortlaut des § 844 Abs. 2 BGB hinaus hat die Witwe auch nach dem mutmaßlichen Lebensende des Ehemanns noch einen Schadensersatzanspruch, wenn ihre Witwenpension unfallbedingt geschmälert ist (BGH VersR 62, 568) oder gar wegfällt (BGH VersR 60, 551). Vgl. auch BGH VersR 70, 128: unfallbedingter Nichterhalt einer Unfall-Witwenrente.
Bei getöteten Selbstständigen ist zu prüfen, ob der Getötete zur Bildung von Rücklagen und Vermögensanwartschaften unterhaltsrechtlich verpflichtet war, die er infolge des Todes nicht mehr bilden konnte (BGH VersR 52, 97; BGH VersR 54, 325; VersR 56, 38; OLG Stuttgart VersR 02, 1520; *Drees* VersR 92, 1169).
[25] BGH NZV 04, 291 = VersR 04, 653.

Sterbetafeln herangezogen werden.²⁶ In einem Rentenurteil muss die Rente auf dieses kalendermäßig anzugebende Datum befristet werden.²⁷ Zu berücksichtigen ist aber auch die statistische Möglichkeit des Vorversterbens des Unterhaltsberechtigten. Dieser doppelten zeitlichen Limitierung des Schadensersatzes tragen die Tabellen „*Verbundene Leben*" (Tabellen II im Anh.) Rechnung, deren Anwendung weitgehend unbestritten ist.²⁸ Die Verwendung der Leibrententabelle entweder nur für den Getöteten oder für den Hinterbliebenen führt zu unrichtigen Ergebnissen; werden sie der Einfachheit halber gleichwohl angewendet, muss die Vorversterbensmöglichkeit durch einen Abschlag vom Faktor berücksichtigt werden.

Der Schadensersatzanspruch des hinterbliebenen Ehegatten endet in der Regel mit seiner Wiederheirat.²⁹ Verlässliche Statistiken für die Wiederverheiratungchance eines Hinterbliebenen existieren nicht. Es ist daher Verhandlungssache und hängt von den individuellen Gegebenheiten ab, ob man überhaupt kapitalisiert oder ob man wegen dieser Chance einen Abschlag vom Kapitalisierungsfaktor macht. Für Waisen ist Schadensersatz wegen entgangenen Barunterhalts bis zum Ende der familienrechtlich geschuldeten Ausbildung zu zahlen (Tabellen III im Anh.).³⁰ Hinsichtlich des Betreuungsschadens kommt es auf die Umstände des Einzelfalls an. 865

### d) Schmerzensgeldrente

Diese Rente ist bis zum Tod des Verletzten zu zahlen. 866

Die Kapitalisierung einer solchen Rente ist in der Praxis äußerst selten. Eine Schmerzensgeldrente wird ohnehin nur vereinbart oder gerichtlich zugesprochen, wenn der Verletzte insoweit nicht von vornherein Kapital beansprucht hatte. Wird gleichwohl kapitalisiert, ist als Laufzeit die statistische Lebenserwartung des Verletzten zugrunde zu legen. Dies gilt auch dann, wenn man diese Rente rechnerisch kapitalisiert, um den erforderlichen Vergleich mit ausgeurteilten Kapitalbeträgen für vergleichbare Verletzungen herzustellen. 867

## 2. Zinsfuß/Kapitalisierungsfaktor

Unstreitig sind Zinserträgnisse aus dem vor Fälligkeit der einzelnen Rentenraten ausgezahlten Kapitalbetrag zugunsten des Schädigers bei der außergerichtlichen und bei der gerichtlichen Kapitalisierung zu berücksichtigen.³¹ Darauf bauen die gebräuchlichen Kapitalisierungstabellen auf. Bei unterschiedlichen Zinssätzen (die Tabellen im Anhang von 4% bis 7%) wird für unterschiedliche Laufzeiten jeweils ein sog. Kapitalisierungsfak- 868

---

²⁶ Siehe hierzu Rdn. 490.
²⁷ BGH NZV 04, 291 = VersR 04, 291. Wird die Begrenzung im Urteilstenor versäumt, kommt wohl auch eine Abänderungsklage bei Eintritt des Zeitpunkts in Betracht, in dem die statistische Lebenserwartung des Verletzten geendet hätte – wohl aus BGH NJW 92, 364 zu folgern; so jedenfalls LG Aurich v. 28. 11. 08 (5 O 938/08).
²⁸ So auch OLG Nürnberg NZV 08, 349. Tabellen Verbundene Leben sind auch abgedruckt bei Schneider/Stahl, Kapitalisierung und Verrentung, S 158 ff. Zu diesen Tabellen und zur Bewertung des Vorversterbensrisikos Schneider/Stahl, Kapitalisierung und Verrentung, B Rdn. 28; *Schlund/Schneider* VersR 76, 807, 809; *Weißer* VersR 76, 126; *Nehls*, Kapitalisierungstabellen, 1977, S. 37; schon *Preußner* VersR 67, 840; vgl. auch *Stauffer/Schätzle*, Barwerttafeln, S. 141 m. w. H.
²⁹ Vgl. Rdn. 421 ff.
³⁰ OLG Köln VersR 90, 1285 unterstellt für den Regelfall bei Studium eine Laufzeit bis zum 27. Lebensjahr.
³¹ BGH VersR 81, 283, 285; *Hüskes* VersR 73, 699; *Geyer* NJW 74, 1170; *Schlund* VersR 76, 807; *Nehls* VersR 81, 407.

tor angegeben. Wird die Jahresrente mit diesem Kapitalisierungsfaktor multipliziert, ergibt sich der auch vom BGH geforderte Betrag,[32] der erforderlich ist, um den Geschädigten in die Lage zu versetzen, durch Kapitalabbau und Zinserträgnisse die Rente zu bestreiten.

869 In der Praxis der außergerichtlichen, frei zu vereinbarenden Kapitalabfindung[33] ist – unabhängig von den jeweils erzielbaren Kapitalmarktzinsen – ein Zinssatz von 5% üblich[34] und angemessen.[35] Auch der BGH[36] verweist – für die gerichtliche Kapitalisierung – auf „die üblichen Sätze von 5–5,5%", wobei er die Kosten der Vermögensanlage[37] mindernd berücksichtigen möchte.[38] Die Rechtsprechung verwendet einen Kapitalisierungsfaktor auf der Basis einer Verzinsung von 5% z.B. auch dann, wenn bei der Bemessung einer Schmerzensgeldrente eine Kapitalisierung zur Bewertung des gesamten Schmerzensgeldes zu erfolgen hat.[39]

## 3. Zahlungsweise

870 Je größer der zeitliche Abstand zwischen der Kapitalzahlung und der – fiktiven – Fälligkeit der Rentenraten ist, desto höher sind die Zinserträgnisse aus dem vorweg gezahlten Kapital und desto geringer muss der Kapitalisierungsfaktor ausfallen. Es kommt daher auch auf die Zahlungsweise des Schadensersatzes an. Renten im technischen Sinn werden $^1/_4$-jährlich im Voraus geschuldet. Im Übrigen wird ein laufend abgerechneter Schadensersatz aber überwiegend nachschüssig gezahlt. Die Tabellen des Anhangs gehen daher von monatlich vorschüssiger Zahlungsweise aus. Ist eine andere Zahlungsweise rechtlich geschuldet oder faktisch gegeben, sind Zu- oder Abschläge zu machen.[40]

---

[32] BGH VersR 81, 283.
[33] Die in VersR 05, 710 veröffentlichte Entscheidung der 20. ZK des LG Köln, in der eine Abzinsung von 4% bzw. von 2,5% nach Abzug von prognostizierten jährlichen Steigerungsraten von 1,5% zugrunde gelegt wurde, betraf einen Fall des gerichtlich durchsetzbaren Anspruchs auf Kapitalisierung nach § 110 SGB VII; die 25. ZK dieses Gerichts stellt für § 110 SGB VII dagegen auf 5% ab (LG Köln v. 7. 10. 2009, 20 O 198/09 (n. rkr.)).
[34] Vgl. OLG Nürnberg NZV 08, 349 mit Anmerkung *Küppersbusch;* LG Köln v. 7. 10. 2009, 20 O 198/09 (n. rkr.) auch BFH NJW 04, 1756; *Geigel,* Der Haftpflichtprozess, Anh. I S. 1709; Münchner Kommentar, BGB, § 843 Rdn. 77; *Lang* VersR 05, 894. Der Vorschlag von *Kornes* r+s 03, 485 und 04, 1, eine variable Realverzinsung einzuführen („Würzburger Tabelle"), dessen Höhe sich nach der Laufzeit richtet, und zwar aus einer Rückschau auf die Zinsentwicklung eines vergleichbaren Zeitraums der Vergangenheit, hat sich nicht durchgesetzt. Mathematische, statistische und praktische Schwierigkeiten sprechen gegen ihn. Siehe insoweit auch die eingehenden Ausführungen von *Schneider* in seiner Entgegnung zu *Kornes* in r+s 04, 177 und 221.
[35] *Schneider/Schneider* NZV 05, 497; *Schneider/Stahl,* Kapitalisierung und Verrentung, A 3 Rdn. 20 (S. 286).
[36] BGH VersR 81, 283; s. auch die Bemerkung im Zusammenhang mit dem einer Schmerzensgeldrente zugrundeliegenden Kapitalbetrag – BGH NZV 07, 450 = VersR 07, 961.
[37] Die Kosten der Vermögensanlage betragen allerdings im Schnitt nur 0,1% des Kapitalbetrages (je höher der Betrag, desto geringer der Prozentsatz).
[38] BGH VersR 81, 283, 285 r. Sp.
[39] S. hierzu Rdn. 300. OLG Celle SP 04, 407; OLG Oldenburg SP 02, 56; OLG Naumburg VersR 02, 1295 = NZV 02, 459; OLG Köln SP 00, 234.
[40] Die dem Werk von *Schneider/Stahl,* Kapitalisierung und Verrentung, beigefügte CD-ROM ermöglicht die Anwendung von Kapitalisierungstabellen mit unterschiedlichen Zahlungsweisen.

## 4. Zukünftige Änderungen der Rentenhöhe

### a) Individuelle Entwicklung

Nachgewiesene (§§ 252 BGB, 287 ZPO) zukünftige *Einkommenssteigerungen* wegen einer beruflichen Karriere (Beförderung, Altersstufen), aber auch eine Verringerung oder der Wegfall des Einkommens z.B. nach dem wahrscheinlichen Ruhestand, aber auch eine überholende Kausalität sind zu berücksichtigen. Die Berechnung des Kapitalbetrages ist insoweit nicht gerade einfach: Während der Grundbetrag einerseits wie üblich kapitalisiert werden kann, muss der Aufstockungsbetrag nach den Grundsätzen einer aufgeschobenen Leibrente[41] berechnet und addiert werden. 871

Zu berücksichtigen ist im Todesfall auch z.B. die Reduzierung des zum Unterhalt zur Verfügung stehenden Nettoeinkommens zum Zeitpunkt der Pensionierung des Ehemanns,[42] der Beginn einer Arbeitspflicht des Hinterbliebenen[43] oder der Mitarbeitspflicht des Ehemanns im Haushalt nach seiner Pensionierung,[44] der Rückkehr eines Gastarbeiters ins Heimatland[45] etc. 872

Erschwert wird die Kalkulation zukünftiger Aufwendungen für eine Kapitalisierung im Todesfall durch die *Neuregelung* des *Hinterbliebenenrechts*. Danach ist unter bestimmten Voraussetzungen und in bestimmtem Umfang das Einkommen einer Witwe oder eines Witwers auf seine Rente anzurechnen (§§ 18a ff. SGB IV).[46] Nimmt also z.B. eine Witwe erst längere Zeit nach dem Unfall eine Erwerbstätigkeit auf, reduziert sich die Witwenrente um einen bestimmten Teil des Einkommens mit der Folge, dass sich der Rückgriff des Rentenversicherungsträgers auch dann ermäßigt, wenn der Hinterbliebene zu einer Erwerbstätigkeit schadensersatzrechtlich nicht verpflichtet ist.[47] 873

### b) Allgemeine Einkommens- und Rentensteigerungen

Die überproportionale Entwicklung der Einkommen und Renten in der nun schon länger zurückliegenden Vergangenheit hatte insbesondere aus dem Kreis der Sozialversicherungsträger zu der Forderung geführt, bei der Kapitalisierung eines Schadensersatzanspruchs müsse der für die Zukunft zu erwartenden allgemeinen Steigerung der Einkommen und Renten durch die Bildung eines pauschalen „*Dynamikzuschlages*" auf den Abfindungsbetrag Rechnung getragen werden. 874

Die vereinzelten Versuche, diesen Zuschlag durch mathematische Formeln exakt zu berechnen,[48] haben allerdings in der Praxis schon deshalb keinen Anklang gefunden,[49] weil sich die zukünftige wirtschaftliche Entwicklung eben nicht genau vorhersehen lässt.[50] 875

---

[41] S. die Beispielsrechnungen bei *Schneider/Stahl*, Kapitalisierung und Verrentung, S. 84 ff. und auch *Deichl/Küppersbusch/Schneider*, Kürzungs- und Verteilungsverfahren nach §§ 155 Abs. 1 und 156 Abs. 3 VVG in der Kfz-Haftpflichtversicherung, S. 33.
[42] Hier genügt für die Regulierungspraxis eine überschlägige Reduzierung des Faktors („Mittelfaktor").
[43] Vgl. Rdn. 354 ff.
[44] Vgl. Rdn. 372.
[45] Vgl. Rdn. 464.
[46] Wirksam seit 1.1.1986 durch Artikel 7 des Hinterbliebenenrenten- und Erziehungszeitengesetzes.
[47] Vgl. hierzu Rdn. 354 ff., 405.
[48] *Nehls*, Die Berufsgenossenschaft 72, 231 und 75, 234 sowie VersR 74, 841.
[49] Vgl. *Hüskes* VersR 73, 699.
[50] *Schloën/Steinfeltz*, Regulierung von Personenschäden, Kap. 10 Rdn. 57; WJ 75, 102; die von *Nehls* prognostizierten Zahlen sind auch prompt nicht eingetroffen. Dies gilt auch und erst Recht für den Vorschlag von *Kornes* (r+s 03, 485), die Entwicklung aus einem entsprechenden Zeitraum der Vergangenheit für die Zukunft zu prognostizieren.

Aber auch ein pauschaler Dynamikzuschlag kommt m. E. weder aus rechtlichen, noch aus wirtschaftlichen Gründen in Betracht.[51] Gerade die Entwicklung in den letzten Jahren zeigt, dass die Forderungen nach einem Dynamikzuschlag nicht berechtigt waren. Sie sind es heute weniger denn je. Die schwierige wirtschaftliche Situation, hohe Arbeitslosigkeit, nur noch allenfalls geringfügig steigende, eher sinkende Realeinkommen, Reformen und Einschnitte in das soziale System führen dazu, dass weder bei der Höhe der Nettoeinkommen, noch bei den Sozialleistungen[52] mit Steigerungen zu rechnen ist, die einen Dynamikzuschlag rechtfertigen würden. Hinzu kommt, dass bei einer Kapitalisierung Umstände nicht oder nicht ausreichend berücksichtigt werden oder nicht berücksichtigt werden können, die bei Rentenzahlungen aber eingewendet werden könnten: unfallunabhängige Erkrankungen, Entlassungen, Betriebsschließungen und Konkurs des Arbeitgebers, unfallbedingtes Vorversterben, Wiederheirat und Anderes.

876 Die Entscheidung des BGH vom 8. 1. 1981,[53] in der trotz aller Bedenken, trotz der Schwierigkeiten einer Prognose der künftigen Entwicklung („fast Spekulation") verlangt wird, der Tatrichter dürfte die künftige Einkommensentwicklung „nicht gänzlich unberücksichtigt" lassen, gilt nur für die gerichtliche Kapitalisierung, nicht für die außergerichtliche. Besteht kein Anspruch auf Kapitalabfindung, müssen die Konditionen frei ausgehandelt werden. Hier ist den wirtschaftlichen Interessen beider Seiten gerecht zu werden. Dabei kommt es wesentlich darauf an, welche Möglichkeiten und Pläne ein Geschädigter hinsichtlich der Anlage des Kapitalbetrages hat.

## 5. Zur Anwendung der Kapitalisierungstabellen

### a) Begriffe

877 *Schadensersatzrenten* sind immer *Leibrenten*, da sie längstens bis zum Tod des Berechtigten zu zahlen sind (Beispiel: vermehrte Bedürfnisse). Sind Renten auf ein früheren Zeitpunkt befristet, handelt es sich um *temporäre Leibrenten* (Beispiel: Erwerbsschaden); die gängigen Kapitalisierungstabellen berücksichtigen das bis zum Fristablauf bestehende Vorversterbensrisiko.

*Zeitrenten* sind für einen bestimmten festen Zeitraum zu zahlen; sie gibt es im Schadensersatzrecht nicht. Zeitrententabellen führen zu hohen Kapitalisierungsfaktoren, da sie das Vorversterbensrisiko des Berechtigten nicht berücksichtigen.[54]

Schadensersatzrenten wegen entgangenen Unterhalts an hinterbliebene Ehegatten sind doppelt befristet: sie sind für die Zeit der statistischen Lebenserwartung des Getöteten zu zahlen (das wäre an sich eine Zeitrente), längstens aber bis zum Tod des Hinterbliebe-

---

[51] So auch OLG Nürnberg NZV 08, 349.
[52] OLG Nürnberg NZV 08, 249; LG Köln v. 7. 10. 2009, 20 O 198/09 (n. rkr.). Siehe die aktuellen „Null-Runden" bei den Altersrentnern in den Jahren 2004 bis 2006, die nach Informationen aus dem Arbeitsministerium bis zum Jahr 2008 fortgesetzt werden sollen. Hier ist es darüber hinaus wegen der höheren Beiträge für die Pflegeversicherung, der schärferen Besteuerung, der vollen Beitragslast zur Krankenversicherung aus Nebeneinkünften sogar zu einer erheblichen Reduzierung der Netto-Einkünfte gekommen.
[53] VersR 81, 283.
[54] Gleichwohl kann man sich dann mit Zeitrententabellen behelfen, wenn keine geeigneten Tabellen für temporäre Leibrenten zur Verfügung stehen. Man muss dann gegebenenfalls einen gewissen Abschlag vom Kapitalisierungsfaktor machen, dessen ungefähre Berechtigung man durch Vergleichsrechnungen überprüfen sollte Mit dieser Einschränkung ist auch das Rechenprogramm für Zeitrententabellen von Pardey im Internet – www.tipps-und-taktik.de – sehr hilfreich.

nen. Hier verwendet man zur Kapitalisierung Tabellen über *lebenslängliche Verbindungsrenten*.[55]

Liegt die erstmalige Fälligkeit einer Rente erst in der Zukunft, spricht man von einer *aufgeschobenen Rente*. Bei einer Kapitalisierung muss auch die Abzinsung für die Zeit bis zur Fälligkeit zusätzlich berücksichtigt werden.[56]

## b) Berechnungsbeispiele

### aa) Beginn einer Leibrente im Kapitalisierungszeitpunkt   878

30-jähriger Verletzter, keine verkürzte Lebenserwartung, Zahlungsweise monatlich vorschüssig; Abzinsung 5%,
Erwerbsschaden 1.000,– EUR monatlich bis 63. Lebensjahr:
Kapitalisierungsfaktor 63. Lj. 15,973 (Tabelle I/3, temporäre Leibrente),
1.000,– EUR × 12 × 16,017 =                                192.204,– EUR
Vermehrte Bedürfnisse 500,– EUR monatlich bis Lebensende:
Kapitalisierungsfaktor Lebensende 17,802
(Tabelle I/1, lebenslängliche Leibrente)
500,– EUR × 12 × 17,930 =                                  107.580,– EUR

Die Verwendung von Zeitrententabellen würde zu falschen Ergebnissen führen, da sie die Vorversterbensmöglichkeit des Schadensersatzberechtigten nicht berücksichtigen.

Erwerbsschaden vom 30. bis 63. Lebensjahr:
= 33 Jahre, KF Zeitrente 33 Jahre (Tabelle V) = 16,433 (statt 15,973)
Vermehrte Bedürfnisse bis Lebensende
Lebenserwartung eines 30-jährigen = 47 Jahre
KF Zeitrente 47 Jahre = 18,464 (statt 17,930)

### bb) Rentenbeginn in der Zukunft (aufgeschobene Rente). 30-jähriger Verletzter. Verhandlungsergebnis beim Erwerbsschaden: vorzeitige Pensionierung zum 55. Lj. anstatt 63. Lj. ohne Unfall. Für diesen Zeitraum (8 Jahre) Verdienstausfall 20.000,– EUR jährlich.   879

Berechnungsvarianten:
– falsch:
20.000,– EUR × 8 Jahre =                                   160.000,– EUR

Annäherungsrechnung
KF Zeitrente 33 Jahre =        16,433
abzügl. KF 25 Jahre =      –   14,473
Restfaktor                      1,96
20.000,– EUR × 1,96 =                                       39.200,– EUR

– Annäherungsrechnung mit
Zeitrentenfaktor 8 Jahre =     6,637
× Abzinsungsfaktor 25 Jahre    0,295
20.000,– EUR × 6,637 × 0,295 =                              39.158,– EUR

– Methode *Langenick/Vatter* („**Doppelte Abzinsung**")[57]
Zusätzliche Berücksichtigung) der Vorversterbensmöglichkeit bis zum 55. Lebensjahr wie folgt:

---

[55] Siehe dazu auch OLG Nürnberg NZV 08, 349.
[56] Siehe hierzu *Langenick/Vatter* NZV 05, 10. Beispielsrechnung s. Rdn. 879. Auch hier hilft das Rechenprogramm Pardey, bei dem allerdings nicht das Vorversterbensrisiko im aufgeschobenen Zeitraum berücksichtigt wird.
[57] NZV 05, 10.

Anwendung der Sterbetafel 2002/2004 (Anl. VIII):
30. Lj. – 98.331 Überlebende;
55. Lj. – 91.733 Überlebende
Formel:
20.000,– EUR × KF Zeitrente 8 Jahre 6,637 × Abzinsung
25 Jahre 0,295 × 0,933 (Quotient 91.733 : 98.331) =                           36.534,– EUR

880  **cc) Abzinsung zukünftiger Kapitalbeträge**

**Beispiel:**
Einigkeit mit dem 30-jährigen Verletzten
(Pensionierung mit dem 55. Lj.):
Hausumbaukosten wegen fortschreitender Behinderung
zum 55. Lj. i. H. v. 50.000,– EUR
Berechnung:
50.000,– EUR × Abzinsungsfaktor 0,295 × 0,927
(= Vorversterbensmöglichkeit)[58] =                                            13.673,– EUR

---

[58] Berechnung nach *Langenick/Vatter* (NZV 05, 10) – siehe vorhergehendes Beispiel.

# Anhang

## Kapitalisierungstabellen

### Vorbemerkung

Die Tabelle, die in der 9. Auflage aus Gründen der Aktualität in einem Nachtrag veröffentlicht wurden, wurden jetzt wieder in das Werk integriert und erneut aktualisiert. Sie beruhen auf den neuesten veröffentlichten Sterbetafeln des Statistischen Bundesamtes 2005/2007. Sie wurden – wie schon die Tabellen im Nachtrag zur 9. Auflage – von dem Arbeitskreis der Regressdezernenten der Deutschen Rentenversicherung errechnet, dem der Verfasser sehr zu Dank verpflichtet ist. Der Verfasser freut sich über die Fortsetzung dieser Zusammenarbeit mit dem Arbeitskreis der Regressdezernenten der Deutschen Rentenversicherung, den Partnern der Versicherungswirtschaft bei der verbreiteten Kapitalisierung der Regressansprüche nach § 116 SGB X.

Die Tabellen behalten ihr gewohntes Erscheinungsbild und Reihenfolge. Neu ist eine Tabelle für eine Leibrente bis zum 67. Lebensjahr. Der Verfasser bleibt allerdings bei seiner Auffassung, dass trotz Änderung der sozialversicherungsrechtlichen Bestimmungen schadensersatzrechtlich allein das Datum der wahrscheinlichen Pensionierung maßgeblich ist, nicht ein aus Gründen der Entlastung der Sozialkassen gesetzgeberisches, fiktives Datum, das in der Praxis des Arbeitsmarkts noch nicht umgesetzt ist.

Unter „Alter" ist das versicherungsmathematische Alter zu verstehen (plus/minus sechs Monate gerundet).

# Kapitalisierungstabellen[1]

Sterbetafel 2005/2007
Statistisches Bundesamt Deutschland

Zahlungsweise: monatlich vorschüssig
und vierteljährlich nachschüssig

## Übersicht

| Tabelle Nr. | | Seite |
|---|---|---|
| I. | Leibrenten | 277 |
| 1 | Männer, lebenslängliche Leibrente | 277 |
| 2 | Männer, temporäre Leibrente 60. Lebensjahr | 278 |
| 3 | Männer, temporäre Leibrente 63. Lebensjahr | 279 |
| 4 | Männer, temporäre Leibrente 65. Lebensjahr | 280 |
| 5 | Männer, temporäre Leibrente 67. Lebensjahr | 281 |
| 6 | Männer, temporäre Leibrente 68. Lebensjahr | 282 |
| 7 | Männer, temporäre Leibrente 75. Lebensjahr | 283 |
| 8 | Frauen, lebenslängliche Leibrente | 284 |
| 9 | Frauen, temporäre Leibrente 60. Lebensjahr | 285 |
| 10 | Frauen, temporäre Leibrente 63. Lebensjahr | 286 |
| 11 | Frauen, temporäre Leibrente 65. Lebensjahr | 287 |
| 12 | Frauen, temporäre Leibrente 67. Lebensjahr | 288 |
| 13 | Frauen, temporäre Leibrente 68. Lebensjahr | 289 |
| 14 | Frauen, temporäre Leibrente 75. Lebensjahr | 290 |
| II. | Verbindungsrenten | 291 |
| 15 | Verbindungsrente, Mann 10 Jahre jünger | 291 |
| 16 | Verbindungsrente, Mann 5 Jahre jünger | 293 |
| 17 | Verbindungsrente, Mann und Frau gleich alt | 295 |
| 18 | Verbindungsrente, Mann 5 Jahre älter | 297 |
| 19 | Verbindungsrente, Mann 10 Jahre älter | 299 |
| III. | Leibrenten Waisen | 301 |
| 20 | Waisenrente (männlich) temporäre Leibrente bis zum 18. Lebensjahr | 301 |
| 21 | Waisenrente (männlich) temporäre Leibrente bis zum 21. Lebensjahr | 302 |
| 22 | Waisenrente (männlich) temporäre Leibrente bis zum 23. Lebensjahr | 303 |
| 23 | Waisenrente (männlich) temporäre Leibrente bis zum 25. Lebensjahr | 304 |
| 24 | Waisenrente (männlich) temporäre Leibrente bis zum 27. Lebensjahr | 305 |
| 25 | Waisenrente (weiblich) temporäre Leibrente bis zum 18. Lebensjahr | 306 |
| 26 | Waisenrente (weiblich) temporäre Leibrente bis zum 21. Lebensjahr | 307 |
| 27 | Waisenrente (weiblich) temporäre Leibrente bis zum 23. Lebensjahr | 308 |
| 28 | Waisenrente (weiblich) temporäre Leibrente bis zum 25. Lebensjahr | 309 |
| 29 | Waisenrente (weiblich) temporäre Leibrente bis zum 27. Lebensjahr | 310 |
| IV. | Sterbetafel 2005/2007 Männer/Frauen | 311 |
| V. | Zeitrente | 313 |
| VI. | Abzinsungsfaktoren | 315 |

---

[1] Veröffentlichung im Einvernehmen mit dem Arbeitskreis der Regressdezernenten der Deutschen Rentenversicherung, der auch die Berechnungern erstellt hat.

# Tabelle I/1:

## Sterbetafel 2005/2007

Männer
lebenslängliche Leibrente

Zahlungsweise: monatlich-vorschüssig

| Alter | 3% | 4% | 5% | 5,5% | Alter | 3% | 4% | 5% | 5,5% |
|---|---|---|---|---|---|---|---|---|---|
| 1 | 29,931 | 23,976 | 19,845 | 18,240 | 46 | 20,162 | 17,625 | 15,581 | 14,705 |
| 2 | 29,824 | 23,923 | 19,818 | 18,221 | 47 | 19,811 | 17,361 | 15,380 | 14,529 |
| 3 | 29,708 | 23,863 | 19,785 | 18,197 | 48 | 19,456 | 17,093 | 15,174 | 14,349 |
| 4 | 29,588 | 23,800 | 19,751 | 18,172 | 49 | 19,097 | 16,820 | 14,964 | 14,163 |
| 5 | 29,464 | 23,734 | 19,715 | 18,144 | 50 | 18,733 | 16,542 | 14,749 | 13,973 |
| 6 | 29,336 | 23,665 | 19,677 | 18,116 | 51 | 18,363 | 16,257 | 14,526 | 13,776 |
| 7 | 29,203 | 23,593 | 19,636 | 18,085 | 52 | 17,991 | 15,969 | 14,301 | 13,575 |
| 8 | 29,066 | 23,518 | 19,594 | 18,052 | 53 | 17,615 | 15,676 | 14,070 | 13,369 |
| 9 | 28,925 | 23,440 | 19,549 | 18,017 | 54 | 17,233 | 15,376 | 13,832 | 13,156 |
| 10 | 28,780 | 23,358 | 19,502 | 17,981 | 55 | 16,848 | 15,072 | 13,589 | 12,938 |
| 11 | 28,629 | 23,273 | 19,452 | 17,942 | 56 | 16,457 | 14,761 | 13,340 | 12,715 |
| 12 | 28,475 | 23,185 | 19,399 | 17,901 | 57 | 16,062 | 14,445 | 13,085 | 12,484 |
| 13 | 28,317 | 23,094 | 19,345 | 17,859 | 58 | 15,657 | 14,118 | 12,819 | 12,243 |
| 14 | 28,154 | 22,999 | 19,288 | 17,814 | 59 | 15,254 | 13,792 | 12,552 | 12,001 |
| 15 | 27,987 | 22,902 | 19,229 | 17,768 | 60 | 14,843 | 13,457 | 12,276 | 11,750 |
| 16 | 27,816 | 22,801 | 19,168 | 17,719 | 61 | 14,430 | 13,117 | 11,994 | 11,494 |
| 17 | 27,643 | 22,699 | 19,106 | 17,670 | 62 | 14,012 | 12,771 | 11,706 | 11,230 |
| 18 | 27,466 | 22,594 | 19,041 | 17,619 | 63 | 13,593 | 12,423 | 11,414 | 10,962 |
| 19 | 27,291 | 22,490 | 18,979 | 17,570 | 64 | 13,171 | 12,070 | 11,117 | 10,688 |
| 20 | 27,111 | 22,382 | 18,913 | 17,518 | 65 | 12,741 | 11,707 | 10,809 | 10,404 |
| 21 | 26,925 | 22,271 | 18,844 | 17,464 | 66 | 12,313 | 11,344 | 10,500 | 10,117 |
| 22 | 26,734 | 22,154 | 18,772 | 17,406 | 67 | 11,881 | 10,976 | 10,183 | 9,823 |
| 23 | 26,536 | 22,033 | 18,695 | 17,345 | 68 | 11,446 | 10,602 | 9,861 | 9,523 |
| 24 | 26,332 | 21,906 | 18,615 | 17,280 | 69 | 11,011 | 10,226 | 9,533 | 9,217 |
| 25 | 26,122 | 21,774 | 18,530 | 17,212 | 70 | 10,574 | 9,847 | 9,202 | 8,907 |
| 26 | 25,906 | 21,638 | 18,442 | 17,140 | 71 | 10,144 | 9,470 | 8,871 | 8,597 |
| 27 | 25,685 | 21,496 | 18,350 | 17,065 | 72 | 9,718 | 9,096 | 8,542 | 8,286 |
| 28 | 25,455 | 21,348 | 18,252 | 16,985 | 73 | 9,296 | 8,724 | 8,211 | 7,975 |
| 29 | 25,219 | 21,195 | 18,150 | 16,901 | 74 | 8,875 | 8,349 | 7,877 | 7,658 |
| 30 | 24,976 | 21,035 | 18,043 | 16,813 | 75 | 8,465 | 7,984 | 7,550 | 7,348 |
| 31 | 24,725 | 20,868 | 17,930 | 16,719 | 76 | 8,065 | 7,626 | 7,228 | 7,042 |
| 32 | 24,469 | 20,697 | 17,813 | 16,622 | 77 | 7,674 | 7,273 | 6,909 | 6,739 |
| 33 | 24,205 | 20,519 | 17,690 | 16,519 | 78 | 7,288 | 6,924 | 6,592 | 6,437 |
| 34 | 23,934 | 20,335 | 17,562 | 16,412 | 79 | 6,910 | 6,580 | 6,278 | 6,137 |
| 35 | 23,656 | 20,144 | 17,429 | 16,299 | 80 | 6,531 | 6,234 | 5,961 | 5,832 |
| 36 | 23,371 | 19,946 | 17,289 | 16,181 | 81 | 6,163 | 5,896 | 5,650 | 5,534 |
| 37 | 23,079 | 19,742 | 17,144 | 16,057 | 82 | 5,808 | 5,568 | 5,347 | 5,242 |
| 38 | 22,779 | 19,531 | 16,992 | 15,928 | 83 | 5,467 | 5,252 | 5,053 | 4,959 |
| 39 | 22,473 | 19,314 | 16,835 | 15,794 | 84 | 5,141 | 4,950 | 4,772 | 4,687 |
| 40 | 22,160 | 19,090 | 16,673 | 15,654 | 85 | 4,833 | 4,662 | 4,503 | 4,427 |
| 41 | 21,842 | 18,861 | 16,505 | 15,509 | 86 | 4,552 | 4,399 | 4,257 | 4,189 |
| 42 | 21,517 | 18,625 | 16,330 | 15,359 | 87 | 4,275 | 4,140 | 4,013 | 3,952 |
| 43 | 21,185 | 18,383 | 16,150 | 15,202 | 88 | 4,004 | 3,885 | 3,772 | 3,719 |
| 44 | 20,850 | 18,136 | 15,966 | 15,042 | 89 | 3,716 | 3,612 | 3,513 | 3,466 |
| 45 | 20,509 | 17,884 | 15,776 | 14,877 | 90 | 3,448 | 3,357 | 3,271 | 3,229 |

**Tabelle I/2:**

Männer
temporäre Leibrente bis zum 60. Lebensjahr

| Alter | 3% | 4% | 5% | 5,5% | Alter | 3% | 4% | 5% | 5,5% |
|---|---|---|---|---|---|---|---|---|---|
| 1 | 27,618 | 22,791 | 19,230 | 17,795 | 36 | 16,765 | 15,197 | 13,846 | 13,240 |
| 2 | 27,441 | 22,689 | 19,172 | 17,751 | 37 | 16,268 | 14,798 | 13,525 | 12,952 |
| 3 | 27,253 | 22,580 | 19,107 | 17,702 | 38 | 15,757 | 14,384 | 13,188 | 12,648 |
| 4 | 27,059 | 22,465 | 19,039 | 17,649 | 39 | 15,231 | 13,954 | 12,836 | 12,329 |
| 5 | 26,859 | 22,346 | 18,967 | 17,593 | 40 | 14,692 | 13,509 | 12,468 | 11,995 |
| 6 | 26,652 | 22,221 | 18,891 | 17,534 | 41 | 14,138 | 13,048 | 12,084 | 11,643 |
| 7 | 26,438 | 22,091 | 18,811 | 17,471 | 42 | 13,569 | 12,570 | 11,681 | 11,273 |
| 8 | 26,218 | 21,956 | 18,727 | 17,404 | 43 | 12,984 | 12,074 | 11,259 | 10,884 |
| 9 | 25,991 | 21,815 | 18,639 | 17,334 | 44 | 12,385 | 11,561 | 10,820 | 10,477 |
| 10 | 25,758 | 21,668 | 18,546 | 17,260 | 45 | 11,769 | 11,029 | 10,360 | 10,049 |
| 11 | 25,516 | 21,516 | 18,448 | 17,181 | 46 | 11,137 | 10,478 | 9,878 | 9,598 |
| 12 | 25,268 | 21,357 | 18,346 | 17,098 | 47 | 10,487 | 9,906 | 9,374 | 9,125 |
| 13 | 25,013 | 21,192 | 18,239 | 17,012 | 48 | 9,820 | 9,314 | 8,848 | 8,628 |
| 14 | 24,751 | 21,022 | 18,127 | 16,921 | 49 | 9,135 | 8,699 | 8,296 | 8,106 |
| 15 | 24,481 | 20,844 | 18,009 | 16,824 | 50 | 8,429 | 8,061 | 7,718 | 7,555 |
| 16 | 24,205 | 20,661 | 17,886 | 16,724 | 51 | 7,703 | 7,397 | 7,111 | 6,975 |
| 17 | 23,922 | 20,473 | 17,760 | 16,620 | 52 | 6,955 | 6,708 | 6,475 | 6,364 |
| 18 | 23,633 | 20,278 | 17,628 | 16,511 | 53 | 6,185 | 5,991 | 5,807 | 5,719 |
| 19 | 23,340 | 20,080 | 17,493 | 16,400 | 54 | 5,389 | 5,243 | 5,104 | 5,037 |
| 20 | 23,039 | 19,874 | 17,352 | 16,283 | 55 | 4,567 | 4,464 | 4,364 | 4,316 |
| 21 | 22,728 | 19,660 | 17,205 | 16,160 | 56 | 3,718 | 3,650 | 3,585 | 3,553 |
| 22 | 22,408 | 19,438 | 17,049 | 16,029 | 57 | 2,839 | 2,800 | 2,762 | 2,744 |
| 23 | 22,078 | 19,206 | 16,885 | 15,892 | 58 | 1,927 | 1,910 | 1,892 | 1,884 |
| 24 | 21,738 | 18,964 | 16,713 | 15,746 | 59 | 0,982 | 0,978 | 0,974 | 0,971 |
| 25 | 21,387 | 18,713 | 16,533 | 15,593 | | | | | |
| 26 | 21,026 | 18,452 | 16,343 | 15,431 | | | | | |
| 27 | 20,655 | 18,181 | 16,144 | 15,261 | | | | | |
| 28 | 20,271 | 17,898 | 15,935 | 15,080 | | | | | |
| 29 | 19,876 | 17,604 | 15,716 | 14,890 | | | | | |
| 30 | 19,469 | 17,299 | 15,485 | 14,690 | | | | | |
| 31 | 19,049 | 16,980 | 15,242 | 14,478 | | | | | |
| 32 | 18,619 | 16,651 | 14,989 | 14,256 | | | | | |
| 33 | 18,175 | 16,307 | 14,723 | 14,021 | | | | | |
| 34 | 17,718 | 15,951 | 14,444 | 13,774 | | | | | |
| 35 | 17,248 | 15,581 | 14,152 | 13,514 | | | | | |

## Tabelle I/3:

Männer
temporäre Leibrente bis zum 63. Lebensjahr

| Alter | 3% | 4% | 5% | 5,5% | Alter | 3% | 4% | 5% | 5,5% |
|---|---|---|---|---|---|---|---|---|---|
| 1 | 28,059 | 23,036 | 19,368 | 17,899 | 36 | 18,024 | 16,182 | 14,618 | 13,924 |
| 2 | 27,895 | 22,945 | 19,316 | 17,860 | 37 | 17,566 | 15,823 | 14,336 | 13,674 |
| 3 | 27,721 | 22,846 | 19,259 | 17,817 | 38 | 17,095 | 15,451 | 14,041 | 13,411 |
| 4 | 27,541 | 22,742 | 19,199 | 17,771 | 39 | 16,611 | 15,066 | 13,733 | 13,135 |
| 5 | 27,355 | 22,634 | 19,135 | 17,721 | 40 | 16,115 | 14,667 | 13,411 | 12,846 |
| 6 | 27,163 | 22,521 | 19,068 | 17,669 | 41 | 15,607 | 14,254 | 13,075 | 12,543 |
| 7 | 26,965 | 22,403 | 18,996 | 17,614 | 42 | 15,084 | 13,825 | 12,723 | 12,223 |
| 8 | 26,761 | 22,280 | 18,921 | 17,555 | 43 | 14,547 | 13,382 | 12,356 | 11,889 |
| 9 | 26,551 | 22,152 | 18,843 | 17,493 | 44 | 13,998 | 12,924 | 11,973 | 11,539 |
| 10 | 26,334 | 22,019 | 18,760 | 17,428 | 45 | 13,435 | 12,450 | 11,574 | 11,172 |
| 11 | 26,110 | 21,880 | 18,673 | 17,358 | 46 | 12,857 | 11,960 | 11,157 | 10,787 |
| 12 | 25,879 | 21,736 | 18,582 | 17,285 | 47 | 12,264 | 11,452 | 10,721 | 10,383 |
| 13 | 25,643 | 21,587 | 18,487 | 17,209 | 48 | 11,657 | 10,927 | 10,266 | 9,959 |
| 14 | 25,400 | 21,432 | 18,387 | 17,128 | 49 | 11,033 | 10,383 | 9,791 | 9,515 |
| 15 | 25,149 | 21,271 | 18,283 | 17,044 | 50 | 10,393 | 9,820 | 9,294 | 9,048 |
| 16 | 24,893 | 21,105 | 18,174 | 16,955 | 51 | 9,734 | 9,234 | 8,774 | 8,557 |
| 17 | 24,631 | 20,934 | 18,062 | 16,864 | 52 | 9,058 | 8,628 | 8,230 | 8,042 |
| 18 | 24,363 | 20,758 | 17,945 | 16,769 | 53 | 8,363 | 7,999 | 7,660 | 7,499 |
| 19 | 24,093 | 20,579 | 17,826 | 16,672 | 54 | 7,646 | 7,344 | 7,061 | 6,926 |
| 20 | 23,815 | 20,394 | 17,702 | 16,570 | 55 | 6,908 | 6,663 | 6,433 | 6,322 |
| 21 | 23,528 | 20,202 | 17,572 | 16,463 | 56 | 6,146 | 5,954 | 5,772 | 5,684 |
| 22 | 23,233 | 20,001 | 17,435 | 16,350 | 57 | 5,359 | 5,215 | 5,077 | 5,010 |
| 23 | 22,928 | 19,792 | 17,291 | 16,230 | 58 | 4,544 | 4,441 | 4,342 | 4,294 |
| 24 | 22,614 | 19,574 | 17,140 | 16,103 | 59 | 3,702 | 3,635 | 3,569 | 3,538 |
| 25 | 22,290 | 19,348 | 16,981 | 15,970 | 60 | 2,829 | 2,790 | 2,752 | 2,734 |
| 26 | 21,956 | 19,112 | 16,814 | 15,829 | 61 | 1,923 | 1,905 | 1,888 | 1,880 |
| 27 | 21,613 | 18,868 | 16,639 | 15,680 | 62 | 0,981 | 0,976 | 0,972 | 0,970 |
| 28 | 21,259 | 18,614 | 16,455 | 15,524 | | | | | |
| 29 | 20,894 | 18,349 | 16,261 | 15,358 | | | | | |
| 30 | 20,519 | 18,073 | 16,058 | 15,184 | | | | | |
| 31 | 20,131 | 17,786 | 15,845 | 14,999 | | | | | |
| 32 | 19,734 | 17,490 | 15,622 | 14,806 | | | | | |
| 33 | 19,324 | 17,181 | 15,388 | 14,602 | | | | | |
| 34 | 18,903 | 16,860 | 15,143 | 14,388 | | | | | |
| 35 | 18,470 | 16,527 | 14,887 | 14,162 | | | | | |

**Tabelle I/4:**

Männer
temporäre Leibrente bis zum 65. Lebensjahr

| Alter | 3% | 4% | 5% | 5,5% | Alter | 3% | 4% | 5% | 5,5% |
|---|---|---|---|---|---|---|---|---|---|
| 1 | 28,323 | 23,180 | 19,446 | 17,957 | 36 | 18,779 | 16,758 | 15,059 | 14,310 |
| 2 | 28,167 | 23,095 | 19,399 | 17,922 | 37 | 18,344 | 16,423 | 14,800 | 14,082 |
| 3 | 28,001 | 23,001 | 19,346 | 17,882 | 38 | 17,897 | 16,075 | 14,528 | 13,842 |
| 4 | 27,830 | 22,904 | 19,290 | 17,839 | 39 | 17,439 | 15,716 | 14,245 | 13,590 |
| 5 | 27,653 | 22,802 | 19,231 | 17,794 | 40 | 16,969 | 15,344 | 13,949 | 13,326 |
| 6 | 27,470 | 22,696 | 19,168 | 17,745 | 41 | 16,487 | 14,959 | 13,641 | 13,050 |
| 7 | 27,281 | 22,585 | 19,102 | 17,694 | 42 | 15,992 | 14,560 | 13,319 | 12,760 |
| 8 | 27,086 | 22,469 | 19,032 | 17,640 | 43 | 15,484 | 14,147 | 12,982 | 12,456 |
| 9 | 26,886 | 22,349 | 18,960 | 17,583 | 44 | 14,965 | 13,722 | 12,632 | 12,138 |
| 10 | 26,679 | 22,224 | 18,883 | 17,522 | 45 | 14,434 | 13,282 | 12,268 | 11,806 |
| 11 | 26,465 | 22,093 | 18,802 | 17,458 | 46 | 13,888 | 12,827 | 11,887 | 11,457 |
| 12 | 26,246 | 21,958 | 18,717 | 17,391 | 47 | 13,330 | 12,356 | 11,490 | 11,092 |
| 13 | 26,020 | 21,817 | 18,629 | 17,320 | 48 | 12,758 | 11,871 | 11,076 | 10,710 |
| 14 | 25,788 | 21,672 | 18,536 | 17,246 | 49 | 12,172 | 11,368 | 10,645 | 10,311 |
| 15 | 25,550 | 21,520 | 18,439 | 17,168 | 50 | 11,570 | 10,848 | 10,195 | 9,891 |
| 16 | 25,305 | 21,364 | 18,338 | 17,086 | 51 | 10,952 | 10,309 | 9,723 | 9,450 |
| 17 | 25,057 | 21,204 | 18,234 | 17,002 | 52 | 10,319 | 9,752 | 9,232 | 8,988 |
| 18 | 24,801 | 21,039 | 18,126 | 16,914 | 53 | 9,669 | 9,174 | 8,718 | 8,503 |
| 19 | 24,544 | 20,872 | 18,017 | 16,826 | 54 | 8,999 | 8,573 | 8,178 | 7,992 |
| 20 | 24,280 | 20,698 | 17,902 | 16,732 | 55 | 8,311 | 7,950 | 7,614 | 7,454 |
| 21 | 24,008 | 20,518 | 17,782 | 16,634 | 56 | 7,602 | 7,302 | 7,021 | 6,887 |
| 22 | 23,727 | 20,331 | 17,656 | 16,530 | 57 | 6,870 | 6,627 | 6,398 | 6,289 |
| 23 | 23,437 | 20,135 | 17,523 | 16,421 | 58 | 6,113 | 5,922 | 5,741 | 5,654 |
| 24 | 23,138 | 19,931 | 17,383 | 16,305 | 59 | 5,333 | 5,189 | 5,052 | 4,986 |
| 25 | 22,831 | 19,719 | 17,236 | 16,182 | 60 | 4,525 | 4,423 | 4,324 | 4,277 |
| 26 | 22,514 | 19,499 | 17,082 | 16,053 | 61 | 3,688 | 3,621 | 3,556 | 3,525 |
| 27 | 22,188 | 19,270 | 16,921 | 15,917 | 62 | 2,820 | 2,782 | 2,744 | 2,726 |
| 28 | 21,851 | 19,032 | 16,751 | 15,774 | 63 | 1,919 | 1,901 | 1,884 | 1,876 |
| 29 | 21,505 | 18,784 | 16,573 | 15,622 | 64 | 0,980 | 0,976 | 0,971 | 0,969 |
| 30 | 21,148 | 18,526 | 16,386 | 15,462 | | | | | |
| 31 | 20,780 | 18,258 | 16,189 | 15,294 | | | | | |
| 32 | 20,402 | 17,980 | 15,984 | 15,117 | | | | | |
| 33 | 20,013 | 17,692 | 15,768 | 14,930 | | | | | |
| 34 | 19,613 | 17,392 | 15,543 | 14,734 | | | | | |
| 35 | 19,202 | 17,081 | 15,306 | 14,528 | | | | | |

## Tabelle I/5:

Männer
temporäre Leibrente bis zum 67. Lebensjahr

| Alter | 3% | 4% | 5% | 5,5% | Alter | 3% | 4% | 5% | 5,5% |
|---|---|---|---|---|---|---|---|---|---|
| 1 | 28,565 | 23,309 | 19,516 | 18,008 | 36 | 19,469 | 17,274 | 15,447 | 14,647 |
| 2 | 28,416 | 23,229 | 19,472 | 17,976 | 37 | 19,055 | 16,961 | 15,207 | 14,437 |
| 3 | 28,258 | 23,141 | 19,422 | 17,938 | 38 | 18,631 | 16,635 | 14,957 | 14,217 |
| 4 | 28,094 | 23,049 | 19,370 | 17,899 | 39 | 18,195 | 16,299 | 14,695 | 13,987 |
| 5 | 27,925 | 22,953 | 19,315 | 17,857 | 40 | 17,749 | 15,951 | 14,423 | 13,745 |
| 6 | 27,750 | 22,853 | 19,257 | 17,812 | 41 | 17,291 | 15,591 | 14,139 | 13,493 |
| 7 | 27,570 | 22,748 | 19,195 | 17,764 | 42 | 16,822 | 15,219 | 13,842 | 13,227 |
| 8 | 27,384 | 22,639 | 19,130 | 17,714 | 43 | 16,341 | 14,834 | 13,533 | 12,950 |
| 9 | 27,192 | 22,526 | 19,062 | 17,661 | 44 | 15,849 | 14,437 | 13,212 | 12,660 |
| 10 | 26,995 | 22,408 | 18,990 | 17,605 | 45 | 15,346 | 14,027 | 12,878 | 12,358 |
| 11 | 26,790 | 22,284 | 18,915 | 17,545 | 46 | 14,831 | 13,604 | 12,529 | 12,041 |
| 12 | 26,580 | 22,156 | 18,836 | 17,483 | 47 | 14,303 | 13,167 | 12,166 | 11,710 |
| 13 | 26,365 | 22,024 | 18,753 | 17,417 | 48 | 13,764 | 12,717 | 11,789 | 11,365 |
| 14 | 26,144 | 21,887 | 18,667 | 17,348 | 49 | 13,212 | 12,252 | 11,396 | 11,004 |
| 15 | 25,916 | 21,744 | 18,576 | 17,276 | 50 | 12,646 | 11,771 | 10,987 | 10,625 |
| 16 | 25,682 | 21,597 | 18,482 | 17,200 | 51 | 12,066 | 11,273 | 10,559 | 10,228 |
| 17 | 25,445 | 21,446 | 18,386 | 17,122 | 52 | 11,472 | 10,759 | 10,113 | 9,813 |
| 18 | 25,202 | 21,291 | 18,285 | 17,041 | 53 | 10,863 | 10,227 | 9,648 | 9,378 |
| 19 | 24,957 | 21,134 | 18,184 | 16,960 | 54 | 10,236 | 9,675 | 9,161 | 8,921 |
| 20 | 24,705 | 20,971 | 18,078 | 16,874 | 55 | 9,593 | 9,104 | 8,653 | 8,441 |
| 21 | 24,446 | 20,802 | 17,967 | 16,783 | 56 | 8,932 | 8,511 | 8,120 | 7,935 |
| 22 | 24,179 | 20,626 | 17,850 | 16,688 | 57 | 8,251 | 7,894 | 7,561 | 7,403 |
| 23 | 23,903 | 20,443 | 17,727 | 16,587 | 58 | 7,546 | 7,250 | 6,972 | 6,839 |
| 24 | 23,618 | 20,251 | 17,597 | 16,480 | 59 | 6,823 | 6,583 | 6,356 | 6,248 |
| 25 | 23,325 | 20,052 | 17,461 | 16,367 | 60 | 6,075 | 5,886 | 5,707 | 5,621 |
| 26 | 23,023 | 19,845 | 17,319 | 16,249 | 61 | 5,302 | 5,160 | 5,024 | 4,958 |
| 27 | 22,713 | 19,631 | 17,170 | 16,124 | 62 | 4,502 | 4,400 | 4,302 | 4,255 |
| 28 | 22,393 | 19,407 | 17,012 | 15,992 | 63 | 3,673 | 3,606 | 3,541 | 3,510 |
| 29 | 22,063 | 19,175 | 16,847 | 15,852 | 64 | 2,812 | 2,773 | 2,736 | 2,717 |
| 30 | 21,723 | 18,933 | 16,674 | 15,705 | 65 | 1,914 | 1,897 | 1,880 | 1,871 |
| 31 | 21,372 | 18,681 | 16,492 | 15,550 | 66 | 0,979 | 0,974 | 0,970 | 0,968 |
| 32 | 21,013 | 18,421 | 16,302 | 15,388 | | | | | |
| 33 | 20,643 | 18,150 | 16,103 | 15,216 | | | | | |
| 34 | 20,262 | 17,869 | 15,894 | 15,036 | | | | | |
| 35 | 19,871 | 17,577 | 15,675 | 14,846 | | | | | |

**Tabelle I/6:**

Männer
temporäre Leibrente bis zum 68. Lebensjahr

| Alter | 3% | 4% | 5% | 5,5% | Alter | 3% | 4% | 5% | 5,5% |
|---|---|---|---|---|---|---|---|---|---|
| 1 | 28,677 | 23,368 | 19,547 | 18,031 | 36 | 19,790 | 17,511 | 15,622 | 14,798 |
| 2 | 28,532 | 23,290 | 19,505 | 18,000 | 37 | 19,387 | 17,207 | 15,392 | 14,597 |
| 3 | 28,377 | 23,205 | 19,457 | 17,964 | 38 | 18,972 | 16,892 | 15,151 | 14,386 |
| 4 | 28,217 | 23,116 | 19,406 | 17,926 | 39 | 18,547 | 16,566 | 14,899 | 14,165 |
| 5 | 28,052 | 23,022 | 19,353 | 17,885 | 40 | 18,112 | 16,229 | 14,637 | 13,933 |
| 6 | 27,881 | 22,925 | 19,297 | 17,842 | 41 | 17,666 | 15,881 | 14,364 | 13,691 |
| 7 | 27,704 | 22,823 | 19,237 | 17,796 | 42 | 17,208 | 15,521 | 14,079 | 13,437 |
| 8 | 27,522 | 22,717 | 19,174 | 17,747 | 43 | 16,739 | 15,148 | 13,782 | 13,172 |
| 9 | 27,335 | 22,607 | 19,108 | 17,696 | 44 | 16,261 | 14,765 | 13,474 | 12,895 |
| 10 | 27,141 | 22,492 | 19,039 | 17,642 | 45 | 15,771 | 14,370 | 13,154 | 12,606 |
| 11 | 26,942 | 22,372 | 18,966 | 17,584 | 46 | 15,270 | 13,961 | 12,820 | 12,304 |
| 12 | 26,736 | 22,248 | 18,889 | 17,524 | 47 | 14,757 | 13,539 | 12,472 | 11,988 |
| 13 | 26,526 | 22,119 | 18,810 | 17,461 | 48 | 14,232 | 13,105 | 12,111 | 11,659 |
| 14 | 26,309 | 21,985 | 18,726 | 17,394 | 49 | 13,696 | 12,657 | 11,736 | 11,315 |
| 15 | 26,086 | 21,847 | 18,638 | 17,324 | 50 | 13,147 | 12,194 | 11,345 | 10,955 |
| 16 | 25,858 | 21,704 | 18,547 | 17,251 | 51 | 12,584 | 11,715 | 10,936 | 10,577 |
| 17 | 25,626 | 21,558 | 18,454 | 17,176 | 52 | 12,009 | 11,221 | 10,512 | 10,184 |
| 18 | 25,388 | 21,406 | 18,357 | 17,098 | 53 | 11,419 | 10,711 | 10,069 | 9,771 |
| 19 | 25,149 | 21,254 | 18,260 | 17,020 | 54 | 10,812 | 10,181 | 9,606 | 9,338 |
| 20 | 24,903 | 21,096 | 18,157 | 16,937 | 55 | 10,191 | 9,633 | 9,123 | 8,884 |
| 21 | 24,650 | 20,932 | 18,050 | 16,850 | 56 | 9,551 | 9,065 | 8,617 | 8,406 |
| 22 | 24,389 | 20,762 | 17,938 | 16,759 | 57 | 8,894 | 8,475 | 8,087 | 7,904 |
| 23 | 24,120 | 20,584 | 17,819 | 16,662 | 58 | 8,214 | 7,859 | 7,529 | 7,372 |
| 24 | 23,842 | 20,398 | 17,694 | 16,559 | 59 | 7,517 | 7,222 | 6,946 | 6,814 |
| 25 | 23,555 | 20,205 | 17,563 | 16,451 | 60 | 6,797 | 6,558 | 6,332 | 6,224 |
| 26 | 23,261 | 20,004 | 17,426 | 16,336 | 61 | 6,053 | 5,866 | 5,687 | 5,602 |
| 27 | 22,958 | 19,797 | 17,282 | 16,217 | 62 | 5,284 | 5,143 | 5,007 | 4,942 |
| 28 | 22,645 | 19,580 | 17,130 | 16,090 | 63 | 4,489 | 4,388 | 4,291 | 4,244 |
| 29 | 22,323 | 19,354 | 16,971 | 15,956 | 64 | 3,664 | 3,598 | 3,533 | 3,502 |
| 30 | 21,991 | 19,119 | 16,804 | 15,814 | 65 | 2,805 | 2,767 | 2,730 | 2,711 |
| 31 | 21,648 | 18,875 | 16,629 | 15,665 | 66 | 1,912 | 1,894 | 1,877 | 1,869 |
| 32 | 21,298 | 18,623 | 16,446 | 15,509 | 67 | 0,978 | 0,974 | 0,969 | 0,967 |
| 33 | 20,936 | 18,360 | 16,254 | 15,344 | | | | | |
| 34 | 20,565 | 18,087 | 16,053 | 15,171 | | | | | |
| 35 | 20,183 | 17,805 | 15,842 | 14,989 | | | | | |

## Tabelle I/7:

Männer
temporäre Leibrente bis zum 75. Lebensjahr

| Alter | 3% | 4% | 5% | 5,5% | Alter | 3% | 4% | 5% | 5,5% |
|---|---|---|---|---|---|---|---|---|---|
| 1 | 29,315 | 23,692 | 19,712 | 18,149 | 36 | 21,613 | 18,808 | 16,548 | 15,582 |
| 2 | 29,189 | 23,627 | 19,679 | 18,125 | 37 | 21,266 | 18,558 | 16,365 | 15,425 |
| 3 | 29,054 | 23,555 | 19,639 | 18,096 | 38 | 20,910 | 18,298 | 16,174 | 15,260 |
| 4 | 28,915 | 23,480 | 19,598 | 18,065 | 39 | 20,545 | 18,030 | 15,975 | 15,088 |
| 5 | 28,771 | 23,402 | 19,554 | 18,032 | 40 | 20,172 | 17,753 | 15,768 | 14,909 |
| 6 | 28,621 | 23,319 | 19,508 | 17,997 | 41 | 19,791 | 17,469 | 15,554 | 14,722 |
| 7 | 28,467 | 23,233 | 19,459 | 17,960 | 42 | 19,401 | 17,174 | 15,330 | 14,526 |
| 8 | 28,308 | 23,144 | 19,407 | 17,920 | 43 | 19,002 | 16,871 | 15,098 | 14,323 |
| 9 | 28,144 | 23,051 | 19,353 | 17,878 | 44 | 18,596 | 16,561 | 14,859 | 14,112 |
| 10 | 27,975 | 22,954 | 19,296 | 17,834 | 45 | 18,183 | 16,241 | 14,611 | 13,893 |
| 11 | 27,801 | 22,852 | 19,236 | 17,787 | 46 | 17,760 | 15,913 | 14,354 | 13,665 |
| 12 | 27,621 | 22,747 | 19,173 | 17,738 | 47 | 17,329 | 15,575 | 14,088 | 13,428 |
| 13 | 27,437 | 22,638 | 19,107 | 17,686 | 48 | 16,891 | 15,230 | 13,813 | 13,183 |
| 14 | 27,248 | 22,526 | 19,038 | 17,632 | 49 | 16,445 | 14,875 | 13,530 | 12,929 |
| 15 | 27,053 | 22,409 | 18,967 | 17,575 | 50 | 15,990 | 14,510 | 13,236 | 12,665 |
| 16 | 26,854 | 22,288 | 18,892 | 17,516 | 51 | 15,526 | 14,135 | 12,931 | 12,390 |
| 17 | 26,653 | 22,166 | 18,816 | 17,456 | 52 | 15,054 | 13,751 | 12,617 | 12,106 |
| 18 | 26,446 | 22,039 | 18,737 | 17,393 | 53 | 14,572 | 13,356 | 12,292 | 11,811 |
| 19 | 26,239 | 21,913 | 18,659 | 17,332 | 54 | 14,080 | 12,948 | 11,954 | 11,502 |
| 20 | 26,027 | 21,781 | 18,577 | 17,266 | 55 | 13,579 | 12,530 | 11,604 | 11,182 |
| 21 | 25,808 | 21,645 | 18,491 | 17,198 | 56 | 13,066 | 12,100 | 11,241 | 10,848 |
| 22 | 25,583 | 21,503 | 18,401 | 17,126 | 57 | 12,542 | 11,656 | 10,864 | 10,500 |
| 23 | 25,350 | 21,356 | 18,306 | 17,049 | 58 | 12,002 | 11,194 | 10,468 | 10,133 |
| 24 | 25,109 | 21,201 | 18,206 | 16,968 | 59 | 11,455 | 10,722 | 10,061 | 9,754 |
| 25 | 24,862 | 21,041 | 18,101 | 16,882 | 60 | 10,892 | 10,233 | 9,635 | 9,357 |
| 26 | 24,607 | 20,874 | 17,990 | 16,792 | 61 | 10,317 | 9,729 | 9,192 | 8,941 |
| 27 | 24,346 | 20,702 | 17,875 | 16,698 | 62 | 9,726 | 9,206 | 8,730 | 8,506 |
| 28 | 24,075 | 20,522 | 17,754 | 16,597 | 63 | 9,123 | 8,668 | 8,249 | 8,052 |
| 29 | 23,797 | 20,335 | 17,626 | 16,492 | 64 | 8,503 | 8,111 | 7,747 | 7,575 |
| 30 | 23,510 | 20,140 | 17,492 | 16,380 | 65 | 7,862 | 7,530 | 7,219 | 7,072 |
| 31 | 23,214 | 19,937 | 17,352 | 16,263 | 66 | 7,206 | 6,928 | 6,668 | 6,544 |
| 32 | 22,912 | 19,728 | 17,206 | 16,140 | 67 | 6,527 | 6,302 | 6,089 | 5,987 |
| 33 | 22,600 | 19,510 | 17,052 | 16,010 | 68 | 5,826 | 5,648 | 5,479 | 5,398 |
| 34 | 22,280 | 19,284 | 16,891 | 15,874 | 69 | 5,099 | 4,965 | 4,836 | 4,774 |
| 35 | 21,951 | 19,051 | 16,724 | 15,732 | 70 | 4,345 | 4,248 | 4,155 | 4,110 |
| | | | | | 71 | 3,561 | 3,497 | 3,435 | 3,405 |
| | | | | | 72 | 2,742 | 2,705 | 2,668 | 2,651 |
| | | | | | 73 | 1,881 | 1,864 | 1,847 | 1,839 |
| | | | | | 74 | 0,969 | 0,965 | 0,961 | 0,959 |

**Tabelle I/8:**

Frauen
lebenslängliche Leibrente

| Alter | 3% | 4% | 5% | 5,5% | Alter | 3% | 4% | 5% | 5,5% |
|---|---|---|---|---|---|---|---|---|---|
| 1 | 30,564 | 24,309 | 20,025 | 18,375 | 46 | 22,022 | 19,027 | 16,651 | 15,646 |
| 2 | 30,474 | 24,267 | 20,006 | 18,362 | 47 | 21,702 | 18,797 | 16,484 | 15,503 |
| 3 | 30,378 | 24,220 | 19,983 | 18,346 | 48 | 21,376 | 18,562 | 16,312 | 15,354 |
| 4 | 30,277 | 24,171 | 19,958 | 18,328 | 49 | 21,043 | 18,320 | 16,133 | 15,200 |
| 5 | 30,172 | 24,119 | 19,932 | 18,309 | 50 | 20,704 | 18,071 | 15,949 | 15,040 |
| 6 | 30,064 | 24,064 | 19,903 | 18,288 | 51 | 20,360 | 17,817 | 15,758 | 14,875 |
| 7 | 29,953 | 24,008 | 19,874 | 18,267 | 52 | 20,007 | 17,554 | 15,561 | 14,703 |
| 8 | 29,838 | 23,949 | 19,842 | 18,244 | 53 | 19,648 | 17,285 | 15,357 | 14,524 |
| 9 | 29,719 | 23,887 | 19,809 | 18,219 | 54 | 19,281 | 17,008 | 15,146 | 14,339 |
| 10 | 29,596 | 23,823 | 19,775 | 18,193 | 55 | 18,907 | 16,724 | 14,927 | 14,147 |
| 11 | 29,470 | 23,756 | 19,738 | 18,166 | 56 | 18,528 | 16,433 | 14,702 | 13,948 |
| 12 | 29,341 | 23,687 | 19,700 | 18,137 | 57 | 18,140 | 16,134 | 14,469 | 13,741 |
| 13 | 29,208 | 23,615 | 19,660 | 18,107 | 58 | 17,746 | 15,827 | 14,228 | 13,527 |
| 14 | 29,071 | 23,541 | 19,619 | 18,076 | 59 | 17,345 | 15,513 | 13,980 | 13,306 |
| 15 | 28,931 | 23,464 | 19,576 | 18,043 | 60 | 16,933 | 15,187 | 13,720 | 13,074 |
| 16 | 28,787 | 23,385 | 19,531 | 18,009 | 61 | 16,517 | 14,857 | 13,455 | 12,836 |
| 17 | 28,638 | 23,302 | 19,483 | 17,972 | 62 | 16,095 | 14,519 | 13,183 | 12,590 |
| 18 | 28,487 | 23,217 | 19,434 | 17,935 | 63 | 15,662 | 14,169 | 12,898 | 12,333 |
| 19 | 28,332 | 23,130 | 19,384 | 17,896 | 64 | 15,220 | 13,810 | 12,604 | 12,066 |
| 20 | 28,173 | 23,040 | 19,331 | 17,856 | 65 | 14,766 | 13,436 | 12,295 | 11,784 |
| 21 | 28,008 | 22,945 | 19,276 | 17,813 | 66 | 14,304 | 13,055 | 11,977 | 11,494 |
| 22 | 27,838 | 22,846 | 19,217 | 17,767 | 67 | 13,835 | 12,663 | 11,649 | 11,192 |
| 23 | 27,664 | 22,744 | 19,156 | 17,719 | 68 | 13,360 | 12,265 | 11,312 | 10,882 |
| 24 | 27,485 | 22,639 | 19,092 | 17,669 | 69 | 12,878 | 11,858 | 10,966 | 10,562 |
| 25 | 27,300 | 22,528 | 19,024 | 17,615 | 70 | 12,395 | 11,446 | 10,613 | 10,235 |
| 26 | 27,109 | 22,413 | 18,953 | 17,559 | 71 | 11,908 | 11,028 | 10,254 | 9,901 |
| 27 | 26,913 | 22,293 | 18,879 | 17,500 | 72 | 11,419 | 10,607 | 9,888 | 9,560 |
| 28 | 26,710 | 22,169 | 18,801 | 17,437 | 73 | 10,932 | 10,184 | 9,519 | 9,214 |
| 29 | 26,502 | 22,040 | 18,719 | 17,371 | 74 | 10,441 | 9,754 | 9,142 | 8,860 |
| 30 | 26,289 | 21,907 | 18,633 | 17,303 | 75 | 9,951 | 9,324 | 8,761 | 8,502 |
| 31 | 26,070 | 21,768 | 18,544 | 17,231 | 76 | 9,466 | 8,894 | 8,380 | 8,142 |
| 32 | 25,844 | 21,625 | 18,451 | 17,155 | 77 | 8,985 | 8,466 | 7,997 | 7,780 |
| 33 | 25,612 | 21,476 | 18,353 | 17,075 | 78 | 8,507 | 8,037 | 7,612 | 7,414 |
| 34 | 25,375 | 21,322 | 18,252 | 16,992 | 79 | 8,035 | 7,612 | 7,228 | 7,048 |
| 35 | 25,130 | 21,162 | 18,145 | 16,904 | 80 | 7,572 | 7,193 | 6,847 | 6,685 |
| 36 | 24,880 | 20,997 | 18,034 | 16,812 | 81 | 7,124 | 6,785 | 6,474 | 6,328 |
| 37 | 24,623 | 20,827 | 17,918 | 16,716 | 82 | 6,687 | 6,385 | 6,107 | 5,976 |
| 38 | 24,359 | 20,650 | 17,798 | 16,616 | 83 | 6,263 | 5,994 | 5,747 | 5,630 |
| 39 | 24,088 | 20,467 | 17,672 | 16,510 | 84 | 5,859 | 5,621 | 5,401 | 5,297 |
| 40 | 23,813 | 20,279 | 17,542 | 16,402 | 85 | 5,466 | 5,257 | 5,062 | 4,970 |
| 41 | 23,529 | 20,085 | 17,406 | 16,287 | 86 | 5,113 | 4,928 | 4,755 | 4,673 |
| 42 | 23,240 | 19,885 | 17,265 | 16,168 | 87 | 4,764 | 4,601 | 4,450 | 4,377 |
| 43 | 22,945 | 19,680 | 17,120 | 16,045 | 88 | 4,430 | 4,288 | 4,155 | 4,091 |
| 44 | 22,644 | 19,468 | 16,969 | 15,917 | 89 | 4,091 | 3,968 | 3,852 | 3,797 |
| 45 | 22,335 | 19,249 | 16,812 | 15,783 | 90 | 3,782 | 3,675 | 3,575 | 3,526 |

## Tabelle I/9:

Frauen
temporäre Leibrente bis zum 60. Lebensjahr

| Alter | 3% | 4% | 5% | 5,5% | Alter | 3% | 4% | 5% | 5,5% |
|---|---|---|---|---|---|---|---|---|---|
| 1 | 27,774 | 22,893 | 19,298 | 17,852 | 36 | 16,971 | 15,372 | 13,995 | 13,378 |
| 2 | 27,599 | 22,794 | 19,242 | 17,810 | 37 | 16,473 | 14,973 | 13,675 | 13,092 |
| 3 | 27,416 | 22,689 | 19,181 | 17,763 | 38 | 15,960 | 14,559 | 13,340 | 12,790 |
| 4 | 27,226 | 22,578 | 19,116 | 17,713 | 39 | 15,432 | 14,129 | 12,988 | 12,471 |
| 5 | 27,029 | 22,462 | 19,047 | 17,660 | 40 | 14,890 | 13,683 | 12,621 | 12,137 |
| 6 | 26,827 | 22,341 | 18,975 | 17,604 | 41 | 14,332 | 13,219 | 12,235 | 11,785 |
| 7 | 26,618 | 22,215 | 18,899 | 17,544 | 42 | 13,759 | 12,738 | 11,830 | 11,414 |
| 8 | 26,402 | 22,084 | 18,819 | 17,481 | 43 | 13,170 | 12,240 | 11,408 | 11,025 |
| 9 | 26,180 | 21,948 | 18,734 | 17,415 | 44 | 12,563 | 11,722 | 10,964 | 10,614 |
| 10 | 25,951 | 21,806 | 18,645 | 17,345 | 45 | 11,939 | 11,183 | 10,499 | 10,182 |
| 11 | 25,716 | 21,659 | 18,553 | 17,271 | 46 | 11,299 | 10,625 | 10,013 | 9,727 |
| 12 | 25,474 | 21,506 | 18,455 | 17,193 | 47 | 10,639 | 10,046 | 9,503 | 9,249 |
| 13 | 25,224 | 21,346 | 18,353 | 17,111 | 48 | 9,961 | 9,444 | 8,968 | 8,745 |
| 14 | 24,967 | 21,181 | 18,246 | 17,024 | 49 | 9,263 | 8,819 | 8,407 | 8,213 |
| 15 | 24,703 | 21,010 | 18,134 | 16,934 | 50 | 8,544 | 8,169 | 7,819 | 7,653 |
| 16 | 24,432 | 20,832 | 18,017 | 16,838 | 51 | 7,804 | 7,493 | 7,202 | 7,063 |
| 17 | 24,152 | 20,646 | 17,893 | 16,737 | 52 | 7,041 | 6,790 | 6,553 | 6,440 |
| 18 | 23,865 | 20,455 | 17,765 | 16,632 | 53 | 6,256 | 6,059 | 5,872 | 5,782 |
| 19 | 23,571 | 20,256 | 17,630 | 16,521 | 54 | 5,445 | 5,297 | 5,156 | 5,088 |
| 20 | 23,267 | 20,050 | 17,490 | 16,405 | 55 | 4,609 | 4,504 | 4,403 | 4,354 |
| 21 | 22,955 | 19,835 | 17,341 | 16,281 | 56 | 3,747 | 3,678 | 3,612 | 3,579 |
| 22 | 22,632 | 19,612 | 17,185 | 16,151 | 57 | 2,856 | 2,817 | 2,778 | 2,760 |
| 23 | 22,300 | 19,379 | 17,022 | 16,014 | 58 | 1,936 | 1,918 | 1,901 | 1,892 |
| 24 | 21,959 | 19,138 | 16,851 | 15,869 | 59 | 0,984 | 0,980 | 0,976 | 0,974 |
| 25 | 21,606 | 18,886 | 16,671 | 15,716 | | | | | |
| 26 | 21,243 | 18,625 | 16,481 | 15,555 | | | | | |
| 27 | 20,870 | 18,353 | 16,283 | 15,385 | | | | | |
| 28 | 20,485 | 18,070 | 16,074 | 15,206 | | | | | |
| 29 | 20,088 | 17,776 | 15,855 | 15,017 | | | | | |
| 30 | 19,681 | 17,471 | 15,626 | 14,818 | | | | | |
| 31 | 19,261 | 17,154 | 15,386 | 14,608 | | | | | |
| 32 | 18,829 | 16,824 | 15,133 | 14,387 | | | | | |
| 33 | 18,384 | 16,481 | 14,689 | 14,154 | | | | | |
| 34 | 17,927 | 16,126 | 14,591 | 13,909 | | | | | |
| 35 | 17,456 | 15,756 | 14,300 | 13,650 | | | | | |

## Tabelle I/10:

Frauen
temporäre Leibrente bis zum 63. Lebensjahr

| Alter | 3% | 4% | 5% | 5,5% | Alter | 3% | 4% | 5% | 5,5% |
|---|---|---|---|---|---|---|---|---|---|
| 1 | 28,244 | 23,155 | 19,445 | 17,962 | 36 | 18,303 | 16,413 | 14,811 | 14,102 |
| 2 | 28,083 | 23,067 | 19,397 | 17,926 | 37 | 17,845 | 16,057 | 14,533 | 13,855 |
| 3 | 27,915 | 22,972 | 19,343 | 17,886 | 38 | 17,374 | 15,687 | 14,241 | 13,596 |
| 4 | 27,740 | 22,873 | 19,287 | 17,843 | 39 | 16,890 | 15,302 | 13,935 | 13,322 |
| 5 | 27,558 | 22,769 | 19,226 | 17,797 | 40 | 16,392 | 14,904 | 13,615 | 13,036 |
| 6 | 27,372 | 22,660 | 19,163 | 17,748 | 41 | 15,881 | 14,490 | 13,280 | 12,734 |
| 7 | 27,179 | 22,547 | 19,096 | 17,697 | 42 | 15,355 | 14,061 | 12,929 | 12,416 |
| 8 | 26,981 | 22,430 | 19,025 | 17,642 | 43 | 14,815 | 13,617 | 12,562 | 12,082 |
| 9 | 26,776 | 22,307 | 18,951 | 17,584 | 44 | 14,260 | 13,156 | 12,178 | 11,732 |
| 10 | 26,565 | 22,179 | 18,874 | 17,523 | 45 | 13,689 | 12,676 | 11,775 | 11,362 |
| 11 | 26,348 | 22,047 | 18,792 | 17,459 | 46 | 13,104 | 12,181 | 11,355 | 10,974 |
| 12 | 26,125 | 21,909 | 18,707 | 17,392 | 47 | 12,502 | 11,666 | 10,914 | 10,566 |
| 13 | 25,894 | 21,766 | 18,617 | 17,321 | 48 | 11,883 | 11,132 | 10,453 | 10,137 |
| 14 | 25,658 | 21,618 | 18,523 | 17,246 | 49 | 11,246 | 10,578 | 9,969 | 9,685 |
| 15 | 25,415 | 21,464 | 18,425 | 17,167 | 50 | 10,591 | 10,002 | 9,462 | 9,210 |
| 16 | 25,165 | 21,304 | 18,323 | 17,085 | 51 | 9,918 | 9,404 | 8,931 | 8,709 |
| 17 | 24,907 | 21,138 | 18,215 | 16,998 | 52 | 9,224 | 8,783 | 8,374 | 8,181 |
| 18 | 24,643 | 20,966 | 18,102 | 16,906 | 53 | 8,510 | 8,137 | 7,789 | 7,624 |
| 19 | 24,372 | 20,788 | 17,985 | 16,811 | 54 | 7,775 | 7,465 | 7,175 | 7,037 |
| 20 | 24,093 | 20,604 | 17,862 | 16,710 | 55 | 7,016 | 6,766 | 6,530 | 6,418 |
| 21 | 23,805 | 20,411 | 17,732 | 16,604 | 56 | 6,235 | 6,039 | 5,853 | 5,764 |
| 22 | 23,508 | 20,210 | 17,596 | 16,491 | 57 | 5,429 | 5,282 | 5,141 | 5,073 |
| 23 | 23,203 | 20,002 | 17,454 | 16,373 | 58 | 4,597 | 4,493 | 4,392 | 4,344 |
| 24 | 22,889 | 19,786 | 17,304 | 16,249 | 59 | 3,739 | 3,670 | 3,604 | 3,572 |
| 25 | 22,565 | 19,560 | 17,146 | 16,117 | 60 | 2,851 | 2,812 | 2,773 | 2,755 |
| 26 | 22,231 | 19,326 | 16,981 | 15,977 | 61 | 1,933 | 1,916 | 1,898 | 1,890 |
| 27 | 21,887 | 19,082 | 16,808 | 15,831 | 62 | 0,984 | 0,979 | 0,975 | 0,973 |
| 28 | 21,533 | 18,829 | 16,625 | 15,676 | | | | | |
| 29 | 21,168 | 18,565 | 16,434 | 15,513 | | | | | |
| 30 | 20,793 | 18,292 | 16,234 | 15,341 | | | | | |
| 31 | 20,407 | 18,008 | 16,024 | 15,161 | | | | | |
| 32 | 20,010 | 17,713 | 15,804 | 14,970 | | | | | |
| 33 | 19,601 | 17,406 | 15,573 | 14,770 | | | | | |
| 34 | 19,181 | 17,088 | 15,331 | 14,558 | | | | | |
| 35 | 18,748 | 16,757 | 15,077 | 14,336 | | | | | |

## Tabelle I/11:

Frauen
temporäre Leibrente bis zum 65. Lebensjahr

| Alter | 3% | 4% | 5% | 5,5% | Alter | 3% | 4% | 5% | 5,5% |
|---|---|---|---|---|---|---|---|---|---|
| 1 | 28,530 | 23,311 | 19,531 | 18,026 | 36 | 19,114 | 17,033 | 15,285 | 14,517 |
| 2 | 28,378 | 23,229 | 19,486 | 17,993 | 37 | 18,681 | 16,701 | 15,031 | 14,293 |
| 3 | 28,218 | 23,141 | 19,438 | 17,957 | 38 | 18,236 | 16,357 | 14,764 | 14,058 |
| 4 | 28,053 | 23,048 | 19,385 | 17,917 | 39 | 17,778 | 16,000 | 14,485 | 13,811 |
| 5 | 27,881 | 22,951 | 19,330 | 17,875 | 40 | 17,308 | 15,630 | 14,193 | 13,551 |
| 6 | 27,704 | 22,850 | 19,272 | 17,831 | 41 | 16,824 | 15,246 | 13,887 | 13,278 |
| 7 | 27,521 | 22,745 | 19,210 | 17,784 | 42 | 16,327 | 14,848 | 13,567 | 12,990 |
| 8 | 27,333 | 22,635 | 19,146 | 17,734 | 43 | 15,818 | 14,436 | 13,233 | 12,689 |
| 9 | 27,139 | 22,520 | 19,078 | 17,681 | 44 | 15,295 | 14,008 | 12,883 | 12,373 |
| 10 | 26,939 | 22,401 | 19,006 | 17,626 | 45 | 14,756 | 13,564 | 12,516 | 12,039 |
| 11 | 26,733 | 22,278 | 18,931 | 17,567 | 46 | 14,204 | 13,106 | 12,134 | 11,690 |
| 12 | 26,521 | 22,150 | 18,853 | 17,506 | 47 | 13,637 | 12,630 | 11,733 | 11,322 |
| 13 | 26,303 | 22,016 | 18,771 | 17,441 | 48 | 13,054 | 12,136 | 11,315 | 10,936 |
| 14 | 26,079 | 21,878 | 18,684 | 17,373 | 49 | 12,455 | 11,623 | 10,876 | 10,530 |
| 15 | 25,849 | 21,734 | 18,595 | 17,301 | 50 | 11,839 | 11,092 | 10,416 | 10,102 |
| 16 | 25,612 | 21,585 | 18,500 | 17,226 | 51 | 11,206 | 10,541 | 9,935 | 9,653 |
| 17 | 25,368 | 21,430 | 18,401 | 17,147 | 52 | 10,554 | 9,968 | 9,431 | 9,180 |
| 18 | 25,117 | 21,270 | 18,298 | 17,064 | 53 | 9,884 | 9,373 | 8,902 | 8,681 |
| 19 | 24,861 | 21,105 | 18,191 | 16,977 | 54 | 9,194 | 8,755 | 8,348 | 8,155 |
| 20 | 24,597 | 20,933 | 18,078 | 16,886 | 55 | 8,483 | 8,111 | 7,765 | 7,601 |
| 21 | 24,324 | 20,753 | 17,959 | 16,789 | 56 | 7,751 | 7,443 | 7,155 | 7,017 |
| 22 | 24,043 | 20,567 | 17,835 | 16,687 | 57 | 6,997 | 6,748 | 6,513 | 6,401 |
| 23 | 23,754 | 20,373 | 17,704 | 16,579 | 58 | 6,219 | 6,024 | 5,839 | 5,750 |
| 24 | 23,456 | 20,171 | 17,567 | 16,466 | 59 | 5,417 | 5,270 | 5,130 | 5,062 |
| 25 | 23,149 | 19,961 | 17,422 | 16,346 | 60 | 4,588 | 4,484 | 4,383 | 4,335 |
| 26 | 22,832 | 19,743 | 17,271 | 16,220 | 61 | 3,732 | 3,664 | 3,598 | 3,566 |
| 27 | 22,507 | 19,516 | 17,112 | 16,086 | 62 | 2,848 | 2,809 | 2,770 | 2,752 |
| 28 | 22,171 | 19,280 | 16,945 | 15,946 | 63 | 1,932 | 1,914 | 1,897 | 1,888 |
| 29 | 21,826 | 19,035 | 16,770 | 15,797 | 64 | 0,983 | 0,979 | 0,975 | 0,973 |
| 30 | 21,471 | 18,780 | 16,587 | 15,642 | | | | | |
| 31 | 21,106 | 18,516 | 16,395 | 15,478 | | | | | |
| 32 | 20,730 | 18,241 | 16,193 | 15,305 | | | | | |
| 33 | 20,343 | 17,956 | 15,982 | 15,123 | | | | | |
| 34 | 19,945 | 17,660 | 15,761 | 14,931 | | | | | |
| 35 | 19,535 | 17,352 | 15,528 | 14,729 | | | | | |

## Tabelle I/12:

Frauen
temporäre Leibrente bis zum 67. Lebensjahr

| Alter | 3% | 4% | 5% | 5,5% | Alter | 3% | 4% | 5% | 5,5% |
|---|---|---|---|---|---|---|---|---|---|
| 1 | 28,796 | 23,453 | 19,607 | 18,082 | 36 | 19,868 | 17,597 | 15,709 | 14,884 |
| 2 | 28,652 | 23,377 | 19,566 | 18,052 | 37 | 19,458 | 17,289 | 15,476 | 14,681 |
| 3 | 28,501 | 23,295 | 19,522 | 18,019 | 38 | 19,036 | 16,968 | 15,232 | 14,468 |
| 4 | 28,343 | 23,208 | 19,474 | 17,983 | 39 | 18,602 | 16,636 | 14,976 | 14,243 |
| 5 | 28,180 | 23,117 | 19,423 | 17,945 | 40 | 18,158 | 16,292 | 14,709 | 14,007 |
| 6 | 28,012 | 23,023 | 19,369 | 17,904 | 41 | 17,701 | 15,935 | 14,429 | 13,759 |
| 7 | 27,839 | 22,924 | 19,313 | 17,861 | 42 | 17,231 | 15,565 | 14,137 | 13,499 |
| 8 | 27,660 | 22,822 | 19,253 | 17,816 | 43 | 16,750 | 15,182 | 13,832 | 13,227 |
| 9 | 27,476 | 22,715 | 19,190 | 17,768 | 44 | 16,255 | 14,786 | 13,513 | 12,940 |
| 10 | 27,286 | 22,604 | 19,125 | 17,717 | 45 | 15,746 | 14,374 | 13,178 | 12,638 |
| 11 | 27,091 | 22,488 | 19,056 | 17,663 | 46 | 15,226 | 13,948 | 12,830 | 12,323 |
| 12 | 26,890 | 22,368 | 18,984 | 17,607 | 47 | 14,691 | 13,507 | 12,466 | 11,991 |
| 13 | 26,683 | 22,244 | 18,908 | 17,548 | 48 | 14,142 | 13,051 | 12,085 | 11,643 |
| 14 | 26,470 | 22,114 | 18,828 | 17,485 | 49 | 13,577 | 12,577 | 11,686 | 11,277 |
| 15 | 26,252 | 21,981 | 18,746 | 17,420 | 50 | 12,998 | 12,085 | 11,269 | 10,893 |
| 16 | 26,027 | 21,841 | 18,659 | 17,351 | 51 | 12,402 | 11,576 | 10,833 | 10,489 |
| 17 | 25,795 | 21,697 | 18,568 | 17,279 | 52 | 11,790 | 11,048 | 10,376 | 10,064 |
| 18 | 25,558 | 21,547 | 18,473 | 17,203 | 53 | 11,160 | 10,499 | 9,897 | 9,616 |
| 19 | 25,315 | 21,393 | 18,375 | 17,124 | 54 | 10,513 | 9,929 | 9,396 | 9,145 |
| 20 | 25,064 | 21,233 | 18,271 | 17,041 | 55 | 9,846 | 9,337 | 8,869 | 8,649 |
| 21 | 24,805 | 21,065 | 18,162 | 16,953 | 56 | 9,160 | 8,723 | 8,318 | 8,127 |
| 22 | 24,539 | 20,891 | 18,048 | 16,860 | 57 | 8,454 | 8,084 | 7,739 | 7,576 |
| 23 | 24,265 | 20,710 | 17,928 | 16,762 | 58 | 7,726 | 7,419 | 7,132 | 6,995 |
| 24 | 23,983 | 20,523 | 17,802 | 16,659 | 59 | 6,976 | 6,728 | 6,494 | 6,382 |
| 25 | 23,691 | 20,327 | 17,669 | 16,549 | 60 | 6,201 | 6,007 | 5,823 | 5,734 |
| 26 | 23,391 | 20,123 | 17,530 | 16,434 | 61 | 5,403 | 5,257 | 5,117 | 5,050 |
| 27 | 23,083 | 19,911 | 17,384 | 16,313 | 62 | 4,579 | 4,475 | 4,375 | 4,327 |
| 28 | 22,765 | 19,691 | 17,231 | 16,185 | 63 | 3,727 | 3,659 | 3,593 | 3,561 |
| 29 | 22,437 | 19,462 | 17,070 | 16,049 | 64 | 2,844 | 2,805 | 2,767 | 2,749 |
| 30 | 22,101 | 19,225 | 16,902 | 15,908 | 65 | 1,930 | 1,912 | 1,895 | 1,887 |
| 31 | 21,755 | 18,979 | 16,726 | 15,758 | 66 | 0,983 | 0,978 | 0,974 | 0,972 |
| 32 | 21,398 | 18,723 | 16,541 | 15,601 | | | | | |
| 33 | 21,031 | 18,457 | 16,347 | 15,435 | | | | | |
| 34 | 20,655 | 18,181 | 16,145 | 15,261 | | | | | |
| 35 | 20,267 | 17,894 | 15,932 | 15,077 | | | | | |

## Tabelle I/13:

Frauen
temporäre Leibrente bis zum 68. Lebensjahr

| Alter | 3% | 4% | 5% | 5,5% | Alter | 3% | 4% | 5% | 5,5% |
|---|---|---|---|---|---|---|---|---|---|
| 1 | 28,921 | 23,519 | 19,642 | 18,107 | 36 | 20,224 | 17,860 | 15,903 | 15,052 |
| 2 | 28,781 | 23,445 | 19,603 | 18,079 | 37 | 19,825 | 17,562 | 15,680 | 14,858 |
| 3 | 28,634 | 23,366 | 19,560 | 18,047 | 38 | 19,414 | 17,253 | 15,446 | 14,654 |
| 4 | 28,481 | 23,282 | 19,514 | 18,013 | 39 | 18,992 | 16,932 | 15,201 | 14,440 |
| 5 | 28,322 | 23,195 | 19,465 | 17,976 | 40 | 18,560 | 16,600 | 14,946 | 14,215 |
| 6 | 28,158 | 23,103 | 19,414 | 17,937 | 41 | 18,115 | 16,255 | 14,678 | 13,979 |
| 7 | 27,989 | 23,008 | 19,359 | 17,896 | 42 | 17,658 | 15,898 | 14,398 | 13,731 |
| 8 | 27,815 | 22,909 | 19,302 | 17,853 | 43 | 17,190 | 15,530 | 14,107 | 13,471 |
| 9 | 27,635 | 22,805 | 19,242 | 17,807 | 44 | 16,709 | 15,147 | 13,802 | 13,198 |
| 10 | 27,450 | 22,698 | 19,179 | 17,758 | 45 | 16,214 | 14,750 | 13,482 | 12,911 |
| 11 | 27,260 | 22,586 | 19,113 | 17,707 | 46 | 15,708 | 14,341 | 13,149 | 12,611 |
| 12 | 27,064 | 22,470 | 19,044 | 17,653 | 47 | 15,189 | 13,916 | 12,802 | 12,296 |
| 13 | 26,862 | 22,350 | 18,971 | 17,596 | 48 | 14,656 | 13,476 | 12,438 | 11,966 |
| 14 | 26,655 | 22,225 | 18,895 | 17,537 | 49 | 14,107 | 13,020 | 12,058 | 11,618 |
| 15 | 26,442 | 22,095 | 18,815 | 17,474 | 50 | 13,545 | 12,548 | 11,660 | 11,253 |
| 16 | 26,223 | 21,961 | 18,732 | 17,408 | 51 | 12,968 | 12,058 | 11,245 | 10,870 |
| 17 | 25,997 | 21,821 | 18,645 | 17,339 | 52 | 12,373 | 11,550 | 10,809 | 10,467 |
| 18 | 25,766 | 21,676 | 18,553 | 17,267 | 53 | 11,763 | 11,023 | 10,354 | 10,042 |
| 19 | 25,529 | 21,527 | 18,459 | 17,191 | 54 | 11,135 | 10,476 | 9,876 | 9,596 |
| 20 | 25,285 | 21,372 | 18,360 | 17,112 | 55 | 10,489 | 9,908 | 9,376 | 9,126 |
| 21 | 25,033 | 21,210 | 18,255 | 17,028 | 56 | 9,825 | 9,318 | 8,852 | 8,632 |
| 22 | 24,773 | 21,042 | 18,145 | 16,938 | 57 | 9,141 | 8,706 | 8,302 | 8,111 |
| 23 | 24,506 | 20,867 | 18,030 | 16,845 | 58 | 8,437 | 8,069 | 7,725 | 7,562 |
| 24 | 24,232 | 20,686 | 17,910 | 16,746 | 59 | 7,712 | 7,407 | 7,120 | 6,983 |
| 25 | 23,948 | 20,497 | 17,783 | 16,642 | 60 | 6,963 | 6,716 | 6,483 | 6,371 |
| 26 | 23,655 | 20,300 | 17,649 | 16,532 | 61 | 6,192 | 5,998 | 5,814 | 5,726 |
| 27 | 23,355 | 20,095 | 17,509 | 16,416 | 62 | 5,397 | 5,251 | 5,112 | 5,044 |
| 28 | 23,045 | 19,883 | 17,362 | 16,293 | 63 | 4,574 | 4,470 | 4,371 | 4,322 |
| 29 | 22,726 | 19,661 | 17,208 | 16,164 | 64 | 3,723 | 3,655 | 3,589 | 3,557 |
| 30 | 22,398 | 19,432 | 17,047 | 16,029 | 65 | 2,842 | 2,802 | 2,764 | 2,746 |
| 31 | 22,061 | 19,194 | 16,878 | 15,886 | 66 | 1,929 | 1,911 | 1,894 | 1,885 |
| 32 | 21,714 | 18,947 | 16,701 | 15,736 | 67 | 0,982 | 0,978 | 0,974 | 0,972 |
| 33 | 21,357 | 18,690 | 16,515 | 15,577 | | | | | |
| 34 | 20,990 | 18,424 | 16,321 | 15,411 | | | | | |
| 35 | 20,612 | 18,147 | 16,117 | 15,236 | | | | | |

## Tabelle I/14:

Frauen
temporäre Leibrente bis zum 75. Lebensjahr

| Alter | 3% | 4% | 5% | 5,5% | Alter | 3% | 4% | 5% | 5,5% |
|---|---|---|---|---|---|---|---|---|---|
| 1 | 29,668 | 23,898 | 19,835 | 18,246 | 36 | 22,339 | 19,364 | 16,977 | 15,960 |
| 2 | 29,550 | 23,839 | 19,806 | 18,225 | 37 | 22,004 | 19,127 | 16,808 | 15,817 |
| 3 | 29,426 | 23,776 | 19,773 | 18,202 | 38 | 21,661 | 18,882 | 16,632 | 15,667 |
| 4 | 29,297 | 23,708 | 19,738 | 18,176 | 39 | 21,307 | 18,627 | 16,446 | 15,508 |
| 5 | 29,162 | 23,638 | 19,700 | 18,148 | 40 | 20,946 | 18,364 | 16,254 | 15,343 |
| 6 | 29,024 | 23,564 | 19,661 | 18,119 | 41 | 20,574 | 18,091 | 16,053 | 15,170 |
| 7 | 28,881 | 23,487 | 19,619 | 18,087 | 42 | 20,193 | 17,810 | 15,843 | 14,989 |
| 8 | 28,734 | 23,407 | 19,575 | 18,054 | 43 | 19,804 | 17,519 | 15,625 | 14,800 |
| 9 | 28,582 | 23,324 | 19,528 | 18,019 | 44 | 19,405 | 17,219 | 15,398 | 14,601 |
| 10 | 28,425 | 23,237 | 19,479 | 17,983 | 45 | 18,995 | 16,907 | 15,160 | 14,393 |
| 11 | 28,264 | 23,147 | 19,428 | 17,944 | 46 | 18,576 | 16,587 | 14,914 | 14,177 |
| 12 | 28,098 | 23,054 | 19,375 | 17,903 | 47 | 18,148 | 16,256 | 14,658 | 13,951 |
| 13 | 27,928 | 22,956 | 19,318 | 17,860 | 48 | 17,709 | 15,915 | 14,391 | 13,714 |
| 14 | 27,752 | 22,856 | 19,260 | 17,815 | 49 | 17,258 | 15,561 | 14,112 | 13,466 |
| 15 | 27,573 | 22,752 | 19,198 | 17,768 | 50 | 16,797 | 15,196 | 13,822 | 13,207 |
| 16 | 27,388 | 22,644 | 19,134 | 17,718 | 51 | 16,325 | 14,819 | 13,520 | 12,937 |
| 17 | 27,197 | 22,531 | 19,067 | 17,666 | 52 | 15,841 | 14,429 | 13,204 | 12,653 |
| 18 | 27,002 | 22,415 | 18,997 | 17,612 | 53 | 15,345 | 14,025 | 12,875 | 12,355 |
| 19 | 26,802 | 22,296 | 18,925 | 17,555 | 54 | 14,836 | 13,608 | 12,532 | 12,044 |
| 20 | 26,597 | 22,172 | 18,850 | 17,496 | 55 | 14,313 | 13,176 | 12,173 | 11,717 |
| 21 | 26,385 | 22,042 | 18,770 | 17,433 | 56 | 13,778 | 12,729 | 11,800 | 11,375 |
| 22 | 26,166 | 21,907 | 18,685 | 17,366 | 57 | 13,229 | 12,267 | 11,410 | 11,016 |
| 23 | 25,941 | 21,767 | 18,598 | 17,296 | 58 | 12,666 | 11,789 | 11,003 | 10,640 |
| 24 | 25,710 | 21,622 | 18,506 | 17,223 | 59 | 12,088 | 11,293 | 10,577 | 10,246 |
| 25 | 25,470 | 21,470 | 18,408 | 17,144 | 60 | 11,492 | 10,778 | 10,131 | 9,830 |
| 26 | 25,224 | 21,313 | 18,306 | 17,062 | 61 | 10,883 | 10,246 | 9,666 | 9,395 |
| 27 | 24,971 | 21,149 | 18,199 | 16,975 | 62 | 10,257 | 9,694 | 9,179 | 8,938 |
| 28 | 24,710 | 20,979 | 18,087 | 16,884 | 63 | 9,611 | 9,121 | 8,669 | 8,456 |
| 29 | 24,441 | 20,802 | 17,969 | 16,787 | 64 | 8,946 | 8,524 | 8,133 | 7,948 |
| 30 | 24,166 | 20,619 | 17,847 | 16,686 | 65 | 8,258 | 7,901 | 7,568 | 7,410 |
| 31 | 23,882 | 20,428 | 17,718 | 16,580 | 66 | 7,550 | 7,254 | 6,976 | 6,844 |
| 32 | 23,590 | 20,231 | 17,583 | 16,468 | 67 | 6,821 | 6,581 | 6,354 | 6,246 |
| 33 | 23,290 | 20,026 | 17,442 | 16,350 | 68 | 6,069 | 5,880 | 5,702 | 5,616 |
| 34 | 22,982 | 19,813 | 17,294 | 16,277 | 69 | 5,293 | 5,151 | 5,015 | 4,950 |
| 35 | 22,664 | 19,593 | 17,139 | 16,097 | 70 | 4,492 | 4,390 | 4,293 | 4,246 |
| | | | | | 71 | 3,663 | 3,596 | 3,532 | 3,501 |
| | | | | | 72 | 2,803 | 2,765 | 2,728 | 2,709 |
| | | | | | 73 | 1,910 | 1,893 | 1,876 | 1,867 |
| | | | | | 74 | 0,977 | 0,973 | 0,969 | 0,967 |

## Tabelle II/15:

Verbindungsrente bis zum Tode des Zuerststerbenden
Mann 10 Jahre jünger als Frau

| Alter Mann | Alter Frau | 3% | 4% | 5% | 5,5% |
|---|---|---|---|---|---|
| 20 | 30 | 25,085 | 21,108 | 18,091 | 16,852 |
| 21 | 31 | 24,845 | 20,951 | 17,986 | 16,766 |
| 22 | 32 | 24,598 | 20,788 | 17,876 | 16,675 |
| 23 | 33 | 24,344 | 20,618 | 17,761 | 16,579 |
| 24 | 34 | 24,083 | 20,442 | 17,641 | 16,479 |
| 25 | 35 | 23,814 | 20,260 | 17,514 | 16,373 |
| 26 | 36 | 23,538 | 20,071 | 17,382 | 16,262 |
| 27 | 37 | 23,256 | 19,876 | 17,245 | 16,146 |
| 28 | 38 | 22,965 | 16,673 | 17,102 | 16,025 |
| 29 | 39 | 22,666 | 19,463 | 16,952 | 15,897 |
| 30 | 40 | 22,361 | 19,248 | 16,796 | 15,764 |
| 31 | 41 | 22,048 | 19,024 | 16,634 | 15,624 |
| 32 | 42 | 21,729 | 18,794 | 16,466 | 15,480 |
| 33 | 43 | 21,403 | 18,558 | 16,292 | 15,330 |
| 34 | 44 | 21,071 | 18,315 | 16,112 | 15,174 |
| 35 | 45 | 20,730 | 18,064 | 15,924 | 15,011 |
| 36 | 46 | 20,385 | 17,809 | 15,732 | 14,844 |
| 37 | 47 | 20,033 | 17,546 | 15,533 | 14,669 |
| 38 | 48 | 19,675 | 17,276 | 15,328 | 14,489 |
| 39 | 49 | 19,310 | 17,000 | 15,116 | 14,302 |
| 40 | 50 | 18,941 | 16,718 | 14,898 | 14,110 |
| 41 | 51 | 18,567 | 16,431 | 14,675 | 13,913 |
| 42 | 52 | 18,186 | 16,136 | 14,445 | 13,708 |
| 43 | 53 | 17,800 | 15,836 | 14,208 | 13,497 |
| 44 | 54 | 17,410 | 15,531 | 13,966 | 13,282 |
| 45 | 55 | 17,015 | 15,219 | 13,718 | 13,059 |
| 46 | 56 | 16,617 | 14,903 | 13,465 | 12,832 |
| 47 | 57 | 16,213 | 14,580 | 13,205 | 12,597 |
| 48 | 58 | 15,807 | 14,254 | 12,940 | 12,358 |
| 49 | 59 | 15,398 | 13,923 | 12,671 | 12,114 |
| 50 | 60 | 14,982 | 13,584 | 12,392 | 11,861 |
| 51 | 61 | 14,564 | 13,242 | 12,110 | 11,604 |
| 52 | 62 | 14,145 | 12,897 | 11,823 | 11,342 |
| 53 | 63 | 13,720 | 12,544 | 11,529 | 11,072 |
| 54 | 64 | 13,288 | 12,183 | 11,225 | 10,793 |
| 55 | 65 | 12,849 | 11,814 | 10,913 | 10,505 |
| 56 | 66 | 12,407 | 11,439 | 10,593 | 10,210 |
| 57 | 67 | 11,960 | 11,058 | 10,267 | 9,907 |
| 58 | 68 | 11,507 | 10,669 | 9,930 | 9,594 |
| 59 | 69 | 11,056 | 10,279 | 9,592 | 9,278 |
| 60 | 70 | 10,602 | 9,885 | 9,248 | 8,956 |
| 61 | 71 | 10,150 | 9,490 | 8,901 | 8,630 |
| 62 | 72 | 9,698 | 9,093 | 8,550 | 8,299 |
| 63 | 73 | 9,252 | 8,698 | 8,199 | 7,969 |
| 64 | 74 | 8,805 | 8,300 | 7,844 | 7,633 |
| 65 | 75 | 8,359 | 7,901 | 7,485 | 7,292 |
| 66 | 76 | 7,922 | 7,508 | 7,130 | 6,954 |
| 67 | 77 | 7,490 | 7,116 | 6,775 | 6,616 |

**Tabelle II/15:**
(Fortsetzung)

| Alter Mann | Alter Frau | 3% | 4% | 5% | 5,5% |
|---|---|---|---|---|---|
| 68 | 78 | 7,061 | 6,726 | 6,419 | 6,275 |
| 69 | 79 | 6,641 | 6,342 | 6,066 | 5,937 |
| 70 | 80 | 6,229 | 5,963 | 5,718 | 5,602 |
| 71 | 81 | 5,835 | 5,599 | 5,381 | 5,277 |
| 72 | 82 | 5,454 | 5,246 | 5,052 | 4,960 |
| 73 | 83 | 5,086 | 4,903 | 4,732 | 4,651 |
| 74 | 84 | 4,735 | 4,575 | 4,424 | 4,353 |
| 75 | 85 | 4,400 | 4,260 | 4,128 | 4,065 |
| 76 | 86 | 4,101 | 3,978 | 3,862 | 3,807 |
| 77 | 87 | 3,809 | 3,702 | 3,600 | 3,552 |
| 78 | 88 | 3,531 | 3,438 | 3,350 | 3,308 |
| 79 | 89 | 3,250 | 3,170 | 3,094 | 3,058 |
| 80 | 90 | 2,990 | 2,922 | 2,856 | 2,825 |
| 81 | 91 | 2,758 | 2,699 | 2,643 | 2,615 |
| 82 | 92 | 2,548 | 2,497 | 2,448 | 2,424 |
| 83 | 93 | 2,369 | 2,325 | 2,282 | 2,261 |
| 84 | 94 | 2,202 | 2,163 | 2,126 | 2,108 |
| 85 | 95 | 2,052 | 2,018 | 1,986 | 1,970 |

**Tabelle II/16:**

Verbindungsrente bis zum Tode des Zuerststerbenden
Mann 5 Jahre jünger als Frau

| Alter Mann | Alter Frau | 3% | 4% | 5% | 5,5% |
|---|---|---|---|---|---|
| 20 | 25 | 25,735 | 21,526 | 18,366 | 17,077 |
| 21 | 26 | 25,514 | 21,384 | 18,274 | 17,001 |
| 22 | 27 | 25,285 | 21,237 | 18,177 | 16,922 |
| 23 | 28 | 25,050 | 21,084 | 18,075 | 16,839 |
| 24 | 29 | 24,806 | 20,923 | 17,967 | 16,750 |
| 25 | 30 | 24,557 | 20,758 | 17,856 | 16,657 |
| 26 | 31 | 24,301 | 20,587 | 17,738 | 16,560 |
| 27 | 32 | 24,037 | 20,409 | 17,616 | 16,458 |
| 28 | 33 | 23,766 | 20,224 | 17,488 | 16,350 |
| 29 | 34 | 23,488 | 20,033 | 17,354 | 16,238 |
| 30 | 35 | 23,201 | 19,834 | 17,214 | 16,119 |
| 31 | 36 | 22,907 | 19,628 | 17,067 | 15,994 |
| 32 | 37 | 22,607 | 19,417 | 16,915 | 15,865 |
| 33 | 38 | 22,298 | 19,197 | 16,757 | 15,729 |
| 34 | 39 | 21,982 | 18,971 | 16,591 | 15,587 |
| 35 | 40 | 21,660 | 18,738 | 16,421 | 15,440 |
| 36 | 41 | 21,329 | 18,497 | 16,243 | 15,285 |
| 37 | 42 | 20,992 | 18,250 | 16,058 | 15,125 |
| 38 | 43 | 20,650 | 17,997 | 15,868 | 14,960 |
| 39 | 44 | 20,300 | 17,737 | 15,672 | 14,788 |
| 40 | 45 | 19,945 | 17,470 | 15,469 | 14,610 |
| 41 | 46 | 19,586 | 17,200 | 15,262 | 14,429 |
| 42 | 47 | 19,221 | 16,923 | 15,049 | 14,240 |
| 43 | 48 | 18,852 | 16,640 | 14,830 | 14,047 |
| 44 | 49 | 18,478 | 16,352 | 14,606 | 13,848 |
| 45 | 50 | 18,100 | 16,060 | 14,377 | 13,644 |
| 46 | 51 | 17,719 | 15,763 | 14,142 | 13,436 |
| 47 | 52 | 17,332 | 15,460 | 13,902 | 13,221 |
| 48 | 53 | 16,943 | 15,153 | 13,657 | 13,001 |
| 49 | 54 | 16,552 | 14,842 | 13,408 | 12,777 |
| 50 | 55 | 16,155 | 14,525 | 13,152 | 12,547 |
| 51 | 56 | 15,755 | 14,203 | 12,892 | 12,311 |
| 52 | 57 | 15,353 | 13,878 | 12,627 | 12,071 |
| 53 | 58 | 14,948 | 13,549 | 12,357 | 11,826 |
| 54 | 59 | 14,539 | 13,214 | 12,081 | 11,575 |
| 55 | 60 | 14,125 | 12,873 | 11,797 | 11,316 |
| 56 | 61 | 13,710 | 12,529 | 11,511 | 11,053 |
| 57 | 62 | 13,292 | 12,181 | 11,218 | 10,785 |
| 58 | 63 | 12,864 | 11,821 | 10,914 | 10,504 |
| 59 | 64 | 12,437 | 11,460 | 10,607 | 10,221 |
| 60 | 65 | 11,999 | 11,087 | 10,288 | 9,925 |
| 61 | 66 | 11,560 | 10,711 | 9,964 | 9,624 |
| 62 | 67 | 11,116 | 10,329 | 9,633 | 9,314 |
| 63 | 68 | 10,674 | 9,946 | 9,298 | 9,002 |
| 64 | 69 | 10,231 | 9,558 | 8,959 | 8,683 |
| 65 | 70 | 9,784 | 9,166 | 8,613 | 8,358 |
| 66 | 71 | 9,343 | 8,776 | 8,267 | 8,032 |
| 67 | 72 | 8,901 | 8,384 | 7,918 | 7,701 |

**Tabelle II/16:**
(Fortsetzung)

| Alter Mann | Frau | 3% | 4% | 5% | 5,5% |
|---|---|---|---|---|---|
| 68 | 73 | 8,464 | 7,993 | 7,567 | 7,369 |
| 69 | 74 | 8,027 | 7,601 | 7,213 | 7,033 |
| 70 | 75 | 7,596 | 7,211 | 6,860 | 6,696 |
| 71 | 76 | 7,175 | 6,829 | 6,512 | 6,363 |
| 72 | 77 | 6,764 | 6,454 | 6,169 | 6,035 |
| 73 | 78 | 6,360 | 6,083 | 5,828 | 5,707 |
| 74 | 79 | 5,963 | 5,717 | 5,490 | 5,382 |
| 75 | 80 | 5,582 | 5,365 | 5,162 | 5,067 |
| 76 | 81 | 5,220 | 5,028 | 4,848 | 4,763 |
| 77 | 82 | 4,871 | 4,701 | 4,543 | 4,468 |
| 78 | 83 | 4,534 | 4,386 | 4,247 | 4,181 |
| 79 | 84 | 4,216 | 4,087 | 3,965 | 3,907 |
| 80 | 85 | 3,905 | 3,792 | 3,686 | 3,636 |
| 81 | 86 | 3,626 | 3,528 | 3,436 | 3,391 |
| 82 | 87 | 3,355 | 3,270 | 3,190 | 3,152 |
| 83 | 88 | 3,100 | 3,027 | 2,958 | 2,925 |
| 84 | 89 | 2,846 | 2,784 | 2,724 | 2,696 |
| 85 | 90 | 2,617 | 2,564 | 2,513 | 2,488 |

**Tabelle II/17:**

Verbindungsrente bis zum Tode des Zueststerbenden
Mann und Frau gleich alt

| Alter Mann | Frau | 3% | 4% | 5% | 5,5% |
|---|---|---|---|---|---|
| 20 | 20 | 26,195 | 21,814 | 18,551 | 17,226 |
| 21 | 21 | 25,988 | 21,684 | 18,468 | 17,159 |
| 22 | 22 | 25,773 | 21,549 | 18,380 | 17,088 |
| 23 | 23 | 25,553 | 21,408 | 18,289 | 17,014 |
| 24 | 24 | 25,325 | 21,261 | 18,192 | 16,935 |
| 25 | 25 | 25,090 | 21,108 | 18,090 | 16,851 |
| 26 | 26 | 24,848 | 20,949 | 17,984 | 16,763 |
| 27 | 27 | 24,599 | 20,785 | 17,873 | 16,671 |
| 28 | 28 | 24,343 | 20,613 | 17,755 | 16,574 |
| 29 | 29 | 24,079 | 20,434 | 17,633 | 16,471 |
| 30 | 30 | 23,808 | 20,250 | 17,504 | 16,363 |
| 31 | 31 | 23,529 | 20,058 | 17,370 | 16,250 |
| 32 | 32 | 23,244 | 19,860 | 17,230 | 16,132 |
| 33 | 33 | 22,950 | 19,655 | 17,084 | 16,008 |
| 34 | 34 | 22,650 | 19,443 | 16,932 | 15,878 |
| 35 | 35 | 22,341 | 19,224 | 16,773 | 15,742 |
| 36 | 36 | 22,025 | 18,998 | 16,608 | 15,600 |
| 37 | 37 | 21,703 | 18,765 | 16,437 | 15,452 |
| 38 | 38 | 21,372 | 18,524 | 16,259 | 15,298 |
| 39 | 39 | 21,035 | 18,276 | 16,074 | 15,137 |
| 40 | 40 | 20,693 | 18,023 | 15,884 | 14,972 |
| 41 | 41 | 20,344 | 17,764 | 15,688 | 14,800 |
| 42 | 42 | 19,989 | 17,498 | 15,485 | 14,622 |
| 43 | 43 | 19,630 | 17,226 | 15,278 | 14,440 |
| 44 | 44 | 19,267 | 16,951 | 15,065 | 14,253 |
| 45 | 45 | 18,899 | 16,669 | 14,847 | 14,059 |
| 46 | 46 | 18,528 | 16,384 | 14,625 | 13,862 |
| 47 | 47 | 18,152 | 16,093 | 14,397 | 13,660 |
| 48 | 48 | 17,774 | 15,799 | 14,165 | 13,453 |
| 49 | 49 | 17,393 | 15,500 | 13,929 | 13,242 |
| 50 | 50 | 17,009 | 15,197 | 13,687 | 13,026 |
| 51 | 51 | 16,620 | 14,889 | 13,441 | 12,804 |
| 52 | 52 | 16,230 | 14,578 | 13,190 | 12,579 |
| 53 | 53 | 15,837 | 14,263 | 12,935 | 12,348 |
| 54 | 54 | 15,439 | 13,942 | 12,673 | 12,111 |
| 55 | 55 | 15,038 | 13,616 | 12,407 | 11,869 |
| 56 | 56 | 14,636 | 13,287 | 12,136 | 11,622 |
| 57 | 57 | 14,229 | 12,953 | 11,859 | 11,369 |
| 58 | 58 | 13,814 | 12,609 | 11,572 | 11,107 |
| 59 | 59 | 13,403 | 12,267 | 11,285 | 10,844 |
| 60 | 60 | 12,983 | 11,915 | 10,988 | 10,570 |
| 61 | 61 | 12,564 | 11,562 | 10,689 | 10,294 |
| 62 | 62 | 12,142 | 11,204 | 10,384 | 10,012 |
| 63 | 63 | 11,719 | 10,843 | 10,074 | 9,724 |
| 64 | 64 | 11,292 | 10,477 | 9,758 | 9,430 |
| 65 | 65 | 10,855 | 10,099 | 9,429 | 9,123 |

**Tabelle II/17:**
(Fortsetzung)

| Alter Mann | Alter Frau | 3% | 4% | 5% | 5,5% |
|---|---|---|---|---|---|
| 66 | 66 | 10,421 | 9,722 | 9,099 | 8,814 |
| 67 | 67 | 9,984 | 9,339 | 8,763 | 8,498 |
| 68 | 68 | 9,546 | 8,953 | 8,422 | 8,177 |
| 69 | 69 | 9,108 | 8,565 | 8,077 | 7,851 |
| 70 | 70 | 8,673 | 8,177 | 7,730 | 7,522 |
| 71 | 71 | 8,245 | 7,794 | 7,386 | 7,195 |
| 72 | 72 | 7,825 | 7,416 | 7,044 | 6,870 |
| 73 | 73 | 7,413 | 7,043 | 6,705 | 6,547 |
| 74 | 74 | 7,001 | 6,669 | 6,364 | 6,221 |
| 75 | 75 | 6,604 | 6,306 | 6,031 | 5,902 |
| 76 | 76 | 6,220 | 5,953 | 5,707 | 5,591 |
| 77 | 77 | 5,847 | 5,609 | 5,389 | 5,285 |
| 78 | 78 | 5,482 | 5,271 | 5,075 | 4,982 |
| 79 | 79 | 5,127 | 4,941 | 4,768 | 4,685 |
| 80 | 80 | 4,778 | 4,615 | 4,462 | 4,389 |
| 81 | 81 | 4,447 | 4,304 | 4,169 | 4,105 |
| 82 | 82 | 4,129 | 4,004 | 3,887 | 3,831 |
| 83 | 83 | 3,827 | 3,719 | 3,617 | 3,567 |
| 84 | 84 | 3,547 | 3,453 | 3,363 | 3,321 |
| 85 | 85 | 3,282 | 3,200 | 3,123 | 3,086 |
| 86 | 86 | 3,056 | 2,985 | 2,917 | 2,885 |
| 87 | 87 | 2,834 | 2,772 | 2,714 | 2,686 |
| 88 | 88 | 2,622 | 2,569 | 2,519 | 2,494 |
| 89 | 89 | 2,391 | 2,346 | 2,304 | 2,283 |
| 90 | 90 | 2,182 | 2,145 | 2,109 | 2,091 |

**Tabelle II/18:**

Verbindungsrente bis zum Tode des Zuerststerbenden
Mann 5 Jahre älter als die Frau

| Alter Mann | Frau | 3% | 4% | 5% | 5,5% |
|---|---|---|---|---|---|
| 25 | 20 | 25,446 | 21,338 | 18,242 | 16,975 |
| 26 | 21 | 25,215 | 21,188 | 18,143 | 16,894 |
| 27 | 22 | 24,977 | 21,033 | 18,039 | 16,809 |
| 28 | 23 | 24,732 | 20,871 | 17,930 | 16,719 |
| 29 | 24 | 24,480 | 20,704 | 17,817 | 16,624 |
| 30 | 25 | 24,220 | 20,528 | 17,696 | 16,524 |
| 31 | 26 | 23,952 | 20,346 | 17,570 | 16,418 |
| 32 | 27 | 23,677 | 20,159 | 17,439 | 16,308 |
| 33 | 28 | 23,395 | 19,963 | 17,302 | 16,192 |
| 34 | 29 | 23,105 | 19,761 | 17,158 | 16,070 |
| 35 | 30 | 22,808 | 19,553 | 17,009 | 15,943 |
| 36 | 31 | 22,504 | 19,337 | 16,854 | 15,810 |
| 37 | 32 | 22,192 | 19,114 | 16,692 | 15,671 |
| 38 | 33 | 21,872 | 18,884 | 16,523 | 15,526 |
| 39 | 34 | 21,546 | 18,648 | 16,348 | 15,375 |
| 40 | 35 | 21,213 | 18,404 | 16,168 | 15,218 |
| 41 | 36 | 20,875 | 18,155 | 15,981 | 15,056 |
| 42 | 37 | 20,530 | 17,899 | 15,788 | 14,887 |
| 43 | 38 | 20,179 | 17,637 | 15,589 | 14,713 |
| 44 | 39 | 19,823 | 17,369 | 15,385 | 14,533 |
| 45 | 40 | 19,463 | 17,097 | 15,176 | 14,349 |
| 46 | 41 | 19,098 | 16,818 | 14,960 | 14,159 |
| 47 | 42 | 18,728 | 16,534 | 14,740 | 13,964 |
| 48 | 43 | 18,356 | 16,248 | 14,516 | 13,765 |
| 49 | 44 | 17,981 | 15,956 | 14,287 | 13,561 |
| 50 | 45 | 17,600 | 15,659 | 14,052 | 13,351 |
| 51 | 46 | 17,218 | 15,359 | 13,813 | 13,137 |
| 52 | 47 | 16,833 | 15,055 | 13,571 | 12,920 |
| 53 | 48 | 16,446 | 14,747 | 13,324 | 12,698 |
| 54 | 49 | 16,054 | 14,433 | 13,070 | 12,469 |
| 55 | 50 | 15,660 | 14,116 | 12,813 | 12,236 |
| 56 | 51 | 15,263 | 13,795 | 12,551 | 11,999 |
| 57 | 52 | 14,862 | 13,469 | 12,282 | 11,755 |
| 58 | 53 | 14,453 | 13,133 | 12,004 | 11,501 |
| 59 | 54 | 14,047 | 12,798 | 11,726 | 11,247 |
| 60 | 55 | 13,634 | 12,455 | 11,439 | 10,983 |
| 61 | 56 | 13,221 | 12,110 | 11,149 | 10,717 |
| 62 | 57 | 12,804 | 11,760 | 10,853 | 10,443 |
| 63 | 58 | 12,388 | 11,408 | 10,554 | 10,167 |
| 64 | 59 | 11,970 | 11,053 | 10,250 | 9,886 |
| 65 | 60 | 11,544 | 10,688 | 9,936 | 9,594 |
| 66 | 61 | 11,123 | 10,326 | 9,623 | 9,302 |
| 67 | 62 | 10,700 | 9,960 | 9,304 | 9,004 |
| 68 | 63 | 10,273 | 9,588 | 8,979 | 8,699 |
| 69 | 64 | 9,846 | 9,213 | 8,649 | 8,389 |
| 70 | 65 | 9,414 | 8,833 | 8,312 | 8,071 |

**Tabelle II/18:**
(Fortsetzung)

| Alter Mann | Frau | 3% | 4% | 5% | 5,5% |
|---|---|---|---|---|---|
| 71 | 66 | 8,990 | 8,456 | 7,977 | 7,755 |
| 72 | 67 | 8,569 | 8,082 | 7,641 | 7,437 |
| 73 | 68 | 8,154 | 7,709 | 7,307 | 7,119 |
| 74 | 69 | 7,739 | 7,335 | 6,969 | 6,797 |
| 71 | 66 | 8,990 | 8,456 | 7,977 | 7,755 |
| 75 | 70 | 7,337 | 6,972 | 6,639 | 6,483 |
| 76 | 71 | 6,947 | 6,617 | 6,315 | 6,173 |
| 77 | 72 | 6,566 | 6,269 | 5,996 | 5,868 |
| 78 | 73 | 6,193 | 5,927 | 5,682 | 5,566 |
| 79 | 74 | 5,827 | 5,590 | 5,370 | 5,267 |
| 80 | 75 | 5,464 | 5,254 | 5,058 | 4,965 |
| 81 | 76 | 5,115 | 4,929 | 4,755 | 4,672 |
| 82 | 77 | 4,779 | 4,614 | 4,461 | 4,388 |
| 83 | 78 | 4,456 | 4,311 | 4,176 | 4,111 |
| 84 | 79 | 4,149 | 4,023 | 3,904 | 3,847 |
| 85 | 80 | 3,860 | 3,749 | 3,645 | 3,595 |
| 86 | 81 | 3,598 | 3,502 | 3,410 | 3,366 |
| 87 | 82 | 3,344 | 3,260 | 3,180 | 3,142 |
| 88 | 83 | 3,099 | 3,026 | 2,957 | 2,924 |
| 89 | 84 | 2,847 | 2,785 | 2,726 | 2,697 |
| 90 | 85 | 2,611 | 2,558 | 2,507 | 2,483 |

**Tabelle II/19:**

Verbindungsrente bis zum Tode des Zuerststerbenden
Mann 10 Jahre älter als die Frau

| Alter Mann | Alter Frau | 3% | 4% | 5% | 5,5% |
|---|---|---|---|---|---|
| 30 | 20 | 24,483 | 20,704 | 17,816 | 16,623 |
| 31 | 21 | 24,223 | 20,529 | 17,695 | 16,523 |
| 32 | 22 | 23,956 | 20,348 | 17,571 | 16,418 |
| 33 | 23 | 23,683 | 20,161 | 17,440 | 16,308 |
| 34 | 24 | 23,402 | 19,967 | 17,304 | 16,193 |
| 35 | 25 | 23,112 | 19,765 | 17,161 | 16,072 |
| 36 | 26 | 22,815 | 19,557 | 17,011 | 15,945 |
| 37 | 27 | 22,511 | 19,341 | 16,856 | 15,812 |
| 38 | 28 | 22,199 | 19,119 | 16,694 | 15,673 |
| 39 | 29 | 21,880 | 18,889 | 16,525 | 15,528 |
| 40 | 30 | 21,556 | 18,654 | 16,352 | 15,378 |
| 41 | 31 | 21,225 | 18,412 | 16,173 | 15,222 |
| 42 | 32 | 20,887 | 18,163 | 15,987 | 15,060 |
| 43 | 33 | 20,543 | 17,908 | 15,794 | 14,893 |
| 44 | 34 | 20,195 | 17,648 | 15,598 | 14,720 |
| 45 | 35 | 19,841 | 17,383 | 15,395 | 14,542 |
| 46 | 36 | 19,482 | 17,111 | 15,187 | 14,359 |
| 47 | 37 | 19,118 | 16,834 | 14,973 | 14,170 |
| 48 | 38 | 18,751 | 16,552 | 14,754 | 13,976 |
| 49 | 39 | 18,379 | 16,266 | 14,530 | 13,778 |
| 50 | 40 | 18,004 | 15,975 | 14,302 | 13,574 |
| 51 | 41 | 17,623 | 15,677 | 14,066 | 13,364 |
| 52 | 42 | 17,240 | 15,376 | 13,828 | 13,151 |
| 53 | 43 | 16,855 | 15,072 | 13,585 | 12,933 |
| 54 | 44 | 16,465 | 14,762 | 13,335 | 12,708 |
| 55 | 45 | 16,071 | 14,447 | 13,081 | 12,479 |
| 56 | 46 | 15,676 | 14,129 | 12,822 | 12,245 |
| 57 | 47 | 15,277 | 13,805 | 12,558 | 12,005 |
| 58 | 48 | 14,869 | 13,472 | 12,284 | 11,756 |
| 59 | 49 | 14,464 | 13,140 | 12,009 | 11,505 |
| 60 | 50 | 14,053 | 12,801 | 11,727 | 11,247 |
| 61 | 51 | 13,641 | 12,459 | 11,441 | 10,985 |
| 62 | 52 | 13,225 | 12,111 | 11,148 | 10,715 |
| 63 | 53 | 12,810 | 11,762 | 10,853 | 10,443 |
| 64 | 54 | 12,393 | 11,409 | 10,553 | 10,165 |
| 65 | 55 | 11,968 | 11,048 | 10,243 | 9,878 |
| 66 | 56 | 11,548 | 10,688 | 9,933 | 9,590 |
| 67 | 57 | 11,124 | 10,323 | 9,617 | 9,296 |
| 68 | 58 | 10,699 | 9,955 | 9,297 | 8,996 |
| 69 | 59 | 10,275 | 9,585 | 8,973 | 8,692 |
| 70 | 60 | 9,848 | 9,212 | 8,644 | 8,383 |
| 71 | 61 | 9,430 | 8,843 | 8,318 | 8,076 |
| 72 | 62 | 9,018 | 8,479 | 7,994 | 7,770 |
| 73 | 63 | 8,609 | 8,114 | 7,668 | 7,462 |
| 74 | 64 | 8,199 | 7,748 | 7,339 | 7,149 |
| 75 | 65 | 7,799 | 7,388 | 7,014 | 6,840 |

**Tabelle II/19:**
(Fortsetzung)

| Alter Mann | Alter Frau | 3% | 4% | 5% | 5,5% |
|---|---|---|---|---|---|
| 76 | 66 | 7,409 | 7,035 | 6,694 | 6,535 |
| 77 | 67 | 7,025 | 6,687 | 6,378 | 6,233 |
| 78 | 68 | 6,649 | 6,343 | 6,063 | 5,932 |
| 79 | 69 | 6,279 | 6,005 | 5,752 | 5,633 |
| 80 | 70 | 5,911 | 5,666 | 5,439 | 5,332 |
| 81 | 71 | 5,555 | 5,336 | 5,133 | 5,038 |
| 82 | 72 | 5,211 | 5,017 | 4,836 | 4,750 |
| 83 | 73 | 4,882 | 4,710 | 4,549 | 4,473 |
| 84 | 74 | 4,568 | 4,416 | 4,273 | 4,205 |
| 85 | 75 | 4,271 | 4,137 | 4,010 | 3,950 |
| 86 | 76 | 4,000 | 3,881 | 3,770 | 3,716 |
| 87 | 77 | 3,735 | 3,631 | 3,533 | 3,486 |
| 88 | 78 | 3,477 | 3,386 | 3,300 | 3,259 |
| 89 | 79 | 3,206 | 3,127 | 3,053 | 3,018 |
| 90 | 80 | 2,953 | 2,885 | 2,821 | 2,790 |

**Tabelle III/20:**

Waisen (männlich)
temporäre Leibrente bis zum 18. Lebensjahr

| Alter | 3% | 4% | 5% | 5,5% |
|---|---|---|---|---|
| 1 | 13,361 | 12,411 | 11,561 | 11,170 |
| 2 | 12,751 | 11,890 | 11,116 | 10,759 |
| 3 | 12,119 | 11,347 | 10,648 | 10,323 |
| 4 | 11,469 | 10,781 | 10,155 | 9,863 |
| 5 | 10,799 | 10,192 | 9,638 | 9,378 |
| 6 | 10,108 | 9,580 | 9,094 | 8,866 |
| 7 | 9,396 | 8,943 | 8,523 | 8,325 |
| 8 | 8,663 | 8,280 | 7,923 | 7,754 |
| 9 | 7,907 | 7,591 | 7,294 | 7,152 |
| 10 | 7,129 | 6,874 | 6,633 | 6,517 |
| 11 | 6,328 | 6,128 | 5,938 | 5,847 |
| 12 | 5,502 | 5,352 | 5,209 | 5,140 |
| 13 | 4,651 | 4,545 | 4,443 | 4,394 |
| 14 | 3,775 | 3,706 | 3,639 | 3,606 |
| 15 | 2,873 | 2,833 | 2,795 | 2,776 |
| 16 | 1,944 | 1,926 | 1,908 | 1,900 |
| 17 | 0,986 | 0,982 | 0,978 | 0,975 |

**Tabelle III/21:**

Waisen (männlich)
temporäre Leibrente bis zum 21. Lebensjahr

| Alter | 3% | 4% | 5% | 5,5% |
|---|---|---|---|---|
| 1 | 15,094 | 13,860 | 12,776 | 12,283 |
| 2 | 14,536 | 13,398 | 12,393 | 11,934 |
| 3 | 13,958 | 12,915 | 11,988 | 11,563 |
| 4 | 13,363 | 12,413 | 11,563 | 11,172 |
| 5 | 12,750 | 11,890 | 11,116 | 10,758 |
| 6 | 12,118 | 11,345 | 10,647 | 10,322 |
| 7 | 11,467 | 10,779 | 10,153 | 9,862 |
| 8 | 10,796 | 10,190 | 9,636 | 9,376 |
| 9 | 10,105 | 9,577 | 9,092 | 8,863 |
| 10 | 9,393 | 8,940 | 8,520 | 8,322 |
| 11 | 8,659 | 8,277 | 7,920 | 7,751 |
| 12 | 7,904 | 7,587 | 7,291 | 7,149 |
| 13 | 7,126 | 6,870 | 6,629 | 6,514 |
| 14 | 6,324 | 6,124 | 5,935 | 5,844 |
| 15 | 5,499 | 5,349 | 5,206 | 5,137 |
| 16 | 4,649 | 4,542 | 4,440 | 4,391 |
| 17 | 3,773 | 3,704 | 3,637 | 3,604 |
| 18 | 2,872 | 2,832 | 2,793 | 2,775 |
| 19 | 1,943 | 1,925 | 1,908 | 1,899 |
| 20 | 0,986 | 0,982 | 0,978 | 0,975 |

## Tabelle III/22:

Waisen (männlich)
temporäre Leibrente bis zum 23. Lebensjahr

| Alter | 3% | 4% | 5% | 5,5% |
|---|---|---|---|---|
| 1 | 16,164 | 14,735 | 13,492 | 12,931 |
| 2 | 15,639 | 14,308 | 13,145 | 12,618 |
| 3 | 15,095 | 13,862 | 12,778 | 12,284 |
| 4 | 14,534 | 13,397 | 12,392 | 11,933 |
| 5 | 13,956 | 12,914 | 11,987 | 11,562 |
| 6 | 13,361 | 12,411 | 11,561 | 11,170 |
| 7 | 12,747 | 11,887 | 11,114 | 10,756 |
| 8 | 12,114 | 11,342 | 10,644 | 10,320 |
| 9 | 11,463 | 10,776 | 10,150 | 9,859 |
| 10 | 10,792 | 10,186 | 9,632 | 9,373 |
| 11 | 10,100 | 9,573 | 9,088 | 8,860 |
| 12 | 9,388 | 8,936 | 8,517 | 8,319 |
| 13 | 8,655 | 8,273 | 7,917 | 7,748 |
| 14 | 7,900 | 7,583 | 7,287 | 7,146 |
| 15 | 7,122 | 6,866 | 6,626 | 6,510 |
| 16 | 6,321 | 6,121 | 5,932 | 5,841 |
| 17 | 5,496 | 5,346 | 5,203 | 5,134 |
| 18 | 4,647 | 4,540 | 4,439 | 4,389 |
| 19 | 3,772 | 3,703 | 3,636 | 3,604 |
| 20 | 2,872 | 2,832 | 2,793 | 2,775 |
| 21 | 1,943 | 1,925 | 1,908 | 1,899 |
| 22 | 0,986 | 0,982 | 0,978 | 0,975 |

## Tabelle III/23:

Waisen (männlich)
temporäre Leibrente bis zum 25. Lebensjahr

| Alter | 3% | 4% | 5% | 5,5% |
|---|---|---|---|---|
| 1 | 17,172 | 15,542 | 14,140 | 13,512 |
| 2 | 16,678 | 15,148 | 13,826 | 13,231 |
| 3 | 16,165 | 14,736 | 13,493 | 12,932 |
| 4 | 15,636 | 14,306 | 13,143 | 12,616 |
| 5 | 15,092 | 13,859 | 12,775 | 12,283 |
| 6 | 14,530 | 13,394 | 12,389 | 11,930 |
| 7 | 13,952 | 12,910 | 11,983 | 11,559 |
| 8 | 13,356 | 12,406 | 11,557 | 11,166 |
| 9 | 12,742 | 11,882 | 11,110 | 10,752 |
| 10 | 12,109 | 11,337 | 10,639 | 10,315 |
| 11 | 11,457 | 10,770 | 10,146 | 9,854 |
| 12 | 10,786 | 10,181 | 9,627 | 9,368 |
| 13 | 10,095 | 9,568 | 9,083 | 8,855 |
| 14 | 9,383 | 8,930 | 8,512 | 8,314 |
| 15 | 8,649 | 8,268 | 7,912 | 7,743 |
| 16 | 7,895 | 7,579 | 7,282 | 7,141 |
| 17 | 7,118 | 6,863 | 6,622 | 6,507 |
| 18 | 6,318 | 6,118 | 5,929 | 5,838 |
| 19 | 5,495 | 5,345 | 5,202 | 5,133 |
| 20 | 4,647 | 4,540 | 4,438 | 4,389 |
| 21 | 3,772 | 3,703 | 3,636 | 3,604 |
| 22 | 2,872 | 2,832 | 2,793 | 2,775 |
| 23 | 1,943 | 1,925 | 1,908 | 1,899 |
| 24 | 0,986 | 0,982 | 0,978 | 0,975 |

## Tabelle III/24:

Waisen (männlich)
temporäre Leibrente bis zum 27. Lebensjahr

| Alter | 3% | 4% | 5% | 5,5% |
|---|---|---|---|---|
| 1 | 18,121 | 16,288 | 14,727 | 14,034 |
| 2 | 17,656 | 15,924 | 14,443 | 13,782 |
| 3 | 17,172 | 15,543 | 14,141 | 13,513 |
| 4 | 16,674 | 15,146 | 13,823 | 13,229 |
| 5 | 16,161 | 14,732 | 13,490 | 12,929 |
| 6 | 15,632 | 14,302 | 13,140 | 12,613 |
| 7 | 15,086 | 13,855 | 12,771 | 12,279 |
| 8 | 14,524 | 13,389 | 12,385 | 11,926 |
| 9 | 13,945 | 12,904 | 11,978 | 11,554 |
| 10 | 13,349 | 12,400 | 11,552 | 11,161 |
| 11 | 12,735 | 11,876 | 11,104 | 10,747 |
| 12 | 12,102 | 11,331 | 10,633 | 10,310 |
| 13 | 11,450 | 10,764 | 10,140 | 9,849 |
| 14 | 10,779 | 10,174 | 9,621 | 9,362 |
| 15 | 10,088 | 9,562 | 9,077 | 8,849 |
| 16 | 9,376 | 8,925 | 8,506 | 8,309 |
| 17 | 8,645 | 8,263 | 7,907 | 7,739 |
| 18 | 7,891 | 7,575 | 7,279 | 7,138 |
| 19 | 7,116 | 6,861 | 6,620 | 6,505 |
| 20 | 6,318 | 6,118 | 5,929 | 5,838 |
| 21 | 5,495 | 5,345 | 5,202 | 5,133 |
| 22 | 4,647 | 4,541 | 4,439 | 4,389 |
| 23 | 3,773 | 3,703 | 3,636 | 3,604 |
| 24 | 2,872 | 2,832 | 2,793 | 2,775 |
| 25 | 1,943 | 1,925 | 1,908 | 1,899 |
| 26 | 0,986 | 0,982 | 0,977 | 0,975 |

**Tabelle III/25:**

Waisen (weiblich)
temporäre Leibrente bis zum 18. Lebensjahr

| Alter | 3% | 4% | 5% | 5,5% |
|---|---|---|---|---|
| 1 | 13,365 | 12,414 | 11,564 | 11,172 |
| 2 | 12,753 | 11,893 | 11,119 | 10,761 |
| 3 | 12,122 | 11,349 | 10,650 | 10,325 |
| 4 | 11,471 | 10,783 | 10,157 | 9,865 |
| 5 | 10,800 | 10,194 | 9,639 | 9,380 |
| 6 | 10,109 | 9,581 | 9,095 | 8,867 |
| 7 | 9,397 | 8,944 | 8,524 | 8,326 |
| 8 | 8,664 | 8,281 | 7,925 | 7,755 |
| 9 | 7,908 | 7,592 | 7,295 | 7,153 |
| 10 | 7,130 | 6,874 | 6,633 | 6,518 |
| 11 | 6,328 | 6,128 | 5,939 | 5,847 |
| 12 | 5,503 | 5,353 | 5,209 | 5,140 |
| 13 | 4,652 | 4,546 | 4,444 | 4,394 |
| 14 | 3,776 | 3,707 | 3,640 | 3,607 |
| 15 | 2,874 | 2,834 | 2,795 | 2,776 |
| 16 | 1,944 | 1,926 | 1,909 | 1,900 |
| 17 | 0,986 | 0,982 | 0,978 | 0,976 |

**Tabelle III/26:**

Waisen (weiblich)
temporäre Leibrente bis zum 21. Lebensjahr

| Alter | 3% | 4% | 5% | 5,5% |
|---|---|---|---|---|
| 1 | 15,099 | 13,866 | 12,781 | 12,287 |
| 2 | 14,541 | 13,403 | 12,397 | 11,937 |
| 3 | 13,963 | 12,920 | 11,992 | 11,567 |
| 4 | 13,368 | 12,417 | 11,567 | 11,175 |
| 5 | 12,754 | 11,894 | 11,120 | 10,762 |
| 6 | 12,122 | 11,349 | 10,650 | 10,325 |
| 7 | 11,471 | 10,783 | 10,157 | 9,865 |
| 8 | 10,799 | 10,193 | 9,639 | 9,379 |
| 9 | 10,108 | 9,580 | 9,094 | 8,866 |
| 10 | 9,396 | 8,943 | 8,523 | 8,325 |
| 11 | 8,662 | 8,280 | 7,923 | 7,754 |
| 12 | 7,907 | 7,590 | 7,293 | 7,152 |
| 13 | 7,129 | 6,873 | 6,632 | 6,517 |
| 14 | 6,327 | 6,127 | 5,938 | 5,846 |
| 15 | 5,502 | 5,352 | 5,209 | 5,139 |
| 16 | 4,651 | 4,545 | 4,443 | 4,394 |
| 17 | 3,775 | 3,706 | 3,639 | 3,606 |
| 18 | 2,873 | 2,834 | 2,795 | 2,776 |
| 19 | 1,944 | 1,926 | 1,909 | 1,900 |
| 20 | 0,986 | 0,982 | 0,978 | 0,976 |

**Tabelle III/27:**

Waisen (weiblich)
temporäre Leibrente bis zum 23. Lebensjahr

| Alter | 3% | 4% | 5% | 5,5% |
|---|---|---|---|---|
| 1 | 16,173 | 14,742 | 13,498 | 12,937 |
| 2 | 15,647 | 14,315 | 13,150 | 12,623 |
| 3 | 15,103 | 13,869 | 12,783 | 12,290 |
| 4 | 14,542 | 13,404 | 12,398 | 11,938 |
| 5 | 13,963 | 12,920 | 11,992 | 11,567 |
| 6 | 13,367 | 12,416 | 11,566 | 11,175 |
| 7 | 12,753 | 11,893 | 11,119 | 10,761 |
| 8 | 12,121 | 11,348 | 10,649 | 10,324 |
| 9 | 11,469 | 10,781 | 10,155 | 9,864 |
| 10 | 10,798 | 10,192 | 9,637 | 9,378 |
| 11 | 10,107 | 9,579 | 9,093 | 8,865 |
| 12 | 9,395 | 8,941 | 8,522 | 8,324 |
| 13 | 8,661 | 8,278 | 7,922 | 7,753 |
| 14 | 7,906 | 7,589 | 7,292 | 7,151 |
| 15 | 7,128 | 6,872 | 6,631 | 6,516 |
| 16 | 6,326 | 6,127 | 5,937 | 5,846 |
| 17 | 5,501 | 5,351 | 5,208 | 5,139 |
| 18 | 4,651 | 4,545 | 4,443 | 4,393 |
| 19 | 3,775 | 3,706 | 3,639 | 3,606 |
| 20 | 2,873 | 2,834 | 2,795 | 2,776 |
| 21 | 1,944 | 1,926 | 1,909 | 1,900 |
| 22 | 0,986 | 0,982 | 0,978 | 0,976 |

## Tabelle III/28:

Waisen (weiblich)
temporäre Leibrente bis zum 25. Lebensjahr

| Alter | 3% | 4% | 5% | 5,5% |
|---|---|---|---|---|
| 1 | 17,184 | 15,552 | 14,148 | 13,520 |
| 2 | 16,688 | 15,157 | 13,833 | 13,238 |
| 3 | 16,176 | 14,745 | 13,501 | 12,939 |
| 4 | 15,647 | 14,315 | 13,151 | 12,623 |
| 5 | 15,102 | 13,868 | 12,783 | 12,290 |
| 6 | 14,540 | 13,403 | 12,397 | 11,937 |
| 7 | 13,962 | 12,919 | 11,991 | 11,566 |
| 8 | 13,366 | 12,415 | 11,565 | 11,174 |
| 9 | 12,751 | 11,891 | 11,117 | 10,760 |
| 10 | 12,119 | 11,346 | 10,647 | 10,323 |
| 11 | 11,467 | 10,779 | 10,154 | 9,862 |
| 12 | 10,796 | 10,190 | 9,636 | 9,376 |
| 13 | 10,105 | 9,577 | 9,092 | 8,863 |
| 14 | 9,393 | 8,940 | 8,520 | 8,322 |
| 15 | 8,660 | 8,277 | 7,921 | 7,752 |
| 16 | 7,905 | 7,588 | 7,291 | 7,150 |
| 17 | 7,127 | 6,871 | 6,630 | 6,515 |
| 18 | 6,326 | 6,126 | 5,936 | 5,845 |
| 19 | 5,501 | 5,351 | 5,208 | 5,139 |
| 20 | 4,651 | 4,545 | 4,443 | 4,393 |
| 21 | 3,775 | 3,706 | 3,639 | 3,606 |
| 22 | 2,873 | 2,834 | 2,795 | 2,776 |
| 23 | 1,944 | 1,926 | 1,909 | 1,900 |
| 24 | 0,986 | 0,982 | 0,978 | 0,976 |

**Tabelle III/29:**

Waisen (weiblich)
temporäre Leibrente bis zum 27. Lebensjahr

| Alter | 3% | 4% | 5% | 5,5% |
|---|---|---|---|---|
| 1 | 18,137 | 16,301 | 14,738 | 14,044 |
| 2 | 17,670 | 15,936 | 14,453 | 13,791 |
| 3 | 17,187 | 15,555 | 14,151 | 13,523 |
| 4 | 16,689 | 15,158 | 13,834 | 13,239 |
| 5 | 16,175 | 14,745 | 13,500 | 12,939 |
| 6 | 15,646 | 14,314 | 13,150 | 12,622 |
| 7 | 15,100 | 13,867 | 12,782 | 12,289 |
| 8 | 14,539 | 13,401 | 12,395 | 11,936 |
| 9 | 13,960 | 12,917 | 11,989 | 11,564 |
| 10 | 13,363 | 12,413 | 11,563 | 11,172 |
| 11 | 12,749 | 11,889 | 11,115 | 10,758 |
| 12 | 12,117 | 11,344 | 10,645 | 10,321 |
| 13 | 11,465 | 10,777 | 10,152 | 9,860 |
| 14 | 10,794 | 10,188 | 9,634 | 9,374 |
| 15 | 10,103 | 9,576 | 9,090 | 8,862 |
| 16 | 9,392 | 8,939 | 8,519 | 8,321 |
| 17 | 8,658 | 8,276 | 7,920 | 7,751 |
| 18 | 7,904 | 7,587 | 7,290 | 7,149 |
| 19 | 7,126 | 6,871 | 6,630 | 6,515 |
| 20 | 6,326 | 6,126 | 5,936 | 5,845 |
| 21 | 5,501 | 5,351 | 5,208 | 5,139 |
| 22 | 4,651 | 4,545 | 4,443 | 4,393 |
| 23 | 3,775 | 3,706 | 3,639 | 3,606 |
| 24 | 2,873 | 2,834 | 2,795 | 2,776 |
| 25 | 1,944 | 1,926 | 1,909 | 1,900 |
| 26 | 0,986 | 0,982 | 0,978 | 0,976 |

**Tabelle IV:**

**Sterbetafel 2005/2007**
(Quelle: Statistisches Bundesamt, www.destatis.de)

| vollendetes Alter | Überlebende im Alter ... | | durchschnittliche Lebenserwartung | |
|---|---|---|---|---|
| | Männer | Frauen | Männer | Frauen |
| 0 | 100.000 | 100.000 | 76,89 | 82,25 |
| 1 | 99.573 | 99.654 | 76,22 | 81,54 |
| 2 | 99.537 | 99.625 | 75,25 | 80,56 |
| 3 | 99.519 | 99.607 | 74,27 | 79,58 |
| 4 | 99.502 | 99.594 | 73,28 | 78,59 |
| 5 | 99.487 | 99.583 | 72,29 | 77,59 |
| 6 | 99.474 | 99.574 | 71,30 | 76,60 |
| 7 | 99.463 | 99.565 | 70,31 | 75,61 |
| 8 | 99.453 | 99.557 | 69,31 | 74,61 |
| 9 | 99.442 | 99.550 | 68,32 | 73,62 |
| 10 | 99.432 | 99.543 | 67,33 | 72,62 |
| 11 | 99.424 | 99.535 | 66,33 | 71,63 |
| 12 | 99.414 | 99.526 | 65,34 | 70,64 |
| 13 | 99.401 | 99.518 | 64,35 | 69,64 |
| 14 | 99.389 | 99.507 | 63,36 | 68,65 |
| 15 | 99.374 | 99.494 | 62,36 | 67,66 |
| 16 | 99.355 | 99.480 | 61,38 | 66,67 |
| 17 | 99.323 | 99.466 | 60,40 | 65,68 |
| 18 | 99.287 | 99.448 | 59,42 | 64,69 |
| 19 | 99.227 | 99.424 | 58,45 | 63,71 |
| 20 | 99.166 | 99.400 | 57,49 | 62,72 |
| 21 | 99.103 | 99.378 | 56,53 | 61,73 |
| 22 | 99.041 | 99.357 | 55,56 | 60,75 |
| 23 | 98.980 | 99.333 | 54,59 | 59,76 |
| 24 | 98.920 | 99.308 | 53,63 | 58,78 |
| 25 | 98.860 | 99.287 | 52,66 | 57,79 |
| 26 | 98.799 | 99.264 | 51,69 | 56,80 |
| 27 | 98.734 | 99.241 | 50,73 | 55,82 |
| 28 | 98.672 | 99.217 | 49,76 | 54,83 |
| 29 | 98.609 | 99.193 | 48,79 | 53,84 |
| 30 | 98.546 | 99.164 | 47,82 | 52,86 |
| 31 | 98.482 | 99.133 | 46,85 | 51,87 |
| 32 | 98.410 | 99.101 | 45,88 | 50,89 |
| 33 | 98.338 | 99.066 | 44,92 | 49,91 |
| 34 | 98.261 | 99.027 | 43,95 | 48,93 |
| 35 | 98.179 | 98.988 | 42,99 | 47,95 |
| 36 | 98.092 | 98.942 | 42,03 | 46,97 |
| 37 | 97.998 | 98.891 | 41,07 | 45,99 |
| 38 | 97.898 | 98.836 | 40,11 | 45,02 |
| 39 | 97.785 | 98.778 | 39,15 | 44,04 |
| 40 | 97.657 | 98.706 | 38,20 | 43,08 |
| 41 | 97.512 | 98.630 | 37,26 | 42,11 |
| 42 | 97.355 | 98.544 | 36,32 | 41,15 |
| 43 | 97.178 | 98.441 | 35,38 | 40,19 |
| 44 | 96.973 | 98.329 | 34,46 | 39,23 |

| 45 | 96.742 | 98.210 | 33,54 | 38,28 |

| vollendetes Alter | Überlebende im Alter ... | | durchschnittliche Lebenserwartung | |
|---|---|---|---|---|
| | Männer | Frauen | Männer | Frauen |
| 46 | 96.487 | 98.064 | 32,63 | 37,34 |
| 47 | 96.202 | 97.906 | 31,72 | 36,40 |
| 48 | 95.880 | 97.730 | 30,83 | 35,46 |
| 49 | 95.520 | 97.540 | 29,94 | 34,53 |
| 50 | 95.126 | 97.329 | 29,06 | 33,60 |
| 51 | 94.699 | 97.094 | 28,19 | 32,68 |
| 52 | 94.220 | 96.845 | 27,33 | 31,76 |
| 53 | 93.698 | 96.572 | 26,48 | 30,85 |
| 54 | 93.140 | 96.276 | 25,64 | 29,95 |
| 55 | 92.527 | 95.962 | 24,80 | 29,04 |
| 56 | 91.869 | 95.611 | 23,98 | 28,15 |
| 57 | 91.160 | 95.237 | 23,16 | 27,26 |
| 58 | 90.431 | 94.831 | 22,34 | 26,37 |
| 59 | 89.605 | 94.391 | 21,54 | 25,49 |
| 60 | 88.741 | 93.937 | 20,75 | 24,61 |
| 61 | 87.802 | 93.425 | 19,97 | 23,74 |
| 62 | 86.803 | 92.871 | 19,19 | 22,88 |
| 63 | 85.709 | 92.292 | 18,43 | 22,02 |
| 64 | 84.538 | 91.678 | 17,68 | 21,17 |
| 65 | 83.316 | 91.046 | 16,93 | 20,31 |
| 66 | 81.973 | 90.357 | 16,20 | 19,46 |
| 67 | 80.548 | 89.615 | 15,48 | 18,62 |
| 68 | 79.025 | 88.797 | 14,76 | 17,79 |
| 69 | 77.393 | 87.906 | 14,07 | 16,96 |
| 70 | 75.644 | 86.908 | 13,38 | 16,15 |
| 71 | 73.732 | 85.802 | 12,71 | 15,35 |
| 72 | 71.659 | 84.571 | 12,07 | 14,57 |
| 73 | 69.437 | 83.192 | 11,44 | 13,80 |
| 74 | 67.091 | 81.689 | 10,82 | 13,05 |
| 75 | 64.532 | 80.014 | 10,23 | 12,31 |
| 76 | 61.790 | 78.142 | 9,66 | 11,59 |
| 77 | 58.885 | 76.063 | 9,11 | 10,89 |
| 78 | 55.847 | 73.791 | 8,58 | 10,21 |
| 79 | 52.671 | 71.278 | 8,07 | 9,56 |
| 80 | 49.433 | 68.509 | 7,56 | 8,92 |
| 81 | 46.056 | 65.430 | 7,08 | 8,32 |
| 82 | 42.563 | 62.089 | 6,62 | 7,74 |
| 83 | 38.970 | 58.479 | 6,19 | 7,19 |
| 84 | 35.307 | 54.557 | 5,78 | 6,67 |
| 85 | 31.615 | 50.436 | 5,39 | 6,17 |
| 86 | 27.899 | 45.924 | 5,04 | 5,73 |
| 87 | 24.349 | 41.412 | 4,70 | 5,30 |
| 88 | 20.986 | 36.844 | 4,38 | 4,89 |
| 89 | 17.933 | 32.443 | 4,04 | 4,49 |
| 90 | 15.015 | 27.973 | 3,73 | 4,13 |

*Tabelle IV*

**Tabelle V:**

**Zeitrente**

Zahlungsweise: monatlich-vorschüssig

| Dauer (Jahre) | 4% | 5% | 5,50% | 6% |
|---|---|---|---|---|
| 1 | 0,982 | 0,978 | 0,976 | 0,974 |
| 2 | 1,927 | 1,909 | 1,901 | 1,892 |
| 3 | 2,835 | 2,796 | 2,778 | 2,759 |
| 4 | 3,708 | 3,641 | 3,609 | 3,577 |
| 5 | 4,548 | 4,446 | 4,396 | 4,348 |
| 6 | 5,355 | 5,212 | 5,143 | 5,076 |
| 7 | 6,131 | 5,942 | 5,851 | 5,762 |
| 8 | 6,878 | 6,637 | 6,522 | 6,410 |
| 9 | 7,595 | 7,299 | 7,158 | 7,021 |
| 10 | 8,286 | 7,929 | 7,760 | 7,597 |
| 11 | 8,949 | 8,530 | 8,332 | 8,141 |
| 12 | 9,587 | 9,102 | 8,873 | 8,654 |
| 13 | 10,201 | 9,646 | 9,386 | 9,138 |
| 14 | 10,791 | 10,165 | 9,873 | 9,594 |
| 15 | 11,358 | 10,659 | 10,334 | 10,025 |
| 16 | 11,903 | 11,129 | 10,771 | 10,431 |
| 17 | 12,428 | 11,577 | 11,186 | 10,815 |
| 18 | 12,932 | 12,004 | 11,578 | 11,176 |
| 19 | 13,417 | 12,410 | 11,951 | 11,518 |
| 20 | 13,883 | 12,797 | 12,303 | 11,839 |
| 21 | 14,331 | 13,166 | 12,638 | 12,143 |
| 22 | 14,762 | 13,517 | 12,955 | 12,429 |
| 23 | 15,177 | 13,851 | 13,255 | 12,700 |
| 24 | 15,575 | 14,170 | 13,540 | 12,955 |
| 25 | 15,959 | 14,473 | 13,810 | 13,195 |
| 26 | 16,327 | 14,762 | 14,066 | 13,422 |
| 27 | 16,681 | 15,037 | 14,309 | 13,636 |
| 28 | 17,022 | 15,299 | 14,539 | 13,838 |
| 29 | 17,349 | 15,548 | 14,757 | 14,028 |
| 30 | 17,664 | 15,786 | 14,963 | 14,208 |
| 31 | 17,967 | 16,012 | 15,159 | 14,378 |
| 32 | 18,258 | 16,227 | 15,345 | 14,538 |
| 33 | 18,538 | 16,433 | 15,521 | 14,689 |
| 34 | 18,808 | 16,628 | 15,687 | 14,831 |
| 35 | 19,067 | 16,814 | 15,845 | 14,965 |
| 36 | 19,316 | 16,992 | 15,995 | 15,092 |
| 37 | 19,555 | 17,161 | 16,137 | 15,211 |
| 38 | 19,785 | 17,321 | 16,272 | 15,324 |
| 39 | 20,006 | 17,474 | 16,399 | 15,431 |
| 40 | 20,219 | 17,620 | 16,520 | 15,531 |
| 41 | 20,424 | 17,759 | 16,635 | 15,626 |
| 42 | 20,620 | 17,892 | 16,744 | 15,715 |
| 43 | 20,810 | 18,018 | 16,847 | 15,799 |
| 44 | 20,991 | 18,138 | 16,944 | 15,879 |
| 45 | 21,166 | 18,252 | 17,037 | 15,954 |
| 46 | 21,334 | 18,361 | 17,124 | 16,024 |
| 47 | 21,496 | 18,464 | 17,208 | 16,091 |

## Tabelle V (Fortsetzung):

Zahlungsweise: monatlich-vorschüssig

| Dauer (Jahre) | 4% | 5% | 5,50% | 6% |
|---|---|---|---|---|
| 48 | 21,652 | 18,563 | 17,286 | 16,154 |
| 49 | 21,801 | 18,657 | 17,361 | 16,214 |
| 50 | 21,945 | 18,747 | 17,432 | 16,270 |
| 51 | 22,083 | 18,832 | 17,499 | 16,322 |
| 52 | 22,216 | 18,913 | 17,563 | 16,372 |
| 53 | 22,344 | 18,991 | 17,623 | 16,419 |
| 54 | 22,467 | 19,064 | 17,680 | 16,464 |
| 55 | 22,585 | 19,134 | 17,734 | 16,506 |
| 56 | 22,698 | 19,201 | 17,785 | 16,545 |
| 57 | 22,808 | 19,265 | 17,834 | 16,582 |
| 58 | 22,913 | 19,325 | 17,880 | 16,618 |
| 59 | 23,014 | 19,383 | 17,924 | 16,651 |
| 60 | 23,111 | 19,438 | 17,965 | 16,682 |
| 61 | 23,204 | 19,490 | 18,005 | 16,712 |
| 62 | 23,294 | 19,540 | 18,042 | 16,739 |
| 63 | 23,380 | 19,588 | 18,077 | 16,766 |
| 64 | 23,463 | 19,633 | 18,111 | 16,790 |
| 65 | 23,543 | 19,676 | 18,142 | 16,814 |
| 66 | 23,620 | 19,717 | 18,173 | 16,836 |
| 67 | 23,694 | 19,756 | 18,201 | 16,857 |
| 68 | 23,765 | 19,793 | 18,228 | 16,876 |
| 69 | 23,833 | 19,829 | 18,254 | 16,895 |
| 70 | 23,898 | 19,863 | 18,278 | 16,912 |
| 71 | 23,961 | 19,895 | 18,301 | 16,929 |
| 72 | 24,022 | 19,925 | 18,323 | 16,944 |
| 73 | 24,080 | 19,955 | 18,343 | 16,959 |
| 74 | 24,136 | 19,982 | 18,363 | 16,973 |
| 75 | 24,190 | 20,009 | 18,381 | 16,986 |
| 76 | 24,242 | 20,034 | 18,399 | 16,998 |
| 77 | 24,292 | 20,058 | 18,416 | 17,010 |
| 78 | 24,340 | 20,081 | 18,432 | 17,021 |
| 79 | 24,386 | 20,103 | 18,447 | 17,031 |
| 80 | 24,430 | 20,123 | 18,461 | 17,041 |
| 81 | 24,473 | 20,143 | 18,474 | 17,050 |
| 82 | 24,514 | 20,162 | 18,487 | 17,059 |
| 83 | 24,553 | 20,180 | 18,499 | 17,067 |
| 84 | 24,591 | 20,197 | 18,511 | 17,075 |
| 85 | 24,628 | 20,213 | 18,521 | 17,082 |
| 86 | 24,663 | 20,228 | 18,532 | 17,089 |
| 87 | 24,696 | 20,243 | 18,542 | 17,095 |
| 88 | 24,729 | 20,257 | 18,551 | 17,101 |
| 89 | 24,760 | 20,271 | 18,560 | 17,107 |
| 90 | 24,790 | 20,283 | 18,568 | 17,113 |

**Tabelle VI:**

Abzinsungsfaktoren

| Jahre | Zinssatz | | | |
|---|---|---|---|---|
| | 4,0% | 5,0% | 5,5% | 6,0% |
| 1 | 0,961538 | 0,952381 | 0,947867 | 0,943396 |
| 2 | 0,924556 | 0,907029 | 0,898452 | 0,889996 |
| 3 | 0,888996 | 0,863838 | 0,851614 | 0,839619 |
| 4 | 0,854804 | 0,822702 | 0,807217 | 0,792094 |
| 5 | 0,821927 | 0,783526 | 0,765134 | 0,747258 |
| 6 | 0,790315 | 0,746215 | 0,725246 | 0,704961 |
| 7 | 0,759918 | 0,710681 | 0,687437 | 0,665057 |
| 8 | 0,730690 | 0,676839 | 0,651599 | 0,627412 |
| 9 | 0,702587 | 0,644609 | 0,817629 | 0,591898 |
| 10 | 0,675564 | 0,613913 | 0,585431 | 0,558395 |
| 11 | 0,649581 | 0,584679 | 0,554911 | 0,536788 |
| 12 | 0,624597 | 0,556837 | 0,525982 | 0,496969 |
| 13 | 0,600574 | 0,530321 | 0,498561 | 0,468839 |
| 14 | 0,577475 | 0,505068 | 0,472569 | 0,442301 |
| 15 | 0,555265 | 0,481017 | 0,447933 | 0,417265 |
| 16 | 0,533908 | 0,458112 | 0,424581 | 0,393646 |
| 17 | 0,513373 | 0,436297 | 0,402447 | 0,371364 |
| 18 | 0,493628 | 0,415521 | 0,381466 | 0,350344 |
| 19 | 0,474642 | 0,395734 | 0,361579 | 0,330513 |
| 20 | 0,456387 | 0,376889 | 0,342729 | 0,311805 |
| 21 | 0,438834 | 0,358942 | 0,324862 | 0,294155 |
| 22 | 0,421955 | 0,341850 | 0,307926 | 0,277505 |
| 23 | 0,405726 | 0,325571 | 0,291873 | 0,261797 |
| 24 | 0,390121 | 0,310068 | 0,276657 | 0,246979 |
| 25 | 0,375117 | 0,295303 | 0,262234 | 0,232999 |
| 26 | 0,360689 | 0,281241 | 0,248563 | 0,219810 |
| 27 | 0,346817 | 0,267848 | 0,235605 | 0,207368 |
| 28 | 0,333477 | 0,255094 | 0,223322 | 0,195630 |
| 29 | 0,320651 | 0,242946 | 0,211679 | 0,184557 |
| 30 | 0,308319 | 0,231377 | 0,200644 | 0,174110 |
| 31 | 0,296460 | 0,220359 | 0,190184 | 0,164255 |
| 32 | 0,285058 | 0,209866 | 0,180269 | 0,154957 |
| 33 | 0,274094 | 0,199873 | 0,170871 | 0,146186 |
| 34 | 0,263552 | 0,190355 | 0,161963 | 0,137912 |
| 35 | 0,253415 | 0,181290 | 0,153520 | 0,130105 |
| 36 | 0,243659 | 0,172657 | 0,145516 | 0,122741 |
| 37 | 0,234297 | 0,164436 | 0,137930 | 0,115793 |
| 38 | 0,225285 | 0,156605 | 0,130739 | 0,109239 |
| 39 | 0,216521 | 0,149148 | 0,123924 | 0,103056 |
| 40 | 0,208289 | 0,142046 | 0,117463 | 0,097222 |
| 41 | 0,200278 | 0,135282 | 0,111339 | 0,091719 |
| 42 | 0,192575 | 0,128840 | 0,105535 | 0,086527 |
| 43 | 0,185168 | 0,122704 | 0,100033 | 0,081630 |
| 44 | 0,178046 | 0,116861 | 0,094818 | 0,077009 |
| 45 | 0,171198 | 0,111297 | 0,089875 | 0,072650 |
| 46 | 0,164614 | 0,105997 | 0,085190 | 0,068538 |
| 47 | 0,158283 | 0,100949 | 0,080748 | 0,064658 |
| 48 | 0,152195 | 0,096142 | 0,076539 | 0,060998 |
| 49 | 0,146341 | 0,091564 | 0,072549 | 0,057546 |
| 50 | 0,140713 | 0,087204 | 0,068767 | 0,054288 |

# Stichwortverzeichnis

Die Zahlen verweisen auf die Randnummern.

**Abfindungen**
– Erwerbsschaden 83
**Adäquanz** 4
**Änderung des Berufsziels** 171 ff.
**allgemeines Lebensrisiko** 9
**Anscheinsbeweis** 26
**Arbeitgeber, Regress**
– Entgeltfortzahlung 105 ff.
– Rechtsanwalt 118
**Arbeitslohn**
– Erwerbsschaden 42
**Arbeitslose**
– „Erwerbsschaden" 53, 165 ff.
**Arbeitslosengeld**
– Erwerbsschaden 42
**Arbeitszeitverordnung**
– Erwerbsschaden 44
**Arbeitsunfall** 512 ff.
**Asylbewerber** 488
**Aufwendungen für Unterkunft und Verpflegung des Dienstpflichtigen nach § 845 BGB**
– ersparte Aufwendungen 38
**Ausbildungskosten** 179
– höhere 42
**Ausländer** 464 ff.
– Anrechnung von Leistungen bei fehlendem Übergang 489
– ausländische Sozialversicherungsträger 482 ff.
– deutsche Sozialversicherungsträger 480 f.
– gesamte Familie in Deutschland 475
– Gutglaubensschutz des Haftpflichtversicherers 485 f.
– Hausfrau 478
– Höhe des geschuldeten Unterhalts 471
– Laufzeit des Schadensersatzes 490
– lediglich Getöteter in Deutschland 474
– Leistungen sonstiger Dritter 487 f.
– Leistungen von Sozialversicherungsträgern und sonstigen Dritten 480 ff.
– Schmerzensgeld 464 ff.
– Todesfall 469 ff.
– Unterhaltsberechtigte 470
– Verdienstausfall 464 ff.
– vormundschaftsgerichtliche Genehmigung 479
**Auslandsverwendungszuschlag**
– Erwerbsschaden 43
**Auslösung**
– Erwerbsschaden 43

**Auszubildende**
– Erwerbsschaden 169 ff.
**Bagatellverletzungen**
– Schmerzensgeld 285
**Barunterhalt bei Tod des „Alleinverdieners"** 328 ff.
– Abzug fixer Kosten 335 ff.
– „Anrechnung" von Einkünften der Waisen 352 f.
– Anteil der Hinterbliebenen am verteilbaren Nettoeinkommen 343 ff.
– „Arbeitspflicht" des Hinterbliebenen 354 ff.
– Berechnung des Nettoeinkommens 330 f.
– Ermittlung des Nettoeinkommens 332
– Nettoeinkommen des Getöteten 329 ff.
– Reduzierung überdurchschnittlich hoher Einkommen 333 f.
– „Unterhaltsbedarf" 344 ff.
– Unterhaltsquoten 344 ff.
**Beamte** 568 ff.
**Beerdigungskosten** 447 ff.
**Beförderung**
– Erwerbsschaden 51
**Befriedigungsvorrecht**
– Entgeltfortzahlung 111
**Begehrensneurose** 16, 223
**Behindertenwerkstatt**
– Erwerbsschaden 74
**Beitragsrückerstattung in der Krankenversicherung**
– Verlust 42
**Bergmannsprämie**
– Erwerbsschaden 42
**berufsbedingte Maßnahmen eines Erwerbstätigen**
– ersparte Aufwendungen 38
**berufsfördernde Maßnahmen** 73 f.
**Berufsunfähigkeitsversicherung**
– Erwerbsschaden 42
**Berufswechsel** 64 ff.
**Bestechungsgelder**
– Erwerbsschaden 44
**Betriebsrente**
– Erwerbsschaden 85
– Schadensersatz wegen entgangenen Unterhalts 425
**Beweislast** 26 ff., 45 ff.
– haftungsausfüllende Kausalität 30, 46
– haftungsbegründende Kausalität 28, 46

- Prognose 47 f.
- Schadensschätzung 46 f.

**Beweiserleichterungen** 26 ff., 45 ff.

**Bordzulage**
- Erwerbsschaden 43

**Bruttolohn**
- Erwerbsschaden 95 ff.

**Bund, Regress** 758

**Bundesagentur für Arbeit, Regress** 706 ff.
- Arbeitslosengeld I (§§ 117 ff. SGB III) 707
- Arbeitslosengeld („ALG") II und sonstige Leistungen nach dem SGB II 708
- Rehabilitationsleistungen (§§ 217 ff., 236 ff. SGB III) 709

**DDR-Recht**
- Höhe des Ausgleichsanspruchs nach § 338 Abs. 3 ZGB 295

**Dienstherr, Regress** 732 ff.
- Beihilfe zu den unfallbedingten Heilbehandlungskosten 740 ff.
- Fortzahlung von Dienstbezügen 736 ff.
- Quotenvorrecht des Beamten 748 ff.
- Ruhegehalt nach vorzeitiger Pensionierung 744 ff.
- Steuerfragen 752 ff.

**Dienstunfall** 512 ff.

**Eigenleistungen beim Hausbau**
- Erwerbsschaden 42

**Einarbeitungszuschuss**
- Erwerbsschaden 73

**Eingliederungshilfe**
- Erwerbsschaden 73

**Entgeltfortzahlung**
- Erwerbsschaden 82, 100, 105
- Regress des Arbeitgebers 105 ff.

**Erbschaft**
- Schadensersatz wegen entgangenen Unterhalts 426 ff.
- Vorteilsausgleich 39

**ersatzpflichtige Erwerbsschäden** 41 ff.
- kein Ersatz 44
- problematischer Ersatz 43
- voller Ersatz 42

**Erschwerniszulage**
- Erwerbsschaden 42

**ersparte berufsbedingte Aufwendungen**
- Erwerbsschaden 78 f.

**Erwerbsminderungsrente**
- Erwerbsschaden 44

**Erwerbsschaden** 40 ff.
- Abfindungen 83
- Anschaffung eines Pkw 59
- Arbeitslohn 42
- Arbeitslosengeld 42
- Arbeitslosigkeit 53
- Arbeitszeitverordnung 44
- Auslandsverwendungszuschlag 43
- Auslösung 43

- Auszubildende 169 ff.
- Beförderung 51
- Befriedigungsvorrecht 111
- Behindertenwerkstatt 74
- Bergmannsprämie 42
- berufsfördernde Maßnahmen 73 f.
- Berufsunfähigkeitsversicherung 42
- Bestechungsgelder 44
- Betriebsrente 85
- Bordzulage 43
- Bruttolohn 95 ff.
- Eigenleistungen beim Hausbau 42
- Einarbeitungszuschuss 73
- Eingliederungshilfe 73
- Entgeltfortzahlung 82, 100, 105
- Erschwerniszulage 42
- ersparte berufsbedingte Aufwendungen 78 f.
- Erwerbsminderungsrente 44
- Fahrtgeld 42
- Fahrtkosten 117
- freiwillige Leistungen des Arbeitgebers 84
- Freizeiteinbuße 44
- Gartenarbeit 42
- Gehalt 42
- Gehaltsfortzahlung 100
- Gesellschafter 154 ff.
- Gewinn 42
- Gewinnbeteiligung 42
- Gratifikationen 42
- Haushaltsführung 94
- Haushaltsführung i. w. S. 42
- höhere Ausbildungskosten 42
- Kinder 169 ff.
- Kindergeld 44
- Kinderzulage durch einen Unfallversicherungsträger (§ 583 RVO) 44
- Kinderzuschuss durch einen Rentenversicherungsträger (§ 270 SGB VI) 44
- Kontoführungsgebühren 42
- kostenlose Arbeitsleistung von Familienangehörigen oder Mitgesellschaftern 93
- Kranken-Tagegeldversicherung 42, 91
- Krankenversicherung 42
- Krankenversicherungsbeiträge 123 ff.
- Kündigungsschutzklage 55
- Lebensversicherung 42, 91
- Lehrlingsvergütung 42
- Leistungen des Arbeitgebers 82 ff.
- Leistungen von Zusatzversorgungskassen 91
- Lohnersatzleistungen 121 f.
- Lohnfortzahlung 100
- Minderverdienst 64
- Ministerialzulage 43
- Mitarbeiterrabatte 42, 87
- Nebeneinkünfte 42
- Nettolohn 95 ff.
- nicht abgeführte Sozialversicherungsbeiträge 43

- nicht versteuerte Einkommen 43
- Personenbeförderungsgesetz 44
- Prämienerhöhung 42
- Prostituierte 43
- Quotenvorrecht 111
- rechtswidrig erzielte Einkünfte 44
- Regress des Arbeitgebers wegen Entgeltfortzahlung 105 ff.
- Rentenminderung 44
- Rentenversicherungsbeiträge 44
- Risiken einer neuen Erwerbstätigkeit 75
- Risikozuschläge 42
- Sachbezüge 42
- Sammlung 93
- Schadenminderungspflicht 54 ff.
- Schichtarbeiterzulage 42
- Schüler 169 ff.
- Schwarzarbeit 42, 44
- Selbstständige 103, 136 ff.
- Sonderzahlungen 42
- sozialversicherter Arbeitnehmer 101 ff.
- Sozialversicherungsbeiträge 120 ff.
- ständiges Einkommen 51
- Steuerersparnisse 80 f.
- steuerfreie Spesen 43
- Steuern 126 ff.
- Steuerprogression 104
- Steuervorteile 81
- Studenten 169 ff.
- tarifliche Lohn- oder Gehaltserhöhungen 51
- Teilzeitarbeit 54
- Trennungsentschädigung 43
- Treueprämie 42
- Trinkgelder 42
- „überobligationsmäßige" Erwerbstätigkeit 61
- Überstundenvergütung 42
- Umschulung 58, 65 ff.
- unentgeltliche Tätigkeit im Familienbetrieb 42
- Unfallversicherung 91
- Unterstützungsleistungen von Verwandten 93
- Urlaubsbeeinträchtigung 44
- Urlaubsentgelt 42, 113
- Urlaubsgratifikation 113
- verbotene Geschäfte 44
- „Vergleichs-Mann" 51
- Verlust der Beitragsrückerstattung in der Krankenversicherung 42
- vermögenswirksame Leistungen 42, 113
- Verpflegungskosten 116
- versicherungsrechtliche Nachteile 42
- verspäteter Eintritt ins Erwerbsleben 42
- Vertreterversorgungswerk 88
- Vorerkrankungen 52
- vorgezogene Altersrente 92
- Vorruhestandsgeld 86
- Vorteilsausgleich 76 f.
- Wegeunfall 92

- Weihnachtsgratifikation 113
- Zweitunfall 52

**Erwerbsschaden eines Selbstständigen** 103
**Erwerbsschaden eines sozialversicherten Arbeitnehmers** 101 f.
**Erwerbstätigkeit beider Ehegatten** 397 ff.
- ausschließlich Barunterhalt 409 ff.
- Barunterhalt 398 ff.
- Bar- und Naturalunterhalt 412 ff.
- Berechnungsbeispiele 409 ff.
- fixe Kosten 400
- gelegentliche Hilfeleistungen 402
- Haushaltsführung 401 ff.
- Naturalunterhalt 401 ff.
- überobligatorische Tätigkeit 407 f.
- Wegfall der Barunterhaltspflicht des hinterbliebenen Ehegatten 404 ff.

**Fahrtgeld**
- Erwerbsschaden 42

**Fahrtkosten**
- Erwerbsschaden 117

**„Familienprivileg"** 635 ff.

**Forderungsübergang auf leistende Dritte** 441 ff.
- getrennte Ansprüche der Hinterbliebenen
- Regress des Rentenversicherungsträgers bei Vorrecht des Hinterbliebenen für die Anrechnung des ersparten Unterhalts aus eigenem Einkommen in Fällen der Mithaftung 446
- sachliche und zeitliche Kongruenz 441 f.
- Vorrecht gegenüber dem Rentenversicherungsträger bei Tod eines Rentners 444 f.

**freiwillige Leistungen des Arbeitgebers**
- Erwerbsschaden 84

**Freizeiteinbuße** 216

**„frustrierte" Aufwendungen** 218 ff.

**Gartenarbeit**
- Erwerbsschaden 42

**Gastarbeiter** 464 ff.
*s. a. Ausländer*

**Gefährdungshaftung (§§ 7 ff. StVG, §§ 1 ff. HPflG, §§ 33 ff. LuftVG)** 2

**Gehalt**
- Erwerbsschaden 42

**Gehaltsfortzahlung**
- Erwerbsschaden 100

**Gesellschafter**
- Erwerbsschaden 154 ff.

**Gewinn**
- Erwerbsschaden 42

**Gewinnbeteiligung**
- Erwerbsschaden 42

**Gratifikationen**
- Erwerbsschaden 42

**Haftungsausschluss bei Arbeits- oder Dienstausfall** 512 ff.
- Arbeitsunfall des Geschädigten 518 ff.

- betriebliche Tätigkeit des Schädigers 523ff., 548
- Checkliste: Arbeitsunfall 517
- Checkliste: Straßenverkehrsunfälle 530
- Entsperrung der Haftung bei Vorsatz und Wegeunfällen 536ff.
- gemeinsame Betriebsstätte 549ff.
- gestörtes Gesamtschuldverhältnis 557
- Haftungsausschluss bei Unfällen von Beamten und Soldaten 568ff.
- Haftungsprivileg nach § 106 Abs. 3 SGB VII, insbesondere gemeinsame Betriebsstätte 544ff.
- Hilfeleistung bei Unglücksfällen oder gemeiner Gefahr 529
- Pannenhilfe 530
- Prozessuales 555f.
- Regress des Sozialversicherungsträgers bei Vorsatz oder grober Fahrlässigkeit 558ff.
- Schädiger ist Betriebsangehöriger des Betriebs, über den der Arbeitsunfall versichert ist 524f.
- Schädiger ist nicht Betriebsangehöriger 526ff.
- Schulunfälle 543
- Straßenverkehrsunfälle 530ff.
- Übersicht der neuen §§ 104ff. SGB VII 516f.
- Versicherte mehrerer Unternehmen 547
- Versicherungsschutz des Geschädigten in demselben Betrieb 534f.
- Vorsatz 536ff.
- Wegeunfall 536ff.
- Wehrdienstbeschädigung 571
- „Wie- Beschäftigte" 519

**Haushaltsführung** 180ff.
- Dauer und Höhe einer Rente 209f.
- Erwerbsschaden 94
- im weiteren Sinne 42
- keine Einstellung einer Ersatzkraft 188ff.
- konkrete, haushaltsspezifische Behinderung 195ff.
- Legalzession 212f.
- Lohn einer fiktiven Hilfskraft 201ff.
- Schadenminderungspflicht 211
- tatsächliche Arbeitsleistung 191ff.
- tatsächliche Einstellung einer Haushaltshilfe 205ff.
- Wegfall 360ff.

**Haushaltshilfe** 205ff.

**Heilbehandlungskosten** 226ff.
- alternative Heilmethoden 228
- Außenseitermethoden 228
- Besuchskosten 236ff.
- Brillen 261
- diagnoseorientierte Fallpauschale 253
- Eigenbeteiligung des Sozialversicherten 255
- ersparte Verpflegungskosten 240ff.
- Fahrtkosten 238f., 261
- Fernseher 239

- fiktive Kosten 229
- Geschenke an das Pflegepersonal 239
- grundsätzlich keine Erstattung durch die gesetzliche Krankenkasse 261
- Heilbehandlung im Ausland 233f.
- Heilpraktikerkosten 228
- konkrete, erforderliche Heilbehandlungskosten 226ff.
- kosmetische Operation 235
- Legalzessionen 252
- Mehrkosten privatärztlicher Behandlung 230ff.
- Muskelaufbautraining 227
- nahe Angehörige 236
- Nebenkosten bei stationärer Behandlung 236ff.
- Nebenkosten im Krankenhaus 239
- Schadenminderungspflicht 250f.
- Sehhilfen 261
- Telefonate 239
- Trinkgelder 239
- Übernachtungskosten 238
- Verdienstausfall 238
- Verpflegungsmehraufwand 238
- Zuzahlungen bei ambulanter Behandlung 260
- Zuzahlungen bei Arznei- und Verbandmitteln 257
- Zuzahlungen bei Heilmitteln 258
- Zuzahlungen bei Krankenhausbehandlung 256
- Zuzahlungen bei stationärer Rehabilitation 259

**Kapitalabfindung** 853ff.
- Anwendung der Kapitalisierungstabellen 877
- entgangener Unterhalt 864f.
- Erwerbsschaden 860ff.
- Haushaltsführungsschaden 860ff.
- Kapitalisierungsfaktor 868f.
- Laufzeit der Schadensersatzrente 857ff.
- Schmerzensgeldrente 866f.
- vermehrte Bedürfnisse 857ff.
- Zahlungsweise 870
- Zinsfuß 868f.
- zukünftige Änderungen der Rentenhöhe 871ff.

**Kapitalisierungstabellen**
- Abzinsung zukünftiger Kapitalbeträge 880
- Anwendung 877
- aufgeschobene Rente 879
- Beginn einer Leibrente im Kapitalisierungszeitpunkt 878
- Begriffe 877
- Berechnungsbeispiele 878
- Rentenbeginn in der Zukunft 879

**Kausalität**
- Adäquanz 4
- allgemeines Lebensrisiko 9
- haftungsausfüllende 3, 30

- haftungsbegründende 3, 28
- hypothetische Schadensursachen 21
- Mitverursachung durch Verletzten 10
- psychisch vermittelte Gesundheitsschäden als Primärverletzung 18 ff.
- psychische Überlagerung nachgewiesener Primärverletzungen 12 ff.
- überholende Kausalität 21
- Übersicht: unterschiedliche Beweisanforderungen bei haftungsbegründender und haftungsausfüllender Kausalität 30
- Ursachenketten 22
- Zurechnungs- oder Rechtswidrigkeitszusammenhang 5 ff.
- Zweitschädiger 11

**Kinder**
- Erwerbsschaden 169 ff.
- Schadensersatz wegen entgangener Dienste, § 845 BGB 458
- Vorteilsausgleich 460

**Kindergeld**
- Erwerbsschaden 44

**Kinderzulage durch einen Unfallversicherungsträger (§ 583 RVO)**
- Erwerbsschaden 44

**Kinderzuschuss durch einen Rentenversicherungsträger (§ 270 SGB VI)**
- Erwerbsschaden 44

**Kontoführungsgebühren**
- Erwerbsschaden 42

**Konversionsneurose** 224

**kostenlose Arbeitsleistung von Familienangehörigen oder Mitgesellschaftern**
- Erwerbsschaden 93

**Kranken-Tagegeldversicherung**
- Erwerbsschaden 42, 91

**Krankenversicherung**
- Erwerbsschaden 42

**Krankenversicherungsbeiträge**
- Erwerbsschaden 123 ff.

**Kündigungsschutzklage**
- Erwerbsschaden 55

**Lebenspartnerschaft**
- Haushaltsführung 183

**Lebensversicherung**
- befreiende 431
- Erwerbsschaden 42, 91

**Legalzession** 34 ff.
- Arbeitgeber 36
- Dienstherr 36
- Heilbehandlungskosten 252
- Leistungen aufgrund individueller oder kollektiver Schadensvorsorge 36
- Pensions- oder Versorgungskasse 36
- privates Versicherungsunternehmen 36
- Regress des Sozialversicherungsträgers 577 ff.
- sonstige Leistungen Dritter mit Fürsorge- oder Versorgungscharakter 37
- Sozialversicherungsträger 36
- vermehrte Bedürfnisse 270

**Lehrlingsvergütung**
- Erwerbsschaden 42

**Leistungen des Arbeitgebers**
- Erwerbsschaden 82 ff.

**Lohnersatzleistungen**
- Erwerbsschaden 121 f.
- Regress von Beiträgen 616 ff.
- Beiträge zur Arbeitslosenversicherung 623
- Beiträge zur Krankenversicherung 624 ff.
- Beiträge zur Pflegeversicherung 627
- Beiträge zur Rentenversicherung 618 ff.

**Lohn- oder Gehaltsfortzahlung** 100

**Minderverdienst**
- Erwerbsschaden 64, 171 ff.

**Ministerialzulage**
- Erwerbsschaden 43

**Mitarbeiterrabatte**
- Erwerbsschaden 42, 87

**Mitverschulden** s. mitwirkendes Verschulden des Geschädigten

**mitwirkendes Verschulden des Geschädigten** 491 ff.
- Alkohol 494 ff.
- Fahranfänger 493
- Fahrerlaubnis 493
- Fahrräder mit Hilfsmotor 501
- Fahrtüchtigkeit 494
- Insassen 492
- Mithaftungsquote bei Alkoholisierung 497
- Mopeds 500
- Motorräder 499
- nicht zugelassenes Fahrzeug 493
- Radfahrer 502
- Schutzhelm 498 ff.
- Sicherheitsgurt 503 ff.
- technische Mängel 494
- Übermüdung 494 ff., 495

**Naturalunterhalt** 360 ff.

**Nebeneinkünfte**
- Erwerbsschaden 42

**Nettolohn**
- Erwerbsschaden 95 ff.

**nicht versteuerte Einkommen**
- Erwerbsschaden 43

**nichteheliche Lebensgemeinschaft**
- Haushaltsführung 183
- Schadensersatz wegen entgangenen Unterhalts 434

**„Nutzungsausfall" infolge einer Körperverletzung** 214 ff.
- beeinträchtigte Nutzungsmöglichkeit von Vermögenswerten 215
- Freizeiteinbuße 216
- „frustrierte" Aufwendungen 218 ff.
- Urlaubsbeeinträchtigung 217

**Pauschalierung ambulanter Heilbehandlungskosten** 628 ff.
**Personenbeförderungsgesetz**
– Erwerbsschaden 44
**Personenschaden**
– Anspruchsgrundlagen 2
– Begriff
– Kausalität 3
– Zurechnungszusammenhang 3, 5 ff.
**Pflegekasse, Regress** 671 ff.
– Beiträge (§§ 54 ff. SGB XI) 677 f.
– Leistungen der Pflegekasse 679 ff.
– Pflegehilfe – § 36 SGB XI 687 ff.
– Pflegekurse für Angehörige und sonstige Pflegepersonen (§ 45 SGB XI) 699
– Pflegesachleistung 687 ff.
– Regress der Pflegekasse 683 ff.
– Rentenversicherung für Pflegepersonen (§ 44 SGB XI) 697 f.
– technische Hilfsmittel (§ 40 SGB XI) 692 ff.
– teil- und vollstationäre Pflege incl. Beförderungskosten (§§ 41, 43 SGB XI) 695 f.
– Übersicht: Leistungen der Pflegekasse 679
– Vergleiche über vermehrte Bedürfnisse vor In-Kraft-Treten des SGB XI am 1. 1. 95 700 ff.
– versicherungspflichtige Personen (§§ 20 ff. SGB XI) 674 ff.
**Pkw**
– Erwerbsschaden 59
**Prämienerhöhung**
– Erwerbsschaden 42
**privater Schadensversicherer, Regress**
– nach § 67 VVG a. F., § 84 VVG n. F. 759 ff.
**Prostituierte**
– Erwerbsschaden 43
**psychische Folgeschäden** 221 ff.
**„Quotenvorrecht"** 650, 655 f.
– Beamte 748 ff.
– Entgeltfortzahlung 111
**Quotierung des Schadensersatzes wegen Mithaftung** 104
**rechtswidrig erzielte Einkünfte**
– Erwerbsschaden 44
**„relative Theorie"** 649
**Rentenminderung**
– Erwerbsschaden 44
**Rentenversicherungsbeiträge**
– Erwerbsschaden 44
**Rentenversicherungsbeiträge, Regress von nach § 119 SGB X** 763 ff.
– Ausfall von Pflichtversicherungsbeiträgen 773
– Befriedigungsvorrecht des Geschädigten gem. § 116 Abs. 4 SGB X bei Überschreitung der Versicherungssumme 778
– historische Entwicklung 765 ff.
– Höhe 779
– kein Familienprivileg nach § 116 Abs. 6 SGB X 775

– Konkurrenz des § 119 SGB zum Übergang eines Beitragsanspruches nach §§ 6 EFZG, 116 SGB X, 179 Abs. 1 a SGB VI 780 f.
– Leistungsfreiheit des KH-Versicherers 774
– Rentenversicherungspflicht des Verletzten 770 ff.
– Verjährung 776
– Verstoß gegen die Schadensminderungspflicht 777
**Reserveursachen** 178
**Risiken einer neuen Erwerbstätigkeit** 75
**Risikozuschläge**
– Erwerbsschaden 42
**Sachbezüge**
– Erwerbsschaden 42
**Sammlung**
– Erwerbsschaden 93
**Schadenarten** 25
– Beerdigungskosten (§ 844 Abs. 1 BGB) 447 ff.
– entgangene Dienste (§ 845 BGB) 456 ff.
– Erwerbsschaden (§§ 252, 842 BGB) 40 ff.
– Heilbehandlungskosten 226 ff.
– Schmerzensgeld (§ 253 Abs. 2 BGB) 271 ff.
– Unterhaltsschaden (§ 844 Abs. 2 BGB) 319 ff.
– vermehrte Bedürfnisse (§ 843 Abs. 1 BGB) 262 ff.
**Schadenminderungspflicht** 31 ff., 54 ff.
– Erwerbsschaden 54 ff.
– Heilbehandlungskosten 250 f.
– Schadensersatz wegen entgangenen Unterhalts 384
**Schadensersatz wegen entgangenen Unterhalts** 319 ff.
– Barunterhalt bei Tod des „Alleinverdieners" 328 ff.
– Erwerbstätigkeit beider Ehegatten 397 ff.
– Forderungsübergang auf leistende Dritte 441 ff.
– Mithaftung 387 f.
– Rentnerkrankenversicherung 440
– Schadenminderungspflicht 384
– Steuerfragen 439
– Tod eines unterhaltspflichtigen Kindes oder sonstiger unterhaltspflichtiger Verwandter 416 ff.
– Vorteilsausgleich 385 f., 419 ff.
**Schadensersatz wegen entgangener Dienste, § 845 BGB** 456 ff.
– Kinder 458
– Landwirtschaft 458
**Schadensschätzung** 46 f.
**Schichtarbeiterzulage**
– Erwerbsschaden 42
**Schmerzensgeld** 271 ff.
– Alter des Verletzten 293
– Ausgleichsfunktion 273 ff.
– Bagatellverletzungen 285
– Betriebsgefahr 283

- Doppelfunktion 272
- Ermessensspielraum 280 f.
- Genugtuungsfunktion 272, 278
- Höhe des Ausgleichsanspruchs nach § 338 Abs. 3 ZGB (DDR-Recht) 295
- Kriterien für die Bemessung des Schmerzensgelds 274 ff.
- kurze Überlebenszeit 290 f.
- „menschliche Hülle" 286
- Mithaftung des Verletzten 282
- Neurosen 296
- offene Schmerzensgeldteilklage 302 f.
- Prozessuales 312 ff.
- Rechtskraft eines Leistungsurteils 316
- schlechte körperliche Konstitution des Verletzten 292
- Schmerzensgeldtabellen 280 f.
- Schmerzensgeldrente 297 ff.
- „Schockschaden" 304
- schwerste Beeinträchtigung der geistigen Persönlichkeit des Verletzten 286 ff.
- Sonderfälle 285 ff.
- Teilschmerzensgeld 302 f.
- Tod der Leibesfrucht 294
- Vererblichkeit 307 ff.

**„Schockschaden" 18, 304**

**Schüler**
- Erwerbsschaden 169 ff.

**Schulunfall 543**

**Schwarzarbeit**
- Erwerbsschaden 42, 44

**Selbstständige 136 ff.**
- Erwerbsschaden 103, 136 ff.
- Gewinn aus konkret entgangenen Geschäften 140 f.
- Gewinnminderung 145 ff.
- Kosten einer eingestellten Ersatzkraft 142 ff.
- Schadenminderungspflicht 151
- Vorteilsausgleich 152 f.

**Soldaten 568 ff.**

**Sonderzahlungen**
- Erwerbsschaden 42

**Sozialhilfeträger, Regress für Leistungen nach dem SGB XII 710 ff.**
- Gutglaubensschutz des regulierenden Haftpflichtversicherers 722
- kein Familienprivileg 729
- Regress für Leistungen der Grundsicherung (SGB XII) 730 f.
- Schadenregulierung nach Übergang auf den Sozialhilfeträger 716
- Schadenregulierung vor Übergang auf den Sozialhilfeträger 715
- Schadensquotierung bei Mithaftung 725 ff.
- Verjährung 723 f.
- Zeitpunkt des Übergangs 714

**sozialversicherter Arbeitnehmer**
- Erwerbsschaden 101 ff.

**Sozialversicherungsbeiträge 120 ff.**
- Erhalt von Lohnersatzleistungen 121 f.
- Erwerbsschaden 43
- Krankenversicherungsbeiträge 123 ff.
- nicht abgeführte 43

**Sozialversicherungsträger, Regress 577 ff.**
- Erwerbstätigkeit des hinterbliebenen Ehegatten 613 ff.
- „Familienprivileg" 635 ff.
- gestörtes Gesamtschuldverhältnis 645 f.
- keine volle Übergangsfähigkeit von Renten 609
- Kongruenz 597 ff.
- Leistungen des Sozialversicherungsträgers „auf Grund des Schadensereignisses" 580 ff.
- Mithaftung des Versicherten 647 ff.
- Pauschalierung ambulanter Heilbehandlungskosten 628 ff.
- „Quotenvorrecht" 650, 655 f.
- Rangverhältnis zwischen mehreren Zessionaren 658 ff.
- Regress der Pflegekasse 671 ff.
- Regress des Rentenversicherungsträgers wegen der Trägerbeiträge zur Rentnerkrankenversicherung (KVdR) 607 ff.
- Regress von Beiträgen bei Lohnersatzleistungen 616 ff.
- „relative Theorie" 649, 651 ff.
- sachliche Kongruenz 597 ff.
- Schadengruppe 599 f.
- Schadensersatzanspruch 587 ff.
- Sozialversicherungsträger / Sozialhilfeträger / Bundesagentur für Arbeit / Bund 658 ff.
- Sozialversicherungsträger – Arbeitgeber – privater Schadensversicherer 666
- Sozialversicherungsträger und öffentlicher Dienstherr 664 f.
- Tod einer nicht erwerbsfähigen Mutter (Haushaltsführung) 610 f.
- Tod eines Elternteils bei Erwerbsfähigkeit beider Eltern 612
- Wechsel des Sozialversicherungsträgers 667 ff.
- zeitliche Kongruenz 603 ff.
- Zeitpunkt des Rechtsübergangs 590 ff.
- zusätzliche Einschränkungen nach Sinn und Zweck 606

**ständiges Einkommen**
- Erwerbsschaden 51

**Steuerersparnisse**
- Erwerbsschaden 80 f.

**steuerfreie Spesen**
- Erwerbsschaden 43

**Steuern 126 ff.**
- ersparte Aufwendungen 38
- Einkommensteuer 131 f.
- Erwerbsschaden 126 ff.
- Gewerbesteuer 135

– Kirchensteuer 133
– Umsatzsteuer 134
**Steuerprogression**
– Erwerbsschaden 104
**Steuervorteile**
– Erwerbsschaden 81
**Studenten**
– Erwerbsschaden 169 ff.
**tarifliche Lohn- oder Gehaltserhöhungen**
– Erwerbsschaden 51
**Teilzeitarbeit**
– Erwerbsschaden 54
**Trauerkleider**
– ersparte Aufwendungen 38
**Trennungsentschädigung**
– Erwerbsschaden 43
**Treueprämie**
– Erwerbsschaden 42
**Trinkgelder**
– Erwerbsschaden 42
**„überobligationsmäßige" Erwerbstätigkeit –**
Erwerbsschaden 61
**Überstundenvergütung**
– Erwerbsschaden 42
**Umschulung** 58, 65 ff.
– abgebrochene 72
– erfolglose 70
– Erwerbsschaden 58, 65 ff.
– höher qualifizierter Beruf 68
– unterlassene 71
**unentgeltliche Tätigkeit im Familienbetrieb**
– Erwerbsschaden 42
**unerlaubte Handlung (§§ 823 ff. BGB)** 2
**Unfallversicherung**
– Erwerbsschaden 91
**Unterhaltsleistungen**
– ersparte Aufwendungen 38
**Unterstützungsleistungen von Verwandten**
– Erwerbsschaden 93
**Urlaubsbeeinträchtigung** 217
– Erwerbsschaden 44
**Urlaubsentgelt**
– Erwerbsschaden 42, 113
**Urlaubsgratifikation**
– Erwerbsschaden 113
**verbotene Geschäfte**
– Erwerbsschaden 44
**Vergleich** 823 ff.
– Abfindungsvergleich 828 ff.
– Anpassung 843 ff.
– erhebliche Äquivalenzstörungen 848
– Fehlen der Geschäftsgrundlage 845 ff.
– gerichtlicher Vergleich 852
– Rentenvergleich 849 ff.
– unvorhergesehene Spätfolgen 848
– Unwirksamkeit 843 ff.
– Wirkung gegenüber Rechtsnachfolgern 839 ff.

**Vergleiche über vermehrte Bedürfnisse vor In-Kraft-Treten des SGB XI am 1. 1. 95** 700 ff.
– Kapitalabfindungen 701
– Rentenvergleiche 702 f.
– Teilungsabkommen 705
– Verjährung 704
– Zeitpunkt des Rechtsübergangs auf die Pflegekasse 700
**„Vergleichs-Mann"**
– Erwerbsschaden 51
**Verjährung** 782 ff.
– 30-jährige Verjährungsfrist aufgrund eines Feststellungsurteils 783 f.
– 30-jährige Verjährungsfrist aufgrund eines konstitutiven Anerkenntnisses 786
– Beginn der Verjährungsfrist 787 ff.
– Hemmung 802 ff.
– Hemmung aus familiären Gründen (§ 207 BGB) 812
– Hemmung der Ansprüche nach § 3 Nr. 3 S. 3, 4 PflVG a. F., § 115 Abs. 2 S. 3 VVG n. F. gegen den Krafthaftpflichtversicherer 802 ff.
– Hemmung durch Rechtsverfolgung (§ 204 BGB) 811
– Kenntnis der Person des Schädigers 788 f.
– Kenntnis des „Verletzten" bei Rechtsnachfolge 791 ff.
– Kenntnis vom Schaden 790
– Neubeginn der Verjährung durch Anerkenntnis 799 ff.
– schwebende Verhandlungen (§ 203 BGB) 807 ff.
– unterschiedlicher Verjährungsbeginn bei einheitlichem Schadensereignis 796 f.
– Verjährungsfristen 782
– Verlängerung der Verjährungsfrist 813 ff.
– vertragliche „Ersetzung" eines rechtskräftigen Feststellungsurteils 817 ff.
– vertragliche Verlängerung der Verjährungsfrist 785
– Verzicht auf die Einrede der Verjährung nach altem Recht 815 f.
– Vorbehalt in der Abfindungserklärung 820 ff.
– Zurechnung der Kenntnis eines Dritten 798
**vermehrte Bedürfnisse** 262 ff.
– Anbau 268
– Begleitperson 264
– Behindertenfahrzeug 264
– behindertengerechter Wohnbedarf 268
– Behindertenwerkstatt 264
– Diät 264
– elektronische Schreibhilfe 264
– ersatzpflichtige Kosten 264
– Haushaltshilfe 264
– höhere Heizkosten 264
– Kleidermehrverschleiß 264
– Körperpflegemittel 264

– Kuren 264
– Legalzession 270
– Neubau 268
– orthopädische Hilfsmittel 264
– Pflegekosten 264, 265 ff.
– Privatunterricht für Schüler 264
– Rente 263
– Stärkungsmittel 264
– stationäre Behandlung 269
– therapeutisches Reiten 264
– überholende Kausalität 263
– Umbau 268
– Wohnung 268
**Vermögensschaden**
– Differenzhypothese 23
– Höhe 23 f.
– normativer Schaden 24
**vermögenswirksame Leistungen**
– Erwerbsschaden 42, 113
**Verpflegungskosten**
– Erwerbsschaden 116
**Verpflegungskosten während des stationären Aufenthalts**
– ersparte Aufwendungen 38
**versicherungsrechtliche Nachteile**
– Erwerbsschaden 42
**verspäteter Eintritt in das Erwerbsleben**
– Erwerbsschaden 169 f.
**Vertreterversorgungswerk**
– Erwerbsschaden 88
**verzögerte Berufsausbildung** 169 f.
**Vorerkrankungen**
– Erwerbsschaden 52
**vorgezogene Altersrente**
– Erwerbsschaden 92
**Vorruhestandsgeld**
– Erwerbsschaden 86
**Vorteilsausgleich** 34 ff., 76 ff., 175 ff.
– adäquate Verursachung 35
– Adoption 438
– Arbeitsaufnahme nach dem Tod 432
– Ausbildungsvergütung 436
– BAFöG 437
– befreiende Lebensversicherung 431
– Erbschaft 426 ff.
– ersparte Aufwendungen 38
– ersparte berufsbedingte Aufwendungen 78
– ersparter Unterhalt aus eigenen Einkünften des hinterbliebenen Ehegatten 433
– Erwerbsschaden 76 f.
– freigebige Leistungen Dritter 37, 93
– gesetzliche Unterhaltsleistungen 37

– Haushaltsführung 94
– Kindergeld 435
– Leistungen des Arbeitgebers 82 ff.
– Leistungen Dritter aufgrund persönlicher oder kollektiver Schadensvorsorge 89 ff.
– nichteheliche Lebensgemeinschaft 434
– Quellentheorie 420
– Schadensersatz wegen entgangenen Unterhalts 385
– Schadensersatz wegen entgangener Dienste, § 845 BGB 460
– sonstige Leistungen Dritter 424 f.
– Stamm und Erträgnisse einer Erbschaft 39
– Steuerersparnisse 80 f.
– Unterhaltsleistungen Dritter 419
– Wiederheirat 421 ff.
– Zahlungen privater Versicherer 430 f.
– Zumutbarkeit 35
**Wegeunfall**
– Erwerbsschaden 92
**Wegfall der Haushaltsführung** 360 ff.
– Abstufung des Schadensersatzes 391 ff.
– „Anrechnung" von Einkünften der Waise 389
– Arbeitszeitbedarf 370 ff.
– Aufteilung des Schadensersatzes auf die einzelnen Hinterbliebenen 383
– Auswärtige Unterbringung der Waisen 380 ff.
– Einschaltung von Verwandten 379
– Einstellung einer bezahlten Ersatzkraft 377 f.
– keine Einstellung einer Ersatzkraft, aber Aufrechterhaltung des Familienverbandes 366 ff.
– Laufzeit des Schadensersatzes 391 ff.
– Nettogehalt 376
– Schadenminderungspflicht 384
– steuerliche Nachteile des Hinterbliebenen 390
– Stundensatz BAT 373 ff.
– Übergang auf leistende Dritte 396
– Vorteilsausgleich 385 ff.
**Weihnachtsgratifikation**
– Erwerbsschaden 113
**Wiederheirat** 421 ff.
**Zeitverlust** 216
**zukünftige Änderungen der Rentenhöhe** 871 ff.
– allgemeine Einkommens- und Rentensteigerungen 874 ff.
– individuelle Entwicklung 871 ff.
**Zusatzversorgungskassen**
– Erwerbsschaden 91
**Zweitschädiger** 11
**Zweitunfall**
– Erwerbsschaden 52

# Buchanzeigen

# Das Standardwerk

Geigel, Der Haftpflichtprozess
25. Auflage. 2008. XL, 1723 Seiten.
In Leinen € 108,–
ISBN 978-3-406-56392-8

**Rasch und zuverlässig**

beantwortet das Standardwerk alle Fragen zum Haftpflichtprozess und zum materiellen Haftungsrecht. Die Konzeption des Werkes
- Haftpflichtrecht allgemein: Personenschaden – Sachschaden – Mitverschulden – Schmerzensgeld – Verjährung
- Haftpflichttatbestände: Verletzung von Verkehrspflichten – Haftung für Umweltschäden – Haftung des Kraftfahrzeughalters und im Luftverkehr – Haftung aus Arztvertrag und Reisevertrag – Regress der Sozialversicherung
- Der Haftpflichtprozess: Gerichtsstand – Beweisführung – Streitwert und Kosten

**Die 25. Auflage**

- enthält ein eigenes Kapitel über nachbarrechtliche Ausgleichsansprüche
- behandelt beim Sachschaden die neue Rechtsprechung zum Unfallersatztarif bei Mietwagen und zu Reparaturkosten
- erläutert bei der Arzthaftung u.a. die Sorgfalts- und Aufklärungspflichten bei neuen Behandlungsmethoden
- geht beim Produkthaftungsrecht ein auf die Haftung des Importeurs von technischen Billigprodukten aus China
- erfasst die Änderungen in der Luftfahrtversicherung
- berücksichtigt neue Rechtsprechung zur Haftung des Insolvenzverwalters, des Sachverständigen, der Kliniken sowie innerhalb von Sozietäten.

# Sicherheit nach der VVG-Reform

Münchener Anwaltshandbuch Versicherungsrecht
2. Auflage. 2008. XLVII, 1961 Seiten.
In Leinen mit CD-ROM € 138,–
ISBN 978-3-406-55504-6

## Dieses bewährte Werk

aus der Reihe der Münchener Anwaltshandbücher stellt das Privatversicherungsrecht übersichtlich, aktuell und mandatsorientiert dar. Davon profitieren alle Rechtsanwälte; auch (angehenden) Fachanwälten für Versicherungsrecht gibt das Handbuch Sicherheit in Ausbildung und Praxis.

Das Werk deckt neben allen wichtigen Grundsatzfragen 29 Versicherungssparten ab:

- Sachversicherungen
- Haftpflichtversicherungen
- Personenversicherungen
- Vermögensschadensversicherungen
- Mischformen und Internationales Versicherungsrecht

Checklisten, Praxishinweise, Musterklagen sowie die auf CD-ROM mitgelieferten neuen **AVB 2008** garantieren die effiziente Mandatsbearbeitung in jedem Fall.

## Die 2. Auflage

berücksichtigt die grundlegende **Reform des VVG** zum 1. Januar 2008. Zudem sind einige Kapitel neu aufgenommen und ausgeweitet worden, insbesondere zur Reiseversicherung und zum internationalen Versicherungsrecht.

# Mit allen aktuellen Entscheidungen

Slizyk, Beck'sche Schmerzensgeld-Tabelle
6. Auflage. 2010. Rund 800 Seiten.
Kartoniert ca. € 39,–
ISBN 978-3-406-59081-8 (Erscheint im Januar 2010)

## Über 2.000 Entscheidungen

zum Schmerzensgeld und eine **praxisorientierte Kommentierung des gesamten Schmerzensgeldrechts** bietet Ihnen dieses Werk. Es berücksichtigt die Bemessungskriterien des Schmerzensgeldes und liefert wertvolle Tipps u. a. zur **Prozessführung**.

## Die 6. Auflage

berücksichtigt zahlreiche neue Entscheidungen, vor allem wichtige Grundsatzentscheidungen zur Begrenzung der Schmerzensgeldhöhe. Sie nimmt neuere Entwicklungen – wie das Schmerzensgeld wegen Diskriminierung nach dem AGG – auf.

## Schnelle Orientierung

ermöglicht der durchdachte Aufbau: Die Entscheidungen sind zunächst nach dem jeweils verletzten Körperteil »von Kopf bis Fuß« geordnet. Danach sind die Verletzungen ausführlich beschrieben. Jede Entscheidung enthält Angaben zu Schmerzensgeldhöhe, Haftungsquote, immateriellem Vorbehalt sowie Minderung der Erwerbsfähigkeit. So erhalten Sie die wichtigsten Informationen auf einen Blick.

# Fachanwaltskompetenz im Straßenverkehrsrecht

Münchener Anwaltshandbuch
Straßenverkehrsrecht
3. Auflage. 2009. LII, 1366 Seiten.
In Leinen € **128,–**
ISBN 978-3-406-57471-9

## Das Handbuch

bereitet das Straßenverkehrsrecht für den Anwalt praxisgerecht auf. Es bietet eingehende Erläuterungen zum materiellen und zum prozessualen Recht, Formulierungshilfen, Muster für Schriftsätze, Checklisten und Übersichten zu zahlreichen Einzelfragen. Taktische Hinweise runden die Darstellung ab.

## Die 3. Auflage

nimmt neue Kapitel zum »Allgemeinen Verkehrszivilrecht«, zum »Verkehrsvertragsrecht«, zu den Grundzügen des Transportrechts und zum Gefahrgutrecht auf.

## Der Inhalt

- Mandatsannahme und -organisation
- Das verwaltungsrechtliche Führerscheinverfahren: Erteilung, Entzug, Wiedererteilung
- Das verkehrsrechtliche Straf- und OWi-Verfahren
- Haftungs- und Schadensrecht
- Verfahrensrecht, Steuerrecht und Haftungsrecht
- Vertragliche Beziehungen im Verkehrsrecht/Verkehrsvertragsrecht
- Kraftfahrtversicherung
- Sonstige Rechtsgebiete und Verfahren mit straßenverkehrsrechtlichem Bezug